U0932069

晉平陽侯相 安漢陳壽撰
宋中書侍郎西鄉侯 聞喜裴松之注

三國志

下冊
卷三一至卷六五(蜀吳)

中華書局

三國志卷三十一　蜀書一

劉二牧傳第一

劉焉字君郎，江夏竟陵人也，漢魯恭王之後裔，章帝元和中徙封竟陵，支庶家焉。焉少仕州郡，以宗室拜中郎，後以師祝公喪去官。〔一〕居陽城山，積學教授，舉賢良方正，辟司徒府，歷雒陽令、冀州刺史、南陽太守、宗正、太常。焉覩靈帝政治衰缺，王室多故，乃建議言：「刺史、太守，貨賂爲官，割剝百姓，以致離叛。可選清名重臣以爲牧伯，鎭安方夏。」焉內求交阯牧，欲避世難，議未卽行。侍中廣漢董扶私謂焉曰：「京師將亂，益州分野有天子氣。」焉聞扶言，意更在益州。會益州刺史郤儉賦斂煩擾，謠言遠聞，〔二〕而幷州殺刺史張壹，涼州殺刺史耿鄙，焉謀得施。出爲監軍使者，領益州牧，封陽城侯，當收儉治罪；〔三〕扶亦求爲蜀郡西部屬國都尉，及太倉令（會）巴西趙韙去官，俱隨焉。〔四〕

〔一〕臣松之案：祝公，司徒祝恬也。

〔二〕儉，郤正祖也。

〔三〕續漢書曰：是時用劉虞爲幽州，劉焉爲益州，劉表爲荊州，賈琮爲冀州。虞等皆海內清名之士，或從列卿尚書以選爲牧伯，各以本秩居任。舊典：傳車參駕，施赤爲帷裳。

臣松之按：靈帝崩後，義軍起，孫堅殺荊州刺史王叡，然後劉表爲荊州，不與焉同時也。

漢靈帝紀曰：帝引見焉，宣示方略，加以賞賜，敕焉爲益州刺史。前刺史劉雋、郤儉皆貪殘放濫，取受狼籍，元元無聊，呼嗟充野，焉到便收攝行法，以示萬姓，勿令漏露，使癰疽決潰，爲國生梗。焉受命而行，以道路不通，住荊州東界。

〔四〕陳壽益部耆舊傳曰：董扶字茂安。少從師學，兼通數經，善歐陽尚書，又事聘士楊厚，究極圖讖。遂至京師，游覽太學，還家講授，弟子自遠而至。永康元年，日有蝕之，詔舉賢良方正之士，策問得失。左馮翊趙謙等舉扶，扶以病不詣，遙於長安上封事，遂稱疾篤歸家。前後宰府十辟，公車三徵，再舉賢良方正、博士、有道皆不就，名稱尤重。大將軍何進表薦扶曰：「資游、夏之德，述孔氏之風，內懷焦、董消復之術。方今并、涼騷擾，西戎蠢叛，宜敕公車特召，待以異禮，諮謀奇策。」於是靈帝徵扶，即拜侍中。在朝稱爲儒宗，甚見器重。求爲蜀郡屬國都尉。扶出一歲而靈帝崩，天下大亂。後去官，年八十二卒于家。始扶發辭抗論，益部少雙，故號曰（致止）〔至止〕，言人莫能當，所至而談止也。後丞相諸葛亮問秦宓以扶所長，宓曰：「董扶褒秋毫之善，貶纖介之惡。」

是時（涼）〔益〕州逆賊馬相、趙祇等於綿竹縣自號黃巾，合聚疲役之民，一二日中得數千人，先殺綿竹令李升，吏民翕集，合萬餘人，便前破雒縣，攻益州殺儉，又到蜀郡、犍爲，旬月之間，破壞三郡。相自稱天子，衆以萬數。州從事賈龍（素）領〔家〕兵數百人在犍爲東界，攝斂吏民，得千餘人，攻相等，數日破走，州界清靜。龍乃選吏卒迎焉。焉徙治綿竹，撫納離叛，務行寬惠，陰圖異計。張魯母始以鬼道，又有少容，常往來焉家，故焉遣魯爲督義司馬，住漢中，斷絶谷閣，殺害漢使。焉上書言米賊斷道，不得復通，又託他事殺州中豪强王咸、李權等十餘人，以立威刑。〔一〕犍爲太守任岐及賈龍由此反攻焉，焉擊殺岐、龍。〔二〕

〔一〕益部耆舊雜記曰：李權字伯豫，爲臨邛長。子福。見犍爲楊戲輔臣贊。

〔二〕英雄記曰：劉焉起兵，不與天下討董卓，保州自守。犍爲太守任岐自稱將軍，與從事陳超舉兵擊焉，焉擊破之。董卓使司徒趙謙將兵向州，說校尉賈龍，使引兵還擊焉，焉出青羌與戰，故能破殺。岐、龍等皆蜀郡人。

焉意漸盛，造作乘輿車具千餘乘。荊州牧劉表表上焉有似子夏在西河疑聖人之論。時焉子範爲左中郎將，誕治書御史，璋爲奉車都尉，皆從獻帝在長安，〔一〕惟(小)〔叔〕子別部司馬瑁素隨焉。獻帝使璋曉諭焉，焉留璋不遣。〔二〕時征西將軍馬騰屯郿而反，焉及範與騰通謀，引兵襲長安。範謀泄，奔槐里，騰敗，退還涼州，範應時見殺，於是收誕行刑。〔三〕議郎河南龐羲與焉通家，乃募將焉諸孫入蜀。時焉被天火燒城，車具蕩盡，延及民家。焉徙治成都，既痛其子，又感祅災，興平元年，癰疽發背而卒。州大吏趙韙等貪璋溫仁，共上璋爲益州刺史，詔書因以爲監軍使者，領益州牧，以韙爲征東中郎將，率衆擊劉表。〔四〕

〔一〕英雄記曰：範(聞)父焉爲益州牧，董卓所徵發，皆不至。收範兄弟三人，鎖械於郿塢，爲陰獄以繫之。

〔二〕典略曰：時璋爲奉車都尉，在京師。焉託疾召璋，璋自表省焉，焉遂留璋不還。

〔三〕英雄記曰：範從長安亡之馬騰營，從焉求兵。焉使校尉孫肇將兵往助之，敗於長安。

〔四〕英雄記曰：焉死，子璋代爲刺史。會長安拜潁川扈瑁爲刺史，入漢中。荆州別駕劉闔，璋將沈彌、婁發、甘寧反，擊璋不勝，走入荆州。璋使趙韙進攻荆州，屯朐䏰。上蠢，下如振反。

璋，字季玉，既襲焉位，而張魯稍驕恣，不承順璋，璋殺魯母及弟，遂爲讎敵。璋累遣龐羲等攻魯，〔數爲〕所破。魯部曲多在巴西，故以羲爲巴西太守，領兵禦魯。〔一〕後羲與璋情好攜隙，趙韙稱兵內向，衆散見殺，皆由璋明斷少而外言入故也。〔二〕璋聞曹公征荆州，已定漢中，遣河內陰溥致敬於曹公。加璋振威將軍，兄瑁平寇將軍。瑁狂疾物故。〔三〕璋復遣別駕從事蜀郡張肅送叟兵三百人并雜御物於曹公，曹公拜肅爲廣漢太守。璋復遣別駕張松詣曹公，曹公時已定荆州，走先主，不復存錄松，松以此怨。會曹公軍不利於赤壁，兼以疫死。松還，疵毀曹公，勸璋自絕，〔四〕因說璋曰：「劉豫州，使君之肺腑，可與交通。」璋皆然之，遣法正連好先主，尋又令正及孟達送兵數千助先主守禦，正遂還。後松復說璋曰：「今州中諸將龐羲、李異等皆恃功驕豪，欲有外意，不得豫州，則敵攻其外，民攻其內，必敗之道也。」璋又從之，遣法正請先主。璋主簿黃權陳其利害，從事廣漢王累自倒縣於州門以諫，璋一無所納，敕在所供奉先主，先主入境如歸。先主至江州北，由墊江水墊音徒協反。詣涪，音浮。去成都三百六十里，是歲建安十六年也。璋率步騎三萬餘人，車乘帳幔，精光曜日，往

就與會；先主所將將士，更相之適，歡飲百餘日。璋資給先主，使討張魯，然後分別。〔五〕

〔一〕英雄記曰：龐羲與璋有舊，又免璋諸子於難，故璋厚德羲，以羲爲巴西太守，遂專權勢。

〔二〕英雄記曰：先是，南陽、三輔人流入益州數萬家，收以爲兵，名曰東州兵。璋性寬柔，無威略，東州人侵暴舊民，璋不能禁，政令多闕，益州頗怨。趙韙素得人心，璋委任之。韙因民怨謀叛，乃厚賂荆州請和，陰結州中大姓，與俱起兵，還擊璋。蜀郡、廣漢、犍爲皆應韙。璋馳入成都城守，東州人畏（威）〔韙〕，咸同心幷力助璋，皆殊死戰，遂破反者，進攻韙於江州。韙將龐樂、李異反殺韙軍，斬韙。

漢獻帝春秋曰：漢朝聞益州亂，遣五官中郎將牛亶爲益州刺史；徵璋爲卿，不至。

〔三〕臣松之案：魏臺訪「物故」之義，高堂隆答曰：「聞之先師：物，無也；故，事也；言無復所能於事也。」

〔四〕漢晉春秋曰：張松見曹公，曹公方自矜伐，不存錄松。松歸，乃勸璋自絕。

習鑿齒曰：昔齊桓一矜其功而叛者九國，曹操暫自驕伐而天下三分，皆勤之於數十年之內而棄之於俯仰之頃，豈不惜乎！是以君子勞謙日昃，慮以下人，功高而居之以讓，勢尊而守之以卑。情近於物，故雖貴而人不厭其重；德洽羣生，故業廣而天下愈欣其慶。夫然，故能有其富貴，保其功業，隆顯當時，傳福百世，何驕矜之有哉！君子是以知曹操之不能遂兼天下者也。

〔五〕吳書曰：璋以米二十萬斛，騎千匹，車千乘，繒絮錦帛，以資送劉備。

明年，先主至葭萌，還兵南向，所在皆克。十九年，進圍成都數十日，城中尚有精兵三萬人，穀帛支一年，吏民咸欲死戰。璋言：「父子在州二十餘年，無恩德以加百姓。百姓攻戰三年，肌膏草野者，以璋故也，何心能安！」遂開城出降，羣下莫不流涕。先主遷璋于南郡公安，盡歸其財物及故佩振威將軍印綬。孫權殺關羽，取荆州，以璋爲益州牧，駐秭歸。璋卒，南中豪率雍闓據益郡反，附於吳。權復以璋子闡爲益州刺史，處交、益界首。丞相諸葛亮平南土，闡還吳，爲御史中丞。〔一〕初，璋長子循妻，龐羲女也。先主定蜀，羲爲左將軍司馬，璋時從羲啓留循，先主以爲奉車中郎將。是以璋二子之後，分在吳、蜀。

〔一〕吳書曰：闡一名緯，爲人恭恪，輕財愛義，有仁讓之風，後疾終於家。

評曰：昔魏豹聞許負之言則納薄姬於室，〔一〕劉歆見圖讖之文則名字改易，終於不免其身，而慶鍾二主。此則神明不可虛要，天命不可妄冀，必然之驗也。而劉焉聞董扶之辭則心存益土，聽相者之言則求婚吳氏，遽造輿服，圖竊神器，其惑甚矣。璋才非人雄，而據土亂世，負乘致寇，自然之理，其見奪取，非不幸也。〔二〕

〔一〕孔衍漢魏春秋曰：許負，河內溫縣之婦人，漢高祖封爲明雌亭侯。

臣松之以爲今東人呼母爲負，衍以許負爲婦人，如爲有似，然漢高祖時封皆列侯，未有鄉亭之爵，疑此封爲不然。

〔二〕張璠曰：劉璋愚弱而守善言，斯亦宋襄公、徐偃王之徒，未爲無道之主也。張松、法正，雖君臣之義不正，然固以委名附質，進不顯陳事勢，若韓嵩、（劉光）〔劉先〕之說劉表，退不告絕奔亡，若陳平、韓信之去項羽，而兩端攜貳，爲謀不忠，罪之次也。

三國志卷三十二　蜀書二

先主傳第二

先主姓劉，諱備，字玄德，涿郡涿縣人，漢景帝子中山靖王勝之後也。勝子貞，元狩六年封涿縣陸城亭侯，坐酎金失侯，因家焉。〔一〕先主祖雄，父弘，世仕州郡。雄舉孝廉，官至東郡范令。

〔一〕典略曰：備本臨邑侯枝屬也。

先主少孤，與母販履織席爲業。舍東南角籬上有桑樹生高五丈餘，遙望見童童如小車蓋，往來者皆怪此樹非凡，或謂當出貴人。〔二〕先主少時，與宗中諸小兒於樹下戲，言：「吾必當乘此羽葆蓋車。」叔父子敬謂曰：「汝勿妄語，滅吾門也！」年十五，母使行學，與同宗劉德然、遼西公孫瓚俱事故九江太守同郡盧植。德然父元起常資給先主，與德然等。元起妻曰：「各自一家，何能常爾邪！」起曰：「吾宗中有此兒，非常人也。」而瓚深與先主相友。瓚年長，先主以兄事之。先主不甚樂讀書，喜狗馬、音樂、美衣服。身長七尺五寸，垂手下膝，顧自見其耳。少語言，善下人，喜怒不形於色。好交結豪俠，年少爭附之。中山大商張世平、蘇雙等貲累千金，販馬周旋於涿郡，見而異之，乃多與之金財。先主由是得用合徒衆。

〔一〕漢晉春秋曰：涿人李定云：「此家必出貴人。」

靈帝末，黃巾起，州郡各舉義兵，先主率其屬從校尉鄒靖討黃巾賊有功，除安喜尉。〔一〕督郵以公事到縣，先主求謁，不通，直入縛督郵，杖二百，解綬繫其頸着馬柳，五葬反。棄官亡命。〔二〕頃之，大將軍何進遣都尉毌丘毅詣丹楊募兵，先主與俱行，至下邳遇賊，力戰有功，除爲下密丞。復去官。後爲高唐尉，遷爲令。〔三〕爲賊所破，往奔中郎將公孫瓚，瓚表爲別部司馬，使與青州刺史田楷以拒冀州牧袁紹。數有戰功，試守平原令，後領平原相。郡民劉平素輕先主，恥爲之下，使客刺之。客不忍刺，語之而去。其得人心如此。〔四〕

〔一〕典略曰：平原劉子平知備有武勇，時張純反叛，青州被詔，遣從事將兵討純，過平原，子平薦備於從事，遂與相隨，遇賊於野，備中創陽死，賊去後，故人以車載之，得免。後以軍功，爲中山安喜尉。

〔二〕典略曰：其後州郡被詔書，其有軍功爲長吏者，當沙汰之，備疑在遣中。督郵至縣，當遣備，備素知之。聞督郵在傳舍，備欲求見督郵，督郵稱疾不肯見備，備恨之，因還治，將吏卒更詣傳舍，突入門，言「我被府君密敎收督郵」。遂就床縛之，將出到界，自解其綬以繫督郵頸，縛之著樹，鞭杖百餘下，欲殺之。督郵求哀，乃釋去之。

〔三〕英雄記云：靈帝末年，備嘗在京師，後與曹公俱還沛國，募召合衆。會靈帝崩，天下大亂，備亦起軍從討董卓。

〔四〕魏書曰：劉平結客刺備，備不知而待客甚厚，客以狀語之而去。是時人民饑饉，屯聚鈔暴。備外禦寇難，內豐財施，士之下者，必與同席而坐，同簋而食，無所簡擇。衆多歸焉。

袁紹攻公孫瓚，先主與田楷東屯齊。曹公征徐州，徐州牧陶謙遣使告急於田楷，楷與先主俱救之。時先主自有兵千餘人及幽州烏丸雜胡騎，又略得飢民數千人。既到，謙以丹楊兵四千益先主，先主遂去楷歸謙。謙表先主爲豫州刺史，屯小沛。謙病篤，謂別駕麋竺曰：「非劉備不能安此州也。」謙死，竺率州人迎先主，先主未敢當。下邳陳登謂先主曰：「今漢室陵遲，海內傾覆，立功立事，在於今日。彼州殷富，戶口百萬，欲屈使君撫臨州事。」先主曰：「袁公路近在壽春，此君四世五公，海內所歸，君可以州與之。」登曰：「公路驕豪，非治亂之主。今欲爲使君合步騎十萬，上可以匡主濟民，成五霸之業，下可以割地守境，書功於竹帛。若使君不見聽許，登亦未敢聽使君也。」北海相孔融謂先主曰：「袁公路豈憂國忘家者邪？冢中枯骨，何足介意。今日之事，百姓與能，天與不取，悔不可追。」先主遂領徐州。〔一〕袁術來攻先主，先主拒之於盱眙、淮陰。曹公表先主爲鎮東將軍，封宜城亭侯，是歲建安元年也。先主與術相持經月，呂布乘虛襲下邳。下邳守將曹豹反，閒迎布。布虜先主妻子，先主轉軍海西。〔二〕楊奉、韓暹寇徐、揚閒，先主邀擊，盡斬之。先主求和於呂布，布還其妻子。先主遣關羽守下邳。

〔一〕獻帝春秋曰：陳登等遣使詣袁紹曰：「天降災沴，禍臻鄙州，州將殂殞，生民無主，恐懼姦雄一旦承隙，以貽盟主日昃之憂，輒共奉故平原相劉備府君以爲宗主，永使百姓知有依歸。方今寇難縱橫，不遑釋甲，謹遣下吏奔告于執事。」紹答曰：「劉玄德弘雅有信義，今徐州樂戴之，誠副所望也。」

〔二〕英雄記曰：備留張飛守下邳，引兵與袁術戰於淮陰石亭，更有勝負。陶謙故將曹豹在下邳，張飛欲殺之。豹衆堅營自守，使人招呂布。布取下邳，張飛敗走。備聞之，引兵還，比至下邳，兵潰。收散卒東取廣陵，與袁術戰，又敗。

先主還小沛，〔一〕復合兵得萬餘人。呂布惡之，自出兵攻先主，先主敗走歸曹公。曹公厚遇之，以爲豫州牧。將至沛收散卒，給其軍糧，益與兵使東擊布。布遣高順攻之，曹公遣夏侯惇往，不能救，爲順所敗，復虜先主妻子送布。曹公自出東征，〔二〕助先主圍布於下邳，生禽布。先主復得妻子，從曹公還許。表先主爲左將軍，禮之愈重，出則同輿，坐則同席。袁術欲經徐州北就袁紹，曹公遣先主督朱靈、路招要擊術。未至，術病死。

〔一〕英雄記曰：備軍在廣陵，飢餓困踧，吏士大小自相啖食，窮餓侵逼，欲還小沛，遂使吏請降布。布令備還州，并勢擊術。具刺史車馬童僕，發遣備妻子部曲家屬於泗水上，祖道相樂。

魏書曰：諸將謂布曰：「備數反覆難養，宜早圖之。」布不聽，以狀語備。備心不安而求自託，使人說布，求屯小沛，布乃遣之。

〔二〕英雄記曰：建安三年春，布使人齎金欲詣河內買馬，爲備兵所鈔。布由是遣中郎將高順、北地太守張遼等攻備。

九月，遂破沛城，備單身走，獲其妻息。十月，曹公自征布，備於梁國界中與曹公相遇，遂隨公俱東征。

先主未出時，獻帝舅車騎將軍董承〔一〕辭受帝衣帶中密詔，當誅曹公。先主未發。是時曹公從容謂先主曰：「今天下英雄，唯使君與操耳。本初之徒，不足數也。」先主方食，失匕箸。〔二〕遂與承及長水校尉种輯、將軍吳子蘭、王子服等同謀。會見使，未發。事覺，承等皆伏誅。〔三〕

〔一〕臣松之案：董承，漢靈帝母董太后之姪，於獻帝爲丈人。蓋古無丈人之名，故謂之舅也。

〔二〕華陽國志云：于時正當雷震，備因謂操曰：「聖人云『迅雷風烈必變』，良有以也。一震之威，乃可至於此也！」

〔三〕獻帝起居注曰：承等與備謀未發，而備出。承謂服曰：「郭多有數百兵，壞李傕數萬人，但足下與我同不耳！昔呂不韋之門，須子楚而後高，今吾與子由是也。」服曰：「惶懼不敢當，且兵又少。」承曰：「舉事訖，得曹公成兵，顧不足邪？」服曰：「今京師豈有所任乎？」承曰：「長水校尉种輯、議郎吳碩是我腹心辦事者。」遂定計。

先主據下邳。靈等還，先主乃殺徐州刺史車胄，留關羽守下邳，而身還小沛。〔一〕東海昌霸反，郡縣多叛曹公爲先主，衆數萬人，遣孫乾與袁紹連和，曹公遣劉岱、王忠擊之，不克。五年，曹公東征先主，先主敗績。〔二〕曹公盡收其衆，虜先主妻子，幷禽關羽以歸。

〔一〕胡沖吳歷曰：曹公數遣親近密覘諸將有賓客酒食者，輒因事害之。備時閉門，將人種蕪菁，曹公使人闚門。既去，備謂張飛、關羽曰：「吾豈種菜者乎？曹公必有疑意，不可復留。」其夜開後柵，與飛等輕騎俱去，所得賜遺衣服，悉封留之，乃往小沛收合兵衆。

臣松之案：魏武帝遣先主統諸將要擊袁術，郭嘉等並諫，魏武不從，其事顯然，非因種菜遁逃而去。如胡沖所云，何乖僻之甚乎！

〔三〕魏書曰：是時，公方有急於官渡，乃分留諸將屯官渡，自勒精兵征備。備初謂公與大敵連，不得東，而候騎卒至，言曹公自來。備大驚，然猶未信。自將數十騎出望公軍，見麾旌，便棄衆而走。

先主走青州。青州刺史袁譚，先主故茂才也，將步騎迎先主。先主隨譚到平原，譚馳使白紹。紹遣將道路奉迎，身去鄴二百里，與先主相見。〔一〕駐月餘日，所失亡士卒稍稍來集。曹公與袁紹相拒於官渡，汝南黄巾劉辟等叛曹公應紹。紹遣先主將兵與辟等略許下。關羽亡歸先主。曹公遣曹仁將兵擊先主，先主還紹軍，陰欲離紹，乃說紹南連荆州牧劉表。紹遣先主將本兵復至汝南，與賊龔都等合，衆數千人。曹公遣蔡陽擊之，爲先主所殺。

〔一〕魏書曰：備歸紹，紹父子傾心敬重。

曹公既破紹，自南擊先主。先主遣麋竺、孫乾與劉表相聞，表自郊迎，以上賓禮待之，益其兵，使屯新野。荆州豪傑歸先主者日益多，表疑其心，陰禦之。〔一〕使拒夏侯惇、于禁等於博望。久之，先主設伏兵，一旦自燒屯僞遁，惇等追之，爲伏兵所破。

〔一〕九州春秋曰：備住荆州數年，嘗於表坐起至廁，見髀裏肉生，慨然流涕。還坐，表怪問備，備曰：「吾常身不離鞍，髀肉皆消。今不復騎，髀裏肉生。日月若馳，老將至矣，而功業不建，是以悲耳。」

世語曰：備屯樊城，劉表禮焉，憚其爲人，不甚信用。曾請備宴會，蒯越、蔡瑁欲因會取備，備覺之，僞如廁，潛遁出。所乘馬名的盧，騎的盧走，墮襄陽城西檀溪水中，溺不得出。備急曰：「的盧：今日厄矣，可努力！」的盧乃一踊三丈，遂得過，乘桴渡河，中流而追者至，以表意謝之，曰：「何去之速乎！」

孫盛曰：此不然之言。備時羈旅，客主勢殊，若有此變，豈敢晏然終表之世而無釁故乎？此皆世俗妄說，非事實也。

十二年，曹公北征烏丸，先主說表襲許，表不能用。〔一〕曹公南征表，會表卒，〔二〕子琮代立，遣使請降。先主屯樊，不知曹公卒至，至宛乃聞之，遂將其衆去。過襄陽，諸葛亮說先主攻琮，荊州可有。先主曰：「吾不忍也。」〔三〕乃駐馬呼琮，琮懼不能起。琮左右及荊州人多歸先主。〔四〕比到當陽，衆十餘萬，輜重數千兩，日行十餘里，別遣關羽乘船數百艘，使會江陵。或謂先主曰：「宜速行保江陵，今雖擁大衆，被甲者少，若曹公兵至，何以拒之？」先主曰：「夫濟大事必以人爲本，今人歸吾，吾何忍棄去！」〔五〕

〔一〕漢晉春秋曰：曹公自柳城還，表謂備曰：「不用君言，故爲失此大會。」備曰：「今天下分裂，日尋干戈，事會之來，豈有終極乎？若能應之於後者，則此未足爲恨也。」

〔二〕英雄記曰：表病，上備領荊州刺史。

魏書曰：表病篤，託國於備，顧謂曰：「我兒不才，而諸將並零落，我死之後，卿便攝荊州。」備曰：「諸子自賢，君其憂病。」或勸備宜從表言，備曰：「此人待我厚，今從其言，人必以我爲薄，所不忍也。」

臣松之以爲表夫妻素愛琮，捨適立庶，情計久定，無緣臨終舉荊州以授備，此亦不然之言。

〔三〕孔衍漢魏春秋曰：劉琮乞降，不敢告備。備亦不知，久之乃覺，遣所親問琮。琮令宋忠詣備宣旨。是時曹公在宛，備乃大驚駭，謂忠曰：「卿諸人作事如此，不早相語，今禍至方告我，不亦太劇乎！」引刀向忠曰：「今斷卿頭，不足以解忿，亦恥大丈夫臨別復殺卿輩！」遣忠去，乃呼部曲議。或勸備劫將琮及荊州吏士徑南到江陵，備答曰：「劉荊州臨亡託我以孤遺，背信自濟，吾所不爲，死何面目以見劉荊州乎！」

〔四〕典略曰：備過辭表墓，遂涕泣而去。

〔五〕習鑿齒曰：先主雖顛沛險難而信義愈明，勢偪事危而言不失道。追景升之顧，則情感三軍；戀赴義之士，則甘與同敗。觀其所以結物情者，豈徒投醪撫寒含蓼問疾而已哉！其終濟大業，不亦宜乎！

曹公以江陵有軍實，恐先主據之，乃釋輜重，輕軍到襄陽。聞先主已過，曹公將精騎五千急追之，一日一夜行三百餘里，及於當陽之長坂。先主棄妻子，與諸葛亮、張飛、趙雲等數十騎走，曹公大獲其人衆輜重。先主斜趨漢津，適與羽船會，得濟沔，遇表長子江夏太守琦衆萬餘人，與俱到夏口。先主遣諸葛亮自結於孫權，〔一〕權遣周瑜、程普等水軍數萬，與先主并力，〔二〕與曹公戰於赤壁，大破之，焚其舟船。先主與吳軍水陸並進，追到南郡，時又疾疫，北軍多死，曹公引歸。〔三〕

〔一〕江表傳曰：孫權遣魯肅弔劉表二子，并令與備相結。肅未至而曹公已濟漢津。肅故進前，與備相遇於當陽。因宣權旨，論天下事勢，致殷勤之意。且問備曰：「豫州今欲何至？」備曰：「與蒼梧太守（吳臣）〔吳巨〕有舊，欲往投之。」肅曰：「孫討虜聰明仁惠，敬賢禮士，江表英豪，咸歸附之，已據有六郡，兵精糧多，足以立事。今爲君計，莫若遣腹心使自結於東，崇連和之好，共濟世業，而云欲投（吳臣）〔吳巨〕，（臣）〔巨〕是凡人，偏在遠郡，行將爲人所併，豈足託乎？」備大喜，進住鄂縣，卽遣諸葛亮隨肅詣孫權，結同盟誓。

〔二〕江表傳曰：備從魯肅計，進住鄂縣之樊口。諸葛亮詣吳未還，備聞曹公軍下，恐懼，日遣邏吏於水次候望權軍。吏望見瑜船，馳往白備，備曰：「何以知（之）非青徐軍邪？」吏對曰：「以船知之。」備遣人慰勞之。瑜曰：「有軍任，不可得委署，儻能屈威，誠副其所望。」備謂關羽、張飛曰：「彼欲致我，我今自結託於東而不往，非同盟之意也。」乃乘單舸往見瑜，問曰：「今拒曹公，深爲得計。戰卒有幾？」瑜曰：「三萬人。」備曰：「恨少。」瑜曰：「此自足用，豫州但觀瑜破之。」備欲呼魯肅等共會語，瑜曰：「受命不得妄委署，若欲見子敬，可別過之。又孔明已俱來，不過三兩日到也。」備雖深愧異瑜，而心未許之能必破北軍也，故差池在後，將二千人與羽、飛俱，未肯係瑜，蓋爲進退之計也。

孫盛曰：劉備雄才，處必亡之地，告急於吳，而獲奔助，無緣復顧望江渚而懷後計。江表傳之言，當是吳人欲專美之辭。

〔三〕江表傳曰：周瑜爲南郡太守，分南岸地以給備。備別立營於油江口，改名爲公安。劉表吏士見從北軍，多叛來投備。備以瑜所給地少，不足以安民，（後）〔復〕從權借荆州數郡。

先主表琦爲荆州刺史，又南征四郡。武陵太守金旋、長沙太守韓玄、桂陽太守趙範、零陵太守劉度皆降。〔一〕廬江雷緒率部曲數萬口稽顙。琦病死，羣下推先主爲荆州牧，治公安。權稍畏之，進妹固好。先主至京見權，綢繆恩紀。〔二〕權遣使云欲共取蜀，或以爲宜報聽許，吳終不能越荊有蜀，蜀地可爲己有。荊州主簿殷觀進曰：「若爲吳先驅，進未能克蜀，退爲吳所乘，卽事去矣。今但可然贊其伐蜀，而自說新據諸郡，未可興動，吳必不敢越我而獨取蜀。如此進退之計，可以收吳、蜀之利。」先主從之，權果輟計。遷觀爲別駕從事。〔三〕

〔一〕三輔決錄注曰：金旋字元機，京兆人，歷位黃門郎、漢陽太守，徵拜議郎，遷中郎將，領武陵太守，爲備所攻劫死。子禕，事見魏武本紀。

〔二〕山陽公載記曰：備還，謂左右曰：「孫車騎長上短下，其難爲下，吾不可以再見之。」乃晝夜兼行。臣松之案：魏書載劉備與孫權語，與蜀志述諸葛亮與權語正同。劉備未破魏軍之前，尚未與孫權相見，不得有此說。故知蜀志爲是。

〔三〕獻帝春秋曰：孫權欲與備共取蜀，遣使報備曰：「米賊張魯居王巴、漢，爲曹操耳目，規圖益州。劉璋不武，不能自守。若操得蜀，則荊州危矣。今欲先攻取璋，進討張魯，首尾相連，一統吳、楚，雖有十操，無所憂也。」備欲自圖蜀，拒答不聽，曰：「益州民富彊，土地險阻，劉璋雖弱，足以自守。張魯虛僞，未必盡忠於操。今暴師於蜀、漢，轉運於萬里，欲使戰克攻取，舉不失利，此吳起不能定其規，孫武不能善其事也。曹操雖有無君之心，而有奉主之名，議者見操失利於赤壁，謂其力屈，無復遠志也。今操三分天下已有其二，將欲飲馬於滄海，觀兵於吳會，何肯守此坐須老乎？今同盟無故自相攻伐，借樞於操，使敵承其隙，非長計也。」權不聽，遣孫瑜率水軍住夏口。備不聽軍過，謂瑜曰：「汝欲取蜀，吾當被髮入山，不失信於天下也。」使關羽屯江陵，張飛屯秭歸，諸葛亮據南郡，備自住孱陵。權知備意，因召瑜還。

十六年，益州牧劉璋遙聞曹公將遣鍾繇等向漢中討張魯，內懷恐懼。別駕從事蜀郡張松說璋曰：「曹公兵彊無敵於天下，若因張魯之資以取蜀土，誰能禦之者乎？」璋曰：「吾固憂之而未有計。」松曰：「劉豫州，使君之宗室而曹公之深讎也，善用兵，若使之討魯，魯必破。魯破，則益州彊，曹公雖來，無能爲也。」璋然之，遣法正將四千人迎先主，前後賂遺以巨億計。正因陳益州可取之策。〔一〕先主留諸葛亮、關羽等據荊州，將步卒數萬人入益州。至涪，璋自出迎，相見甚歡。張松令法正白先主，及謀臣龐統進說，便可於會所襲璋。先主曰：「此大事也，不可倉卒。」璋推先主行大司馬，領司隸校尉；先主亦推璋行鎮西大將軍，領益州牧。璋增先主兵，使擊張魯，又令督白水軍。先主幷軍三萬餘人，車甲器械資貨甚盛。是歲，璋還成都。先主北到葭萌，未卽討魯，厚樹恩德，以收衆心。

〔一〕吳書曰：備前見張松，後得法正，皆厚以恩意接納，盡其殷勤之歡。因問蜀中闊狹，兵器府庫人馬衆寡，及諸要害道里遠近，松等具言之，又畫地圖山川處所，由是盡知益州虛實也。

明年，曹公征孫權，權呼先主自救。先主遣使告璋曰：「曹公征吳，吳憂危急。孫氏與孤本爲脣齒，又樂進在青泥與關羽相拒，今不往救羽，進必大克，轉侵州界，其憂有甚於魯。魯自守之賊，不足慮也。」乃從璋求萬兵及資(寶)〔實〕，欲以東行。璋但許兵四千，其餘皆給半。〔二〕張松書與先主及法正曰：「今大事垂可立，如何釋此去乎！」松兄廣漢太守肅，懼禍逮己，白璋發其謀。於是璋收斬松，嫌隙始構矣。〔二〕璋敕關戍諸將文書勿復關通先主。先主大怒，召璋白水軍督楊懷，責以無禮，斬之。乃使黃忠、卓膺勒兵向璋。先主徑至關中，質諸將并士卒妻子，引兵與忠、膺等進到涪，據其城。璋遣劉璝、冷苞、張任、鄧賢等拒先主於涪，〔三〕皆破敗，退保緜竹。璋復遣李嚴督緜竹諸軍，嚴率衆降先主。先主軍益强，分遣諸將平下屬縣，諸葛亮、張飛、趙雲等將兵泝流定白帝、江州、江陽，惟關羽留鎮荆州。先主進軍圍雒；時璋子循守城，被攻且一年。

〔一〕魏書曰：備因激怒其衆曰：「吾爲益州征强敵，師徒勤瘁，不遑寧居；今積帑藏之財而悋於賞功，望士大夫爲出死力戰，其可得乎！」

〔二〕益部耆舊雜記曰：張肅有威儀，容貌甚偉。松爲人短小，放蕩不治節操，然識達精果，有才幹。劉璋遣詣曹公，曹公不甚禮；公主簿楊脩深器之，白公辟松，公不納。脩以公所撰兵書示松，松宴飲之間一看便闇誦。脩以此益異之。

〔三〕益部耆舊雜記曰：張任，蜀郡人，家世寒門。少有膽勇，有志節，仕州爲從事。

十九年夏，雒城破，〔一〕進圍成都數十日，璋出降。〔二〕蜀中殷盛豐樂，先主置酒大饗士卒，取蜀城中金銀分賜將士，還其穀帛。先主復領益州牧，諸葛亮爲股肱，法正爲謀主，關羽、張飛、馬超爲爪牙，許靖、麋竺、簡雍爲賓友。及董和、黃權、李嚴等本璋之所授用也，吳壹、費觀等又璋之婚親也，彭羕又璋之所排擯也，劉巴者宿昔之所忌恨也，皆處之顯任，盡其器能。有志之士，無不競勸。

〔一〕益部耆舊雜記曰：劉璋遣張任、劉璝率精兵拒捍先主於涪，爲先主所破，退與璋子循守雒城。任勒兵出於雁橋，戰復敗。禽任。先主聞任之忠勇，令軍降之，任厲聲曰：「老臣終不復事二主矣。」乃殺之。先主歎惜焉。

〔二〕傅子曰：初，劉備襲蜀，丞相掾趙戩曰：「劉備其不濟乎？拙於用兵，每戰則敗，奔亡不暇，何以圖人？蜀雖小區，險固四塞，獨守之國，難卒并也。」徵士傅幹曰：「劉備寬仁有度，能得人死力。諸葛亮達治知變，正而有謀，而爲之相；張飛、關羽勇而有義，皆萬人之敵，而爲之將：此三人者，皆人傑也。以備之略，三傑佐之，何爲不濟也？」典略曰：趙戩，字叔茂，京兆長陵人也。質而好學，言稱詩書，愛恤於人，不論疎密。辟公府，入爲尚書選部郎。董卓欲以所私並充臺閣，戩拒不聽。卓怒，召戩欲殺之，觀者皆爲戩懼，而戩自若。及見卓，引辭正色，陳說是非，卓雖凶戾，屈而謝之。遷平陵令。故將王允被害，莫敢近者，戩棄官收斂之。三輔亂，戩客荊州，劉表以爲賓客。曹公平荊州，執戩手曰：「何相見之晚也！」遂辟爲掾。後爲五官將司馬，相國鍾繇長史，年六十餘卒。

二十年，孫權以先主已得益州，使使報欲得荊州。先主言：「須得涼州，當以荊州相與。」權忿之，乃遣呂蒙襲奪長沙、零陵、桂陽三郡。先主引兵五萬下公安，令關羽入益陽。是歲，曹公定漢中，張魯遁走巴西。先主聞之，與權連和，分荊州、江夏、長沙、桂陽東屬，南郡、零陵、武陵西屬，引軍還江州。遣黃權將兵迎張魯，張魯已降曹公。曹公使夏侯淵、張郃屯漢中，數數犯暴巴界。先主令張飛進兵宕渠，與郃等戰於瓦口，破郃等，〔郃〕收兵還南鄭。先主亦還成都。

二十三年，先主率諸將進兵漢中。分遣將軍吳蘭、雷銅等入武都，皆爲曹公軍所沒。先主次于陽平關，與淵、郃等相拒。

二十四年春，自陽平南渡沔水，緣山稍前，於定軍山勢作營。淵將兵來爭其地。先主命黄忠乘高鼓譟攻之，大破淵軍，斬淵及曹公所署益州刺史趙顒等。曹公自長安舉衆南征。先主遙策之曰：「曹公雖來，無能爲也，我必有漢川矣。」及曹公至，先主斂衆拒險，終不交鋒，積月不拔，亡者日多。夏，曹公果引軍還，先主遂有漢中。遣劉封、孟達、李平等攻申耽於上庸。

秋，羣下上先主爲漢中王，表於漢帝曰：「平西將軍都亭侯臣馬超、左將軍（領）長史（領）鎮軍將軍臣許靖、營司馬臣龐羲、議曹從事中郎軍議中郎將臣射援、（二）軍師將軍臣諸葛亮、盪寇將軍漢壽亭侯臣關羽、征虜將軍新亭侯臣張飛、征西將軍臣黄忠、鎮遠將軍臣賴恭、揚武將軍臣法正、興業將軍臣李嚴等一百二十人上言曰：昔唐堯至聖而四凶在朝，周成仁賢而四國作難，高后稱制而諸呂竊命，孝昭幼沖而上官逆謀，皆馮世寵，藉履國權，窮凶極亂，社稷幾危。非大舜、周公、朱虛、博陸，則不能流放禽討，安危定傾。伏惟陛下誕姿聖德，統理萬邦，而遭厄運不造之艱。董卓首難，蕩覆京畿，曹操階禍，竊執天衡；皇后太子，鴆殺見害，剝亂天下，殘毀民物。久令陛下蒙塵憂厄，幽處虛邑。人神無主，遏絕王命，厭昧皇極，欲盜神器。左將軍領司隸校尉豫、荆、益三州牧宜城亭侯備，受朝爵秩，念在輸力，以殉國難。覩其機兆，赫然憤發，與車騎將軍董承同謀誅操，將安國家，克寧舊都。會承機事不密，令操游魂得遂長惡，殘泯海內。臣等每懼王室大有閻樂之禍，小有定安之變，〔二〕夙夜惴惴，戰慄累息。昔在虞書，敦序九族，周監二代，封建同姓，詩著其義，歷載長久。漢興之初，割裂疆土，尊王子弟，是以卒折諸呂之難，而成太宗之基。臣等以備肺腑枝葉，宗子藩翰，心存國家，念在弭亂。自操破於漢中，海內英雄望風蟻附，而爵號不顯，九錫未加，非所以鎮衞社稷，光昭萬世也。奉辭在外，禮命斷絕。昔河西太守梁統等值漢中興，限於山河，位同權均，不能相率，咸推竇融以爲元帥，卒立效績，摧破隗囂。今社稷之難，急於隴、蜀。操外吞天下，內殘羣寮，朝廷有蕭牆之危，而禦侮未建，可爲寒心。臣等輒依舊典，封備漢中王，拜大司馬，董齊六軍，糾合同盟，掃滅凶逆。以漢中、巴、蜀、廣漢、犍爲爲國，所署置依漢初諸侯王故典。夫權宜之制，苟利社稷，專之可也。然後功成事立，臣等退伏矯罪，雖死無恨。」遂於沔陽設壇場，陳兵列衆，羣臣陪位，讀奏訖，御王冠於先主。

〔一〕三輔決錄注曰：援字文雄，扶風人也。其先本姓謝，與北地諸謝同族。始祖謝服爲將軍出征，天子以謝服非令名，改爲射，子孫氏焉。兄堅，字文固，少有美名，辟公府爲黃門侍郎。獻帝之初，三輔饑亂，堅去官，與弟援南入蜀依劉璋，璋以堅爲長史。劉備代璋，以堅爲廣漢、蜀郡太守。援亦少有名行，太尉皇甫嵩賢其才而以女妻之，丞相諸葛亮以援爲祭酒，遷從事中郎，卒官。

〔三〕趙高使閻樂殺二世。王莽廢孺子以爲定安公。

先主上言漢帝曰：「臣以具臣之才，荷上將之任，董督三軍，奉辭於外，不得掃除寇難，靖匡王室，久使陛下聖教陵遲，六合之內，否而未泰，惟憂反側，疢如疾首。曩者董卓造爲亂階，自是之後，羣兇縱橫，殘剝海內。賴陛下聖德威靈，人神同應，或忠義奮討，或上天降罰，暴逆並殪，以漸冰消。惟獨曹操，久未梟除，侵擅國權，恣心極亂。臣昔與車騎將軍董承圖謀討操，機事不密，承見陷害，臣播越失據，忠義不果。遂得使操窮凶極逆，主后戮殺，皇子鴆害。雖糾合同盟，念在奮力，懦弱不武，歷年未效。常恐殞沒，孤負國恩，寤寐永歎，夕惕若厲。今臣羣寮以爲在昔虞書敦敍九族，庶明勵翼，〔一〕五帝損益，此道不廢。周監二代，並建諸姬，實賴晉、鄭夾輔之福。高祖龍興，尊王子弟，大啓九國，卒斬諸呂，以安大宗。今操惡直醜正，寔繁有徒，包藏禍心，篡盜已顯。既宗室微弱，帝族無位，斟酌古式，依假權宜，上臣大司馬漢中王。臣伏自三省，受國厚恩，荷任一方，陳力未效，所獲已過，不宜復忝高位以重罪謗。羣寮見逼，迫臣以義。臣退惟寇賊不梟，國難未已，宗廟傾危，社稷將墜，成臣憂責碎首之負。若應權通變，以寧靖聖朝，雖赴水火，所不得辭，敢慮常宜，以防後悔。

輒順衆議，拜受印璽，以崇國威。仰惟爵號，位高寵厚，俯思報效，憂深責重，驚怖累息，如臨于谷。盡力輸誠，獎厲六師，率齊羣義，應天順時，撲討凶逆，以寧社稷，以報萬分。謹拜章。」因驛上還所假左將軍、宜城亭侯印綬。於是還治成都。拔魏延爲都督，鎮漢中。〔三〕時關羽攻曹公將曹仁，禽于禁於樊。俄而孫權襲殺羽，取荊州。

〔二〕鄭玄注曰：庶，衆也；勵，作也；敍，次序也。序九族而親之，以衆明作羽翼之臣也。

〔三〕典略曰：備於是起館舍，築亭障，從成都至白水關，四百餘區。

二十五年，魏文帝稱尊號，改年曰黃初。或傳聞漢帝見害，先主乃發喪制服，追謚曰孝愍皇帝。是後在所並言衆瑞，日月相屬，故議郎陽泉侯劉豹、青衣侯向舉、偏將軍張裔、黃權、大司馬屬殷純、益州別駕從事趙莋、治中從事楊洪、從事祭酒何宗、議曹從事杜瓊、勸學從事張爽、尹默、譙周等上言：「臣聞河圖、洛書，五經讖、緯，孔子所甄，驗應自遠。謹案洛書甄曜度曰：『赤三日德昌，九世會備，合爲帝際。』洛書寶號命曰：『天度帝道備稱皇，以統握契，百成不敗。』洛書錄運期曰：『九侯七傑爭命民炊骸，道路籍籍履人頭，誰使主者玄且來。』孝經鉤命決錄曰：『帝三建九會備。』臣父羣未亡時，言西南數有黃氣，直立數丈，見來積年，時時有景雲祥風，從璿璣下來應之，此爲異瑞。又二十二年中，數有氣如旗，從西竟東，中天而行，圖、書曰『必有天子出其方』。加是年太白、熒惑、填星，常從歲星相追。近漢初興，五星從歲星謀；歲星主義，漢位在西，義之上方，故漢法常以歲星候人主。當有聖主起於此州，以致中興。時許帝尚存，故羣下不敢漏言。頃者熒惑復追歲星，見在胃昴畢；昴畢爲天綱，經曰『帝星處之，衆邪消亡』。聖諱豫覩，推揆期驗，符合數至，若此非一。臣聞聖王先天而天不違，後天而奉天時，故應際而生，與神合契。願大王應天順民，速卽洪業，以寧海內。」

太傅許靖、安漢將軍糜竺、軍師將軍諸葛亮、太常賴恭、光祿勳（黃權）〔黃柱〕、少府王謀等上言：「曹丕篡弒，湮滅漢室，竊據神器，劫迫忠良，酷烈無道。人鬼忿毒，咸思劉氏。今上無天子，海內惶惶，靡所式仰。羣下前後上書者八百餘人，咸稱述符瑞，圖、讖明徵。閒黃龍見武陽赤水，九日乃去。孝經援神契曰『德至淵泉則黃龍見』，龍者，君之象也。易乾九五『飛龍在天』，大王當龍升，登帝位也。又前關羽圍樊襄陽，襄陽男子張嘉、王休獻玉璽，璽潛漢水，伏於淵泉，暉景燭燿，靈光徹天。夫漢者，高祖本所起定天下之國號也，大王襲先帝軌跡，亦興於漢中也。今天子玉璽神光先見，璽出襄陽漢水之末，明大王承其下流，授與大王以天子之位，瑞命符應，非人力所致。昔周有烏魚之瑞，咸曰休哉。二祖受命，圖、書先著，以爲徵驗。今上天告祥，羣儒英俊，並進河、洛，孔子讖、記，咸悉具至。伏惟大王出自孝景皇帝中山靖王之胄，本支百世，乾祇降祚，聖姿碩茂，神武在躬，仁覆積德，愛人好士，是以四方歸心焉。考省靈圖，啓發讖、緯，神明之表，名諱昭著。宜即帝位，以纂二祖，紹嗣昭穆，天下幸甚。臣等謹與博士許慈、議郎孟光，建立禮儀，擇令辰，上尊號。」即皇帝位於成都武擔之南。〔一〕爲文曰：「惟建安二十六年四月丙午，皇帝備敢用玄牡，昭告皇天上帝后土神祇：漢有天下，歷數無疆。曩者王莽篡盜，光武皇帝震怒致誅，社稷復存。今曹操阻兵安忍，戮殺主后，滔天泯夏，罔顧天顯。操子丕，載其凶逆，竊居神器。羣臣將士以爲社稷墮廢，備宜脩之，嗣武二祖，龔行天罰。備惟否德，懼忝帝位。詢于庶民，外及蠻夷君長，僉曰『天命不可以不答，祖業不可以久替，四海不可以無主』。率土式望，在備一人。備畏天明命，又懼漢阼將湮于地，謹擇元日，與百寮登壇，受皇帝璽綬。脩燔瘞，告類于天神，惟神饗祚于漢家，永綏四海！」〔二〕

〔一〕蜀本紀曰：武都有丈夫化爲女子，顔色美好，蓋山精也。蜀王娶以爲妻，不習水土，疾病欲歸國，蜀王留之，無幾物故。蜀王發卒之武都，擔土於成都郭中葬，蓋地數畝，高十丈，號曰武擔也。

臣松之案：武擔，山名，在成都西北，蓋以乾位在西北，故就之以即阼。

〔二〕魏書曰：備聞曹公薨，遣掾韓冉奉書弔，并致賻贈之禮。文帝惡其因喪求好，敕荆州刺史斬冉，絕使命。

典略曰：備遣軍謀掾韓冉齎書弔，并貢錦布。冉稱疾，住上庸。上庸致其書，適會受終，有詔報答以引致之。備得報書，遂稱制。

章武元年夏四月，大赦，改年。以諸葛亮爲丞相，許靖爲司徒。置百官，立宗廟，祫祭高皇帝以下。〔一〕五月，立皇后吴氏，子禪爲皇太子。六月，以子永爲魯王，理爲梁王。車騎將軍張飛爲其左右所害。初，先主忿孫權之襲關羽，將東征，秋七月，遂帥諸軍伐吴。孫權遣書請和，先主盛怒不許，吴將陸議、李異、劉阿等屯巫、秭歸；將軍吴班、馮習自巫攻破異等，軍次秭歸，武陵五谿蠻夷遣使請兵。

〔一〕臣松之以爲先主雖云出自孝景，而世數悠遠，昭穆難明，既紹漢祚，不知以何帝爲元祖以立親廟。于時英賢作輔，儒生在官，宗廟制度，必有憲章，而載記闕略，良可恨哉！

二年春正月，先主軍還秭歸，將軍吴班、陳式水軍屯夷陵，夾江東西岸。二月，先主自秭歸率諸將進軍，緣山截嶺，於夷道猇亭猇，許交反。駐營，自佷山佷，音恆。通武陵，遣侍中馬良安慰五谿蠻夷，咸相率響應。鎮北將軍黄權督江北諸軍，與吴軍相拒於夷陵道。夏六月，黄氣見自秭歸十餘里中，廣數十丈。後十餘日，陸議大破先主軍於猇亭，將軍馮習、張南等皆没。先主自猇亭還秭歸，收合離散兵，遂棄船舫，由步道還魚復，改魚復縣曰永安。吴遣將軍李異、劉阿等踵躡先主軍，屯駐南山。秋八月，收兵還巫。司徒許靖卒。冬十月，詔丞相亮營南北郊於成都。孫權聞先主住白帝，甚懼，遣使請和。先主許之，遣太中大夫宗瑋報命。冬十二月，漢嘉太守黄元聞先主疾不豫，舉兵拒守。

三年春二月，丞相亮自成都到永安。三月，黃元進兵攻臨邛縣。遣將軍陳曶音笏。討元，元軍敗，順流下江，爲其親兵所縛，生致成都，斬之。先主病篤，託孤於丞相亮，尚書令李嚴爲副。夏四月癸巳，先主殂于永安宮，時年六十三。〔一〕

〔一〕諸葛亮集載先主遺詔敕後主曰：「朕初疾但下痢耳，後轉雜他病，殆不自濟。人五十不稱夭，年已六十有餘，何所復恨，不復自傷，但以卿兄弟爲念。射君到，說丞相歎卿智量甚大，增脩過於所望，審能如此，吾復何憂！勉之，勉之！勿以惡小而爲之，勿以善小而不爲。惟賢惟德，能服於人。汝父德薄，勿效之。可讀漢書、禮記，閒暇歷觀諸子及六韜、商君書，益人意智。聞丞相爲寫申、韓、管子、六韜一通已畢，未送，道亡，可自更求聞達。」臨終時，呼魯王與語：「吾亡之後，汝兄弟父事丞相，令卿與丞相共事而已。」

亮上言於後主曰：「伏惟大行皇帝邁仁樹德，覆燾無疆，昊天不弔，寢疾彌留，今月二十四日奄忽升遐，臣妾號咷，若喪考妣。乃顧遺詔，事惟大宗，動容損益；百寮發哀，滿三日除服，到葬期復如禮；其郡國太守、相、都尉、縣令長，三日便除服。臣亮親受敕戒，震畏神靈，不敢有違。臣請宣下奉行。」五月，梓宮自永安還成都，謚曰昭烈皇帝。秋，八月，葬惠陵。〔二〕

〔二〕葛洪神仙傳曰：仙人李意其，蜀人也。傳世見之，云是漢文帝時人。先主欲伐吳，遣人迎意其。意其到，先主禮敬之，問以吉凶。意其不答而求紙筆，畫作兵馬器仗數十紙已，便一一以手裂壞之，又畫作一大人，掘地埋之，便徑去。先主大不喜。而自出軍征吳，大敗還，忿恥發病死，衆人乃知其意。其畫作大人而埋之者，即是言先主死意。

評曰：先主之弘毅寬厚，知人待士，蓋有高祖之風，英雄之器焉。及其舉國託孤於諸葛亮，而心神無貳，誠君臣之至公，古今之盛軌也。機權幹略，不逮魏武，是以基宇亦狹。然折而不撓，終不爲下者，抑揆彼之量必不容己，非唯競利，且以避害云爾。

三國志卷三十三　蜀書三

後主傳第三

後主諱禪，字公嗣，先主子也。建安二十四年，先主爲漢中王，立爲王太子。及卽尊號，册曰：「惟章武元年五月辛巳，皇帝若曰：太子禪，朕遭漢運艱難，賊臣篡盜，社稷無主，格人羣正，以天明命，朕繼大統。今以禪爲皇太子，以承宗廟，祗肅社稷。使使持節丞相亮授印綬，敬聽師傅，行一物而三善皆得焉，可不勉與！」〔一〕三年夏四月，先主殂于永安宮。五月，後主襲位於成都，時年十七。尊皇后曰皇太后。大赦，改元。是歲魏黃初四年也。〔二〕

〔一〕禮記曰：行一物而三善者，惟世子而已，其齒於學之謂也。鄭玄曰：物猶事也。

〔二〕魏略曰：初備在小沛，不意曹公卒至，遑遽棄家屬，後奔荆州。禪時年數歲，竄匿，隨人西入漢中，爲人所賣。及建安十六年，關中破亂，扶風人劉括避亂入漢中，買得禪，問知其良家子，遂養爲子，與娶婦，生一子。初禪與備相失時，識其父字玄德。比舍人有姓簡者，及備得益州而簡爲將軍，備遣簡到漢中，舍都邸。禪乃詣簡，簡相檢訊，事皆符驗。簡喜，以語張魯，魯(乃)〔爲〕洗沐送詣益州，備乃立以爲太子。初備以諸葛亮爲太子太傅，及禪立，以亮爲丞相，委以諸事，謂亮曰：「政由葛氏，祭則寡人。」亮亦以禪未閑於政，遂總內外。

臣松之案：二主妃子傳曰「後主生於荊州」，後主傳云「初卽帝位，年十七」，則建安十二年生也。十三年敗於長阪，備棄妻子走，趙雲傳曰「雲身抱弱子以免」，卽後主也。如此，備與禪未嘗相失也。又諸葛亮以禪立之明年領益州牧，其年與主簿杜微書曰「朝廷今年十八」，與禪傳相應，理當非虛。而魚豢云備敗於小沛，禪時年始生，及奔荊州，能識其父字玄德，計當五六歲。備敗於小沛時，建安五年也，至禪初立，首尾二十四年，禪應過三十矣。以事相驗，理不得然。此則魏略之妄說，乃至二百餘言，異也！又案諸書記及諸葛亮集，亮亦不爲太子太傅。

建興元年夏，牂牁太守朱褒擁郡反。〔一〕先是，益州郡有大姓雍闓反，流太守張裔於吳，據郡不賓，越嶲夷王高定亦背叛。是歲，立皇后張氏。遣尙書郎鄧芝固好於吳，吳王孫權與蜀和親使聘，是歲通好。

〔一〕魏氏春秋曰：初，益州從事常房行部，聞褒將有異志，收其主簿案問，殺之。褒怒，攻殺房，誣以謀反。諸葛亮誅房諸子，徙其四弟於越嶲，欲以安之。褒猶不悛改，遂以郡叛應雍闓。

臣松之案：以爲房爲褒所誣，執政所宜澄察，安有妄殺不辜以悅姦慝？斯殆妄矣！

二年春，務農殖穀，閉關息民。

三年春三月，丞相亮南征四郡，四郡皆平。改益州郡爲建寧郡，分建寧、永昌郡爲雲南郡，又分建寧、牂牁爲興古郡。十二月，亮還成都。

四年春，都護李嚴自永安還住江州，築大城。〔一〕

〔一〕今巴郡故城是。

五年春，丞相亮出屯漢中，營沔北陽平石馬。〔一〕

〔一〕諸葛亮集載禪三月下詔曰：「朕聞天地之道，福仁而禍淫；善積者昌，惡積者喪，古今常數也。是以湯、武脩德而王，桀、紂極暴而亡。曩者漢祚中微，網漏凶慝，董卓造難，震蕩京畿。曹操階禍，竊執天衡，殘剝海內，懷無君之心。子丕孤豎，敢尋亂階，盜據神器，更姓改物，世濟其凶。當此之時，皇極幽昧，天下無主，則我帝命隕越于下。昭烈皇帝體明叡之德，光演文武，應乾坤之運，出身平難，經營四方，人鬼同謀，百姓與能。兆民欣戴，奉順符讖，建位易號，丕承天序，補弊興衰，存復祖業，誕膺皇綱，不墜於地。萬國未定，早世遐殂。朕以幼沖，繼統鴻基，未習保傅之訓，而嬰祖宗之重。六合壅否，社稷不建，永惟所以，念在匡救，光載前緒，未有攸濟，朕甚懼焉。是以夙興夜寐，不敢自逸，每從菲薄以益國用，勸分務穡以阜民財，授方任能以參其聽，斷私降意以養將士。欲奮劍長驅，指討凶逆，朱旗未舉，而丕復隕喪，斯所謂不燃我薪而自焚也。殘類餘醜，又支天禍，恣睢河、洛，阻兵未弭。諸葛丞相弘毅忠壯，忘身憂國，先帝託以天下，以勖朕躬。今授之以旄鉞之重，付之以專命之權，統領步騎二十萬衆，董督元戎，龔行天罰，除患寧亂，克復舊都，在此行也。昔項籍總一彊衆，跨州兼土，所務者大，然卒敗垓下，死於東城，宗族（如焚）〔焚如〕，爲笑千載，皆不以義，陵上虐下故也。今賊效尤，天人所怨，奉時宜速，庶憑炎精祖宗威靈相助之福，所向必克。吳王孫權同恤災患，潛軍合謀，掎角其後。涼州諸國王各遣月支、康居胡侯支富、康植等二十餘人詣受節度。大軍北出，便欲率將兵馬，奮戈先驅，天命既集，人事又至，師貞勢并，必無敵矣。夫王者之兵，有征無戰，尊而且義，莫敢抗也，故鳴條之役，軍不血刃，牧野之師，商人倒戈。今旍麾首路，其所經至，亦不欲窮兵極武。有能棄邪從正，簞食壺漿以迎王師者，國有常典，封寵大小，各有品限。及魏之宗族、支葉、中外，有能規利害、審逆順之數，來詣降者，皆原除之。昔輔果絕親於智氏，而蒙全宗之福；微子去殷，項伯歸漢，皆受茅土之慶。此前世之明驗也。若其迷沈不反，將助亂人，不式王命，戮及妻孥，罔有攸赦。廣宣恩威，貸其元帥，弔其殘民。他如詔書律令，丞相其露布天下，使稱朕意焉。」

六年春，亮出攻祁山，不克。冬，復出散關，圍陳倉，糧盡退。魏將王雙率軍追亮，亮與戰，破之，斬雙，還漢中。

七年春，亮遣陳式攻武都、陰平，遂克定二郡。冬，亮徙府營於南山下原上，築漢、樂二城。是歲，孫權稱帝，與蜀約盟，共交分天下。

八年秋，魏使司馬懿由西城，張郃由子午，曹眞由斜谷，斜，余奢反。欲攻漢中。丞相亮待之於城固、赤阪，大雨道絕，眞等皆還。是歲，魏延破魏雍州刺史郭淮于陽谿。徙魯王永爲甘陵王，梁王理爲安平王，皆以魯、梁在吳分界故也。

九年春二月，亮復出軍圍祁山，始以木牛運。魏司馬懿、張郃救祁山。夏六月，亮糧盡退軍，郃追至青封，與亮交戰，被箭死。秋八月，都護李平廢徙梓潼郡。〔一〕

〔一〕漢晉春秋曰：冬十月，江陽至江州有鳥從江南飛渡江北，不能達，墮水死者以千數。

十年，亮休士勸農於黃沙，作流馬木牛畢，教兵講武。

十一年冬，亮使諸軍運米，集於斜谷口，治斜谷邸閣。是歲，南夷劉冑反，將軍馬忠破平之。

十二年春二月，亮由斜谷出，始以流馬運。秋八月，亮卒于渭濱。征西大將軍魏延與丞相長史楊儀爭權不和，舉兵相攻，延敗走；斬延首，儀率諸軍還成都。大赦。以左將軍吳壹爲車騎將軍，假節督漢中。以丞相留府長史蔣琬爲尙書令，總統國事。

十三年春正月，中軍師楊儀廢徙漢嘉郡。夏四月，進蔣琬位爲大將軍。

十四年夏四月，後主至湔，(一)登觀阪，看汶水之流，旬日還成都。徙武都氐王苻健及氐民四百餘戶於廣都。

(一)臣松之案：湔，縣名也，屬蜀郡，音翦。

十五年夏六月，皇后張氏薨。

延熙元年春正月，立皇后張氏。大赦，改元。立子璿爲太子，子瑤爲安定王。冬十一月，大將軍蔣琬出屯漢中。

二年春三月，進蔣琬位爲大司馬。

三年春，使越巂太守張嶷平定越巂郡。

四年冬十月，尙書令費禕至漢中，與蔣琬諮論事計，歲盡還。

五年春正月，監軍姜維督偏軍，自漢中還屯涪縣。

六年冬十月，大司馬蔣琬自漢中還，住涪。十一月，大赦。以尚書令費禕爲大將軍。

七年閏月，魏大將軍曹爽、夏侯玄等向漢中，鎮北大將軍王平拒興勢圍，大將軍費禕督諸軍往赴救，魏軍退。夏四月，安平王理卒。秋九月，禕還成都。

八年秋八月，皇太后薨。十二月，大將軍費禕至漢中，行圍守。

九年夏六月，費禕還成都。秋，大赦。冬十一月，大司馬蔣琬卒。〔一〕

〔一〕魏略曰：琬卒，禪乃自攝國事。

十年，涼州胡王白虎文、治無戴等率衆降，衞將軍姜維迎逆安撫，居之于繁縣。是歲，汶山平康夷反，維往討，破平之。

十一年夏五月，大將軍費禕出屯漢中。秋，涪陵屬國民夷反，車騎將軍鄧芝往討，皆破平之。

十二年春正月，魏誅大將軍曹爽等，右將軍夏侯霸來降。夏四月，大赦。秋，衞將軍姜維出攻雍州，不克而還。將軍句安、李韶降魏。

十三年，姜維復出西平，不克而還。

十四年夏，大將軍費禕還成都。冬，復北駐漢壽。大赦。

十五年，吳王孫權薨。立子琮爲西河王。

十六年春正月，大將軍費禕爲魏降人郭循所殺于漢壽。夏四月，衞將軍姜維復率衆圍南安，不克而還。

十七年春正月，姜維還成都。大赦。夏六月，維復率衆出隴西。冬，拔狄道、(河間)〔河關〕、臨洮三縣民，居于綿竹、繁縣。

十八年春，姜維還成都。夏，復率諸軍出狄道，與魏雍州刺史王經戰于洮西，大破之。經退保狄道城，維卻住鍾題。

十九年春，進姜維位爲大將軍，督戎馬，與鎮西將軍胡濟期會上邽，濟失誓不至。秋八月，維爲魏大將軍鄧艾所破于上邽。維退軍還成都。是歲，立子瓚爲新平王。大赦。

二十年，聞魏大將軍諸葛誕據壽春以叛，姜維復率衆出駱谷，至芒水。是歲大赦。

景耀元年，姜維還成都。史官言景星見，於是大赦，改年。宦人黃皓始專政。吳大將軍孫綝廢其主亮，立琅邪王休。

二年夏六月，立子諶爲北地王，恂爲新興王，虔爲上黨王。

三年秋九月，追謚故將軍關羽、張飛、馬超、龐統、黃忠。

四年春三月，追謚故將軍趙雲。冬十月，大赦。

五年春正月，西河王琮卒。是歲，姜維復率衆出侯和，爲鄧艾所破，還住沓中。

六年夏，魏大興徒衆，命征西將軍鄧艾、鎮西將軍鍾會、雍州刺史諸葛緒數道並攻。於是遣左右車騎將軍張翼、廖化、輔國大將軍董厥等拒之。大赦。改元爲炎興。冬，鄧艾破衞將軍諸葛瞻於綿竹。用光祿大夫譙周策，降於艾，奉書曰：「限分江、漢，遇值深遠，階緣蜀土，斗絕一隅，干運犯冒，漸苒歷載，遂與京畿攸隔萬里。每惟黃初中，文皇帝命虎牙將軍鮮于輔，宣溫密之詔，申三好之恩，開示門戶，大義炳然，而否德暗弱，竊貪遺緒，俛仰累紀，未率大教。天威既震，人鬼歸能之數，怖駭王師，神武所次，敢不革面，順以從命！輒敕羣帥投戈釋甲，官府帑藏一無所毀。百姓布野，餘糧棲畝，以俟后來之惠，全元元之命。伏惟大魏布德施化，宰輔伊、周，含覆藏疾。謹遣私署侍中張紹、光祿大夫譙周、駙馬都尉鄧良奉齎印綬，請命告誠，敬輸忠款，存亡敕賜，惟所裁之。輿櫬在近，不復縷陳。」是日，北地王諶傷國之亡，先殺妻子，次以自殺。〔一〕紹、良與艾相遇於雒縣。艾得書，大喜，即報書，〔二〕遣紹、良先還。艾至城北，後主輿櫬自縛，詣軍壘門。艾解縛焚櫬，延請相見。〔三〕因承制拜後主爲驃騎將軍。諸圍守悉被後主敕，然後降下。艾使後主止其故宮，身往造焉。資嚴未發，明年春正月，艾見收。鍾會自涪至成都作亂。會既死，蜀中軍衆鈔略，死喪狼籍，數日乃安集。

〔一〕漢晉春秋曰：後主將從譙周之策，北地王諶怒曰：「若理窮力屈，禍敗必及，便當父子君臣背城一戰，同死社稷，以見先帝可也。」後主不納，遂送璽綬。是日，諶哭於昭烈之廟，先殺妻子，而後自殺，左右無不爲涕泣者。

〔二〕王隱蜀記曰：艾報書云：「王綱失道，羣英並起，龍戰虎爭，終歸眞主，此蓋天命去就之道也。自古聖帝，爰逮漢、魏，受命而王者，莫不在乎中土。河出圖，洛出書，聖人則之，以興洪業，其不由此，未有不顛覆者也。隗囂憑隴而亡，公孫述據蜀而滅，此皆前世覆車之鑒也。聖上明哲，宰相忠賢，將比隆黃軒，侔功往代。銜命來征，思聞嘉響，果煩來使，告以德音，此非人事，豈天啓哉！昔微子歸周，實爲上賓，君子豹變，義存大易，來辭謙沖，以禮輿櫬，皆前哲歸命之典也。全國爲上，破國次之，自非通明智達，何以見王者之義乎！」禪又遣太常張峻、益州別駕汝超受節度，遣太僕蔣顯有命敕姜維。又遣尚書郎李虎送士民簿，領戶二十八萬，男女口九十四萬，帶甲將士十萬二千，吏四萬人，米四十餘萬斛，金銀各二千斤，錦綺綵絹各二十萬匹，餘物稱此。

〔三〕晉諸公贊曰：劉禪乘騾車詣艾，不具亡國之禮。

後主舉家東遷，既至洛陽，策命之曰：「惟景元五年三月丁亥，皇帝臨軒，使太常嘉命劉禪爲安樂縣公。於戲，其進聽朕命！蓋統天載物，以咸寧爲大，光宅天下，以時雍爲盛。故孕育羣生者，君人之道也，乃順承天者，坤元之義也。上下交暢，然後萬物協和，庶類獲乂，乃者漢氏失統，六合震擾。我太祖承運龍興，弘濟八極，是用應天順民，撫有區夏。于時乃考因羣傑虎爭，九服不靜，乘間阻遠，保據庸蜀，遂使西隅殊封，方外壅隔。自是以來，干戈不戢，元元之民，不得保安其性，幾將五紀。朕永惟祖考遺志，思在綏緝四海，率土同軌，故爰整六師，耀威梁、益。公恢崇德度，深秉大正，不憚屈身委質，以愛民全國爲貴，降心回慮，應機豹變，履信思順，以享左右無疆之休，豈不遠歟！朕嘉與君公長饗顯祿，用考咨前訓，開國胙土，率遵舊典，錫茲玄牡，苴以白茅，永為魏藩輔，往欽哉！公其祗服朕命，克廣德心，以終乃顯烈。」食邑萬戶，賜絹萬匹，奴婢百人，他物稱是。子孫為三都尉封侯者五十餘人。尚書令樊建、侍中張紹、光祿大夫譙周、祕書令郤正、殿中督張通並封列侯。〔一〕公泰始七年薨於洛陽。〔二〕

〔一〕漢晉春秋曰：司馬文王與禪宴，為之作故蜀技，旁人皆為之感愴，而禪喜笑自若。王謂賈充曰：「人之無情，乃可至於是乎！雖使諸葛亮在，不能輔之久全，而況姜維邪？」充曰：「不如是，殿下何由并之。」他日，王問禪曰：「頗思蜀否？」禪曰：「此間樂，不思蜀。」郤正聞之，求見禪曰：「若王後問，宜泣而答曰『先人墳墓遠在隴、蜀，乃心西悲，無日不思』，因閉其目。」會王復問，對如前，王曰：「何乃似郤正語邪！」禪驚視曰：「誠如尊命。」左右皆笑。

〔二〕蜀記云：謚曰思，公子恂嗣。

評曰：後主任賢相則為循理之君，惑閹豎則為昏闇之后，傳曰「素絲無常，唯所染之」，信矣哉！禮，國君繼體，踰年改元，而章武之三年，則革稱建興，考之古義，體理為違。又國不置史，注記無官，是以行事多遺，災異靡書。諸葛亮雖達於為政，凡此之類，猶有未周焉，

然經載十二而年名不易，軍旅屢興而赦不妄下，不亦卓乎！自亮沒後，茲制漸虧，優劣著矣。〔一〕

〔一〕華陽國志曰：丞相亮時，有言公惜赦者，亮答曰：「治世以大德，不以小惠，故匡衡、吳漢不願爲赦。先帝亦言吾周旋陳元方、鄭康成閒，每見啓告，治亂之道悉矣，曾不語赦也。若劉景升、季玉父子，歲歲赦宥，何益於治！」臣松之以爲「赦不妄下」，誠爲可稱，至於「年名不易」，猶所未達。案建武、建安之號，皆久而不改，未聞前史以爲美談。「經載十二」，蓋何足云？豈別有他意，求之未至乎！亮歿後，延熙之號，數盈二十，「茲制漸虧」，事又不然也。

三國志卷三十四

蜀書四

二主妃子傳第四

先主甘皇后，沛人也。先主臨豫州，住小沛，納以爲妾。先主數喪嫡室，常攝內事。隨先主於荆州，產後主。值曹公軍至，追及先主於當陽長阪，于時困偪，棄后及後主，賴趙雲保護，得免於難。后卒，葬于南郡。章武二年，追謚皇思夫人，遷葬於蜀，未至而先主殂隕。丞相亮上言：「皇思夫人履行脩仁，淑慎其身。大行皇帝昔在上將，嬪妃作合，載育聖躬，大命不融。大行皇帝存時，篤義垂恩，念皇思夫人神柩在遠飄颻，特遣使者奉迎。會大行皇帝崩，今皇思夫人神柩以到，又梓宮在道，園陵將成，安厝有期。臣輒與太常臣賴恭等議：禮記曰：『立愛自親始，教民孝也；立敬自長始，教民順也。』不忘其親所由生也。春秋之義，母以子貴。昔高皇帝追尊太上昭靈夫人爲昭靈皇后，孝和皇帝改葬其母梁貴人，尊號曰恭懷皇后，孝愍皇帝亦改葬其母王夫人，尊號曰靈懷皇后。今皇思夫人宜有尊號，以慰寒泉之思，輒與恭等案謚法，宜曰昭烈皇后。詩曰：『穀則異室，死則同穴。』〔一〕故昭烈皇后宜與大行皇帝合葬，臣請太尉告宗廟，布露天下，具禮儀別奏。」制曰可。

〔一〕禮云：上古無合葬，中古後因時方有。

先主穆皇后，陳留人也。兄吳壹，少孤，壹父素與劉焉有舊，是以舉家隨焉入蜀。焉有異志，而聞善相者相后當大貴。焉時將子瑁自隨，遂爲瑁納后。瑁死，后寡居。先主既定益州，而孫夫人還吳，〔一〕羣下勸先主聘后。先主疑與瑁同族，法正進曰：「論其親疎，何與晉文之於子圉乎？」於是納后爲夫人。〔二〕建安二十四年，立爲漢中王后。章武元年夏五月，策曰：「朕承天命，奉至尊，臨萬國。今以后爲皇后，遣使持節丞相亮授璽綬，承宗廟，母天下，皇后其敬之哉！」建興元年五月，後主即位，尊后爲皇太后，稱長樂宮。壹官至車騎將軍，封縣侯。延熙八年，后薨，合葬惠陵。〔三〕

〔一〕漢晉春秋云：先主入益州，吳遣迎孫夫人。夫人欲將太子歸吳，諸葛亮使趙雲勒兵斷江留太子，乃得止。

〔二〕習鑿齒曰：夫婚姻，人倫之始，王化之本，匹夫猶不可以無禮，而況人君乎？晉文廢禮行權，以濟其業，故子犯曰，有求于人，必先從之，將奪其國，何有於妻，非無故而違禮教者也。今先主無權事之偪，而引前失以爲譬，非導其君以堯、舜之道者。先主從之，過矣。

〔三〕孫盛蜀世譜曰：壹孫喬，沒李雄中三十年，不爲雄屈也。

後主敬哀皇后，車騎將軍張飛長女也。章武元年，納爲太子妃。建興元年，立爲皇后。十五年薨，葬南陵。

後主張皇后，前后敬哀之妹也。建興十五年，入爲貴人。延熙元年春正月，策曰：「朕統承大業，君臨天下，奉郊廟社稷。今以貴人爲皇后，使行丞相事左將軍向朗持節授璽綬。勉脩中饋，恪肅禋祀，皇后其敬之哉！」咸熙元年，隨後主遷于洛陽。〔一〕

〔一〕漢晉春秋曰：魏以蜀宮人賜諸將之無妻者，李昭儀曰：「我不能二三屈辱。」乃自殺。

劉永字公壽，先主子，後主庶弟也。章武元年六月，使司徒靖立永爲魯王，策曰：「小子永，受茲青土。朕承天序，繼統大業，遵脩稽古，建爾國家，封于東土，奄有龜蒙，世爲藩輔。嗚呼，恭朕之詔！惟彼魯邦，一變適道，風化存焉。人之好德，世茲懿美。王其秉心率禮，綏爾士民，是饗是宜，其戒之哉！」建興八年，改封爲甘陵王。初，永憎宦人黃皓，皓既信任用事，譖構永于後主，後主稍疏外永，至不得朝見者十餘年。咸熙元年，永東遷洛陽，拜奉車都尉，封爲鄉侯。

劉理字奉孝，亦後主庶弟也，與永異母。章武元年六月，使司徒靖立理爲梁王，策曰：「小子理，朕統承漢序，祗順天命，遵脩典秩，建爾于東，爲漢藩輔。惟彼梁土，畿甸之邦，民狎教化，易導以禮。往悉乃心，懷保黎庶，以永爾國，王其敬之哉！」建興八年，改封理爲安平王。延熙七年卒，謚曰悼王。子哀王胤嗣，十九年卒。子殤王承嗣，二十年卒。景耀四年詔曰：「安平王，先帝所命。三世早夭，國嗣頹絕，朕用傷悼。其以武邑侯輯襲王位。」輯，理子也，咸熙元年，東遷洛陽，拜奉車都尉，封鄉侯。

後主太子璿，字文衡。母王貴人，本敬哀張皇后侍人也。延熙元年正月策曰：「在昔帝王，繼體立嗣，副貳國統，古今常道。今以璿爲皇太子，昭顯祖宗之威，命使行丞相事左將軍朗持節授印綬。其勉脩茂質，祗恪道義，諮詢典禮，敬友師傅，斟酌衆善，翼成爾德，可不務脩以自勖哉！」時年十五。景耀六年冬，蜀亡。咸熙元年正月，鍾會作亂於成都，璿爲亂兵所害。〔一〕

〔一〕孫盛蜀世譜曰：璿弟，瑤、琮、瓚、諶、恂、璩六人。蜀敗，諶自殺，餘皆內徙。值永嘉大亂，子孫絕滅。唯永孫玄奔蜀，李雄僞署安樂公以嗣禪後。永和三年討李勢，盛參戎行，見玄于成都也。

評曰：易稱有夫婦然後有父子，夫人倫之始，恩紀之隆，莫尚於此矣。是故紀錄，以究一國之體焉。

三國志卷三十五　蜀書五

諸葛亮傳第五

諸葛亮字孔明，琅邪陽都人也。漢司隸校尉諸葛豐後也。父珪，字君貢，漢末爲太山郡丞。亮早孤，從父玄爲袁術所署豫章太守，玄將亮及亮弟均之官。會漢朝更選朱皓代玄。玄素與荊州牧劉表有舊，往依之。〔一〕玄卒，亮躬畊隴畝，好爲梁父吟。〔二〕身長八尺，每自比於管仲、樂毅，時人莫之許也。惟博陵崔州平、潁川徐庶元直與亮友善，謂爲信然。〔三〕

〔一〕獻帝春秋曰：初，豫章太守周術病卒，劉表上諸葛玄爲豫章太守，治南昌。漢朝聞周術死，遣朱皓代玄。皓從揚州太守劉繇求兵擊玄，玄退屯西城，皓入南昌。建安二年正月，西城民反，殺玄，送首詣繇。此書所云，與本傳不同。

〔二〕漢晉春秋曰：亮家于南陽之鄧縣，在襄陽城西二十里，號曰隆中。

〔三〕按崔氏譜：州平，太尉烈子，均之弟也。

魏略曰：亮在荊州，以建安初與潁川石廣元、徐元直、汝南孟公威等俱游學，三人務於精熟，而亮獨觀其大略。每晨夜從容，常抱膝長嘯，而謂三人曰：「卿三人仕進可至刺史郡守也。」三人問其所至，亮但笑而不言。後公威思鄉里，欲北歸，亮謂之曰：「中國饒士大夫，遨遊何必故鄉邪！」臣松之以爲魏略此言，謂諸葛亮爲公威計者可也，若謂兼爲己言，可謂未達其心矣。老氏稱知人者智，自知者明，凡在賢達之流，固必兼而有焉。以諸葛亮之鑒識，豈不能自審其分乎？夫其高吟俟時，情見乎言，志氣所存，既已定於其始矣。若使游步中華，騁其龍光，豈夫多士所能沈翳哉！委質魏氏，展其器能，誠非陳長文、司馬仲達所能頡頏，而況於餘哉！苟不患功業不就，道之不行，雖志恢宇宙而終不北向者，蓋以權御已移，漢祚將傾，方將翊贊宗傑，以興微繼絕克復爲己任故也。豈其區區利在邊鄙而已乎！此相如所謂「鵾鵬已翔於遼廓，而羅者猶視於藪澤」者矣。公威名建，在魏亦貴達。

時先主屯新野。徐庶見先主，先主器之，謂先主曰：「諸葛孔明者，臥龍也，將軍豈願見之乎？」〔二〕先主曰：「君與俱來。」庶曰：「此人可就見，不可屈致也。將軍宜枉駕顧之。」由是先主遂詣亮，凡三往，乃見。因屏人曰：「漢室傾頹，姦臣竊命，主上蒙塵。孤不度德量力，欲信大義於天下，而智術淺短，遂用猖(獗)〔蹶〕，至于今日。然志猶未已，君謂計將安出？」亮答曰：「自董卓已來，豪傑並起，跨州連郡者不可勝數。曹操比於袁紹，則名微而衆寡，然操遂能克紹，以弱爲強者，非惟天時，抑亦人謀也。今操已擁百萬之衆，挾天子而令諸侯，此誠不可與爭鋒。孫權據有江東，已歷三世，國險而民附，賢能爲之用，此可以爲援而不可圖也。荊州北據漢、沔，利盡南海，東連吳會，西通巴、蜀，此用武之國，而其主不能守，此殆天所以資將軍，將軍豈有意乎？益州險塞，沃野千里，天府之土，高祖因之以成帝業。劉璋闇弱，張魯在北，民殷國富而不知存恤，智能之士思得明君。將軍既帝室之冑，信義著於四海，總攬英雄，思賢如渴，若跨有荆、益，保其巖阻，西和諸戎，南撫夷越，外結好孫權，內脩政理；天下有變，則命一上將將荆州之軍以向宛、洛，將軍身率益州之衆出於秦川，百姓孰敢不簞食壺漿以迎將軍者乎？誠如是，則霸業可成，漢室可興矣。」先主曰：「善！」於是與亮情好日密。關羽、張飛等不悅，先主解之曰：「孤之有孔明，猶魚之有水也。願諸君勿復言。」羽、飛乃止。〔二〕

〔一〕襄陽記曰：劉備訪世事於司馬德操。德操曰：「儒生俗士，豈識時務？識時務者在乎俊傑。此間自有伏龍、鳳雛。」備問爲誰，曰：「諸葛孔明、龐士元也。」

〔二〕魏略曰：劉備屯於樊城。是時曹公方定河北，亮知荆州次當受敵，而劉表性緩，不曉軍事。亮乃北行見備，備與亮非舊，又以其年少，以諸生意待之。坐集既畢，衆賓皆去，而亮獨留，備亦不問其所欲言。備性好結毦，時適有人以髦牛尾與備者，備因手自結之。亮乃進曰：「明將軍當復有遠志，但結毦而已邪！」備知亮非常人也，乃投毦而答曰：「是何言與！我聊以忘憂耳。」亮遂言曰：「將軍度劉鎮南孰與曹公邪？」備曰：「不及。」亮又曰：「將軍自度何如也？」備曰：「亦不如。」曰：「今皆不及，而將軍之衆不過數千人，以此待敵，得無非計乎！」備曰：「我亦愁之，當若之何？」亮曰：「今荆州非少人也，而著籍者寡，平居發調，則人心不悅；可語鎮南，令國中凡有游戶，皆使自實，因錄以益衆可也。」備從其計，故衆遂强。備由此知亮有英略，乃以上客禮之。九州春秋所言亦如之。

臣松之以爲亮表云「先帝不以臣卑鄙，猥自枉屈，三顧臣於草廬之中，諮臣以當世之事」，則非亮先詣備，明矣。雖聞見異辭，各生彼此，然乖背至是，亦良爲可怪。

劉表長子琦，亦深器亮。表受後妻之言，愛少子琮，不悅於琦。琦每欲與亮謀自安之術，亮輒拒塞，未與處畫。琦乃將亮游觀後園，共上高樓，飲宴之間，令人去梯，因謂亮曰：「今日上不至天，下不至地，言出子口，入於吾耳，可以言未？」亮答曰：「君不見申生在內而危，重耳在外而安乎？」琦意感悟，陰規出計。會黃祖死，得出，遂爲江夏太守。俄而表卒，琮聞曹公來征，遣使請降。先主在樊聞之，率其衆南行，亮與徐庶並從，爲曹公所追破，獲庶母。庶辭先主而指其心曰：「本欲與將軍共圖王霸之業者，以此方寸之地也。今已失老母，方寸亂矣，無益於事，請從此別。」遂詣曹公。〔一〕

〔一〕魏略曰：庶先名福，本單家子，少好任俠擊劍。中平末，嘗爲人報讎，白堊突面，被髮而走，爲吏所得，問其姓字，閉口不言。吏乃於車上立柱維磔之，擊鼓以令於市鄽，莫敢識者，而其黨伍共篡解之，得脫。於是感激，棄其刀戟，更疎巾單衣，折節學問。始詣精舍，諸生聞其前作賊，不肯與共止。福乃卑躬早起，常獨掃除，動靜先意，聽習經業，義理精熟。遂與同郡石韜相親愛。初平中，中州兵起，乃與韜南客荊州，到，又與諸葛亮特相善。及荊州內附，孔明與劉備相隨去，福與韜俱來北。至黃初中，韜仕歷郡守、典農校尉，福至右中郎將、御史中丞。逮大和中，諸葛亮出隴右，聞元直、廣元仕財如此，歎曰：「魏殊多士邪！何彼二人不見用乎？」庶後數年病卒，有碑在彭城，今猶存焉。

先主至於夏口，亮曰：「事急矣，請奉命求救於孫將軍。」時權擁軍在柴桑，觀望成敗，亮說權曰：「海內大亂，將軍起兵據有江東，劉豫州亦收衆漢南，與曹操並爭天下。今操芟夷大難，略已平矣，遂破荊州，威震四海。英雄無所用武，故豫州遁逃至此。將軍量力而處之：若能以吳、越之衆與中國抗衡，不如早與之絕；若不能當，何不案兵束甲，北面而事之！今將軍外託服從之名，而內懷猶豫之計，事急而不斷，禍至無日矣！」權曰：「苟如君言，劉豫州何不遂事之乎？」亮曰：「田橫，齊之壯士耳，猶守義不辱，況劉豫州王室之胄，英才蓋世，衆士慕仰，若水之歸海，若事之不濟，此乃天也，安能復爲之下乎！」權勃然曰：「吾不能舉全吳之地，十萬之衆，受制於人。吾計決矣！非劉豫州莫可以當曹操者，然豫州新敗之後，安能抗此難乎？」亮曰：「豫州軍雖敗於長阪，今戰士還者及關羽水軍精甲萬人，劉琦合江夏戰士亦不下萬人。曹操之衆，遠來疲弊，聞追豫州，輕騎一日一夜行三百餘里，此所謂『彊弩之末，勢不能穿魯縞』者也。故兵法忌之，曰『必蹶上將軍』。且北方之人，不習水戰；又荊州之民附操者，偪兵勢耳，非心服也。今將軍誠能命猛將統兵數萬，與豫州協規同力，破操軍必矣。操軍破，必北還，如此則荊、吳之勢彊，鼎足之形成矣。成敗之機，在於今日。」權大悅，卽遣周瑜、程普、魯肅等水軍三萬，隨亮詣先主，并力拒曹公。〔一〕曹公敗於赤壁，引軍歸鄴。先主遂收江南，以亮爲軍師中郎將，使督零陵、桂陽、長沙三郡，調

其賦稅，以充軍實。〔二〕

〔一〕袁子曰：張子布薦亮於孫權，亮不肯留。人問其故，曰：「孫將軍可謂人主，然觀其度，能賢亮而不能盡亮，吾是以不留。」

臣松之以爲袁孝尼著文立論，甚重諸葛之爲人，至如此言則失之殊遠。觀亮君臣相遇，可謂希世一時，終始之分，誰能閒之？寧有中違斷金，甫懷擇主，設使權盡其量，便當翻然去就乎？葛生行己，豈其然哉！關羽爲曹公所獲，遇之甚厚，可謂能盡其用矣，猶義不背本，曾謂孔明之不若雲長乎！

〔二〕零陵先賢傳云：亮時住臨烝。

建安十六年，益州牧劉璋遣法正迎先主，使擊張魯。亮與關羽鎮荆州。先主自葭萌還攻璋，亮與張飛、趙雲等率衆泝江，分定郡縣，與先主共圍成都。成都平，以亮爲軍師將軍，署左將軍府事。先主外出，亮常鎮守成都，足食足兵。二十六年，羣下勸先主稱尊號，先主未許，亮說曰：「昔吳漢、耿弇等初勸世祖卽帝位，世祖辭讓，前後數四，耿純進言曰：『天下英雄喁喁，冀有所望。如不從議者，士大夫各歸求主，無爲從公也。』世祖感純言深至，遂然諾之。今曹氏篡漢，天下無主，大王劉氏苗族，紹世而起，今卽帝位，乃其宜也。士大夫隨大王久勤苦者，亦欲望尺寸之功如純言耳。」先主於是卽帝位，策亮爲丞相曰：「朕遭家不造，奉承大統，兢兢業業，不敢康寧，思靖百姓，懼未能綏。於戲！丞相亮其悉朕意，無怠

輔朕之闕，助宣重光，以照明天下，君其勖哉！」亮以丞相錄尙書事，假節。張飛卒後，領司隸校尉。〔二〕

〔一〕蜀記曰：晉初扶風王駿鎭關中，司馬高平劉寶、長史滎陽桓隰諸官屬士大夫共論諸葛亮，于時譚者多譏亮託身非所，勞困蜀民，力小謀大，不能度德量力。金城郭沖以爲亮權智英略，有踰管、晏，功業未濟，論者惑焉，條亮五事隱沒不聞於世者，寶等亦不能復難。扶風王慨然善沖之言。

臣松之以爲亮之異美，誠所願聞，然沖之所說，實皆可疑，謹隨事難之如左：

其一事曰：亮刑法峻急，刻剝百姓，自君子小人咸懷怨歎，法正諫曰：「昔高祖入關，約法三章，秦民知德，今君假借威力，跨據一州，初有其國，未垂惠撫；且客主之義，宜相降下，願緩刑弛禁，以慰其望。」亮答曰：「君知其一，未知其二。秦以無道，政苛民怨，匹夫大呼，天下土崩，高祖因之，可以弘濟。劉璋暗弱，自焉已來有累世之恩，文法羈縻，互相承奉，德政不舉，威刑不肅。蜀土人士，專權自恣，君臣之道，漸以陵替；寵之以位，位極則賤，順之以恩，恩竭則慢。所以致弊，實由於此。吾今威之以法，法行則知恩，限之以爵，爵加則知榮；榮恩並濟，上下有節。爲治之要，於斯而著。」難曰：案法正在劉主前死，今稱法正諫，則劉主在也。諸葛職爲股肱，事歸元首，劉主之世，亮又未領益州，慶賞刑政，不出於己。尋沖所述亮答，專自有其能，有違人臣自處之宜。以亮謙順之體，殆必不然。又云亮刑法峻急，刻剝百姓，未聞善政以刻剝爲稱。

其二事曰：曹公遣刺客見劉備，方得交接，開論伐魏形勢，甚合備計。稍欲親近，刺者尙未得便會，既而亮入，魏客神色失措。亮因而察之，亦知非常人。須臾，客如廁，備謂亮曰：「向得奇士，足以助君補益。」亮問所在，備曰：「起者其人也。」亮徐歎曰：「觀客色動而神懼，視低而忤數，姦形外漏，邪心內藏，必曹氏刺客也。」追之，已越牆而走。難曰：凡為刺客，皆暴虎馮河，死而無悔者也。劉主有知人之鑒，而惑於此客，則此客必一時之奇士也。又語諸葛云「足以助君補益」，則亦諸葛之流亞也。凡如諸葛之儔，鮮有為人作刺客者矣，時主亦當惜其器用，必不投之死地也。且此人不死，要應顯達為魏，竟是誰乎？何其寂蔑而無聞！

章武三年春，先主於永安病篤，召亮於成都，屬以後事，謂亮曰：「君才十倍曹丕，必能安國，終定大事。若嗣子可輔，輔之；如其不才，君可自取。」亮涕泣曰：「臣敢竭股肱之力，效忠貞之節，繼之以死！」先主又為詔敕後主曰：「汝與丞相從事，事之如父。」〔一〕建興元年，封亮武鄉侯，開府治事。頃之，又領益州牧。政事無巨細，咸決於亮。南中諸郡，並皆叛亂，亮以新遭大喪，故未便加兵，且遣使聘吳，因結和親，遂為與國。〔二〕

〔一〕孫盛曰：夫杖道扶義，體存信順，然後能匡主濟功，終定大業。語曰弈者舉棊不定猶不勝其偶，況量君之才否而二三其節，可以摧服強鄰囊括四海者乎？備之命亮，亂孰甚焉！世或有謂備欲以固委付之誠，且以一蜀人之志。君子曰，不然；苟所寄忠賢，則不須若斯之誨，如非其人，不宜啟篡逆之塗。是以古之顧命，必貽話言；詭偽之辭，非託孤之謂。幸值劉禪闇弱，無猜險之性，諸葛威略，足以檢衞異端，故使異同之心無由自起耳。不然，殆生疑隙不逞之釁。謂之為權，不亦惑哉！

〔二〕亮集曰：是歲，魏司徒華歆、司空王朗、尚書令陳羣、太史令許芝、謁者僕射諸葛璋各有書與亮，陳天命人事，欲使舉國稱藩。亮遂不報書，作正議曰：「昔在項羽，起不由德，雖處華夏，秉帝者之勢，卒就湯鑊，為後永戒。魏不審鑒，今次之矣；免身為幸，戒在子孫。而二三子各以耆艾之齒，承偽指而進書，有若崇、竦稱莽之功，亦將偪于元禍苟免者邪！昔世祖之創迹舊基，奮羸卒數千，摧莽彊旅四十餘萬於昆陽之郊。夫據道討淫，不在衆寡。及至孟德，以其譎勝之力，舉數十萬之師，救張郃於陽平，勢窮慮悔，僅能自脫，辱其鋒銳之衆，遂喪漢中之地，深知神器不可妄獲，旋還未至，感毒而死。子桓淫逸，繼之以篡。縱使二三子多逞蘇、張詭靡之說，奉進驩兜滔天之辭，欲以誣毀唐帝，諷解禹、稷，所謂徒喪文藻煩勞翰墨者矣。夫大人君子之所不爲也。又軍誡曰：『萬人必死，橫行天下。』昔軒轅氏整卒數萬，制四方，定海內，況以數十萬之衆，據正道而臨有罪，可得干擬者哉！」

三年春，亮率衆南征，〔一〕其秋悉平。軍資所出，國以富饒，〔二〕乃治戎講武，以俟大舉。五年，率諸軍北駐漢中，臨發，上疏曰：

先帝創業未半而中道崩殂，今天下三分，益州疲弊，此誠危急存亡之秋也。然侍衛之臣不懈於內，忠志之士忘身於外者，蓋追先帝之殊遇，欲報之於陛下也。誠宜開張聖德，以光先帝遺德，恢弘志士之氣，不宜妄自菲薄，引喻失義，以塞忠諫之路也。宮中府中，俱爲一體，陟罰臧否，不宜異同。若有作姦犯科及爲忠善者，宜付有司論其刑賞，以昭陛下平明之理，不宜偏私，使內外異法也。侍中、侍郎郭攸之、費禕、董允等，此皆良實，志慮忠純，是以先帝簡拔以遺陛下。愚以爲宮中之事，事無大小，悉以咨之，然後施行，必能裨補闕漏，有所廣益。將軍向寵，性行淑均，曉暢軍事，試用於昔日，先帝稱之曰能，是以衆議舉寵爲督。愚以爲營中之事，悉以咨之，必能使行陳和睦，優劣得所。親賢臣，遠小人，此先漢所以興隆也；親小人，遠賢臣，此後漢所以傾頹也。先帝在時，每與臣論此事，未嘗不歎息痛恨於桓、靈也。侍中、尚書、長史、參軍，此悉貞良死節之臣，願陛下親之信之，則漢室之隆，可計日而待也。

臣本布衣，躬耕於南陽，苟全性命於亂世，不求聞達於諸侯。先帝不以臣卑鄙，猥自枉屈，三顧臣於草廬之中，諮臣以當世之事，由是感激，遂許先帝以驅馳。後值傾覆，受任於敗軍之際，奉命於危難之閒，爾來二十有一年矣。〔三〕先帝知臣謹慎，故臨崩寄臣以大事也。受命以來，夙夜憂歎，恐託付不效，以傷先帝之明，故五月渡瀘，深入不毛。〔四〕今南方已定，兵甲已足，當獎率三軍，北定中原，庶竭駑鈍，攘除姦凶，興復漢室，還于舊都。此臣所以報先帝，而忠陛下之職分也。

至於斟酌損益，進盡忠言，則攸之、禕、允之任也。願陛下託臣以討賊興復之效；不效，則治臣之罪，以告先帝之靈。〔若無興德之言，則〕責攸之、禕、允等之慢，以彰其咎。陛下亦宜自謀，以諮諏善道，察納雅言。深追先帝遺詔，臣不勝受恩感激。今當遠離，臨表涕零，不知所言。

遂行，屯于沔陽。〔五〕

〔一〕詔賜亮金鈇鉞一具，曲蓋一，前後羽葆鼓吹各一部，虎賁六十人。事在亮集。

〔二〕漢晉春秋曰：亮至南中，所在戰捷。聞孟獲者，爲夷、漢所服，募生致之。既得，使觀於營陳之閒，問曰：「此軍何如？」獲對曰：「向者不知虛實，故敗。今蒙賜觀看營陳，若秖如此，即定易勝耳。」亮笑，縱使更戰，七縱七禽，而亮猶遣獲。獲止不去，曰：「公，天威也，南人不復反矣。」遂至滇池。南中平，皆即其渠率而用之。或以諫亮，亮曰：「若留外人，則當留兵，兵留則無所食，一不易也；加夷新傷破，父兄死喪，留外人而無兵者，必成禍患，二不易也；又夷累有廢殺之罪，自嫌釁重，若留外人，終不相信，三不易也；今吾欲使不留兵，不運糧，而綱紀粗定，夷、漢粗安故耳。」

〔三〕臣松之按：劉備以建安十三年敗，遣亮使吳，亮以建興五年抗表北伐，自傾覆至此整二十年。然則備始與亮相遇，在敗軍之前一年時也。

〔四〕漢書地理志曰：瀘惟水出牂牁郡句町縣。

〔五〕郭沖三事曰：亮屯于陽平，遣魏延諸軍并兵東下，亮惟留萬人守城。晉宣帝率二十萬衆拒亮，而與延軍錯道，徑至前，當亮六十里所，偵候白宣帝說亮在城中兵少力弱。亮亦知宣帝垂至，已與相偪，欲前赴延軍，相去又遠，回迹反追，勢不相及，將士失色，莫知其計。亮意氣自若，敕軍中皆臥旗息鼓，不得妄出菴幔，又令大開四城門，埽地卻洒。宣帝常謂亮持重，而猥見勢弱，疑其有伏兵，於是引軍北趣山。明日食時，亮謂參佐拊手大笑曰：「司馬懿必謂吾怯，將有彊伏，循山走矣。」候邏還白，如亮所言。宣帝後知，深以爲恨。難曰：案陽平在漢中。亮初屯陽平，宣帝尚爲荊州都督，鎮宛城，至曹眞死後，始與亮於關中相抗禦耳。魏嘗遣宣帝自宛由西城伐蜀，值霖雨，不果。此之前後，無復有於陽平交兵事。就如沖言，宣帝既舉二十萬衆，已知亮兵少力弱，若疑其有伏兵，正可設防持重，何至便走乎？案魏延傳云：「延每隨亮出，輒欲請精兵萬人，與亮異道會于潼關，亮制而不許；延常謂亮為怯，歎己才用之不盡也。」亮尚不以延為萬人別統，豈得如沖言，頓使將重兵在前，而以輕弱自守乎？且沖與扶風王言，顯彰宣帝之短，對子毀父，理所不容，而云「扶風王慨然善沖之言」，故知此書舉引皆虛。

六年春，揚聲由斜谷道取郿，使趙雲、鄧芝為疑軍，據箕谷，魏大將軍曹真舉衆拒之。亮身率諸軍攻祁山，戎陳整齊，賞罰肅而號令明，南安、天水、安定三郡叛魏應亮，關中響震。〔一〕魏明帝西鎮長安，命張郃拒亮，亮使馬謖督諸軍在前，與郃戰于街亭。謖違亮節度，舉動失宜，大為郃所破。亮拔西縣千餘家，還于漢中，〔二〕戮謖以謝衆。上疏曰：「臣以弱才，叨竊非據，親秉旄鉞以厲三軍，不能訓章明法，臨事而懼，至有街亭違命之闕，箕谷不戒之失，咎皆在臣授任無方。臣明不知人，恤事多闇，春秋責帥，臣職是當。請自貶三等，以督厥咎。」於是以亮為右將軍，行丞相事，所總統如前。〔三〕

〔一〕魏略曰：始，國家以蜀中惟有劉備。備既死，數歲寂然無聲，是以略無備預；而卒聞亮出，朝野恐懼，隴右、祁山尤甚，故三郡同時應亮。

〔二〕郭沖四事曰：亮出祁山，隴西、南安二郡應時降，圍天水，拔冀城，虜姜維，驅略士女數千人還蜀。人皆賀亮，亮顏色愀然有戚容，謝曰：「普天之下，莫非漢民，國家威力未舉，使百姓困於豺狼之吻。一夫有死，皆亮之罪，以此相賀，能不為愧。」於是蜀人咸知亮有吞魏之志，非惟拓境而已。難曰：亮有吞魏之志久矣，不始於此衆人方知也，且于時師出無成，傷缺而反者衆，三郡歸降而不能有。姜維，天水之匹夫耳，獲之則於魏何損？拔西縣千家，不補街亭所喪，以何爲功，而蜀人相賀乎？

〔三〕漢晉春秋曰：或勸亮更發兵者，亮曰：「大軍在祁山、箕谷，皆多於賊，而不能破賊爲賊所破者，則此病不在兵少也，在一人耳。今欲減兵省將，明罰思過，校變通之道於將來；若不能然者，雖兵多何益！自今已後，諸有忠慮於國，但勤攻吾之闕，則事可定，賊可死，功可蹻足而待矣。」於是考微勞，甄烈壯，引咎責躬，布所失於天下，厲兵講武，以爲後圖，戎士簡練，民忘其敗矣。亮聞孫權破曹休，魏兵東下，關中虛弱。十一月，上言曰：「先帝慮漢、賊不兩立，王業不偏安，故託臣以討賊也。以先帝之明，量臣之才，故知臣伐賊才弱敵彊也；然不伐賊，王業亦亡，惟坐待亡，孰與伐之？是故託臣而弗疑也。臣受命之日，寢不安席，食不甘味，思惟北征，宜先入南，故五月渡瀘，深入不毛，并日而食。臣非不自惜也，顧王業不得偏全於蜀都，故冒危難以奉先帝之遺意也，而議者謂爲非計。今賊適疲於西，又務於東，兵法乘勞，此進趨之時也。謹陳其事如左：高帝明並日月，謀臣淵深，然涉險被創，危然後安。今陛下未及高帝，謀臣不如良、平，而欲以長計取勝，坐定天下，此臣之未解一也。劉繇、王朗各據州郡，論安言計，動引聖人，羣疑滿腹，衆難塞胸，今歲不戰，明年不征，使孫策坐大，遂并江東，此臣之未解二也。曹操智計殊絕於人，其用兵也，髣髴孫、吳，然困於南陽，險於烏巢，危於祁連，偪於黎陽，幾敗北山，殆死潼關，然後僞定一時耳，況臣才弱，而欲以不危而定之，此臣之未解三也。曹操五攻昌霸不下，四越巢湖不成，任用李服而李服圖之，委夏侯而夏侯敗亡，先帝每稱操爲能，猶有此失，況臣駑下，何能必勝？此臣之未解四也。自臣到漢中，中間朞年耳，然喪趙雲、陽羣、馬玉、閻芝、丁立、白壽、劉郃、鄧銅等及曲長屯將七十餘人，突將無前。賨、叟、青羌散騎、武騎一千餘人，此皆數十年之內所糾合四方之精銳，非一州之所有，若復數年，則損三分之二也，當何以圖敵？此臣之未解五也。今民窮兵疲，而事不可息，事不可息，則住與行勞費正等，而不及今圖之，欲以一州之地與賊持久，此臣之未解六也。夫難平者，事也。昔先帝敗軍於楚，當此時，曹操拊手，謂天下以定。然後先帝東連吳、越，西取巴、蜀，舉兵北征，夏侯授首，此操之失計而漢事將成也。然後吳更違盟，關羽毁敗，秭歸蹉跌，曹丕稱帝。凡事如是，難可逆見。臣鞠躬盡力，死而後已，至於成敗利鈍，非臣之明所能逆覩也。」於是有散關之役。此表，亮集所無，出張儼默記。

冬，亮復出散關，圍陳倉，曹眞拒之，亮糧盡而還。魏將王雙率騎追亮，亮與戰，破之，斬雙。七年，亮遣陳式攻武都、陰平。魏雍州刺史郭淮率衆欲擊式，亮自出至建威，淮退還，遂平二郡。詔策亮曰：「街亭之役，咎由馬謖，而君引愆，深自貶抑，重違君意，聽順所守。前年燿師，馘斬王雙；今歲爰征，郭淮遁走；降集氐、羌，興復二郡，威鎮凶暴，功勳顯然。方今天下騷擾，元惡未梟，君受大任，幹國之重，而久自挹損，非所以光揚洪烈矣。今復君丞相，君其勿辭。」〔一〕

〔一〕漢晉春秋曰：是歲，孫權稱尊號，其羣臣以並尊二帝來告。議者咸以爲交之無益，而名體弗順，宜顯明正義，絕其盟好。亮曰：「權有僭逆之心久矣，國家所以略其釁情者，求犄角之援也。今若加顯絕，讎我必深，便當移兵東(戍)〔伐〕，與之角力，須并其土，乃議中原。彼賢才尚多，將相緝穆，未可一朝定也。頓兵相持，坐而須老，使北賊得計，非算之上者。昔孝文卑辭匈奴，先帝優與吳盟，皆應權通變，弘思遠益，非匹夫之爲(分)〔忿〕者也。今議者咸以權利在鼎足，不能併力，且志望以滿，無上岸之情，推此，皆似是而非也。何者？其智力不侔，故限江自保；權之不能越江，猶魏賊之不能渡漢，非力有餘而利不取也。若大軍致討，彼高當分裂其地以爲後規，下當略民廣境，示武於內，非端坐者也。若就其不動而睦於我，我之北伐，無東顧之憂，河南之衆不得盡西，此之爲利，亦已深矣。權僭之罪，未宜明也。」乃遣衛尉陳震慶權正號。

九年，亮復出祁山，以木牛運，〔一〕糧盡退軍，與魏將張郃交戰，射殺郃。〔二〕十二年春，亮悉大衆由斜谷出，以流馬運，據武功五丈原，與司馬宣王對於渭南。亮每患糧不繼，使己志不申，是以分兵屯田，爲久駐之基。耕者雜於渭濱居民之間，而百姓安堵，軍無私焉。〔三〕相持百餘日。其年八月，亮疾病，卒于軍，時年五十四。〔四〕及軍退，宣王案行其營壘處所，曰：「天下奇才也！」〔五〕

〔一〕漢晉春秋曰：亮圍祁山，招鮮卑軻比能，比能等至故北地石城以應亮。於是魏大司馬曹眞有疾，司馬宣王自荊州入朝，魏明帝曰：「西方事重，非君莫可付者。」乃使西屯長安，督張郃、費曜、戴陵、郭淮等。宣王使曜、陵留精兵四千守上邽，餘衆悉出，西救祁山。郃欲分兵駐雍、郿，宣王曰：「料前軍能獨當之者，將軍言是也；若不能當而分爲前後，此楚之三軍所以爲黥布禽也。」遂進。亮分兵留攻，自逆宣王于上邽。郭淮、費曜等徼亮，亮破之，因大芟刈其麥，與宣王遇于上邽之東，斂兵依險，軍不得交，亮引而還。宣王尋亮至于鹵城。張郃曰：「彼遠來逆我，請戰不得，謂我利在不戰，欲以長計制之也。且祁山知大軍以在近，人情自固，可止屯於此，分爲奇兵，示出其後，不宜進前而不敢偪，坐失民望也。今亮縣軍食少，亦行去矣。」宣王不從，故尋亮。既至，又登山掘營，不肯戰。賈栩、魏平數請戰，因曰：「公畏蜀如虎，奈天下笑何！」宣王病之。諸將咸請戰。五月辛巳，乃使張郃攻無當監何平於南圍，自案中道向亮。亮使魏延、高翔、吳班赴拒，大破之，獲甲首三千級，玄鎧五千領，角弩三千一百張，宣王還保營。

〔二〕郭沖五事曰：魏明帝自征蜀，幸長安，遣宣王督張郃諸軍，雍、涼勁卒三十餘萬，潛軍密進，規向劍閣。亮時在祁山，旌旗利器，守在險要，十二更下，在者八萬。時魏軍始陳，幡兵適交，參佐咸以賊衆彊盛，非力不制，宜權停下兵一月，以并聲勢。亮曰：「吾統武行師，以大信為本，得原失信，古人所惜；去者束裝以待期，妻子鶴望而計日，雖臨征難，義所不廢。」皆催遣令去。於是去者感悅，願留一戰，住者憤踊，思致死命。相謂曰：「諸葛公之恩，死猶不報也。」臨戰之日，莫不拔刃爭先，以一當十，殺張郃，卻宣王，一戰大剋，此信之由也。難曰：臣松之案：亮前出祁山，魏明帝身至長安耳，此年不復自來。且亮大軍在關、隴，魏人何由得越亮徑向劍閣？亮既在戰場，本無久住之規，而方休兵還蜀，皆非經通之言。孫盛、習鑿齒搜求異同，罔有所遺，而並不載沖言，知其乖刺多矣。

〔三〕漢晉春秋曰：亮自至，數挑戰。宣王亦表固請戰。使衞尉辛毗持節以制之。姜維謂亮曰：「辛佐治仗節而到，賊不復出矣。」亮曰：「彼本無戰情，所以固請戰者，以示武於其衆耳。將在軍，君命有所不受，苟能制吾，豈千里而請戰邪！」

魏氏春秋曰：亮使至，問其寢食及其事之煩簡，不問戎事。使對曰：「諸葛公夙興夜寐，罰二十以上，皆親覽焉；所啖食不至數升。」宣王曰：「亮將死矣。」

〔四〕魏書曰：亮糧盡勢窮，憂恚歐血，一夕燒營遁走，入谷，道發病卒。

漢晉春秋曰：亮卒于郭氏塢。

晉陽秋曰：有星赤而芒角，自東北西南流，投于亮營，三投再還，往大還小。俄而亮卒。

臣松之以為亮在渭濱，魏人躡跡，勝負之形，未可測量，而云歐血，蓋因亮自亡而自誇大也。夫以孔明之略，豈為仲達歐血乎？及至劉琨喪師，與晉元帝箋亦云「亮軍敗歐血」，此則引虛記以爲言也。其云入谷而卒，緣蜀人入谷發喪故也。

〔五〕漢晉春秋曰：楊儀等整軍而出，百姓奔告宣王，宣王追焉。姜維令儀反旗鳴鼓，若將向宣王者，宣王乃退，不敢偪。於是儀結陳而去，入谷然後發喪。宣王之退也，百姓爲之諺曰：「死諸葛走生仲達。」或以告宣王，宣王曰：「吾能料生，不便料死也。」

亮遺命葬漢中定軍山，因山爲墳，冢足容棺，斂以時服，不須器物。詔策曰：「惟君體資文武，明叡篤誠，受遺託孤，匡輔朕躬，繼絕興微，志存靖亂；爰整六師，無歲不征，神武赫然，威鎮八荒，將建殊功於季漢，參伊、周之巨勳。如何不弔，事臨垂克，遘疾隕喪！朕用傷悼，肝心若裂。夫崇德序功，紀行命謚，所以光昭將來，刊載不朽。今使使持節左中郎將杜瓊，贈君丞相武鄉侯印綬，謚君爲忠武侯。魂而有靈，嘉茲寵榮。嗚呼哀哉！嗚呼哀哉！」

初，亮自表後主曰：「成都有桑八百株，薄田十五頃，子弟衣食，自有餘饒。至於臣在外任，無別調度，隨身衣食，悉仰於官，不別治生，以長尺寸。若臣死之日，不使內有餘帛，外有贏財，以負陛下。」及卒，如其所言。

亮性長於巧思，損益連弩，木牛流馬，皆出其意；推演兵法，作八陳圖，咸得其要云。〔一〕亮言教書奏多可觀，別爲一集。

〔一〕魏氏春秋曰：亮作八務、七戒、六恐、五懼，皆有條章，以訓厲臣子。又損益連弩，謂之元戎，以鐵爲矢，矢長八寸，一弩十矢俱發。

亮集載作木牛流馬法曰：「木牛者，方腹曲頭，一腳四足，頭入領中，舌著於腹。載多而行少，宜可大用，不可小使；特行者數十里，羣行者二十里也。曲者爲牛頭，雙者爲牛腳，橫者爲牛領，轉者爲牛足，覆者爲牛背，方者爲牛腹，垂者爲牛舌，曲者爲牛肋，刻者爲牛齒，立者爲牛角，細者爲牛鞅，攝者爲牛鞦軸。牛仰雙轅，人行六尺，牛行四步。載一歲糧，日行二十里，而人不大勞。流馬尺寸之數，肋長三尺五寸，廣三寸，厚二寸二分，左右同。前軸孔分墨去頭四寸，徑中二寸。前腳孔分墨二寸，去前軸孔四寸五分，廣一寸。前杠孔去前腳孔分墨二寸七分，孔長二寸，廣一寸。後軸孔去前杠分墨一尺五分，大小與前同。後腳孔分墨去後軸孔三寸五分，大小與前同。後杠孔去後腳孔分墨二寸七分，後載剋去後杠孔分墨四寸五分。前杠長一尺八寸，廣二寸，厚一寸五分。後杠與等版方囊二枚，厚八分，長二尺七寸，高一尺六寸五分，廣一尺六寸，每枚受米二斛三斗。從上杠孔去肋下七寸，前後同。上杠孔去下杠孔分墨一尺三寸，孔長一寸五分，廣七分，八孔同。前後四腳，廣二寸，厚一寸五分。形制如象，靬長四寸，徑面四寸三分。孔徑中三腳杠，長二尺一寸，廣一寸五分，厚一寸四分，同杠耳。」

景耀六年春，詔爲亮立廟於沔陽。〔一〕秋，魏鎮西將軍鍾會征蜀，至漢川，祭亮之廟，令軍士不得於亮墓所左右芻牧樵採。亮弟均，官至長水校尉。亮子瞻，嗣爵。〔二〕

〔一〕襄陽記曰：亮初亡，所在各求爲立廟，朝議以禮秩不聽，百姓遂因時節私祭之於道陌上。言事者或以爲可聽立廟於成都者，後主不從。步兵校尉習隆、中書郎向充等共上表曰：「臣聞周人懷召伯之德，甘棠爲之不伐；越王思范蠡之功，鑄金以存其像。自漢興以來，小善小德而圖形立廟者多矣。況亮德範遐邇，勳蓋季世，王室之不壞，實斯人是賴，而蒸嘗止於私門，廟像闕而莫立，使百姓巷祭，戎夷野祀，非所以存德念功，述追在昔者也。今若盡順民心，則瀆而無典，建之京師，又偪宗廟，此聖懷所以惟疑也。臣愚以爲宜因近其墓，立之於沔陽，使所親屬以時賜祭，凡其臣故吏欲奉祠者，皆限至廟。斷其私祀，以崇正禮。」於是始從之。

〔二〕襄陽記曰：「黃承彥者，高爽開列，爲沔南名士，謂諸葛孔明曰：「聞君擇婦；身有醜女，黃頭黑色，而才堪相配。」孔明許，即載送之。時人以爲笑樂，鄉里爲之諺曰：「莫作孔明擇婦，正得阿承醜女。」」

諸葛氏集目錄

開府作牧第一	權制第二	南征第三	北出第四
計算第五	訓厲第六	綜覈上第七	綜覈下第八
雜言上第九	雜言下第十	貴和第十一	兵要第十二
傳運第十三	與孫權書第十四	與諸葛瑾書第十五	與孟達書第十六
廢李平第十七	法檢上第十八	法檢下第十九	科令上第二十
科令下第二十一	軍令上第二十二	軍令中第二十三	軍令下第二十四

右二十四篇，凡十萬四千一百一十二字。

臣壽等言：臣前在著作郎，侍中領中書監濟北侯臣荀勗、中書令關內侯臣和嶠奏，使臣定故蜀丞相諸葛亮故事。亮毗佐危國，負阻不賓，然猶存錄其言，恥善有遺，誠是大晉光明至德，澤被無疆，自古以來，未之有倫也。輒刪除複重，隨類相從，凡爲二十四篇，篇名如右。

亮少有逸羣之才，英霸之器，身長八尺，容貌甚偉，時人異焉。遭漢末擾亂，隨叔父玄避難荊州，躬耕于野，不求聞達。時左將軍劉備以亮有殊量，乃三顧亮於草廬之中；亮深謂備雄姿傑出，遂解帶寫誠，厚相結納。及魏武帝南征荊州，劉琮舉州委質，而備失勢衆寡，無立錐之地。亮時年二十七，乃建奇策，身使孫權，求援吳會。權既宿服仰備，又覩亮奇雅，甚敬重之，卽遣兵三萬人以助備。備得用與武帝交戰，大破其軍，乘勝克捷，江南悉平。後備又西取益州。益州既定，以亮爲軍師將軍。備稱尊號，拜亮爲丞相，錄尚書事。及備殂沒，嗣子幼弱，事無巨細，亮皆專之。於是外連東吳，內平南越，立法施度，整理戎旅，工械技巧，物究其極，科教嚴明，賞罰必信，無惡不懲，無善不顯，至於吏不容奸，人懷自厲，道不拾遺，彊不侵弱，風化肅然也。

當此之時，亮之素志，進欲龍驤虎視，苞括四海，退欲跨陵邊疆，震蕩宇內。又自以爲無身之日，則未有能蹈涉中原、抗衡上國者，是以用兵不戢，屢耀其武。然亮才，於治戎爲長，奇謀爲短，理民之幹，優於將略。而所與對敵，或値人傑，加衆寡不侔，攻守異體，故雖連年動衆，未能有克。昔蕭何薦韓信，管仲舉王子城父，皆忖己之長，未能兼有故也。亮之器能政理，抑亦管、蕭之亞匹也，而時之名將無城父、韓信，故使功業陵遲，大義不及邪？蓋天命有歸，不可以智力爭也。

青龍二年春，亮帥衆出武功，分兵屯田，爲久駐之基。其秋病卒，黎庶追思，以爲口實。至今梁、益之民，咨述亮者，言猶在耳，雖甘棠之詠召公，鄭人之歌子產，無以遠譬也。孟軻有云：「以逸道使民，雖勞不怨；以生道殺人，雖死不忿。」信矣！論者或怪亮文彩不豔，而過於丁寧周至。臣愚以爲咎繇大賢也，周公聖人也，考之尚書，咎繇之謨略而雅，周公之誥煩而悉。何則？咎繇與舜、禹共談，周公與羣下矢誓故也。亮所與言，盡衆人凡士，故其文指不得及遠也。然其聲教遺言，皆經事綜物，公誠之心，形于文墨，足以知其人之意理，而有補於當世。

伏惟陛下邁蹤古聖，蕩然無忌，故雖敵國誹謗之言，咸肆其辭而無所革諱，所以明大通之道也。謹錄寫上詣著作。臣壽誠惶誠恐，頓首頓首，死罪死罪。泰始十年二月一日癸巳，平陽侯相臣陳壽上。

喬字伯松，亮兄瑾之第二子也，本字仲慎。與兄元遜俱有名於時，論者以爲喬才不及兄，而性業過之。初，亮未有子，求喬爲嗣，瑾啓孫權遣喬來西，亮以喬爲己適子，故易其字焉。拜爲駙馬都尉，隨亮至漢中。〔一〕年二十五，建興〔元〕〔六〕年卒。子攀，官至行護軍翊武將軍，亦早卒。諸葛恪見誅於吳，子孫皆盡，而亮自有胄裔，故攀還復為瑾後。

〔一〕亮與兄瑾書曰：「喬本當還成都，今諸將子弟皆得傳運，思惟宜同榮辱。今使喬督五六百兵，與諸子弟傳於谷中。」書在亮集。

瞻字思遠。建興十二年，亮出武功，與兄瑾書曰：「瞻今已八歲，聰慧可愛，嫌其早成，恐不為重器耳。」年十七，尚公主，拜騎都尉。其明年為羽林中郎將，屢遷射聲校尉、侍中、尚書僕射，加軍師將軍。瞻工書畫，彊識念，蜀人追思亮，咸愛其才敏。每朝廷有一善政佳事，雖非瞻所建倡，百姓皆傳相告曰：「葛侯之所為也。」是以美聲溢譽，有過其實。景耀四年，為行都護衛將軍，與輔國大將軍南鄉侯董厥並平尚書事。六年冬，魏征西將軍鄧艾伐蜀，自陰平由景谷道旁入。瞻督諸軍至涪停住，前鋒破，退還，住緜竹。艾遺書誘瞻曰：「若降者必表為琅邪王。」瞻怒，斬艾使。遂戰，大敗，臨陳死，時年三十七。衆皆離散。艾長驅至成都。瞻長子尚，與瞻俱沒。〔一〕次子京及攀子顯等，咸熙元年內移河東。〔二〕

〔一〕干寶曰：瞻雖智不足以扶危，勇不足以拒敵，而能外不負國，內不改父之志，忠孝存焉。

華陽國志曰：尚歎曰：「父子荷國重恩，不早斬黃皓，以致傾敗，用生何為！」乃馳赴魏軍而死。

〔二〕案諸葛氏譜云：京字行宗。

晉泰始起居注載詔曰：「諸葛亮在蜀，盡其心力，其子瞻臨難而死義，天下之善一也。」其孫京，隨才署吏，後為郿令。

尚書僕射山濤啓事曰：「郿令諸葛京，祖父亮，遇漢亂分隔，父子在蜀，雖不達天命，要爲盡心所事。京治郿自復有稱，臣以爲宜以補東宮舍人，以明事人之理，副梁、益之論。」京位至江州刺史。

董厥者，丞相亮時爲府令史，亮稱之曰：「董令史，良士也。吾每與之言，思慎宜適。」徙爲主簿。亮卒後，稍遷至尚書僕射，代陳祗爲尚書令，遷大將軍平臺事，而義陽樊建代焉。〔一〕延熙（二）十四年，以校尉使吳，值孫權病篤，不自見建。權問諸葛恪曰：「樊建何如宗預也？」恪對曰：「才識不及預，而雅性過之。」後爲侍中，守尚書令。自瞻、厥、建統事，姜維常征伐在外，宦人黃皓竊弄機柄，咸共將護，無能匡矯，〔二〕然建特不與皓和好往來。蜀破之明年春，厥、建俱詣京都，同爲相國參軍，其秋並兼散騎常侍，使蜀慰勞。〔三〕

〔一〕案晉百官表：董厥字龔襲，亦義陽人。建字長元。

〔二〕孫盛異同記曰：瞻、厥等以維好戰無功，國內疲弊，宜表後主，召還爲益州刺史，奪其兵權；蜀長老猶有瞻表以閻宇代維故事。晉永和三年，蜀史常璩說蜀長老云：「陳壽嘗爲瞻吏，爲瞻所辱，故因此事歸惡黃皓，而云瞻不能匡矯也。」

〔三〕漢晉春秋曰：樊建爲給事中，晉武帝問諸葛亮之治國，建對曰：「聞惡必改，而不矜過，賞罰之信，足感神明。」帝曰：「善哉！使我得此人以自輔，豈有今日之勞乎！」建稽首曰：「臣竊聞天下之論，皆謂鄧艾見枉，陛下知而不理，此豈馮唐之所謂『雖得頗、牧而不能用』者乎！」帝笑曰：「吾方欲明之，卿言起我意。」於是發詔治艾焉。

評曰：諸葛亮之爲相國也，撫百姓，示儀軌，約官職，從權制，開誠心，布公道；盡忠益時者雖讎必賞，犯法怠慢者雖親必罰，服罪輸情者雖重必釋，游辭巧飾者雖輕必戮；善無微而不賞，惡無纖而不貶；庶事精練，物理其本，循名責實，虛僞不齒；終於邦域之內，咸畏而愛之，刑政雖峻而無怨者，以其用心平而勸戒明也。可謂識治之良才，管、蕭之亞匹矣。然連年動衆，未能成功，蓋應變將略，非其所長歟！〔一〕

〔一〕袁子曰：或問諸葛亮何如人也，袁子曰：張飛、關羽與劉備俱起，爪牙腹心之臣，而武人也。晚得諸葛亮，因以爲佐相，而羣臣悅服，劉備足信、亮足重故也。及其受六尺之孤，攝一國之政，事凡庸之君，專權而不失禮，行君事而國人不疑，如此即以爲君臣百姓之心欣戴之矣。行法嚴而國人悅服，用民盡其力而下不怨。及其兵出入如賓，行不寇，芻蕘者不獵，如在國中。其用兵也，止如山，進退如風，兵出之日，天下震動，而人心不憂。亮死至今數十年，國人歌思，如周人之思召公也，孔子曰「雍也可使南面」，諸葛亮有焉。又問諸葛亮始出隴右，南安、天水、安定三郡人反應之，若亮速進，則三郡非中國之有也，而亮徐行不進；既而官兵上隴，三郡復，亮無尺寸之功，失此機，何也？袁子曰：蜀兵輕銳，良將少，亮始出，未知中國彊弱，是以疑而嘗之；且大會者不求近功，所以不進也。曰：何以知其疑也？袁子曰：初出遲重，屯營重複，後轉降未進兵欲戰，亮勇而能鬬，三郡反而不速應，此其疑徵也。曰：何以知其勇而能鬬也？袁子曰：亮之在街亭也，前軍大破，亮屯去數里，不救；官兵相接，又徐行，此其勇也。亮之行軍，安靜而堅重；安靜則易動，堅重則可以進退。亮法令明，賞罰信，士卒用命，赴險而不顧，此所以能鬬也。曰：亮率數萬之衆，其所興造，若數十萬之功，是其奇者也。所至營壘、井竈、圊溷、藩籬、障塞皆應繩墨，一月之行，去之如始至，勞費而徒爲飾好，何也？袁子曰：蜀人輕脫，亮故堅用之。曰：何以知其然也？袁子曰：亮治實而不治名，志大而所欲遠，非求近速者也。曰：亮好治官府、次舍、橋梁、道路，此非急務，何也？袁子曰：小國賢才少，故欲其尊嚴也。亮之治蜀，田疇辟，倉廩實，器械利，蓄積饒，朝會不華，路無醉人。夫本立故末治，有餘力而後及小事，此所以勸其功也。曰：子之論諸葛亮，則有證也。以亮之才而少其功，何也？袁子曰：亮，持本者也，其於應變，則非所長也，故不敢用其短。曰：然則吾子美之，何也？袁子曰：此固賢者之遠矣，安可以備體責也。夫能知所短而不用，此賢者之大也；知所短則知所長矣。夫前識與言而不中，亮之所不用也，此吾之所謂可也。

吳大鴻臚張儼作默記，其述佐篇論亮與司馬宣王書曰：漢朝傾覆，天下崩壞，豪傑之士，競希神器。魏氏跨中土，劉氏據益州，並稱兵海內，爲世霸主。諸葛、司馬二相，遭值際會，託身明主，或收功於蜀漢，或冊名於伊、洛。丕、備既沒，後嗣繼統，各受保阿之任，輔翼幼主，不負然諾之誠，亦一國之宗臣，霸王之賢佐也。歷前世以觀近事，二相優劣，可得而詳也。孔明起巴、蜀之地，蹈一州之土，方之大國，其戰士人民，蓋有九分之一也，而以貢贄大吳，抗對北敵，至使耕戰有伍，刑法整齊，提步卒數萬，長驅祁山，慨然有飲馬河、洛之志。仲達據天下十倍之地，仗兼并之衆，據牢城，擁精銳，無禽敵之意，務自保全而已。使彼孔明自來自去，若此人不亡，終其志意，連年運思，刻日興謀，則涼、雍不解甲，中國不釋鞌，勝負之勢，亦已決矣。昔子產治鄭，諸侯不敢加兵，蜀相其近之矣。方之司馬，不亦優乎！或曰，兵者凶器，戰者危事也，有國者不務保安境內，綏靜百姓，而好開闢土地，征伐天下，未爲得計也。諸葛丞相誠有匡佐之才，然處孤絕之地，戰士不滿五萬，自可閉關守險，君臣無事。空勞師旅，無歲不征，未能進咫尺之地，開帝王之基，而使國內受其荒殘，西土苦其役調。魏司馬懿才用兵衆，未易可輕，量敵而進，兵家所慎；若丞相必有以策之，則未見坦然之勳，若無策以裁之，則非明哲之謂，海內歸向之意也。余竊疑焉，請聞其說。答曰：蓋聞湯以七十里、文王以百里之地而有天下，皆用征伐而定之。揖讓而登王位者，惟舜、禹而已。今蜀、魏爲敵戰之國，勢不俱王，自操、備時，彊弱縣殊，而備猶出兵陽平，禽夏侯淵。羽圍襄陽，將降曹仁，生獲于禁，當時北邊大小憂懼，孟德身出南陽，樂進、徐晃等爲救，圍不即解，故蔣子通言彼時有徙許渡河之計，會國家襲取南郡，羽乃解軍。玄德與操，智力多少，士衆衆寡，用兵行軍之道，不可同年而語，猶能暫以取勝，是時又無大吳掎角之勢也。今仲達之才，減於孔明，當時之勢，異於曩日，玄德尚與抗衡，孔明何以不可出軍而圖敵邪？昔樂毅以弱燕之衆，兼從五國之兵，長驅彊齊，下七十餘城。今蜀漢之卒，不少燕軍，君臣之接，信於樂毅，加以國家爲脣齒之援，東西相應，首尾如蛇，形勢重大，不比於五國之兵也，何憚於彼而不可哉？夫兵以奇勝，制敵以智，土地廣狹，人馬多少，未可偏恃也。余觀彼治國之體，當時既肅整，遺教在後，及其辭意懇切，陳進取之圖，忠謀謇謇，義形於主，雖古之管、晏，何以加之乎？

蜀記曰：晉永興中，鎮南將軍劉弘至隆中，觀亮故宅，立碣表閭，命太傅掾犍爲李興爲文曰：「天子命我于沔之陽，聽鼓鼙而永思，庶先哲之遺光，登隆山以遠望，軾諸葛之故鄉。蓋神物應機，大器無方，通人靡滯，大德不常。故谷風發而騶虞嘯，雲雷升而潛鱗驤；摯解褐於三聘，尼得招而褰裳，管豹變於受命，貢感激以回莊，異徐生之摘寶，釋臥龍於深藏，偉劉氏之傾蓋，嘉吾子之周行。夫有知己之主，則有竭命之良，固所以三分我漢鼎，跨帶我邊荒，抗衡我北面，馳騁我魏疆者也。英哉吾子，獨含天靈。豈神之祇，豈人之精？何思之深，何德之清！異世通夢，恨不同生。推子八陳，不在孫、吳，木牛之奇，則非般模，神弩之功，一何微妙！千井齊甃，又何祕要！昔在顚、夭，有名無迹，孰若吾儕，良籌妙畫？臧文既沒，以言見稱，又未若子，言行並徵。夷吾反坫，樂毅不終，奚比匪皁於爾，明哲守沖。臨終受寄，讓過許由，負扆莅事，民言不流。刑中於鄭，敎美於魯，蜀民知恥，河、渭安堵。匪皁則伊，寧彼管、晏，豈徒聖宣，慷慨屢歎！昔爾之隱，卜惟此宅，仁智所處，能無規廓。日居月諸，時殞其夕，誰能不歿，貴有遺格。惟子之勳，移風來世，詠歌餘典，懦夫將厲。遐哉邈矣，厥規卓矣，凡若吾子，難可究已。疇昔之乖，萬里殊塗；今我來思，覿爾故墟。漢高歸魂於豐、沛，太公五世而反周，想罔兩以髣髴，冀影響之有餘。魂而有靈，豈其識諸！」

王隱晉書云：李興，密之子；一名安。

三國志卷三十六　蜀書六

關張馬黃趙傳第六

關羽字雲長，本字長生，河東解人也。亡命奔涿郡。先主於鄉里合徒衆，而羽與張飛爲之禦侮。先主爲平原相，以羽、飛爲別部司馬，分統部曲。先主與二人寢則同牀，恩若兄弟。而稠人廣坐，侍立終日，隨先主周旋，不避艱險。〔一〕先主之襲殺徐州刺史車冑，使羽守下邳城，行太守事，〔二〕而身還小沛。

〔一〕蜀記曰：曹公與劉備圍呂布於下邳，關羽啓公，布使秦宜祿行求救，乞娶其妻，公許之。臨破，又屢啓於公。公疑其有異色，先遣迎看，因自留之，羽心不自安。此與魏氏春秋所說無異也。

〔二〕魏書云：以羽領徐州。

建安五年，曹公東征，先主奔袁紹。曹公禽羽以歸，拜爲偏將軍，禮之甚厚。紹遣大將(軍)顏良攻東郡太守劉延於白馬，曹公使張遼及羽爲先鋒擊之。羽望見良麾蓋，策馬刺良於萬衆之中，斬其首還，紹諸將莫能當者，遂解白馬圍。曹公卽表封羽爲漢壽亭侯。初，曹公壯羽爲人，而察其心神無久留之意，謂張遼曰：「卿試以情問之。」既而遼以問羽，羽歎曰：「吾極知曹公待我厚，然吾受劉將軍厚恩，誓以共死，不可背之。吾終不留，吾要當立效以報曹公乃去。」遼以羽言報曹公，曹公義之。〔一〕及羽殺顏良，曹公知其必去，重加賞賜。羽盡封其所賜，拜書告辭，而奔先主於袁軍。左右欲追之，曹公曰：「彼各爲其主，勿追也。」〔二〕

〔一〕傅子曰：遼欲白太祖，恐太祖殺羽，不白，非事君之道，乃歎曰：「公，君父也；羽，兄弟耳。」遂白之。太祖曰：「事君不忘其本，天下義士也。度何時能去？」遼曰：「羽受公恩，必立效報公而後去也。」

〔二〕臣松之以爲曹公知羽不留而心嘉其志，去不遣追以成其義，自非有王霸之度，孰能至於此乎？斯實曹公之休美。

從先主就劉表。表卒，曹公定荊州，先主自樊將南渡江，別遣羽乘船數百艘會江陵。曹公追至當陽長阪，先主斜趣漢津，適與羽船相值，共至夏口。〔一〕孫權遣兵佐先主拒曹公，曹公引軍退歸。先主收江南諸郡，乃封拜元勳，以羽爲襄陽太守、盪寇將軍，駐江北。先主西定益州，拜羽董督荊州事。羽聞馬超來降，舊非故人，羽書與諸葛亮，問超人才可誰比類。亮知羽護前，乃答之曰：「孟起兼資文武，雄烈過人，一世之傑，黥、彭之徒，當與益德並驅爭先，猶未及髯之絕倫逸羣也。」羽美鬚髯，故亮謂之髯。羽省書大悅，以示賓客。

〔一〕蜀記曰：初，劉備在許，與曹公共獵。獵中，衆散，羽勸備殺公，備不從。及在夏口，飄颻江渚，羽怒曰：「往日獵中，若從羽言，可無今日之困。」備曰：「是時亦爲國家惜之耳；若天道輔正，安知此不爲福邪！」

臣松之以爲備後與董承等結謀，但事泄不克諧耳，若爲國家惜曹公，其如此言何！羽若果有此勸而備不肯從者，將以曹公腹心親戚，實繁有徒，事不宿構，非造次所行；曹雖可殺，身必不免，故以計而止，何惜之有乎！既往之事，故託爲雅言耳。

羽嘗爲流矢所中，貫其左臂，後創雖愈，每至陰雨，骨常疼痛，醫曰：「矢鏃有毒，毒入于骨，當破臂作創，刮骨去毒，然後此患乃除耳。」羽便伸臂令醫劈之。時羽適請諸將飲食相對，臂血流離，盈於盤器，而羽割炙引酒，言笑自若。

二十四年，先主爲漢中王，拜羽爲前將軍，假節鉞。是歲，羽率衆攻曹仁於樊。曹公遣于禁助仁。秋，大霖雨，漢水汎溢，禁所督七軍皆沒。禁降羽，羽又斬將軍龐悳。梁郟、陸渾羣盜或遙受羽印號，爲之支黨，羽威震華夏。曹公議徙許都以避其銳，司馬宣王、蔣濟以爲關羽得志，孫權必不願也。可遣人勸權躡其後，許割江南以封權，則樊圍自解。曹公從之。先是，權遣使爲子索羽女，羽罵辱其使，不許婚，權大怒。〔一〕又南郡太守麋芳在江陵，將軍傅士仁屯公安，素皆嫌羽(自)輕己。〔自〕羽之出軍，芳、仁供給軍資，不悉相救。羽言「還，當治之」，芳、仁咸懷懼不安。於是權陰誘芳、仁，芳、仁使人迎權，而曹公遣徐晃救曹仁。〔二〕羽不能克，引軍退還。權已據江陵，盡虜羽士衆妻子，羽軍遂散。權遣將逆擊羽，斬羽及子平于臨沮。〔三〕

〔一〕典略曰：羽圍樊，權遣使求助之，敕使莫速進，又遣主簿先致命於羽。羽忿其淹遲，又自已得于禁等，乃罵曰：「狢子敢爾，如使樊城拔，吾不能滅汝邪！」權聞之，知其輕己，僞手書以謝羽，許以自往。臣松之以爲荆、吳雖外睦，而內相猜防，故權之襲羽，潛師密發。按呂蒙傳云：「伏精兵於𦩷𦪇之中，使白衣搖櫓，作商賈服。」以此言之，羽不求助於權，權必不語羽當往也。若許相援助，何故匿其形迹乎？

〔二〕蜀記曰：羽與晃宿相愛，遙共語，但說平生，不及軍事。須臾，晃下馬宣令：「得關雲長頭，賞金千斤。」羽驚怖，謂晃曰：「大兄，是何言邪！」晃曰：「此國之事耳。」

〔三〕蜀記曰：權遣將軍擊羽，獲羽及子平。權欲活羽以敵劉、曹，左右曰：「狼子不可養，後必爲害。曹公不即除之，自取大患，乃議徙都。今豈可生！」乃斬之。

臣松之按吳書：孫權遣將潘璋逆斷羽走路，羽至即斬，且臨沮去江陵二三百里，豈容不時殺羽，方議其生死乎？又云「權欲活羽以敵劉、曹」，此之不然，可以絕智者之口。

吳歷曰：權送羽首於曹公，以諸侯禮葬其屍骸。

追謚羽曰壯繆侯。〔一〕子興嗣。興字安國，少有令問，丞相諸葛亮深器異之。弱冠爲侍中、中監軍，數歲卒。子統嗣，尚公主，官至虎賁中郎將。卒，無子，以興庶子彝續封。〔二〕

〔一〕蜀記曰：羽初出軍圍樊，夢豬嚙其足，語子平曰：「吾今年衰矣，然不得還！」

江表傳曰：羽好左氏傳，諷誦略皆上口。

〔二〕蜀記曰：龐德子會，隨鍾、鄧伐蜀，蜀破，盡滅關氏家。

張飛字益德，涿郡人也，少與關羽俱事先主。羽年長數歲，飛兄事之。先主從曹公破呂布，隨還許，曹公拜飛爲中郎將。先主背曹公依袁紹、劉表。表卒，曹公入荊州，先主奔江南。曹公追之，一日一夜，及於當陽之長阪。先主聞曹公卒至，棄妻子走，使飛將二十騎拒後。飛據水斷橋，瞋目橫矛曰：「身是張益德也，可來共決死！」敵皆無敢近者，故遂得免。先主既定江南，以飛爲宜都太守、征虜將軍，封新亭侯，後轉在南郡。先主入益州，還攻劉璋，飛與諸葛亮等泝流而上，分定郡縣。至江州，破璋將巴郡太守嚴顏，生獲顏。飛呵顏曰：「大軍至，何以不降而敢拒戰？」顏答曰：「卿等無狀，侵奪我州，我州但有斷頭將軍，無有降將軍也。」飛怒，令左右牽去斫頭，顏色不變，曰：「斫頭便斫頭，何爲怒邪！」飛壯而釋之，引爲賓客。〔一〕飛所過戰克，與先主會于成都。益州既平，賜諸葛亮、法正、飛及關羽金各五百斤，銀千斤，錢五千萬，錦千匹，其餘頒賜各有差，以飛領巴西太守。

〔一〕華陽國志曰：初，先主入蜀，至巴郡，顏拊心歎曰：「此所謂獨坐窮山，放虎自衞也！」

曹公破張魯，留夏侯淵、張郃守漢川。郃別督諸軍下巴西，欲徙其民於漢中，進軍宕渠、蒙頭、盪石，與飛相拒五十餘日。飛率精卒萬餘人，從他道邀郃軍交戰，山道迮狹，前後不得相救，飛遂破郃。郃棄馬緣山，獨與麾下十餘人從間道退，引軍還南鄭，巴土獲安。先主爲漢中王，拜飛爲右將軍、假節。章武元年，遷車騎將軍，領司隸校尉，進封西鄉侯，策曰：「朕承天序，嗣奉洪業，除殘靖亂，未燭厥理。今寇虜作害，民被荼毒，思漢之士，延頸鶴望。朕用怛然，坐不安席，食不甘味，整軍誥誓，將行天罰。以君忠毅，侔蹤召、虎，名宣遐邇，故特顯命，高墉進爵，兼司于京。其誕將天威，柔服以德，伐叛以刑，稱朕意焉。詩不云乎，『匪疚匪棘，王國來極。肇敏戎功，用錫爾祉』。可不勉歟！」

初，飛雄壯威猛，亞於關羽，魏謀臣程昱等咸稱羽、飛萬人之敵也。羽善待卒伍而驕於士大夫，飛愛敬君子而不恤小人。先主常戒之曰：「卿刑殺既過差，又日鞭撾健兒，而令在左右，此取禍之道也。」飛猶不悛。先主伐吳，飛當率兵萬人，自閬中會江州。臨發，其帳下將張達、范彊殺飛，持其首，順流而奔孫權。飛營都督表報先主，先主聞飛都督之有表也，曰：「噫！飛死矣。」追謚飛曰桓侯。長子苞，早夭。次子紹嗣，官至侍中尚書僕射。苞子遵爲尚書，隨諸葛瞻於緜竹，與鄧艾戰，死。

馬超字孟起，(右)扶風茂陵人也。父騰，靈帝末與邊章、韓遂等俱起事於西州。初平三年，遂、騰率衆詣長安。漢朝以遂爲鎮西將軍，遣還金城，騰爲征西將軍，遣屯郿。後騰襲長安，敗走，退還涼州。司隸校尉鍾繇鎮關中，移書遂、騰，爲陳禍福。騰遣超隨繇討郭援、高幹於平陽，超將龐德親斬援首。後騰與韓遂不和，求還京畿。於是徵爲衛尉，以超爲偏

將軍，封都亭侯，領騰部曲。〔一〕

〔一〕典略曰：騰字壽成，馬援後也。桓帝時，其父字子碩，嘗爲天水蘭干尉。後失官，因留隴西，與羌錯居。家貧無妻，遂娶羌女，生騰。騰少貧無產業，常從彰山中斫材木，負販詣城市，以自供給。騰爲人長八尺餘，身體洪大，面鼻雄異，而性賢厚，人多敬之。靈帝末，涼州刺史耿鄙任信姦吏，民王國等及氐、羌反叛。州郡募發民中有勇力者，欲討之，騰在募中。州郡異之，署爲軍從事，典領部衆。討賊有功，拜軍司馬，後以功遷偏將軍，又遷征西將軍，常屯汧、隴之間。初平中，拜征東將軍。是時，西州少穀，騰自表軍人多乏，求就穀於池陽，遂移屯長平岸頭。而將王承等恐騰爲己害，乃攻騰營。時騰近出無備，遂破走，西上。會三輔亂，不復來東，而與鎮西將軍韓遂結爲異姓兄弟，始甚相親，後轉以部曲相侵入，更爲讎敵。騰攻遂，遂走，合衆還攻騰，殺騰妻子，連兵不解。建安之初，國家綱紀殆弛，乃使司隸校尉鍾繇、涼州牧韋端和解之。徵騰還屯槐里，轉拜爲前將軍，假節，封槐里侯。北備胡寇，東備白騎，待士進賢，矜救民命，三輔甚安愛之。十（五）〔三〕年，徵爲衞尉，騰自見年老，遂入宿衞。初，曹公爲丞相，辟騰長子超，不就。超後爲司隸校尉督軍從事，討郭援，爲飛矢所中，乃以囊囊其足而戰，破斬援首。詔拜徐州刺史，後拜諫議大夫。及騰之入，因詔拜爲偏將軍，使領騰營。又拜超弟休奉車都尉，休弟鐵騎都尉，徙其家屬皆詣鄴，惟超獨留。

超既統衆，遂與韓遂合從，及楊秋、李堪、成宜等相結，進軍至潼關。曹公與遂、超單馬會語，超負其多力，陰欲突前捉曹公，曹公左右將許褚瞋目盻之，超乃不敢動。曹公用賈詡謀，離間超、遂，更相猜疑，軍以大敗。〔二〕超走保諸戎，曹公追至安定，會北方有事，引軍東還。楊阜說曹公曰：「超有信、布之勇，甚得羌、胡心。若大軍還，不嚴爲其備，隴上諸郡非國家之有也。」超果率諸戎以擊隴上郡縣，隴上郡縣皆應之，殺涼州刺史韋康，據冀城，有其衆。超自稱征西將軍，領幷州牧，督涼州軍事。康故吏民楊阜、姜敍、梁寬、趙衢等，合謀擊超。阜、敍起於鹵城，超出攻之，不能下；寬、衢閉冀城門，超不得入。進退狼狽，乃奔漢中依張魯。魯不足與計事，內懷於邑，聞先主圍劉璋於成都，密書請降。〔二〕

〔一〕山陽公載記曰：初，曹公軍在蒲阪，欲西渡，超謂韓遂曰：「宜於渭北拒之，不過二十日，河東穀盡，彼必走矣。」遂曰：「可聽令渡，蹙於河中，顧不快耶！」超計不得施。曹公聞之曰：「馬兒不死，吾無葬地也。」

〔二〕典略曰：建安十六年，超與關中諸將侯選、程銀、李堪、張橫、梁興、成宜、馬玩、楊秋、韓遂等，凡十部，俱反，其衆十萬，同據河、潼，建列營陳。是歲，曹公西征，與超等戰於河、渭之交，超等敗走。超至安定，遂奔涼州。詔收滅超家屬。超復敗於隴上。後奔漢中，張魯以爲都講祭酒，欲妻之以女，或諫魯曰：「有人若此不愛其親，焉能愛人？」魯乃止。初，超未反時，其小婦弟种留三輔，及超敗，种先入漢中。正旦，种上壽於超，超搥胸吐血曰：「闔門百口，一旦同命，今二人相賀邪？」後數從魯求兵，欲北取涼州，魯遣往，無利。又魯將楊白等欲害其能，超遂從武都逃入氐中，轉奔往蜀。是歲建安十九年也。

先主遣人迎超，超將兵徑到城下。城中震怖，璋卽稽首，〔一〕以超爲平西將軍，督臨沮，因爲前都亭侯。〔二〕先主爲漢中王，拜超爲左將軍，假節。章武元年，遷驃騎將軍，領涼州牧，進封斄鄉侯，策曰：「朕以不德，獲繼至尊，奉承宗廟。曹操父子，世載其罪，朕用慘怛，疢如疾首。海內怨憤，歸正反本，暨于氐、羌率服，獯鬻慕義。以君信著北土，威武並昭，是以委任授君，抗颺虓虎，兼董萬里，求民之瘼。其明宣朝化，懷保遠邇，肅慎賞罰，以篤漢祜，以對于天下。」二年卒，時年四十七。臨沒上疏曰：「臣門宗二百餘口，爲孟德所誅略盡，惟有從弟岱，當爲微宗血食之繼，深託陛下，餘無復言。」追謚超曰威侯，子承嗣。岱位至平北將軍，進爵陳倉侯。超女配安平王理。〔三〕

〔一〕典略曰：備聞超至，喜曰：「我得益州矣。」乃使人止超，而潛以兵資之。超到，令引軍屯城北，超至未一旬而成都潰。

〔二〕山陽公載記曰：超因見備待之厚，與備言，常呼備字，關羽怒，請殺之。備曰：「人窮來歸我，卿等怒，以呼我字故而殺之，何以示於天下也！」張飛曰：「如是，當示之以禮。」明日大會，請超入，羽、飛並杖刀立直，超顧坐席，不見羽、飛，見其直也，乃大驚，遂一不復呼備字。明日歎曰：「我今乃知其所以敗。爲呼人主字，幾爲關羽、張飛所殺。」自後乃尊事備。

臣松之按以爲超以窮歸備，受其爵位，何容傲慢而呼備字？且備之入蜀，留關羽鎮荊州，羽未嘗在益土也。故羽聞馬超歸降，以書問諸葛亮「超人才可誰比類」，不得如書所云。羽焉得與張飛立直乎？凡人行事，皆謂其可也，知其不可，則不行之矣。超若果呼備字，亦謂於理宜爾也。就令羽請殺超，超不應聞，但見二子立直，何由便知以呼字之故，云幾爲關、張所殺乎？言不經理，深可忿疾也。袁暐、樂資等諸所記載，穢雜虛謬，若此之類，殆不可勝言也。

〔三〕典略曰：初超之入蜀，其庶妻董及子秋，留依張魯。魯敗，曹公得之，以董賜閻圃，以秋付魯，魯自手殺之。

黄忠字漢升，南陽人也。荊州牧劉表以爲中郎將，與表從子磐共守長沙攸縣。及曹公克荊州，假行裨將軍，仍就故任，統屬長沙太守韓玄。先主南定諸郡，忠遂委質，隨從入蜀。自葭萌受任，還攻劉璋，忠常先登陷陳，勇毅冠三軍。益州既定，拜爲討虜將軍。建安二十四年，於漢中定軍山擊夏侯淵。淵衆甚精，忠推鋒必進，勸率士卒，金鼓振天，歡聲動谷，一戰斬淵，淵軍大敗。遷征西將軍。是歲，先主爲漢中王，欲用忠爲後將軍，諸葛亮説先主曰：「忠之名望，素非關、馬之倫也，而今便令同列。馬、張在近，親見其功，尚可喻指；關遥聞之，恐必不悦，得無不可乎！」先主曰：「吾自當解之。」遂與羽等齊位，賜爵關内侯。明年卒，追諡剛侯。子敍，早沒，無後。

趙雲字子龍，常山眞定人也。本屬公孫瓚，瓚遣先主爲田楷拒袁紹，雲遂隨從，爲先主騎。〔一〕及先主爲曹公所追於當陽長阪，棄妻子南走，雲身抱弱子，卽後主也，保護甘夫人，卽後主母也，皆得免難。遷爲牙門將軍。先主入蜀，雲留荊州。〔二〕

〔一〕雲別傳曰：雲身長八尺，姿顏雄偉，爲本郡所舉，將義從吏兵詣公孫瓚。時袁紹稱冀州牧，瓚深憂州人之從紹也，善雲來附，嘲雲曰：「聞貴州人皆願袁氏，君何獨迴心，迷而能反乎？」雲答曰：「天下訩訩，未知孰是，民有倒縣之厄，鄙州論議，從仁政所在，不爲忽袁公私明將軍也。」遂與瓚征討。時先主亦依託瓚，每接納雲，雲得深自結託。雲以兄喪，辭瓚暫歸，先主知其不反，捉手而別，雲辭曰：「終不背德也。」先主就袁紹，雲見於鄴。先主與雲同床眠臥，密遣雲合募得數百人，皆稱劉左將軍部曲，紹不能知。遂隨先主至荊州。

〔一〕雲別傳曰：初，先主之敗，有人言雲已北去者，先主以手戟擿之曰：「子龍不棄我走也。」頃之，雲至。從平江南，以爲偏將軍，領桂陽太守，代趙範。範寡嫂曰樊氏，有國色，範欲以配雲。雲辭曰：「相與同姓，卿兄猶我兄。」固辭不許。時有人勸雲納之，雲曰：「範迫降耳，心未可測；天下女不少。」遂不取。範果逃走，雲無纖介。先是，與夏侯惇戰於博望，生獲夏侯蘭。蘭是雲鄉里人，少小相知，雲白先主活之，薦蘭明於法律，以爲軍正。雲不用自近，其慎慮類如此。先主入益州，雲領留營司馬。此時先主孫夫人以權妹驕豪，多將吳吏兵，縱橫不法。先主以雲嚴重，必能整齊，特任掌內事。權聞備西征，大遣舟船迎妹，而夫人內欲將後主還吳，雲與張飛勒兵截江，乃得後主還。

先主自葭萌還攻劉璋，召諸葛亮。亮率雲與張飛等俱泝江西上，平定郡縣。至江州，分遣雲從外水上江陽，與亮會于成都。成都既定，以雲爲翊軍將軍。〔一〕建興元年，爲中護軍、征南將軍，封永昌亭侯，遷鎮東將軍。五年，隨諸葛亮駐漢中。明年，亮出軍，揚聲由斜谷道，曹眞遣大衆當之。亮令雲與鄧芝往拒，而身攻祁山。雲、芝兵弱敵彊，失利於箕谷，然斂衆固守，不至大敗。軍退，貶爲鎮軍將軍。〔二〕

〔一〕雲別傳曰：益州既定，時議欲以成都中屋舍及城外園地桑田分賜諸將。雲駮之曰：「霍去病以匈奴未滅，無用家爲，今國賊非但匈奴，未可求安也。須天下都定，各反桑梓，歸耕本土，乃其宜耳。益州人民，初罹兵革，田宅皆可歸還，令安居復業，然後可役調，得其歡心。」先主即從之。夏侯淵敗，曹公爭漢中地，運米北山下，數千萬囊。黃忠以爲可取，雲兵隨忠取米。忠過期不還，雲將數十騎輕行出圍，迎視忠等。值曹公揚兵大出，雲爲公前鋒所擊，方戰，其大衆至，勢偪，遂前突其陳，且鬭且卻。公軍敗，已復合，雲陷敵，還趣圍。將張著被創，雲復馳馬還營迎著。公軍追至圍，此時沔陽長張翼在雲圍內，翼欲閉門拒守，而雲入營，更大開門，偃旗息鼓。公軍疑雲有伏兵，引去。雲雷鼓震天，惟以戎弩於後射公軍，公軍驚駭，自相蹂踐，墮漢水中死者甚多。先主明旦自來至雲營圍視昨戰處，曰：「子龍一身都是膽也。」作樂飲宴至暝，軍中號雲爲虎威將軍。孫權襲荆州，先主大怒，欲討權。雲諫曰：「國賊是曹操，非孫權也，且先滅魏，則吳自服。操身雖斃，子丕篡盜，當因衆心，早圖關中，居河、渭上流以討凶逆，關東義士必裹糧策馬以迎王師。不應置魏，先與吳戰；兵勢一交，不得卒解也。」先主不聽，遂東征，留雲督江州。先主失利於秭歸，雲進兵至永安，吳軍已退。

〔二〕雲別傳曰：亮曰：「街亭軍退，兵將不復相錄，箕谷軍退，兵將初不相失，何故？」芝答曰：「雲身自斷後，軍資什物，略無所棄，兵將無緣相失。」雲有軍資餘絹，亮使分賜將士，雲曰：「軍事無利，何爲有賜？其物請悉入赤岸府庫，須十月爲冬賜。」亮大善之。

七年卒，追謚順平侯。

初，先主時，惟法正見謚；後主時，諸葛亮功德蓋世，蔣琬、費禕荷國之重，亦見謚；陳祗寵待，特加殊奬，夏侯霸遠來歸國，故復得謚；於是關羽、張飛、馬超、龐統、黃忠及雲乃追謚，時論以爲榮。〔一〕雲子統嗣，官至虎賁中郎，督行領軍。次子廣，牙門將，隨姜維沓中，臨陳戰死。

〔一〕雲別傳載後主詔曰：「雲昔從先帝，功績既著。朕以幼沖，涉塗艱難，賴恃忠順，濟於危險。夫謚所以敍元勳也，外議雲宜謚。」大將軍姜維等議，以爲雲昔從先帝，勞績既著，經營天下，遵奉法度，功效可書。當陽之役，義貫金石。忠以衞上，君念其賞；禮以厚下，臣忘其死。死者有知，足以不朽；生者感恩，足以殞身。謹按謚法，柔賢慈惠曰順，執事有班曰平，克定禍亂曰平，應謚雲曰順平侯。

評曰：關羽、張飛皆稱萬人之敵，爲世虎臣。羽報效曹公，飛義釋嚴顏，並有國士之風。然羽剛而自矜，飛暴而無恩，以短取敗，理數之常也。馬超阻戎負勇，以覆其族，惜哉！能因窮致泰，不猶愈乎！黃忠、趙雲彊摯壯猛，並作爪牙，其灌、滕之徒歟？

三國志卷三十七

龐統法正傳第七

龐統字士元，襄陽人也。少時樸鈍，未有識者。潁川司馬徽清雅有知人鑒，統弱冠往見徽，徽採桑於樹上，坐統在樹下，共語自晝至夜。徽甚異之，稱統當爲南州士之冠冕，由是漸顯。〔一〕後郡命爲功曹。性好人倫，勤於長養。每所稱述，多過其才，時人怪而問之，統答曰：「當今天下大亂，雅道陵遲，善人少而惡人多。方欲興風俗，長道業，不美其譚卽聲名不足慕企，不足慕企而爲善者少矣。今拔十失五，猶得其半，而可以崇邁世教，使有志者自勵，不亦可乎？」吳將周瑜助先主取荊州，因領南郡太守。瑜卒，統送喪至吳，吳人多聞其名。及當西還，並會昌門，陸勣、顧劭、全琮皆往。統曰：「陸子可謂駑馬有逸足之力，顧子可謂駑牛能負重致遠也。」〔二〕謂全琮曰：「卿好施慕名，有似汝南樊子昭。〔三〕雖智力不多，亦一時之佳也。」績、劭謂統曰：「使天下太平，當與卿共料四海之士。」深與統相結而還。

〔一〕襄陽記曰：諸葛孔明爲臥龍，龐士元爲鳳雛，司馬德操爲水鏡，皆龐德公語也。德公，襄陽人。孔明每至其家，獨拜牀下，德公初不令止。德操嘗造德公，值其渡沔，上祀先人墓，德操徑入其室，呼德公妻子，使速作黍，「徐元直向云有客當來就我與龐公譚。」其妻子皆羅列拜於堂下，奔走供設。須臾，德公還，直入相就，不知何者是客也。德操年小德公十歲，兄事之，呼作龐公，故世人遂謂龐公是德公名，非也。德公子山民，亦有令名，娶諸葛孔明小姊，爲魏黄門吏部郎，早卒。子渙，字世文，晉太康中爲牂牁太守。統，德公從子也，少未有識者，惟德公重之，年十八，使往見德操。德操與語，既而歎曰：「德公誠知人，此實盛德也。」

〔二〕張勃吳錄曰：或問統曰：「如所目，陸子爲勝乎？」統曰：「駑馬雖精，所致一人耳。駑牛一日行三百里，所致豈一人之重哉！」劭就統宿，語，因問：「卿名知人，吾與卿孰愈？」統曰：「陶冶世俗，甄綜人物，吾不及卿；論帝王之祕策，攬倚伏之要最，吾似有一日之長。」劭安其言而親之。

〔三〕蔣濟萬機論云許子將褒貶不平，以拔樊子昭而抑許文休。劉曄曰：「子昭拔自賈豎，年至耳順，退能守靜，進能不苟。」濟答曰：「子昭誠自長幼完潔，然觀其臿齒牙，樹頰胲，吐脣吻，自非文休敵也。」胲音改。

先主領荊州，統以從事守耒陽令，在縣不治，免官。吳將魯肅遺先主書曰：「龐士元非百里才也，使處治中、別駕之任，始當展其驥足耳。」諸葛亮亦言之於先主，先主見與善譚，大器之，以爲治中從事。〔一〕親待亞於諸葛亮，遂與亮並爲軍師中郎將。〔二〕亮留鎮荊州。統隨從入蜀。

〔一〕江表傳曰：先主與統從容宴語，問曰：「卿爲周公瑾功曹，孤到吳，聞此人密有白事，勸仲謀相留，有之乎？在君爲君，卿其無隱。」統對曰：「有之。」備歎息曰：「孤時危急，當有所求，故不得不往，殆不免周瑜之手！天下智謀之士，所見略同耳。時孔明諫孤莫行，其意獨篤，亦慮此也。孤以仲謀所防在北，當賴孤爲援，故決意不疑。此誠出於險塗，非萬全之計也。」

〔三〕九州春秋曰：統說備曰：「荊州荒殘，人物殫盡，東有吳孫，北有曹氏，鼎足之計，難以得志。今益州國富民彊，戶口百萬，四部兵馬，所出必具，寶貨無求於外，今可權借以定大事。」備曰：「今指與吾爲水火者，曹操也，操以急，吾以寬；操以暴，吾以仁；操以譎，吾以忠；每與操反，事乃可成耳。今以小故而失信義於天下者，吾所不取也。」統曰：「權變之時，固非一道所能定也。兼弱攻昧，五伯之事。逆取順守，報之以義，事定之後，封以大國，何負於信？今日不取，終爲人利耳。」備遂行。

益州牧劉璋與先主會涪，統進策曰：「今因此會，便可執之，則將軍無用兵之勞而坐定一州也。」先主曰：「初入他國，恩信未著，此不可也。」璋既還成都，先主當爲璋北征漢中，統復說曰：「陰選精兵，晝夜兼道，徑襲成都；璋既不武，又素無預備，大軍卒至，一舉便定，此上計也。楊懷、高沛，璋之名將，各仗彊兵，據守關頭，聞數有牋諫璋，使發遣將軍還荊州。將軍未至，遣與相聞，說荊州有急，欲還救之，並使裝束，外作歸形；此二子既服將軍英名，又喜將軍之去，計必乘輕騎來見，將軍因此執之，進取其兵，乃向成都，此中計也。退還白帝，連引荊州，徐還圖之，此下計也。若沈吟不去，將致大困，不可久矣。」先主然其中計，即斬懷、沛，還向成都，所過輒克。於涪大會，置酒作樂，謂統曰：「今日之會，可謂樂矣。」統曰：「伐人之國而以爲歡，非仁者之兵也。」先主醉，怒曰：「武王伐紂，前歌後舞，非仁者邪？卿言不當，宜速起出！」於是統逡巡引退。先主尋悔，請還。統復故位，初不顧謝，飲食自若。先主謂曰：「向者之論，阿誰爲失？」統對曰：「君臣俱失。」先主大笑，宴樂如初。〔一〕

〔一〕習鑿齒曰：夫霸王者，必體仁義以爲本，仗信順以爲宗，一物不具，則其道乖矣。今劉備襲奪璋土，權以濟業，負信違情，德義俱愆，雖功由是隆，宜大傷其敗，譬斷手全軀，何樂之有？龐統懼斯言之泄宣，知其君之必悟，故衆中匡其失，而不脩常謙之道，矯然太當，盡其蹇諤之風。夫上失而能正，是有臣也，納勝而無執，是從理也；有臣則陛隆堂高，從理則羣策畢舉；一言而三善兼明，暫諫而義彰百代，可謂達乎大體矣。若惜其小失而廢其大益，矜此過言，自絕遠讜，能成業濟務者，未之有也。

臣松之以爲謀襲劉璋，計雖出於統，然違義成功，本由詭道，心既內疚，則歡情自戢，故聞備稱樂之言，不覺率爾而對也。備宴酣失時，事同樂禍，自比武王，曾無愧色，此備有非而統無失，其云「君臣俱失」，蓋分謗之言耳。習氏所論，雖大旨無乖，然推演之辭，近爲流宕也。

進圍雒縣，統率衆攻城，爲流矢所中，卒，時年三十六。先主痛惜，言則流涕。拜統父議郎，遷諫議大夫，諸葛亮親爲之拜。追賜統爵關內侯，謚曰靖侯。統子宏，字巨師，剛簡有臧否，輕傲尚書令陳祗，爲祗所抑，卒於涪陵太守。統弟林，以荊州治中從事參鎮北將軍黃權征吳，值軍敗，隨權入魏，魏封列侯，至鉅鹿太守。〔一〕

〔一〕襄陽記曰：林婦，同郡習禎妹。禎事在楊戲輔臣贊。曹公之破荊州，林婦與林分隔，守養弱女十有餘年，後林隨黄權降魏，始復集聚。魏文帝聞而賢之，賜牀帳衣服，以顯其義節。

法正字孝直，(右)扶風郿人也。祖父眞，有清節高名。〔一〕建安初，天下饑荒，正與同郡孟達俱入蜀依劉璋，久之爲新都令，後召署軍議校尉。既不任用，又爲其州邑俱僑客者所謗無行，志意不得。益州別駕張松與正相善，忖璋不足與有爲，常竊歎息。松於荊州見曹公還，勸璋絕曹公而自結先主。璋曰：「誰可使者？」松乃舉正，正辭讓，不得已而往。正既還，爲松稱說先主有雄略，密謀協規，願共戴奉，而未有緣。後因璋聞曹公欲遣將征張魯之有懼心也，松遂說璋宜迎先主，使之討魯，復令正銜命。正既宣旨，陰獻策於先主曰：「以明將軍之英才，乘劉牧之懦弱；張松，州之股肱，以響應於內；然後資益州之殷富，馮天府之險阻，以此成業，猶反掌也。」先主然之，泝江而西，與璋會涪。北至葭萌，南還取璋。

〔一〕三輔決錄注曰：眞字高卿，少明五經，兼通讖緯，學無常師，名有高才。常幅巾見扶風守，守曰：「哀公雖不肖，猶臣仲尼，柳下惠不去父母之邦，欲相屈爲功曹何如？」眞曰：「以明府見待有禮，故四時朝覲，若欲吏使之，眞將在北山之北南山之南矣。」扶風守遂不敢以爲吏。初，眞年未弱冠，父在南郡，步往候父，已欲去，父留之待正旦，使觀朝吏會。會者數百人，眞於窗中闚其與父語。畢，問眞「孰賢」？眞曰：「曹掾胡廣有公卿之量。」其後廣果歷九卿三公之位，世以服眞之知人。前後徵辟，皆不就，友人郭正等美之，號曰玄德先生。年八十九，中平五年卒。正父衍，字季謀，司徒掾、廷尉左監。

鄭度說璋曰：〔一〕「左將軍縣軍襲我，兵不滿萬，士衆未附，野穀是資，軍無輜重。其計莫若盡驅巴西、梓潼民內涪水以西，其倉廩野穀，一皆燒除，高壘深溝，靜以待之。彼至，請戰，勿許，久無所資，不過百日，必將自走。走而擊之，則必禽耳。」先主聞而惡之，以問正。正曰：「終不能用，無可憂也。」璋果如正言，謂其羣下曰：「吾聞拒敵以安民，未聞動民以避敵也。」於是黜度，不用其計。及軍圍雒城，正牋與璋曰：「正受性無術，盟好違損，懼左右不明本末，必並歸咎，蒙恥沒身，辱及執事，是以損身於外，不敢反命。恐聖聽穢惡其聲，故中間不有牋敬，顧念宿遇，瞻望悢悢。然惟前後披露腹心，自從始初以至於終，實不藏情，有所不盡，但愚闇策薄，精誠不感，以致於此耳。今國事已危，禍害在速，雖捐放於外，言足憎尤，猶貪極所懷，以盡餘忠。明將軍本心，正之所知也，實爲區區不欲失左將軍之意，而卒至於是者，左右不達英雄從事之道，謂可違信黷誓，而以意氣相致，日月相遷，趨求順耳悅目，隨阿遂指，不圖遠慮爲國深計故也。事變既成，又不量彊弱之勢，以爲左將軍縣遠之衆，糧穀無儲，欲得以多擊少，曠日相持。而從關至此，所歷輒破，離宮別屯，日自零落。雒下雖有萬兵，皆壞陳之卒，破軍之將，若欲爭一旦之戰，則兵將勢力，實不相當。各欲遠期計糧者，今此營守已固，穀米已積，而明將軍土地日削，百姓日困，敵對遂多，所供遠曠。愚意計之，謂必先竭，將不復以持久也。空爾相守，猶不相堪，今張益德數萬之衆，已定巴東，入犍爲界，分平資中、德陽，三道並侵，將何以禦之？本爲明將軍計者，必謂此軍縣遠無糧，饋運不及，兵少無繼。今荊州道通，衆數十倍，加孫車騎遣弟及李異、甘寧等爲其後繼。若爭客主之勢，以土地相勝者，今此全有巴東，廣漢、犍爲，過半已定，巴西一郡，復非明將軍之有也。計益州所仰惟蜀，蜀亦破壞；三分亡二，吏民疲困，思爲亂者十戶而八；若敵遠則百姓不能堪役，敵近則一旦易主矣。廣漢諸縣，是明比也。又魚復與關頭實爲益州福禍之門，今二門悉開，堅城皆下，諸軍並破，兵將俱盡，而敵家數道並進，已入心腹，坐守都、雒，存亡之勢，昭然可見。斯乃大略，其外較耳，其餘屈曲，難以辭極也。以正下愚，猶知此事不可復成，況明將軍左右明智用謀之士，豈當不見此數哉？旦夕偷幸，求容取媚，不慮遠圖，莫肯盡心獻良計耳。若事窮勢迫，將各索生，求濟門戶，展轉反覆，與今計異，不爲明將軍盡死難也，而尊門猶當受其憂。正雖獲不忠之謗，然心自謂不負聖德，顧惟分義，實竊痛心。左將軍從本舉來，舊心依依，實無薄意。愚以爲可圖變化，以保尊門。」

〔一〕華陽國志曰：度，廣漢人，爲州從事。

十九年，進圍成都，璋蜀郡太守許靖將踰城降，事覺，不果。璋以危亡在近，故不誅靖。璋既稽服，先主以此薄靖不用也。正說曰：「天下有獲虛譽而無其實者，許靖是也。然今主公始創大業，天下之人不可戶說，靖之浮稱，播流四海，若其不禮，天下之人以是謂主公爲賤賢也。宜加敬重，以眩遠近，追昔燕王之待郭隗。」先主於是乃厚待靖。〔一〕以正爲蜀郡太守、揚武將軍，外統都畿，內爲謀主。一飡之德，睚眦之怨，無不報復，擅殺毀傷己者數人。或謂諸葛亮曰：「法正於蜀郡太縱橫，將軍宜啓主公，抑其威福。」亮答曰：「主公之在公安也，北畏曹公之彊，東憚孫權之逼，近則懼孫夫人生變於肘腋之下；當斯之時，進退狼跋，法孝直爲之輔翼，令翻然翺翔，不可復制，如何禁止法正使不得行其意邪！」初，孫權以妹妻先主，妹才捷剛猛，有諸兄之風，侍婢百餘人，皆親執刀侍立，先主每入，衷心常凜凜；亮又知先主雅愛信正，故言如此。〔二〕

〔一〕孫盛曰：夫禮賢崇德，爲邦之要道，封墓式閭，先王之令軌，故必以體行英邈，高義蓋世，然後可以延視四海，振服羣黎。苟非其人，道不虛行。靖處室則友于不穆，出身則受位非所，語信則夷險易心，論識則殆爲釁首，安在其可寵先而有以感致者乎？若乃浮虛是崇，偷薄斯榮，則秉直仗義之士，將何以禮之？正務眩惑之術，違貴尙之風，譬之郭隗，非其倫矣。

臣松之以爲郭隗非賢，猶以權計蒙寵，況文休名聲夙著，天下謂之英偉，雖末年有瑕，而事不彰徹，若不加禮，何以釋遠近之惑乎？法正以靖方隗，未爲不當，而盛以封墓式閭爲難，何其迂哉！然則燕昭亦非，豈唯劉翁？至於友于不穆，失由子將，尋蔣濟之論，知非文休之尤。盛又譏其受(任)〔位〕非所，將謂仕於董卓。卓初秉政，顯擢賢俊，受其策爵者森然皆是。文休爲選官，在卓未至之前，後遷中丞，不爲超越。以此爲貶，則荀爽、陳紀之儔皆應擯棄於世矣。

〔三〕孫盛曰：夫威福自下，亡家害國之道，刑縱於寵，毀政亂理之源，安可以功臣而極其陵肆，嬖幸而藉其國柄者哉？故顛頡雖勤，不免違命之刑，楊干雖親，猶加亂行之戮，夫豈不愛，王憲故也。諸葛氏之言，於是乎失政刑矣。

二十二年，正說先主曰：「曹操一舉而降張魯，定漢中，不因此勢以圖巴、蜀，而留夏侯淵、張郃屯守，身遽北還，此非其智不逮而力不足也，必將內有憂偪故耳。今策淵、郃才略，不勝國之將帥，舉衆往討，則必可克。（之克）〔克之〕之日，廣農積穀，觀釁伺隙，上可以傾覆寇敵，尊獎王室，中可以蠶食雍、涼，廣拓境土，下可以固守要害，爲持久之計。此蓋天以與我，時不可失也。」先主善其策，乃率諸將進兵漢中，正亦從行。二十四年，先主自陽平南渡沔水，緣山稍前，於定軍、興勢作營。淵將兵來爭其地。正曰：「可擊矣。」先主命黃忠乘高鼓譟攻之，大破淵軍，淵等授首。曹公西征，聞正之策，曰：「吾故知玄德不辦有此，必爲人所教也。」〔一〕

〔一〕臣松之以爲蜀與漢中，其由脣齒也。劉主之智，豈不及此？將計略未展，正先發之耳。夫聽用嘉謀以成功業，霸王之主，誰不皆然？魏武以爲人所教，亦豈劣哉！此蓋恥恨之餘辭，非測實之當言也。

先主立爲漢中王，以正爲尚書令、護軍將軍。明年卒，時年四十五。先主爲之流涕者累日。謚曰翼侯。賜子邈爵關內侯，官至奉車都尉、漢陽太守。諸葛亮與正，雖好尚不同，以公義相取。亮每奇正智術。先主既卽尊號，將東征孫權以復關羽之恥，羣臣多諫，一不

從。章武二年，大軍敗績，還住白帝。亮歎曰：「法孝直若在，則能制主上，令不東行；就復東行，必不傾危矣。」〔一〕

〔一〕先主與曹公爭，勢有不便，宜退，而先主大怒不肯退，無敢諫者。矢下如雨，正乃往當先主前，先主云：「孝直避箭。」正曰：「明公親當矢石，況小人乎？」先主乃曰：「孝直，吾與汝俱去。」遂退。

評曰：龐統雅好人流，經學思謀，于時荆、楚謂之高俊。法正著見成敗，有奇畫策算，然不以德素稱也。儗之魏臣，統其荀彧之仲叔，正其程、郭之儔儷邪？

三國志卷三十八　蜀書八

許麋孫簡伊秦傳第八

許靖字文休，汝南平輿人。少與從弟劭俱知名，並有人倫臧否之稱，而私情不協。劭爲郡功曹，排擯靖不得齒敍，以馬磨自給。潁川劉翊爲汝南太守，乃舉靖計吏，察孝廉，除尚書郎，典選舉。靈帝崩，董卓秉政，以漢陽周毖爲吏部尚書，與靖共謀議，進退天下之士，沙汰穢濁，顯拔幽滯。進用潁川荀爽、韓融、陳紀等爲公、卿、郡守，拜尚書韓馥爲冀州牧，侍中劉岱爲兗州刺史，潁川張咨爲南陽太守，陳留孔伷爲豫州刺史，東郡張邈爲陳留太守，而遷靖巴郡太守，不就，補御史中丞。馥等到官，各舉兵還向京都，欲以誅卓。卓怒毖曰：「諸君言當拔用善士，卓從君計，不欲違天下人心。而諸君所用人，至官之日，還來相圖。卓何用相負！」叱毖令出，於外斬之。靖從兄陳相瑒，又與伷合規，靖懼誅，奔伷。〔一〕伷卒，依揚州刺史陳禕。禕死，吳郡都尉許貢、會稽太守王朗素與靖有舊，故往保焉。靖收恤親里，經紀振贍，出於仁厚。

〔一〕蜀記云：靖後自表曰：「黨賊求生，情所不忍；守官自危，死不成義。竊念古人當難詭常，權以濟其道。」孫策東渡江，皆走交州以避其難，靖身坐岸邊，先載附從，疏親悉發，乃從後去，當時見者莫不歎息。既至交阯，交阯太守士燮厚加敬待。陳國袁徽以寄寓交州，徽與尚書令荀彧書曰：「許文休英才偉士，智略足以計事。自流宕已來，與羣士相隨，每有患急，常先人後己，與九族中外同其飢寒。其紀綱同類，仁恕惻隱，皆有效事，不能復一二陳之耳。」鉅鹿張翔〔二〕銜王命使交部，乘勢募靖，欲與誓要，靖拒而不許。靖與曹公書曰：

世路戎夷，禍亂遂合，駑怯偷生，自竄蠻貊，成闊十年，吉凶禮廢。昔在會稽，得所貽書，辭旨款密，久要不忘。迫於袁術方命圮族，扇動羣逆，津塗四塞，雖縣心北風，欲行靡由。正禮師退，術兵前進，會稽傾覆，景興失據，三江五湖，皆爲虜庭。臨時困厄，無所控告。便與袁沛、鄧子孝等浮涉滄海，南至交州。經歷東甌、閩、越之國，行經萬里，不見漢地，漂薄風波，絕糧茹草，飢殍薦臻，死者大半。既濟南海，與領守兒孝德相見，知足下忠義奮發，整飭元戎，西迎大駕，巡省中嶽。承此休問，且悲且憙，即與袁沛及徐元賢復共嚴裝，欲北上荊州。會蒼梧諸縣夷、越蠭起，州府傾覆，道路阻絕，元賢被害，老弱並殺。靖尋循渚岸五千餘里，復遇疾癘，伯母隕命，并及羣從，自諸妻子，一時略盡。復相扶侍，前到此郡，計爲兵害及病亡者，十遺一二。生民之艱，辛苦之甚，豈可具陳哉！〔二〕懼卒顛仆，永爲亡虜，憂瘁慘慘，忘寢與食。欲附奉朝貢使，自獲濟通，歸死闕庭，而荆州水陸無津，交部驛使斷絕。欲上益州，復有峻防，故官長吏，一不得入。前令交阯太守士威彥，深相分託於益州兄弟，又靖亦自與書，辛苦懇惻，而復寂寞，未有報應。雖仰瞻光靈，延頸企踵，何由假翼自致哉？

知聖主允明，顯授足下專征之任，凡諸逆節，多所誅討，想力競者一心，順從者同規矣。又張子雲昔在京師，志匡王室，今雖臨荒域，不得參與本朝，亦國家之藩鎮，足下之外援也。〔三〕若荆、楚平和，王澤南至，足下忽有聲命於子雲，勤見保屬，令得假途由荆州出，不然，當復相紹介於益州兄弟，使相納受。倘天假其年，人緩其禍，得歸死國家，解逋逃之負，泯軀九泉，將復何恨！若時有險易，事有利鈍，人命無常，隕沒不達者，則永銜罪責，入於裔土矣。

昔營邱翼周，杖鉞專征，博陸佐漢，虎賁警蹕。〔四〕今日足下扶危持傾，爲國柱石，秉師望之任，兼霍光之重，五侯九伯，制御在手，自古及今，人臣之尊未有及足下者也。夫爵高者憂深，祿厚者責重。足下據爵高之任，當責重之地，言出於口，即爲賞罰，意之所存，便爲禍福。行之得道，即社稷用寧；行之失道，即四方散亂。國家安危，在於足下；百姓之命，縣於執事。自華及夷，顒顒注望。足下任此，豈可不遠覽載籍廢興之由，榮辱之機，棄忘舊惡，寬和羣司，審量五材，爲官擇人？苟得其人，雖讎必舉；苟非其人，雖親不授。以寧社稷，以濟下民，事立功成，則繫音於管絃，勒勳於金石，願君勉之！爲國自重，爲民自愛。」

翔恨靖之不自納，搜索靖所寄書疏，盡投之于水。

〔一〕萬機論云：翔字元鳳。

〔二〕臣松之以爲孔子稱「賢者避世，其次避地」，蓋貴其識見安危，去就得所也。許靖羇客會稽，閭閻之士，孫策之來，於靖何爲？而乃泛萬里之海，入疫癘之鄉，致使尊弱塗炭，百罹備經，可謂自貽矣。謀臣若斯，難以言智。孰若安時處順，端拱吳、越，與張昭、張紘之儔同保元吉者哉？

〔三〕子雲名津，南陽人，爲交州刺史。見吳志。

〔四〕漢書翟光傳曰：「光出都肆郎羽林，道上稱警蹕。」未詳虎賁所出也。

後劉璋遂使使招靖，靖來入蜀。璋以靖爲巴郡、廣漢太守。南陽宋仲子於荆州與蜀郡太守王商書曰：「文休倜儻瑰瑋，有當世之具，足下當以爲指南。」〔一〕建安十六年，轉在蜀郡。〔二〕十九年，先主克蜀，以靖爲左將軍長史。先主爲漢中王，靖爲太傅。及卽尊號，策靖曰：「朕獲奉洪業，君臨萬國，夙宵惶惶，懼不能綏。百姓不親，五品不遜，汝作司徒，其敬敷五教，在寬。君其勖哉！秉德無怠，稱朕意焉。」

〔一〕益州耆舊傳曰：商字文表，廣漢人，以才學稱，聲問著於州里。劉璋辟爲治中從事。是時王塗隔絕，州之牧伯猶七國之諸侯也，而璋懦弱多疑，不能黨信大臣。商奏記諫璋，璋頗感悟。初，韓遂與馬騰作亂關中，數與璋父焉交通信，至騰子超復與璋相聞，有連蜀之意。商謂璋曰：「超勇而不仁，見得不思義，不可以爲脣齒。老子曰：『國之利器，不可以示人。』今之益部，士美民豐，寶物所出，斯乃狡夫所欲傾覆，超等所以西望也。若引而近之，則由養虎，將自遺患矣。」璋從其言，乃拒絕之。荊州牧劉表及儒者宋忠咸聞其名，遺書與商敍致殷勤。許靖號爲臧否，至蜀，見商而稱之曰：「設使商生於華夏，雖王景興無以加也。」璋以商爲蜀郡太守。成都禽堅有至孝之行，商表其墓，追贈孝廉。又與嚴君平、李弘立祠作銘，以旌先賢。脩學廣農，百姓便之。在郡十載，卒於官，許靖代之。

〔二〕山陽公載記曰：建安十七年，漢立皇子熙爲濟陰王，懿爲山陽王，敦爲東海王。靖聞之曰：「『將欲歙之，必固張之；將欲取之，必固與之』。其孟德之謂乎！」

靖雖年逾七十，愛樂人物，誘納後進，清談不倦。丞相諸葛亮皆爲之拜。章武二年卒。子欽，先靖夭沒。欽子游，景耀中爲尙書。始靖兄事潁川陳紀，與陳郡袁渙、平原華歆、東海王朗等親善，歆、朗及紀子羣，魏初爲公輔大臣，咸與靖書，申陳舊好，情義款至，文多故不載。〔一〕

〔一〕魏略：王朗與文休書曰：「文休足下：消息平安，甚善甚善。豈意脫別三十餘年而無相見之緣乎！詩人比一日之別於歲月，豈況悠悠歷累紀之年者哉！自與子別，若沒而復浮，若絕而復連者數矣。而今而後，居升平之京師，攀附於飛龍之聖主；儕輩略盡，幸得老與足下並爲遺種之叟，而相去數千里，加有邅蹇之隔，時聞消息於風聲，託舊情於思想，眇眇異處，與異世無以異也。往者隨軍到荆州，見鄧子孝、桓元將，粗聞足下動靜，云夫子既在益州，執職領郡，德素規矩，老而不墮。是時侍宿武皇帝於江陵劉景升聽事之上，共道足下於通夜，拳拳飢渴，誠無已也。自天子在東宮，及即位之後，每會羣賢，論天下髦儁之見在者，豈獨人盡易爲英，士鮮易取最，故乃猥以原壤之朽質，感夫子之情聽；每敍足下，以爲謀首，豈其注意，乃復過於前世；書曰『人惟求舊』，易稱『同聲相應，同氣相求』，劉將軍之與大魏，兼而兩之。總此二義，前世邂逅，以同爲睽，非武皇帝之旨；頃者蹉跌，其泰而否，亦非足下之意也。深思書、易之義，利結分於宿好，故遣降者送與所獻致名馬、貂、罽，得因無嫌。道初開通，展敍舊情，以達聲問。久闊情慉，非夫筆墨所能寫陳，亦想足下同其志念。今者，親生男女凡有幾人？年並幾何？僕連失一男一女，今有二男：大兒名肅，年二十九，生於會稽；小兒裁歲餘。臨書愴恨，有懷緬然。」

又曰：「過聞『受終於文祖』之言於尚書。又聞『歷數在躬，允執其中』之文於論語。豈自意得於老耄之齒，正值天命受於聖主之會，親見三讓之弘辭，觀衆瑞之總集，覩升堂穆穆之盛禮，瞻燔燎焜曜之青烟；于時忽自以爲處唐、虞之運，際於紫微之天庭也。徒慨不得攜子之手，共列於(世)〔廿〕有二子之數，以聽有唐『欽哉』之命也。子雖在裔土，想亦極目而迴望，側耳而遐聽，延頸而鶴立也。昔汝南陳公初拜，不依故常，讓上卿於李元禮。以此推之，吾宜退身以避子位也。苟得避子以竊讓名，然後(綏)〔綬〕帶委質，游談於平、勃之間，與子共陳往時避地之艱辛，樂酒酣讌，高談大噱，亦足遺憂而忘老。捉筆陳情，隨以喜笑。」

又曰：「前夏有書而未達，今重有書，而并致前問。皇帝既深悼劉將軍之早世，又愍其孤之不易，又惜使足下孔明等士人氣類之徒，遂沈溺於羌夷異種之間，永與華夏乖絕，而無朝聘中國之期緣，瞻睎故土桑梓之望也，故復運慈念而勞仁心，重下明詔以發德音，申敕朗等，使重爲書與足下等。以足下聰明，揆殷勤之聖意，亦足悟海岱之所常在，知百川之所宜注矣。昔伊尹去夏而就殷，陳平違楚而歸漢，猶曜德於阿衡，著功於宰相。若足下能弼人之遺孤，定人之猶豫，去非常之僞號，事受命之大魏，客主兼不世之榮名，上下蒙不朽之常耀，功與事並，聲與勳著，考〔其〕績效，足以超越伊、呂矣。既承詔（直）〔旨〕，且服舊之情，情不能已。若不言足下之所能，陳足下之所見，則無以宣明詔命，弘光大之恩，敍宿昔夢想之思。若天啓衆心，子導蜀意，誠此意有攜手之期。若險路未夷，子謀不從，則懼聲問或否，復面何由！前後二書，言每及斯，希不切然有動於懷。足下周游江湖，以暨南海，歷觀夷俗，可謂徧矣；想子之心，結思華夏，可謂深矣。爲身擇居，猶願中土；爲主擇（居）安，豈可以不繫意於京師，而持疑於荒裔乎？詳思愚言，速示還報也。」

麋竺字子仲，東海朐人也。祖世貨殖，僮客萬人，貲產鉅億。〔一〕後徐州牧陶謙辟爲別駕從事。謙卒，竺奉謙遺命，迎先主於小沛。建安元年，呂布乘先主之出拒袁術，襲下邳，虜先主妻子。先主轉軍廣陵海西，竺於是進妹於先主爲夫人，奴客二千，金銀貨幣以助軍資；于時困匱，賴此復振。後曹公表竺領嬴郡太守。〔二〕竺弟芳爲彭城相，皆去官，隨先主周旋。先主將適荊州，遣竺先與劉表相聞，以竺爲左將軍從事中郎。益州既平，拜爲安漢將軍，班在軍師將軍之右。竺雍容敦雅，而幹翮非所長。是以待之以上賓之禮，未嘗有所統御。然賞賜優寵，無與爲比。

〔一〕搜神記曰：竺嘗從洛歸，未達家數十里，路傍見一婦人，從竺求寄載。行可數里，婦謝去，謂竺曰：「我天使也，當往燒東海麋竺家，感君見載，故以相語。」竺因私請之，婦曰：「不可得不燒。如此，君可馳去，我當緩行，日中火當發。」竺乃還家，遽出財物，日中而火大發。

〔二〕曹公集載公表曰：「泰山郡界廣遠，舊多輕悍，權時之宜，可分五縣爲嬴郡，揀選清廉以爲守將。偏將軍麋竺，素履忠貞，文武昭烈，請以竺領嬴郡太守，撫慰吏民。」

芳爲南郡太守，與關羽共事，而私好攜貳，叛迎孫權，羽因覆敗。竺面縛請罪，先主慰諭以兄弟罪不相及，崇待如初。竺慚恚發病，歲餘卒。子威，官至虎賁中郎將。威子照，虎騎監。自竺至照，皆便弓馬，善射御云。

孫乾字公祐，北海人也。先主領徐州，辟爲從事，〔一〕後隨從周旋。先主之背曹公，遣乾自結袁紹，將適荊州，乾又與麋竺俱使劉表，皆如意指。後表與袁尚書，說其兄弟分爭之變，曰：「每與劉左將軍、孫公祐共論此事，未嘗不痛心入骨，相爲悲傷也。」其見重如此。先主定益州，乾自從事中郎爲秉忠將軍，見禮次麋竺，與簡雍同等。頃之，卒。

〔一〕鄭玄傳云：玄薦乾於州。乾被辟命，玄所舉也。

簡雍字憲和，涿郡人也。少與先主有舊，隨從周旋。先主至荊州，雍與麋竺、孫乾同爲從事中郎，常爲談客，往來使命。先主入益州，劉璋見雍，甚愛之。後先主圍成都，遣雍往說璋，璋遂與雍同輿而載，出城歸命。先主拜雍爲昭德將軍。優游風議，性簡傲跌宕，在先主坐席，猶箕踞傾倚，威儀不肅，自縱適；諸葛亮已下則獨擅一榻，項枕臥語，無所爲屈。時天旱禁酒，釀者有刑，吏於人家索得釀具，論者欲令與作酒者同罰。雍與先主游觀，見一男女行道，謂先主曰：「彼人欲行淫，何以不縛？」先主曰：「卿何以知之？」雍對曰：「彼有其具，與欲釀者同。」先主大笑，而原欲釀者。雍之滑稽，皆此類也。〔一〕

〔一〕或曰：雍本姓耿，幽州人語謂耿爲簡，遂隨音變之。

伊籍字機伯，山陽人。少依邑人鎭南將軍劉表。先主之在荆州，籍常往來自託。表卒，遂隨先主南渡江，從入益州。益州既定，以籍爲左將軍從事中郎，見待亞於簡雍、孫乾等。遣東使於吳，孫權聞其才辯，欲逆折以辭。籍適入拜，權曰：「勞事無道之君乎？」籍卽對曰：「一拜一起，未足爲勞。」籍之機捷，類皆如此，權甚異之。後遷昭文將軍，與諸葛亮、法正、劉巴、李嚴共造蜀科；蜀科之制，由此五人焉。

秦宓字子勑，廣漢緜竹人也。少有才學，州郡辟命，輒稱疾不往。奏記州牧劉焉，薦儒士任定祖曰：「昔百里、蹇叔以耆艾而定策，甘羅、子奇以童冠而立功，故書美黃髮，而易稱顏淵，固知選士用能，不拘長幼，明矣。乃者以來，海內察舉，率多英儁而遺舊齒，衆論不齊，異同相半，此乃承平之翔步，非亂世之急務也。夫欲救危撫亂，脩己以安人，則宜卓犖超倫，與時殊趣，震驚鄰國，駭動四方，上當天心，下合人意；天人既和，內省不疚，雖遭凶亂，何憂何懼！昔楚葉公好龍，神龍下之，好僞徹天，何況於眞？今處士任安，仁義直道，流名四遠，如令見察，則一州斯服。昔湯舉伊尹，不仁者遠，何武貢二龔，雙名竹帛，故貪尋常之高而忽萬仞之嵩，樂面前之飾而忘天下之譽，斯誠往古之所重慎也。甫欲鑿石索玉，剖蚌求珠，今乃隨、和炳然，有如皎日，復何疑哉！誠知晝不操燭，日有餘光，但愚情區區，貪陳所見。」〔一〕

〔一〕益部耆舊傳曰：安，廣漢人。少事聘士楊厚，究極圖籍，游覽京師，還家講授，與董扶俱以學行齊聲。郡請功曹，州辟治中別駕，終不久居。舉孝廉茂才，太尉載辟，除博士，公車徵，皆稱疾不就。州牧劉焉表薦安味精道度，厲節高邈，揆其器量，國之元寶，宜處弼疑之輔，以消非常之咎。玄纁之禮，所宜招命。王塗隔塞，遂無聘命。年七十九，建安七年卒，門人慕仰，爲立碑銘。後丞相亮問秦宓以安所長，宓曰：「記人之善，忘人之過。」

劉璋時，宓同郡王商爲治中從事，與宓書曰：「貧賤困苦，亦何時可以終身！卞和衒玉以燿世，宜一來，與州尊相見。」宓答書曰：「昔堯優許由，非不弘也，洗其兩耳；楚聘莊周，非不廣也，執竿不顧。易曰『確乎其不可拔』，夫何銜之有？且以國君之賢，子爲良輔，不以是時建蕭、張之策，未足爲智也。僕得曝背乎隴畝之中，誦顏氏之簞瓢，詠原憲之蓬戶，時翺翔於林澤，與沮、溺之等儔，聽玄猿之悲吟，察鶴鳴於九皋，安身爲樂，無憂爲福，處空虛之名，居不靈之龜，知我者希，則我貴矣。斯乃僕得志之秋也，何困苦之戚焉！」後商爲嚴君平、李弘立祠，宓與書曰：「疾病伏匿，甫知足下爲嚴、李立祠，可謂厚黨勤類者也。觀嚴文章，冠冒天下，由、夷逸操，山嶽不移，使揚子不歎，固自昭明。如李仲元不遭法言，令名必淪，其無虎豹之文故也，可謂攀龍附鳳者矣。如揚子雲潛心著述，有補於世，泥蟠不滓，行參聖師，于今海內，談詠厥辭。邦有斯人，以耀四遠，怪子替茲，不立祠堂。蜀本無學士，文翁遣相如東受七經，還教吏民，於是蜀學比於齊、魯。故地里志曰：『文翁倡其教，相如爲之師。』漢家得士，盛於其世；仲舒之徒，不達封禪，相如制其禮。夫能制禮造樂，移風易俗，非禮所秩有益於世者乎！雖有王孫之累，猶孔子大齊桓之霸，公羊賢叔術之讓。僕亦善長卿之化，宜立祠堂，速定其銘。」

先是，李權從宓借戰國策，宓曰：「戰國從橫，用之何爲？」權曰：「仲尼、嚴平，會聚衆書，以成春秋、指歸之文，故海以合流爲大，君子以博識爲弘。」宓報曰：「書非史記周圖，仲尼不采；道非虛無自然，嚴平不演。海以受淤，歲一蕩淸；君子博識，非禮不視。今戰國反覆儀、秦之術，殺人自生，亡人自存，經之所疾。故孔子發憤作春秋，大乎居正，復制孝經，廣陳德行。杜漸防萌，預有所抑，是以老氏絕禍於未萌，豈不信邪！成湯大聖，覩野魚而有獵逐之失，定公賢者，見女樂而棄朝事，〔一〕若此輩類，焉可勝陳。道家法曰：『不見所欲，使心不亂。』是故天地貞觀，日月貞明；其直如矢，君子所履。洪範記災，發於言貌，何戰國之譎權乎哉！」

〔一〕臣松之案：書傳魯定公無善可稱。宓謂之賢者，淺學所未達也。

或謂宓曰：「足下欲自比於巢、許、四皓，何故揚文藻見瓌穎乎？」宓答曰：「僕文不能盡言，言不能盡意，何文藻之有揚乎！昔孔子三見哀公，言成七卷，事蓋有不可嘿嘿也。〔一〕接輿行且歌，論家以光篇；漁父詠滄浪，賢者以耀章。此二人者，非有欲於時者也。夫虎生而文炳，鳳生而五色，豈以五采自飾畫哉？天性自然也。蓋河、洛由文興，六經由文起，君子懿文德，采藻其何傷！以僕之愚，猶恥革子成之誤，況賢於己者乎！」〔二〕

〔一〕劉向七略曰：孔子三見哀公，作三朝記七篇，今在大戴禮。臣松之案：中經部有孔子三朝八卷，一卷目錄，餘者所謂七篇。

〔二〕臣松之案：今論語作棘子成。子成曰：「君子質而已矣，何以文爲！」屈於子貢之言，故謂之誤也。

先主既定益州，廣漢太守夏侯纂請宓爲師友祭酒，領五官掾，稱曰仲父。宓稱疾，臥在第舍，纂將功曹古朴、主簿王普，廚膳即宓第宴談，宓臥如故。纂問朴曰：「至於貴州養生之具，實絕餘州矣，不知士人何如餘州也？」朴對曰：「乃自先漢以來，其爵位者或不如餘州耳，至於著作爲世師式，不負於餘州也。嚴君平見黃、老作指歸，揚雄見易作太玄，見論語作法言，司馬相如爲武帝制封禪之文，于今天下所共聞也。」纂曰：「仲父何如？」宓以簿擊頰，〔一〕曰：「願明府勿以仲父之言假於小草，民請爲明府陳其本紀。蜀有汶阜之山，江出其腹，帝以會昌，神以建福，故能沃野千里。〔二〕淮、濟四瀆，江爲其首，此其一也。禹生石紐，今之汶山郡是也。〔三〕昔堯遭洪水，鯀所不治，禹疏江決河，東注于海，爲民除害，生民已來功莫先者，此其二也。天帝布治房心，決政參伐，參伐則益州分野，三皇乘祇車出谷口，今之斜谷是也。〔四〕此便鄙州之阡陌，明府以雅意論之，何若於天下乎？」於是纂逡巡無以復答。

〔一〕簿，手版也。

〔二〕河圖括地象曰：岷山之地，上爲東井絡，帝以會昌，神以建福，上爲天井。左思蜀都賦曰：遠則岷山之精，上爲井絡，天地運期，而會昌景福，肸蠁而興作。

〔三〕帝王世紀曰：鯀納有莘氏女曰志，是爲脩己。上山行，見流星貫昴，夢接意感，又吞神珠，臆圮胸折，而生禹於石紐。譙周蜀本紀曰：禹本汶山廣柔縣人也，生於石紐，其地名刳兒坪，見世帝紀。

〔四〕蜀記曰：三皇乘祇車出谷口，未詳宓所由知爲斜谷也。

益州辟宓爲從事祭酒。先主既稱尊號，將東征吳，宓陳天時必無其利，坐下獄幽閉，然後貸出。建興二年，丞相亮領益州牧，選宓迎爲別駕，尋拜左中郎將、長水校尉。吳遣使張溫來聘，百官皆往餞焉。衆人皆集而宓未往，亮累遣使促之，溫曰：「彼何人也？」亮曰：「益州學士也。」及至，溫問曰：「君學乎？」宓曰：「五尺童子皆學，何必小人！」溫復問曰：「天有頭乎？」宓曰：「有之。」溫曰：「在何方也？」宓曰：「在西方。詩曰：『乃眷西顧。』以此推之，頭在西方。」溫曰：「天有耳乎？」宓曰：「天處高而聽卑，詩云：『鶴鳴于九皐，聲聞于天。』若其無耳，何以聽之？」溫曰：「天有足乎？」宓曰：「有。詩云：『天步艱難，之子不猶。』若其無足，何以步之？」溫曰：「天有姓乎？」宓曰：「有。」溫曰：「何姓？」宓曰：「姓劉。」溫曰：「何以知之？」答曰：「天子姓劉，故以此知之。」溫曰：「日生於東乎？」宓曰：「雖生于東而沒於西。」答問如響，應聲而出，於是溫大敬服。宓之文辯，皆此類也。遷大司農，四年卒。初宓見帝系之文，五帝皆同一族，宓辨其不然之本。又論皇帝王霸〔養〕〔豢〕龍之說，甚有通理。譙允南少時數往諮訪，紀錄其言於春秋然否論，文多故不載。

評曰：許靖夙有名譽，既以篤厚爲稱，又以人物爲意，雖行事舉動，未悉允當，蔣濟以爲

「大較廊廟器」也。〔一〕糜竺、孫乾、簡雍、伊籍，皆雍容風議，見禮於世。秦宓始慕肥遯之高，而無若愚之實。然專對有餘，文藻壯美，可謂一時之才士矣。

〔一〕萬機論論許子將曰：許文休者，大較廊廟器也，而子將貶之。若實不貴之，是不明也；誠令知之，蓋善人也。

三國志卷三十九　蜀書九

董劉馬陳董呂傳第九

董和字幼宰，南郡枝江人也，其先本巴郡江州人。漢末，和率宗族西遷，益州牧劉璋以爲牛鞞、音髀。江原長、成都令。蜀土富實，時俗奢侈，貨殖之家，侯服玉食，婚姻葬送，傾家竭產。和躬率以儉，惡衣蔬食，防遏踰僭，爲之軌制，所在皆移風變善，畏而不犯。然縣界豪彊憚和嚴法，說璋轉和爲巴東屬國都尉。吏民老弱相攜乞留和者數千人，璋聽留二年，還遷益州太守，其清約如前。與蠻夷從事，務推誠心，南土愛而信之。

先主定蜀，徵和爲掌軍中郎將，與軍師將軍諸葛亮並署左將軍大司馬府事，獻可替否，共爲歡交。自和居官食祿，外牧殊域，內幹機衡，二十餘年，死之日家無儋石之財。亮後爲丞相，教與羣下曰：「夫參署者，集衆思廣忠益也。若遠小嫌，難相違覆，曠闕損矣。違覆而得中，猶棄弊蹻而獲珠玉。然人心苦不能盡，惟徐元直處茲不惑，又董幼宰參署七年，事有不至，至于十反，來相啓告。苟能慕元直之十一，幼宰之殷勤，有忠於國，則亮可少過矣。」

又曰：「昔初交州平，屢聞得失，後交元直，勤見啓誨，前參事於幼宰，每言則盡，後從事於偉度，數有諫止；雖姿性鄙暗，不能悉納，然與此四子終始好合，亦足以明其不疑於直言也。」其追思和如此。〔一〕

〔一〕偉度者，姓胡，名濟，義陽人。爲亮主簿，有忠藎之效，故見褒述。亮卒，爲中典軍，統諸軍，封成陽亭侯，遷中監軍前將軍，督漢中，假節領兗州刺史，至右驃騎將軍。濟弟博，歷長水校尉尚書。

劉巴字子初，零陵烝陽人也。少知名，〔一〕荆州牧劉表連辟，及舉茂才，皆不就。表卒，曹公征荆州。先主奔江南，荆、楚羣士從之如雲，而巴北詣曹公。曹公辟爲掾，使招納長沙、零陵、桂陽。〔二〕會先主略有三郡，巴不得反使，遂遠適交阯，〔三〕先主深以爲恨。

〔一〕零陵先賢傳曰：巴祖父曜，蒼梧太守。父祥，江夏太守、盪寇將軍。時孫堅舉兵討董卓，以南陽太守張咨不給軍糧，殺之。祥與同心，南陽士民由此怨祥，舉兵攻之，與戰，敗亡。劉表亦素不善祥，拘巴，欲殺之，數遣祥故所親信人密詐謂巴曰：「劉牧欲相危害，可相隨逃之。」如此再三，巴輒不應。具以報表，表乃不殺巴。年十八，郡署戶曹史主記主簿。劉先（圭）欲遣周不疑就巴學，巴答曰：「昔游荆北，時涉師門，記問之學，不足紀名，內無楊朱守靜之術，外無墨翟務時之風，猶天之南箕，虛而不用。賜書乃欲令賢甥摧鸞鳳之豔，遊燕雀之宇，將何以啓明之哉？愧於『有若無，實若虛』，何以堪之！」

〔二〕零陵先賢傳曰：曹公敗於烏林，還北時，欲遣桓階，階辭不如巴。巴謂曹公曰：「劉備據荆州，不可也。」公曰：「備如相圖，孤以六軍繼之也。」

〔三〕零陵先賢傳云：巴往零陵，事不成，欲游交州，道還京師。時諸葛亮在臨烝，巴與亮書曰：「乘危歷險，到值思義之民，自與之衆，承天之心，順物之性，非余身謀所能勸動。若道窮數盡，將託命於滄海，不復顧荊州矣。」亮追謂曰：「劉公雄才蓋世，據有荊土，莫不歸德，天人去就，已可知矣。足下欲何之？」巴曰：「受命而來，不成當還，此其宜也。足下何言邪！」

巴復從交阯至蜀。〔一〕俄而先主定益州，巴辭謝罪負，先主不責。〔二〕而諸葛孔明數稱薦之，先主辟爲左將軍西曹掾。〔三〕建安二十四年，先主爲漢中王，巴爲尚書，後代法正爲尚書令。躬履清儉，不治產業，又自以歸附非素，懼見猜嫌，恭默守靜，退無私交，非公事不言。〔四〕先主稱尊號，昭告于皇天上帝后土神祇，凡諸文誥策命，皆巴所作也。章武二年卒。卒後，魏尚書僕射陳羣與丞相諸葛亮書，問巴消息，稱曰劉君子初，甚敬重焉。〔五〕

〔一〕零陵先賢傳曰：巴入交阯，更姓爲張。與交阯太守士燮計議不合，乃由牂牁道去。爲益州郡所拘留，太守欲殺之，主簿曰：「此非常人，不可殺也。」主簿請自送至州，見益州牧劉璋，璋父焉昔爲巴父祥所舉孝廉，見巴驚喜，每大事輒以咨訪。

臣松之案：劉焉在漢靈帝時已經宗正太常，出爲益州牧，祥始以孫堅作長沙時爲江夏太守，不得舉焉爲孝廉，明也。

〔二〕零陵先賢傳曰：璋遣法正迎劉備，巴諫曰：「備，雄人也，入必爲害，不可內也。」既入，巴復諫曰：「若使備討張魯，是放虎於山林也。」璋不聽。巴閉門稱疾。備攻成都，令軍中曰：「其有害巴者，誅及三族。」及得巴，甚喜。

〔三〕零陵先賢傳曰：張飛嘗就巴宿，巴不與語，飛遂忿恚。諸葛亮謂巴曰：「張飛雖實武人，敬慕足下。主公今方收合文武，以定大事；足下雖天素高亮，宜少降意也。」巴曰：「大丈夫處世，當交四海英雄，如何與兵子共語乎？」備聞之，怒曰：「孤欲定天下，而子初專亂之。其欲還北，假道於此，豈欲成孤事邪？」備又曰：「子初才智絕人，如孤，可任用之，非孤者難獨任也。」亮亦曰：「運籌策於帷幄之中，吾不如子初遠矣！若提枹鼓，會軍門，使百姓喜勇，當與人議之耳。」初攻劉璋，備與士衆約：「若事定，府庫百物，孤無預焉。」及拔成都，士衆皆捨干戈，赴諸藏競取寶物。軍用不足，備甚憂之。巴曰：「易耳，但當鑄直百錢，平諸物賈，令吏爲官市。」備從之，數月之間，府庫充實。

〔四〕零陵先賢傳曰：是時中夏人情未一，聞備在蜀，四方延頸。而備銳意欲即眞，巴以爲如此示天下不廣，且欲緩之。與主簿雍茂諫備，備以他事殺茂，由是遠人不復至矣。

〔五〕零陵先賢傳曰：輔吳將軍張昭嘗對孫權論巴褊阨，不當拒張飛太甚。權曰：「若令子初隨世沈浮，容悅玄德，交非其人，何足稱爲高士乎？」

馬良字季常，襄陽宜城人也。兄弟五人，並有才名，鄉里爲之諺曰：「馬氏五常，白眉最良。」良眉中有白毛，故以稱之。先主領荊州，辟爲從事。及先主入蜀，諸葛亮亦從後往，良留荊州，與亮書曰：「聞雒城已拔，此天祚也。尊兄應期贊世，配業光國，魄兆見矣。〔一〕夫變用雅慮，審貴垂明，於以簡才，宜適其時。若乃和光悅遠，邁德天壤，使時閑於聽，世服於道，齊高妙之音，正鄭、衞之聲，並利於事，無相奪倫，此乃管絃之至，牙、曠之調也。雖非鍾期，敢不擊節！」先主辟良爲左將軍掾。

〔一〕臣松之以爲良蓋與亮結爲兄弟，或相與有親；亮年長，良故呼亮爲尊兄耳。

後遣使吳，良謂亮曰：「今銜國命，協穆二家，幸爲良介於孫將軍。」亮曰：「君試自爲文。」良卽爲草曰：「寡君遣掾馬良通聘繼好，以紹昆吾、豕韋之勳。其人吉士，荆楚之令，鮮於造次之華，而有克終之美，願降心存納，以慰將命。」權敬待之。

先主稱尊號，以良爲侍中。及東征吳，遣良入武陵招納五溪蠻夷，蠻夷渠帥皆受印號，咸如意指。會先主敗績於夷陵，良亦遇害。先主拜良子秉爲騎都尉。

良弟謖，字幼常，以荆州從事隨先主入蜀，除緜竹成都令、越嶲太守。才器過人，好論軍計，丞相諸葛亮深加器異。先主臨薨謂亮曰：「馬謖言過其實，不可大用，君其察之！」亮猶謂不然，以謖爲參軍，每引見談論，自晝達夜。〔一〕

〔一〕襄陽記曰：建興三年，亮征南中，謖送之數十里。亮曰：「雖共謀之歷年，今可更惠良規。」謖對曰：「南中恃其險遠，不服久矣，雖今日破之，明日復反耳。今公方傾國北伐以事彊賊。彼知官勢內虛，其叛亦速。若殄盡遺類以除後患，既非仁者之情，且又不可倉卒也。夫用兵之道，攻心爲上，攻城爲下，心戰爲上，兵戰爲下，願公服其心而已。」亮納其策，赦孟獲以服南方。故終亮之世，南方不敢復反。

建興六年，亮出軍向祁山，時有宿將魏延、吳壹等，論者皆言以爲宜令爲先鋒，而亮違衆拔謖，統大衆在前，與魏將張郃戰于街亭，爲郃所破，士卒離散。亮進無所據，退軍還漢中。謖下獄物故，亮爲之流涕。良死時年三十六，謖年三十九。〔一〕

〔一〕襄陽記曰：謖臨終與亮書曰：「明公視謖猶子，謖視明公猶父，願深惟殛鯀興禹之義，使平生之交不虧於此，謖雖死無恨於黃壤也。」于時十萬之衆爲之垂涕。亮自臨祭，待其遺孤若平生。蔣琬後詣漢中，謂亮曰：「昔楚殺得臣，然後文公喜可知也。天下未定而戮智計之士，豈不惜乎！」亮流涕曰：「孫武所以能制勝於天下者，用法明也。是以楊干亂法，魏絳戮其僕。四海分裂，兵交方始，若復廢法，何用討賊邪！」

習鑿齒曰：諸葛亮之不能兼上國也，豈不宜哉！夫晉人規林父之後濟，故廢法而收功；楚成闇得臣之益己，故殺之以重敗。今蜀僻陋一方，才少上國，而殺其俊傑，退收駑下之用，明法勝才，不師三敗之道，將以成業，不亦難乎！且先主誡謖之不可大用，豈不謂其非才也？亮受誡而不獲奉承，明謖之難廢也。爲天下宰匠，欲大收物之力，而不量才節任，隨器付業；知之大過，則違明主之誡，裁之失中，即殺有益之人，難乎其可與言智者也。

陳震字孝起，南陽人也。先主領荆州牧，辟爲從事，部諸郡，隨先主入蜀。蜀既定，爲蜀郡北部都尉，因易郡名，爲汶山太守，轉在犍爲。建興三年，入拜尚書，遷尚書令，奉命使吳。七年，孫權稱尊號，以震爲衞尉，賀權踐阼，諸葛亮與兄瑾書曰：「孝起忠純之性，老而益篤，及其贊述東西，歡樂和合，有可貴者。」震入吳界，移關候曰：「東之與西，驛使往來，冠蓋相望，申盟初好，日新其事。東尊應保聖祚，告燎受符，剖判土宇，天下響應，各有所歸。於此時也，以同心討賊，則何寇不滅哉！西朝君臣，引領欣賴。震以不才，得充下使，奉聘敍好，踐界踊躍，入則如歸。獻子適魯，犯其山諱，春秋譏之。望必啓告，使行人睦焉。卽日張旍誥衆，各自約誓。順流漂疾，國典異制，懼或有違，幸必斟誨，示其所宜。」震到武昌，孫權與震升壇歃盟，交分天下：以徐、豫、幽、青屬吳，并、涼、冀、兗屬蜀，其司州之土，以函谷關爲界。震還，封城陽亭侯。九年，都護李平坐誣罔廢；諸葛亮與長史蔣琬、侍中董允書曰：「孝起前臨至吳，爲吾說正方腹中有鱗甲，鄉黨以爲不可近。吾以爲鱗甲者但不當犯之耳，不圖復有蘇、張之事出於不意。可使孝起知之。」十三年，震卒。子濟嗣。

董允字休昭，掌軍中郎將和之子也。先主立太子，允以選爲舍人，徙洗馬。後主襲位，遷黃門侍郎。丞相亮將北征，住漢中，慮後主富於春秋，朱紫難別，以允秉心公亮，欲任以宮省之事。上疏曰：「侍中郭攸之、費禕、侍郎董允等，先帝簡拔以遺陛下，至於斟酌規益，進盡忠言，則其任也。愚以爲宮中之事，事無大小，悉以咨之，必能裨補闕漏，有所廣益。若無興德之言，則戮允等以彰其慢。」亮尋請禕爲參軍，允遷爲侍中，領虎賁中郎將，統宿衞親兵。攸之性素和順，備員而已。〔一〕獻納之任，允皆專之矣。允處事爲防制，甚盡匡救之理。後主常欲采擇以充後宮，允以爲古者天子后妃之數不過十二，今嬪嬙已具，不宜增益，終執不聽。後主益嚴憚之。尚書令蔣琬領益州刺史，上疏以讓費禕及允，又表「允內侍歷年，翼贊王室，宜賜爵土以褒勳勞。」允固辭不受。後主漸長大，愛宦人黃皓。皓便辟佞慧，欲自容入。允常上則正色匡主，下則數責於皓。皓畏允，不敢爲非。終允之世，皓位不過黃門丞。

〔一〕楚國先賢傳曰：攸之，南陽人，以器業知名於時。

允嘗與尚書令費禕、中典軍胡濟等共期游宴，嚴駕已辦，而郎中襄陽董恢詣允脩敬。恢年少官微，見允停出，逡巡求去，允不許，曰：「本所以出者，欲與同好游談也，今君已自屈，方展闊積，舍此之談，就彼之宴，非所謂也。」乃命解驂，禕等罷駕不行。其守正下士，凡此類也。〔一〕延熙六年，加輔國將軍。七年，以侍中守尚書令，爲大將軍費禕副貳。九年，卒。〔二〕

〔一〕襄陽記曰：董恢字休緒，襄陽人。入蜀，以宣信中郎副費禕使吳。孫權嘗大醉問禕曰：「楊儀、魏延，牧豎小人也。雖嘗有鳴吠之益於時務，然旣已任之，勢不得輕，若一朝無諸葛亮，必爲禍亂矣。諸君憒憒，曾不知防慮於此，豈所謂貽厥孫謀乎？」禕愕然四顧視，不能卽答。恢目禕曰：「可速言儀、延之不協起於私忿耳，而無黥、韓難御之心也。今方掃除彊賊，混一區夏，功以才成，業由才廣，若捨此不任，防其後患，是猶備有風波而逆廢舟楫，非長計也。」權大笑樂。諸葛亮聞之，以爲知言。還未滿三日，辟爲丞相府屬，遷巴郡太守。

臣松之案：漢晉春秋亦載此語，不云董恢所教，辭亦小異，此二書俱出習氏而不同若此。本傳云「恢年少官微」，若已爲丞相府屬，出作巴郡，則官不微矣。以此疑習氏之言爲不審的也。

〔三〕華陽國志曰：時蜀人以諸葛亮、蔣琬、費禕及允爲四相，一號四英也。

陳祗代允爲侍中，與黃皓互相表裏，皓始預政事。祗死後，皓從黃門令爲中常侍、奉車都尉，操弄威柄，終至覆國。蜀人無不追思允。及鄧艾至蜀，聞皓姦險，收閉，將殺之，而皓厚賂艾左右，得免。

祗字奉宗，汝南人，許靖兄之外孫也。少孤，長於靖家。弱冠知名，稍遷至選曹郎，矜厲有威容。多技藝，挾數術，費禕甚異之，故超繼允內侍。呂乂卒，祗又以侍中守尚書令，加鎮軍將軍，大將軍姜維雖班在祗上，常率衆在外，希親朝政。祗上承主指，下接閹豎，深見信愛，權重於維。景耀元年卒，後主痛惜，發言流涕，乃下詔曰：「祗統職一紀，柔嘉惟則，幹肅有章，和義利物，庶績允明。命不融遠，朕用悼焉。夫存有令問，則亡加美謚，謚曰忠侯。」賜子粲爵關內侯，拔次子裕爲黃門侍郎。自祗之有寵，後主追怨允日深，謂爲自輕，由祗媚茲一人，皓搆閒浸潤故耳。允孫宏，晉巴西太守。〔一〕

〔一〕臣松之以爲陳羣子泰，陸遜子抗，傳皆以子繫父，不別載姓，及王肅、杜恕、張承、顧劭之流，莫不皆然，惟董允獨否，未詳其意。當以允名位優重，事跡踰乂故邪？夏侯玄、陳表並有騂角之美，而亦如泰者，魏書總名此卷云諸夏侯曹傳，故不復稍加品藻。陳武與表俱至偏將軍，以位不相過故也。

呂乂字季陽，南陽人也。父常，送故將（軍）劉焉入蜀，值王路隔塞，遂不得還。乂少孤，好讀書鼓琴。初，先主定益州，置鹽府校尉，較鹽鐵之利，後校尉王連請乂及南陽杜祺、南鄉劉幹等並爲典曹都尉。乂遷新都、緜竹令，乃心隱卹，百姓稱之，爲一州諸城之首。遷巴西太守。丞相諸葛亮連年出軍，調發諸郡，多不相救，乂募取兵五千人詣亮，慰喻檢制，無逃竄者。徙爲漢中太守，兼領督農，供繼軍糧。亮卒，累遷廣漢、蜀郡太守。蜀郡一都之會，戶口衆多，又亮卒之後，士伍亡命，更相重冒，姦巧非一。乂到官，爲之防禁，開喻勸導，數年之中，漏脫自出者萬餘口。後入爲尚書，代董允爲尚書令，衆事無留，門無停賓。乂歷職內外，治身儉約，謙靖少言，爲政簡而不煩，號爲清能；然持法刻深，好用文俗吏，故居大官，名聲損於郡縣。延熙十四年卒。子辰，景耀中爲成都令。辰弟雅，謁者。雅清厲有文才，著格論十五篇。

杜祺歷郡守監軍大將軍司馬，劉幹官至巴西太守，皆與乂親善，亦有當時之稱，而儉素守法，不及於乂。

評曰：董和蹈羔羊之素，劉巴履清尙之節，馬良貞實，稱爲令士，陳震忠恪，老而益篤，董允匡主，義形於色，皆蜀臣之良矣。呂乂臨郡則垂稱，處朝則被損，亦黃、薛之流亞矣。

三國志卷四十　蜀書十

劉彭廖李劉魏楊傳第十

劉封者，本羅侯寇氏之子，長沙劉氏之甥也。先主至荆州，以未有繼嗣，養封爲子。及先主入蜀，自葭萌還攻劉璋，時封年二十餘，有武藝，氣力過人，將兵俱與諸葛亮、張飛等泝流西上，所在戰克。益州既定，以封爲副軍中郎將。

初，劉璋遣扶風孟達副法正，各將兵二千人，使迎先主，先主因令達并領其衆，留屯江陵。蜀平後，以達爲宜都太守。建安二十四年，命達從秭歸北攻房陵，房陵太守蒯祺爲達兵所害。達將進攻上庸，先主陰恐達難獨任，乃遣封自漢中乘沔水下統達軍，與達會上庸。上庸太守申耽舉衆降，遣妻子及宗族詣成都。先主加耽征北將軍，領上庸太守員鄉侯如故，以耽弟儀爲建信將軍、西城太守，遷封爲副軍將軍。自關羽圍樊城、襄陽，連呼封、達，令發兵自助。封、達辭以山郡初附，未可動搖，不承羽命。會羽覆敗，先主恨之。又封與達忿爭不和，封尋奪達鼓吹。達既懼罪，又忿恚封，遂表辭先主，率所領降魏。(一)魏文帝善達之姿才容觀，以爲散騎常侍、建武將軍，封平陽亭侯。合房陵、上庸、西城三郡〔爲新城郡，以〕達領新城太守。遣征南將軍夏侯尚、右將軍徐晃與達共襲封。達與封書曰：

古人有言：『疏不閒親，新不加舊。』此謂上明下直，讒慝不行也。若乃權君譎主，賢父慈親，猶有忠臣蹈功以罹禍，孝子抱仁以陷難，種、商、白起、孝己、伯奇，皆其類也。其所以然，非骨肉好離，親親樂患也。或有恩移愛易，亦有讒閒其閒，雖忠臣不能移之於君，孝子不能變之於父者也。勢利所加，改親爲讎，況非親親乎！故申生、衞伋、禦寇、楚建稟受形之氣，當嗣立之正，而猶如此。今足下與漢中王，道路之人耳，親非骨血而據勢權，義非君臣而處上位，征則有偏任之威，居則有副軍之號，遠近所聞也。自立阿斗爲太子已來，有識之人相爲寒心。如使申生從子輿之言，必爲太伯；衞伋聽其弟之謀，無彰父之譏也。且小白出奔，入而爲霸；重耳踰垣，卒以克復。自古有之，非獨今也。

夫智貴免禍，明尚夙達，僕揆漢中王慮定於內，疑生於外矣；慮定則心固，疑生則心懼，亂禍之興作，未曾不由廢立之間也。私怨人情，不能不見，恐左右必有以閒於漢中王矣。然則疑成怨聞，其發若踐機耳。今足下在遠，尚可假息一時；若大軍遂進，足下失據而還，竊相爲危之。昔微子去殷，智果別族，違難背禍，猶皆如斯。〔三〕今足下棄父母而爲人後，非禮也；知禍將至而留之，非智也；見正不從而疑之，非義也。自號爲丈夫，爲此三者，何所貴乎？以足下之才，棄身來東，繼嗣羅侯，不爲背親也；北面事君，以正綱紀，不爲棄舊也；怒不致亂，以免危亡，不爲徒行也。加陛下新受禪命，虛心側席，以德懷遠，若足下翻然內向，非但與僕爲倫，受三百戶封，繼統羅國而已，當更剖符大邦，爲始封之君。陛下大軍，金鼓以震，當轉都宛、鄧；若二敵不平，軍無還期。足下宜因此時早定良計。易有『利見大人』，詩有『自求多福』，行矣。今足下勉之，無使狐突閉門不出。

封不從達言。

〔一〕魏略載達辭先主表曰：「伏惟殿下將建伊、呂之業，追桓、文之功，大事草創，假勢吳、楚，是以有爲之士深覩歸趣。臣委質已來，愆戾山積，臣猶自知，況於君乎！今王朝以興，英俊鱗集，臣內無輔佐之器，外無將領之才，列次功臣，誠自愧也。臣聞范蠡識微，浮於五湖；咎犯謝罪，逡巡於河上。夫際會之間，請命乞身。何則？欲絜去就之分也。況臣卑鄙，無元功巨勳，自繫於時，竊慕前賢，早思遠恥。昔申生至孝見疑於親，子胥至忠見誅於君，蒙恬拓境而被大刑，樂毅破齊而遭讒佞，臣每讀其書，未嘗不慷慨流涕，而親當其事，益以傷絕。何者？荊州覆敗，大臣失節，百無一還。惟臣尋事，自致房陵、上庸，而復乞身，自放於外。伏想殿下聖恩感悟，愍臣之心，悼臣之舉。臣誠小人，不能始終，知而爲之，敢謂非罪！臣每聞交絕無惡聲，去臣無怨辭，臣過奉教於君子，願君王勉之也。」

〔二〕國語曰：智宣子將以瑤爲後，智果曰：「不如宵也。」宣子曰：「宵也佷。」對曰：「宵也佷在面，瑤之賢於人者五，其不逮者一也。美鬚長大則賢，射御足力則賢，技藝畢給則賢，巧文辯惠則賢，彊毅果敢則賢，如是而甚不仁；以五者賢陵人，而不仁行之，其誰能待之！若果立瑤也，智宗必滅。」不聽。智果別族于太史氏爲輔氏。及智氏亡，惟輔果在焉。

申儀叛封，封破走還成都。申耽降魏，魏假耽懷集將軍，徙居南陽，儀魏興太守，封（眞鄉侯）〔員鄉侯〕，屯洵口。〔一〕封既至，先主責封之侵陵達，又不救羽。諸葛亮慮封剛猛，易世之後終難制御，勸先主因此除之。於是賜封死，使自裁。封歎曰：「恨不用孟子度之言！」先主爲之流涕。達本字子敬，避先主叔父敬，改之。〔二〕

〔一〕魏略曰：申儀兄名耽，字義舉。初在西平、上庸間聚衆數千家，後與張魯通，又遣使詣曹公，曹公加其號爲將軍，因使領上庸都尉。至建安末，爲蜀所攻，以其郡西屬。黃初中，儀復來還，詔即以兄故號加儀，因拜魏興太守，封列侯。太和中，儀與孟達不和，數上言達有貳心於蜀，及達反，儀絕蜀道，使救不到。達死後，儀詣宛見司馬宣王，宣王勸使來朝。儀至京師，詔轉拜儀樓船將軍，在禮請中。

〔二〕封子林爲牙門將，咸熙元年內移河東。達子興爲議督軍，是歲徙還扶風。

彭羕字永年，廣漢人。身長八尺，容貌甚偉。姿性驕傲，多所輕忽，惟敬同郡秦子勑，薦之於太守許靖曰：「昔高宗夢傳說，周文求呂尙，爰及漢祖，納食其於布衣，此乃帝王之所以倡業垂統，緝熙厥功也。今明府稽古皇極，允執神靈，體公劉之德，行勿翦之惠，清廟之作於是乎始，褒貶之義於是乎興，然而六翮未之備也。伏見處士緜竹秦宓，膺山甫之德，履雋生之直，枕石漱流，吟詠縕袍，偃息於仁義之途，恬惔於浩然之域，高概節行，守眞不虧，雖古人潛遁，蔑以加旃。若明府能招致此人，必有忠讜落落之譽，豐功厚利，建跡立勳，然後紀功於王府，飛聲於來世，不亦美哉！」

羕仕州，不過書佐，後又爲衆人所謗毀於州牧劉璋，璋髡鉗羕爲徒隸。會先主入蜀，泝流北行。羕欲納說先主，乃往見龐統。統與羕非故人，又適有賓客，羕徑上統牀臥，謂統曰：「須客罷當與卿善談。」統客既罷，往就羕坐，羕又先責統食，然後共語，因留信宿，至于經日。統大善之，而法正宿自知羕，遂並致之先主。先主亦以爲奇，數令羕宣傳軍事，指授諸將，奉使稱意，識遇日加。成都既定，先主領益州牧，拔羕爲治中從事。羕起徒步，一朝處州人之上，形色囂然，自矜得遇滋甚。諸葛亮雖外接待羕，而內不能善，屢密言先主，羕心大志廣，難可保安。先主既敬信亮，加察羕行事，意以稍疎，左遷羕爲江陽太守。

羕聞當遠出，私情不悅，往詣馬超。超問羕曰：「卿才具秀拔，主公相待至重，謂卿當與孔明、孝直諸人齊足並驅，寧當外授小郡，失人本望乎？」羕曰：「老革荒悖，可復道邪！」〔一〕又謂超曰：「卿爲其外，我爲其內，天下不足定也。」超羈旅歸國，常懷危懼，聞羕言大驚，默然不答。羕退，具表羕辭，於是收羕付有司。

〔一〕揚雄方言曰：慽、鰓、乾、都、耇、革，老也。郭璞注曰：皆老者皮毛枯瘁之形也。臣松之以爲皮去毛曰革。古者以革爲兵，故語稱兵革，革猶兵也。羕罵備爲老革，猶言老兵也。

羕於獄中與諸葛亮書曰：「僕昔有事於諸侯，以爲曹操暴虐，孫權無道，振威闇弱，其惟主公有霸王之器，可與興業致治，故乃翻然有輕舉之志。會公來西，僕因法孝直自衒鬻，龐統斟酌其間，遂得詣公於葭萌，指掌而譚，論治世之務，講霸王之義，建取益州之策，公亦宿慮明定，即相然贊，遂舉事焉。僕於故州不免凡庸，憂於罪罔，得遭風雲激矢之中，求君得君，志行名顯，從布衣之中擢爲國士，盜竊茂才。分子之厚，誰復過此。〔二〕羕一朝狂悖，自求菹醢，爲不忠不義之鬼乎！先民有言，左手據天下之圖，右手刎咽喉，愚夫不爲也。況僕頗別菽麥者哉！所以有怨望意者，不自度量，苟以爲首興事業，而有投江陽之論，不解主公之意，意卒感激，頗以被酒，侻失『老』語。此僕之下愚薄慮所致，主公實未老也。且夫立業，豈在老少，西伯九十，寧有衰志，負我慈父，罪有百死。至於內外之言，欲使孟起立功北州，戮力主公，共討曹操耳，寧敢有他志邪？孟起說之是也，但不分別其閒，痛人心耳。昔每與龐統共相誓約，庶託足下末蹤，盡心於主公之業，追名古人，載勳竹帛。統不幸而死，僕敗以取禍。自我墮之，將復誰怨！足下，當世伊、呂也，宜善與主公計事，濟其大猷。天明地察，神祇有靈，復何言哉！貴使足下明僕本心耳。行矣努力，自愛，自愛！」羕竟誅死，時年三十七。

〔一〕臣松之以爲「分子之厚」者，蒙言劉主分兒子厚恩，施之於己，故其書後語云「負我慈父，罪有百死」也。

廖立廖音理救反。字公淵，武陵臨沅人。先主領荆州牧，辟爲從事，年未三十，擢爲長沙太守。先主入蜀，諸葛亮鎮荆土，孫權遣使通好於亮，因問士人皆誰相經緯者，亮答曰：「龐統、廖立，楚之良才，當贊興世業者也。」建安二十年，權遣呂蒙奄襲南三郡，立脱身走，自歸先主。先主素識待之，不深責也，以爲巴郡太守。二十四年，先主爲漢中王，徵立爲侍中。後主襲位，徙長水校尉。

立本意，自謂才名宜爲諸葛亮之貳，而更游散在李嚴等下，常懷怏怏。後丞相掾（李邵）〔李郃〕、蔣琬至，立計曰：「軍當遠出，卿諸人好諦其事。昔先（主）〔帝〕不取漢中，走與吳人爭南三郡，卒以三郡與吳人，徒勞役吏士，無益而還。既亡漢中，使夏侯淵、張郃深入于巴，幾喪一州。後至漢中，使關侯身死無孑遺，上庸覆敗，徒失一方。是羽怙恃勇名，作軍無法，直以意突耳，故前後數喪師衆也。如向朗、文恭，凡俗之人耳。恭作治中無綱紀；朗昔奉馬良兄弟，謂爲聖人，今作長史，素能合道。中郎郭演長，從人者耳，不足與經大事，而作侍中。今弱世也，欲任此三人，爲不然也。王連流俗，苟作掊克，使百姓疲弊，以致今日。」（郃）

〔邵〕、琬具白其言於諸葛亮。亮表立曰：「長水校尉廖立，坐自貴大，臧否羣士，公言國家不任賢達而任俗吏，又言萬人率者皆小子也；誹謗先帝，疵毀衆臣。人有言國家兵衆簡練，部伍分明者，立舉頭視屋，憤咤作色曰：『何足言！』凡如是者不可勝數。羊之亂羣，猶能爲害，況立託在大位，中人以下識眞僞邪？」〔一〕於是廢立爲民，徙汶山郡。立躬率妻子耕殖自守，聞諸葛亮卒，垂泣歎曰：「吾終爲左衽矣！」後監軍姜維率偏軍經汶山，詣立，稱立意氣不衰，言論自若。立遂終徙所。妻子還蜀。

〔一〕亮集有亮表曰：「立奉先帝無忠孝之心，守長沙則開門就敵，領巴郡則有闇昧闒茸其事，隨大將軍則誹謗譏訶，侍梓宮則挾刃斷人頭於梓宮之側。陛下即位之後，普增職號，立隨比爲將軍，面語臣曰：『我何宜在諸將軍中！不表我爲卿，上當在五校！』臣答：『將軍者，隨大比耳。至於卿者，正方亦未爲卿也。且宜處五校。』自是之後，快快懷恨。」詔曰：「三苗亂政，有虞流宥，廖立狂惑，朕不忍刑，亟徙不毛之地。」

李嚴字正方，南陽人也。少爲郡職吏，以才幹稱。荊州牧劉表使歷諸郡縣。曹公入荊州時，嚴宰秭歸，遂西詣蜀，劉璋以爲成都令，復有能名。建安十八年，署嚴爲護軍，拒先主於緜竹。嚴率衆降先主，先主拜嚴裨將軍。成都既定，爲犍爲太守、興業將軍。二十三年，盜賊馬秦、高勝等起事於郪，音淒。合聚部伍數萬人，到資中縣。時先主在漢中，嚴不更發兵，但率將郡士五千人討之，斬秦、勝等首。枝黨星散，悉復民籍。又越嶲夷率高定遣軍圍新道縣，嚴馳往赴救，賊皆破走。加輔漢將軍，領郡如故。章武二年，先主徵嚴詣永安宮，拜尚書令。三年，先主疾病，嚴與諸葛亮並受遺詔輔少主；以嚴爲中都護，統內外軍事，留鎮永安。建興元年，封都鄉侯，假節，加光祿勳。四年，轉爲前將軍。以諸葛亮欲出軍漢中，嚴當知後事，移屯江州，留護軍陳到駐永安，皆統屬嚴。嚴與孟達書曰：「吾與孔明俱受寄託，憂深責重，思得良伴。」亮亦與達書曰：「部分如流，趨捨罔滯，正方性也。」其見貴重如此。〔一〕八年，遷驃騎將軍。以曹眞欲三道向漢川，亮命嚴將二萬人赴漢中。亮表嚴子豐爲江州都督督軍，典嚴後事。亮以明年當出軍，命嚴以中都護署府事。嚴改名爲平。

〔一〕諸葛亮集有嚴與亮書，勸亮宜受九錫，進爵稱王。亮答書曰：「吾與足下相知久矣，可不復相解！足下方誨以光國，戒之以勿拘之道，是以未得默已。吾本東方下士，誤用於先帝，位極人臣，祿賜百億，今討賊未效，知己未答，而方寵齊、晉，坐自貴大，非其義也。若滅魏斬叡，帝還故居，與諸子並升，雖十命可受，況於九邪！」

九年春，亮軍祁山，平催督運事。秋夏之際，值天霖雨，運糧不繼，平遣參軍狐忠、督軍成藩喻指，呼亮來還；亮承以退軍。平聞軍退，乃更陽驚，說「軍糧饒足，何以便歸」！欲以解己不辦之責，顯亮不進之愆也。又表後主，說「軍僞退，欲以誘賊與戰」。亮具出其前後手筆書疏本末，平違錯章灼。平辭窮情竭，首謝罪負。於是亮表平曰：「自先帝崩後，平所在治家，尙爲小惠，安身求名，無憂國之事。臣當北出，欲得平兵以鎭漢中，平窮難縱橫，無有來意，而求以五郡爲巴州刺史。去年臣欲西征，欲令平主督漢中，平說司馬懿等開府辟召。臣知平鄙情，欲因行之際偪臣取利也，是以表平子豐督主江州，隆崇其遇，以取一時之務。平至之日，都委諸事，羣臣上下皆怪臣待平之厚也。正以大事未定，漢室傾危，伐平之短，莫若褒之。然謂平情在於榮利而已，不意平心顚倒乃爾。若事稽留，將致禍敗，是臣不敏，言多增咎。」〔一〕乃廢平爲民，徙梓潼郡。〔二〕十二年，平聞亮卒，發病死。平常冀亮當自補復，策後人不能，故以激憤也。〔三〕豐官至朱提太守。〔四〕

〔一〕亮公文上尙書曰：「平爲大臣，受恩過量，不思忠報，橫造無端，危恥不辦，迷罔上下，論獄棄科，導人爲姦，（狹情）〔情狹〕志狂，若無天地。自度姦露，嫌心遂生，聞軍臨至，西嚮託疾還沮、漳，軍臨至沮，復還江陽，平參軍狐忠勤諫乃止。今篡賊未滅，社稷多難，國事惟和，可以克捷，不可苞含，以危大業。輒與行中軍師車騎將軍都鄉侯臣劉琰，使持節前軍師征西大將軍領涼州刺史南鄭侯臣魏延、前將軍都亭侯臣袁綝、左將軍領荆州刺史高陽鄉侯臣吳壹、督前部右將軍玄鄉侯臣高翔、督後部後將軍安樂亭侯臣吳班、領長史綏軍將軍臣楊儀、督左部行中監軍揚武將軍臣鄧芝、行前監軍征南將軍臣劉巴、行中護軍偏將軍臣費禕、行前護軍偏將軍漢成亭侯臣許允、行左護軍篤信中郎將臣丁咸、行右護軍偏將軍臣劉敏、行護軍征南將軍當陽亭侯臣姜維、行中典軍討虜將軍臣上官雝、行中參軍昭武中郎將臣胡濟、行參軍建義將軍臣閻晏、行參軍偏將軍臣爨習、行參軍裨將軍臣杜義、行參軍武略中郎將臣杜祺、行參軍綏戎都尉臣盛勃、領從事中郎武略中郎將臣樊岐等議，輒解平任，免官祿、節傳、印綬、符策，削其爵土。」

〔二〕諸葛亮又與平子豐教曰：「吾與君父子戮力以獎漢室，此神明所聞，非但人知之也。表都護典漢中，委君於東關者，不與人議也。謂至心感動，終始可保，何圖中乖乎！昔楚卿屢絀，亦乃克復，思道則福，應自然之數也。願寬慰都護，勤追前闕。今雖解任，形業失故，奴婢賓客百數十人，君以中郎參軍居府，方之氣類，猶爲上家。若都護思負一意，君與公琰推心從事者，否可復通，逝可復還也。詳思斯戒，明吾用心，臨書長歎，涕泣而已。」

〔三〕習鑿齒曰：昔管仲奪伯氏駢邑三百，沒齒而無怨言，聖人以爲難。諸葛亮之使廖立垂泣，李平致死，豈徒無怨言而已哉！夫水至平而邪者取法，鏡至明而醜者無怒，水鏡之所以能窮物而無怨者，以其無私也。水鏡無私，猶以免謗，況大人君子懷樂生之心，流矜恕之德，法行於不可不用，刑加乎自犯之罪，爵之而非私，誅之而不怒，天下有不服者乎！諸葛亮於是可謂能用刑矣，自秦、漢以來未之有也。

〔四〕蘇林漢書音義曰：朱音銖；提音如北方人名匕曰提也。

劉琰字威碩，魯國人也。先主在豫州，辟爲從事，以其宗姓，有風流，善談論，厚親待之，遂隨從周旋，常爲賓客。先主定益州，以琰爲固陵太守。後主立，封都鄉侯，班位每亞李嚴，爲衞尉中軍師後將軍，遷車騎將軍。然不豫國政，但領兵千餘，隨丞相亮諷議而已。車服飲食，號爲侈靡，侍婢數十，皆能爲聲樂，又悉教誦讀魯靈光殿賦。建興十年，與前軍師魏延不和，言語虛誕，亮責讓之。琰與亮牋謝曰：「琰稟性空虛，本薄操行，加有酒荒之病,自先帝以來,紛紜之論,殆將傾覆。頗蒙明公本其一心在國,原其身中穢垢,扶持全濟,致其祿位,以至今日。閒者迷醉,言有違錯,慈恩含忍,不致之于理,使得全完,保育性命。雖必克己責躬,改過投死,以誓神靈;無所用命,則靡寄顏。」於是亮遣琰還成都,官位如故。

琰失志慌惚。十二年正月,琰妻胡氏入賀太后,太后令特留胡氏,經月乃出。胡氏有美色,琰疑其與後主有私,呼(卒)五百撾胡,至於以履搏面,而後棄遣。胡具以告言琰,琰坐下獄。有司議曰:「卒非撾妻之人,面非受履之地。」琰竟棄市。自是大臣妻母朝慶遂絕。

魏延字文長,義陽人也。以部曲隨先主入蜀,數有戰功,遷牙門將軍。先主爲漢中王,遷治成都,當得重將以鎮漢川,衆論以爲必在張飛,飛亦以心自許。先主乃拔延爲督漢中鎮遠將軍,領漢中太守,一軍盡驚。先主大會羣臣,問延曰:「今委卿以重任,卿居之欲云何?」延對曰:「若曹操舉天下而來,請爲大王拒之;偏將十萬之衆至,請爲大王吞之。」先主稱善,衆咸壯其言。先主踐尊號,進拜鎮北將軍。建興元年,封都亭侯。五年,諸葛亮駐漢中,更以延爲督前部,領丞相司馬、涼州刺史,八年,使延西入羌中,魏後將軍費瑤、雍州刺史郭淮與延戰于陽谿,延大破淮等,遷爲前軍師征西大將軍,假節,進封南鄭侯。

延每隨亮出，輒欲請兵萬人，與亮異道會于潼關，如韓信故事，亮制而不許。延常謂亮爲怯，歎恨己才用之不盡。〔一〕延既善養士卒，勇猛過人，又性矜高，當時皆避下之。唯楊儀不假借延，延以爲至忿，有如水火。十二年，亮出北谷口，延爲前鋒。出亮營十里，延夢頭上生角，以問占夢趙直，直詐延曰：「夫麒麟有角而不用，此不戰而賊欲自破之象也。」退而告人曰：「角之爲字，刀下用也；頭上用刀，其凶甚矣。」

〔一〕魏略曰：夏侯楙爲安西將軍，鎭長安。亮於南鄭與羣下計議，延曰：「聞夏侯楙少，主壻也，怯而無謀。今假延精兵五千，負糧五千，直從褒中出，循秦嶺而東，當子午而北，不過十日可到長安。楙聞延奄至，必乘船逃走。長安中惟有御史、京兆太守耳，橫門邸閣與散民之穀足周食也。比東方相合聚，尚二十許日，而公從斜谷來，必足以達。如此，則一舉而咸陽以西可定矣。」亮以爲此縣危，不如安從坦道，可以平取隴右，十全必克而無虞，故不用延計。

秋，亮病困，密與長史楊儀、司馬費禕、護軍姜維等作身歿之後退軍節度，令延斷後，姜維次之；若延或不從命，軍便自發。亮適卒，祕不發喪，儀令禕往揣延意指。延曰：「丞相雖亡，吾自見在。府親官屬便可將喪還葬，吾自當率諸軍擊賊，云何以一人死廢天下之事邪？且魏延何人，當爲楊儀所部勒，作斷後將乎！」因與禕共作行留部分，令禕手書與己連名，告下諸將。禕紿延曰：「當爲君還解楊長史，長史文吏，稀更軍事，必不違命也。」禕出門馳馬而去，延尋悔，追之已不及矣。延遣人覘儀等，遂使欲案亮成規，諸營相次引軍還。延大怒，（纔）〔攙〕儀未發，率所領徑先南歸，所過燒絕閣道。延、儀各相表叛逆，一日之中，羽檄交至。後主以問侍中董允、留府長史蔣琬，琬、允咸保儀疑延。儀等槎山通道，晝夜兼行，亦繼延後。延先至，據南谷口，遣兵逆擊儀等，儀等令何平在前禦延。平叱延先登曰：「公亡，身尚未寒，汝輩何敢乃爾！」延士衆知曲在延，莫爲用命，軍皆散。延獨與其子數人逃亡，奔漢中。儀遣馬岱追斬之，致首於儀，儀起自踏之，曰：「庸奴！復能作惡不？」遂夷延三族。初，蔣琬率宿衞諸營赴難北行，行數十里，延死問至，乃旋。原延意不北降魏而南還者，但欲除殺儀等。平日諸將素不同，冀時論必當以代亮。本指如此。不便背叛。〔一〕

〔一〕魏略曰：諸葛亮病，謂延等云：「我之死後，但謹自守，慎勿復來也。」令延攝行己事，密持喪去。延遂匿之，行至褒口，乃發喪。亮長史楊儀宿與延不和，見延攝行軍事，懼爲所害，乃張言延欲舉衆北附，遂率其衆攻延。延本無此心，不戰軍走，追而殺之。臣松之以爲此蓋敵國傳聞之言，不得與本傳爭審。

楊儀字威公，襄陽人也。建安中，爲荆州刺史傅羣主簿，背羣而詣襄陽太守關羽。羽命爲功曹，遣奉使西詣先主。先主與語論軍國計策，政治得失，大悅之，因辟爲左將軍兵曹掾。及先主爲漢中王，拔儀爲尚書。先主稱尊號，東征吳，儀與尚書令劉巴不睦，左遷遙署弘農太守。建興三年，丞相亮以爲參軍，署府事，將南行。五年，隨亮漢中。八年，遷長史，加綏軍將軍。亮數出軍，儀常規畫分部，籌度糧穀，不稽思慮，斯須便了。軍戎節度，取辦於儀。亮深惜儀之才幹，憑魏延之驍勇，常恨二人之不平，不忍有所偏廢也。十二年，隨亮出屯谷口。亮卒于敵場。儀既領軍還，又誅討延，自以為功勳至大，宜當代亮秉政，呼都尉趙正以周易筮之，卦得家人，默然不悅。而亮平生密指，以儀性狷狹，意在蔣琬，琬遂為尚書令、益州刺史。儀至，拜為中軍師，無所統領，從容而已。

初，儀為先主尚書，琬為尚書郎，後雖俱為丞相參軍長史，儀每從行，當其勞劇，自惟年宦先琬，才能踰之，於是怨憤形于聲色，歎咤之音發於五內。時人畏其言語不節，莫敢從也，惟後軍師費禕往慰省之。儀對禕恨望，前後云云，又語禕曰：「往者丞相亡沒之際，吾若舉軍以就魏氏，處世寧當落度如此邪！令人追悔不可復及。」禕密表其言。十三年，廢儀為民，徙漢嘉郡。儀至徙所，復上書誹謗，辭指激切，遂下郡收儀。儀自殺，其妻子還蜀。〔一〕

〔一〕楚國先賢傳云：儀兄慮，字威方。少有德行，為江南冠冕。州郡禮召，諸公辟請，皆不能屈。年十七，夭，鄉人號曰德行楊君。

評曰：劉封處嫌疑之地，而思防不足以自衞。彭羕、廖立以才拔進，李嚴以幹局達，魏延以勇略任，楊儀以當官顯，劉琰舊仕，並咸貴重。覽其舉措，迹其規矩，招禍取咎，無不自己也。

三國志卷四十一　蜀書十一

霍王向張楊費傳第十一

霍峻字仲邈，南郡枝江人也。兄篤，於鄉里合部曲數百人。篤卒，荆州牧劉表令峻攝其衆。表卒，峻率衆歸先主，先主以峻爲中郎將。先主自葭萌南還襲劉璋，留峻守葭萌城。張魯遣將楊帛誘峻，求共守城，峻曰：「小人頭可得，城不可得。」帛乃退去。後璋將扶禁、向存等帥萬餘人由閬水上，攻圍峻，且一年，不能下。峻城中兵纔數百人，伺其怠隙，選精鋭出擊，大破之，卽斬存首。先主定蜀，嘉峻之功，乃分廣漢爲梓潼郡，以峻爲梓潼太守、裨將軍。在官三年，年四十卒，還葬成都。先主甚悼惜，乃詔諸葛亮曰：「峻旣佳士，加有功於國，欲行酹。」遂親率羣僚臨會弔祭，因留宿墓上，當時榮之。

子弋，字紹先，先主末年爲太子舍人。後主踐阼，除謁者。丞相諸葛亮北駐漢中，請爲記室，使與子喬共周旋游處。亮卒，爲黄門侍郎。後主立太子璿，以弋爲中庶子。璿好騎射，出入無度，弋援引古義，盡言規諫，甚得切磋之體。後爲參軍庲降屯副貳都督，又轉護軍，統事如前。時永昌郡夷獠恃險不賓，數爲寇害，乃以弋領永昌太守，率偏軍討之，遂斬其豪帥，破壞邑落，郡界寧靜。遷監軍翊軍將軍，領建寧太守，還統南郡事。景耀六年，進號安南將軍。是歲，蜀并于魏。弋與巴東領軍襄陽羅憲各保全一方，舉以內附，咸因仍前任，寵待有加。〔一〕

〔一〕漢晉春秋曰：霍弋聞魏軍來，弋欲赴成都，後主以備敵既定，不聽。及成都不守，弋素服號哭，大臨三日。諸將咸勸宜速降，弋曰：「今道路隔塞，未詳主之安危，大故去就，不可苟也。若主上與魏和，見遇以禮，則保境而降，不晚也。若萬一危辱，吾將以死拒之，何論遲速邪！」得後主東遷之問，始率六郡將守上表曰：「臣聞人生於三，事之如一，惟難所在，則致其命。今臣國敗主附，守死無所，是以委質，不敢有貳。」晉文王善之，又拜南中都督，委以本任。後遣將兵救援呂興，平交阯、日南、九眞三郡，功封列侯，進號崇賞焉。弋孫彪，晉越巂太守。

襄陽記曰：羅憲字令則。父蒙，避亂於蜀，官至廣漢太守。憲少以才學知名，年十三能屬文。後主立太子，爲太子舍人，遷庶子、尙書吏部郎，以宣信校尉再使於吳，吳人稱美焉。時黃皓預政，衆多附之，憲獨不與同，皓恚，左遷巴東太守。時右大將軍閻宇都督巴東，爲領軍，後主拜憲爲宇副貳。魏之伐蜀，召宇西還，留宇二千人，令憲守永安城。尋聞成都敗，城中擾動，江邊長吏皆棄城走，憲斬稱成都亂者一人，百姓乃定。得後主委質問至，乃帥所統臨于都亭三日。吳聞蜀敗，起兵西上，外託救援，內欲襲憲。憲曰：「本朝傾覆，吳爲脣齒，不恤我難而徼其利，背盟違約。且漢已亡，吳何得久，寧能爲吳降虜乎！」保城繕甲，告誓將士，厲以節義，莫不用命。吳聞鍾、鄧敗，百城無主，有兼蜀之志，而巴東固守，兵不得過，使步協率衆而西。憲臨江拒射，不能禦，遣參軍楊宗突圍北出，告急安東將軍陳騫，又送文武印綬、任子詣晉王。協攻城，憲出與戰，大破其軍。孫休怒，復遣陸抗等帥衆三萬人增憲之圍。被攻凡六月日而救援不到，城中疾病大半。或說憲奔走之計，憲曰：「夫爲人主，百姓所仰，危不能安，急而棄之，君子不爲也，畢命於此矣。」陳騫言於晉王，遣荊州刺史胡烈救憲，抗等引退。晉王卽委前任，拜憲淩江將軍，封萬年亭侯。會武陵四縣舉衆叛吳，以憲爲武陵太守巴東監軍。泰始元年改封西鄂縣侯。憲遣妻子居洛陽，武帝以子襲爲給事中。三年冬，入朝，進位冠軍將軍、假節。四年三月，從帝宴于華林園，詔問蜀大臣子弟，後問先輩宜時敍用者，憲薦蜀郡常忌、杜軫、壽良、巴西陳壽、南郡高軌、南陽呂雅、許國、江夏費恭、琅邪諸葛京、汝南陳裕，卽皆敍用，咸顯於世。憲還，襲取吳之巫城，因上伐吳之策。憲方亮嚴正，待士不倦，輕財好施，不治產業。六年薨，贈安南將軍，謚曰烈侯。子襲，以淩江將軍領部曲，早卒，追贈廣漢太守。襲子徽，順陽內史，永嘉五年爲王如所殺。此作「獻」，名與本傳不同，未詳孰是也。

王連字文儀，南陽人也。劉璋時入蜀，爲梓潼令。先主起事葭萌，進軍來南，連閉城不降，先主義之，不强偪也。及成都旣平，以連爲什邡令，轉在廣都，所居有績。遷司鹽校尉，較鹽鐵之利，利入甚多，有裨國用，於是簡取良才以爲官屬，若呂乂、杜祺、劉幹等，終皆至大官，自連所拔也。遷蜀郡太守、興業將軍，領鹽府如故。建興元年，拜屯騎校尉，領丞相長史，封平陽亭侯。時南方諸郡不賓，諸葛亮將自征之，連諫以爲「此不毛之地，疫癘之鄉，不宜以一國之望，冒險而行」。亮慮諸將才不及己，意欲必往，而連言輒懇至，故停留者久之。會連卒。子山嗣，官至江陽太守。

向朗字巨達，襄陽宜城人也。〔一〕荊州牧劉表以爲臨沮長。表卒，歸先主。先主定江南，使朗督秭歸、夷道、巫（山）、夷陵四縣軍民事。蜀既平，以朗爲巴西太守，頃之轉任牂牁，又徙房陵。後主踐阼，爲步兵校尉，代王連領丞相長史。丞相亮南征，朗留統後事。五年，隨亮漢中。朗素與馬謖善，謖逃亡，朗知情不舉，亮恨之，免官還成都。數年，爲光祿勳，亮卒後徙左將軍，追論舊功，封顯明亭侯，位特進。初，朗少時雖涉獵文學，然不治素檢，以吏能見稱。自去長史，優游無事垂三十年，〔二〕乃更潛心典籍，孜孜不倦。年踰八十，猶手自校書，刊定謬誤，積聚篇卷，於時最多。開門接賓，誘納後進，但講論古義，不干時事，以是見稱。上自執政，下及童冠，皆敬重焉。延熙十年卒。〔三〕子條嗣，景耀中爲御史中丞。〔四〕

〔一〕襄陽記曰：朗少師事司馬德操，與徐元直、韓德高、龐士元皆親善。

〔二〕臣松之案：朗坐馬謖免長史，則建興六年中也。朗至延熙十年卒，整二十年耳，此云「三十」，字之誤也。

〔三〕襄陽記曰：朗遺言戒子曰：「傳稱師克在和不在衆，此言天地和則萬物生，君臣和則國家平，九族和則動得所求，靜得所安，是以聖人守和，以存以亡也。吾，楚國之小子耳，而早喪所天，爲二兄所誘養，使其性行不隨祿利以墮。今但貧耳；貧非人患，惟和爲貴，汝其勉之！」

〔四〕襄陽記曰：條字文豹，亦博學多識，入晉爲江陽太守、南中軍司馬。

朗兄子寵，先主時爲牙門將。秭歸之敗，寵營特完。建興元年封都亭侯，後爲中部督，典宿衞兵。諸葛亮當北行，表與後主曰：「將軍向寵，性行淑均，曉暢軍事，試用於昔，先帝稱之曰能，是以衆論舉寵爲督。愚以爲營中之事，悉以咨之，必能使行陳和睦，優劣得所也。」遷中領軍。延熙三年，征漢嘉蠻夷，遇害。寵弟充，歷射聲校尉尚書。〔一〕

〔一〕襄陽記曰：魏咸熙元年六月，鎮西將軍衞瓘至於成都，得璧玉印各一枚，文似「成信」字，魏人宣示百官，藏于相國府。充聞之曰：「吾聞譙周之言，先帝諱備，其訓具也，後主諱禪，其訓授也，如言劉已具矣，當授與人也。今中撫軍名炎，而漢年極於炎興，瑞出成都，而藏之於相國府，此殆天意也。」是歲，拜充爲梓潼太守，明年十二月而晉武帝即尊位，炎興於是乎徵焉。

孫盛曰：昔公孫自以起成都，號曰成氏，二玉之文，殆述所作乎！

張裔字君嗣，蜀郡成都人也。治公羊春秋，博涉史、漢。汝南許文休入蜀，謂裔幹理敏捷，是中夏鍾元常之倫也。劉璋時，舉孝廉，爲魚復長，還州署從事，領帳下司馬。張飛自荆州由墊江入，璋授裔兵，拒張飛於德陽陌下，軍敗，還成都。爲璋奉使詣先主，先主許以禮其君而安其人也，裔還，城門乃開。先主以裔爲巴郡太守，還爲司金中郎將，典作農戰之器。先是，益州郡殺太守正昂，耆率雍闓恩信著於南土，使命周旋，遠通孫權。乃以裔爲益州太守，徑往至郡。闓遂趦趄不賓，假鬼教曰：「張府君如瓠壺，外雖澤而內實麤，不足殺，令縛與吳。」於是遂送裔於權。

會先主薨，諸葛亮遣鄧芝使吳，亮令芝言次可從權請裔。裔自至吳數年，流徙伏匿，權未之知也，故許芝遣裔。裔臨發，權乃引見，問裔曰：「蜀卓氏寡女，亡奔司馬相如，貴土風俗何以乃爾乎？」裔對曰：「愚以爲卓氏之寡女，猶賢於買臣之妻。」權又謂裔曰：「君還，必用事西朝，終不作田父於閭里也，將何以報我？」裔對曰：「裔負罪而歸，將委命有司。若蒙徼倖得全首領，五十八已前父母之年也，自此已後大王之賜也。」權言笑歡悅，有器裔之色。裔出閤，深悔不能陽愚，卽便就船倍道兼行。權果追之，裔已入永安界數十里，追者不能及。

旣至蜀，丞相亮以爲參軍，署府事，又領益州治中從事。亮出駐漢中，裔以射聲校尉領留府長史，常稱曰：「公賞不遺遠，罰不阿近，爵不可以無功取，刑不可以貴勢免，此賢愚之所以僉忘其身者也。」其明年，北詣亮諮事，送者數百，車乘盈路，裔還書與所親曰：「近者涉道，晝夜接賓，不得寧息，人自敬丞相長史，男子張君嗣附之，疲倦欲死。」其談啁流速，皆此類也。〔一〕少與犍爲楊恭友善，恭早死，遺孤未數歲，裔迎留，與分屋而居，事恭母如母。恭之子息長大，爲之娶婦，買田宅產業，使立門戶。撫恤故舊，振贍衰宗，行義甚至。加輔漢將軍，領長史如故。建興八年卒。子䍐嗣，䍐音忙角反，見字林，曰「䍐，思貌也」。歷三郡守監軍。䍐弟都，太子中庶子。

〔一〕臣松之以爲談啁貴於機捷，書疏可容留意。今因書疏之巧，以著談啁之速，非其理也。

楊洪字季休，犍爲武陽人也。劉璋時歷部諸郡。先主定蜀，太守李嚴命爲功曹。嚴欲徙郡治舍，洪固諫不聽，遂辭功曹，請退。嚴欲薦洪於州，爲蜀部從事。先主爭漢中，急書發兵，軍師將軍諸葛亮以問洪，洪曰：「漢中則益州咽喉，存亡之機會，若無漢中則無蜀矣，此家門之禍也。方今之事，男子當戰，女子當運，發兵何疑？」時蜀郡太守法正從先主北行，亮於是表洪領蜀郡太守，衆事皆辦，遂使即眞。頃之，轉爲益州治中從事。

先主既稱尊號，征吳不克，還住永安。漢嘉太守黃元素爲諸葛亮所不善，聞先主疾病，懼有後患，舉郡反，燒臨邛城。時亮東行省疾，成都單虛，是以元益無所憚。洪即啓太子，遣其親兵，使將軍陳曶、鄭綽討元。衆議以爲元若不能圍成都，當由越嶲據南中。洪曰：「元素性凶暴，無他恩信，何能辦此？不過乘水東下，冀主上平安，面縛歸死；如其有異，奔吳求活耳。敕曶、綽但於南安峽口遮即便得矣。」曶、綽承洪言，果生獲元。洪建興元年賜爵關內侯，復爲蜀郡太守、忠節將軍，後爲越騎校尉，領郡如故。

五年，丞相亮北住漢中，欲用張裔爲留府長史，問洪何如？洪對曰：「裔天姿明察，長於治劇，才誠堪之，然性不公平，恐不可專任，不如留向朗。朗情僞差少，裔隨從目下，效其器能，於事兩善。」初，裔少與洪親善。裔流放在吳，洪臨裔郡，裔子郁給郡吏，微過受罰，不特原假。裔後還聞之，深以爲恨，與洪情好有損。及洪見亮出，至裔許，具說所言。裔答洪曰：「公留我了矣，明府不能止。」時人或疑洪意自欲作長史，或疑洪知裔自嫌，不願裔處要職，典後事也。後裔與司鹽校尉岑述不和，至于忿恨。亮與裔書曰：「君昔在(栢)〔陌〕下，營壞，吾之用心，食不知味；後流迸南海，相爲悲歎，寢不安席；及其來還，委付大任，同奬王室，自以爲與君古之石交也。石交之道，舉讎以相益，割骨肉以相明，猶不相謝也，況吾但委意於元儉，而君不能忍邪？」論者由是明洪無私。

洪少不好學問，而忠清款亮，憂公如家，事繼母至孝。六年卒官。始洪爲李嚴功曹，嚴未至犍爲而洪已爲蜀郡。洪迎門下書佐何祗，有才策功幹，舉郡吏，數年爲廣漢太守，時洪亦尚在蜀郡。是以西土咸服諸葛亮能盡時人之器用也。〔一〕

〔一〕益部耆舊傳雜記曰：每朝會，祗次洪坐。嘲祗曰：「君馬何駛？」祗曰：「故吏馬不敢駛，但明府未著鞭耳。」衆傳之以爲笑。

祗字君肅，少寒貧，爲人寬厚通濟，體甚壯大，又能飲食，好聲色，不持節儉，故時人少貴之者。嘗夢井中生桑，以問占夢趙直，直曰：「桑非井中之物，會當移植；然桑字四十下八，君壽恐不過此。」祗笑言「得此足矣」。初仕郡，後爲督軍從事。時諸葛亮用法峻密，陰聞祗游戲放縱，不勤所職，嘗奄往錄獄。衆人咸爲祗懼。祗密聞之，夜張燈火見囚，讀諸解狀。諸葛晨往，祗悉已闇誦，答對解釋，無所凝滯，亮甚異之。出補成都令，時郫縣令缺，以祗兼二縣。二縣戶口猥多，切近都治，饒諸奸穢，每比人，常眠睡，值其覺寤，輒得奸詐，衆咸畏祗之發摘，或以爲有術，無敢欺者。使人投算，祗聽其讀而心計之，不差升合，其精如此。汶山夷不安，以祗爲汶山太守，民夷服信。遷廣漢。後夷反叛，辭〔曰〕「令得前何府君，乃能安我耳」！時難〔復〕屈祗，拔祗族人爲〔之〕，汶山復得安。轉祗爲犍爲。年四十八卒，如直所言。後有廣漢王離，字伯元，亦以才幹顯。爲督軍從事，推法平當，稍遷，代祗爲犍爲太守，治有美績，雖聰明不及祗，而文采過之也。

費詩字公舉，犍爲南安人也。劉璋時爲緜竹令，先主攻緜竹時，詩先舉城降。成都既定，先主領益州牧，以詩爲督軍從事，出爲牂牁太守，還爲州前部司馬。先主爲漢中王，遣詩拜關羽爲前將軍，羽聞黃忠爲後將軍，羽怒曰：「大丈夫終不與老兵同列！」不肯受拜。詩謂羽曰：「夫立王業者，所用非一。昔蕭、曹與高祖少小親舊，而陳、韓亡命後至，論其班列，韓最居上，未聞蕭、曹以此爲怨。今漢王以一時之功，隆崇於漢升，然意之輕重，寧當與君侯齊乎！且王與君侯，譬猶一體，同休等戚，禍福共之，愚爲君侯，不宜計官號之高下，爵祿之多少爲意也。僕一介之使，銜命之人，君侯不受拜，如是便還，但相爲惜此舉動，恐有後悔耳！」羽大感悟，遽卽受拜。

後羣臣議欲推漢中王稱尊號，詩上疏曰：「殿下以曹操父子偪主篡位，故乃羈旅萬里，糾合士衆，將以討賊。今大敵未克，而先自立，恐人心疑惑。昔高祖與楚約，先破秦者王。及屠咸陽，獲子嬰，猶懷推讓，況今殿下未出門庭，便欲自立邪！愚臣誠不爲殿下取也。」由是忤指，左遷部永昌從事。〔一〕建興三年，隨諸葛亮南行，歸至漢陽縣，降人李鴻來詣亮，亮見鴻，時蔣琬與詩在坐。鴻曰：「閒過孟達許，適見王沖從南來，言往者達之去就，明公切齒，欲誅達妻子，賴先主不聽耳。達曰：『諸葛亮見顧有本末，終不爾也。』盡不信沖言，委仰明公，無復已已。」亮謂琬、詩曰：「還都當有書與子度相聞。」詩進曰：「孟達小子，昔事振威不忠，後又背叛先主，反覆之人，何足與書邪！」亮默然不答。亮欲誘達以爲外援，竟與達書曰：「往年南征，歲(未及)〔末乃〕還，適與李鴻會於漢陽，承知消息，慨然永嘆，以存足下平素之志，豈徒空託名榮，貴爲乖離乎！嗚呼孟子，斯實劉封侵陵足下，以傷先主待士之義。又鴻道王沖造作虛語，云足下量度吾心，不受沖說。尋表明之言，追平生之好，依依東望，故遣有書。」達得亮書，數相交通，辭欲叛魏。魏遣司馬宣王征之，卽斬滅達。亮亦以達無款誠之心，故不救助也。蔣琬秉政，以詩爲諫議大夫，卒於家。

〔一〕習鑿齒曰：夫創本之君，須大定而後正己，纂統之主，俟速建以係衆心，是故惠公朝虜而子圉夕立，更始尙存而光武舉號，夫豈忘主徼利，社稷之故也。今先主糾合義兵，將以討賊。賊彊禍大，主沒國喪，二祖之廟，絕而不祀，苟非親賢，孰能紹此？嗣祖配天，非咸陽之譬，杖正討逆，何推讓之有？於此時也，不知速尊有德以奉大統，使民欣反正，世覩舊物，杖順者齊心，附逆者同懼，可謂闇惑矣。其黜降也宜哉！

臣松之以爲鑿齒論議，惟此論最善。

王沖者，廣漢人也。爲牙門將，統屬江州督李嚴。爲嚴所疾，懼罪降魏。魏以沖爲樂陵太守。〔一〕

〔一〕孫盛蜀世譜曰：詩子立，晉散騎常侍。自後益州諸費有名位者，多是詩之後也。

評曰：霍峻孤城不傾，王連固節不移，向朗好學不倦，張裔膚敏應機，楊洪乃心忠公，費詩率意而言，皆有可紀焉。以先主之廣濟，諸葛之準繩，詩吐直言，猶用陵遲，況庸后乎哉！

三國志卷四十二　蜀書十二

杜周杜許孟來尹李譙郤傳第十二

杜微字國輔，梓潼涪人也。少受學於廣漢任安。劉璋辟爲從事，以疾去官。及先主定蜀，微常稱聾，閉門不出。建興二年，丞相亮領益州牧，選迎皆妙簡舊德，以秦宓爲別駕，五梁爲功曹，微爲主簿。微固辭，轝而致之。既致，亮引見微，微自陳謝。亮以微不聞人語，於坐上與書曰：「服聞德行，飢渴歷時，清濁異流，無緣咨覯。王元泰、李伯仁、王文儀、楊季休、丁君幹、李永南兄弟、文仲寶等，每歎高志，未見如舊。猥以空虛，統領貴州，德薄任重，慘慘憂慮。朝廷（主公）今年始十八，天姿仁敏，愛德下士。天下之人思慕漢室，欲與君因天順民，輔此明主，以隆季興之功，著勳於竹帛也。以謂賢愚不相爲謀，故自割絕，守勞而已，不圖自屈也。」微自乞老病求歸，亮又與書答曰：「曹丕篡弒，自立爲帝，是猶土龍芻狗之有名也。欲與羣賢因其邪僞，以正道滅之。怪君未有相誨，便欲求還於山野。丕又大興勞役，以向吳、楚。今因丕多務，且以閉境勤農，育養民物，並治甲兵，以待其挫，然後伐之，可使兵不戰民不勞而天下定也。君但當以德輔時耳，不責君軍事，何爲汲汲欲求去乎！」其敬微如此。拜爲諫議大夫，以從其志。五梁者，字德山，犍爲南安人也，以儒學節操稱。從議郎遷諫議大夫、五官中郎將。

周羣字仲直，巴西閬中人也。父舒，字叔布，少學術於廣漢楊厚，名亞董扶、任安。數被徵，終不詣。時人有問：「春秋讖曰代漢者當塗高，此何謂也？」舒曰：「當塗高者，魏也。」鄉黨學者私傳其語。羣少受學於舒，專心候業。於庭中作小樓，家富多奴，常令奴更直於樓上視天災，纔見一氣，卽白羣，羣自上樓觀之，不避晨夜。故凡有氣候，無不見之者，是以所言多中。州牧劉璋，辟以爲師友從事。〔一〕先主定蜀，署儒林校尉。先主欲與曹公爭漢中，問羣，羣對曰：「當得其地，不得其民也。若出偏軍，必不利，當戒愼之！」時州後部司馬蜀郡張裕亦曉占候，而天才過羣，〔二〕諫先主曰：「不可爭漢中，軍必不利。」先主竟不用裕言，果得地而不得民也。遣將軍吳蘭、雷銅等入武都，皆沒不還，悉如羣言。於是舉羣茂才。

〔一〕續漢書曰：建安七年，越嶲有男子化爲女人，時羣言哀帝時亦有此，將易代之祥也。至二十五年，獻帝果封于山陽。十二年十月，有星孛于鶉尾，荆州分野，羣以爲荆州牧將死而失土。明年秋，劉表卒，曹公平荆州。十七年十二月，星孛于五諸侯，羣以爲西方專據土地者皆將失土。是時，劉璋據益州，張魯據漢中，韓遂據涼州，宋建據枹罕。明年冬，曹公遣偏將擊涼州。十九年，獲宋建，韓遂逃于羌中，被殺。其年秋，璋失益州。二十年秋，曹公攻漢中，張魯降。

〔二〕裕字南和。

裕又私語人曰：「歲在庚子，天下當易代，劉氏祚盡矣。主公得益州，九年之後，寅卯之間當失之。」人密白其言。初，先主與劉璋會涪時，裕爲璋從事，侍坐。其人饒鬚，先主嘲之曰：「昔吾居涿縣，特多毛姓，東西南北皆諸毛也，涿令稱曰『諸毛繞涿居乎』！」裕即答曰：「昔有作上黨潞長，遷爲涿令（涿令）者，去官還家，時人與書，欲署潞則失涿，欲署涿則失潞，乃署曰『潞涿君』。」先主無鬚，故裕以此及之。先主常銜其不遜，加忿其漏言，乃顯裕諫爭漢中不驗，下獄，將誅之。諸葛亮表請其罪，先主答曰：「芳蘭生門，不得不鉏。」裕遂棄市。後魏氏之立，先主之薨，皆如裕所刻。又曉相術，每舉鏡視面，自知刑死，未嘗不撲之於地也。

羣卒，子巨頗傳其術。

杜瓊字伯瑜，蜀郡成都人也。少受學於任安，精究安術。劉璋時辟爲從事。先主定益州，領牧，以瓊爲議曹從事。後主踐阼，拜諫議大夫，遷左中郎將、大鴻臚、太常。爲人靜默少言，闔門自守，不與世事。蔣琬、費禕等皆器重之。雖學業入深，初不視天文有所論說。

晨夜苦劇，然後知之，復憂漏泄，不如不知，是以不復視也。」周因問曰：「昔周徵君以爲當塗高者魏也，其義何也？」瓊答曰：「魏，闕名也，當塗而高，聖人取類而言耳。」又問周曰：「寧復有所怪邪？」周曰：「未達也。」瓊又曰：「古者名官職不言曹；始自漢已來，名官盡言曹，吏言屬曹，卒言侍曹，此殆天意也。」瓊年八十餘，延熙十三年卒。著韓詩章句十餘萬言，不教諸子，內學無傳業者。周緣瓊言，乃觸類而長之曰：「春秋傳著晉穆侯名太子曰仇，弟曰成師。師服曰：『異哉君之名子也！嘉耦曰妃，怨耦曰仇，今君名太子曰仇，弟曰成師，始兆亂矣，兄其替乎？』其後果如服言。及漢靈帝名二子曰史侯、董侯，既立爲帝，後皆免爲諸侯，與師服言相似也。先主諱備，其訓具也，後主諱禪，其訓授也，如言劉已具矣，當授與人也；意者甚於穆侯、靈帝之名子。」後宦人黃皓弄權於內，景耀五年，宮中大樹無故自折，周深憂之，無所與言，乃書柱曰：「衆而大，期之會，具而授，若何復？」言曹者衆也，魏者大也，衆而大，天下其當會也，具而授，如何復有立者乎？蜀既亡，咸以周言爲驗。周曰：「此雖己所推尋，然有所因，由杜君之辭而廣之耳，殊無神思獨至之異也。」

許慈字仁篤，南陽人也。師事劉熙，善鄭氏學，治易、尙書、三禮、毛詩、論語。建安中，與許靖等俱自交州入蜀。時又有魏郡胡潛，字公興，不知其所以在益土。潛雖學不沾洽，然卓犖彊識，祖宗制度之儀，喪紀五服之數，皆指掌畫地，舉手可采。先主定蜀，承喪亂歷紀，學業衰廢，乃鳩合典籍，沙汰衆學，慈、潛並爲學士，與孟光、來敏等典掌舊文。值庶事草創，動多疑議，慈、潛更相克伐，謗讟忿爭，形於聲色；書籍有無，不相通借，時尋楚撻，以相震攇。攇，虚晚反。其矜己妒彼，乃至於此。先主愍其若斯，羣僚大會，使倡家假爲二子之容，傚其訟鬩之狀，酒酣樂作，以爲嬉戲，初以辭義相難，終以刀杖相屈，用感切之。潛先沒，慈後主世稍遷至大長秋，卒。〔一〕子勛傳其業，復爲博士。

〔一〕孫盛曰：蜀少人士，故慈、潛等並見載述。

孟光字孝裕，河南洛陽人，漢太尉孟郁之族。〔一〕靈帝末爲講部吏。獻帝遷都長安，遂逃入蜀，劉焉父子待以客禮。博物識古，無書不覽，尤銳意三史，長於漢家舊典。好公羊春秋而譏呵左氏，每與來敏爭此二義，光常譊譊讙咋。譊音奴交反。讙音休袁反。咋音徂格反。先主定益州，拜爲議郎，與許慈等並掌制度。後主踐阼，爲符節令、屯騎校尉、長樂少府，遷大司農。延熙九年秋，大赦，光於衆中責大將軍費禕曰：「夫赦者，偏枯之物，非明世所宜有也。衰弊窮極，必不得已，然後乃可權而行之耳。今主上仁賢，百僚稱職，有何旦夕之危，倒懸之急，而數施非常之恩，以惠姦宄之惡乎？又鷹隼始擊，而更原宥有罪，上犯天時，下違人理。老夫耄朽，不達治體，竊謂斯法難以經久，豈具瞻之高美，所望於明德哉！」禕但顧謝踧踖而已。光之指摘痛癢，多如是類，故執政重臣，心不能悅，爵位不登；每直言無所回避，爲代所嫌。太常廣漢鐔承、〔二〕光祿勳河東裴儁等，年資皆在光後，而登據上列，處光之右，蓋以此也。〔三〕

〔一〕續漢書曰：郁，中常侍孟賁之弟。

〔二〕華陽國志曰：承字公文，歷郡守少府。

〔三〕傅暢裴氏家記曰：儁字奉先，魏尚書令潛弟也。儁姊夫爲蜀中長史，儁送之，時年十餘歲，遂遭漢末大亂，不復得還。既長知名，爲蜀所推重也。子越，字令緒，爲蜀督軍。蜀破，遷還洛陽，拜議郎。

後進文士祕書郎郤正數從光諮訪，光問正太子所習讀并其情性好尚，正答曰：「奉親虔恭，夙夜匪懈，有古世子之風；接待羣僚，舉動出於仁恕。」光曰：「如君所道，皆家戶所有耳；吾今所問，欲知其權略智調何如也。」正曰：「世子之道，在於承志竭歡，既不得妄有所施爲，且智調藏於胸懷，權略應時而發，此之有無，焉可豫設也？」光解正慎宜，不爲放談，乃曰：「吾好直言，無所回避，每彈射利病，爲世人所譏嫌；（疑）省君意亦不甚好吾言，然語有次。今天下未定，智意爲先，智意雖有自然，然（不）〔亦〕可力彊致也。此儲君讀書，寧當傚吾等竭力博識以待訪問，如博士探策講試以求爵位邪！當務其急者。」正深謂光言爲然。後光坐事免官，年九十餘卒。

來敏字敬達，義陽新野人，來歙之後也。父豔，爲漢司空。〔一〕漢末大亂，敏隨姊（夫）奔荆州，姊夫黄琬是劉璋祖母之姪，故璋遣迎琬妻，敏遂俱與姊入蜀，常爲璋賓客。涉獵書籍，善左氏春秋，尤精於倉、雅訓詁，好是正文字。先主定益州，署敏典學校尉，及立太子，以爲家令。後主踐阼，爲虎賁中郎將。丞相亮住漢中，請爲軍祭酒、輔軍將軍，坐事去職。〔二〕亮卒後，還成都爲大長秋，又免，後累遷爲光祿大夫，復坐過黜。前後數貶削，皆以語言不節，舉動違常也。時孟光亦以樞機不慎，議論干時，然猶愈於敏，俱以其耆宿學士見禮於世。而敏荆楚名族，東宮舊臣，特加優待，是故廢而復起。後以敏爲執慎將軍，欲令以官重自警戒也。年九十七，景耀中卒。子忠，亦博覽經學，有敏風，與尚書向充等並能協贊大將軍姜維。維善之，以爲參軍。

〔一〕華嶠後漢書曰：豔好學下士，開館養徒衆。少歷顯位，靈帝時位至司空。

〔二〕亮集有教曰：「將軍來敏對上官顯言『新人有何功德而奪我榮資與之邪？諸人共憎我，何故如是』？敏年老狂悖，生此怨言。昔成都初定，議者以爲來敏亂羣，先帝以新定之際，故遂含容，無所禮用。後劉子初選以爲太子家令，先帝不悅而不忍拒也。後主〔上〕即位，吾闇於知人，遂復擢爲將軍祭酒，違議者之審見，背先帝所疎外，自謂能以敦厲薄俗，帥之以義。今既不能，表退職，使閉門思愆。」

尹默字思潛，梓潼涪人也。益部多貴今文而不崇章句，默知其不博，乃遠游荊州，從司馬德操、宋仲子等受古學。皆通諸經史，又專精於左氏春秋，自劉歆條例，鄭衆、賈逵父子、陳元、(方)服虔注說，咸略誦述，不復按本。先主定益州，領牧，以爲勸學從事。及立太子，以默爲僕，(射)以左氏傳授後主。後主踐阼，拜諫議大夫。丞相亮住漢中，請爲軍祭酒。亮卒，還成都，拜太中大夫，卒。子宗傳其業，爲博士。〔一〕

〔一〕宋仲子後在魏。

魏略曰：其子與魏諷謀反，伏誅。魏太子答王朗書曰：「昔石厚與州吁游，父碏知其與亂；韓子昵田蘇，穆子知其好仁：故君子游必有方，居必就士，誠有以也。嗟乎！宋忠無石子先識之明，老罹此禍。今雖欲願行滅親之誅，立純臣之節，尚可得邪！」

李譔字欽仲，梓潼涪人也。父仁，字德賢，與同縣尹默俱游荊州，從司馬徽、宋忠等學。譔具傳其業，又從默講論義理，五經、諸子，無不該覽，加博好技藝，算術、卜數、醫藥、弓弩、機械之巧，皆致思焉。始爲州書佐、尚書令史。延熙元年，後主立太子，以譔爲庶子，遷爲僕。（射）轉中散大夫、右中郎將，猶侍太子。太子愛其多知，甚悅之。然體輕脫，好戲啁，故世不能重也。著古文易、尚書、毛詩、三禮、左氏傳、太玄指歸，皆依準賈、馬，異於鄭玄。與王氏殊隔，初不見其所述，而意歸多同。景耀中卒。時又有漢中陳術，字申伯，亦博學多聞，著釋問七篇、益部耆舊傳及志，位歷三郡太守。

譙周字允南，巴西西充國人也。父𡸫，字榮始，治尚書，兼通諸經及圖、緯。州郡辟請，皆不應，州就假師友從事。周幼孤，與母兄同居。旣長，耽古篤學，家貧未嘗問產業，誦讀典籍，欣然獨笑，以忘寢食。研精六經，尤善書札。頗曉天文，而不以留意；諸子文章非心所存，不悉徧視也。身長八尺，體貌素朴，性推誠不飾，無造次辯論之才，然潛識內敏。建興中，丞相亮領益州牧，命周爲勸學從事。〔一〕亮卒於敵庭，周在家聞問，卽便奔赴，尋有詔書禁斷，惟周以速行得達。大將軍蔣琬領刺史，徙爲典學從事，總州之學者。

〔一〕蜀記曰：周初見亮，左右皆笑。旣出，有司請推笑者，亮曰：「孤尙不能忍，況左右乎！」

後主立太子，以周爲僕，轉家令。時後主頗出游觀，增廣聲樂。周上疏諫曰：「昔王莽之敗，豪傑並起，跨州據郡，欲弄神器，於是賢才智士思望所歸，未必以其勢之廣狹，惟其德之薄厚也。是故於時更始、公孫述及諸有大衆者多已廣大，然莫不快情恣欲，怠於爲善，游獵飲食，不恤民物。世祖初入河北，馮異等勸之曰：『當行人所不能爲。』遂務理冤獄，節儉飲食，動遵法度，故北州歌歎，聲布四遠。於是鄧禹自南陽追之，吳漢、寇恂未識世祖，遙聞德行，遂以權計舉漁陽、上谷突騎迎于廣阿。其餘望風慕德者邳彤、耿純、劉植之徒，至于輿病齎棺，繦負而至者，不可勝數，故能以弱爲彊，屠王郎，吞銅馬，折赤眉而成帝業也。及在洛陽，嘗欲小出，車駕已御，銚期諫曰：『天下未寧，臣誠不願陛下細行數出。』即時還車。及征隗囂，潁川盜起，世祖還洛陽，但遣寇恂往，恂曰：『潁川以陛下遠征，故姦猾起叛，未知陛下還，恐不時降；陛下自臨，潁川賊必卽降。』遂至潁川，竟如恂言。故非急務，欲小出不敢，至於急務，欲自安不爲，故帝者之欲善也如此！故傳曰『百姓不徒附』，誠以德先之也。今漢遭厄運，天下三分，雄哲之士思望之時也。陛下天姿至孝，喪踰三年，言及隕涕，雖曾閔不過也。敬賢任才，使之盡力，有踰成康。故國內和一，大小勠力，臣所不能陳。然臣不勝大願，願復廣人所不能者。夫輓大重者，其用力苦不衆，拔大艱者，其善術苦不廣，且承事宗廟者，非徒求福祐，所以率民尊上也。至於四時之祀，或有不臨，池苑之觀，或有仍出，臣之愚滯，私不自安。夫憂責在身者，不暇盡樂，先帝之志，堂構未成，誠非盡樂之時。願省減樂官；後宮所增造，但奉脩先帝所施，下爲子孫節儉之教。」徙爲中散大夫，猶侍太子。

于時軍旅數出，百姓彫瘁，周與尚書令陳祗論其利害，退而書之，謂之仇國論，其辭曰：「因餘之國小，而肇建之國大，並爭於世而爲仇敵。因餘之國有高賢卿者，問於伏愚子曰：『今國事未定，上下勞心，往古之事，能以弱勝彊者，其術何如？』伏愚子曰：『吾聞之，處大無患者恆多慢，處小有憂者恆思善；多慢則生亂，思善則生治，理之常也。故周文養民，以少取多，勾踐卹衆，以弱斃彊，此其術也。』賢卿曰：『曩者項彊漢弱，相與戰爭，無日寧息，然項羽與漢約分鴻溝爲界，各欲歸息民；張良以爲民志既定，則難動也，尋帥追羽，終斃項氏，豈必由文王之事乎？肇建之國方有疾疢，我因其隙，陷其邊陲，覬增其疾而斃之也。』伏愚子曰：『當殷、周之際，王侯世尊，君臣久固，民習所專；深根者難拔，據固者難遷。當此之時，雖漢祖安能杖劍鞭馬而取天下乎？當秦罷侯置守之後，民疲秦役，天下土崩，或歲改主，或月易公，鳥驚獸駭，莫知所從，於是豪彊並爭，虎裂狼分，疾博者獲多，遲後者見吞。今我與肇建皆傳國易世矣，既非秦末鼎沸之時，實有六國並據之勢，故可爲文王，難爲漢祖。夫民疲勞則騷擾之兆生，上慢下暴則瓦解之形起。諺曰：「射幸數跌，不如審發。」是故智者不爲小利移目，不爲意似改步，時可而後動，數合而後舉，故湯、武之師不再戰而克，誠重民勞而度時審也。如遂極武黷征，土崩勢生，不幸遇難，雖有智者將不能謀之矣。

若乃奇變縱橫，出入無間，衝波截轍，超谷越山，不由舟楫而濟盟津者，我愚子也，實所不及。』」

後遷光祿大夫，位亞九列。周雖不與政事，以儒行見禮，時訪大議，輒據經以對，而後生好事者亦咨問所疑焉。

景耀六年冬，魏大將軍鄧艾克江由，長驅而前。而蜀本謂敵不便至，不作城守調度，及聞艾已入陰平，百姓擾擾，皆迸山野，不可禁制。後主使羣臣會議，計無所出。或以爲蜀之與吳，本爲和國，宜可奔吳；或以爲南中七郡，阻險斗絕，易以自守，宜可奔南。惟周以爲：「自古已來，無寄他國爲天子者也，今若入吳，固當臣服。且政理不殊，則大能吞小，此數之自然也。由此言之，則魏能并吳，吳不能并魏明矣。等爲小稱臣，孰與爲大？再辱之恥，何與一辱？且若欲奔南，則當早爲之計，然後可果；今大敵以近，禍敗將及，羣小之心，無一可保，恐發足之日，其變不測，何至南之有乎！」羣臣或難周曰：「今艾以不遠，恐不受降，如之何？」周曰：「方今東吳未賓，事勢不得不受，(之受)〔受之〕之後，不得不禮。若陛下降魏，魏不裂土以封陛下者，周請身詣京都，以古義爭之。」衆人無以易周之理。

後主猶疑於入南，周上疏曰：「或說陛下以北兵深入，有欲適南之計，臣愚以爲不安。何者？南方遠夷之地，平常無所供爲，猶數反叛；自丞相亮南征，兵勢偪之，窮乃幸從。是後供出官賦，取以給兵，以爲愁怨，此患國之人也。今以窮迫，欲往依恃，恐必復反叛，一也。北兵之來，非但取蜀而已，若奔南方，必因人勢衰，及時赴追，二也。若至南方，外當拒敵，內供服御，費用張廣，他無所取，耗損諸夷必甚，甚必速叛，三也。昔王郎以邯鄲僭號，時世祖在信都，畏偪於郎，欲棄還關中。邳彤諫曰：『明公西還，則邯鄲城民不肯捐父母，背城主，而千里送公，其亡叛可必也。』世祖從之，遂破邯鄲。今北兵至，陛下南行，誠恐邳彤之言復信於今，四也。願陛下早爲之圖，可獲爵土；若遂適南，勢窮乃服，其禍必深。易曰：『亢之爲言，知得而不知喪，知存而不知亡；知得失存亡而不失其正者，其惟聖人乎！』言聖人知命而不苟必也。故堯、舜以子不善，知天有授，而求授人；子雖不肖，禍尙未萌，而迎授與人，況禍以至乎！故微子以殷王之昆，面縛銜璧而歸武王，豈所樂哉，不得已也。」於是遂從周策。劉氏無虞，一邦蒙賴，周之謀也。〔一〕

〔一〕孫綽評曰：譙周說後主降魏，可乎？曰：自爲天子而乞降請命，何恥之深乎！夫爲社稷死則死之，爲社稷亡則亡之。先君正魏之篡，不與同天矣。推過於其父，俛首而事讎，可謂苟存，豈大居正之道哉！

孫盛曰：春秋之義，國君死社稷，卿大夫死位，況稱天子而可辱於人乎！周謂萬乘之君偷生苟免，亡禮希利，要冀微榮，惑矣。且以事勢言之，理有未盡。何者？禪雖庸主，實無桀、紂之酷，戰雖屢北，未有土崩之亂，縱不能君臣固守，背城借一，自可退次東鄙以思後圖。是時羅憲以重兵據白帝，霍弋以强卒鎮夜郎。蜀土險狹，山水峻隔，絕巘激湍，非步卒所涉。若悉取舟楫，保據江州，徵兵南中，乞師東國，如此則姜、廖五將自然雲從，吳之三師承命電赴，何投寄之無所而慮於必亡邪？魏師之來，褰國大舉，欲追則舟楫靡資，欲留則師老多虞。且屈伸有會，情勢代起，徐因思奮之民，以攻驕惰之卒，此越王所以敗闔閭，田單所以摧騎劫也，何爲匆匆遽自囚虜，下堅壁於敵人，致斫石之至恨哉？葛生有云：「事之不濟則已耳，安能復爲之下！」壯哉斯言，可以立懦夫之志矣。觀古燕、齊、荆、越之敗，或國覆主滅，或魚縣鳥竄，終能建功立事，康復社稷，豈曰天助，抑亦人謀也。向使懷苟存之計，納譙周之言，何邦基之能構，令名之可獲哉？禪既闇主，周實駑臣，方之申包、田單、范蠡、大夫種，不亦遠乎！

時晉文王爲魏相國，以周有全國之功，封陽城亭侯。又下書辟周，周發至漢中，困疾不進。咸熙二年夏，巴郡文立從洛陽還蜀，過見周。周語次，因書版示立曰：「典午忽兮，月酉沒兮。」典午者謂司馬也，月酉者謂八月也，至八月而文王果崩。〔一〕晉室踐阼，累下詔所在發遣周。周遂輿疾詣洛，泰始三年至。以疾不起，就拜騎都尉，周乃自陳無功而封，求還爵土，皆不聽許。

〔一〕華陽國志曰：文立字廣休，少治毛詩、三禮，兼通羣書。刺史費禕命爲從事，入爲尚書郎，復辟禕大將軍東曹掾，稍遷尚書。蜀并于魏，梁州建，首爲別駕從事，舉秀才。晉泰始二年，拜濟陰太守，遷太子中庶子。立上言：「故蜀大官及盡忠死事者子孫，雖仕郡國，或有不才，同之齊民爲劇；又諸葛亮、蔣琬、費禕等子孫流徙中畿，各宜量才敘用，以慰巴、蜀之心，傾吳人之望。」事皆施行。轉散騎常侍，獻可替否，多所補納。稍遷衞尉，中朝服其賢雅，爲時名卿。咸寧末卒。立章奏詩賦論頌凡數十篇。

五年，予嘗爲本郡中正，清定事訖，求休還家，往與周別。周語予曰：「昔孔子七十二、劉向、揚雄七十一而沒，今吾年過七十，庶慕孔子遺風，可與劉、揚同軌，恐不出後歲，必便長逝，不復相見矣。」疑周以術知之，假此而言也。六年秋，爲散騎常侍，疾篤不拜，至冬卒。〔一〕凡所著述，撰定法訓、五經論、古史考（書）之屬百餘篇。〔二〕周三子，熙、賢、同。少子同頗好周業，亦以忠篤質素爲行，舉孝廉，除錫令、東宮洗馬，召不就。〔三〕

〔一〕晉陽秋載詔曰：「朕甚悼之，賜朝服一具，衣一襲，錢十五萬。」周息熙上言：「周臨終囑熙曰：『久抱疾，未曾朝見，若國恩賜朝服衣物者，勿以加身。』當還舊墓，道險行難，豫作輕棺，殯斂已畢，上還所賜。」詔還衣服，給棺直。

〔二〕益部耆舊傳曰：益州刺史董榮圖畫周像於州學，命從事李通頌之曰：「抑抑譙侯，好古述儒，寶道懷眞，鑒世盈虛，雅名美迹，終始是書。我后欽賢，無言不譽，攀諸前哲，丹青是圖。嗟爾來葉，鑒茲顯模。」

〔三〕周長子熙。熙子秀，字元彥。晉陽秋曰：秀性清靜，不交於世，知將大亂，豫絕人事，從兄弟及諸親里不與相見。州郡辟命，及李雄盜蜀，安車徵秀，又雄叔父驤、驤子壽辟命，皆不應。常冠鹿皮，躬耕山藪。永和三年，安西將軍桓溫平蜀，表薦秀曰：「臣聞大朴既虧，則高尙之標顯；道喪時昏，則忠貞之義彰。故有洗耳投淵以振玄邈之風，亦有秉心矯迹以惇在三之節。是以上代之君，莫不崇重斯軌，所以篤俗訓民，靜一流競。伏惟大晉應符御世，運無常通，時有屯蹇，神州丘墟，三方圮裂，兔罝絕響於中林，白駒無聞於空谷，斯有識之所悼心，大雅之所歎息者也。陛下聖德嗣興，方恢天緒。臣昔奉役，有事西土，鯨鯢既縣，思宣大化；訪諸故老，搜揚潛逸，庶武羅於羿、浞之墟，想王蠋於亡齊之境。竊聞巴西譙秀，植操貞固，抱德肥遁，揚淸渭波。于時皇極遘道消之會，羣黎蹈顚沛之艱，中華有顧瞻之哀，幽谷無遷喬之望；凶命屢招，姦威仍偪，身寄虎吻，危同朝露，而能抗節玉立，誓不降辱，杜門絕跡，不面僞庭，進免龔勝亡身之禍，退無薛方詭對之譏；雖園、綺之棲商、洛，管寧之默遼海，方之於秀，殆無以過。于今西土，以爲美談。夫旌德禮賢，化道之所先，崇表殊節，聖哲之上務。方今六合未康，豺狼當路，遺黎偷薄，義聲弗聞，益宜振起道義之徒，以敦流遁之弊。若秀蒙蒲帛之徵，足以鎭靜頹風，軌訓嚚俗；幽遐仰流，九服知化矣。」及蕭敬叛亂，避難宕渠川中，鄉人宗族馮依者以百數。秀年八十，衆人以其篤老，欲代之負擔，秀拒曰：「各有老弱，當先營救。吾氣力自足堪此，不以垂朽之年累諸君也。」後十餘年，卒於家。

郤正字令先，河南偃師人也。祖父儉，靈帝末爲益州刺史，爲盜賊所殺。會天下大亂，故正父揖因留蜀。揖爲將軍孟達營都督，隨達降魏，爲中書令史。正本名纂。少以父死母嫁，單煢隻立，而安貧好學，博覽墳籍。弱冠能屬文，入爲祕書吏，轉爲令史，遷郎，至令。性澹於榮利，而尤耽意文章，自司馬、王、揚、班、傅、張、蔡之儔遺文篇賦，及當世美書善論，益部有者，則鑽鑿推求，略皆寓目。自在內職，與宦人黃皓比屋周旋，經三十年。皓從微至貴，操弄威權，正既不爲皓所愛，亦不爲皓所憎，是以官不過六百石，而免於憂患。

依則先儒，假文見意，號曰釋譏，其文繼於崔駰達旨。其辭曰：

或有譏余者曰：『聞之前記，夫事與時並，名與功偕，然則名之與事，前哲之急務止，身沒名滅，君子所恥。是以達人研道，探賾索微，觀天運之符表，考人事之盛衰，辯者馳說，智者應機，謀夫演略，武士奮威，雲合霧集，風激電飛，量時揆宜，用取世資，小屈大申，存公忽私，雖尺枉而尋直，終揚光以發輝也。今三方鼎跱，九有未乂，悠悠四海，嬰丁禍敗，嗟道義之沈塞，愍生民之顛沛，此誠聖賢拯救之秋，烈士樹功之會也。吾子以高朗之才，珪璋之質，兼覽博闚，留心道術，無遠不致，無幽不悉；挺身取命，幹茲奧祕，躊躇紫闥，喉舌是執，九考不移，有入無出，〔二〕究古今之眞僞，計時務之得失。雖時獻一策，偶進一言，釋彼官責，慰此素飡，固未能輸竭忠款，盡瀝胸肝，排方入直，惠彼黎元，俾吾徒草鄙並有聞焉也。盍亦綏衡緩轡，回軌易塗，輿安駕肆，思馬斯徂，審厲揭以投濟，要夷庚之赫憮，播秋蘭以芳世，副吾徒之(彼)〔披〕圖，不亦盛與！』

余聞而歎曰：『嗚呼，有若云乎邪！夫人心不同，實若其面，子雖光麗，既美且豔，管闚筐舉，守厥所見，未可以言八紘之形埒，信萬事之精練也。』

或人率爾，仰而揚衡曰：『是何言與！是何言與！』

余應之曰：『虞帝以面從爲戒，孔聖以悅己爲尤，若子之言，良我所思，將爲吾子論而釋之。昔在鴻荒，矇昧肇初，三皇應籙，五帝承符，爰暨夏、商，前典攸書。姬衰道缺，霸者翼扶，嬴氏慘虐，吞嚼八區，於是從橫雲起，狙詐如星，奇衺蠭動，智故萌生；或飾眞以讎僞，或挾邪以干榮，或詭道以要上，或鬻技以自矜；背正崇邪，棄直就佞，忠無定分，義無常經。故鞅法窮而慝作，斯義敗而姦成，呂門大而宗滅，韓辯立而身刑。夫何故哉？利回其心，寵耀其目，赫赫龍章，鑠鑠車服，媮幸苟得，如反如仄，淫邪荒迷，恣睢自極，和鸞未調而身在轘側，庭宁未踐而棟折榱覆。天收其精，地縮其澤，人弔其躬，鬼芟其頟。初升高岡，終隕幽壑，朝含榮潤，夕爲枯魄。是以賢人君子，深圖遠慮，畏彼咎戾，超然高舉，寧曳尾於塗中，穢濁世之休譽。彼豈輕主慢民，而忽於時務哉？蓋易著行止之戒，詩有靖恭之歎，乃神之聽之而道使之然也。

自我大漢，應天順民，政治之隆，皓若陽春，俯憲坤典，仰式乾文，播皇澤以熙世，揚茂化之醲醇，君臣履度，各守厥眞；上垂詢納之弘，下有匡救之責，士無虛華之寵，民有一行之迹，粲乎亹亹，尚此忠益。然而道有隆窳，物有興廢，有聲有寂，有光有翳。朱陽否於素秋，玄陰抑於孟春，羲和逝而望舒係，運氣匿而耀靈陳。沖、質不永，桓、靈墜敗，英雄雲布，豪傑蓋世，家挾殊議，人懷異計，故從橫者欻披其胸，狙詐者暫吐其舌也。

今天綱已綴，德樹西鄰，丕顯祖之宏規，縻好爵於士人，興五教以訓俗，豐九德以濟民，肅明祀以礿祭，幾皇道以輔眞。雖跱者未一，僞者未分，聖人垂戒，蓋均無貧；故君臣協美於朝，黎庶欣戴於野，動若重規，靜若疊矩。濟濟偉彥，元凱之倫也，有過必知，顏子之仁也，侃侃庶政，冉、季之治也，鷹揚鷙騰，伊、望之事也；總羣俊之上略，含薛氏之三計，敷張、陳之祕策，故力征以勤世，援華英而不遑，豈暇脩枯籜於榛穢哉！

然吾不才，在朝累紀，託身所天，心焉是恃。樂滄海之廣深，歎嵩嶽之高跱，聞仲尼之贊商，感鄉校之益己，彼平仲之和羹，亦進可而替否；故矇冒瞽說，時有攸獻，譬遒人之有采于市閭，游童之吟詠乎疆畔，庶以增廣福祥，輸力規諫。若其合也，則以闇協明，進應靈符；如其違也，自我常分，退守己愚。進退任數，不矯不誣，循性樂天，夫何恨諸？此其所以既入不出，有而若無者也。狹屈氏之常醒，濁漁父之必醉，溷柳季之卑辱，褊夷叔之高懟。合不以得，違不以失，得不克詘，失不慘悸；不樂前以顧軒，不就後以慮輊，不鬻譽以干澤，不辭愆以忌絀。何責之釋？何飧之卹？何方之排？何直之入？九考不移，固其所執也。

方今朝士山積，髦俊成羣，猶鱗介之潛乎巨海，毛羽之集乎鄧林，游禽逝不爲之尠，浮魴臻不爲之殿。且陽靈幽於唐葉，陰精應於商時，陽旴請而洪災息，桑林禱而甘澤滋。〔三〕行止有道，啓塞有期。我師遺訓，不怨不尤，委命恭己，我又何辭？辭窮路單，將反初節，綜墳典之流芳，尋孔氏之遺藝，綴微辭以存道，憲先軌而投制，韙叔肸之優游，美疎氏之遐逝，收止足以言歸，汎皓然以容裔，欣環堵以恬娛，免咎悔於斯世，顧茲心之末泰，懼末塗之泥滯，仍求激而增憤，肆中懷以告誓。昔九方考精於至貴，秦牙沈思於殊形；〔三〕薛燭察寶以飛譽，〔四〕瓠梁託絃以流聲；〔五〕齊隸拊髀以濟文，〔六〕楚客潛寇以保荊；〔七〕雍門援琴而挾說，〔八〕韓哀秉轡而馳名；〔九〕盧敖翱翔乎玄闕，若士竦身于雲清。〔10〕余實不能齊技於數子，故乃靜然守己而自寧。』

〔一〕尚書曰三載考績，三考黜陟幽明，九考則二十七年。

〔二〕淮南子曰：禹為水，以身請于陽盱之河，湯苦旱，以身禱於桑林之際，聖人之憂民，如此其明也。呂氏春秋曰：昔殷湯克夏桀而天下大旱，三年不收，湯乃以身禱於桑林曰：「余一人有罪，無及萬方，萬方有罪，在余一人，無以一人之不敏，使上帝毀傷民之大命。」湯於是剪其髮，攦其爪，自以為犧牲，用祈福于上帝。民乃甚悅。雨乃大至。

〔三〕淮南子曰：秦穆公謂伯樂曰：「子之年長矣，子姓有可使求馬者乎？」對曰：「良馬者，可以形容筋骨相也。相天下之馬者，若滅若沒，若失若亡，其一若此馬者，絕塵卻轍。臣之子皆下才也，可告以良馬而不可告以天下之馬。天下之馬，臣有所與共儋纏采薪九方堙，此其相馬，非臣之下也，請見之。」穆公見之，使之求馬，三月而反，報曰：「已得馬矣，在於沙丘。」穆公曰：「何馬也？」對曰：「牝而黃。」使人往取之，牡而驪。穆公不悅，召伯樂而問之曰：「敗矣，子之所使求馬者也！毛物牝牡尚弗能知，又何馬之能知？」伯樂喟然太息曰：「一至此乎！是乃所以千萬(里)臣而無數者也。若堙之所觀者天機也，得其精而忘其麤，在其內而忘其外，見其所見而不見其所不見，視其所視而遺其所不視，若彼之所相者，乃有貴乎馬者。」馬至，而果天下之馬也。

淮南子又曰：伯樂、寒風、秦牙、葛青，所相各異，其知馬一也；蓋九方觀其精，秦牙察其形。

〔四〕越絕書曰：昔越王句踐有寶劍五枚，聞於天下。客有能相劍者名薛燭，王召而問之：「吾有寶劍五，請以示子。」乃取豪曹、巨闕，薛燭曰「皆非也」。又取純鉤、湛盧，燭曰：「觀其劍鈔，爛爛如列宿之行，觀其光，渾渾如水之將溢于塘，觀其文，渙渙如冰將釋，此所謂純鉤邪？」王曰：「是也。」王曰：「客有直之者，有市之鄉三，駿馬千匹，千戶之都二，可乎？」薛燭曰：「不可。當造此劍之時，赤堇之山破而出錫，若邪之谿涸而出銅，雨師掃灑，雷公擊鼓，太一下觀，天精下之，歐冶乃因天之精，悉其伎巧，一曰純鉤，二曰湛盧。今赤堇之山已合，若邪之谿深而不測，歐冶子已死，雖傾城量金，珠玉竭河，猶不得此一物。有市之鄉三，駿馬千匹，千戶之都二，亦何足言與！」

〔五〕淮南子曰：瓠巴鼓瑟而鱏魚聽之。又曰：瓠梁之歌可隨也，而以歌者不可爲也。

〔六〕臣松之曰：按此謂孟嘗君田文下坐客，能作雞鳴以濟其厄者也。凡作雞鳴，必先拊髀，以傚雞之拊翼也。

〔七〕淮南子曰：楚將子發好求技道之士。楚有善爲偷者，往見曰：「聞君求技道之士，臣偷也，願以技備一卒。」子發聞之，衣不及帶，冠不暇正，出見而禮之。左右諫曰：「偷者，天下之盜也，何爲禮之？」君曰：「此非左右之所得與。」後無幾何，齊興兵伐楚。子發將師以當之，兵三卻。楚賢大夫皆盡其計而悉其誠，齊師愈彊。於是卒偷進請曰：「臣有薄技，願爲君行之。」君曰「諾」。偷即夜出，解齊將軍之帳，而獻之子發。子發使人歸之，曰：「卒有出採薪者，得將軍之帳，使使歸於執事。」明日又復往取枕，子發又使歸之。明日又復往取簪，子發又使歸之。齊師聞之大駭，將軍與軍吏謀曰：「今日不去，楚軍恐取吾頭矣！」即旋師而去。

〔八〕桓譚新論曰：雍門周以琴見，孟嘗君曰：「先生鼓琴，亦能令文悲乎？」對曰：「臣之所能令悲者，先貴而後賤，昔富而今貧，擯壓窮巷，不交四鄰；不若身材高妙，懷質抱眞，逢讒罹謗，怨結而不得信；不若交歡而結愛，無怨而生離，遠赴絕國，無相見期；不若幼無父母，壯無妻兒，出以野澤爲鄰，入用堀穴爲家，困于朝夕，無所假貸：若此人者，但聞飛鳥之號，秋風鳴條，則傷心矣，臣一爲之援琴而長太息，未有不悽惻而涕泣者也。今若足下，居則廣厦高堂，連闥洞房，下羅帷，來清風；倡優在前，諂諛侍側，揚激楚，舞鄭妾，流聲以娛耳，練色以淫目；水戲則舫龍舟，建羽旗，鼓釣乎不測之淵；野游則登平原，馳廣囿，强弩下高鳥，勇士格猛獸；置酒娛樂，沈醉忘歸：方此之時，視天地曾不若一指，雖有善鼓琴，未能動足下也。」孟嘗君曰：「固然！」雍門周曰：「然臣竊爲足下有所常悲。夫角帝而困秦者君也，連五國而伐楚者又君也。天下未嘗無事，不從即衡；從成則楚王，衡成則秦帝。夫以秦、楚之彊而報弱薛，猶磨蕭斧而伐朝菌也，有識之士，莫不爲足下寒心。天道不常盛，寒暑更進退，千秋萬歲之後，宗廟必不血食；高臺既已傾，曲池又已平，墳墓生荊棘，狐狸穴其中，游兒牧豎躑躅其足而歌其上曰：『孟嘗君之尊貴，亦猶若是乎！』」於是孟嘗君喟然太息，涕淚承睫而未下。雍門周引琴而鼓之，徐動宮徵，叩角羽，終而成曲，孟嘗君遂歔欷而就之曰：「先生鼓琴，令文立若亡國之人也。」

〔九〕呂氏春秋曰：韓哀作御。

王褒聖主得賢臣頌曰：及至駕齧膝，參乘旦，王良執靶，韓哀附輿，縱馳騁鶩，忽如景靡，過都越國，蹶如歷塊，追奔電，逐遺風，周流八極，萬里一息，何其遼哉！人馬相得也。

〔10〕淮南子曰：盧敖游乎北海，經乎太陰，入乎玄闕，至於蒙轂之上，見一士焉，深目而玄準，戾頸而鳶肩，豐上而殺下，軒軒然方迎風而舞，顧見盧敖慢然下其臂，遯逃乎碑下。盧敖俯而視之，方卷龜殼而食合梨。盧敖乃與之語

曰：「惟敖爲背羣離黨，窮觀於六合之外者，非敖而已乎！敖幼而好游，長不喻解，周行四極，惟北陰之不闚，今卒睹夫子於是，子殆可與敖爲交乎！」若士者齤然而笑曰：「嘻乎！子中州民，寧肯而遠至此？此猶光乎日月而戴列星，陰陽之所行，四時之所生，此其比夫不名之地，猶突奧也。若我南游乎罔㝗之野，北息于沈墨之鄉，西窮冥冥之黨，東貫鴻濛之光，此其下無地而上無天，聽焉無聞，視焉則眴，此其外猶有沈沈之汜，其餘一舉而千萬里，吾猶未能之在。今子游始至于此，乃語窮觀，豈不亦遠哉！然子處矣，吾與汗漫期於九垓之上，吾不可以久。」若士舉臂而竦身，遂入雲中。盧敖仰而視之，弗見乃止，曰：「吾比夫子也，猶黃鵠之與壤蟲，終日行不離咫尺，自以爲遠，不亦悲哉！」

景耀六年，後主從譙周之計，遣使請降于鄧艾，其書，正所造也。明年正月，鍾會作亂成都，後主東遷洛陽，時擾攘倉卒，蜀之大臣無翼從者，惟正及殿中督汝南張通，捨妻子單身隨侍。後主賴正相導宜適，舉動無闕，乃慨然歎息，恨知正之晚。時論嘉之。賜爵關內侯。泰始中，除安陽令，遷巴西太守。泰始八年詔曰：「正昔在成都，顛沛守義，不違忠節，及見受用，盡心幹事，有治理之績，其以正爲巴西太守。」咸寧四年卒。凡所著述詩論賦之屬，垂百篇。

評曰：杜微脩身隱靜，不役當世，庶幾夷、皓之槩。周羣占天有徵，杜瓊沈默慎密，諸生之純也。許、孟、來、李，博涉多聞，尹默精于左氏，雖不以德業爲稱，信皆一時之學士。譙周詞理淵通，爲世碩儒，有董、揚之規，郤正文辭燦爛，有張、蔡之風，加其行止，君子有取焉。二子處晉事少，在蜀事多，故著于篇。〔一〕

〔一〕張璠以爲譙周所陳降魏之策，蓋素料劉禪懦弱，心無害戾，故得行也。如遇忿肆之人，雖無他算，然矜殉鄙恥，或發怒妄誅，以立一時之威，快其斯須之意者，此亦夷滅之禍云。

三國志卷四十三　蜀書十三

黃李呂馬王張傳第十三

黃權字公衡，巴西閬中人也。少爲郡吏，州牧劉璋召爲主簿。時別駕張松建議，宜迎先主，使伐張魯。權諫曰：「左將軍有驍名，今請到，欲以部曲遇之，則不滿其心，欲以賓客禮待，則一國不容二君。若客有泰山之安，則主有累卵之危。可但閉境，以待河淸。」璋不聽，竟遣使迎先主，出權爲廣漢長。及先主襲取益州，將帥分下郡縣，郡縣望風景附，權閉城堅守，須劉璋稽服，乃詣降先主。先主假權偏將軍。〔一〕及曹公破張魯，魯走入巴中，權進曰：「若失漢中，則三巴不振，此爲割蜀之股臂也。」於是先主以權爲護軍，率諸將迎魯。魯已還南鄭，北降曹公，然卒破杜濩、朴胡，殺夏侯淵，據漢中，皆權本謀也。

〔一〕徐衆評曰：權既忠諫於主，又閉城拒守，得事君之禮。武王下車，封比干之墓，表商容之閭，所以大顯忠賢之士，而明示所貴之旨。先主假權將軍，善矣，然猶薄少，未足彰忠義之高節，而大勸爲善者之心。

先主爲漢中王，猶領益州牧，以權爲治中從事。及稱尊號，將東伐吳，權諫曰：「吳人悍戰，又水軍順流，進易退難，臣請爲先驅以嘗寇，陛下宜爲後鎮。」先主不從，以權爲鎮北將軍，督江北軍以防魏師；先主自在江南。及吳將軍陸議乘流斷圍，南軍敗績，先主引退。而道隔絕，權不得還，故率將所領降于魏。有司執法，白收權妻子。先主曰：「孤負黃權，權不負孤也。」待之如初。〔一〕

〔一〕臣松之以爲漢武用虛罔之言，滅李陵之家，劉主拒憲司所執，宥黃權之室，二主得失縣邈遠矣。詩云「樂只君子，保艾爾後」，其劉主之謂也。

魏文帝謂權曰：「君捨逆效順，欲追蹤陳、韓邪？」權對曰：「臣過受劉主殊遇，降吳不可，還蜀無路，是以歸命。且敗軍之將，免死爲幸，何古人之可慕也！」文帝善之，拜爲鎮南將軍，封育陽侯，加侍中，使之陪乘。蜀降人或云誅權妻子，權知其虛言，未便發喪，〔一〕後得審問，果如所言。及先主薨問至，魏羣臣咸賀而權獨否。文帝察權有局量，欲試驚之，遣左右詔權，未至之間，累催相屬，馬使奔馳，交錯於道，官屬侍從莫不碎魄，而權舉止顏色自若。後領益州刺史，徙占河南。大將軍司馬宣王深器之，問權曰：「蜀中有卿輩幾人？」權笑而答曰：「不圖明公見顧之重也！」宣王與諸葛亮書曰：「黃公衡，快士也，每坐起歎述足下，不去口實。」景初三年，蜀延熙二年，權遷車騎將軍、儀同三司。〔二〕明年卒，謚曰景侯。子邕嗣。邕無子，絕。

〔一〕漢魏春秋曰：文帝詔令發喪，權答曰：「臣與劉、葛推誠相信，明臣本志。疑惑未實，請須後問。」

〔二〕蜀記曰：魏明帝問權：「天下鼎立，當以何地爲正？」權對曰：「當以天文爲正。往者熒惑守心而文皇帝崩，吳、蜀二主平安，此其徵也。」

權留蜀子崇，爲尚書郎，隨衞將軍諸葛瞻拒鄧艾。到涪縣，瞻盤桓未進，崇屢勸瞻宜速行據險，無令敵得入平地。瞻猶與未納，崇至于流涕。會艾長驅而前，瞻卻戰至綿竹，崇帥厲軍士，期於必死，臨陳見殺。

李恢字德昂，建寧俞元人也。仕郡督郵，姑夫爨習爲建伶令，有違犯之事，恢坐習免官。太守董和以習方土大姓，寢而不許。〔一〕後貢恢于州，涉道未至，聞先主自葭萌還攻劉璋。恢知璋之必敗，先主必成，乃託名郡使，北詣先主，遇於綿竹。先主嘉之，從至雒城，遣恢至漢中交好馬超，超遂從命。成都既定，先主領益州牧，以恢爲功曹書佐主簿。後爲亡虜所誣，引恢謀反，有司執送，先主明其不然，更遷恢爲別駕從事。章武元年，庲降都督鄧方卒，先主問恢：「誰可代者？」恢對曰：「人之才能，各有長短，故孔子曰『其使人也器之』。且夫明主在上，則臣下盡情，是以先零之役，趙充國曰『莫若老臣』。臣竊不自揆，惟陛下察之。」先主笑曰：「孤之本意，亦已在卿矣。」遂以恢爲庲降都督，使持節領交州刺

史，住平夷縣。〔二〕

〔一〕華陽國志曰：習後官至領軍。

〔二〕臣松之訊之蜀人，云庲降地名，去蜀二千餘里，時未有寧州，號爲南中，立此職以總攝之。晉泰始中，始分爲寧州。

先主薨，高定恣睢於越巂，雍闓跋扈於建寧，朱褒反叛於牂牁。丞相亮南征，先由越巂，而恢案道向建寧。諸縣大相糾合，圍恢軍於昆明。時恢衆少敵倍，又未得亮聲息，紿謂南人曰：「官軍糧盡，欲規退還，吾中間久斥鄉里，乃今得旋，不能復北，欲還與汝等同計謀，故以誠相告。」南人信之，故圍守怠緩。於是恢出擊，大破之，追奔逐北，南至槃江，東接牂牁，與亮聲勢相連。南土平定，恢軍功居多，封漢興亭侯，加安漢將軍。後軍還，南夷復叛，殺害守將。恢身往撲討，鉏盡惡類，徙其豪帥于成都，賦出叟、濮耕牛戰馬金銀犀革，充繼軍資，于時費用不乏。

建興七年，以交州屬吳，解恢刺史。更領建寧太守，以還居本郡。徙居漢中，九年卒。子遺嗣。恢弟子球，羽林右部督，隨諸葛瞻拒鄧艾，臨陳授命，死于緜竹。

呂凱字季平，永昌不韋人也。〔一〕仕郡五官掾功曹。時雍闓等聞先主薨於永安，驕黠滋甚。都護李嚴與闓書六紙，解喻利害，闓但答一紙曰：「蓋聞天無二日，土無二王，今天下鼎立，正朔有三，是以遠人惶惑，不知所歸也。」其桀慢如此。闓又降於吳，吳遙署闓爲永昌太守。永昌既在益州郡之西，道路壅塞，與蜀隔絕，而郡太守改易，凱與府丞蜀郡王伉帥厲吏民，閉境拒闓。闓數移檄永昌，稱說云云。凱答檄曰：「天降喪亂，姦雄乘釁，天下切齒，萬國悲悼，臣妾大小，莫不思竭筋力，肝腦塗地，以除國難。伏惟將軍世受漢恩，以爲當躬聚黨衆，率先啓行，上以報國家，下不負先人，書功竹帛，遺名千載。何期臣僕吳越，背本就末乎？昔舜勤民事，隕于蒼梧，書籍嘉之，流聲無窮。崩于江浦，何足可悲！文、武受命，成王乃平。先帝龍興，海內望風，宰臣聰睿，自天降康。而將軍不覩盛衰之紀，成敗之符，譬如野火在原，蹈履河冰，火滅冰泮，將何所依附？曩者將軍先君雍侯，造怨而封，竇融知興，歸志世祖，皆流名後葉，世歌其美。今諸葛丞相英才挺出，深覩未萌，受遺託孤，翊贊季興，與衆無忌，錄功忘瑕。將軍若能翻然改圖，易跡更步，古人不難追，鄙土何足宰哉！蓋聞楚國不恭，齊桓是責，夫差僭號，晉人不長，況臣於非主，誰肯歸之邪？竊惟古義，臣無越境之交，是以前後有來無往。重承告示，發憤忘食，故略陳所懷，惟將軍察焉。」凱威恩內著，爲郡中所信，故能全其節。

〔一〕孫盛蜀世譜曰：初，秦徙呂不韋子弟宗族於蜀漢。漢武帝時，開西南夷，置郡縣，徙呂氏以充之，因曰不韋縣。

及丞相亮南征討闓，既發在道，而闓已爲高定部曲所殺。亮至南，上表曰：「永昌郡吏呂凱、府丞王伉等，執忠絕域，十有餘年，雍闓、高定偪其東北，而凱等守義不與交通。臣不意永昌風俗敦直乃爾！」以凱爲雲南太守，封陽遷亭侯。會爲叛夷所害，子祥嗣。而王伉亦封亭侯，爲永昌太守。〔一〕

〔一〕蜀世譜曰：呂祥後爲晉南夷校尉，祥子及孫世爲永昌太守。李雄破寧州，諸呂不肯附，舉郡固守。王伉等亦守正節。

馬忠字德信，巴西閬中人也。少養外家，姓狐，名篤，後乃復姓，改名忠。爲郡吏，建安末舉孝廉，除漢昌長。先主東征，敗績猇亭，巴西太守閻芝發諸縣兵五千人以補遺闕，遣忠送往。先主已還永安，見忠與語，謂尚書令劉巴曰：「雖亡黃權，復得狐篤，此爲世不乏賢也。」建興元年，丞相亮開府，以忠爲門下督。三年，亮入南，拜忠牂牁太守。郡丞朱褒反。叛亂之後，忠撫育卹理，甚有威惠。八年，召爲丞相參軍，副長史蔣琬署留府事。又領州治中從事。明年，亮出祁山，忠詣亮所，經營戎事。軍還，督將軍張嶷等討汶山郡叛羌。十一年，南夷豪帥劉胄反，擾亂諸郡。徵庲降都督張翼還，以忠代翼。忠遂斬胄，平南土。加忠監軍奮威將軍，封博陽亭侯。初，建寧郡殺太守正昂，縛太守張裔於吳，故都督常駐平夷縣。至忠，乃移治味縣，處民夷之間。又越巂郡亦久失土地，忠率將太守張嶷開復舊郡，由此就加安南將軍，進封彭鄉亭侯。延熙五年還朝，因至漢中，見大司馬蔣琬，宣傳詔旨，加拜鎮南大將軍。七年春，大將軍費禕北禦魏敵，留忠成都，平尚書事。禕還，忠乃歸南。十二年卒，子脩嗣。〔一〕

〔一〕脩弟恢。恢子義，晉建寧太守。

忠爲人寬濟有度量，但詼啁大笑，忿怒不形於色。然處事能斷，威恩並立，是以蠻夷畏而愛之。及卒，莫不自致喪庭，流涕盡哀，爲之立廟祀，迄今猶在。

張表，時名士，清望踰忠。閻宇，宿有功幹，於事精勤，繼踵在忠後，其威風稱績，皆不及忠。〔一〕

〔一〕益部耆舊傳曰：張表，肅子也。

華陽國志云：表，張松子，未詳。閻宇字文平，南郡人也。

王平字子均，巴西宕渠人也。本養外家何氏，後復姓王。隨杜濩、朴胡詣洛陽，假校尉，從曹公征漢中，因降先主，拜牙門將、裨將軍。建興六年，屬參軍馬謖先鋒。謖舍水上山，舉措煩擾，平連規諫謖，謖不能用，大敗於街亭。衆盡星散，惟平所領千人，鳴鼓自持，魏將張部疑其伏兵，不往偪也。於是平徐徐收合諸營遺迸，率將士而還。丞相亮既誅馬謖及將軍張休、李盛，奪將軍黃襲等兵，平特見崇顯，加拜參軍，統五部兼當營事，進位討寇將軍，封亭侯。九年，亮圍祁山，平別守南圍。魏大將軍司馬宣王攻亮，張郃攻平，平堅守不動，郃不能克。十二年，亮卒於武功，軍退還，魏延作亂，一戰而敗，平之功也。遷後典軍、安漢將軍，副車騎將軍吳壹住漢中，又領漢中太守。十五年，進封安漢侯，代壹督漢中。延熙元年，大將軍蔣琬住沔陽，平更爲前護軍，署琬府事。六年，琬還住涪，拜平前監軍、鎮北大將軍，統漢中。

七年春，魏大將軍曹爽率步騎十餘萬向漢川，前鋒已在駱谷。時漢中守兵不滿三萬，諸將大驚。或曰：「今力不足以拒敵，聽當固守漢、樂二城，遇賊令入，比爾間，涪軍足得救關。」平曰：「不然。漢中去涪垂千里。賊若得關，便爲禍也。今宜先遣劉護軍、杜參軍據興勢，平爲後拒；若賊分向黃金，平率千人下自臨之，比爾間，涪軍行至，此計之上也。」惟護軍劉敏與平意同，即便施行。涪諸軍及大將軍費禕自成都相繼而至，魏軍退還，如平本策。是時，鄧芝在東，馬忠在南，平在北境，咸著名迹。

平生長戎旅，手不能書，其所識不過十字，而口授作書，皆有意理。使人讀史、漢諸紀傳，聽之，備知其大義，往往論說不失其指。遵履法度，言不戲謔，從朝至夕，端坐徹日，憬無武將之體，然性狹侵疑，爲人自輕，以此爲損焉。十一年卒，子訓嗣。

初，平同郡漢昌句扶句古候反忠勇寬厚，數有戰功，功名爵位亞平，官至左將軍，封宕渠侯。〔一〕

〔一〕華陽國志曰：後張翼、廖化並爲大將軍，時人語曰：「前有王、句，後有張、廖。」

張嶷字伯岐，巴郡南充國人也。〔一〕弱冠爲縣功曹。先主定蜀之際，山寇攻縣，縣長捐家逃亡，嶷冒白刃，攜負夫人，夫人得免。由是顯名，州召爲從事。時郡內士人龔祿、姚伷位二千石，當世有聲名，皆與嶷友善。建興五年，丞相亮北住漢中，廣漢、綿竹山賊張慕等鈔盜軍資，劫掠吏民，嶷以都尉將兵討之。嶷度其鳥散，難以戰禽，乃詐與和親，剋期置酒。酒酣，嶷身率左右，因斬慕等五十餘級，渠帥悉殄。尋其餘類，旬日淸泰。後得疾病困篤，家素貧匱，廣漢太守蜀郡何祗，名爲通厚，嶷宿與疏闊，乃自轝詣祗，託以治疾。祗傾財醫療，數年除愈。其黨道信義皆此類也。拜爲牙門將，屬馬忠，北討汶山叛羌，南平四郡蠻夷，輒有籌畫戰克之功。〔二〕十四年，武都氐王苻健請降，遣將軍張尉往迎，過期不到，大將軍蔣琬深以爲念。嶷平之曰：「苻健求附款至，必無他變，素聞健弟狡黠，又夷狄不能同功，將有乖離，是以稽留耳。」數日，問至，健弟果將四百戶就魏，獨健來從。

〔一〕益部耆舊傳曰：嶷出自孤微，而少有通壯之節。

〔二〕益部耆舊傳曰：嶷受兵馬三百人，隨馬忠討叛羌。嶷別督數營在先，至他里。邑所在高峻，嶷隨山立上四五里。羌於要厄作石門，於門上施牀，積石於其上，過者下石槌擊之，無不糜爛。嶷度不可得攻，乃使譯告曉之曰：「汝汶山諸種反叛，傷害良善，天子命將討滅惡類。汝等若稽顙過軍，資給糧費，福祿永隆，其報百倍。若終不從，大兵致誅，雷擊電下，雖追悔之，亦無益也。」耆帥得命，即出詣嶷，給糧過軍。軍前討餘種，餘種聞他里已下，悉恐怖失所，或迎軍出降，或奔竄山谷，放兵攻擊，軍以克捷。後南夷劉冑又反，以馬忠爲督庲降討冑，嶷復屬焉，戰鬬常冠軍首，遂斬冑。平南事訖，牂牁興古獠種復反，忠令嶷領諸營往討，嶷內招降得二千人，悉傳詣漢中。

初，越巂郡自丞相亮討高定之後，叟夷數反，殺太守龔祿、焦璜，是後太守不敢之郡，只住（安定）〔安上〕縣，去郡八百餘里，其郡徒有名而已。時論欲復舊郡，除嶷爲越巂太守，嶷將所領往之郡，誘以恩信，蠻夷皆服，頗來降附。北徼捉馬最驍勁，不承節度，嶷乃往討，生縛其帥魏狼，又解縱告喻，使招懷餘類。表拜狼爲邑侯，種落三千餘戶皆安土供職。諸種聞之，多漸降服，嶷以功賜爵關內侯。

蘇祁邑君冬逢、逢弟隗渠等，已降復反。嶷誅逢。逢妻，旄牛王女，嶷以計原之。而渠逃入西徼。渠剛猛捷悍，爲諸種深所畏憚，遣所親二人詐降嶷，實取消息。嶷覺之，許以重賞，使爲反間，二人遂合謀殺渠。渠死，諸種皆安。又斯都耆帥李求承，昔手殺龔祿，嶷求募捕得，數其宿惡而誅之。

始嶷以郡郛宇頹壞，更築小塢。在官三年，徙還故郡，繕治城郭，夷種男女莫不致力。定莋、臺登、卑水三縣去郡三百餘里，舊出鹽鐵及漆，而夷徼久自固食。嶷率所領奪取，署長吏焉。嶷之到定莋，定莋率豪狼岑，槃木王舅，甚爲蠻夷所信任，忿嶷自侵，不自來詣。嶷使壯士數十直往收致，撻而殺之，持尸還種，厚加賞賜，喻以狼岑之惡，且曰：「無得妄動，動即殄矣！」種類咸面縛謝過。嶷殺牛饗宴，重申恩信，遂獲鹽鐵，器用周贍。

漢嘉郡界旄牛夷種類四千餘戶，其率狼路，欲爲姑婿冬逢報怨，遣叔父離將逢衆相度形勢。嶷逆遣親近齎牛酒勞賜，又令離（姊）逆逢妻宣暢意旨。離既受賜，并見其姊，姊弟歡悅，悉率所領將詣嶷，嶷厚加賞待，遣還。旄牛由是輒不爲患。

郡有舊道，經旄牛中至成都，既平且近；自旄牛絕道，已百餘年，更由安上，既險且遠。嶷遣左右齎貨幣賜路，重令路姑喻意，路乃率兄弟妻子悉詣嶷，嶷與盟誓，開通舊道，千里肅清，復古亭驛。奏封路爲旄牛畇毗王，遣使將路朝貢。後主於是加嶷撫戎將軍，領郡如故。

嶷初見費禕爲大將軍，恣性汎愛，待信新附太過，嶷書戒之曰：「昔岑彭率師，來歙杖節，咸見害於刺客，今明將軍位尊權重，宜鑒前事，少以爲警。」後禕果爲魏降人郭脩所害。

吳太傅諸葛恪以初破魏軍，大興兵衆以圖攻取。侍中諸葛瞻，丞相亮之子，恪從弟也，嶷與書曰：「東主初崩，帝實幼弱，太傅受寄託之重，亦何容易！親以周公之才，猶有管、蔡流言之變，霍光受任，亦有燕、蓋、上官逆亂之謀，賴成、昭之明，以免斯難耳。昔每聞東主殺生賞罰，不任下人，又今以垂沒之命，卒召太傅，屬以後事，誠實可慮。加吳、楚剽急，乃昔所記，而太傅離少主，履敵庭，恐非良計長算之術也。雖云東家綱紀肅然，上下輯睦，百有一失，非明者之慮邪？取古則今，今則古也，自非郎君進忠言於太傅，誰復有盡言者也！旋軍廣農，務行德惠，數年之中，東西並舉，實爲不晚，願深採察。」恪竟以此夷族。嶷識見多如是類。

在郡十五年，邦域安穆。屢乞求還，乃徵詣成都。（夷民）〔民夷〕戀慕，扶轂泣涕，過旄牛邑，邑君襁負來迎，及追尋至蜀郡界，其督相率隨嶷朝貢者百餘人。嶷至，拜盪寇將軍，慷慨壯烈，士人咸多貴之，然放蕩少禮，人亦以此譏焉。〔一〕是歲延熙十七年也。魏狄道長李簡密書請降，衞將軍姜維率嶷等因簡之資以出隴西。〔二〕既到狄道，簡悉率城中吏民出迎軍。軍前與魏將徐質交鋒，嶷臨陳隕身，然其所殺傷亦過倍。既亡，封長子瑛西鄉侯，次子護雄襲爵。南土越嶲民夷聞嶷死，無不悲泣，爲嶷立廟，四時水旱輒祀之。〔三〕

〔一〕益部耆舊傳曰：時車騎將軍夏侯霸謂嶷曰：「雖與足下疏闊，然託心如舊，宜明此意。」嶷答曰：「僕未知子，子未知我，大道在彼，何云託心乎！願三年之後徐陳斯言。」有識之士以爲美談。

〔二〕益部耆舊傳曰：嶷風溼固疾，至都寖篤，扶杖然後能起。李簡請降，衆議狐疑，而嶷曰必然。姜維之出，時論以嶷初還，股疾不能在行中，由是嶷自乞肆力中原，致身敵庭。臨發，辭後主曰：「臣當值聖明，受恩過量，加以疾病在身，常恐一朝隕沒，辜負榮遇。天不違願，得豫戎事。若涼州克定，臣爲藩表守將；若有未捷，殺身以報。」後主慨然爲之流涕。

〔三〕益部耆舊傳曰：余觀張嶷儀貌辭令，不能駭人，而其策略足以入算，果烈足以立威，爲臣有忠誠之節，處類有亮直之風，而動必顧典，後主深崇之。雖古之英士，何以遠踰哉！

蜀世譜曰：嶷孫奕，晉梁州刺史。

評曰：黃權弘雅思量，李恢公亮志業，呂凱守節不回，馬忠擾而能毅，〔一〕王平忠勇而嚴整，張嶷識斷明果，咸以所長，顯名發迹，遇其時也。

〔一〕尙書曰：擾而毅。鄭玄注曰：擾，馴也。致果曰毅。

三國志卷四十四　蜀書十四

蔣琬費禕姜維傳第十四

蔣琬字公琰，零陵湘鄉人也。弱冠與外弟泉陵劉敏俱知名。琬以州書佐隨先主入蜀，除廣都長。先主嘗因游觀奄至廣都，見琬衆事不理，時又沈醉，先主大怒，將加罪戮。軍師將軍諸葛亮請曰：「蔣琬，社稷之器，非百里之才也。其爲政以安民爲本，不以脩飾爲先，願主公重加察之。」先主雅敬亮，乃不加罪，倉卒但免官而已。琬見推之後，夜夢有一牛頭在門前，流血滂沱，意甚惡之，呼問占夢趙直。直曰：「夫見血者，事分明也。牛角及鼻，『公』字之象，君位必當至公，大吉之徵也。」頃之，爲什邡令。先主爲漢中王，琬入爲尚書郎。建興元年，丞相亮開府，辟琬爲東曹掾。舉茂才，琬固讓劉邕、陰化、龐延、廖淳，亮教答曰：「思惟背親捨德，以殄百姓，衆人既不隱於心，實又使遠近不解其義，是以君宜顯其功舉，以明此選之清重也。」遷爲參軍。五年，亮住漢中，琬與長史張裔統留府事。八年，代裔爲長史，加撫軍將軍。亮數外出，琬常足食足兵以相供給。亮每言：「公琰託志忠雅，當與吾共贊王業者也。」密表後主曰：「臣若不幸，後事宜以付琬。」

亮卒，以琬爲尙書令，俄而加行都護，假節，領益州刺史，遷大將軍，錄尙書事，封安陽亭侯。時新喪元帥，遠近危悚。琬出類拔萃，處羣僚之右，旣無戚容，又無喜色，神守舉止，有如平日，由是衆望漸服。延熙元年，詔琬曰：「寇難未弭，曹叡驕凶，遼東三郡苦其暴虐，遂相糾結，與之離隔。叡大興衆役，還相攻伐。曩秦之亡，勝、廣首難，今有此變，斯乃天時。君其治嚴，總帥諸軍屯住漢中，須吳舉動，東西掎角，以乘其釁。」又命琬開府，明年就加爲大司馬。

東曹掾楊戲素性簡略，琬與言論，時不應答。或欲搆戲於琬曰：「公與戲語而不見應，戲之慢上，不亦甚乎！」琬曰：「人心不同，各如其面；面從後言，古人之所誡也。戲欲贊吾是耶，則非其本心，欲反吾言，則顯吾之非，是以默然，是戲之快也。」又督農楊敏曾毀琬曰：「作事憒憒，誠非及前人。」或以白琬，主者請推治敏，琬曰：「吾實不如前人，無可推也。」主者重據聽不推，則乞問其憒憒之狀。琬曰：「苟其不如，則事不當理，事不當理，則憒憒矣。復何問邪？」後敏坐事繫獄，衆人猶懼其必死，琬心無適莫，得免重罪。其好惡存道，皆此類也。

琬以爲昔諸葛亮數闚秦川，道險運艱，竟不能克，不若乘水東下。乃多作舟船，欲由漢、沔襲魏興、上庸。會舊疾連動，未時得行。而衆論咸謂如不克捷，還路甚難，非長策也。於是遣尚書令費禕、中監軍姜維等喻指。琬承命上疏曰：「芟穢弭難，臣職是掌。自臣奉辭漢中，已經六年，臣既闇弱，加嬰疾疢，規方無成，夙夜憂慘。今魏跨帶九州，根蔕滋蔓，平除未易。若東西幷力，首尾掎角，雖未能速得如志，且當分裂蠶食，先摧其支黨。然吳期二三，連不克果，俯仰惟艱，實忘寢食。輒與費禕等議，以涼州胡塞之要，進退有資，賊之所惜；且羌、胡乃心思漢如渴，又昔偏軍入羌，郭淮破走，算其長短，以爲事首，宜以姜維爲涼州刺史。若維征行，銜持河右，臣當帥軍爲維鎮繼。今涪水陸四通，惟急是應，若東北有虞，赴之不難。」由是琬遂還住涪。疾轉增劇，至九年卒，謚曰恭。

子斌嗣，爲綏武將軍、漢城護軍。魏大將軍鍾會至漢城，與斌書曰：「巴蜀賢智文武之士多矣，至於足下、諸葛思遠，譬諸草木，吾氣類也。桑梓之敬，古今所敦。西到，欲奉瞻尊大君公侯墓，當洒掃墳塋，奉祠致敬。願告其所在！」斌答書曰：「知惟臭味意眷之隆，雅託通流，未拒來謂也。亡考昔遭疾疢，亡於涪縣，卜云其吉，遂安厝之。知君西邁，乃欲屈駕脩敬墳墓。視予猶父，顏子之仁也，聞命感愴，以增情思。」會得斌書報，嘉歎意義，及至涪，如其書云。

後主既降鄧艾，斌詣會於涪，待以交友之禮。隨會至成都，爲亂兵所殺。斌弟顯，爲太子僕，會亦愛其才學，與斌同時死。

劉敏，左護軍、揚威將軍，與鎭北大將軍王平俱鎭漢中。魏遣大將軍曹爽襲蜀時，議者或謂但可守城，不出拒敵，必自引退。敏以爲男女布野，農穀栖畝，若聽敵入，則大事去矣。遂帥所領與平據興勢，多張旗幟，彌亙百餘里。會大將軍費禕從成都至，魏軍卽退，敏以功封雲亭侯。

費禕字文偉，江夏鄳人也。鄳音盲。少孤，依族父伯仁。伯仁姑，益州牧劉璋之母也。璋遣使迎仁，仁將禕游學入蜀。會先主定蜀，禕遂留益土，與汝南許叔龍、南郡董允齊名。時許靖喪子，允與禕欲共會其葬所。允白父和請車，和遣開後鹿車給之。允有難載之色，禕便從前先上。及至喪所，諸葛亮及諸貴人悉集，車乘甚鮮，允猶神色未泰，而禕晏然自若。持車人還，和問之，知其如此，乃謂允曰：「吾常疑汝於文偉優劣未別也，而今而後，吾意了矣。」

先主立太子，禕與允俱爲舍人，遷庶子。後主踐位，爲黃門侍郎。丞相亮南征還，羣寮於數十里逢迎，年位多在禕右，而亮特命禕同載，由是衆人莫不易觀。亮以初從南歸，以禕爲昭信校尉使吳。孫權性旣滑稽，嘲啁無方，諸葛恪、羊衜等才博果辯，論難鋒至，禕辭順義篤，據理以答，終不能屈。〔一〕權甚器之，謂禕曰：「君天下淑德，必當股肱蜀朝，恐不能數來也。」〔二〕還，遷爲侍中。亮北住漢中，請禕爲參軍。以奉使稱旨，頻煩至吳。建興八年，轉爲中護軍，後又爲司馬。值軍師魏延與長史楊儀相憎惡，每至並坐爭論，延或舉刃擬儀，儀泣涕橫集。禕常入其坐間，諫喻分別，終亮之世，各盡延、儀之用者，禕匡救之力也。亮卒，禕爲後軍師。頃之，代蔣琬爲尚書令。〔三〕琬自漢中還涪，禕遷大將軍，錄尚書事。

〔一〕禕別傳曰：孫權每別酌好酒以飲禕，視其已醉，然後問以國事，並論當世之務，辭難累至。禕輒辭以醉，退而撰次所問，事事條答，無所遺失。

〔二〕禕別傳曰：權乃以手中常所執寶刀贈之，禕答曰：「臣以不才，何以堪明命？然刀所以討不庭、禁暴亂者也，但願大王勉建功業，同獎漢室，臣雖闇弱，終不負東顧。」

〔三〕禕別傳曰：于時軍國多事，公務煩猥，禕識悟過人，每省讀書記，舉目暫視，已究其意旨，其速數倍於人，終亦不忘。常以朝晡聽事，其間接納賓客，飲食嬉戲，加之博弈，每盡人之歡，事亦不廢。董允代禕爲尚書令，欲斆禕之所行，旬日之中，事多愆滯。允乃歎曰：「人才力相縣若此甚遠，此非吾之所及也。聽事終日，猶有不暇爾。」

延熙七年，魏軍次于興勢，假禕節，率衆往禦之。光祿大夫來敏至禕許別，求共圍棊。于時羽檄交馳，人馬擐甲，嚴駕已訖，禕與敏留意對戲，色無厭倦。敏曰：「向聊觀試君耳！君信可人，必能辦賊者也。」禕至，敵遂退，封成鄉侯。〔一〕琬固讓州職，禕復領益州刺史。

禕當國功名，略與琬比。〔二〕十一年，出住漢中。自琬及禕，雖自身在外，慶賞刑威，皆遙先諮斷，然後乃行，其推任如此。後十四年夏，還成都，成都望氣者云都邑無宰相位，故冬復北屯漢壽。延熙十五年，命禕開府。十六年歲首大會，魏降人郭循在坐。禕歡飲沈醉，爲循手刃所害，謚曰敬侯。子承嗣，爲黃門侍郎。承弟恭，尚公主。〔三〕禕長女配太子璿爲妃。

〔一〕殷基通語曰：司馬懿誅曹爽，禕設甲乙論平其是非。甲以爲曹爽兄弟凡品庸人，苟以宗子枝屬，得蒙顧命之任，而驕奢僭逸，交非其人，私樹朋黨，謀以亂國。懿奮誅討，一朝殄盡，此所以稱其任，副士民之望也。乙以爲懿感曹仲付己不一，豈爽與相干？事勢不專，以此陰成疵瑕。初無忠告侃爾之訓，一朝屠戮，攙其不意，豈大人經國篤本之事乎！若爽信有謀主之心，大逆已搆，而發兵之日，更以芳委爽兄弟。懿父子從後閉門舉兵，蹙而向芳，必無悉寧，忠臣爲君深慮之謂乎？以此推之，爽無大惡明矣。若懿以爽奢僭，廢之刑之可也，滅其尺口，被以不義，絕子丹血食，及何晏子魏之親甥，亦與同戮，爲僭濫不當矣。

〔二〕禕別傳曰：禕雅性謙素，家不積財。兒子皆令布衣素食，出入不從車騎，無異凡人。

〔三〕禕別傳曰：恭爲尚書郎，顯名當世，早卒。

姜維字伯約，天水冀人也。少孤，與母居。好鄭氏學。〔一〕仕郡上計掾，州辟爲從事。以父冏昔爲郡功曹，值羌、戎叛亂，身衞郡將，沒於戰場，賜維官中郎，參本郡軍事。建興六年，丞相諸葛亮軍向祁山，時天水太守適出案行，維及功曹梁緒、主簿尹賞、主記梁虔等從行。太守聞蜀軍垂至，而諸縣響應，疑維等皆有異心，於是夜亡保上邽。維等覺太守去，追遲，至城門，城門已閉，不納。維等相率還冀，冀亦不入維。維等乃俱詣諸葛亮。會馬謖敗於街亭，亮拔將西縣千餘家及維等還，故維遂與母相失。〔二〕亮辟維爲倉曹掾，加奉義將軍，封當陽亭侯，時年二十七。亮與留府長史張裔、參軍蔣琬書曰：「姜伯約忠勤時事，思慮精密，考其所有，永南、季常諸人不如也。其人，涼州上士也。」又曰：「須先教中虎步兵五六千人。姜伯約甚敏於軍事，既有膽義，深解兵意。此人心存漢室，而才兼於人，畢教軍事，當遣詣宮，覲見主上。」〔三〕後遷中監軍征西將軍。

〔一〕傅子曰：維爲人好立功名，陰養死士，不脩布衣之業。

〔二〕魏略曰：天水太守馬遵將維及諸官屬隨雍州刺史郭淮偶自西至洛門案行，會聞亮已到祁山，淮顧遵曰：「是欲不善！」遂驅東還上邽。遵念所治冀縣界在西偏，又恐吏民樂亂，遂亦隨淮去。時維謂遵曰：「明府當還冀。」遵謂維等曰：「卿諸人（回）〔叵〕復信，皆賊也。」各自行。維亦無如遵何，而家在冀，遂與郡吏上官子脩等還冀。冀中吏民見維等大喜，便推令見亮。二人不獲已，乃共詣亮。亮見，大悅。未及遣迎冀中人，會亮前鋒爲張郃、費繇等所破，遂將維等卻縮。維不得還，遂入蜀。諸軍攻冀，皆得維母妻子，亦以維本無去意，故不沒其家，但繫保官以延之。此語與本傳不同。

〔三〕孫盛雜記曰：初，姜維詣亮，與母相失，復得母書，令求當歸。維曰：「良田百頃，不在一畝，但有遠志，不在當歸也。」

十二年，亮卒，維還成都，爲右監軍輔漢將軍，統諸軍，進封平襄侯。延熙元年，隨大將軍蔣琬住漢中。琬既遷大司馬，以維爲司馬，數率偏軍西入。六年，遷鎮西大將軍，領涼州刺史。十年，遷衞將軍，與大將軍費禕共錄尚書事。是歲，汶山平康夷反，維率衆討定之。又出隴西、南安、金城界，與魏大將軍郭淮、夏侯霸等戰於洮西。胡王治無戴等舉部落降，維將還安處之。十二年，假維節，復出西平，不克而還。維自以練西方風俗，兼負其才武，欲誘諸羌、胡以爲羽翼，謂自隴以西可斷而有也。每欲興軍大舉，費禕常裁制不從，與其兵不過萬人。〔一〕

〔一〕漢晉春秋曰：費禕謂維曰：「吾等不如丞相亦已遠矣；丞相猶不能定中夏，況吾等乎！且不如保國治民，敬守社稷，如其功業，以俟能者，無以爲希冀徼倖而決成敗於一舉。若不如志，悔之無及。」

十六年春，禕卒。夏，維率數萬人出石營，經董亭，圍南安，魏雍州刺史陳泰解圍至洛門，維糧盡退還。明年，加督中外軍事。復出隴西，守狄道長李簡舉城降。進圍襄武，與魏將徐質交鋒，斬首破敵，魏軍敗退。維乘勝多所降下，拔(河間)〔河關〕、狄道、臨洮三縣民還。後十八年，復與車騎將軍夏侯霸等俱出狄道，大破魏雍州刺史王經於洮西，經衆死者數萬人。經退保狄道城，維圍之。魏征西將軍陳泰進兵解圍，維却住鍾題。

十九年春，就遷維爲大將軍。更整勒戎馬，與鎮西大將軍胡濟期會上邽，濟失誓不至，故維爲魏大將鄧艾所破於段谷，星散流離，死者甚衆。衆庶由是怨讟，而隴已西亦騷動不寧，維謝過引負，求自貶削。爲後將軍，行大將軍事。

二十年，魏征東大將軍諸葛誕反於淮南，分關中兵東下。維欲乘虛向秦川，復率數萬人出駱谷，徑至沈嶺。時長城積穀甚多而守兵乃少，聞維方到，衆皆惶懼。魏大將軍司馬望拒之，鄧艾亦自隴右，皆軍于長城。維前住芒水，皆倚山爲營。望、艾傍渭堅圍，維數下挑戰，望、艾不應。景耀元年，維聞誕破敗，乃還成都。復拜大將軍。

初，先主留魏延鎮漢中，皆實兵諸圍以禦外敵，敵若來攻，使不得入。及興勢之役，王平捍拒曹爽，皆承此制。維建議，以爲錯守諸圍，雖合周易「重門」之義，然適可禦敵，不獲大利。不若使聞敵至，諸圍皆斂兵聚穀，退就漢、樂二城，使敵不得入平，且重關鎮守以捍之。有事之日，令游軍並進以伺其虛。敵攻關不克，野無散穀，千里縣糧，自然疲乏。引退之日，然後諸城並出，與游軍幷力搏之，此殄敵之術也。於是令督漢中胡濟卻住漢壽，監軍王含守樂城，護軍蔣斌守漢城，又於西安、建威、武衞、石門、武城、建昌、臨遠皆立圍守。

五年，維率衆出漢，侯和爲鄧艾所破，還住沓中。維本羈旅託國，累年攻戰，功績不立，而宦官黃皓等弄權於內，右大將軍閻宇與皓協比，而皓陰欲廢維樹宇。維亦疑之，故自危懼，不復還成都。〔一〕六年，維表後主：「聞鍾會治兵關中，欲規進取，宜並遣張翼、廖化督諸軍分護陽安關口、陰平橋頭以防未然。」皓徵信鬼巫，謂敵終不自致，啓後主寢其事，而羣臣不知。及鍾會將向駱谷，鄧艾將入沓中，然後乃遣右車騎廖化詣沓中爲維援，左車騎張翼、輔國大將軍董厥等詣陽安關口以爲諸圍外助。比至陰平，聞魏將諸葛緒向建威，故住待之。月餘，維爲鄧艾所摧，還住陰平。鍾會攻圍漢、樂二城，遣別將進攻關口，蔣舒開城出降，傅僉格鬬而死。〔二〕會攻樂城，不能克，聞關口已下，長驅而前。翼、厥甫至漢壽，維、化亦舍陰平而退，適與翼、厥合，皆退保劍閣以拒會。會與維書曰：「公侯以文武之德，懷邁世之略，功濟巴、漢，聲暢華夏，遠近莫不歸名。每惟疇昔，嘗同大化，吳札、鄭喬，能喩斯好。」維不答書，列營守險。會不能克，糧運縣遠，將議還歸。

〔一〕華陽國志曰：維惡黃皓恣擅，啓後主欲殺之。後主曰：「皓趨走小臣耳，往董允切齒，吾常恨之，君何足介意！」維見皓枝附葉連，懼於失言，遜辭而出。後主敕皓詣維陳謝。維說皓求沓中種麥，以避內逼耳。

〔二〕漢晉春秋曰：蔣舒將出降，乃詭謂傅僉曰：「今賊至不擊而閉城自守，非良圖也。」僉曰：「受命保城，惟全爲功，今違命出戰，若喪師負國，死無益矣。」舒曰：「子以保城獲全爲功，我以出戰克敵爲功，請各行其志。」遂率衆出。僉謂其戰也，至陰平，以降胡烈。烈乘虛襲城，僉格鬬而死，魏人義之。

蜀記曰：蔣舒爲武興督，在事無稱。蜀命人代之，因留舒助漢中守。舒恨，故開城出降。

而鄧艾自陰平由景谷道傍入，遂破諸葛瞻於緜竹。後主請降於艾，艾前據成都。維等初聞瞻破，或聞後主欲固守成都，或聞欲東入吳，或聞欲南入建寧，於是引軍由廣漢、郪道以審虛實。尋被後主敕令，乃投戈放甲，詣會於涪軍前，將士咸怒，拔刀砍石。〔一〕

〔一〕干寶晉紀云：會謂維曰：「來何遲也？」維正色流涕曰：「今日見此爲速矣！」會甚奇之。

會厚待維等，皆權還其印號節蓋。會與維出則同轝，坐則同席，謂長史杜預曰：「以伯約比中土名士，公休、太初不能勝也。」〔一〕會既構鄧艾，艾檻車徵，因將維等詣成都，自稱益州牧以叛。〔二〕欲授維兵五萬人，使爲前驅。魏將士憤怒，殺會及維，維妻子皆伏誅。〔三〕

〔一〕世語曰：時蜀官屬皆天下英俊，無出維右。

〔二〕漢晉春秋曰：會陰懷異圖，維見而知其心，謂可構成擾亂以圖克復也，乃詭說會曰：「聞君自淮南已來，算無遺策，晉道克昌，皆君之力。今復定蜀，威德振世，民高其功，主畏其謀，欲以此安歸乎！夫韓信不背漢於擾攘，以見疑於既平，大夫種不從范蠡於五湖，卒伏劍而妄死，彼豈闇主愚臣哉？利害使之然也。今君大功既立，大德已著，何不法陶朱公泛舟絕迹，全功保身，登峨嵋之嶺，而從赤松游乎？」會曰：「君言遠矣，我不能行，且爲今之道，或未盡於此也。」維曰：「其他則君智力之所能，無煩於老夫矣。」由是情好歡甚。

華陽國志曰：維教會誅北來諸將，既死，徐欲殺會，盡坑魏兵，還復蜀祚，密書與後主曰：「願陛下忍數日之辱，臣欲使社稷危而復安，日月幽而復明。」

孫盛晉陽秋曰：盛以永和初從安西將軍平蜀，見諸故老，及姜維既降之後密與劉禪表疏，說欲僞服事鍾會，因殺之以復蜀土，會事不捷，遂至泯滅，蜀人於今傷之。盛以爲古人云，非所困而困焉名必辱，非所據而據焉身必危，既辱且危，死其將至，其姜維之謂乎！鄧艾之入江由，士衆鮮少，維進不能奮節緜竹之下，退不能總帥五將，擁衞蜀主，思後圖之計，而乃反覆於逆順之間，希違情於難冀之會，以衰弱之國，而屢觀兵於三秦，已滅之邦，冀理外之奇舉，不亦闇哉！

臣松之以爲盛之譏維，又爲不當。于時鍾會大衆既造劍閣，維與諸將列營守險，會不得進，已議還計，全蜀之功，幾乎立矣。但鄧艾詭道傍入，出於其後，諸葛瞻既敗，成都自潰。維若回軍救內，則會乘其背。當時之勢，焉得兩濟？而責維不能奮節緜竹，擁衞蜀主，非其理也。會欲盡坑魏將以舉大事，授維重兵，使爲前驅。若令魏將皆死，兵事在維手，殺會復蜀，不爲難矣。夫功成理外，然後爲奇，不可以事有差牙，而抑謂不然。設使田單之計，邂逅不會，復可謂之愚闇哉！

〔三〕世語曰：維死時見剖，膽如（斗）〔升〕大。

郤正著論論維曰：「姜伯約據上將之重，處羣臣之右，宅舍弊薄，貲財無餘，側室無妾媵之褻，後庭無聲樂之娛，衣服取供，輿馬取備，飲食節制，不奢不約，官給費用，隨手消盡；察其所以然者，非以激貪厲濁，抑情自割也，直謂如是爲足，不在多求。凡人之談，常譽成毀敗，扶高抑下，咸以姜維投厝無所，身死宗滅，以是貶削，不復料擿，異乎春秋褒貶之義矣。如姜維之樂學不倦，清素節約，自一時之儀表也。」〔一〕

〔一〕孫盛曰：異哉郤氏之論也！夫士雖百行，操業萬殊，至於忠孝義節，百行之冠冕也。姜維策名魏室，而外奔蜀朝，違君徇利，不可謂忠；捐親苟免，不可謂孝；害加舊邦，不可謂義；敗不死難，不可謂節；且德政未敷而疲民以逞，居禦侮之任而致敵喪守，於夫智勇，莫可云也：凡斯六者，維無一焉。實有魏之逋臣，亡國之亂相，而云人之儀表，斯亦惑矣。縱維好書而微自藻潔，豈異夫盜者分財之義，而程、鄭降階之善也。

臣松之以爲郤正此論，取其可稱，不謂維始終行事皆可準則也。所云「一時儀表」，止在好學與儉素耳。本傳及魏略皆云維本無叛心，以急逼歸蜀。盛相譏貶，惟可責其背母。餘既過苦，又非所以難郤正也。

維昔所俱至蜀，梁緒官至大鴻臚，尹賞執金吾，梁虔大長秋，皆先蜀亡沒。

評曰：蔣琬方整有威重，費禕寬濟而博愛，咸承諸葛之成規，因循而不革，是以邊境無虞，邦家和一，然猶未盡治小之宜，居靜之理也。〔一〕姜維粗有文武，志立功名，而翫衆黷旅，明斷不周，終致隕斃。老子有云：「治大國者猶烹小鮮。」況於區區蕞爾，而可屢擾乎哉？〔二〕

〔一〕臣松之以爲蔣、費爲相，克遵畫一，未嘗徇功妄動，有所虧喪，外御駱谷之師，內保寧緝之實，治小之宜，居靜之理，何以過於此哉！今譏其未盡而不著其事，故使覽者不知所謂也。

〔二〕干寶曰：姜維爲蜀相，國亡主辱弗之死，而死於鍾會之亂，惜哉！非死之難，處死之難也。是以古之烈士，見危授命，投節如歸，非不愛死也，固知命之不長而懼不得其所也。

三國志卷四十五　蜀書十五

鄧張宗楊傳第十五

鄧芝字伯苗，義陽新野人，漢司徒禹之後也。漢末入蜀，未見知待。時益州從事張裕善相，芝往從之，裕謂芝曰：「君年過七十，位至大將軍，封侯。」芝聞巴西太守龐羲好士，往依焉。先主定益州，芝爲郫邸閣督。先主出至郫，與語，大奇之，擢爲郫令，遷廣漢太守。所在清嚴有治績，入爲尚書。

先主薨於永安。先是，吳王孫權請和，先主累遣宋瑋、費禕等與相報答。丞相諸葛亮深慮權聞先主殂隕，恐有異計，未知所如。芝見亮曰：「今主上幼弱，初在位，宜遣大使重申吳好。」亮答之曰：「吾思之久矣，未得其人耳，今日始得之。」芝問其人爲誰？亮曰：「卽使君也。」乃遣芝脩好於權。權果狐疑，不時見芝，芝乃自表請見權曰：「臣今來亦欲爲吳，非但爲蜀也。」權乃見之，語芝曰：「孤誠願與蜀和親，然恐蜀主幼弱，國小勢偪，爲魏所乘，不自保全，以此猶豫耳。」芝對曰：「吳、蜀二國四州之地，大王命世之英，諸葛亮亦一時之傑也。蜀有重險之固，吳有三江之阻，合此二長，共爲脣齒，進可并兼天下，退可鼎足而立，此理之自然也。大王今若委質於魏，魏必上望大王之入朝，下求太子之內侍，若不從命，則奉辭伐叛，蜀必順流見可而進，如此，江南之地非復大王之有也。」權默然良久曰：「君言是也。」遂自絕魏，與蜀連和，遣張溫報聘於蜀。蜀復令芝重往，權謂芝曰：「若天下太平，二主分治，不亦樂乎！」芝對曰：「夫天無二日，土無二王，如并魏之後，大王未深識天命者也，君各茂其德，臣各盡其忠，將提枹鼓，則戰爭方始耳。」權大笑曰：「君之誠款，乃當爾邪！」權與亮書曰：「丁厷掞張，〔一〕陰化不盡；和合二國，唯有鄧芝。」及亮北住漢中，以芝爲中監軍、揚武將軍。亮卒，遷前軍師前將軍，領兗州刺史，封陽武亭侯，頃之爲督江州。權數與芝相聞，饋遺優渥。延熙大年，就遷爲車騎將軍，後假節。十一年，涪陵國人殺都尉反叛，芝率軍征討，卽梟其渠帥，百姓安堵。〔二〕十四年卒。

〔一〕掞音夷念反，或作豔。臣松之案漢書禮樂志曰「長離前掞光耀明」。左思蜀都賦「摛藻掞天庭」。孫權蓋謂丁厷之言多浮豔也。

〔二〕華陽國志曰：芝征涪陵，見玄猿緣山。芝性好弩，手自射猿，中之。猿拔其箭，卷木葉塞其創。芝曰：「嘻，吾違物之性，其將死矣！」一曰：芝見猿抱子在樹上，引弩射之，中猿母，其子爲拔箭，以木葉塞創。芝乃歎息，投弩水中，自知當死。

芝爲(大)將軍二十餘年，賞罰明斷，善卹卒伍。身之衣食資仰於官，不苟素儉，然終不治私產，妻子不免飢寒，死之日家無餘財。性剛簡，不飾意氣，不得士類之和。於時人少所敬貴，唯器異姜維云。子良，襲爵，景耀中爲尚書左選郎，晉朝廣漢太守。

張翼字伯恭，犍爲武陽人也。高祖父司空浩，曾祖父廣陵太守綱，皆有名迹。〔一〕先主定益州，領牧，翼爲書佐。建安末，舉孝廉，爲江陽長，徙涪陵令，遷梓潼太守，累遷至廣漢、蜀郡太守。建興九年，爲庲降都督、綏南中郎將。翼性持法嚴，不得殊俗之歡心。耆率劉胄背叛作亂，翼舉兵討胄。胄未破，會被徵當還，羣下咸以爲宜便馳騎即罪，翼曰：「不然。吾以蠻夷蠢動，不稱職故還耳，然代人未至，吾方臨戰場，當運糧積穀，爲滅賊之資，豈可以黜退之故而廢公家之務乎？」於是統攝不懈，代到乃發。馬忠因其成基以破殄胄，丞相亮聞而善之。亮出武功，以翼爲前軍都督，領扶風太守。亮卒，拜前領軍，追論討劉胄功，賜爵關內侯。延熙元年，入爲尚書，稍遷督建威，假節，進封都亭侯，征西大將軍。

〔一〕益部耆舊傳曰：浩字叔明，治律、春秋，游學京師，與廣漢鐔粲、漢中李郃、蜀郡張霸共結爲友善。大將軍鄧騭辟浩，稍遷尚書僕射，出爲彭城相，薦隱士閭丘邈等，徵拜廷尉。延光三年，安帝議廢太子，唯浩與太常桓焉、太僕來歷議以爲不可。順帝初立，拜浩司空，年八十三卒。

續漢書曰：綱字文紀，少以三公子經明行脩舉孝廉，不就司徒辟，以高第爲侍御史。漢安元年，拜光祿大夫，與侍中杜喬等八人同日受詔，持節分出，案行天下貪廉，墨綬有罪便收，刺史二千石以驛表聞，威惠清忠，名振郡國，號曰八儁。是時，大將軍梁冀侵擾百姓，喬等七人皆奉命四出，唯綱獨埋車輪於洛陽都亭不去，曰：「豺狼當路，安問狐狸？」遂上書曰：「大將軍梁冀、河南尹不疑，蒙外戚之援，荷國厚恩，以芻蕘之姿，安居阿保，不能敷揚五教，翼贊日月，而專爲封豕長蛇，肆其貪饕，甘心好貨，縱恣無厭，多樹諂諛以害忠良，誠天威所不赦，大辟所宜加也。謹條其無君之心十五事於左，皆忠臣之所切齒也。」書奏御，京師震悚。時冀妹爲皇后，內寵方盛，冀兄弟權重於人主，順帝雖知綱言不誣，然無心治冀。冀深恨綱。會廣陵賊張嬰等衆數萬人殺刺史二千石，冀欲陷綱，乃諷尚書以綱爲廣陵太守；若不爲嬰所殺，則欲以法中之。前太守往，輒多請兵，及綱受拜，詔問當得兵馬幾何，綱對曰無用兵馬，遂單車之官，徑詣嬰壘門，示以禍福。嬰大驚懼，走欲閉門。綱又於門外罷遣吏兵，留所親者十餘人，以書語其長老素爲嬰所信者，請與相見，問以本變，因示以詔恩，使還請嬰。嬰見綱意誠，卽出見綱。綱延置上坐，問其疾苦，禮畢，乃謂之曰：「前後二千石，多非其人，杜塞國恩，肆其私求。鄉郡遠，天子不能朝夕聞也，故民人相聚以避害。二千石信有罪矣；爲之者乃非義也。忠臣不欺君以自榮，孝子不損父以求福，天子聖(人)〔仁〕，欲文德以來之，故使太守來，思以爵祿相榮，不願以刑也。今誠轉禍爲福之時也；若聞義不服，天子赫然發怒，大兵雲合，豈不危乎！宜深計其利害。」嬰聞，泣曰：「荒裔愚人，數爲二千石所侵枉，不堪其困，故遂相聚偷生。明府仁及草木，乃嬰等更生之澤，但恐投兵之日，不免孥戮耳。」綱曰：「豈其然乎！要之以天地，誓之以日月，方當相顯以爵位，何禍之有乎？」嬰曰：「苟赦其罪，得全首領以就農畝，則抱戴沒齒，爵祿非所望也。」嬰雖爲大賊，起於狂暴，自以爲必死，及得綱言，曠然開明，乃辭還營。明日，遂將所部萬餘人，與妻子面縛詣綱降。綱悉釋縛慰納，謂嬰曰：「卿諸人一旦解散，方垂盪然，當條名上之，必受封賞。」嬰曰：「乞歸故業，不願以穢名汙明時也。」綱以其至誠，乃各從其意，親爲安處居宅。子弟欲爲吏者，隨才任職，欲爲民者，勸以農桑，田業並豐，南州晏然。論功，綱當封，爲翼所遏絕，故不得侯。天子美其功，徵欲用之。嬰等上書，乞留在郡二歲。建康元年，病卒官，時年三十六。嬰等三百餘人，皆衰杖送綱喪至洛陽，葬訖，爲起冢立祠，四時奉祭，思慕如喪考妣。天子追念不已，下詔褒揚，除一子爲郎。

十八年，與衞將軍姜維俱還成都。維議復出軍，唯翼廷爭，以爲國小民勞，不宜黷武。維不聽，將翼等行，進翼位鎮南大將軍。維至狄道，大破魏雍州刺史王經，經衆死於洮水者以萬計。翼曰：「可止矣，不宜復進，進或毀此大功。」維大怒。曰：「爲蛇畫足。」維竟圍經於狄道，城不能克。自翼建異論，維心與翼不善，然常率卒同行，翼亦不得已而往。景耀二年，遷左車騎將軍，領冀州刺史。六年，與維咸在劍閣，共詣降鍾會于涪。明年正月，隨會至成都，爲亂兵所殺。〔一〕

〔一〕華陽國志曰：翼子微，篤志好學，官至廣漢太守。

宗預字德豔，南陽安衆人也。建安中，隨張飛入蜀。建興初，丞相亮以爲主簿，遷參軍右中郎將。及亮卒，吳慮魏或承衰取蜀，增巴丘守兵萬人，一欲以爲救援，二欲以事分割也。蜀聞之，亦益永安之守，以防非常。預將命使吳，孫權問預曰：「東之與西，譬猶一家，而聞西更增白帝之守，何也？」預對曰：「臣以爲東益巴丘之戍，西增白帝之守，皆事勢宜然，俱不足以相問也。」權大笑，嘉其抗直，甚愛待之，見敬亞於鄧芝、費禕。遷爲侍中，徙尚書。延熙十年，爲屯騎校尉。時車騎將軍鄧芝自江州還，來朝，謂預曰：「禮，六十不服戎，而卿甫受兵，何也？」預答曰：「卿七十不還兵，我六十何爲不受邪？」〔一〕芝性驕傲，自大將軍費禕等皆避下之，而預獨不爲屈。預復東聘吳，孫權捉預手，涕泣而別曰：「君每銜命結二國之好。今君年長，孤亦衰老，恐不復相見！」遺預大珠一斛，〔二〕乃還。遷後將軍，督永安，就拜征西大將軍，賜爵關內侯。景耀元年，以疾徵還成都。後爲鎮軍大將軍，領兗州刺史。時都護諸葛瞻初統朝事，廖化過預，欲與預共詣瞻許。預曰：「吾等年踰七十，所竊已過，但少一死耳，何求於年少輩而屑屑造門邪？」遂不往。

〔一〕臣松之以爲芝以年嘲預，是不自顧。然預之此答，觸人所忌。載之記牒，近爲煩文。

〔二〕吳歷曰：預臨別，謂孫權曰：「蜀土僻小，雖云鄰國，東西相賴，吳不可無蜀，蜀不可無吳，君臣憑恃，唯陛下重垂神慮。」又自說「年老多病，恐不復得奉聖顏」。

孫盛曰：夫帝王之保，唯道與義，道義既建，雖小可大，殷、周是也。苟任詐力，雖彊必敗，秦、項是也。況乎居偏鄙之城，恃山水之固，而欲連橫萬里，永相資賴哉？昔九國建合從之計，而秦人卒併六合；囂、述營輔車之謀，而光武終兼隴、蜀。夫以九國之彊，隴、漢之大，莫能相救，坐觀屠覆。何者？道德之基不固，而彊弱之心難一故也。而云「吳不可無蜀，蜀不可無吳」，豈不諂哉！

廖化字元儉，本名淳，襄陽人也。爲前將軍關羽主簿，羽敗，屬吳。思歸先主，乃詐死，時人謂爲信然，因攜持老母晝夜西行。會先主東征，遇於秭歸。先主大悅，以化爲宜都太守。先主薨，爲丞相參軍，後爲督廣武，稍遷至右車騎將軍，假節，領并州刺史，封中鄉侯，以果烈稱。官位與張翼齊，而在宗預之右。〔一〕

〔一〕漢晉春秋曰：景耀五年，姜維率衆出狄道，廖化曰：「『兵不戢，必自焚』，伯約之謂也。智不出敵，而力少於寇，用之無厭，何以能立？詩云『不自我先，不自我後』，今日之事也。」

咸熙元年春，化、預俱內徙洛陽，道病卒。

楊戲字文然，犍爲武陽人也。少與巴西程祁公弘、巴郡楊汰季儒、蜀郡張表伯達並知名。戲每推祁以爲冠首，丞相亮深識之。戲年二十餘，從州書佐爲督軍從事，職典刑獄，論法決疑，號爲平當，府辟爲屬主簿。亮卒，爲尚書右選部郎，刺史蔣琬請爲治中從事史。琬以大將軍開府，又辟爲東曹掾，遷南中郎參軍，副貳庲降都督，領建寧太守。以疾徵還成都，拜護軍監軍，出領梓潼太守，入爲射聲校尉，所在清約不煩。延熙二十年，隨大將軍姜維出軍至芒水。戲素心不服維，酒後言笑，每有傲弄之辭。維外寬內忌，意不能堪，軍還，有司承旨奏戲，免爲庶人。後景耀四年卒。

戲性雖簡惰省略，未嘗以甘言加人，過情接物。書符指事，希有盈紙。然篤於舊故，居誠存厚。與巴西韓儼、黎韜童幼相親厚，後儼痼疾廢頓，韜無行見捐，戲經紀振卹，恩好如初。又時人謂譙周無當世才，少歸敬者，唯戲重之，嘗稱曰：「吾等後世，終自不如此長兒也。」有識以此貴戲。

張表有威儀風觀，始名位與戲齊，後至尚書，督庲降後將軍，先戲沒。祁、汏各早死。〔一〕

〔一〕戲同縣後進有李密者，字令伯。華陽國志曰：密祖父光，朱提太守。父早亡。母何氏，更適人。密見養於祖母。治春秋左氏傳，博覽多所通涉，機警辯捷。事祖母以孝聞，其侍疾則泣涕側息，日夜不解帶，膳飲湯藥，必自口嘗。本郡禮命不應，州辟從事尚書郎，大將軍主簿，太子洗馬，奉使聘吳。吳主問蜀馬多少，對曰：「官用有餘，人間自足。」吳主與羣臣汎論道義，謂寧爲人弟，密曰：「願爲人兄矣。」吳主曰：「何以爲兄？」密曰：「爲兄供養之日長。」吳主及羣臣皆稱善。蜀平後，征西將軍鄧艾聞其名，請爲主簿，及書招，欲與相見，皆不往。以祖母年老，心在色養。晉武帝立太子，徵爲太子洗馬，詔書累下，郡縣偪遣，於是密上書曰：「臣以險釁，夙遭閔凶，生孩六月，慈父見背，行年四歲，舅奪母志。祖母劉，愍臣孤弱，躬見撫養。臣少多疾病，九歲不行，零丁孤苦，至於成立。既無伯叔，終鮮兄弟，門衰祚薄，晚有兒息。外無朞功彊近之親，內無應門五尺之童，煢煢孑立，形影相弔。而劉早嬰疾病，常在牀蓐，臣侍湯藥，未曾廢離。逮奉聖朝，沐浴清化，前太守臣逵察臣孝廉，後刺史臣榮舉臣秀才，臣以供養無主，辭不赴命。詔書特下，拜臣郎中，尋蒙國恩，除臣洗馬，猥以微賤，當侍東宮，非臣隕首所能上報。臣具表聞，辭不就職。詔書切峻，責臣逋慢，郡縣偪迫，催臣上道，州司臨門，急於星火。臣欲奉詔奔馳，則劉病日篤，苟順私情，則告訴不許，臣之進退，實爲狼狽。伏惟聖朝以孝治天下，凡在故老，猶蒙矜愍，況臣孤苦，特爲尤甚。且臣少仕僞朝，歷職郎署，本圖宦達，不矜名節。今臣亡國賤俘，至微至陋，猥蒙拔擢，寵命優渥，豈敢盤桓，有所希冀？但以劉日薄西山，氣息奄奄，人命危淺，朝不慮夕。臣無祖母，無以至今日，祖母無臣，亦無以終餘年，母孫二人，更相爲命，是以區區不敢廢遠。臣今年四十有四，祖母劉今年九十有六，是臣盡節於陛下之日長，報養劉之日短也。烏鳥私情，願乞終養。臣之辛苦，非徒蜀之人士及二州牧伯所見明知，皇天后土，實所共鑒。願陛下矜愍愚誠，聽臣微志，庶劉僥倖，保卒餘年。臣生當隕首，死當結草，臣不勝犬馬怖懼之情！」武帝覽表曰：「密不空有名也。」嘉其誠款，賜奴婢二人，下郡縣供養其祖母奉膳。及祖母卒，服終，從尚書郎爲河內溫縣令，政化嚴明。中山諸王每過溫縣，必責求供給，溫吏民患之。及密至，中山王過縣，欲求芻茭薪蒸，密牋引高祖過沛，賓禮老幼，桑梓之供，一無煩擾，「伏惟明王孝思惟則，動識先戒，本國望風，式歌且舞，誅求之碎，所未聞命。」自後諸王過，不敢有煩。隴西王司馬子舒深敬友密，而貴勢之家憚其公直。密去官，爲州大中正，性方直，不曲意勢位。後失荀勖、張華指，左遷漢中太守，諸王多以爲冤。一年去官，年六十四卒。著述理論十篇，安東將軍胡熊與皇甫士安並善之。

戲以延熙四年著季漢輔臣贊，其所頌述，今多載于蜀書，是以記之於左。自此之後卒者，則不追諡，故或有應見稱紀而不在乎篇者也。其戲之所贊而今不作傳者，余皆注疏本末於其辭下，可以粗知其髣髴云爾。

昔文王歌德，武王歌興，夫命世之主，樹身行道，非唯一時，亦由開基植緒，光于來世者也。自我中漢之末，王綱棄柄，雄豪並起，役殷難結，生人塗地。於是世主感而慮之，初自燕、代則仁聲洽著，行自齊、魯則英風播流，寄業荆、郢則臣主歸心，顧援吳、越則賢愚賴風，奮威巴、蜀則萬里肅震，厲師庸、漢則元寇斂迹，故能承高祖之始兆，復皇漢之宗祀也。然而姦凶懟險，天征未加，猶孟津之翔師，復須戰於鳴條也。天祿有終，奄忽不豫。雖攝歸一統，萬國合從者，當時儁乂扶攜翼戴，明德之所懷致也，蓋濟濟有可觀焉。遂乃並述休風，動于後聽。其辭曰：

皇帝遺植，爰滋八方，別自中山，靈精是鍾，順期挺生，傑起龍驤。始于燕、代，伯豫君荆，吳、越憑賴，望風請盟，挾巴跨蜀，庸漢以幷。乾坤復秩，宗祀惟寧，躡基履迹，播德芳聲。華夏思美，西伯其音，開慶來世，歷載攸興。

贊昭烈皇帝

忠武英高，獻策江濱，攀吳連蜀，權我世眞。受遺阿衡，整武齊文，敷陳德教，理物移風，賢愚競心，僉忘其身。誕靜邦內，四裔以綏，屢臨敵庭，實耀其威，研精大國，恨於未夷。

贊諸葛丞相

司徒清風，是咨是臧，識愛人倫，孔音鏘鏘。

贊許司徒

關、張赳赳，出身匡世，扶翼攜上，雄壯虎烈。藩屏左右，翻飛電發，濟于艱難，贊主洪

業，侔迹韓、耿，齊聲雙德。交待無禮，並致姦慝，悼惟輕慮，隕身匡國。　贊關雲長、張益德

驃騎奮起，連橫合從，首事三秦，保據河、潼。宗計於朝，或異或同，敵以乘釁，家破軍亡，乖道反德。託鳳攀龍。　贊馬孟起

翼侯良謀，料世興衰，委質于主，是訓是諮，暫思經算，覩事知機。　贊法孝直

軍師美至，雅氣曄曄，致命明主，忠情發臆，惟此義宗，亡身報德。　贊龐士元

將軍敦壯，摧鋒登難，立功立事，于時之幹。　贊黃漢升

掌軍清節，亢然恆常，讜言惟司，民思其綱。　贊董幼宰

安遠彊志，允休允烈，輕財果壯，當難不惑，以少禦多，殊方保業。　贊鄧孔山

孔山名方，南郡人也。以荊州從事隨先主入蜀。蜀既定，爲犍爲屬國都尉，因易郡名，爲朱提太守，選爲安遠將軍，庲降都督，住南昌縣。章武二年卒。失其行事，故不爲傳。

揚威才幹，欷歔文武，當官理任，衎衎辯舉，圖殖財施，有義有敍。　贊費賓伯

賓伯名觀，江夏鄳人也。劉璋母，觀之族姑，璋又以女妻觀。觀建安十八年參李嚴軍，拒先主於緜竹，與嚴俱降。先主既定益州，拜爲裨將軍，後爲巴郡太守、江州

都督，建興元年封都亭侯，加振威將軍。觀爲人善於交接。都護李嚴性自矜高，護軍輔匡等年位與嚴相次，而嚴不與親褻；觀年少嚴二十餘歲，而與嚴通狎如時輩云。年三十七卒。失其行事，故不爲傳。

贊王文儀

屯騎主舊，固節不移，旣就初命，盡心世規，軍資所恃，是辨是裨。

贊劉子初

尙書淸尙，勑行整身，抗志存義，味覽典文，倚其高風，好侔古人。

贊欒子仲

安漢雍容，或婚或賓，見禮當時，是謂循臣。

贊王元泰、何彥英、杜輔國、周仲直

少府修愼，鴻臚明眞，諫議隱行，儒林天文，宣班大化，或首或林。

王元泰名謀，漢嘉人也。有容止操行。劉璋時，爲巴郡太守，還爲州治中從事。先主定益州，領牧，以爲別駕。先主爲漢中王，用荆楚宿士零陵賴恭爲太常，南陽黃柱爲光祿勳，謀爲少府；建興初，賜爵關內侯，後代賴恭爲太常；恭、柱、謀皆失其行事，故不爲傳。恭子厷，爲丞相西曹令史，隨諸葛亮於漢中，早夭，亮甚惜之，與留府長史參軍張裔、蔣琬書曰：「令史失賴厷，掾屬喪楊顒，爲朝中損益多矣。」顒亦荆州人也。後大將軍蔣琬問張休曰：「漢嘉前輩有王元泰，今誰繼者？」休對曰：「至於元泰，州里無繼，況鄙郡乎！」其見重如此。〔一〕

〔一〕襄陽記曰：楊顒字子昭，楊儀宗人也。入蜀，爲巴郡太守，丞相諸葛亮主簿。亮嘗自校簿書，顒直入諫曰：「爲治有體，上下不可相侵，請爲明公以作家譬之。今有人使奴執耕稼，婢典炊爨，雞主司晨，犬主吠盜，牛負重載，馬涉遠路，私業無曠，所求皆足，雍容高枕，飲食而已，忽一旦盡欲以身親其役，不復付任，勞其體力，爲此碎務，形疲神困，終無一成。豈其智之不如奴婢雞狗哉？失爲家主之法也。是故古人稱坐而論道謂之三公，作而行之謂之士大夫。故邴吉不問橫道死人而憂牛喘，陳平不肯知錢穀之數，云自有主者，彼誠達於位分之體也。今明公爲治，乃躬自校簿書，流汗竟日，不亦勞乎！」亮謝之。後爲東曹屬典選舉。顒死，亮垂泣三日。

何彥英名宗，蜀郡郫人也。事廣漢任安學，精究安術，與杜瓊同師而名問過之。劉璋時，爲犍爲太守。先主定益州，領牧，辟爲從事祭酒。後援引圖、讖，勸先主卽尊號。踐阼之後，遷爲大鴻臚。建興中卒。失其行事，故不爲傳。子雙，字漢偶。滑稽談笑，有淳于髡、東方朔之風。爲雙柏長。早卒。

車騎高劭，惟其泛愛，以弱制彊，不陷危墜。贊吳子遠

子遠名壹，陳留人也。隨劉焉入蜀。劉璋時，爲中郎將，將兵拒先主於涪，詣降。先主定益州，以壹爲護軍討逆將軍，納壹妹爲夫人。章武元年，爲關中都督。建興八年，與魏延入南安界，破魏將費瑤，徙亭侯，進封高陽鄉侯，遷左將軍。十二年，丞相亮卒，以壹督漢中，車騎將軍，假節，領雍州刺史，進封濟陽侯。十五年卒。失其行事，

故不爲傳。壹族弟班，字元雄，大將軍何進官屬吳匡之子也。以豪俠稱，官位常與壹相亞。先主時，爲領軍。後主世，稍遷至驃騎將軍，假節，封緜竹侯。

贊李德昂

安漢宰南，奮擊舊鄉，翦除蕪穢，惟刑以張，廣遷蠻、濮，國用用彊。

贊張君嗣

輔漢惟聰，既機且惠，因言遠思，切問近對，贊時休美，和我業世。

鎭北敏思，籌畫有方，導師禳穢，遂事成章。偏任東隅，末命不祥，哀悲本志，放流殊疆。

贊黃公衡

越騎惟忠，厲志自祗，職于內外，念公忘私。

贊楊季休

征南厚重，征西忠克，統時選士，猛將之烈。

贊趙子龍、陳叔至

叔至名到，汝南人也。自豫州隨先主，名位常亞趙雲，俱以忠勇稱。建興初，官至永安都督、征西將軍，封亭侯。

鎭南粗強，監軍尚篤，並豫戎任，任自封裔。

贊輔元弼、劉南和

輔元弼名匡，襄陽人也。隨先主入蜀。益州既定，爲巴郡太守。建興中，徙鎭南，爲右將軍，封中鄉侯。

劉南和名邕，義陽人也。隨先主入蜀。益州既定，爲江陽太守。建興中，稍遷至監軍後將軍，賜爵關內侯，卒。子式嗣。少子武，有文，與樊建齊名，官亦至尚書。

司農性才，敷述允章，藻麗辭理，斐斐有光。　贊秦子勑

正方受遺，豫聞後綱，不陳不僉，造此異端，斥逐當時，任業以喪。　贊李正方

文長剛粗，臨難受命，折衝外禦，鎮保國境。不協不和，忘節言亂，疾終惜始，實惟厥性。　贊魏文長

威公狷狹，取異衆人；閑則及理，逼則傷侵，舍順入凶，大易之云。　贊楊威公

季常良實，文經勤類，士元言規，處仁聞計，孔休、文祥，或才或臧，播播述志，楚之蘭芳。　贊馬季常、衞文經、韓士元、張處仁、殷孔休、習文祥

文經、士元，皆失其名實、行事、郡縣。　處仁本名存，南陽人也。以荊州從事隨先主入蜀，南次至雒，以爲廣漢太守。存素不服龐統，統中矢卒，先主發言嘉歎，存曰：「統雖盡忠可惜，然違大雅之義。」先主怒曰：「統殺身成仁，更爲非也？」免存官。頃之，病卒。　失其行事，故不爲傳。

孔休名觀，爲荊州主簿別駕從事，見先主傳。　失其郡縣。　文祥名禎，襄陽人也。隨先主入蜀，歷雒、郫令，(南)廣漢太守。　失其行事。　子忠，官至尚書郎。〔一〕

〔一〕襄陽記曰：習禎有風流，善談論，名亞龐統，而在馬良之右。子忠，亦有名。忠子隆，爲步兵校尉，掌校祕書。

國山休風，永南耽思；盛衡、承伯，言藏言時；孫德果銳，偉南篤常；德緒、義彊，志壯

氣剛。濟濟脩志，蜀之芬香。　贊王國山、李永南、馬盛衡、馬承伯、李孫德、李偉南、龔德緒、王義彊

國山名甫，廣漢郪人也。好人流言議。劉璋時，爲州書佐。先主定蜀後，爲縣竹令，還爲荆州議曹從事。隨先主征吳，軍敗於秭歸，遇害。子祐，有父風，官至尚書右選郎。

永南名邵，廣漢郪人也。先主定蜀後，爲州書佐部從事。建興元年，丞相亮辟爲西曹掾。亮南征，留邵爲治中從事，是歲卒。〔一〕

〔一〕華陽國志曰：邵兄邈，字漢南，劉璋時爲牛鞞長。先主領牧，爲從事，正旦命行酒，得進見，讓先主曰：「振威以將軍宗室肺腑，委以討賊，元功未效，先寇而滅；邈以將軍之取鄙州，甚爲不宜也。」先主曰：「知其不宜，何以不助之？」邈曰：「匪不敢也，力不足耳。」有司將殺之，諸葛亮爲請，得免。久之，爲犍爲太守、丞相參軍、安漢將軍。建興六年，亮西征，馬謖在前敗績，亮將殺之，邈諫以「秦赦孟明，用伯西戎，楚誅子玉，二世不競」，失亮意，還蜀。十二年，亮卒，後主素服發哀三日，邈上疏曰：「呂祿、霍、禹未必懷反叛之心，孝宣不好爲殺臣之君，直以臣懼其偪，主畏其威，故姦萌生。亮身杖彊兵，狼顧虎視，五大不在邊，臣常危之。今亮殞沒，蓋宗族得全，西戎靜息，大小爲慶。」後主怒，下獄誅之。

盛衡名勳，承伯名齊，皆巴西閬中人也。勳，劉璋時爲州書佐，先主定蜀，辟爲

左將軍屬，後轉州別駕從事，卒。齊爲太守張飛功曹。飛貢之先主，爲尙書郎。建興中，從事丞相掾，遷廣漢太守，復爲（飛）參軍。亮卒，爲尙書。勳、齊皆以才幹自顯見；歸信於州黨，不如姚伷。伷字子緒，亦閬中人。先主定益州後，爲功曹書佐。建興元年，爲廣漢太守。丞相亮北駐漢中，辟爲掾。並進文武之士，亮稱曰：「忠益者莫大於進人，進人者各務其所尙；今姚掾並存剛柔，以廣文武之用，可謂博雅矣，願諸掾各希此事，以屬其望。」遷爲參軍。亮卒，稍遷爲尙書僕射。時人服其貞誠篤粹。延熙五年卒，在作贊之後。

孫德名福，梓潼涪人也。先主定益州後，爲書佐、西充國長、成都令。建興元年，徙巴西太守，爲江州督、揚威將軍，入爲尙書僕射，封平陽亭侯。延熙初，大將軍蔣琬出征漢中，福以前監軍領司馬，卒。〔一〕

〔一〕益部耆舊雜記曰：諸葛亮於武功病篤，後主遣福省侍，遂因諮以國家大計。福往具宣聖旨，聽亮所言，至別去數日，忽馳思未盡其意，遂卻騎馳還見亮。亮語福曰：「孤知君還意。近日言語，雖彌日有所不盡，更來一決耳。君所問者，公琰其宜也。」福謝「前實失不諮請公。如公百年後，誰可任大事者？故輒還耳。乞復請，蔣琬之後，誰可任者？」亮曰：「文偉可以繼之。」又復問其次，亮不答。福還，奉使稱旨。福爲人精識果銳，敏於從政。子驤，字叔龍，亦有名，官至尙書郎、廣漢太守。

偉南名朝，永南兄。郡功曹，舉孝廉，臨邛令，入爲别駕從事。隨先主東征吳，章武二年卒於永安。〔一〕

〔一〕益部耆舊雜記曰：朝又有一弟，早亡，各有才望，時人號之李氏三龍。華陽國志曰：羣下上先主爲漢中王，其文，朝所造也。臣松之案耆舊所記，以朝、邵及早亡者爲三龍。邈之狂直，不得在此數。

德緒名祿，巴西安漢人也。先主定益州，爲郡從事牙門將。建興三年，爲越嶲太守，隨丞相亮南征，爲蠻夷所害，時年三十一。弟衡，景耀中爲領軍。義彊名士，廣漢郪人，國山從兄也。從先主入蜀後，舉孝廉，爲符節長，遷牙門將，出爲宕渠太守，徙在犍爲。會丞相亮南征，轉爲益州太守，將南行，爲蠻夷所害。贊馮休元、張文進

休元輕寇，損時致害，文進奮身，同此顚沛，患生一人，至於弘大。

休元名習，南郡人。隨先主入蜀。先主東征吳，習爲領軍，統諸軍，大敗於猇亭。

文進名南，亦自荆州隨先主入蜀，領兵從先主征吳，與習俱死。時又有義陽傅肜，先主退軍，斷後拒戰，兵人死盡，吳將語肜令降，肜罵曰：「吳狗！何有漢將軍降

者！」遂戰死。拜子僉爲左中郎，後爲關中都督，景耀六年，又臨危授命。論者嘉其父子奕世忠義。〔一〕

〔一〕蜀記載晉武帝詔曰：「蜀將軍傅僉，前在關城，身拒官軍，致死不顧。僉父肜，復爲劉備戰亡。天下之善一也，豈由彼此以爲異？」僉息著募，後沒入奚官，免爲庶人。

江陽剛烈，立節明君，兵合遇寇，不屈其身，單夫隻役，隕命於軍。——贊程季然

季然名畿，巴西閬中人也。劉璋時爲漢昌長。縣有賨人，種類剛猛，昔高祖以定關中。巴西太守龐羲以天下擾亂，郡宜有武衞，頗招合部曲。有讒於璋，說羲欲叛者，璋陰疑之。羲聞，甚懼，將謀自守，遣畿子郁宣旨，索兵自助。畿報曰：「郡合部曲，本不爲叛，雖有交搆，要在盡誠；若必以懼，遂懷異志，非畿之所聞。」并敕郁曰：「我受州恩，當爲州牧盡節。汝爲郡吏，當爲太守效力，不得以吾故有異志也。」羲使人告畿曰：「爾子在郡，不從太守，家將及禍！」畿曰：「昔樂羊爲將，飲子之羹，非父子無恩，大義然也。今雖復羹子，吾必飲之。」羲知畿必不爲己，厚陳謝於璋以致無咎。璋聞之，遷畿江陽太守。先主領益州牧，辟爲從事祭酒。後隨先主征吳，遇大軍敗績，泝江而還，或告之曰：「後追已至，解船輕去，乃可以免。」畿曰：「吾在軍，未曾爲敵走，況從天子而見危哉！」追人遂及畿船，畿身執戟戰，敵船有覆者。衆大至，共

擊之，乃死。

公弘後生，卓爾奇精，夭命二十，悼恨未呈。贊程公弘

公弘，名祁，季然之子也。

古之奔臣，禮有來偪，怨興司官，不顧大德。靡有匡救，倍成奔北，自絕于人，作笑二國。

贊麋芳、士仁、郝普、潘濬

麋芳字子方，東海人也，爲南郡太守。士仁字君義，廣陽人也，爲將軍，住公安，統屬關羽；與羽有隙，叛迎孫權。郝普字子太，義陽人。先主自荊州入蜀，以普爲零陵太守。爲吳將呂蒙所譎，開城詣蒙。潘濬字承明，武陵人也。先主入蜀，以爲荊州治中，典留州事，亦與關羽不穆。孫權襲羽，遂入吳。普至廷尉，濬至太常，封侯。〔一〕

〔一〕益部耆舊雜記載王嗣、常播、衞繼三人，皆劉氏王蜀時人，故錄于篇。

王嗣字承宗，犍爲資中人也。其先，延熙世以功德顯著。舉孝廉，稍遷西安圍督、汶山太守，加安遠將軍。綏集羌、胡，咸悉歸服，諸種素桀惡者皆來首降，嗣待以恩信，時北境得以寧靜。大將軍姜維每出北征，羌、胡出馬牛羊氈毦及義穀裨軍糧，國賴其資。遷鎭軍，故領郡。後從維北征，爲流矢所傷，數月卒。戎夷會葬，贈送數千人，號呼涕泣。嗣爲人美厚篤至，衆所愛信。嗣子及孫，羌、胡見之如骨肉，或結兄弟，恩至於此。

常播字文平，蜀郡江原人也。播仕縣主簿功曹。縣長廣都朱游，建興十五年中被上官誣劾，以逋沒官穀，當論重罪。播詣獄訟爭，身受數千杖，肌膚刻爛，毒痛慘至，更歷三獄，幽閉二年有餘。每將考掠，吏先驗問，播不答，

言「但急行罰，無所多問」！辭終不撓，事遂分明。長免刑戮。時唯主簿楊玩亦證明其事，與播辭同。衆咸嘉播忘身爲君，節義抗烈。舉孝廉，除鄭長，年五十餘卒。書於舊德傳，後縣令潁川趙敦圖其像，贊頌之。

衞繼字子業，漢嘉嚴道人也。兄弟五人。繼父爲縣功曹。繼爲兒時，與兄弟隨父游戲庭寺中，縣長蜀郡成都張君無子，數命功曹呼其子省弄，甚憐愛之。張因言宴之間，語功曹欲乞繼，功曹卽許之，遂養爲子。繼敏達夙成，學識通博，進仕州郡，歷職清顯。而其餘兄弟四人，各無堪當世者，父恆言已之將衰，張明府將盛也。時法禁以異姓爲後，故復爲衞氏。屢遷拜奉車都尉、大尙書，忠篤信厚，爲衆所敬。鍾會之亂，遇害成都。

評曰：鄧芝堅貞簡亮，臨官忘家，張翼亢姜維之銳，宗預禦孫權之嚴，咸有可稱。楊戲商略，意在不羣，然智度有短，殆罹世難云。

三國志卷四十六　吳書一

孫破虜討逆傳第一

孫堅字文臺，吳郡富春人，蓋孫武之後也。〔一〕少爲縣吏。年十七，與父共載船至錢唐，會海賊胡玉等從匏里上掠取賈人財物，方於岸上分之，行旅皆住，船不敢進。堅謂父曰：「此賊可擊，請討之。」父曰：「非爾所圖也。」堅行操刀上岸，以手東西指麾，若分部人兵以羅遮賊狀。賊望見，以爲官兵捕之，即委財物散走。堅追，斬得一級以還；父大驚。由是顯聞，府召署假尉。會稽妖賊許昌起於句章，自稱陽明皇帝，〔二〕與其子韶扇動諸縣，衆以萬數。堅以郡司馬募召精勇，得千餘人，與州郡合討破之。是歲，熹平元年也。刺史臧旻列上功狀，詔書除堅鹽瀆丞，數歲徙盱眙丞，又徙下邳丞。〔三〕

〔一〕吳書曰：堅世仕吳，家於富春，葬於城東。冢上數有光怪，雲氣五色，上屬于天，曼延數里。衆皆往觀視。父老相謂曰：「是非凡氣，孫氏其興矣！」及母懷妊堅，夢腸出繞吳昌門，寤而懼之，以告鄰母。鄰母曰：「安知非吉徵也。」堅生，容貌不凡，性闊達，好奇節。

〔二〕靈帝紀曰：昌以其父爲越王也。

〔三〕江表傳曰：堅歷佐三縣，所在有稱，吏民親附。鄉里知舊，好事少年，往來者常數百人，堅接撫待養，有若子弟焉。

中平元年，黃巾賊帥張角起于魏郡，託有神靈，遣八使以善道教化天下，而潛相連結，自稱黃天泰平。三月甲子，三十六(萬)〔方〕一旦俱發，天下響應，燔燒郡縣，殺害長吏。〔一〕漢遣車騎將軍皇甫嵩、中郎將朱儁將兵討擊之。儁表請堅爲佐軍司馬，鄉里少年隨在下邳者皆願從。堅又募諸商旅及淮、泗精兵，合千許人，與儁幷力奮擊，所向無前。〔二〕汝、潁賊困迫，走保宛城。堅身當一面，登城先入，衆乃蟻附，遂大破之。儁具以狀聞上，拜堅別部司馬。〔三〕

〔一〕獻帝春秋曰：角稱天公將軍，角弟寶稱地公將軍，寶弟梁稱人公將軍。

〔二〕吳書曰：堅乘勝深入，於西華失利。堅被創墮馬，臥草中。軍衆分散，不知堅所在。堅所騎驄馬馳還營，踣地呼鳴，將士隨馬於草中得堅。堅還營十數日，創少愈，乃復出戰。

〔三〕續漢書曰：儁字公偉，會稽人，少好學，爲郡功曹，察孝廉，舉進士。漢朝以討黃巾功拜車騎將軍，累遷河南尹。董卓見儁，外甚親納，而心忌之，儁亦陰備焉。關東兵起，卓議移都，儁輒止卓。卓雖憚儁，然貪其名重，乃表拜太僕以自副。儁被召不肯受拜，因進曰：「國不宜遷，必孤天下望，成山東之結，臣不見其可也。」有司詰曰：「召君受拜而君拒之，不問徙事而君陳之，何也？」儁曰：「副相國，非臣所堪也。遷都非計，臣之所急也。辭所不堪，進臣所急，臣之所宜也。」有司曰：「遷都之事，初無此計也，就有，未露，何所受聞？」儁曰：「相國董卓爲臣說之，臣聞之於相國。」有司不能屈，朝廷稱服焉。後爲太尉。李傕、郭汜相攻，劫質天子公卿，儁性剛，即發病而卒。

邊章、韓遂作亂涼州，中郎將董卓拒討無功。中平三年，遣司空張溫行車騎將軍，西討章等。溫表請堅與參軍事，屯長安。溫以詔書召卓，卓良久乃詣溫。溫責讓卓，卓應對不順。堅時在坐，前耳語謂溫曰：「卓不怖罪而鴟張大語，宜以召不時至，陳軍法斬之。」溫曰：「卓素著威名於隴蜀之閒，今日殺之，西行無依。」堅曰：「明公親率王兵，威震天下，何賴於卓？觀卓所言，不假明公，輕上無禮，一罪也。章、遂跋扈經年，當以時進討，而卓云未可，沮軍疑衆，二罪也。卓受任無功，應召稽留，而軒昂自高，三罪也。古之名將，仗鉞臨衆，未有不斷斬以示威者也，是以穰苴斬莊賈，魏絳戮楊干。今明公垂意於卓，不即加誅，虧損威刑，於是在矣。」溫不忍發舉，乃曰：「君且還，卓將疑人。」堅因起出。章、遂聞大兵向至，黨衆離散，皆乞降。軍還，議者以軍未臨敵，不斷功賞，然聞堅數卓三罪，勸溫斬之，無不歎息。拜堅議郎。時長沙賊區星自稱將軍，衆萬餘人，攻圍城邑，乃以堅爲長沙太守。到郡親率將士，施設方略，旬月之閒，克破星等。〔一〕周朝、郭石亦帥徒衆起於零、桂，與星相應。遂越境尋討，三郡肅然。漢朝錄前後功，封堅烏程侯。〔二〕

〔一〕魏書曰：堅到郡，郡中震服，任用良吏。敕吏曰：「謹遇良善，治官曹文書，必循治，以盜賊付太守。」

〔一〕吳錄曰：是時廬江太守陸康從子作宜春長，爲賊所攻，遣使求救於堅。堅整嚴救之。主簿進諫，堅答曰：「太守無文德，以征伐爲功，越界攻討，以全異國。以此獲罪，何媿海內乎？」乃進兵往救，賊聞而走。

靈帝崩，卓擅朝政，橫恣京城。諸州郡並興義兵，欲以討卓。〔一〕堅亦舉兵。荊州刺史王叡素遇堅無禮，堅過殺之。〔二〕比至南陽，衆數萬人。南陽太守張咨聞軍至，晏然自若。〔三〕堅以牛酒禮咨，咨明日亦答詣堅。酒酣，長沙主簿入白堅：「前移南陽，而道路不治，軍資不具，請收主簿推問意故。」咨大懼欲去，兵陳四周不得出。有頃，主簿復入白堅：「南陽太守稽停義兵，使賊不時討，請收出案軍法從事。」便牽咨於軍門斬之。郡中震慄，無求不獲。〔四〕前到魯陽，與袁術相見。術表堅行破虜將軍，領豫州刺史。遂治兵於魯陽城。當進軍討卓，遣長史公仇稱將兵從事還州督促軍糧。施帳幔於城東門外，祖道送稱，官屬並會。卓遣步騎數萬人逆堅，輕騎數十先到。堅方行酒談笑，敕部曲整頓行陳，無得妄動。後騎漸益，堅徐罷坐，導引入城，乃謂左右曰：「向堅所以不卽起者，恐兵相蹈藉，諸君不得入耳。」卓兵見堅士衆甚整，不敢攻城，乃引還。〔五〕堅移屯梁東，大爲卓軍所攻，堅與數十騎潰圍而出。堅常著赤罽幘，乃脫幘令親近將祖茂著之。卓騎爭逐茂，故堅從閒道得免。茂困迫，下馬，以幘冠冢閒燒柱，因伏草中。卓騎望見，圍繞數重，定近覺是柱，乃去。堅復相收兵，合戰於陽人，大破卓軍，梟其都督華雄等。是時，或閒堅於術，術懷疑，不運軍糧。〔六〕

陽人去魯陽百餘里，堅夜馳見術，畫地計校，曰：「所以出身不顧，上爲國家討賊，下慰將軍家門之私讎。堅與卓非有骨肉之怨也，而將軍受譖潤之言，還相嫌疑！」〔七〕術踧踖，卽調發軍糧。堅還屯。卓憚堅猛壯，乃遣將軍李傕等來求和親，令堅列疏子弟任刺史、郡守者，許表用之。堅曰：「卓逆天無道，蕩覆王室，今不夷汝三族，縣示四海，則吾死不瞑目，豈將與乃和親邪？」復進軍大谷，拒雒九十里。〔八〕卓尋徙都西入關，焚燒雒邑。堅乃前入至雒，脩諸陵，平塞卓所發掘。〔九〕訖，引軍還，住魯陽。〔一〇〕

〔一〕江表傳曰：堅聞之，拊膺歎曰：「張公昔從吾言，朝廷今無此難也。」

〔二〕案王氏譜，叡字通耀，晉太保祥伯父也。

吳錄曰：叡先與堅共擊零、桂賊，以堅武官，言頗輕之。及叡舉兵欲討卓，素與武陵太守曹寅不相能，揚言當先殺寅。寅懼，詐作案行使者光祿大夫溫毅檄，移堅，說叡罪過，令收行刑訖，以狀上。堅卽承檄勒兵襲叡。叡聞兵至，登樓望之，遣問欲何爲，堅前部答曰：「兵久戰勞苦，所得賞，不足以爲衣服，詣使君更乞資直耳。」叡曰：「刺史豈有所吝？」便開庫藏，使自入視之，知有所遺不。兵進及樓下，叡見堅，驚曰：「兵自求賞，孫府君何以在其中？」堅曰：「被使者檄誅君。」叡曰：「我何罪？」堅曰：「坐無所知。」叡窮迫，刮金飲之而死。

〔三〕英雄記曰：咨字子議，潁川人，亦知名。

獻帝春秋曰：袁術表堅假中郎將。堅到南陽，移檄太守請軍糧。咨以問綱紀，綱紀曰：「堅鄰郡二千石，不應調發。」咨遂不與。

〔四〕吳歷曰：初堅至南陽，咨既不給軍糧，又不肯見堅。堅欲進兵，恐有後患，乃詐得急疾，舉軍震惶，迎呼巫醫，禱祀山川。遣所親人說咨，言病困，欲以兵付咨。咨聞之，心利其兵，卽將步騎五六百人詣營省堅。堅臥與相見。無何，卒然而起，按劍罵咨，遂執斬之。此語與本傳不同。

〔五〕英雄記曰：初堅討董卓，到梁縣之陽人。卓亦遣兵步騎五千迎之，陳郡太守胡軫爲大督護，呂布爲騎督，其餘步騎將校都督者甚衆。軫字文才，性急，預宣言曰：「今此行也，要當斬一青綬，乃整齊耳。」諸將聞而惡之。軍到廣成，去陽人城數十里。日暮，士馬疲極，當止宿，又本受卓節度宿廣成，秣馬飲食，以夜進兵，投曉攻城。諸將惡憚軫，欲賊敗其事，布等宣言「陽人城中賊已走，當追尋之；不然失之矣」，便夜進軍。城中守備甚設，不可掩襲。於是吏士飢渴，人馬甚疲，且夜至，又無壍壘。釋甲休息，而布又宣言相驚，云「城中賊出來」。軍衆擾亂奔走，皆棄甲，失鞍馬。行十餘里，定無賊，會天明，便還，拾取兵器，欲進攻城。城守已固，穿壍已深，軫等不能攻而還。

〔六〕江表傳曰：或謂術曰「堅若得洛，不可復制，此爲除狼而得虎也」，故術疑之。

〔七〕江表傳載堅語曰：「大勳垂捷而軍糧不繼，此吳起所以歎泣於西河，樂毅所以遺恨於垂成也。願將軍深思之。」

〔八〕山陽公載記曰：卓謂長史劉艾曰：「關東軍敗數矣，皆畏孤，無能爲也。惟孫堅小戇，頗能用人，當語諸將，使知忌之。孤昔與周慎西征，慎圍邊、韓於金城。孤語張溫，求引所將兵爲慎作後駐。溫不聽。孤時上言其形勢，知慎必不克。臺今有本末，事未報，溫又使孤討先零叛羌，以爲西方可一時蕩定。孤皆知其不然而不得止，遂行，留別部司馬劉靖將步騎四千屯安定，以爲聲勢。叛羌便還，欲截歸道，孤小擊輒開，畏安定有兵故也。虜謂安定當數萬人，不知但靖也。時又上章言狀，而孫堅隨周慎行，謂慎求將萬兵造金城，使慎以二萬作後駐，邊、韓城中無宿穀，當於外運，畏憚大兵，不敢輕與堅戰，而堅兵足以斷其運道，兒曹用必還羌谷中，涼州或能定也。溫既不能用孤，憚又不用堅，自攻金城，壞其外垣，馳使語溫，自以克在旦夕。溫時亦自以計中也，而渡遼兒果斷（蔡園）〔葵園〕，憚棄輜重走，果如孤策。臺以此封孤都鄉侯，堅以佐軍司馬，所見與人同，自爲可耳。」艾曰：「堅雖時見計，故自不如李傕、郭汜。聞在美陽亭北，將千騎步與虜合，殆死，亡失印綬，此不爲能也。」卓曰：「堅時烏合義從，兵不如虜精，且戰有利鈍。但當論山東大勢，終無所至耳。」艾曰：「山東兒驅略百姓，以作寇逆，其鋒不如人。堅甲利兵彊弩之用又不如人，亦安得久？」卓曰：「然，但殺二袁、劉表、孫堅，天下自服從孤耳。」

〔九〕江表傳曰：舊京空虛，數百里中無煙火。堅前入城，惆悵流涕。

吳書曰：堅入洛，掃除漢宗廟，祠以太牢。堅軍城南甄官井上，旦有五色氣，舉軍驚怪，莫有敢汲。堅令人入井，探得漢傳國璽，文曰「受命于天，既壽永昌」，方圜四寸，上紐交五龍，上一角缺。初，黃門張讓等作亂，劫天子出奔，左右分散，掌璽者以投井中。

山陽公載記曰：袁術將僭號，聞堅得傳國璽，乃拘堅夫人而奪之。

江表傳曰：案漢獻帝起居注云「天子從河上還，得六璽於閣上」，又太康之初孫晧送金璽六枚，無有玉，明其僞也。

虞喜志林曰：天子六璽者，文曰「皇帝之璽」、「皇帝行璽」、「皇帝信璽」、「天子之璽」、「天子行璽」、「天子信璽」。此六璽所封事異，故文字不同。獻帝起居注云「從河上還，得六玉璽於閣上」，此之謂也。傳國璽者，乃漢高祖所佩秦皇帝璽，世世傳受，號曰傳國璽。案傳國璽不在六璽之數，安得總其說乎？應氏漢官、皇甫世紀，其論六璽，文義皆符。漢宮傳國璽，文曰「受命于天，既壽且康」。「且康」「永昌」，二字爲錯，未知兩家何者爲得。金玉之精，率有光氣，加以神器祕寶，輝耀益彰，蓋一代之奇觀，將來之異聞，而以不解之故，强謂之僞，不亦誣乎！陳壽爲破虜傳亦除此說，俱惑起居注，不知六璽殊名，與傳國爲七者也。吳時無能刻玉，故天子以金爲璽。璽雖以金，於文不異。吳降而送璽者送天子六璽，曩所得玉璽，乃古人遺印，不可施用。天子之璽，今以無有爲難，不通其義者耳。

臣松之以爲孫堅於興義之中最有忠烈之稱，若得漢神器而潛匿不言，此爲陰懷異志，豈所謂忠臣者乎？吳史欲以爲國華，而不知損堅之令德。如其果然，以傳子孫，縱非六璽之數，要非常人所畜，孫皓之降，亦不得但送六璽，而寶藏傳國也。受命于天，奚取於歸命之堂，若如喜言，則此璽今尙在孫門。匹夫懷璧，猶曰有罪，而況斯物哉！

〔一〇〕吳錄曰：是時關東州郡，務相兼并以自彊大。袁紹遣會稽周喁爲豫州刺史，來襲取州。堅慨然歎曰：「同舉義兵，將救社稷。逆賊垂破而各若此，吾當誰與戮力乎！」言發涕下。喁字仁明，周昕之弟也。

會稽典錄曰：初曹公興義兵，遣人要喁，喁即收合兵衆，得二千人，從公征伐，以爲軍師。後與堅爭豫州，屢戰失利。會次兄九江太守昂爲袁術所攻，喁往助之。軍敗，還鄉里，爲許貢所害。

初平三年，術使堅征荆州，擊劉表。表遣黃祖逆於樊、鄧之間。堅擊破之，追渡漢水，遂圍襄陽，單馬行峴山，爲祖軍士所射殺。〔一一〕兄子賁，帥將士衆就術，術復表賁爲豫州刺史。

〔一一〕典略曰：堅悉其衆攻表，表閉門，夜遣將黃祖潛出發兵。祖將兵欲還，堅逆與戰。祖敗走，竄峴山中。堅乘勝夜追祖，祖部兵從竹木間暗射堅，殺之。

吳錄曰：堅時年三十七。

英雄記曰：堅以初平四年正月七日死。

又云：劉表將呂公將兵緣山向堅，堅輕騎尋山討公。公兵下石，中堅頭，應時腦出物故。其不同如此也。

堅四子：策、權、翊、匡。權既稱尊號，謚堅曰武烈皇帝〔一〕。

〔一〕吳錄曰：尊堅廟曰始祖，墓曰高陵。

志林曰：堅有五子：策、權、翊、匡，吳氏所生；少子朗，庶生也，一名仁。

策字伯符。堅初興義兵，策將母徙居舒，與周瑜相友，收合士大夫，江、淮間人咸向之。〔一〕堅薨，還葬曲阿。已乃渡江居江都。〔二〕

〔一〕江表傳曰：堅爲朱儁所表，爲佐軍，留家著壽春。策年十餘歲，已交結知名，聲譽發聞。有周瑜者，與策同年，亦英達夙成，聞策聲聞，自舒來造焉。便推結分好，義同斷金，勸策徙居舒，策從之。

〔二〕魏書曰：策當嗣侯，讓與弟匡。

徐州牧陶謙深忌策。策舅吳景，時爲丹楊太守，策乃載母徙曲阿，與呂範、孫河俱就景，因緣召募得數百人。興平元年，從袁術。術甚奇之，以堅部曲還策。〔一〕太傅馬日磾杖節安集關東，在壽春以禮辟策，表拜懷義校尉，術大將喬蕤、張勳皆傾心敬焉。術常歎曰：

「使術有子如孫郎，死復何恨！」策騎士有罪，逃入術營，隱於內廄。策指使人就斬之，訖，詣術謝。術曰：「兵人好叛，當共疾之，何爲謝也？」由是軍中益畏憚之。術初許策爲九江太守，已而更用丹楊陳紀。後術欲攻徐州，從廬江太守陸康求米三萬斛。康不與，術大怒。策昔曾詣康，康不見，使主簿接之。策嘗銜恨。術遣策攻康，謂曰：「前錯用陳紀，每恨本意不遂。今若得康，廬江眞卿有也。」策攻康，拔之，術復用其故吏劉勳爲太守，策益失望。先是，劉繇爲揚州刺史，州舊治壽春。壽春，術已據之，繇乃渡江治曲阿。時吳景尚在丹楊，策從兄賁又爲丹楊都尉，繇至，皆迫逐之。景、賁退舍歷陽。繇遣樊能、于麋（陳）〔東〕（橫屯江津）〔屯橫江津〕，張英屯當利口，以距術。術自用故吏琅邪惠衢爲揚州刺史，更以景爲督軍中郎將，與賁共將兵擊英等，連年不克。策乃說術，乞助景等平定江東。〔二〕術表策爲折衝校尉，行殄寇將軍，兵財千餘，騎數十匹，賓客願從者數百人。比至歷陽，衆五六千。策母先自曲阿徙於歷陽，策又徙母阜陵，渡江轉鬬，所向皆破，莫敢當其鋒，而軍令整肅，百姓懷之。〔三〕

〔一〕吳歷曰：初策在江都時，張紘有母喪。策數詣紘，咨以世務，曰：「方今漢祚中微，天下擾攘，英雄儁傑各擁衆營私，未有能扶危濟亂者也。先君與袁氏共破董卓，功業未遂，卒爲黃祖所害。策雖暗稚，竊有微志，欲從袁揚州求先君餘兵，就舅氏於丹楊，收合流散，東據吳會，報讎雪恥，爲朝廷外藩。君以爲何如？」紘答曰：「既素空劣，方居衰絰之中，無以奉贊盛略。」策曰：「君高名播越，遠近懷歸。今日事計，決之於君，何得不紆慮啓告，副其高山之望？若微志得展，血讎得報，此乃君之勳力，策心所望也。」因涕泣橫流，顏色不變。紘見策忠壯內發，辭令慷慨，感其志言，乃答曰：「昔周道陵遲，齊、晉並興；王室已寧，諸侯貢職。今君紹先侯之軌，有驍武之名，若投丹楊，收兵吳會，則荊、揚可一，讎敵可報。據長江，奮威德，誅除羣穢，匡輔漢室，功業侔於桓、文，豈徒外藩而已哉？方今世亂多難，若功成事立，當與同好俱南濟也。」策曰：「一與君同符合契，(同)有永固之分，今便行矣，以老母弱弟委付於君，策無復回顧之憂。」

江表傳曰：策徑到壽春見袁術，涕泣而言曰：「亡父昔從長沙入討董卓，與明使君會於南陽，同盟結好；不幸遇難，勳業不終。策感惟先人舊恩，欲自憑結，願明使君垂察其誠。」術甚貴異之，然未肯還其父兵。術謂策曰：「孤始用貴舅爲丹楊太守，賢從伯陽爲都尉，彼精兵之地，可還依召募。」策遂詣丹楊依舅，得數百人，而爲涇縣大帥祖郎所襲，幾至危殆。於是復往見術，術以堅餘兵千餘人還策。

〔二〕江表傳曰：策說術云：「家有舊恩在東，願助舅討橫江；橫江拔，因投本土召募，可得三萬兵，以佐明使君匡濟漢室。」術知其恨，而以劉繇據曲阿，王朗在會稽，謂策未必能定，故許之。

〔三〕江表傳曰：策渡江攻繇牛渚營，盡得邸閣糧穀、戰具，是歲興平二年也。時彭城相薛禮、下邳相笮融依繇爲盟主，禮據秣陵城，融屯縣南。策先攻融，融出兵交戰，斬首五百餘級，融即閉門不敢動。因渡江攻禮，禮突走，而樊能、于麋等復合衆襲奪牛渚屯。策聞之，還攻破能等，獲男女萬餘人。復下攻融，爲流矢所中，傷股，不能乘馬，因自輿還牛渚營。或叛告融曰：「孫郎被箭已死。」融大喜，即遣將于茲鄉策。策遣步騎數百挑戰，設伏於後，賊出擊之，鋒刃未接而僞走，賊追入伏中，乃大破之，斬首千餘級。策因往到融營下，令左右大呼曰：「孫郎竟云何！」賊於是驚怖夜遁。融聞策尚在，更深溝高壘，繕治守備。策以融所屯地勢險固，乃舍去，攻破繇別將於海陵，轉攻湖孰、江乘，皆下之。

策爲人，美姿顏，好笑語，性闊達聽受，善於用人，是以士民見者，莫不盡心，樂爲致死。劉繇棄軍遁逃，諸郡守皆捐城郭奔走。〔一〕吳人嚴白虎等衆各萬餘人，處處屯聚。吳景等欲先擊破虎等，乃至會稽。策曰：「虎等羣盜，非有大志，此成禽耳。」遂引兵渡浙江，據會稽，屠東冶，乃攻破虎等。〔二〕盡更置長吏，策自領會稽太守，復以吳景爲丹楊太守，以孫賁爲豫章太守；分豫章爲廬陵郡，以賁弟輔爲廬陵太守，丹楊朱治爲吳郡太守。彭城張昭、廣陵張紘、秦松、陳端等爲謀主。〔三〕時袁術僭號，策以書責而絕之。〔四〕曹公表策爲討逆將軍，封爲吳侯。〔五〕後術死，長史楊弘、大將張勳等將其衆欲就策，廬江太守劉勳要擊，悉虜之，收其珍寶以歸。策聞之，僞與勳好盟。勳新得術衆，時豫章上繚宗民萬餘家在江東，策勸勳攻取之。勳既行，策輕軍晨夜襲拔廬江，勳衆盡降，勳獨與麾下數百人自歸曹公。〔六〕是時袁紹方彊，而策并江東，曹公力未能逞，且欲撫之。〔七〕乃以弟女配策小弟匡，又爲子章取賁女，皆禮辟策弟權、翊，又命揚州刺史嚴象舉權茂才。

〔一〕江表傳曰：策時年少，雖有位號，而士民皆呼爲孫郎。百姓聞孫郎至，皆失魂魄；長吏委城郭，竄伏山草。及至，軍士奉令，不敢虜略，雞犬菜茹，一無所犯，民乃大悅，競以牛酒詣軍。劉繇既走，策入曲阿勞賜將士，遣將陳寶詣阜陵迎母及弟。發恩布令，告諸縣：「其劉繇、笮融等故鄉部曲來降首者，一無所問；樂從軍者，一身行，復除門戶；不樂者，勿強也。」旬日之間，四面雲集，得見兵二萬餘人，馬千餘匹，威震江東，形勢轉盛。

〔二〕吳錄曰：時有烏程鄒他、錢銅及前合浦太守嘉興王晟等，各聚衆萬餘或數千。引兵撲討，皆攻破之。策母吳氏曰：「晟與汝父有升堂見妻之分，今其諸子兄弟皆已梟夷，獨餘一老翁，何足復憚乎？」乃舍之，餘咸族誅。策自討虎，虎高壘堅守，使其弟輿請和。許之。輿請獨與策會面約。既會，策引白刃斫席，輿體動，策笑曰：「聞卿能坐躍，勦捷不常，聊戲卿耳！」輿曰：「我見刃乃然。」策知其無能也，乃以手戟投之，立死。輿有勇力，虎衆以其死也，甚懼。進攻破之。虎奔餘杭，投許昭於虜中。程普請擊昭，策曰：「許昭有義於舊君，有誠於故友，此丈夫之志也。」乃舍之。

臣松之案：許昭有義於舊君，謂濟盛憲也，事見後注。有誠於故友，則受嚴白虎也。

〔三〕江表傳曰：策遣奉正都尉劉由、五官掾高承奉章詣許，拜獻方物。

〔四〕吳錄載策使張紘爲書曰：「蓋上天垂司過之星，聖王建敢諫之鼓，設非謬之備，急箴闕之言，何哉？凡有所長，必有所短也。去冬傳有大計，無不悚懼；旋知供備貢獻，萬夫解惑。頃聞建議，復欲追遵前圖，即事之期，便有定月。益使憮然，想是流妄；設其必爾，民何望乎？曩日之舉義兵也，天下之士所以響應者，董卓擅廢置，害太后、弘農王，略烝宮人，發掘園陵，暴逆至此，故諸州郡雄豪聞聲慕義。神武外振，卓遂內殲。元惡既斃，幼主東顧，俾保傅宣命，欲令諸軍振旅，(於)〔然〕河北通謀黑山，曹操放毒東徐，劉表稱亂南荊，公孫瓚炰烋北幽，劉繇決力江滸，劉備爭盟淮隅，是以未獲承命櫜弓戢戈也。今備、繇既破，操等飢餒，謂當與天下合謀，以誅醜類。捨而不圖，有自取之志，非海內所望，一也。昔成湯伐桀，稱有夏多罪；武王伐紂，曰殷有罪罰重哉。此二王者，雖有聖德，宜當君世；如使不遭其時，亦無繇興矣。幼主非有惡於天下，徒以春秋尚少，脅於彊臣，若無過而奪之，懼未合於湯、武之事，二也。卓雖狂狡，至廢主自與，亦猶未也，而天下聞其桀虐，攘臂同心而疾之，以中土希戰之兵，當邊地勁悍之虜，所以斯須游魂也。今四方之人，皆玩敵而便戰鬭矣，可得而勝者，以彼亂而我治，彼逆而我順也。見當世之紛，若欲大舉以臨之，適足趣禍，三也。天下神器，不可虛干，必須天贊與人力也。殷湯有白鳩之祥，周武有赤烏之瑞，漢高有星聚之符，世祖有神光之徵，皆因民困悴於桀、紂之政，毒苦於秦、莽之役，故能芟去無道，致成其志。今天下非患於幼主，未見受命之應驗，而欲一旦卒然登即尊號，未之或有，四也。天子之貴，四海之富，誰不欲焉？義不可，勢不得耳。陳勝、項籍、王莽、公孫述之徒，皆南面稱孤，莫之能濟。帝王之位，不可橫冀，五也。幼主岐嶷，若除其偪，去其鯁，必成中興之業。夫致主於周成之盛，自受旦、奭之美，此誠所望於尊明也。縱使幼主有他改異，猶望推宗室之譜屬，論近親之賢良，以紹劉統，以固漢宗。皆所以書功金石，圖形丹青，流慶無窮，垂聲管絃。捨而不爲，爲其難者，想明明之素，必所不忍，六也。五世爲相，權之重，勢之盛，天下莫得而比焉。忠貞者必曰宜夙夜思惟，所以扶國家之躓頓，念社稷之危殆，以奉祖考之志，以報漢室之恩。其忽履道之節而强進取之欲者，將曰天下之人非家吏則門生也，孰不從我？四方之敵非吾匹則吾役也，誰能違我？盍乘累世之勢，起而取之哉？二者殊數，不可不詳察，七也。所貴於聖哲者，以其審於機宜，愼於舉措。若難圖之事，難保之勢，以激羣敵之氣，以生衆人之心，公義故不可，私計又不利，明哲不處，八也。世人多惑於圖緯而牽非類，比合文字以悅所事，苟以阿上惑衆，終有後悔者，自往迄今，未嘗無之，不可不深擇而熟思，九也。九者，尊明所見之餘耳，庶備起予，補所遺忘。忠言逆耳，幸留神聽！」典略云張昭之辭。臣松之以爲張昭雖名重，然不如紘之文也，此書必紘所作。

〔五〕江表傳曰：建安二年夏，漢朝遣議郎王誧奉戊辰詔書曰：「董卓逆亂，凶國害民。先將軍堅念在平討，雅意未遂，厥美著聞。策遵善道，求福不回。今以策爲騎都尉，襲爵烏程侯，領會稽太守。」又詔敕曰：「故左將軍袁術不顧朝恩，坐創凶逆，造合虛僞，欲因兵亂詭詐百姓，〔始〕聞其言以爲不然。定得使持節平東將軍領徐州牧溫侯布上術所造惑衆妖妄，知術鴟梟之性，遂其無道，修治王宮，署置公卿，郊天祀地，殘民害物，爲禍深酷。布前後上策乃心本朝，欲還討術，爲國效節，乞加顯異。夫懸賞俟功，惟勤是與，故便寵授承襲前邑，重以大郡，榮耀兼至，是策輸力竭命之秋也。其亟與布及行吳郡太守安東將軍陳瑀戮力一心，同時赴討。」策自以統領兵馬，但以騎都尉領郡爲輕，欲得將軍號，（及）〔乃〕使人諷誧，誧便承制假策明漢將軍。是時，陳瑀屯海西，策奉詔治嚴，當與布、瑀參同形勢。行到錢塘，瑀陰圖襲策，遣都尉萬演等密渡江，使持印傳三十餘紐與賊丹楊、宣城、涇、陵陽、始安、黟、歙諸險縣大帥祖郎、焦已及吳郡烏程嚴白虎等，使爲內應，伺策軍發，欲攻取諸郡。策覺之，遣呂範、徐逸攻瑀於海西，大破瑀，獲其吏士妻子四千人。

山陽公載記曰：瑀單騎走冀州，自歸袁紹，紹以爲故安都尉。

吳錄載策上表謝曰：「臣以固陋，孤持邊陲。陛下廣播高澤，不遺細節，以臣襲爵，兼典名郡。仰榮顧寵，所不克堪。興平二年十二月二十日，於吳郡曲阿得袁術所呈表，以臣行殄寇將軍；至被詔書，乃知詐擅。雖輒捐廢，猶用悚悸。臣年十七，喪失所怙，懼有不任堂構之鄙，以忝析薪之戒，誠無去病十八建功，世祖列將弱冠佐命。臣初領兵，年未弱冠，雖駑懦不武，然思竭微命。惟術狂惑，爲惡深重。臣憑威靈，奉辭罰罪，庶必獻捷，以報所授。」

臣松之案：本傳云孫堅以初平三年卒，策以建安五年卒，策死時年二十六，計堅之亡，策應十八，而此表云十七，則爲不符。張璠漢紀及吳歷並以堅初平二年死，此爲是而本傳誤也。

江表傳曰：建安三年，策又遣使貢方物，倍於元年所獻。其年，制書轉拜討逆將軍，改封吳侯。

〔六〕江表傳曰：策被詔敕，與司空曹公、衞將軍董承、益州牧劉璋等并力討袁術、劉表。軍嚴當進，會術死，術從弟胤、女壻黃猗等畏懼曹公，不敢守壽春，乃共舁術棺柩，扶其妻子及部曲男女，就劉勳於皖城。勳糧食少，無以相振，乃遣從弟偕告糴於豫章太守華歆。歆郡素少穀，遣吏將偕就海昏上繚，使諸宗帥共出三萬斛米以與偕。偕往歷月，纔得數千斛。偕乃報勳，具說形狀，使勳來襲取之。勳得偕書，使潛軍到海昏邑下。宗帥知之，空壁逃匿，勳了無所得。時策西討黃祖，行及石城，聞勳輕身詣海昏，便分遣從兄賁、輔率八千人於彭澤待勳，自與周瑜率二萬人步襲皖城，即克之，得術百工及鼓吹部曲三萬餘人，并術、勳妻子。表用汝南李術爲廬江太守，給兵三千人以守皖，皆徙所得人東詣吳。賁、輔又於彭澤破勳。勳走入楚江，從尋陽步上到置馬亭，聞策等已克皖，乃投西塞。至沂，築壘自守，告急於劉表，求救於黃祖。祖遣太子射船軍五千人助勳。策復就攻，大破勳。勳與偕北歸曹公，射亦遁走。策收得勳兵二千餘人，船千艘，遂前進夏口攻黃祖。時劉表遣從子虎、南陽韓晞將長矛五千，來爲黃祖前鋒。策與戰，大破之。

吳錄載策表曰：「臣討黃祖，以十二月八日到祖所屯沙羡縣。劉表遣將助祖，並來趣臣。臣以十一日平旦部所領江夏太守行建威中郎將周瑜、領桂陽太守行征虜中郎將呂範、領零陵太守行蕩寇中郎將程普、行奉業校尉孫權、行先登校尉韓當、行武鋒校尉黃蓋等同時俱進。身跨馬櫟陳，手擊急鼓，以齊戰勢。吏士奮激，踴躍百倍，心精意果，各競用命。越渡重塹，迅疾若飛。火放上風，兵激煙下，弓弩並發，流矢雨集，日加辰時，祖乃潰爛。鋒刃所截，猋火所焚，前無生寇，惟祖迸走。獲其妻息男女七人，斬虎、（狼）韓晞已下二萬餘級。其赴水溺者一萬餘口，船六千餘艘，財物山積。雖表未禽，祖宿狡猾，爲表腹心，出作爪牙。表之鴟張，以祖氣息。而祖家屬部曲，掃地無餘。表孤特之虜，成鬼行尸。誠皆聖朝神武遠振，臣討有罪，得效微勤。」

〔七〕吳歷曰：曹公聞策平定江南，意甚難之，常呼「猘兒難與爭鋒也」。

建安五年，曹公與袁紹相拒於官渡，策陰欲襲許，迎漢帝，〔一〕密治兵，部署諸將。未發，會爲故吳郡太守許貢客所殺。先是，策殺貢，貢小子與客亡匿江邊。策單騎出，卒與客遇，客擊傷策。〔二〕創甚，請張昭等謂曰：「中國方亂，夫以吳、越之衆，三江之固，足以觀成敗。公等善相吾弟！」呼權佩以印綬，謂曰：「舉江東之衆，決機於兩陳之間，與天下爭衡，卿不如我；舉賢任能，各盡其心，以保江東，我不如卿。」至夜卒，時年二十六。〔三〕

〔一〕吳錄曰：時有高岱者，隱於餘姚，策命出使會稽丞陸昭逆之，策虛己候焉。聞其善左傳，乃自玩讀，欲與論講。或謂之曰：「高岱以將軍但英武而已，無文學之才，若與論傳而或云不知者，則某言符矣。」又謂岱曰：「孫將軍爲人，惡勝己者，若每問，當言不知，乃合意耳。如皆辨義，此必危殆。」岱以爲然，及與論傳，或答不知。策果怒，以爲輕己，乃囚之。知交及時人皆露坐爲請。策登樓，望見數里中塡滿。策惡其收衆心，遂殺之。岱字孔文，吳郡人也，受性聰達，輕財貴義。其友士拔奇，取於未顯，所友八人，皆世之英偉也。太守盛憲以爲上計，舉孝廉。許貢來領郡，岱將憲避難於許昭家，求救於陶謙。謙未卽救，岱憔悴泣血，水漿不入口。謙感其忠壯，有申包胥之義，許爲出軍，以書與貢。岱得謙書以還，而貢已囚其母。吳人大小皆爲危竦，以貢宿忿，往必見害。岱言在君則爲君，且母在牢獄，期於當往，若得入見，事自當解。遂通書自白，貢卽與相見。才辭敏捷，好自陳謝。貢登時出其母。岱將見貢，語友人張允、沈暚令豫具船，以貢必悔，當追逐之。出便將母乘船易道而逃。貢須臾遣人追之，令追者若及於船，江上便殺之，已過則止。使與佁錯道，遂免。被誅時，年三十餘。

江表傳曰：時有道士琅邪于吉，先寓居東方，往來吳會，立精舍，燒香讀道書，制作符水以治病，吳會人多事之。策嘗於郡城門樓上，集會諸將賓客，吉乃盛服杖小函，漆畫之，名爲仙人鏵，趨度門下。諸將賓客三分之二下樓迎拜之，掌賓者禁呵不能止。策卽令收之。諸事之者，悉使婦女入見策母，請救之。母謂策曰：「于先生亦助軍作福，醫護將士，不可殺之。」策曰：「此子妖妄，能幻惑衆心，遠使諸將不復相顧君臣之禮，盡委策下樓拜之，不可不除也。」諸將復連名通白事陳乞之，策曰：「昔南陽張津爲交州刺史，舍前聖典訓，廢漢家法律，嘗著絳帕頭，鼓琴燒香，讀邪俗道書，云以助化，卒爲南夷所殺。此甚無益，諸君但未悟耳。今此子已在鬼籙，勿復費紙筆也。」卽催斬之，縣首於市。諸事之者，尙不謂其死而云尸解焉，復祭祀求福。

志林曰：初順帝時，琅邪宮崇詣闕上師于吉所得神書於曲陽泉水上，白素朱界，號太平青領道，凡百餘卷。順帝至建安中，五六十歲，于吉是時近已百年，年在耄悼，禮不加刑。又天子巡狩，問百年者，就而見之，敬齒以親愛，聖王之至敎也。吉罪不及死，而暴加酷刑，是乃謬誅，非所以爲美也。喜推考桓王之薨，建安五年四月四日。是時曹、袁相攻，未有勝負。案夏侯元讓與石威則書，袁紹破後也。書云：「授孫賁以長沙，業張津以零、桂。」此爲桓王於前亡，張津於後死，不得相讓，譬言津之死意矣。

臣松之案：太康八年，廣州大中正王範上交廣二州春秋。建安六年，張津猶爲交州牧。江表傳之虛如志林所云。

搜神記曰：策欲渡江襲許，與吉俱行。時大旱，所在熇厲。策催諸將士使速引船，或身自早出督切，見將吏多在吉許，策因此激怒，言：「我爲不如于吉邪，而先趨務之？」便使收吉。至，呵問之曰：「天旱不雨，道塗艱澀，不時得過，故自早出，而卿不同憂戚，安坐船中作鬼物態，敗吾部伍，今當相除。」令人縛置地上暴之，使請雨，若能感天日中雨者，當原赦，不爾行誅。俄而雲氣上蒸，膚寸而合，比至日中，大雨總至，溪澗盈溢。將士喜悅，以爲吉必見原，並往慶慰。策遂殺之。將士哀惜，共藏其尸。天夜，忽更興雲覆之；明旦往視，不知所在。

案江表傳、搜神記于吉事不同，未詳孰是。

〔二〕江表傳曰：廣陵太守陳登治射陽，登即瑀之從兄子也。策前西征，登陰復遣間使，以印綬與嚴白虎餘黨，圖爲後害，以報瑀見破之辱。策歸，復討登。軍到丹徒，須待運糧。策性好獵，將步騎數出。策驅馳逐鹿，所乘馬精駿，從騎絕不能及。初，吳郡太守許貢上表於漢帝曰：「孫策驍雄，與項籍相似，宜加貴寵，召還京邑。若被詔不得不還，若放於外必作世患。」策候吏得貢表，以示策。策請貢相見，以責讓貢。貢辭無表，策即令武士絞殺之。貢奴客潛民間，欲爲貢報讎。獵日，卒有三人即貢客也。策問：「爾等何人？」答云：「是韓當兵，在此射鹿耳。」策曰：「當兵吾皆識之，未嘗見汝等。」因射一人，應弦而倒。餘二人怖急，便舉弓射策，中頰。後騎尋至，皆刺殺之。

九州春秋曰：策聞曹公北征柳城，悉起江南之衆，自號大司馬，將北襲許，恃其勇，行不設備，故及於難。

孫盛異同評曰：凡此數書，各有所失。孫策雖威行江外，略有六郡，然黃祖乘其上流，陳登閒其心腹，且深險彊宗，未盡歸復，曹、袁虎爭，勢傾山海，策豈暇遠師汝、潁，而還帝於吳、越哉？斯蓋庸人之所鑒見，況策達於事勢者乎？又案袁紹以建安五年至黎陽，而策以四月遇害，而志云策聞曹公與紹相拒於官渡，謬矣。伐登之言，爲有證也。

又江表傳說策悉識韓當軍士，疑此爲詐，便射殺一人。夫三軍將士或有新附，策爲大將，何能悉識？以所不識，便射殺之，非其論也。又策見殺在五年，柳城之役在十二年，九州春秋乖錯尤甚矣。臣松之案：傅子亦云曹公征柳城，將襲許。記述若斯，何其疎哉！然孫盛所譏，未爲悉是。黃祖始被策破，魂氣未反，（但）〔且〕劉表君臣本無兼幷之志，雖在上流，何辦規擬吳會？策之此舉，理應先圖陳登，但舉兵所在，不止登而已。于時彊宗驍帥，祖郎、嚴虎之徒，禽滅已盡，所餘山越，蓋何足慮？然則策之所規，未可謂之不暇也。若使策志獲從，大權在手，淮、泗之閒，所在皆可都，何必畢志江外，其當遷帝於揚、越哉？案魏武紀，武帝以建安四年已出屯官渡，乃策未死之前，久與袁紹交兵，則國志所云不爲謬也。許貢客無聞之小人，而能感識恩遇，臨義忘生，卒然奮發，有侔古烈矣。詩云：「君子有徽猷，小人與屬。」貢客其有焉。

〔三〕吳歷曰：策既被創，醫言可治，當好自將護，百日勿動。策引鏡自照，謂左右曰：「面如此，尚可復建功立事乎？」椎几大奮，創皆分裂，其夜卒。

搜神記曰：策既殺于吉，每獨坐，彷彿見吉在左右，意深惡之，頗有失常。後治創方差，而引鏡自照，見吉在鏡中，顧而弗見，如是再三，因撲鏡大叫，創皆崩裂，須臾而死。

權稱尊號，追諡策曰長沙桓王，封子紹爲吳侯，後改封上虞侯。紹卒，子奉嗣。孫晧時，訛言謂奉當立，誅死。

評曰：孫堅勇摯剛毅，孤微發迹，導溫戮卓，山陵杜塞，有忠壯之烈。策英氣傑濟，猛銳

冠世，覽奇取異，志陵中夏。然皆輕佻果躁，隕身致敗。且割據江東，策之基兆也，而權尊崇未至，子止侯爵，於義儉矣。〔一〕

〔一〕孫盛曰：孫氏兄弟皆明略絶羣。創基立事，策之由也。自臨終之日，顧命委權，夫意氣之閒，猶有刎頸，況天倫之篤愛，豪達之英鑒，豈吝名號於既往，違本情之至實哉？抑將遠思虛盈之數，而愼其名器者乎？夫正本定名，爲國之大防；杜絶疑貳，消釁之良謨。是故魯隱矜義，終致羽父之禍；宋宣懷仁，卒有殤公之哀。皆心存小善，而不達經綸之圖；求譽當年，而不思貽厥之謀。可謂輕千乘之國，蹈道則未也。孫氏因擾攘之際，得奮其縱橫之志，業非積德之基，邦無磐石之固，勢一則祿祚可終，情乖則禍亂塵起，安可不防微於未兆，慮難於將來？壯哉！策爲首事之君，有吳開國之主；將相在列，皆其舊也，而嗣子弱劣，析薪弗荷，奉之則魯桓、田市之難作，崇之則與夷、子馮之禍興。是以正名定本，使貴賤殊邈，然後國無陵肆之責，後嗣罔猜忌之嫌，羣情絶異端之論，不逞杜覬覦之心；於情雖違，於事雖儉，至於括囊遠圖，永保維城，可謂爲之于其未有，治之于其未亂者也。陳氏之評，其未達乎！

三國志卷四十七　吳書二

吳主傳第二

孫權字仲謀。兄策既定諸郡，時權年十五，以爲陽羨長。〔一〕郡察孝廉，州舉茂才，行奉義校尉。漢以策遠脩職貢，遣使者劉琬加錫命。琬語人曰：「吾觀孫氏兄弟雖各才秀明達，然皆祿祚不終，惟中弟孝廉，形貌奇偉，骨體不恆，有大貴之表，年又最壽，爾試識之。」

〔一〕江表傳曰：堅爲下邳丞時，權生，方頤大口，目有精光，堅異之，以爲有貴象。及堅亡，策起事江東，權常隨從。性度弘朗，仁而多斷，好俠養士，始有知名，侔於父兄矣。每參同計謀，策甚奇之，自以爲不及也。每請會賓客，常顧權曰：「此諸君，汝之將也。」

建安四年，從策征廬江太守劉勳。勳破，進討黃祖於沙羨。

五年，策薨，以事授權，權哭未及息。策長史張昭謂權曰：「孝廉，此寧哭時邪？且周公立法而伯禽不師，非欲違父，時不得行也。〔二〕況今姦宄競逐，豺狼滿道，乃欲哀親戚，顧禮制，是猶開門而揖盜，未可以爲仁也。」乃改易權服，扶令上馬，使出巡軍。是時惟有會稽、吳郡、丹楊、豫章、廬陵，然深險之地猶未盡從，而天下英豪布在州郡，賓旅寄寓之士以安危去就爲意，未有君臣之固。張昭、周瑜等謂權可與共成大業，故委心而服事焉。曹公表權爲討虜將軍，領會稽太守，屯吳。使丞之郡行文書事，待張昭以師傅之禮，而周瑜、程普、呂範等爲將率。招延俊秀，聘求名士，魯肅、諸葛瑾等始爲賓客。分部諸將，鎮撫山越，討不從命。〔二〕

〔一〕臣松之按禮記曾子問子夏曰：「三年之喪，金革之事無避也者，禮與？初有司與？」孔子曰：「吾聞諸老聃曰，昔者魯公伯禽有爲爲之也。」鄭玄注曰：「周人卒哭而致事。時有徐戎作難，伯禽卒哭而征之，急王事也。」昭所云「伯禽不師」，蓋謂此也。

〔二〕江表傳曰：初策表用李術爲廬江太守，策亡之後，術不肯事權，而多納其亡叛。權移書求索，術報曰：「有德見歸，無德見叛，不應復還。」權大怒，乃以狀白曹公曰：「嚴刺史昔爲公所用，又是州舉將，而李術凶惡，輕犯漢制，殘害州司，肆其無道，宜速誅滅，以懲醜類。今欲討之，進爲國朝掃除鯨鯢，退爲舉將報塞怨讎，此天下達義，夙夜所甘心。術必懼誅，復詭說求救。明公所居阿衡之任，海內所瞻，願敕執事，勿復聽受。」是歲舉兵攻術於皖城。術閉門自守，求救於曹公。曹公不救。糧食乏盡，婦女或丸泥而吞之。遂屠其城，梟術首，徙其部曲三萬餘人。

七年，權母吳氏薨。

八年，權西伐黃祖，破其舟軍，惟城未克，而山寇復動。還過豫章，使呂範平鄱陽，（會稽）程普討樂安，太史慈領海昏，韓當、周泰、呂蒙等爲劇縣令長。

九年，權弟丹楊太守翊爲左右所害，以從兄瑜代翊。〔一〕

〔一〕吳錄曰：是時權大會官寮，沈友有所是非，令人扶出，謂曰：「人言卿欲反。」友知不得脫，乃曰：「主上在許，有無君之心者，可謂非反乎？」遂殺之。友字子正，吳郡人。年十一，華歆行風俗，見而異之，因呼曰：「沈郎，可登車語乎？」友逡巡卻曰：「君子講好，會宴以禮，今仁義陵遲，聖道漸壞，先生銜命，將以裨補先王之教，整齊風俗，而輕脫威儀，猶負薪救火，無乃更崇其熾乎！」歆慚曰：「自桓、靈以來，雖多英彥，未有幼童若此者。」弱冠博學，多所貫綜，善屬文辭。兼好武事，注孫子兵法。又辯於口，每所至，衆人皆默然，莫與爲對，咸言其筆之妙，舌之妙，刀之妙，三者皆過絕於人。權以禮聘，既至，論王霸之略，當時之務，權斂容敬焉。陳荊州宜并之計，納之。正色立朝，清議峻厲，爲庸臣所譖，誣以謀反。權亦以終不爲己用，故害之，時年二十九。

十年，權使賀齊討上饒，分爲建平縣。

十二年，西征黃祖，虜其人民而還。

十三年春，權復征黃祖，祖先遣舟兵拒軍，都尉呂蒙破其前鋒，而淩統、董襲等盡銳攻之，遂屠其城。祖挺身亡走，騎士馮則追梟其首，虜其男女數萬口。是歲，使賀齊討黟、歙，分歙爲始新、新定、〔二〕犂陽、休陽縣，〔三〕以六縣爲新都郡。荊州牧劉表死，魯肅乞奉命弔表二子，且以觀變。肅未到，而曹公已臨其境，表子琮舉衆以降。劉備欲南濟江，肅與相見，因傳權旨，爲陳成敗。備進住夏口，使諸葛亮詣權，權遣周瑜、程普等行。是時曹公新得表衆，形勢甚盛，諸議者皆望風畏懼，多勸權迎之。〔四〕惟瑜、肅執拒之議，意

黟音伊。歙音攝。

與權同。瑜、普爲左右督，各領萬人，與備俱進，遇於赤壁，大破曹公軍。公燒其餘船引退，士卒飢疫，死者大半。備、瑜等復追至南郡，曹公遂北還，留曹仁、徐晃於江陵，使樂進守襄陽。時甘寧在夷陵，爲仁黨所圍，用呂蒙計，留淩統以拒仁，以其半救寧，軍以勝反。權自率衆圍合肥，使張昭攻九江之當塗。昭兵不利，權攻城踰月不能下。曹公自荊州還，遣張喜將騎赴合肥。未至，權退。

〔一〕吳錄曰：晉改新定爲遂安。

〔二〕吳錄曰：晉改休陽爲海寧。

〔三〕江表傳載曹公與權書曰：「近者奉辭伐罪，旄麾南指，劉琮束手。今治水軍八十萬衆，方與將軍會獵於吳。」權得書以示羣臣，莫不嚮震失色。

十四年，瑜、仁相守歲餘，所殺傷甚衆。仁委城走。權以瑜爲南郡太守。劉備表權行車騎將軍，領徐州牧。備領荊州牧，屯公安。

十五年，分豫章爲鄱陽郡；分長沙爲漢昌郡，以魯肅爲太守，屯陸口。

十六年，權徙治秣陵。明年，城石頭，改秣陵爲建業。聞曹公將來侵，作濡須塢。

十八年正月，曹公攻濡須，權與相拒月餘。曹公望權軍，歎其齊肅，乃退。〔一〕初，曹公恐江濱郡縣爲權所略，徵令內移。民轉相驚，自廬江、九江、蘄春、廣陵戶十餘萬皆東渡江，江西遂虛，合肥以南惟有皖城。

〔一〕吳歷曰：曹公出濡須，作油船，夜渡洲上。權以水軍圍取，得三千餘人，其沒溺者亦數千人。權數挑戰，公堅守不出。權乃自來，乘輕船，從濡須口入公軍。諸將皆以為是挑戰者，欲擊之。公曰：「此必孫權欲身見吾軍部伍也。」勑軍中皆精嚴，弓弩不得妄發。權行五六里，迴還作鼓吹。公見舟船器仗軍伍整肅，喟然歎曰：「生子當如孫仲謀，劉景升兒子若豚犬耳！」權為牋與曹公，說：「春水方生，公宜速去。」別紙言：「足下不死，孤不得安。」曹公語諸將曰：「孫權不欺孤。」乃徹軍還。魏略曰：權乘大船來觀軍，公使弓弩亂發，箭著其船，船偏重將覆，權因迴船，復以一面受箭，箭均船平，乃還。

十九年五月，權征皖城。閏月，克之，獲廬江太守朱光及參軍董和，男女數萬口。是歲劉備定蜀。權以備已得益州，令諸葛瑾從求荊州諸郡。備不許，曰：「吾方圖涼州，涼州定，乃盡以荊州與吳耳。」權曰：「此假而不反，而欲以虛辭引歲。」遂置南三郡長吏，關羽盡逐之。權大怒，乃遣呂蒙督鮮于丹、徐忠、孫規等兵二萬取長沙、零陵、桂陽三郡，使魯肅以萬人屯巴丘〔二〕以禦關羽。權住陸口，為諸軍節度。蒙到，二郡皆服，惟零陵太守郝普未下。會備到公安，使關羽將三萬兵至益陽，權乃召蒙等使還助肅。蒙使人誘普，普降，盡得三郡將守，因引軍還，與孫皎、潘璋并魯肅兵並進，拒羽於益陽。未戰，會曹公入漢中，備懼失益州，使使求和。權令諸葛瑾報，更尋盟好，遂分荊州、長沙、江夏、桂陽以東屬權，南郡、零陵、武陵以西屬備。備歸，而曹公已還。權反自陸口，遂征合肥。合肥未下，徹軍還。兵皆就路，權與淩統、甘寧等在津北爲魏將張遼所襲，統等以死扞權，權乘駿馬越津橋得去。〔三〕

〔二〕巴丘今曰巴陵。

〔三〕獻帝春秋曰：張遼問吳降人：「向有紫髯將軍，長上短下，便馬善射，是誰？」降人答曰：「是孫會稽。」遼及樂進相遇，言不早知之，急追自得，舉軍歎恨。

江表傳曰：權乘駿馬上津橋，橋南已見徹，丈餘無版。谷利在馬後，使權持鞍緩控，利於後著鞭，以助馬勢，遂得超度。權既得免，即拜利都亭侯。谷利者，本左右給使也，以謹直爲親近監，性忠果亮烈，言不苟且，權愛信之。

二十一年冬，曹公次于居巢，遂攻濡須。

二十二年春，權令都尉徐詳詣曹公請降，公報使脩好，誓重結婚。

二十三年十月，權將如吳，親乘馬射虎於庱亭。庱音攄陵反。馬爲虎所傷，權投以雙戟，虎卻廢，常從張世擊以戈，獲之。

二十四年，關羽圍曹仁於襄陽，曹公遣左將軍于禁救之。會漢水暴起，羽以舟兵盡虜禁等步騎三萬送江陵，惟城未拔。權內憚羽，外欲以爲己功，牋與曹公，乞以討羽自效。曹公且欲使羽與權相持以鬭之，驛傳權書，使曹仁以弩射示羽。羽猶豫不能去。閏月，權征羽，先遣呂蒙襲公安，獲將軍士仁。蒙到南郡，南郡太守麋芳以城降。蒙據江陵，撫其老弱，釋于禁之囚。陸遜別取宜都，獲秭歸、枝江、夷道，還屯夷陵，守峽口以備蜀。關羽還當陽，西保麥城。權使誘之。羽僞降，立幡旗爲象人於城上，因遁走，兵皆解散，尚十餘騎。權先使朱然、潘璋斷其徑路。十二月，璋司馬馬忠獲羽及其子平、都督趙累等於章鄉，遂定荊州。是歲大疫，盡除荊州民租稅。曹公表權爲驃騎將軍，假節領荊州牧，封南昌侯。權遣校尉梁寓奉貢于漢，及令王惇市馬，又遣朱光等歸。〔一〕

〔一〕魏略曰：梁寓字孔儒，吳人也。權遣寓觀望曹公，曹公因以爲掾，尋遣還南。

二十五年春正月，曹公薨，太子丕代爲丞相魏王，改年爲延康。秋，魏將梅敷使張儉求見撫納。南陽陰、酇、筑陽、筑音逐。山都、中廬五縣民五千家來附。冬，魏嗣王稱尊號，改元爲黃初。二年四月，劉備稱帝於蜀。〔一〕權自公安都鄂，改名武昌，以武昌、下雉、尋陽、陽新、柴桑、沙羨六縣爲武昌郡。五月，建業言甘露降。八月，城武昌，下令諸將曰：「夫存不忘亡，安必慮危，古之善教。昔雋不疑漢之名臣，於安平之世而刀劍不離於身，蓋君子之於武備，不可以已。況今處身疆畔，豺狼交接，而可輕忽不思變難哉？頃聞諸將出入，各尚謙約，不從人兵，甚非備慮愛身之謂。夫保己遺名，以安君親，孰與危辱？宜深警戒，務崇其大，副孤意焉。」自魏文帝踐阼，權使命稱藩，及遣于禁等還。十一月，策命權曰：「蓋聖王之法，以德設爵，以功制祿；勞大者祿厚，德盛者禮豐。故叔旦有夾輔之勳，太公有鷹揚之功，並啓土宇，并受備物，所以表章元功，殊異賢哲也。近漢高祖受命之初，分裂膏腴以王八姓，斯則前世之懿事，後王之元龜也。朕以不德，承運革命，君臨萬國，秉統天機，思齊先代，坐而待旦。惟君天資忠亮，命世作佐，深覩曆數，達見廢興，遠遣行人，浮于潛漢。〔二〕望風影附，抗疏稱藩，兼納纖絺南方之貢，普遣諸將來還本朝，忠肅內發，款誠外昭，信著金石，義蓋山河，朕甚嘉焉。今封君爲吳王，使使持節太常高平侯貞，授君璽綬策書、金虎符第一至第五、左竹使符第一至第十，以大將軍使持節督交州，領荆州牧事，錫君青土，苴以白茅，對揚朕命，以尹東夏。其上故驃騎將軍南昌侯印綬符策。今又加君九錫，其敬聽後命。以君綏安東南，綱紀江外，民夷安業，無或攜貳，是用錫君大輅、戎輅各一，玄牡二駟。君務財勸農，倉庫盈積，是用錫君衮冕之服，赤舃副焉。君化民以德，禮教興行，是用錫君軒縣之樂。君宣導休風，懷柔百越，是用錫君朱戶以居。君運其才謀，官方任賢，是用錫君納陛以登。君忠勇並奮，清除姦慝，是用錫君虎賁之士百人。君振威陵邁，宣力荆南，梟滅凶醜，罪人斯得，是用錫君鈇鉞各一。君文和於內，武信於外，是用錫君彤弓一、彤矢百、玈弓十、玈矢千。君以忠肅爲基，恭儉爲德，是用錫君秬鬯一卣，圭瓚副焉。欽哉！敬敷訓典，以服朕命，以勖相我國家，永終爾顯烈。」〔三〕是歲，劉備帥軍來伐，至巫山、秭歸，使使誘導武陵蠻夷，假與印傳，許之封賞。於是諸縣及五谿民皆反爲蜀。權以陸遜爲督，督朱然、潘璋等以拒之。遣都尉趙咨使魏。魏帝問曰：「吳王何等主也？」咨對曰：「聰明仁智，雄略之主也。」帝問其狀，咨曰：「納魯肅於凡品，是其聰也；拔呂蒙於行陳，是其明也；獲于禁而不害，是其仁也；取荆州而兵不血刃，是其智也；據三州虎視於天下，是其雄也；屈身於陛下，是其略也。」〔四〕帝欲封權子登，權以登年幼，上書辭封，重遣西曹掾沈珩陳謝，幷獻方物。〔五〕立登爲王太子。〔六〕

〔一〕魏略曰：權聞魏文帝受禪而劉備稱帝，乃呼問知星者，己分野中星氣何如，遂有僭意。而以位次尚少，無以威衆，又欲先卑而後踞之，爲卑則可以假寵，後踞則必致討，致討然後可以怒衆，衆怒然後可以自大，故深絕蜀而專事魏。

〔二〕禹貢曰：沱、潛既道，注曰：「水自江出爲沱，漢爲潛。」

〔三〕江表傳曰：權羣臣議，以爲宜稱上將軍九州伯，不應受魏封。權曰：「九州伯，於古未聞也。昔沛公亦受項羽拜爲漢王，此蓋時宜耳，復何損邪？」遂受之。

孫盛曰：「昔伯夷、叔齊不屈有周，魯仲連不爲秦民。夫以匹夫之志，猶義不辱，況列國之君三分天下，而可二三其節，或臣或否乎？余觀吳、蜀，咸稱奉漢，至於漢代，莫能固秉臣節，君子是以知其不能克昌厥後，卒見吞於大國也。向使權從羣臣之議，終身稱漢將，豈不義悲六合，仁感百世哉！」

〔四〕吳書曰：咨字德度，南陽人，博聞多識，應對辯捷，權爲吳王，擢中大夫，使魏。魏文帝善之，嘲咨曰：「吳王頗知學乎？」咨曰：「吳王浮江萬艘，帶甲百萬，任賢使能，志存經略，雖有餘閒，博覽書傳歷史，藉採奇異，不效諸生尋章摘句而已。」帝曰：「吳可征不？」咨對曰：「大國有征伐之兵，小國有備禦之固。」又曰：「吳難魏不？」咨曰：「帶甲百萬，江、漢爲池，何難之有？」又曰：「吳如大夫者幾人？」咨曰：「聰明特達者八九十人，如臣之比，車載斗量，不可勝數。」咨頻載使北，（魏）人敬異。權聞而嘉之，拜騎都尉。咨言曰：「觀北方終不能守盟，今日之計，朝廷承漢四百之際，應東南之運，宜改年號，正服色，以應天順民。」權納之。

〔五〕吳書曰：玠字仲山，吳郡人，少綜經藝，尤善春秋內、外傳。權以玠有智謀，能專對，乃使至魏。魏文帝問曰：「吳嫌魏東向乎？」玠曰：「不嫌。」曰：「何以？」曰：「信恃舊盟，言歸于好，是以不嫌。若魏渝盟，自有豫備。」又問：「聞太子當來，寧然乎？」玠曰：「臣在東朝，朝不坐，宴不與，若此之議，無所聞也。」文帝善之，乃引玠自近，談語終日。玠隨事響應，無所屈服。玠還言曰：「臣密參侍中劉曄，數爲賊設姦計，終不久慤。臣聞兵家舊論，不恃敵之不我犯，恃我之不可犯，今爲朝廷慮之。且當省息他役，惟務農桑以廣軍資；脩繕舟車，增作戰具，令皆兼盈；撫養兵民，使各得其所；攬延英俊，獎勵將士，則天下可圖矣。」以奉使有稱，封永安鄉侯，官至少府。

〔六〕江表傳曰：是歲魏文帝遣使求雀頭香、大貝、明珠、象牙、犀角、瑇瑁、孔雀、翡翠、鬬鴨、長鳴雞。羣臣奏曰：「荊、揚二州，貢有常典，魏所求珍玩之物非禮也，宜勿與。」權曰：「昔惠施尊齊爲王，客難之曰：『公之學去尊，今王齊，何其倒也？』惠子曰：『有人於此，欲擊其愛子之頭，而石可以代之，子頭所重而石所輕也，以輕代重，何爲不可乎？』方有事於西北，江表元元，恃主爲命，非我愛子邪？彼所求者，於我瓦石耳，孤何惜焉？彼在諒闇之中，而所求若此，寧可與言禮哉！」皆具以與之。

黃武元年春正月，陸遜部將（軍）宋謙等攻蜀五屯，皆破之，斬其將。三月，鄱陽言黃龍見。蜀軍分據險地，前後五十餘營，遜隨輕重以兵應拒，自正月至閏月，大破之，臨陳所斬

及投兵降首數萬人。劉備奔走，僅以身免。〔一〕

〔一〕吳歷曰：權以使聘魏，具上破備獲印綬及首級、所得土地，並表將吏功勤宜加爵賞之意。文帝報使，致鼲子裘、明光鎧、騑馬，又以素書所作典論及詩賦與權。

魏書載詔答曰：「老虜邊窟，越險深入，曠日持久，內迫罷弊，外困智力，故見身於雞頭，分兵擬西陵，其計不過謂可轉足前迹以搖動江東。根未著地，摧折其支，雖未刳備五臟，使身首分離，其所降誅，亦足使虜部衆凶懼。昔吳漢先燒荊門，後發夷陵，而子陽無所逃其死；來歙始襲略陽，文叔喜之，而知隗囂無所施其巧。今討此虜，正似其事，將軍勉建方略，務全獨克。」

初權外託事魏，而誠心不款。魏乃遣侍中辛毗、尚書桓階往與盟誓，并徵任子，權辭讓不受。秋九月，魏乃命曹休、張遼、臧霸出洞口，曹仁出濡須，曹眞、夏侯尚、張郃、徐晃圍南郡。權遣呂範等督五軍，以舟軍拒休等，諸葛瑾、潘璋、楊粲救南郡，朱桓以濡須督拒仁。時揚、越蠻夷多未平集，內難未弭，故權卑辭上書，求自改厲，「若罪在難除，必不見置，當奉還土地民人，乞寄命交州，以終餘年。」文帝報曰：「君生於擾攘之際，本有從橫之志，降身奉國，以享茲祚。自君策名已來，貢獻盈路。討備之功，國朝仰成。埋而掘之，古人之所恥。〔一〕朕之與君，大義已定，豈樂勞師遠臨江漢？廊廟之議，王者所不得專；三公上君過失，皆有本末。朕以不明，雖有曾母投杼之疑，猶冀言者不信，以爲國福。故先遣使者犒勞，又遣尚書、侍中踐脩前言，以定任子。君遂設辭，不欲使進，議者怪之。〔二〕又前都尉浩周勸君遣子，乃實朝臣交謀，以此卜君，君果有辭，外引隗囂遣子不終，內喻竇融守忠而已。世殊時異，人各有心。浩周之還，口陳指麾，益令議者發明衆嫌，終始之本，無所據仗，故遂俛仰從羣臣議。今省上事，款誠深至，心用慨然，悽愴動容。即日下詔，敕諸軍但深溝高壘，不得妄進。若君必效忠節，以解疑議，登身朝到，夕召兵還。此言之誠，有如大江！」〔三〕權遂改年，臨江拒守。冬十一月，大風，範等兵溺死者數千，餘軍還江南。曹休使臧霸以輕船五百、敢死萬人襲攻徐陵，燒攻城車，殺略數千人。將軍全琮、徐盛追斬魏將尹盧，殺獲數百。十二月，權使太中大夫鄭泉聘劉備于白帝，始復通也。〔四〕然猶與魏文帝相往來，至後年乃絕。是歲改夷陵爲西陵。

〔二〕國語曰：狸埋之，狸掘之，是以無成功。

〔三〕魏略載魏三公奏曰：「臣聞枝大者披心，尾大者不掉，有國有家之所慎也。昔漢承秦弊，天下新定，大國之王，臣節未盡，以蕭、張之謀不備錄之，至使六王前後反叛，已而伐之，戎車不輟。又文、景守成，忘戰戢役，驕縱吳、楚，養虺成蛇，既爲社稷大憂，蓋前事之不忘，後事之師也。吳王孫權，幼豎小子，無尺寸之功，遭遇兵亂，因父兄之緒，少蒙翼卵昫伏之恩，長含鴟梟反逆之性，背棄天施，罪惡積大。復與關羽更相覘伺，逐利見使，挾爲卑辭。先帝知權姦以求用，時以于禁敗於水災，等當討羽，因以委權。先帝委裘下席，權不盡心，誠在惻怛，欲因大喪，寡弱王室，希託董桃傳先帝令，乘未得報許，擅取襄陽，及見驅逐，乃更折節。邪辟之態，巧言如流，雖重驛累使，發遣禁等，內包隗囂顧望之姦，外欲緩誅，支仰蜀賊。聖朝含弘，既加不忍，優而赦之，與之更始，猥乃割地王之，使南面稱孤，兼官累位，禮備九命，名馬百駟，以成其勢，光寵顯赫，古今無二。權爲犬羊之姿，橫被虎豹之文，不思靖力致死之節，以報無量不世之恩。臣每見所下權前後章表，又以愚意採察權旨，自以阻帶江湖，負固不服，狃忕累世，詐僞成功，上有尉佗、英布之計，下誦伍被屈彊之辭，終非不侵不叛之臣。以爲鼂錯不發削弱王侯之謀，則七國同衡，禍久而大；蒯通不決襲歷下之策，則田橫自慮，罪深變重。臣謹考之周禮九伐之法，平權凶惡，逆節萌生，見罪十五。昔九黎亂德，黃帝加誅；項羽罪十，漢祖不捨。權所犯罪釁明白，非仁恩所養，宇宙所容。臣請免權官，鴻臚削爵土，捕治罪。敢有不從，移兵進討，以明國典好惡之常，以靜三州元元之苦。」其十五條，文多不載。

〔三〕魏略曰：浩周字孔異，上黨人。建安中仕爲蕭令，至徐州刺史。後領護于禁軍，軍沒，爲關羽所得。權襲羽，並得周，甚禮之。及文帝卽王位，權乃遣周爲牋魏王曰：「昔討關羽，獲于將軍，卽白先王，當發遣之。此乃奉款之心，不言而發。先王未深留意，而謂權中間復有異圖，愚情慺慺，用未果決。遂值先王委離國祚，殿下承統，下情始通。公私契闊，未獲備舉，是令本誓未卽昭顯。梁寓傳命，委曲周至，深知殿下以爲意望。權之赤心，不敢有他，願垂明恕，保權所執。謹遣浩周、東里袞，至情至實，皆周等所具。」又曰：「權本性空薄，文武不昭，昔承父兄成軍之緒，得爲先王所見獎飾，遂因國恩，撫綏東土。而中閒寡慮，庶事不明，畏威忘德，以取重戾。先王恩仁，不忍遐棄，既釋其宿罪，且開明信。雖致命虜廷，梟獲關羽，功效淺薄，未報萬一。事業未究，先王卽世。殿下踐阼，威仁流邁，私懼情願未蒙昭察。梁寓來到，具知殿下不遂疏遠，必欲撫錄，追本先緒。權之得此，欣然踊躍，心開目明，不勝其慶。權世受寵遇，分義深篤，今日之事，永執一心，惟察慺慺，重垂含覆。」又曰：「先王以權推誠已驗，軍當引還，故除合肥之守，著南北之信，令權長驅不復後顧。近得守將周泰、全琮等白事，過月六日，有馬步七百，徑到橫江，又督將馬和復將四百人進到居巢，琮等聞有兵馬渡江，視之，爲兵馬所擊，臨時交鋒，大相殺傷。卒得此問，情用恐懼。權實在遠，不豫聞知，約敕無素，敢謝其罪。又聞張征東、朱橫海今復還合肥，先王盟要，由來未久，且權自度未獲罪釁，不審今者何以發起，牽軍遠次？事業未訖，甫當爲國討除賊備，重聞斯問，深使失圖。凡遠人所恃，在於明信，願殿下克卒前分，開示坦然，使權誓命，得卒本規。凡所願言，周等所當傳也。」

初東里袞爲于禁軍司馬，前與周俱沒，又俱還到，有詔皆見之。帝問周等，周以爲權必臣服，而東里袞謂其不可必服。帝悅周言，以爲有以知之。是歲冬，魏王受漢禪，遣使以權爲吳王，詔使周與使者俱往。周既致詔命，時與權私宴，謂權曰：「陛下未信王遣子入侍也，周以闔門百口明之。」權因字謂周曰：「浩孔異，卿乃以舉家百口保我，我當何言邪？」遂流涕沾襟。及與周別，又指天爲誓。周還之後，權不遣子而設辭，帝乃久留其使。到八月，權上書謝，又與周書曰：「自道路開通，不忘脩意，既新奉國命，加知起居，假歸河北，故使情問不獲果至。望想之勞，曷云其已。孤以空闇，分信不昭，中閒招罪，以取棄絕，幸蒙國恩，復見赦宥，喜乎與君克卒本圖。傳不云乎，雖不能始，善終可也。」又曰：「昔君之來，欲令遣子入侍，于時傾心歡以承命，徒以登年幼，欲假年歲之閒耳。而赤情未蒙昭信，遂見討責，常用慚怖。自頃國恩，復加開導，忘其前愆，取其後效，喜得因此尋竟本誓。前已有表具說遣子之意，想君假還，已知之也。」又曰：「今子當入侍，而未有妃耦，昔君念之，以爲可上連綴宗室，若夏侯氏，雖中間自棄，常奉戢在心。當垂宿念，爲之先後，使獲攀龍附驥，永自固定。其爲分惠，豈有量哉！如是欲遣孫長緒與小兒俱入，奉行禮聘，成之在君。」又曰：「小兒年弱，加教訓不足，念當與別，爲之緬然，父子恩情，豈有已邪！又欲遣張子布追輔護之。孤性無餘，凡所欲爲，今盡宣露。惟恐赤心不先暢達，是以具爲君說之，宜明所以。」於是詔曰：「權前對浩周，自陳不敢自遠，樂委質長爲外臣，又前後辭旨，頭尾擊地，此鼠子自知，不能保爾許地也。又今與周書，請以十二月遣子，復欲遣孫長緒、張子布隨子俱來，彼二人皆權股肱心腹也。又欲爲子於京師求婦，此權無異心之明效也。」帝既信權甘言，且謂周爲得其眞，而權但華僞，竟無遣子意。自是之後，帝既彰權罪，周亦見疏遠，終身不用。

〔四〕江表傳曰：權云：「近得玄德書，已深引咎，求復舊好。前所以名西爲蜀者，以漢帝尙存故耳，今漢已廢，自可名爲漢中王也。」

吳書曰：鄭泉字文淵，陳郡人。博學有奇志，而性嗜酒，其閑居每曰：「願得美酒滿五百斛船，以四時甘脆置兩頭，反覆沒飲之，憊即住而啖肴膳。酒有斗升減，隨即益之，不亦快乎！」權以爲郎中。嘗與之言：「卿好於衆中面諫，或失禮敬，寧畏龍鱗乎？」對曰：「臣聞君明臣直，今値朝廷上下無諱，實恃洪恩，不畏龍鱗。」後侍讌，權乃怖之，使提出付有司促治罪。泉臨出屢顧，權呼還，笑曰：「卿言不畏龍鱗，何以臨出而顧乎？」對曰：「實恃恩覆，知無死憂，至當出閤，感惟威靈，不能不顧耳。」使蜀，劉備問曰：「吳王何以不答吾書，得無以吾正名不宜乎？」泉曰：「曹操父子陵轢漢室，終奪其位。殿下既爲宗室，有維城之責，不荷戈執殳爲海內率先，而於是自名，未合天下之議，是以寡君未復書耳。」備甚慚恧。泉臨卒，謂同類曰：「必葬我陶家之側，庶百歲之後化而成土，幸見取爲酒壺，實獲我心矣。」

二年春正月，曹眞分軍據江陵中州。是月，城江夏山。改四分，用乾象曆。〔一〕三月，曹仁遣將軍常彫等，以兵五千，乘油船，晨渡濡須中州。仁子泰因引軍急攻朱桓，桓兵拒之，遣將軍嚴圭等擊破彫等。是月，魏軍皆退。夏四月，權羣臣勸卽尊號，權不許。〔二〕劉備薨于白帝。〔三〕五月，曲阿言甘露降。先是戲口守將晉宗殺將王直，以衆叛如魏，魏以爲蘄春太守，數犯邊境。六月，權令將軍賀齊督糜芳、劉邵等襲蘄春，邵等生虜宗。冬十一月，蜀使中郎將鄧芝來聘。〔四〕

〔一〕江表傳曰：權推五德之運，以爲土行用未祖辰臘。

志林曰：土行以辰臘，得其數矣。土盛於戌，而以未祖，其義非也。土生於未，故未爲坤初。是以月令建未之月，祀黃精於郊，祖用其盛。今祖用其始，豈應運乎？

〔二〕江表傳曰：權辭讓曰：「漢家堙替，不能存救，亦何心而競乎？」羣臣稱天命符瑞，固重以請。權未之許，而謂將相曰：「往年孤以玄德方向西鄙，故先命陸遜選衆以待之。聞北部分欲以助孤，孤內嫌其有挾，若不受其拜，是相折辱而趣其速發，便當與西俱至，二處受敵，於孤爲劇，故自抑按，就其封王。低屈之趣，諸君似未之盡，今故以此相解耳。」

〔三〕吳書曰：權遣立信都尉馮熙聘于蜀，弔備喪也。熙字子柔，潁川人，馮異之後也。權之爲車騎，熙歷東曹掾，使蜀還，爲中大夫。後使于魏，文帝問曰：「吳王若欲脩宿好，宜當厲兵江關，縣旍巴蜀，而聞復遣脩好，必有變故。」熙曰：「臣聞西使直報問，且以觀釁，非有謀也。」又曰：「聞吳國比年災旱，人物彫損，以大夫之明，觀之何如？」熙對曰：「吳王體量聰明，善於任使，賦政施役，每事必咨，敎養賓旅，親賢愛士，賞不擇怨仇，而罰必加有罪，臣下皆感恩懷德，惟忠與義。帶甲百萬，穀帛如山，稻田沃野，民無饑歲，所謂金城湯池，彊富之國也。以臣觀之，輕重之分，未可量也。」帝不悅，以陳羣與熙同郡，使羣誘之，啗以重利。熙不爲迴。送至摩陂，欲困苦之。後又召還，未至，熙懼見迫不從，必危身辱命，乃引刀自刺。御者覺之，不得死。權聞之，垂涕曰：「此與蘇武何異？」竟死於魏。

〔四〕吳歷曰：蜀致馬二百匹，錦千端，及方物。自是之後，聘使往來以爲常。吳亦致方土所出，以答其厚意焉。

三年夏，遣輔義中郎將張溫聘于蜀。秋八月，赦死罪。九月，魏文帝出廣陵，望大江，曰「彼有人焉，未可圖也」，乃還。〔一〕

〔一〕干寶晉紀曰：魏文帝之在廣陵，吳人大駭，乃臨江爲疑城，自石頭至于江乘，車以木楨，衣以葦席，加釆飾焉，一夕而成。魏人自江西望，甚憚之，遂退軍。權令趙達算之，曰：「曹丕走矣，雖然，吳衰庚子歲。」權曰：「幾何？」達屈指而計之，曰：「五十八年。」權曰：「今日之憂，不暇及遠，此子孫事也。」

吳錄曰：是歲蜀主又遣鄧芝來聘，重結盟好。權謂芝曰：「山民作亂，江邊守兵多徹，慮曹丕乘空弄態，而反求和。議者以爲內有不暇，幸來求和，於我有利，宜當與通，以自辨定。恐西州不能明孤赤心，用致嫌疑。孤土地邊外，間隙萬端，而長江巨海，皆當防守。丕觀釁而動，惟不見便，寧得忘此，復有他圖。」

四年夏五月，丞相孫邵卒。〔一〕六月，以太常顧雍爲丞相。〔二〕皖口言木連理。冬十二月，鄱陽賊彭綺自稱將軍，攻沒諸縣，衆數萬人。是歲地連震。〔三〕

〔一〕吳錄曰：邵字長緒，北海人，長八尺。爲孔融功曹，融稱曰「廊廟才也」。從劉繇於江東。及權統事，數陳便宜，以爲應納貢聘，權卽從之。拜廬江太守，遷車騎長史。黃武初爲丞相，威遠將軍，封陽羨侯。張溫、暨豔奏其事，邵辭位請罪，權釋令復職，年六十三卒。

志林曰：吳之創基，邵為首相，史無其傳，竊常怪之。嘗問劉聲叔。聲叔博物君子也，云：「推其名位，自應立傳。項竣（吳孚）〔丁孚〕時已有注記，此云與張惠恕不能。後韋氏作史，蓋惠恕之黨，故不見書。」

〔二〕吳書曰：以尚書令陳化為太常。化字元耀，汝南人，博覽眾書，氣幹剛毅，長七尺九寸，雅有威容。為郎中令使魏，魏文帝因酒酣，嘲問曰：「吳、魏峙立，誰將平一海內者乎？」化對曰：「易稱帝出乎震，加聞先哲知命，舊說紫蓋黃旗，運在東南。」帝曰：「昔文王以西伯王天下，豈復在東乎？」化曰：「周之初基，太伯在東，是以文王能興於西。」帝笑，無以難，心奇其辭。使畢當還，禮送甚厚。權以化奉命光國，拜犍為太守，置官屬。頃之，遷太常，兼尚書令。正色立朝，敕子弟廢田業，絕治產，仰官廩祿，不與百姓爭利。妻早亡，化以古事為鑒，乃不復娶。權聞而貴之，以其年壯，敕宗正妻以宗室女，化固辭以疾，權不違其志。年出七十，乃上疏乞骸骨，遂爰居章安，卒於家。長子熾，字公熙，少有志操，能計算。衞將軍全琮表稱熾任大將軍，赴召，道卒。

〔三〕吳錄曰：是冬魏文帝至廣陵，臨江觀兵，兵有十餘萬，旌旗彌數百里，有渡江之志。權嚴設固守。時大寒冰，舟不得入江。帝見波濤洶涌，歎曰：「嗟乎！固天所以隔南北也！」遂歸。孫韶又遣將高壽等率敢死之士五百人於徑路夜要之，帝大驚，壽等獲副車羽蓋以還。

五年春，令曰：「軍興日久，民離農畔，父子夫婦，不聽相卹，孤甚愍之。今北虜縮竄，方外無事，其下州郡，有以寬息。」是時陸遜以所在少穀，表令諸將增廣農畝。權報曰：「甚善。今孤父子親自受田，車中八牛以為四耦，雖未及古人，亦欲與眾均等其勞也。」秋七月，權聞魏文帝崩，征江夏，圍石陽，不克而還。蒼梧言鳳皇見，分三郡惡地十縣置東安郡。〔一〕以全琮爲太守，平討山越。冬十月，陸遜陳便宜，勸以施德緩刑，寬賦息調。又云：「忠讜之言，不能極陳，求容小臣，數以利聞。」權報曰：「夫法令之設，欲以遏惡防邪，儆戒未然也，焉得不有刑罰以威小人乎？此爲先令後誅，不欲使有犯者耳。君以爲太重者，孤亦何利其然，但不得已而爲之耳。今承來意，當重諮謀，務從其可。且近臣有盡規之諫，親戚有補察之箴，所以匡君正主明忠信也。書載『予違汝弼，汝無面從』，孤豈不樂忠言以自裨補邪？而云「不敢極陳」，何得爲忠讜哉？若小臣之中，有可納用者，寧得以人廢言而不採擇乎？但諂媚取容，雖闇亦所明識也。至於發調者，徒以天下未定，事以衆濟。若徒守江東，脩崇寬政，兵自足用，復用多爲？顧坐自守可陋耳。若不豫調，恐臨時未可使用也。又孤與君分義特異，榮戚實同，來表云不敢隨衆容身苟免，此實甘心所望於君也。」於是令有司盡寫科條，使郎中褚逢齎以就遜及諸葛瑾，意所不安，令損益之。是歲，分交州置廣州，俄復舊。〔二〕

〔一〕吳錄曰：郡治富春也。

〔二〕江表傳曰：權於武昌新裝大船，名爲長安，試泛之釣臺圻。時風大盛，谷利令柂工取樊口。權曰：「當張頭取羅州。」利拔刀向柂工曰：「不取樊口者斬。」工即轉柂入樊口，風遂猛不可行，乃還。權曰：「阿利畏水何怯也？」

利跪曰：「大王萬乘之主，輕於不測之淵，戲於猛浪之中，船樓裝高，邂逅顛危，奈社稷何？是以利輒敢以死爭。」權於是貴重之，自此後不復名之，常呼曰谷。

六年春正月，諸將獲彭綺。閏月，韓當子綜以其衆降魏。

七年春三月，封子慮爲建昌侯，罷東安郡。夏五月，鄱陽太守周魴僞叛，誘魏將曹休。秋八月，權至皖口，使將軍陸遜督諸將大破休於石亭。大司馬呂範卒。是歲，改合浦爲珠官郡。〔一〕

〔一〕江表傳曰：是歲將軍翟丹叛如魏。權恐諸將畏罪而亡，乃下令曰：「自今諸將有重罪三，然後議。」

黃龍元年春，公卿百司皆勸權正尊號。夏四月，夏口、武昌並言黃龍、鳳皇見。丙申，南郊即皇帝位，〔一〕是日大赦，改年。追尊父破虜將軍堅爲武烈皇帝，母吳氏爲武烈皇后，兄討逆將軍策爲長沙桓王，吳王太子登爲皇太子。將吏皆進爵加賞。初，興平中，吳中童謠曰：「黃金車，班蘭耳，闓昌門，出天子。」〔二〕五月，使校尉張剛、管篤之遼東。六月，蜀遣衞尉陳震慶權踐位。權乃參分天下，豫、青、徐、幽屬吳，兗、冀、并、涼屬蜀。其司州之土，以函谷關爲界，造爲盟曰：「天降喪亂，皇綱失敍，逆臣乘釁，劫奪國柄，始於董卓，終於曹操，窮凶極惡，以覆四海，至令九州幅裂，普天無統，民神痛怨，靡所戾止。及操子丕，桀逆遺醜，荐作姦回，偷取天位。而叡幺麼，尋丕凶蹟，阻兵盜土，未伏厥誅。昔共工亂象而高辛行師，三苗干度而虞舜征焉。今日滅叡，禽其徒黨，非漢與吳，將復誰任？夫討惡翦暴，必聲其罪，宜先分裂，奪其土地，使士民之心，各知所歸。是以春秋晉侯伐衞，先分其田以畀宋人，斯其義也。且古建大事，必先盟誓，故周禮有司盟之官，尚書有告誓之文，漢之與吳，雖信由中，然分土裂境，宜有盟約。諸葛丞相德威遠著，翼戴本國，典戎在外，信感陰陽，誠動天地，重復結盟，廣誠約誓，使東西士民咸共聞知。故立壇殺牲，昭告神明，再歃加書，副之天府。天高聽下，靈威棐諶，司慎司盟，羣神羣祀，莫不臨之。自今日漢、吳既盟之後，戮力一心，同討魏賊，救危恤患，分災共慶，好惡齊之，無或攜貳。若有害漢，則吳伐之；若有害吳，則漢伐之。各守分土，無相侵犯。傳之後葉，克終若始。凡百之約，皆如載書。信言不豔，實居于好。有渝此盟，創禍先亂，違貳不協，慆慢天命，明神上帝是討是督，山川百神是糾是殛，俾墜其師，無克祚國。于爾大神，其明鑒之！」秋九月，權遷都建業，因故府不改館，徵上大將軍陸遜輔太子登，掌武昌留事。

〔一〕吳錄載權告天文曰：「皇帝臣權敢用玄牡昭告于皇皇后帝：漢享國二十有四世，歷年四百三十有四，行氣數終，祿祚運盡，普天弛絕，率土分崩。孽臣曹丕遂奪神器，丕子叡繼世作慝，淫名亂制。權生於東南，遭值期運，承乾秉戎，志在平世，奉辭行罰，舉足爲民。羣臣將相，州郡百城，執事之人，咸以爲天意已去於漢，漢氏已絕祀於天，皇帝位虛，郊祀無主。休徵嘉瑞，前後雜沓，曆數在躬，不得不受。權畏天命，不敢不從，謹擇元日，登壇燎祭，即皇帝位。惟爾有神饗之，左右有吳，永終天祿。」

〔三〕昌門，吳西郭門，夫差所作。

二年春正月，魏作合肥新城。詔立都講祭酒，以教學諸子。遣將軍衞溫、諸葛直將甲士萬人浮海求夷洲及亶洲。亶洲在海中，長老傳言秦始皇帝遣方士徐福將童男童女數千人入海，求蓬萊神山及仙藥，止此洲不還。世相承有數萬家，其上人民，時有至會稽貨布，會稽東縣人海行，亦有遭風流移至亶洲者。所在絕遠，卒不可得至，但得夷洲數千人還。

三年春二月，遣太常潘濬率衆五萬討武陵蠻夷。衞溫、諸葛直皆以違詔無功，下獄誅。夏，有野蠶成繭，大如卵。由拳野稻自生，改爲禾興縣。中郎將孫布詐降以誘魏將王淩，淩以軍迎布。冬十月，權以大兵潛伏於阜陵俟之，淩覺而走。會稽南始平言嘉禾生。十二月丁卯，大赦，改明年元也。

嘉禾元年春正月，建昌侯慮卒。三月，遣將軍周賀、校尉裴潛乘海之遼東。秋九月，魏將田豫要擊，斬賀于成山。冬十月，魏遼東太守公孫淵遣校尉宿舒、閬中令孫綜稱藩於權，并獻貂馬。權大悅，加淵爵位。〔一〕

〔一〕江表傳曰：是冬，羣臣以權未郊祀，奏議曰：「頃者嘉瑞屢臻，遠國慕義，天意人事，前後備集，宜脩郊祀，以承天意。」權曰：「郊祀當於土中，今非其所，於何施此？」重奏曰：「普天之下，莫非王土；王者以天下爲家。昔周文、武郊於酆、鎬，非必土中。」權曰：「武王伐紂，卽阼於鎬京，而郊其所也。文王未爲天子，立郊於酆，見何經典？」復書曰：「伏見漢書郊祀志，匡衡奏徙甘泉河東，郊於長安，言文王郊於酆。」權曰：「文王性謙讓，處諸侯之位，明未郊也。經傳無明文，匡衡俗儒意說，非典籍正義，不可用也。」

志林曰：吳王糾駮郊祀之奏，追貶匡衡，謂之俗儒。凡在見者，莫不慨然以爲統盡物理，達於事宜。至於稽之典籍，乃更不通。毛氏之說云：「堯見天因邰而生后稷，故國之於邰，命使事天。」故詩曰：「后稷肇祀，庶無罪悔，以迄于今。」言自后稷以來皆得祭天，猶魯人郊祀也。是以棫樸之作，有積燎之薪。文王郊酆，經有明文，匡衡豈俗，而枉之哉？文王雖未爲天子，然三分天下而有其二，伐崇戡黎，祖伊奔告。天旣棄殷，乃眷西顧，太伯三讓，以有天下。文王爲王，於義何疑？然則匡衡之奏，有所未盡。按世宗立甘泉、汾陰之祠，皆出方士之言，非據經典者也。方士以甘泉、汾陰黃帝祭天地之處，故孝武因之，遂立二時。漢治長安，而甘泉在北，謂就乾位，而衡云「武帝居甘泉，祭于南宮」，此旣誤矣。祭汾陰在水之脽，呼爲澤中，而衡云「東之少陽」，失其本意。此自吳事，於傳無非，恨無辨正之辭，故矯之云。脽，音誰，見漢書音義。

二年春正月，詔曰：「朕以不德，肇受元命，夙夜兢兢，不遑假寢。思平世難，救濟黎庶，上答神祇，下慰民望。是以眷眷，勤求俊傑，將與戮力，共定海內。苟在同心，與之偕老。今使持節督幽州領青州牧遼東太守燕王，久脅賊虜，隔在一方，雖乃心於國，其路靡緣。今因天命，遠遣二使，款誠顯露，章表殷勤，朕之得此，何喜如之！雖湯遇伊尹，周獲呂望，世祖未定而得河右，方之今日，豈復是過？普天一統，於是定矣。書不云乎，『一人有慶，兆民賴之』。其大赦天下，與之更始，其明下州郡，咸使聞知。特下燕國，奉宣詔恩，令普天率土備聞斯慶。」三月，遣舒、綜還，使太常張彌、執金吾許晏、將軍賀達等將兵萬人，金寶珍貨，九錫備物，乘海授淵。〔一〕舉朝大臣，自丞相雍已下皆諫，以爲淵未可信，而寵待太厚，但可遣吏兵數百護送舒、綜，權終不聽。〔二〕淵果斬彌等，送其首于魏，沒其兵資。權大怒，欲自征淵，〔三〕尚書僕射薛綜等切諫乃止。是歲，權向合肥新城，遣將軍全琮征六安，皆不克還。〔四〕

〔一〕江表傳載權詔曰：「故魏使持節車騎將軍遼東太守平樂侯：天地失序，皇極不建，元惡大憝，作害于民，海內分崩，羣生堙滅，雖周餘黎民，靡有孑遺，方之今日，亂有甚焉。朕受曆數，君臨萬國，夙夜戰戰，念在弭難，若涉淵水，罔知攸濟。是以把旄仗鉞，翦除凶虐，自東徂西，靡遑寧處，苟力所及，民無災害。雖賊虜遺種，未伏辜誅，猶繫囚枯木，待時而斃。惟將軍天姿特達，兼包文武，觀時覩變，審於去就，踰越險阻，顯致赤心，肇建大計，爲天下先，元勳巨績，侔於古人。雖昔竇融背棄隴右，卒占河西，以定光武，休名美實，豈復是過？欽嘉雅尙，朕實欣之。自古聖帝明王，建化垂統，以爵褒德，以祿報功；功大者祿厚，德盛者禮崇。故周公有夾輔之勞，太師有鷹揚之功，並啓土宇，兼受備物。今將軍規萬年之計，建不世之略，絕僭逆之虜，順天人之肅，濟成洪業，功無與比，齊魯之事，奚足言哉！詩不云乎，『無言不讎，無德不報』。今以幽、青二州十七郡〔百〕七十縣，封君爲燕王，使持節守太常張彌授君璽綬策書、金虎符第一至第五、竹使符第一至第十。錫君玄土，苴以白茅，爰契爾龜，用錫冢社。方有戎事，典統兵馬，以大將軍曲蓋麾幢，督幽州、青州牧遼東太守如故。今加君九錫，其敬聽後命。以君三世相承，保綏一方，寧集四郡，訓及異俗，民夷安業，無或攜貳，是用錫君大輅、戎輅，玄牡二駟。君務在勸農，嗇人成功，倉庫盈積，官民俱豐，是用錫君袞冕之服，赤舄副焉。君正化以德，敬下以禮，敦義崇謙，內外咸和，是用錫君軒縣之樂。君宣導休風，懷保邊遠，遠人迴面，莫不影附，是用錫君朱戶以居。君運其才略，官方任賢，顯直錯枉，羣善必舉，是用錫君虎賁之士百人。君戎馬整齊，威震遐方，糾虔天刑，彰厥有罪，是用錫君鈇鉞各一。君文和於內，武信於外，禽討逆節，折衝掩難，是用錫君彤弓一、彤矢百、玈弓十、玈矢千。君忠勤有効，溫恭為德，明允篤誠，感于朕心，是用錫君秬鬯一卣，珪瓚副焉。欽哉！敬茲訓典，寅亮天工，相我國家，永終爾休。」

〔二〕臣松之以為權愎諫違衆，信淵意了，非有攻伐之規，重複之慮。宣達錫命，乃用萬人，是何不愛其民，昏虐之甚乎？此役也，非惟闇塞，實為無道。

〔三〕江表傳載權怒曰：「朕年六十，世事難易，靡所不嘗，近為鼠子所前卻，令人氣湧如山。不自截鼠子頭以擲于海，無顏復臨萬國。就令顛沛，不以為恨。」

〔四〕吳書曰：初，張彌、許晏等俱到襄平，官屬從者四百許人。淵欲圖彌、晏，先分其人衆，置遼東諸縣，以中使秦旦、張羣、杜德、黃疆等及吏兵六十人，置玄菟郡。玄菟郡在遼東北，相去二百里，太守王贊領戶二百，兼重可三四百人。旦等皆舍於民家，仰其飲食。積四十許日，旦與疆等議曰：「吾人遠辱國命，自棄於此，與死亡何異？今觀此郡，形勢甚弱。若一旦同心，焚燒城郭，殺其長吏，為國報恥，然後伏死，足以無恨。孰與偷生苟活長為囚虜乎？」疆等然之。於是陰相約結，當用八月十九日夜發。其日中時，為部中張松所告，贊便會士衆閉城門。旦、羣、德、疆等皆踰城得走。時羣病疽創著膝，不及輩旅，德常扶接與俱，崎嶇山谷。行六七百里，創益困，不復能前，臥草中，相守悲泣。羣曰：「吾不幸創甚，死亡無日，卿諸人宜速進道，冀有所達。空相守，俱死於窮谷之中，何益也？」德曰：「萬里流離，死生共之，不忍相委。」於是推旦、疆使前，德獨留守羣，捕菜果食之。旦、疆別數日，得達句驪（王宮），因宣詔於句驪王宮及其主簿，詔言有賜爲遼東所攻奪。宮等大喜，卽受詔，命使人隨旦還迎羣、德。其年，宮遣皂衣二十五人送旦等還，奉表稱臣，貢貂皮千枚，鶡雞皮十具。旦等見權，悲喜不能自勝。權義之，皆拜校尉。閒一年，遣使者謝宏、中書陳恂拜宮爲單于，加賜衣物珍寶。恂等到安平口，先遣校尉陳奉前見宮，而宮受魏幽州刺史諷旨，令以吳使自效。奉聞之，倒還。宮遣主簿笮咨、帶固等出安平，與宏相見。宏卽縛得三十餘人質之，宮於是謝罪，上馬數百匹。宏乃遣咨、固奉詔書賜物與宮。是時宏船小，載馬八十匹而還。

三年春正月，詔曰：「兵久不輟，民困於役，歲或不登。其寬諸逋，勿復督課。」夏五月，權遣陸遜、諸葛瑾等屯江夏、沔口，孫韶、張承等向廣陵、淮陽，權率大衆圍合肥新城。是時蜀相諸葛亮出武功，權謂魏明帝不能遠出，而帝遣兵助司馬宣王拒亮，自率水軍東征。未至壽春，權退還，孫韶亦罷。秋八月，以諸葛恪爲丹楊太守，討山越。九月朔，隕霜傷穀。冬十一月，太常潘濬平武陵蠻夷，事畢，還武昌。詔復曲阿爲雲陽，丹徒爲武進。廬陵賊李桓、羅厲等爲亂。

四年夏，遣呂岱討桓等。秋七月，有雹。魏使以馬求易珠璣、翡翠、瑇瑁，權曰：「此皆孤所不用，而可得馬，何苦而不聽其交易？」

五年春，鑄大錢，一當五百。詔使吏民輸銅，計銅畀直。設盜鑄之科。二月，武昌言甘露降於禮賓殿。輔吳將軍張昭卒。中郎將吾粲獲李桓，將軍唐咨獲羅厲等。自十月不雨，至於夏。冬十月，彗星見于東方。鄱陽賊彭旦等爲亂。

六年春正月，詔曰：「夫三年之喪，天下之達制，人情之極痛也；賢者割哀以從禮，不肖者勉而致之。世治道泰，上下無事，君子不奪人情，故三年不逮孝子之門。至於有事，則殺禮以從宜，要經而處事。故聖人制法，有禮無時則不行。遭喪不奔非古也，蓋隨時之宜，以義斷恩也。前故設科，長吏在官，當須交代，而故犯之，雖隨糾坐，猶已廢曠。方事之殷，國家多難，凡在官司，宜各盡節，先公後私，而不恭承，甚非謂也。中外羣僚，其更平議，務令得中，詳爲節度。」顧譚議，以爲「奔喪立科，輕則不足以禁孝子之情，重則本非應死之罪，雖嚴刑益設，違奪必少。若偶有犯者，加其刑則恩所不忍，有減則法廢不行。愚以爲長吏在遠，苟不告語，勢不得知。比選代之間，若有傳者，必加大辟，則長吏無廢職之負，孝子無犯重之刑。」將軍胡綜議，以爲「喪紀之禮，雖有典制，苟無其時，所不得行。方今戎事軍國異容，而長吏遭喪，知有科禁，公敢干突，苟念聞憂不奔之恥，不計爲臣犯禁之罪，此由科防本輕所致。忠節在國，孝道立家，出身爲臣，焉得兼之？故爲忠臣不得爲孝子。宜定科文，示以大辟，若故違犯，有罪無赦。以殺止殺，行之一人，其後必絕。」丞相雍奏從大辟。其後吳令孟宗喪母奔赴，已而自拘於武昌以聽刑。陸遜陳其素行，因爲之請，權乃減宗一等，後不得以爲比，因此遂絕。二月，陸遜討彭旦等，其年，皆破之。冬十月，遣衞將軍全琮襲六安，不克。諸葛恪平山越事畢，北屯廬江。

赤烏元年春，鑄當千大錢。夏，呂岱討廬陵賊，畢，還陸口。秋八月，武昌言麒麟見。有司奏言麒麟者太平之應，宜改年號。詔曰：「間者赤烏集於殿前，朕所親見，若神靈以爲嘉祥者，改年宜以赤烏爲元。」羣臣奏曰：「昔武王伐紂，有赤烏之祥，君臣觀之，遂有天下，聖人書策載述最詳者，以爲近事既嘉，親見又明也。」於是改年。步夫人卒，追贈皇后。初，權信任校事呂壹，壹性苛慘，用法深刻。太子登數諫，權不納，大臣由是莫敢言。後壹姦罪發露伏誅，權引咎責躬，乃使中書郎袁禮告謝諸大將，因問時事所當損益。禮還，復有詔責數諸葛瑾、步騭、朱然、呂岱等曰：「袁禮還，云與子瑜、子山、義封、定公相見，並以時事當有所先後，各自以不掌民事，不肯便有所陳，悉推之伯言、承明。伯言、承明見禮，泣涕懇惻，辭旨辛苦，至乃懷執危怖，有不自安之心。聞此悵然，深自刻怪。何者？夫惟聖人能無過行，明者能自見耳。人之舉措，何能悉中，獨當己有以傷拒衆意，忽不自覺，故諸君有嫌難耳；不爾，何緣乃至於此乎？自孤興軍五十年，所役賦凡百皆出於民。天下未定，孽類猶存，士民勤苦，誠所貫知。然勞百姓，事不得已耳。與諸君從事，自少至長，髮有二色，以謂表裏足以明露，公私分計，足用相保。盡言直諫，所望諸君；拾遺補闕，孤亦望之。昔衞武公年過志壯，勤求輔弼，每獨歎責。〔一〕且布衣韋帶，相與交結，分成好合，尙汚垢不異。今日諸君與孤從事，雖君臣義存，猶謂骨肉不復是過。榮福喜戚，相與共之。忠不匿情，智無遺計，事統是非，諸君豈得從容而已哉！同船濟水，將誰與易？齊桓諸侯之霸者耳，有善管子未嘗不歎，有過未嘗不諫，諫而不得，終諫不止。今孤自省無桓公之德，而諸君諫諍未出於口，仍執嫌難。以此言之，孤於齊桓良優，未知諸君於管子何如耳？久不相見，因事當笑。共定大業，整齊天下，當復有誰？凡百事要所當損益，樂聞異計，匡所不逮。」

〔一〕江表傳曰：權又云：「天下無粹白之狐，而有粹白之裘，衆之所積也。夫能以駁致純，不惟積乎？故能用衆力，則無敵於天下矣；能用衆智，則無畏於聖人矣。」

二年春，〔一〕三月，遣使者羊衜、鄭冑、將軍孫怡之遼東，擊魏守將張持、高慮等，虜得男女。〔二〕零陵言甘露降。夏五月，城沙羨。冬十月，將軍蔣秘南討夷賊。秘所領都督廖式殺臨賀太守嚴綱等，自稱平南將軍，與弟潛共攻零陵、桂陽，及搖動交州、蒼梧、鬱林諸郡，衆數萬人。遣將軍呂岱、唐咨討之，歲餘皆破。

〔一〕江表傳載權正月詔曰：「郎吏者，宿衞之臣，古之命士也。間者所用頗非其人。自今選三署皆依四科，不得以虛辭相飾。」

〔二〕文士傳曰：冑字敬先，沛國人。父札，才學博達，權爲驃騎將軍，以札爲從事中郎，與張昭、孫邵共定朝儀。冑其少子，有文武姿局，少知名，舉賢良，稍遷建安太守。呂壹賓客於郡犯法，胄收付獄，考竟。壹懷恨，後密譖胄。權大怒，召胄還，潘濬、陳表並爲請，得釋。後拜宣信校尉，往救公孫淵，已爲魏所破，還遷執金吾。子豐，字曼季，有文學操行，與陸雲善，與雲詩相往反。司空張華辟，未就，卒。

臣松之聞孫怡者，東州人，非權之宗也。

三年春正月，詔曰：「蓋君非民不立，民非穀不生。頃者以來，民多征役，歲又水旱，年穀有損，而吏或不良，侵奪民時，以致饑困。自今以來，督軍郡守，其謹察非法，當農桑時，以役事擾民者，舉正以聞。」夏四月，大赦，詔諸郡縣治城郭，起譙樓，穿塹發渠，以備盜賊。

冬十一月，民饑，詔開倉廩以賑貧窮。

四年春正月，大雪，平地深三尺，鳥獸死者大半。夏四月，遣衞將軍全琮略淮南，決芍陂，燒安城邸閣，收其人民。威北將軍諸葛恪攻六安。琮與魏將王淩戰于芍陂，中郎將秦晃等十餘人戰死。車騎將軍朱然圍樊，大將軍諸葛瑾取柤中。〔一〕五月，太子登卒。是月，魏太傅司馬宣王救樊。六月，軍還。閏月，大將軍瑾卒。秋八月，陸遜城邾。

〔一〕漢晉春秋曰：零陵太守殷禮言於權曰：「今天棄曹氏，喪誅累見，虎爭之際而幼童涖事。陛下身自御戎，取亂侮亡，宜滌荆、揚之地，舉彊羸之數，使彊者執戟，羸者轉運，西命益州軍于隴右，授諸葛瑾、朱然大衆指事襄陽，陸遜、朱桓別征壽春，大駕入淮陽，歷青、徐。襄陽、壽春困於受敵，長安以西務對蜀軍，許、洛之衆勢必分離；掎角瓦解，民必內應，將帥對向，或失便宜；一軍敗績，則三軍離心，便當秣馬脂車，陵蹈城邑，乘勝逐北，以定華夏。

若不悉軍動衆，循前輕舉，則不足大用，易於屢退。民疲威消，時往力竭，非出兵之策也。」權弗能用之。

五年春正月，立子和爲太子，大赦，改禾興爲嘉興。百官奏立皇后及四王，詔曰：「今天下未定，民物勞瘁，且有功者或未錄，饑寒者尚未恤，猥割土壤以豐子弟，崇爵位以寵妃妾，孤甚不取。其釋此議。」三月，海鹽縣言黃龍見。夏四月，禁進獻御，減太官膳。秋七月，遣將軍聶友、校尉陸凱以兵三萬討珠崖、儋耳。是歲大疫，有司又奏立后及諸王。八月，立子霸爲魯王。

六年春正月，新都言白虎見。諸葛恪征六安，破魏將謝順營，收其民人。冬十一月，丞相顧雍卒。十二月，扶南王范旃遣使獻樂人及方物。是歲，司馬宣王率軍入舒，諸葛恪自皖遷于柴桑。

七年春正月，以上大將軍陸遜爲丞相。秋，宛陵言嘉禾生。是歲，步騭、朱然等各上疏云：「自蜀還者，咸言欲背盟與魏交通，多作舟船，繕治城郭。又蔣琬守漢中，聞司馬懿南向，不出兵乘虛以掎角之，反委漢中，還近成都。事已彰灼，無所復疑，宜爲之備。」權揆其不然，曰：「吾待蜀不薄，聘享盟誓，無所負之，何以致此？又司馬懿前來入舒，旬日便退，蜀在萬里，何知緩急而使出兵乎？昔魏欲入漢川，此間始嚴，亦未舉動，會聞魏還而止，蜀寧可復以此有疑邪？又人家治國，舟船城郭，何得不護？今此間治軍，寧復欲以禦蜀邪？人

言苦不可信，朕爲諸君破家保之。」蜀竟自無謀，如權所籌。〔一〕

〔一〕江表傳載權詔曰：「督將亡叛而殺其妻子，是使妻去夫，子棄父，甚傷義教，自今勿殺也。」

八年春二月，丞相陸遜卒。夏，雷霆犯宮門柱，又擊南津大橋楹。茶陵縣鴻水溢出，流漂居民二百餘家。秋七月，將軍馬茂等圖逆，夷三族。〔一〕八月，大赦。遣校尉陳勳將屯田及作士三萬人鑿句容中道，自小其至雲陽西城，通會市，作邸閣。

〔一〕吳歷曰：茂本淮南鍾離長，而爲王淩所失，叛歸吳，吳以爲征西將軍、九江太守、外部督，封侯，領千兵。權數出苑中，與公卿諸將射。茂與兼符節令朱貞、無難督虞欽、牙門將朱志等合計，伺權在苑中，公卿諸將在門未入，令貞持節稱詔，悉收縛之；茂引兵入苑擊權，分據宮中及石頭塢，遣人報魏。事覺，皆族之。

九年春二月，車騎將軍朱然征魏柤中，斬獲千餘。夏四月，武昌言甘露降。秋九月，以驃騎〔將軍〕步騭爲丞相，車騎〔將軍〕朱然爲左大司馬，衞將軍全琮爲右大司馬，鎮南〔將軍〕呂岱爲上大將軍，威北將軍諸葛恪爲大將軍。〔一〕

〔一〕江表傳曰：是歲，權詔曰：「謝宏往日陳鑄大錢，云以廣貨，故聽之。今聞民意不以爲便，其省息之，鑄爲器物，官勿復出也。私家有者，敕以輸藏，計畀其直，勿有所枉也。」

十年春正月，右大司馬全琮卒。〔一〕二月，權適南宮。三月，改作太初宮，諸將及州郡皆義作。〔二〕夏五月，丞相步騭卒。冬十月，赦死罪。

〔一〕江表傳曰：是歲權遣諸葛壹僞叛以誘諸葛誕，誕以步騎一萬迎壹於高山。權出涂中，遂至高山，潛軍以待之。誕覺而退。

〔二〕江表傳載權詔曰：「建業宮乃朕從京來所作將軍府寺耳，材柱率細，皆以腐朽，常恐損壞。今未復西，可徙武昌宮材瓦，更繕治之。」有司奏言曰：「武昌宮已二十八歲，恐不堪用，宜下所在通更伐致。」權曰：「大禹以卑宮爲美，今軍事未已，所在多賦，若更通伐，妨損農桑。徙武昌材瓦，自可用也。」

十一年春正月，朱然城江陵。二月，地仍震。〔一〕三月，宮成。夏四月，雨雹，雲陽言黃龍見。五月，鄱陽言白虎仁。〔二〕詔曰：「古者聖王積行累善，脩身行道，以有天下，故符瑞應之，所以表德也。朕以不明，何以臻茲？書云『雖休勿休』，公卿百司，其勉脩所職，以匡不逮。」

〔一〕江表傳載權詔曰：「朕以寡德，過奉先祀，涖事不聰，獲譴靈祇，夙夜祗戒，若不終日。羣僚其各厲精，思朕過失，勿有所諱。」

〔二〕瑞應圖曰：白虎仁者，王者不暴虐，則仁虎不害也。

十二年春三月，左大司馬朱然卒。四月，有兩烏銜鵲墮東館。丙寅，驃騎將軍朱據領丞相，燎鵲以祭。〔一〕

〔一〕吳錄曰：六月戊戌，寶鼎出臨平湖。八月癸丑，白鳩見於章安。

十三年夏五月，日至，熒惑入南斗，秋七月，犯魁第二星而東。八月，丹楊、句容及故鄣、寧國諸山崩，鴻水溢。詔原逋責，給貸種食。廢太子和，處故鄣。魯王霸賜死。冬十月，魏將文欽僞叛以誘朱異，權遣呂據就異以迎欽。異等持重，欽不敢進。十一月，立子亮爲太子。遣軍十萬，作堂邑涂塘以淹北道。十二月，魏大將軍王昶圍南郡，荆州刺史王基攻西陵，遣將軍戴烈、陸凱往拒之，皆引還。〔一〕是歲，神人授書，告以改年、立后。

〔一〕庾闡揚都賦注曰：烽火以炬置孤山頭，皆緣江相望，或百里，或五十、三十里，寇至則舉以相告，一夕可行萬里。孫權時合暮舉火於西陵，鼓三竟，達吴郡南沙。

太元元年夏五月，立皇后潘氏，大赦，改年。初臨海羅陽縣有神，自稱王表。〔一〕周旋民閒，語言飲食，與人無異，然不見其形。又有一婢，名紡績。是月，遣中書郎李崇齎輔國將軍羅陽王印綬迎表。表隨崇俱出，與崇及所在郡守令長談論，崇等無以易。所歷山川，輒遣婢與其神相聞。秋七月，崇與表至，權於蒼龍門外爲立第舍，數使近臣齎酒食往。表説水旱小事，往往有驗。〔二〕秋八月朔，大風，江海涌溢，平地深八尺，吴高陵松柏斯拔，郡城南門飛落。冬十一月，大赦。權祭南郊還，寢疾。〔三〕十二月，驛徵大將軍恪，拜爲太子太傅。詔省徭役，減征賦，除民所患苦。

〔一〕吴録曰：羅陽今安固縣。

〔二〕孫盛曰：盛聞國將興，聽於民；國將亡，聽於神。權年老志衰，讒臣在側，廢適立庶，以妾爲妻，可謂多涼德矣。

而僞設符命，求福妖邪，將亡之兆，不亦顯乎！

〔三〕吳錄曰：權得風疾。

二年春正月，立故太子和爲南陽王，居長沙；子奮爲齊王，居武昌；子休爲瑯邪王，居虎林。二月，大赦，改元爲神鳳。皇后潘氏薨。諸將吏數詣王表請福，表亡去。夏四月，權薨，時年七十一，謚曰大皇帝。秋七月，葬蔣陵。〔一〕

〔一〕傅子曰：孫策爲人明果獨斷，勇蓋天下，以父堅戰死，少而合其兵將以報讎，轉鬭千里，盡有江南之地，誅其名豪，威行鄰國。及權繼其業，有張子布以爲腹心，有陸議、諸葛瑾、步騭以爲股肱，有呂範、朱然以爲爪牙，分任授職，乘閒伺隙，兵不妄動，故戰少敗而江南安。

評曰：孫權屈身忍辱，任才尚計，有句踐之奇英，人之傑矣。故能自擅江表，成鼎峙之業。然性多嫌忌，果於殺戮，暨臻末年，彌以滋甚。至于讒說殄行，胤嗣廢斃，〔一〕豈所謂貽厥孫謀以燕翼子者哉？其後葉陵遲，遂致覆國，未必不由此也。〔二〕

〔一〕馬融注尚書曰：殄，絕也，絕君子之行。

〔二〕臣松之以爲孫權橫廢無罪之子，雖爲兆亂，然國之傾覆，自由暴晧。若權不廢和，晧爲世適，終至滅亡，有何異哉？此則喪國由於昏虐，不在於廢黜也。設使亮保國祚，休不早死，則晧不得立。晧不得立，則吳不亡矣。

三國志卷四十八　吳書三

三嗣主傳第三

孫亮字子明，權少子也。權春秋高，而亮最少，故尤留意。姊全公主嘗譖太子和子母，心不自安，因倚權意，欲豫自結，數稱述全尚女，勸爲亮納。赤烏十三年，和廢，權遂立亮爲太子，以全氏爲妃。

太元元年夏，亮母潘氏立爲皇后。冬，權寢疾，徵大將軍諸葛恪爲太子太傅，會稽太守滕胤爲太常，並受詔輔太子。明年四月，權薨，太子卽尊號，大赦，改元〔建興〕，是歲於魏嘉平四年也。

閏月，以恪爲帝太傅，胤爲衞將軍領尚書事，上大將軍呂岱爲大司馬，諸文武在位皆進爵班賞，冗官加等。冬十月，太傅恪率軍遏巢湖，巢音祖了反。城東興，使將軍全端守西城，都尉留略守東城。十二月朔丙申，大風雷電，魏使將軍諸葛誕、胡遵等步騎七萬圍東興，將軍王昶攻南郡，毌丘儉向武昌。甲寅，恪以大兵赴敵。戊午，兵及東興，交戰，大破魏軍，殺將

軍韓綜、桓嘉等。是月，雷雨，天災武昌端門；改作端門，又災內殿。〔一〕

〔一〕臣松之案：孫權赤烏十年，詔徙武昌宮材瓦，以繕治建康宮，而此猶有端門內殿。吳錄云：諸葛恪有遷都意，更起武昌宮。今所災者恪所新作。

二年春正月丙寅，立皇后全氏，大赦。庚午，王昶等皆退。二月，軍還自東興，大行封賞。三月，恪率軍伐魏。夏四月，圍新城，大疫，兵卒死者大半。秋八月，恪引軍還。冬十月，大饗。武衞將軍孫峻伏兵殺恪於殿堂。大赦。以峻爲丞相，封富春侯。十一月，有大鳥五見于春申，（明年改）〔改明年〕元。

五鳳元年夏，大水。秋，吳侯英謀殺峻，覺，英自殺。冬十一月，星茀于斗、牛。〔一〕

〔一〕江表傳曰：是歲交阯稗草化爲稻。

二年春正月，魏鎮東大將軍毌丘儉、前將軍文欽以淮南之衆西入，戰于樂嘉。閏月壬辰，峻及驃騎將軍呂據、左將軍留贊率兵襲壽春，軍及東興，聞欽等敗。壬寅，兵進于橐皋，欽詣峻降，淮南餘衆數萬口來奔。魏諸葛誕入壽春，峻引軍還。二月，及魏將軍曹珍遇于高亭，交戰，珍敗績。留贊爲誕別將蔣班所敗于菰陂，贊及將軍孫楞、蔣脩等皆遇害。三月，使鎮南將軍朱異襲安豐，不克。秋七月，將軍孫儀、張怡、林恂等謀殺峻，發覺，儀自殺，恂等伏辜。陽羨離里山大石自立。使衞尉馮朝城廣陵，拜將軍吳穰爲廣陵太守，留略爲東海太守。是歲大旱。十二月，作太廟。以馮朝爲監軍使者，督徐州諸軍事，民饑，軍士怨畔。

太平元年春〔一〕二月朔，建業火。峻用征北大將軍文欽計，將征魏。八月，先遣欽及驃騎〔將軍〕呂據、車騎〔將軍〕劉纂、鎮南〔將軍〕朱異、前將軍唐咨軍自江都入淮、泗。九月丁亥，峻卒，以從弟偏將軍綝爲侍中、武衛將軍，領中外諸軍事，召還據等。〔據〕聞綝代峻，大怒。己丑，大司馬呂岱卒。壬辰，太白犯南斗。據、欽、咨等表薦衛將軍滕胤爲丞相，綝不聽。癸卯，更以胤爲大司馬，代呂岱駐武昌。據引兵還，欲討綝。綝遣使以詔書告喻欽、咨等，使取據。冬十月丁未，遣孫憲及丁奉、施寬等以舟兵逆據於江都，遣將軍劉丞督步騎攻胤。胤兵敗夷滅。己酉，大赦，改年。辛亥，獲呂據於新州。十一月，以綝爲大將軍、假節，封（永康侯）〔永寧侯〕。孫憲與將軍王惇謀殺綝，事覺，綝殺惇，迫憲令自殺。十二月，使五官中郎將刁玄告亂于蜀。

〔一〕吳歷曰：正月，爲權立廟，稱太祖廟。

二年春二月甲寅，大雨，震電。乙卯，雪，大寒。以長沙東部爲湘東郡，西部爲衡陽郡，會稽東部爲臨海郡，豫章東部爲臨川郡。夏四月，亮臨正殿，大赦，始親政事。綝所表奏，多見難問，又科兵子弟年十八已下十五已上，得三千餘人，選大將子弟年少有勇力者爲之將帥。亮曰：「吾立此軍，欲與之俱長。」日於苑中習焉。〔一〕

〔一〕吳歷曰：亮數出中書視孫權舊事，問左右侍臣：「先帝數有特制，今大將軍問事，但令我書可邪！」亮後出西苑，方食生梅，使黃門至中藏取蜜漬梅，蜜中有鼠矢，召問藏吏，藏吏叩頭。亮問吏曰：「黃門從汝求蜜邪？」吏曰：「向求，實不敢與。」黃門不服，侍中刁玄、張邠啓：「黃門、藏吏辭語不同，請付獄推盡。」亮曰：「此易知耳。」令破鼠矢，矢裹燥。亮大笑謂玄、邠曰：「若矢先在蜜中，中外當俱濕，今外濕裹燥，必是黃門所爲。」黃門首服，左右莫不驚悚。

江表傳曰：亮使黃門以銀椀并蓋就中藏吏取交州所獻甘蔗餳。黃門先恨藏吏，以鼠矢投餳中，啓言藏吏不謹。亮呼吏持餳器入，問曰：「此器既蓋之，且有掩覆，無緣有此，黃門將有恨於汝邪？」吏叩頭曰：「嘗從某求宮中莞席，宮席有數，不敢與。」亮曰：「必是此也。」覆問黃門，具首伏。即於目前加髡鞭，斥付外署。臣松之以爲鼠矢新者，亦表裏皆濕。黃門取新矢則無以得其姦也，緣遇燥矢，故成亮之慧。然猶謂吳歷此言，不如江表傳爲實也。

五月，魏征東大將軍諸葛誕以淮南之衆保壽春城，遣將軍朱成稱臣上疏，又遣子靚、長史吳綱諸牙門子弟爲質。六月，使文欽、唐咨、全端等步騎三萬救誕。朱異自虎林率衆襲夏口，夏口督孫壹奔魏。秋七月，綝率衆救壽春，次于鑊里，朱異至自夏口，綝使異爲前部督，與丁奉等將介士五萬解圍。八月，會稽南部反，殺都尉。鄱陽、新都民爲亂，廷尉丁密、步兵校尉鄭胄、將軍鍾離牧率軍討之。朱異以軍士乏食引還，綝大怒，九月朔己巳，殺異於鑊里。辛未，綝自鑊里還建業。甲申，大赦。十一月，全緒子禕、儀以其母奔魏。十二月，全端、懌等自壽春城詣司馬文王。

三年春正月，諸葛誕殺文欽。三月，司馬文王克壽春，誕及左右戰死，將吏已下皆降。秋七月，封故齊王奮爲章安侯。詔州郡伐宮材。自八月沈陰不雨四十餘日。亮以綝專恣，與太常全尚，將軍劉丞謀誅綝。九月戊午，綝以兵取尚，遣弟恩攻殺丞於蒼龍門外，召大臣會宮門，黜亮爲會稽王，時年十六。

孫休字子烈，權第六子。年十三，從中書郎射慈、郎中盛沖受學。太元二年正月，封琅邪王，居虎林。四月，權薨，休弟亮承統，諸葛恪秉政，不欲諸王在濱江兵馬之地，徙休於丹楊郡。太守李衡數以事侵休，休上書乞徙他郡，詔徙會稽。居數歲，夢乘龍上天，顧不見尾，覺而異之。孫亮廢，己未，孫綝使宗正孫楷與中書郎董朝迎休。休初聞問，意疑，楷、朝具述綝等所以奉迎本意，留一日二夜，遂發。十月戊寅，行至曲阿，有老公干休叩頭曰：「事久變生，天下喁喁，願陛下速行。」休善之，是日進及布塞亭。武衞將軍恩行丞相事，率百僚以乘輿法駕迎於永昌亭，築宮，以武帳爲便殿，設御座。己卯，休至，望便殿止住，使孫楷先見恩。楷還，休乘輦進，羣臣再拜稱臣。休升便殿，謙不卽御坐，止東廂。戶曹尚書前卽階下讚奏，丞相奉璽符。休三讓，羣臣三請。休曰：「將相諸侯咸推寡人，寡人敢不承受璽符。」

羣臣以次奉引，休就乘輿，百官陪位，綝以兵千人迎於半野，拜于道側，休下車答拜。即日，御正殿，大赦，改元。是歲，於魏甘露三年也。

永安元年冬十月壬午，詔曰：「夫褒德賞功，古今通義。其以大將軍綝爲丞相、荆州牧，增食五縣。武衞將軍恩爲御史大夫、衞將軍、中軍督，封縣侯。威遠將軍(授)〔據〕爲右將軍、縣侯。偏將軍幹雜號將軍、亭侯。長水校尉張布輔導勤勞，以布爲輔義將軍，封永康侯。董朝親迎，封爲鄉侯。」又詔曰：「丹楊太守李衡，以往事之嫌，自拘有司。夫射鉤斬袪，在君爲君，遣衡還郡，勿令自疑。」〔一〕己丑，封孫晧爲烏程侯，晧弟德錢唐侯，謙永安侯。〔二〕

〔一〕襄陽記曰：衡字叔平，本襄陽卒家子也，漢末入吳爲武昌庶民。聞羊衜有人物之鑒，往干之，衜曰：「多事之世，尚書劇曹郎才也。」是時校事呂壹操弄權柄，大臣畏偪，莫有敢言，衜曰：「非李衡無能困之者。」遂共薦爲郎。權引見，衡口陳壹姦短數千言，權有愧色。數月，壹被誅，而衡大見顯擢。後常爲諸葛恪司馬，幹恪府事。恪被誅，求爲丹楊太守。時孫休在郡治，衡數以法繩之。妻習氏每諫衡，衡不從。會休立，衡憂懼，謂妻曰：「不用卿言，以至于此。」遂欲奔魏。妻曰：「不可。君本庶民耳，先帝相拔過重，既數作無禮，而復逆自猜嫌，逃叛求活，以此北歸，何面見中國人乎？」衡曰：「計何所出？」妻曰：「琅邪王素好善慕名，方欲自顯於天下，終不以私嫌殺君明矣。可自囚詣獄，表列前失，顯求受罪。如此，乃當逆見優饒，非但直活而已。」衡從之，果得無患，又加威遠將軍，授以棨戟。衡每欲治家，妻輒不聽，後密遣客十人於武陵龍陽氾洲上作宅，種甘橘千株。臨死，敕兒曰：「汝母惡我治家，故窮如是。然吾州里有千頭木奴，不責汝衣食，歲上一匹絹，亦可足用耳。」衡亡後二十餘日，兒以白母，母曰：「此當是種甘橘也，汝家失十戶客來七八年，必汝父遣爲宅。汝父恆稱太史公言，『江陵千樹橘，當封君家』。吾答曰：『且人患無德義，不患不富，若貴而能貧，方好耳，用此何爲！』」吳末，衡甘橘成，歲得絹數千匹，家道殷足。晉咸康中，其宅址枯樹猶在。

〔二〕江表傳曰：羣臣奏立皇后、太子，詔曰：「朕以寡德，奉承洪業，莅事日淺，恩澤未敷，加后妃之號，嗣子之位，非所急也。」有司又固請，休謙虛不許。

十一月甲午，風四轉五復，蒙霧連日。綝一門五侯皆典禁兵，權傾人主，有所陳述，敬而不違，於是益恣。休恐其有變，數加賞賜。丙申，詔曰：「大將軍忠款內發，首建大計以安社稷，卿士內外，咸贊其議，並有勳勞。昔霍光定計，百僚同心，無復是過。亟案前日與議定策告廟人名，依故事應加爵位者，促施行之。」戊戌，詔曰：「大將軍掌中外諸軍事，事統煩多，其加衞將軍御史大夫恩侍中，與大將軍分省諸事。」壬子，詔曰：「諸吏家有五人三人兼重爲役，父兄在都，子弟給郡縣吏，既出限米，軍出又從，至於家事無經護者，朕甚愍之。其有五人三人爲役，聽其父兄所欲留，爲留一人，除其米限，軍出不從。」又曰：「諸將吏奉迎陪位在永昌亭者，皆加位一級。」頃之，休聞綝逆謀，陰與張布圖計。十二月戊辰臘，百僚朝賀，公卿升殿，詔武士縛綝，即日伏誅。己巳，詔以左將軍張布討姦臣，加布爲中軍督，封布弟惇爲都亭侯，給兵三百人，惇弟恂爲校尉。

詔曰：「古者建國，教學爲先，所以道世治性，爲時養器也。自建興以來，時事多故，吏民頗以目前趨務，去本就末，不循古道。夫所尙不惇，則傷化敗俗，其案古置學官，立五經博士，核取應選，加其寵祿，科見吏之中及將吏子弟有志好者，各令就業。一歲課試，差其品第，加以位賞。使見之者樂其榮，聞之者羨其譽。以敦王化，以隆風俗。」

二年春正月，震電。三月，備九卿官，詔曰：「朕以不德，託于王公之上，夙夜戰戰，忘寢與食。今欲偃武修文，以崇大化。推此之道，當由士民之贍，必須農桑。管子有言：『倉廩實，知禮節；衣食足，知榮辱。』夫一夫不耕，有受其饑，一婦不織，有受其寒；饑寒並至而民不爲非者，未之有也。自頃年已來，州郡吏民及諸營兵，多違此業，皆浮船長江，賈作上下，良田漸廢，見穀日少，欲求大定，豈可得哉？亦由租入過重，農人利薄，使之然乎！今欲廣開田業，輕其賦稅，差科彊羸，課其田畝，務令優均，官私得所，使家給戶贍，足相供養，則愛身重命，不犯科法，然後刑罰不用，風俗可整。以羣僚之忠賢，若盡心於時，雖太古盛化，未可卒致，漢文升平，庶幾可及。及之則臣主俱榮，不及則損削侵辱，何可從容俯仰而已。諸卿尙書，可共咨度，務取便佳。田桑已至，不可後時。事定施行，稱朕意焉。」

三年春三月，西陵言赤烏見。秋，用都尉嚴密議，作浦里塘。會稽郡謠言王亮當還爲天子，而亮宮人告亮使巫禱祠，有惡言。有司以聞，黜爲候官侯，遣之國。道自殺，衞送者

伏罪。〔一〕以會稽南部爲建安郡，分宜都置建平郡。〔二〕

〔一〕吳錄曰：或云休鴆殺之。至晉太康中，吳故少府丹楊戴顒迎亮喪，葬之賴鄉。

〔二〕吳歷曰：是歲得大鼎於建德縣。

四年夏五月，大雨，水泉涌溢。秋八月，遣光祿大夫周奕、石偉巡行風俗，察將吏清濁，民所疾苦，爲黜陟之詔。〔一〕九月，布山言白龍見。是歲，安吳民陳焦死，埋之，六日更生，穿土中出。

〔一〕楚國先賢傳曰：石偉字公操，南郡人。少好學，脩節不怠，介然獨立，有不可奪之志。舉茂才、賢良方正，皆不就。孫休即位，特徵偉，累遷至光祿勳。及晧即位，朝政昏亂，偉乃辭老耄痼疾乞身，就拜光祿大夫。吳平，建威將軍王戎親詣偉。太康二年，詔曰：「吳故光祿大夫石偉，秉志清白，皓首不渝，雖處危亂，廉節可紀。年已過邁，不堪遠涉，其以偉爲議郎，加二千石秩，以終厥世。」偉遂陽狂及盲，不受晉爵。年八十三，太熙元年卒。

五年春二月，白虎門北樓災。秋七月，始新言黃龍見。八月壬午，大雨震電，水泉涌溢。乙酉，立皇后朱氏。戊子，立子𩅦爲太子，大赦。〔一〕冬十月，以衞將軍濮陽興爲丞相，廷尉丁密、光祿勳孟宗爲左右御史大夫。休以丞相興及左將軍張布有舊恩，委之以事，布典宮省，興關軍國。休銳意於典籍，欲畢覽百家之言，尤好射雉，春夏之間常晨出夜還，唯此時舍書。休欲與博士祭酒韋曜、博士盛沖講論道藝，曜、沖素皆切直，布恐入侍，發其陰失，令已不得專，因妄飾說以拒遏之。休答曰：「孤之涉學，羣書略徧，所見不少也；其明君闇主，姦臣賊子，古今賢愚成敗之事，無不覽也。今曜等入，但欲與論講書耳，不爲從曜等始更受學也。縱復如此，亦何所損？君特當以曜等恐道臣下姦變之事，以此不欲令入耳。如此之事，孤已自備之，不須曜等然後乃解也。此都無所損，君意特有所忌故耳。」布得詔陳謝，重自序述，又言懼妨政事。休答曰：「書籍之事，患人不好，好之無傷也。此無所爲非，而君以爲不宜，是以孤有所及耳。政務學業，其流各異，不相妨也。不圖君今日在事，更行此於孤也，良所不取。」布拜表叩頭，休答曰：「聊相開悟耳，何至叩頭乎！如君之忠誠，遠近所知。往者所以相感，今日之巍巍也。詩云：『靡不有初，鮮克有終。』終之實難，君其終之。」初休爲王時，布爲左右將督，素見信愛，及至踐阼，厚加寵待，專擅國勢，多行無禮，自嫌瑕短，懼曜、沖言之，故尤患忌。休雖解此旨，心不能悅，更恐其疑懼，竟如布意，廢其講業，不復使沖等入。是歲使察戰到交阯調孔爵、大豬。〔二〕

〔一〕吳錄載休詔曰：「人之有名，以相紀別，長爲作字，憚其名耳。禮，名子欲令難犯易避，五十稱伯仲，古或一字。今人競作好名好字，又令相配，所行不副，此瞽字伯明者也，孤嘗哂之。或師友父兄所作，或自己爲；師友尚可，父兄猶非，自爲最不謙。孤今爲四男作名字：太子名𩅦，𩅦音如湖水灣澳之灣，字𦞦，𦞦音如迄今之迄；次子名𩃙，𩃙音如兕觥之觥，字𩃯，𩃯音如玄礥首之礥；次子名壾，壾音如草莽之莽，字昷，昷音如舉物之舉；次子名𡒃，𡒃晉如褒衣下寬大之褒，字𧙗，𧙗音如有所擁持之擁。此都不與世所用者同，故鈔舊文會合作之。夫書八體損益，因事而生，今造此名字，既不相配，又字但一，庶易棄避，其普告天下，使咸聞知。」臣松之以爲傳稱「名以制義，義以出禮，禮以體政，政以正民。是以政成而民聽，易則生亂」。斯言之作，豈虛也哉！休欲令難犯，何患無名，而乃造無況之字，制不典之音，違明誥於前脩，垂嗤駭於後代，不亦異乎！是以墳土未乾而妻子夷滅。師服之言，於是乎徵矣。

〔三〕臣松之按：察戰吳官名號，今揚都有察戰巷。

六年夏四月，泉陵言黃龍見。五月，交阯郡吏呂興等反，殺太守孫諝。諝先是科郡上手工千餘人送建業，而察戰至，恐復見取，故興等因此扇動兵民，招誘諸夷也。冬十月，蜀以魏見伐來告。癸未，建業石頭小城火，燒西南百八十丈。甲申，使大將軍丁奉督諸軍向魏壽春，將軍留平別詣施績於南郡，議兵所向，將軍丁封、孫異如沔中，皆救蜀。蜀主劉禪降魏。問至，然後罷。呂興既殺孫諝，使使如魏，請太守及兵。丞相興建取屯田萬人以爲兵，分武陵爲天門郡。〔一〕

〔一〕吳歷曰：是歲青龍見於長沙，白燕見於慈胡，赤雀見於豫章。

七年春正月，大赦。二月，鎮軍〔將軍〕陸抗、撫軍〔將軍〕步協、征西將軍留平、建平太守盛曼，率衆圍蜀巴東守將羅憲。夏四月，魏將新附督王稚浮海入句章，略長吏（賞林）〔貲財〕及男女二百餘口。將軍孫越徼得一船，獲三十人。秋七月，海賊破海鹽，殺司鹽校尉駱秀。

使中書郎劉川發兵廬陵。豫章民張節等爲亂，衆萬餘人。魏使將軍胡烈步騎二萬侵西陵，以救羅憲，陸抗等引軍退。復分交州置廣州。壬午，大赦。癸未，休薨，〔一〕時年三十，諡曰景皇帝。〔二〕

〔一〕江表傳曰：休寢疾，口不能言，乃手書呼丞相濮陽興入，令子䨺出拜之。休把興臂，而指䨺以託之。

〔二〕葛洪抱朴子曰：吳景帝時，戍將於廣陵掘諸冢，取版以治城，所壞甚多，復發一大冢，內有重閣，戶扇皆樞轉可開閉，四周爲徼道通車，其高可以乘馬，又鑄銅爲人數十枚，長五尺，皆大冠朱衣，執劍列侍。靈座皆刻銅人背後石壁，言殿中將軍，或言侍郎、常侍，似公主之冢。破其棺，棺中有人，髮已班白，衣冠鮮明，面體如生人。棺中雲母厚尺許，以白玉璧三十枚藉尸。兵人輩共舉出死人，以倚冢壁。有一玉長一尺許，形似冬瓜，從死人懷中透出墮地。兩耳及鼻孔中，皆有黃金如棗許大，此則骸骨有假物而不朽之效也。

孫晧字元宗，權孫，和子也，一名彭祖，字晧宗。孫休立，封晧爲烏程侯，遣就國。西湖民景養相晧當大貴，晧陰喜而不敢泄。休薨，是時蜀初亡，而交阯攜叛，國內震懼，貪得長君。左典軍萬彧昔爲烏程令，與晧相善，稱晧才識明斷，是長沙桓王之疇也，又加之好學，奉遵法度，屢言之於丞相濮陽興、左將軍張布。興、布說休妃太后朱，欲以晧爲嗣。朱曰：「我寡婦人，安知社稷之慮，苟吳國無隕，宗廟有賴可矣。」於是遂迎立晧，時年二十三，改元，大赦。是歲，於魏咸熙元年也。

元興元年八月，以上大將軍施績、大將軍丁奉爲左右大司馬，張布爲驃騎將軍，加侍中，諸增位班賞，一皆如舊。九月，貶太后爲景皇后，追謚父和曰文皇帝，尊母何爲太后。十月，封休太子𩅦爲豫章王，次子汝南王，次子梁王，次子陳王，立皇后滕氏。〔一〕皓既得志，麤暴驕盈，多忌諱，好酒色，大小失望。興、布竊悔之。或以譖皓，十一月，誅興、布。十二月，孫休葬定陵。封后父滕牧爲高密侯，〔二〕舅何洪等三人皆列侯。是歲，魏置交阯太守之郡。晉文帝爲魏相國，遣昔吳壽春城降將徐紹、孫彧銜命齎書，陳事勢利害，以申喻皓。〔三〕

〔一〕江表傳曰：皓初立，發優詔，恤士民，開倉廩，振貧乏，科出宮女以配無妻，禽獸擾於苑者皆放之。當時翕然稱爲明主。

〔二〕吳歷曰：牧本名密，避丁密，改名牧，丁密避牧，改名爲固。

〔三〕漢晉春秋載晉文王與皓書曰：「聖人稱有君臣然後有上下禮義，是故大必字小，小必事大，然後上下安服，羣生獲所。逮至末塗，純德既毀，剿民之命，以爭疆於天下，違禮順之至理，則仁者弗由也。方今主上聖明，覆幬無外，僕備位宰輔，屬當國重。唯華夏乖殊，方隅圮裂，六十餘載，金革亟動，無年不戰，暴骸喪元，困悴罔定，每用悼心，坐以待旦。將欲止戈興仁，爲百姓請命，故分命偏師，平定蜀漢，役未經年，全軍獨克。于時猛將謀夫，朝臣庶士，咸以奉天時之宜，就既征之軍，藉吞敵之勢，宜遂回旗東指，以臨吳境。舟師泛江，順流而下，陸軍南轅，取徑四郡，兼成都之械，漕巴漢之粟，然後以中軍整旅，三方雲會，未及浹辰，可使江表底平，南夏順軌。然國朝深惟伐蜀之舉，雖有靜難之功，亦悼蜀民獨罹其害，戰於緜竹者，自元帥以下並受斬戮，伏尸蔽地，血流丹野。一之於前，猶追恨不忍，況重之於後乎？是故旋師按甲，思與南邦共全百姓之命。夫料力忖勢，度資量險，遠考古昔廢興之理，近鑒西蜀安危之效，隆德保祚，去危即順，屈己以寧四海者，仁哲之高致也；履危偷安，隕德覆祚，而不稱於後世者，非智者之所居也。今朝廷遣徐紹、孫彧獻書喻懷，若書御於前，必少留意，回慮革算，結歡弭兵，共爲一家，惠矜吳會，施及中土，豈不泰哉！此昭心之大願也，敢不承受。若不獲命，則普天率土，期於大同，雖重干戈，固不獲已也。」

甘露元年三月，皓遣使隨紹、彧報書曰：「知以高世之才，處宰輔之任，漸導之功，勤亦至矣。孤以不德，階承統緒，思與賢良共濟世道，而以壅隔未有所緣，嘉意允著，深用依依。今遣光祿大夫紀陟、五官中郎將弘璆宣明至懷。」〔一〕紹行到濡須，召還殺之，徙其家屬建安，始有白紹稱美中國者故也。夏四月，蔣陵言甘露降，於是改年大赦。秋七月，皓逼殺景后朱氏，亡不在正殿，於苑中小屋治喪，衆知其非疾病，莫不痛切。又送休四子於吳小城，尋復追殺大者二人。九月，從西陵督步闡表，徙都武昌，御史大夫丁固、右將軍諸葛靚鎮建業。陟、璆至洛，遇晉文帝崩，十一月，乃遣還。皓至武昌，又大赦。以零陵南部爲始安郡，桂陽南部爲始興郡。十二月，晉受禪。

〔一〕江表傳曰：皓書兩頭言白，稱名言而不著姓。

吳錄曰：陟字子上，丹楊人。初爲中書郎，孫峻使詰南陽王和，令其引分。陟密使令正辭自理，峻怒。陟懼，閉門不出。孫休時，父亮爲尚書令，而陟爲中書令，每朝會，詔以屏風隔其座。出爲豫章太守。

干寶晉紀曰：陟、璆奉使如魏，入境而問諱，入國而問俗。壽春將王布示之馬射，既而問之曰：「吳之君子亦能斯乎？」陟曰：「此軍人騎士肄業所及，士大夫君子未有爲之者矣。」布大慚。既至，魏帝見之，使儐問曰：「來時吳王何如？」陟對曰：「來時皇帝臨軒，百寮陪位，御膳無恙。」晉文王饗之，百寮畢會，使儐者告曰：「某者安樂公也，某者匈奴單于也。」陟曰：「西主失土，爲君王所禮，位同三代，莫不感義，匈奴邊塞難羈之國，君王懷之，親在坐席，此誠威恩遠著。」又問：「吳之戍備幾何？」對曰：「自西陵以至江都，五千七百里。」又問曰：「道里甚遠，難爲堅固？」對曰：「疆界雖遠，而其險要必爭之地，不過數四，猶人雖有八尺之軀靡不受患，其護風寒亦數處耳。」文王善之，厚爲之禮。

臣松之以爲人有八尺之體靡不受患，防護風寒豈唯數處？取譬若此，未足稱能。若曰譬如金城萬雉，所急防者四門而已。方陟此對，不猶愈乎！

吳錄曰：晧以諸父與和相連及者，家屬皆徙東冶，唯陟以有密旨，特封子孚都亭侯。孚弟瞻，字思遠，入仕晉驃騎將軍。弘璆，曲阿人，弘咨之孫，權外甥也。璆後至中書令、太子少傅。

寶鼎元年正月，遣大鴻臚張儼、五官中郎將丁忠弔祭晉文帝。及還，儼道病死。〔一〕忠說晧曰：「北方守戰之具不設，弋陽可襲而取。」晧訪羣臣，鎮西大將軍陸凱曰：「夫兵不得已而用之耳，且三國鼎立已來，更相侵伐，無歲寧居。今彊敵新幷巴蜀，有兼土之實，而遣使求親，欲息兵役，不可謂其求援於我。今敵形勢方彊，而欲徼幸求勝，未見其利也。」車騎將軍劉纂曰：「天生五才，誰能去兵？譎詐相雄，有自來矣。若其有闕，庸可棄乎？宜遣閒諜，以觀其勢。」皓陰納纂言，且以蜀新平，故不行，然遂自絕。八月，所在言得大鼎，於是改年，大赦。以陸凱爲左丞相，常侍萬彧爲右丞相。冬十月，永安山賊施但等聚衆數千人，〔二〕劫皓庶弟永安侯謙出烏程，取孫和陵上鼓吹曲蓋。比至建業，衆萬餘人。丁固、諸葛靚逆之於牛屯，大戰，但等敗走。獲謙，謙自殺。〔三〕分會稽爲東陽郡，分吳、丹楊爲吳興郡。〔四〕以零陵北部爲邵陵郡。十二月，皓還都建業，衞將軍滕牧留鎮武昌。

〔一〕吳錄曰：儼字子節，吳人也。弱冠知名，歷顯位，以博聞多識，拜大鴻臚。使於晉，皓謂儼曰：「今南北通好，以君爲有出境之才，故相屈行。」對曰：「皇皇者華，蒙其榮耀，無古人延譽之美，磨厲鋒鍔，思不辱命。」既至，車騎將軍賈充、尚書令裴秀、侍中荀勖等欲傲以所不知而不能屈。尚書僕射羊祜、尚書何楨並結縞帶之好。

〔二〕吳錄曰：永安今武康縣也。

〔三〕漢晉春秋曰：初望氣者云荆州有王氣破揚州而建業宮不利，故皓徙武昌，遣使者發民掘荆州界大臣名家冢與山岡連者以厭之。既聞但反，自以爲徙土得計也。使數百人鼓譟入建業，殺但妻子，云天子使荆州兵來破揚州賊，以厭前氣。

〔四〕皓詔曰：「古者分土建國，所以褒賞賢能，廣樹藩屏。秦毀五等爲三十六郡，漢室初興，闓立乃至百王，因事制宜，蓋無常數也。今吳郡陽羨、永安、餘杭、臨水及丹楊故鄣、安吉、原鄉、於潛諸縣，地勢水流之便，悉注烏程，既宜立郡以鎮山越，且以藩衞明陵，奉承大祭，不亦可乎！其亟分此九縣爲吳興郡，治烏程。」

二年春，大赦。右丞相萬彧上鎭巴丘。夏六月，起顯明宮，〔一〕冬十二月，晧移居之。是歲，分豫章、廬陵、長沙爲安成郡。

〔一〕太康三年地記曰：吳有太初宮，方三百丈，權所起也。昭明宮方五百丈，晧所作也。避晉諱，故曰顯明。吳歷云：顯明在太初之東。江表傳曰：晧營新宮，二千石以下皆自入山督攝伐木。又破壞諸營，大開園囿，起土山樓觀，窮極伎巧，功役之費以億萬計。陸凱固諫，不從。

三年春二月，以左右御史大夫丁固、孟仁爲司徒、司空。〔一〕秋九月，晧出東關，丁奉至合肥。是歲，遣交州刺史劉俊、前部督脩則等入擊交阯，爲晉將毛炅等所破，皆死，兵散還合浦。

〔一〕吳書曰：初，固爲尚書，夢松樹生其腹上，謂人曰：「松字十八公也，後十八歲，吾其爲公乎！」卒如夢焉。

建衡元年春正月，立子瑾爲太子，及淮陽、東平王。冬十月，改年，大赦。十一月，左丞相陸凱卒。遣監軍虞汜、威南將軍薛珝、蒼梧太守陶璜由荆州，監軍李勖、督軍徐存從建安海道，皆就合浦擊交阯。

二年春，萬彧還建業。李勖以建安道不通利，殺導將馮斐，引軍還。三月，天火燒萬餘家，死者七百人。夏四月，左大司馬施績卒。殿中列將何定曰：「少府李勖枉殺馮斐，擅徹軍退還。」𠠎及徐存家屬皆伏誅。秋九月，何定將兵五千人上夏口獵。都督孫秀奔晉。是歲大赦。

三年春正月晦，皓舉大衆出華里，皓母及妃妾皆行，東觀令華覈等固爭，乃還。〔一〕是歲，汜、璜破交阯，禽殺晉所置守將，九眞、日南皆還屬。〔二〕大赦，分交阯爲新昌郡。諸將破扶嚴，置武平郡，以武昌督范愼爲太尉。右大司馬丁奉、司空孟仁卒。〔三〕西苑言鳳皇集，改明年元。

〔一〕江表傳曰：初丹楊刁玄使蜀，得司馬徽與劉廙論運命曆數事。玄詐增其文以誑國人曰：「黃旗紫蓋見於東南，終有天下者，荆、揚之君乎！」又得中國降人，言壽春下有童謠曰「吳天子當上」。皓聞之，喜曰：「此天命也。」卽載其母妻子及後宮數千人，從牛渚陸道西上，云青蓋入洛陽，以順天命。行遇大雪，道塗陷壞，兵士被甲持仗，百人共引一車，寒凍殆死。兵人不堪，皆曰：「若遇敵便當倒戈耳。」皓聞之，乃還。

〔二〕漢晉春秋曰：初霍弋遣楊稷、毛炅等戍，與之誓曰：「若賊圍城，未百日而降者，家屬誅；若過百日而城沒者，刺史受其罪。」稷等日未滿而糧盡，乞降於璜。璜不許，而給糧使守。吳人並諫，璜曰：「霍弋已死，無能來者，可須其糧盡，然後乃受，使彼來無罪，而我取有義，內訓吾民，外懷鄰國，不亦可乎！」稷、炅糧盡，救不至，乃納之。

華陽國志曰：稷，犍爲人。炅，建寧人。稷等城中食盡，死亡者半，將軍王約反降，吳人得入城，獲稷、炅，皆囚之。孫皓使送稷下都，稷至合浦，歐血死。晉追贈交州刺史。初，毛炅與吳軍戰，殺前部督脩則。陶璜等以炅壯勇，欲赦之。而則子尤固求殺炅，炅亦不爲璜等屈，璜等怒，面縛炅詰之，曰：「晉（兵）賊！」炅厲聲曰：「吳狗，何等爲賊？」吳人生剖其腹，尤割其心肝，罵曰：「庸復作賊？」炅猶罵不止，曰：「尙欲斬汝孫晧，汝父何死狗也！」乃斬之。晉武帝聞而哀矜，卽詔使炅長子襲爵，餘三子皆關內侯。此與漢晉春秋所說不同。

〔三〕吳錄曰：仁字恭武，江夏人也，本名宗，避晧字，易焉。少從南陽李肅學。其母爲作厚褥大被，或問其故，母曰：「小兒無德致客，學者多貧，故爲廣被，庶可得與氣類接也。」其讀書夙夜不懈，肅奇之，曰：「卿宰相器也。」初爲驃騎將軍朱據軍吏，將母在營。既不得志，又夜雨屋漏，因起涕泣，以謝其母，母曰：「但當勉之，何足泣也？」據亦稍知之，除爲監池司馬。自能結網，手以捕魚，作鮓寄母，母因以還之，曰：「汝爲魚官，而以鮓寄我，非避嫌也。」遷吳令。時皆不得將家之官，每得時物，來以寄母，常不先食。及聞母亡，犯禁委官，語在權傳。特爲減死一等，復使爲官，蓋優之也。

楚國先賢傳曰：宗母嗜筍，冬節將至。時筍尙未生，宗入竹林哀嘆，而筍爲之出，得以供母，皆以爲至孝之所致感。累遷光祿勳，遂至公矣。

鳳皇元年秋八月，徵西陵督步闡。闡不應，據城降晉。遣樂鄉都督陸抗圍取闡，闡衆悉降。闡及同計數十人皆夷三族。大赦。是歲右丞相萬彧被譴憂死，徙其子弟於廬陵。〔一〕何定姦穢發聞，伏誅。晧以其惡似張布，追改定名爲布。〔二〕

〔一〕江表傳曰：初晧游華里，彧與丁奉、留平密謀曰：「此行不急，若至華里不歸，社稷事重，不得不自還。」此語頗泄。晧聞知，以彧等舊臣，且以計忍而陰銜之。後因會，以毒酒飲彧，傳酒人私減之。又飲留平，平覺之，服他藥以解，得不死。或自殺。平憂懣，月餘亦死。

〔三〕江表傳曰：定，汝南人，本孫權給使也，後出補吏。定佞邪僭媚，自表先帝舊人，求還內侍，皓以爲樓下都尉，典知酤糴事，專爲威福。而皓信任，委以衆事。定爲子求少府李勖女，不許。定挾忿譖勖於皓，皓尺口誅之，焚其尸。定又使諸將各上好犬，皆千里遠求，一犬至直數千匹。御犬率具纓，直錢一萬。一犬一兵，養以捕兔供廚。所獲無幾。吳人皆歸罪於定，而皓以爲忠勤，賜爵列侯。

吳歷曰：中書郎奚熙譖宛陵令賀惠。惠，劭弟也。遣使者徐粲訊治，熙又譖粲顧護不即決斷。皓遣使就宛陵斬粲，收惠付獄。會赦得免。

二年春三月，以陸抗爲大司馬。司徒丁固卒。秋九月，改封淮陽爲魯，東平爲齊，又封陳留、章陵等九王，凡十一王，王給三千兵。大赦。皓愛妾或使人至市劫奪百姓財物，司市中郎將陳聲，素皓幸臣也，恃皓寵遇，繩之以法。妾以愬皓，皓大怒，假他事燒鋸斷聲頭，投其身於四望之下。是歲，太尉范慎卒。

三年，會稽妖言章安侯奮當爲天子。臨海太守奚熙與會稽太守郭誕書，非論國政。誕但白熙書，不白妖言，送付建安作船。〔一〕遣三郡督何植收熙，熙發兵自衛，斷絕海道。熙部曲殺熙，送首建業，夷三族。秋七月，遣使者二十五人分至州郡，科出亡叛。大司馬陸抗卒。自改年及是歲，連大疫。分鬱林爲桂林郡。

〔一〕會稽邵氏家傳曰：邵疇字溫伯，時爲誕功曹。誕被收，惶遽無以自明。疇進曰：「疇今自在，疇之事，明府何憂？」

遂詣吏自列，云不白妖言，事由于己，非府君罪。吏上疇辭，晧怒猶盛。疇慮誣卒不免，遂自殺以證之。臨亡，置辭曰：「疇生長邊陲，不閑教道，得以門資，廁身本郡，踰越儕類，位極朝右，不能贊揚盛化，養之以福。今妖訛橫興，干國亂紀，疇以噂嗒之語，本非事實，雖家誦人詠，不足有慮。天下重器，而匹夫橫議，疾其醜聲，不忍聞見，欲含垢藏疾，不彰之翰筆，鎮躁歸靜，使之自息。愚心勤勤，每執斯旨，故誣屈其所是，默以見從。此之爲愆，實由於疇。謹不敢逃死，歸罪有司，唯乞天鑒，特垂清察。」吏收疇喪，得辭以聞，晧乃免誣大刑，送付建安作船。疇亡時，年四十。晧嘉疇節義，詔郡縣圖形廟堂。

天册元年，吳郡言掘地得銀，長一尺，廣三分，刻上有年月字，於是大赦改年。

天璽元年，吳郡言臨平湖自漢末草穢壅塞，今更開通。長老相傳，此湖塞，天下亂，此湖開，天下平。又於湖邊得石函，中有小石，青白色，長四寸，廣二寸餘，刻上作皇帝字，於是改年，大赦。會稽太守車浚、湘東太守張詠不出算緡，就在所斬之，徇首諸郡。〔一〕秋八月，京下督孫楷降晉。鄱陽言歷陽山石文理成字，凡二十，云「楚九州渚，吳九州都，揚州士，作天子，四世治，太平始」。〔二〕又吳興陽羨山有空石，長十餘丈，名曰石室，在所表爲大瑞。乃遣兼司徒董朝、兼太常周處至陽羨縣，封禪國山。明年改元，大赦，以協石文。

〔一〕江表傳曰：浚在公清忠，值郡荒旱，民無資糧，表求振貸。晧謂浚欲樹私恩，遣人梟首。又尚書熊睦見晧酷虐，微有所諫，晧使人以刀環撞殺之，身無完肌。

〔二〕江表傳曰：歷陽縣有石山臨水，高百丈，其三十丈所，有七穿駢羅，穿中色黃赤，不與本體相似，俗相傳謂之石印。

又云，石印封發，天下當太平。下有祠屋，巫祝言石印神有三郎。時歷陽長表上言石印發，皓遣使以太牢祭歷山。巫言，石印三郎說「天下方太平」。使者作高梯，上看印文，詐以朱書石作二十字，還以啓皓。皓大喜曰：「吳當爲九州作都、渚乎！從大皇帝逮孤四世矣，太平之主，非孤復誰？」重遣使，以印綬拜三郎爲王，又刻石立銘，褒贊靈德，以答休祥。

天紀元年夏，夏口督孫慎出江夏、汝南，燒略居民。初，騶子張俶多所譖白，累遷爲司直中郎將，封侯，甚見寵愛，是歲姦情發聞，伏誅。〔一〕

〔一〕江表傳曰：俶父，會稽山陰縣卒也，知俶不良，上表云：「若用俶爲司直，有罪乞不從坐。」皓許之。俶表立彈曲二十人，專糾司不法，於是愛惡相攻，互相謗告。彈曲承言，收繫囹圄，聽訟失理，獄以賄成。人民窮困，無所措手足。俶奢淫無厭，取小妻三十餘人，擅殺無辜，衆姦並發，父子俱見車裂。

二年秋七月，立成紀、宣威等十一王，王給三千兵，大赦。

三年夏，郭馬反。馬本合浦太守脩允部曲督。允轉桂林太守，疾病，住廣州，先遣馬將五百兵至郡安撫諸夷。允死，兵當分給，馬等累世舊軍，不樂離別。皓時又科實廣州戶口，馬與部曲將何典、王族、吳述、殷興等因此恐動兵民，合聚人衆，攻殺廣州督虞授。馬自號都督交、廣二州諸軍事、安南將軍，興廣州刺史，述南海太守。典攻蒼梧，族攻始興。〔二〕八月，以軍師張悌爲丞相，牛渚都督何植爲司徒。執金吾滕循爲司空，未拜，轉鎮南將軍，假節領廣州牧，率萬人從東道討馬，與族遇于始興，未得前。馬殺南海太守劉略，逐廣州刺史徐旗。皓又遣徐陵督陶濬將七千人從西道，命交州牧陶璜部伍所領及合浦、鬱林諸郡兵，當與東西軍共擊馬。

〔一〕漢晉春秋曰：先是，吳有說讖者曰：「吳之敗，兵起南裔，亡吳者公孫也。」皓聞之，文武職位至于卒伍有姓公孫者，皆徙於廣州，不令停江邊。及聞馬反，大懼曰：「此天亡也。」

有鬼目菜生工人黃耇家，依緣棗樹，長丈餘，莖廣四寸，厚三分。又有買菜生工人吳平家，高四尺，厚三分，如枇杷形，上廣尺八寸，下莖廣五寸，兩邊生葉綠色。東觀案圖，名鬼目作芝草，買菜作平慮草，遂以耇爲侍芝郎，平爲平慮郎，皆銀印青綬。

冬，晉命鎮東大將軍司馬伷向涂中，安東將軍王渾、揚州刺史周浚向牛渚，建威將軍王戎向武昌，平南將軍胡奮向夏口，鎮南將軍杜預向江陵，龍驤將軍王濬、廣武將軍唐彬浮江東下，太尉賈充爲大都督，量宜處要，盡軍勢之中。陶濬至武昌，聞北軍大出，停駐不前。

初，皓每宴會羣臣，無不咸令沈醉。置黃門郎十人，特不與酒，侍立終日，爲司過之吏。宴罷之後，各奏其闕失，迕視之咎，謬言之愆，罔有不舉。大者卽加威刑，小者輒以爲罪。後宮數千，而採擇無已。又激水入宮，宮人有不合意者，輒殺流之。或剝人之面，或鑿人之眼。岑昏險諛貴幸，致位九列，好興功役，衆所患苦。是以上下離心，莫爲皓盡力，蓋積惡已極，不復堪命故也。〔一〕

〔一〕吳平後，晉侍中庾峻等問晧侍中李仁曰：「聞吳主披人面，刖人足，有諸乎？」仁曰：「以告者過也。君子惡居下流，天下之惡皆歸焉。蓋此事也，若信有之，亦不足怪。昔唐、虞五刑，三代七辟，肉刑之制，未爲酷虐。晧爲一國之主，秉殺生之柄，罪人陷法，加之以懲，何足多罪！夫受堯誅者不能無怨，受桀賞者不能無慕，此人情也。」又問曰：「云歸命侯乃惡人橫睛逆視，皆鑿其眼，有諸乎？」仁曰：「亦無此事，傳之者謬耳。曲禮曰視天子由袷以下，視諸侯由頤以下，視大夫由衡，視士則平面，得游目五步之內；視上於衡則傲，下於帶則憂，旁則邪。以禮視瞻，高下不可不慎，況人君乎哉？視人君相迕，是乃禮所謂傲慢；傲慢則無禮，無禮則不臣，不臣則犯罪，犯罪則陷不測矣。正使有之，將有何失？」凡仁所答，峻等皆善之，文多不悉載。

四年春，立中山、代等十一王，大赦。濬、彬所至，則土崩瓦解，靡有禦者。預又斬江陵督伍延，渾復斬丞相張悌、丹楊太守沈瑩等，所在戰克。〔一〕

〔一〕干寶晉紀曰：吳丞相軍師張悌、護軍孫震、丹楊太守沈瑩帥衆三萬濟江，圍成陽都尉張喬於楊荷橋，衆才七千，閉柵自守，舉白接告降。吳副軍師諸葛靚欲屠之，悌曰：「彊敵在前，不宜先事其小；且殺降不祥。」靚曰：「此等以救兵未至而力少，故且僞降以緩我，非來伏也。因其無戰心而盡阬之，可以成三軍之氣。若舍之而前，必爲後患。」悌不從，撫之而進。與討吳護軍張翰、揚州刺史周浚成陳相對。沈瑩領丹楊銳卒刀楯五千，號曰青巾兵，前後屢陷堅陳，於是以馳淮南軍，三衝不動。退引亂，薛勝、蔣班因其亂而乘之，吳軍以次土崩，將帥不能止，張喬又出其後，大敗吳軍于版橋，獲悌、震、瑩等。

襄陽記曰：悌字巨先，襄陽人，少有名理，孫休時爲屯騎校尉。魏伐蜀，吳人問悌曰：「司馬氏得政以來，大難屢作，智力雖豐，而百姓未服也。今又竭其資力，遠征巴蜀，兵勞民疲而不知恤，敗於不暇，何以能濟？昔夫差伐齊，非不克勝，所以危亡，不憂其本也，況彼之爭地乎！」悌曰：「不然。曹操雖功蓋中夏，威震四海，崇詐杖術，征伐無已，民畏其威，而不懷其德也。丕、叡承之，係以慘虐，內興宮室，外懼雄豪，東西馳驅，無歲獲安，彼之失民，爲日久矣。司馬懿父子，自握其柄，累有大功，除其煩苛而布其平惠，爲之謀主而救其疾，民心歸之，亦已久矣。故淮南三叛而腹心不擾，曹髦之死，四方不動，摧堅敵如折枯，蕩異同如反掌，任賢使能，各盡其心，非智勇兼人，孰能如之？其威武張矣，本根固矣，羣情服矣，姦計立矣。今蜀閹宦專朝，國無政令，而玩戎黷武，民勞卒弊，競於外利，不脩守備。彼彊弱不同，智算亦勝，因危而伐，殆其克乎！若其不克，不過無功，終無退北之憂，覆軍之慮也，何爲不可哉？昔楚劍利而秦昭懼，孟明用而晉人憂，彼之得志，故我之大患也。」吳人笑其言，而蜀果降于魏。

晉來伐吳，晧使悌督沈瑩、諸葛靚，率衆三萬渡江逆之。至牛渚，沈瑩曰：「晉治水軍於蜀久矣，今傾國大舉，萬里齊力，必悉益州之衆浮江而下。我上流諸軍，無有戒備，名將皆死，幼少當任，恐邊江諸城，盡莫能禦也。晉之水軍，必至於此矣！宜畜衆力，待來一戰。若勝之日，江西自清，上方雖壞，可還取之。今渡江逆戰，勝不可保，若或摧喪，則大事去矣。」悌曰：「吳之將亡，賢愚所知，非今日也。吾恐蜀兵來至此，衆心必駭懼，不可復整。今宜渡江，可用決戰力爭。若其敗喪，則同死社稷，無所復恨。若其克勝，則北敵奔走，兵勢萬倍，便當乘威南上，逆之中道，不憂不破也。若如子計，恐行散盡，相與坐待敵到，君臣俱降，無復一人死難者，不亦辱乎！」遂渡江戰，吳軍大敗。諸葛靚與五六百人退走，使過迎悌，悌不肯去，靚自往牽之，謂曰：「（且夫）〔巨先〕，天下存亡有大數，豈卿一人所知，如何故自取死爲？」悌垂涕曰：「仲思，今日是我死日也。且我作兒童時，便爲卿家丞相所拔，常恐不得其死，負名賢知顧。今以身徇社稷，復何遁邪？莫牽曳之如是。」靚流涕放之，去百餘步，已見爲晉軍所殺。

吳錄曰：悌少知名，及處大任，希合時趣，將護左右，清論譏之。

搜神記曰：臨海松陽人柳榮從悌至楊府，榮病死船中二日，時軍已上岸，無有埋之者，忽然大呼，言「人縛軍師！人縛軍師！」聲激揚，遂活。人問之，榮曰：「上天北斗門下卒見人縛張悌，意中大愕，不覺大呼，言『何以縛張軍師』。門下人怒榮，叱逐使去。榮便去，怖懼，口餘聲發揚耳。」其日，悌戰死。榮至晉元帝時猶在。

三月丙寅，殿中親近數百人叩頭請晧殺岑昬，晧惶憒從之。〔一〕

〔一〕干寶晉紀曰：晧殿中親近數百人叩頭請晧曰：「北軍日近，而兵不舉刃，陛下將如之何！」晧曰：「何故？」對曰：「坐岑昬。」晧獨言：「若爾，當以奴謝百姓。」衆因曰：「唯！」遂並起收昬。晧駱驛追止，已屠之也。

戊辰，陶濬從武昌還，即引見，問水軍消息，對曰：「蜀船皆小，今得二萬兵，乘大船戰，自足擊之。」於是合衆，授濬節鉞。明日當發，其夜衆悉逃走。而王濬順流將至，司馬伷、王渾皆臨近境。晧用光祿勳薛瑩、中書令胡沖等計，分遣使奉書於濬、伷、渾曰：「昔漢室失統，九州分裂，先人因時，略有江南，遂分阻山川，與魏乖隔。今大晉龍興，德覆四海。闇劣偷安，未喻天命。至于今者，猥煩六軍，衡蓋路次，遠臨江渚，舉國震惶，假息漏刻。敢緣天朝含弘光大，謹遣私署太常張夔等奉所佩印綬，委質請命，惟垂信納，以濟元元。」〔一〕

〔一〕江表傳載晧將敗與舅何植書曰：「昔大皇帝以神武之略，奮三千之卒，割據江南，席卷交、廣，開拓洪基，欲祚之萬世。至孤末德，嗣守成緒，不能懷集黎元，多爲咎闕，以違天度。闇昧之變，反謂之祥，致使南蠻逆亂，征討未克。聞晉大衆，遠來臨江，庶竭勞瘁，衆皆摧退，而張悌不反，喪軍過半。孤甚愧悵，于今無聊。得陶濬表云武昌以西，並復不守。不守者，非糧不足，非城不固，兵將背戰耳。兵之背戰，豈怨兵邪？孤之罪也。天文縣變於上，士民憤歎於下，覩此事勢，危如累卵，吳祚終訖，何其局哉！天匪亡吳，孤所招也。瞑目黃壤，當復何顏見四帝乎！公其勖勉奇謨，飛筆以聞。」皓又遺羣臣書曰：「孤以不德，忝繼先軌。處位歷年，政教凶勃，遂令百姓久困塗炭，至使一朝歸命有道，社稷傾覆，宗廟無主，慚愧山積，沒有餘罪。自惟空薄，過偷尊號，才瑣質穢，任重王公，故周易有折鼎之誡，詩人有彼其之譏。自居宮室，仍抱篤疾，計有不足，思慮失中，多所荒替。邊側小人，因生酷虐，虐毒橫流，忠順被害。闇昧不覺，尋其壅蔽，孤負諸君，事已難圖，覆水不可收也。今大晉平治四海，勞心務於擢賢，誠是英俊展節之秋也。管仲極讎，桓公用之，良、平去楚，入為漢臣，舍亂就理，非不忠也。莫以移朝改朔，用損厥志。嘉勖休尚，愛敬動靜。夫復何言，投筆而已！」

壬申，王濬最先到，於是受皓之降，解縛焚櫬，延請相見。〔一〕伷以皓致印綬於己，遣使送皓。皓舉家西遷，以太康元年五月丁亥集于京邑。四月甲申，詔曰：「孫皓窮迫歸降，前詔待之以不死，今皓垂至，意猶愍之，其賜號為歸命侯。進給衣服車乘，田三十頃，歲給穀五千斛，錢五十萬，絹五百匹，緜五百斤。」皓太子瑾拜中郎，諸子為王者，拜郎中。〔二〕五年，皓死于洛陽。〔三〕

〔一〕晉陽秋曰：濬收其圖籍，領州四，郡四十三，縣三百一十三，戶五十二萬三千，吏三萬二千，兵二十三萬，男女口二百三十萬，米穀二百八十萬斛，舟船五千餘艘，後宮五千餘人。

〔二〕搜神記曰：吳以草創之國，信不堅固，邊屯守將，皆質其妻子，名曰保質。童子少年，以類相與嬉遊者，日有十數。永安二年三月，有一異兒，長四尺餘，年可六七歲，衣青衣，來從羣兒戲，諸兒莫之識也。皆問曰：「爾誰家小兒，今日忽來？」答曰：「見爾羣戲樂，故來耳。」詳而視之，眼有光芒，爚爚外射。諸兒畏之，重問其故。兒乃答曰：「爾惡我乎？我非人也，乃熒惑星也。將有以告爾：三公鉏，司馬如。」諸兒大驚，或走告大人，大人馳往觀之。兒曰：「舍爾去乎！」竦身而躍，即以化矣。仰面視之，若引一匹練以登天。大人來者，猶及見焉，飄飄漸高，有頃而沒。時吳政峻急，莫敢宣也。後五年而蜀亡，六年而晉興，至是而吳滅，司馬如矣。

干寶晉紀曰：王濬治船於蜀，吾彥取其流柹以呈孫晧，曰：「晉必有攻吳之計，宜增建平兵。建平不下，終不敢渡江。」晧弗從。陸抗之克步闡，晧意張大，乃使尚廣筮并天下，遇同人之頤，對曰：「吉。庚子歲，青蓋當入洛陽。」故晧不脩其政，而恆有窺上國之志。是歲也實在庚子。

〔三〕吳錄曰：晧以四年十二月死，時年四十二，葬河南縣界。

評曰：孫亮童孺而無賢輔，其替位不終，必然之勢也。休以舊愛宿恩，任用興、布，不能拔進良才，改絃易張，雖志善好學，何益救亂乎？又使既廢之亮不得其死，友于之義薄矣。晧之淫刑所濫，隕斃流黜者，蓋不可勝數。是以羣下人人惴恐，皆日日以冀，朝不謀夕。其熒惑、巫祝，交致祥瑞，以爲至急。昔舜、禹躬稼，至聖之德，猶或矢誓衆臣，予違女弼，或拜昌言，常若不及。況晧凶頑，肆行殘暴，忠諫者誅，諂諛者進，虐用其民，窮淫極侈，宜腰首分離，以謝百姓。既蒙不死之詔，復加歸命之寵，豈非曠蕩之恩，過厚之澤也哉！〔一〕

〔一〕孫盛曰：夫古之立君，所以司牧羣黎，故必仰協乾坤，覆燾萬物；若乃淫虐是縱，酷被羣生，則天殛之，剿絕其祚，奪其南面之尊，加其獨夫之戮。是故湯、武抗鉞，不犯不順之譏；漢高奮劍，而無失節之議。何者？誠四海之酷讎，而人神之所擯故也。況皓罪爲逋寇，虐過辛、癸，梟首素旗，猶不足以謝冤魂，洿室荐社，未足以紀暴迹，而乃優以顯命，寵錫仍加，豈龔行天罰，伐罪弔民之義乎？是以知僭逆之不懲，而凶酷之莫戒。詩云：「取彼譖人，投畀豺虎。」聊譖猶然，矧僭虐乎？且神旗電掃，兵臨僞窟，理窮勢迫，然後請命，不赦之罪既彰，三驅之義又塞，極之權道，亦無取焉。

陸機著辨亡論，言吳之所以亡，其上篇曰：「昔漢氏失御，姦臣竊命，禍基京畿，毒徧宇內，皇綱弛紊，王室遂卑。於是羣雄蜂駭，義兵四合，吳武烈皇帝慷慨下國，電發荊南，權略紛紜，忠勇伯世。威稜則夷羿震蕩，兵交則醜虜授馘，遂掃清宗祊，蒸禋皇祖。於時雲興之將帶州，飆起之師跨邑，哮闞之羣風驅，熊羆之族霧集，雖兵以義合，同盟戮力，然皆包藏禍心，阻兵怙亂，或師無謀律，喪威稔寇，忠規武節，未有若此其著者也。武烈既沒，長沙桓王逸才命世，弱冠秀發，招攬遺老，與之述業。神兵東驅，奮寡犯衆，攻無堅城之將，戰無交鋒之虜。誅叛柔服而江外底定，飭法修師而威德翕赫，賓禮名賢而張昭爲之雄，交御豪俊而周瑜爲之傑。彼二君子，皆弘敏而多奇，雅達而聰哲，故同方者以類附，等契者以氣集，而江東蓋多士矣。將北伐諸華，誅鉏干紀，旋皇輿於夷庚，反帝座于紫闥，挾天子以令諸侯，清天步而歸舊物。戎車既次，羣凶側目，大業未就，中世而隕。用集我大皇帝，以奇蹤襲於逸軌，叡心發乎令圖，從政咨於故實，播憲稽乎遺風，而加之以篤固，申之以節儉，疇咨俊茂，好謀善斷，束帛旅於丘園，旌命交于塗巷。故豪彥尋聲而響臻，志士希光而影騖，異人輻輳，猛士如林。於是張昭爲師傅，周瑜、陸公、魯肅、呂蒙之疇入爲腹心，出作股肱；甘寧、凌統、程普、賀齊、朱桓、朱然之徒奮其威，韓當、潘璋、黃蓋、蔣欽、周泰之屬宣其力；風雅則諸葛瑾、張承、步騭以聲名光國，政事則顧雍、潘濬、呂範、呂岱以器任幹職，奇偉則虞翻、陸績、張溫、張惇以諷議舉正，奉使則趙咨、沈珩以敏達延譽，術數則吳範、趙達以禨祥協德，董襲、陳武殺身以衞主，駱統、劉基彊諫以補過，謀無遺算，舉不失策。故遂割據山川，跨制荊、吳，而與天下爭衡矣。魏氏嘗藉戰勝之威，率百萬之師，浮鄧塞之舟，下漢陰之衆，羽楫萬計，龍躍順流，銳騎千旅，虎步原隰，謀臣盈室，武將連衡，喟然有吞江滸之志，一宇宙之氣。而周瑜驅我偏師，黜之赤壁，喪旗亂轍，僅而獲免，收迹遠遁。漢王亦馮帝王之號，率巴、漢之民，乘危騁變，結壘千里，志報關羽之敗，圖收湘西之地。而我陸公亦挫之西陵，覆師敗績，困而後濟，絕命永安。續以濡須之寇，臨川摧銳，蓬籠之戰，孑輪不反。由是二邦之將，喪氣摧鋒，勢衂財匱，而吳藐然坐乘其弊，故魏人請好，漢氏乞盟，遂躋天號，鼎峙而立。西屠庸蜀之郊，北裂淮漢之涘，東苞百越之地，南括羣蠻之表。於是講八代之禮，蒐三王之樂，告類上帝，拱揖羣后。虎臣毅卒，循江而守，長戟勁鎩，望飆而奮。庶尹盡規於上，四民展業于下，化協殊裔，風衍遐圻。乃俾一介行人，撫巡外域，巨象逸駿，擾於外閑，明珠瑋寶，輝於內府，珍瑰重跡而至，奇玩應響而赴，輶軒騁於南荒，衝輣息於朔野，齊民免干戈之患，戎馬無晨服之虞，而帝業固矣。大皇既殁，幼主蒞朝，姦回肆虐。景皇聿興，虔修遺憲，政無大闕，守文之良主也。降及歸命之初，典刑未滅，故老猶存。大司馬陸公以文武熙朝，左丞相陸凱以謇諤盡規，而施績、范慎以威重顯，丁奉、鍾離斐以武毅稱，孟宗、丁固之徒爲公卿，樓玄、賀劭之屬掌機事，元首雖病，股肱猶良。爰及末葉，羣公既喪，然後黔首有瓦解之志，皇家有土崩之釁，曆命應化而微，王師躡運而發，卒散於陳，民奔于邑，城池無藩籬之固，山川無溝阜之勢，非有工輸雲梯之械，智伯灌激之害，楚子築室之圍，燕人濟西之隊，軍未浹辰而社稷夷矣。雖忠臣孤憤，烈士死節，將奚救哉？夫曹、劉之將非一世之選，向時之師無曩日之衆，戰守之道抑有前符，險阻之利俄然未改，而成敗貿理，古今詭趣，何哉？彼此之化殊，授任之才異也。」

其下篇曰：「昔三方之王也，魏人據中夏，漢氏有岷、益，吳制荆、揚而奄交、廣。曹氏雖功濟諸華，虐亦深矣，其民怨矣。劉公因險飾智，功已薄矣，其俗陋矣。吳桓王基之以武，太祖成之以德，聰明睿達，懿度深遠矣。其求賢如不及，恤民如稚子，接士盡盛德之容，親仁罄丹府之愛。拔呂蒙於戎行，識潘濬于係虜。推誠信士，不恤人之我欺；量能授器，不患權之我逼。執鞭鞠躬，以重陸公之威；悉委武衛，以濟周瑜之師。卑宮菲食，以豐功臣之賞；披懷虛己，以納謨士之算。故魯肅一面而自託，士燮蒙險而效命。高張公之德而省游田之娛，賢諸葛之言而割情欲之歡，感陸公之規而除刑政之煩，奇劉基之議而作三爵之誓，屛氣跼蹐以伺子明之疾，分滋損甘以育淩統之孤，登壇慷慨歸魯肅之功，削投惡言信子瑜之節。是以忠臣競盡其謀，志士咸得肆力，洪規遠略，固不厭夫區區者也。故百官苟合，庶務未遑。初都建業，羣臣請備禮秩，天子辭而不許，曰：『天下其謂朕何！』宮室輿服，蓋慊如也。爰及中葉，天人之分既定，百度之缺粗修，雖醲化懿綱，未齒乎上代，抑其體國經民之具，亦足以爲政矣。地方幾萬里，帶甲將百萬，其野沃，其民練，其財豐，其器利，東負滄海，西阻險塞，長江制其區宇，峻山帶其封域，國家之利，未見有弘於茲者矣。借使中才守之以道，善人御之有術，敦率遺憲，勤民謹政，循定策，守常險，則可以長世永年，未有危亡之患。或曰，吳、蜀脣齒之國，蜀滅則吳亡，理則然矣。夫蜀蓋藩援之與國，而非吳人之存亡也。何則？其郊境之接，重山積險，陸無長轂之徑；川阨流迅，水有驚波之艱。雖有銳師百萬，啓行不過千夫；軸艫千里，前驅不過百艦。故劉氏之伐，陸公喻之長蛇，其勢然也。昔蜀之初亡，朝臣異謀，或欲積石以險其流，或欲機械以御其變。天子總羣議而諮之大司馬陸公，陸公以四瀆天地之所以節宣其氣，固無可遏之理，而機械則彼我之所共，彼若棄長技以就所屈，卽荆、揚而爭舟楫之用，是天贊我也，將謹守峽口以待禽耳。逮步闐之亂，憑保城以延彊寇，重資幣以誘羣蠻。于時大邦之衆，雲翔電發，縣旌江介，築壘遵渚，襟帶要害，以止吳人之西，而巴漢舟師，沿江東下。陸公以偏師三萬，北據東坑，深溝高壘，案甲養威。反虜踠跡待戮，而不敢北闚生路，彊寇敗績宵遁，喪師大半，分命銳師五千，西禦水軍，東西同捷，獻俘萬計。信哉賢人之謀，豈欺我哉！自是烽燧罕驚，封域寡虞。陸公沒而潛謀兆，吳釁深而六師駭。夫太康之役，衆未盛乎曩日之師，廣州之亂，禍有愈乎向時之難，而邦家顛覆，宗廟爲墟。嗚呼！人之云亡，邦國殄瘁，不其然與！易曰『湯武革命順乎天』，玄曰『亂不極則治不形』，言帝王之因天時也。古人有言，曰『天時不如地利』，易曰『王侯設險以守其國』，言爲國之恃險也。又曰『地利不如人和』，『在德不在險』，言守險之由人也。吳之興也，參而由焉，孫卿所謂合其參者也。及其亡也，恃險而已，又孫卿所謂舍其參者也。夫四州之氓非無衆也，大江之南非乏俊也，山川之險易守也，勁利之器易用也，先政之業易循也，功不興而禍遘者何哉？所以用之者失也。故先王達經國之長規，審存亡之至數，恭己以安百姓，敦惠以致人和，寬冲以誘俊乂之謀，慈和以給士民之愛。是以其安也，則黎元與之同慶；及其危也，則兆庶與之共患。安與衆同慶，則其危不可得也；危與下共患，則其難不足卹也。夫然，故能保其社稷而固其土宇，麥秀無悲殷之思，黍離無愍周之感矣。」

三國志卷四十九　吳書四

劉繇太史慈士燮傳第四

劉繇字正禮，東萊牟平人也。齊孝王少子封牟平侯，子孫家焉。繇伯父寵，爲漢太尉。〔一〕繇兄岱，字公山，歷位侍中，兗州刺史。〔二〕

〔一〕續漢書曰：繇祖父本，師受經傳，博學羣書，號爲通儒。舉賢良方正，爲般長，卒官。寵字祖榮，受父業，以經明行修，舉孝廉，光祿(大夫)察四行，除東平陵令。視事數年，以母病棄官，百姓士民攀輿拒輪，充塞道路，車不得前，乃止亭，輕服潛遁，歸脩供養。後辟大將軍府，稍遷會稽太守，正身率下，郡中大治。徵入爲將作大匠。山陰縣民去治數十里有若邪中在山谷間，五六老翁，年皆七八十，聞寵遷，相率共送寵，人齎百錢。寵見，勞來曰：「父老何乃自苦遠來！」皆對曰：「山谷鄙老，生未嘗至郡縣。他時吏發求不去，民間或夜不絕狗吠，竟夕民不得安。自明府下車以來，狗不夜吠，吏稀至民間，年老遭値聖化，今聞當見棄去，故勠力來送。」寵謝之，爲選受一大錢，故會稽號寵爲取一錢太守。其清如是。寵前後歷二郡，八居九列，四登三事。家不藏賄，無重寶器，恆菲飲食，薄衣服，弊車羸馬，號爲窶陋。三去相位，輒歸本土。往來京師，常下道脫驂過，人莫知焉。寵嘗欲止亭，亭吏止之曰：「整頓傳舍，以待劉公，不可得止。」寵因過去。其廉儉皆此類也。以老病卒于家。

〔三〕續漢書曰：繇父輿，一名方，山陽太守。岱、繇皆有儁才。英雄記稱岱孝悌仁恕，以虛己受人。

繇年十九，從父韙爲賊所劫質，繇篡取以歸，由是顯名。舉孝廉，爲郎中，除下邑長。時郡守以貴戚託之，遂棄官去。州辟部濟南，濟南相中常侍子貪穢不循，繇奏免之。平原陶丘洪薦繇，欲令舉茂才。刺史曰：「前年舉公山，奈何復舉正禮乎？」洪曰：「若明使君用公山於前，擢正禮於後，所謂御二龍於長塗，騁騏驥於千里，不亦可乎！」會辟司空掾，除侍御史，不就。避亂淮浦，詔書以爲揚州刺史。時袁術在淮南，繇畏憚，不敢之州。欲南渡江，吳景、孫賁迎置曲阿。術圖爲僭逆，攻沒諸郡縣。繇遣樊能、張英屯江邊以拒之，以景、賁術所授用，乃迫逐使去。於是術乃自置揚州刺史，與景、賁并力攻英、能等，歲餘不下。漢命加繇爲牧，振武將軍，衆數萬人。孫策東渡，破英、能等。繇奔丹徒，〔一〕遂泝江南保豫章，駐彭澤。笮融先至，笮音壯力反。殺太守朱晧，〔二〕入居郡中。繇進討融，爲融所破，更復招合屬縣，攻破融。融敗走入山，爲民所殺。繇尋病卒，時年四十二。

〔一〕袁宏漢紀曰：劉繇將奔會稽，許子將曰：「會稽富實，策之所貪，且窮在海隅，不可往也。不如豫章，北連豫壤，西接荆州。若收合吏民，遣使貢獻，與曹兗州相聞，雖有袁公路隔在其間，其人豺狼，不能久也。足下受王命，孟德、景升必相救濟。」繇從之。

〔二〕獻帝春秋曰：「是歲，繇屯彭澤，又使融助晧討劉表所用太守諸葛玄。許子將謂繇曰：『笮融出軍，不顧（命）名義者也。朱文明善推誠以信人，宜使密防之。』融到，果詐殺晧，代領郡事。」

笮融者，丹楊人，初聚衆數百，往依徐州牧陶謙。謙使督廣陵、彭城運漕，遂放縱擅殺，坐斷三郡委輸以自入。乃大起浮圖祠，以銅爲人，黃金塗身，衣以錦采，垂銅槃九重，下爲重樓閣道，可容三千餘人，悉課讀佛經，令界內及旁郡人有好佛者聽受道，復其他役以招致之，由此遠近前後至者五千餘人戶。每浴佛，多設酒飯，布席於路，經數十里，民人來觀及就食且萬人，費以巨億計。曹公攻陶謙，徐土騷動，融將男女萬口，馬三千匹，走廣陵，廣陵太守趙昱待以賓禮。先是，彭城相薛禮爲陶謙所偪，屯秣陵。融利廣陵之衆，因酒酣殺昱，放兵大略，因載而去。過殺禮，然後殺晧。

後策西伐江夏，還過豫章，收載繇喪，善遇其家。王朗遺策書曰：「劉正禮昔初臨州，未能自達，實賴尊門爲之先後，用能濟江成治，有所處定。踐境之禮，感分結意，情在終始。後以袁氏之嫌，稍更乖剌，更以同盟還爲讐敵。原其本心，實非所樂。康寧之後，常願渝平更成，復踐宿好。一爾分離，款意不昭，奄然殂隕，可爲傷恨！知敦以厲薄，德以報怨，收骨育孤，哀亡愍存，捐既往之猜，保六尺之託，誠深恩重分，美名厚實也。昔魯人雖有齊怨，不廢喪紀，春秋善之，謂之得禮，誠良史之所宜藉，鄉校之所歎聞。正禮元子，致有志操，想必有以殊異。威盛刑行，施之以恩，不亦優哉！」

綵長子基，字敬輿，年十四，居綵喪盡禮，故吏餽餉，皆無所受。〔一〕姿容美好，孫權愛敬之。權爲驃騎將軍，辟東曹掾，拜輔義校尉、建忠中郎將。權爲吳王，遷基大農。權嘗宴飲，騎都尉虞翻醉酒犯忤，權欲殺之，威怒甚盛，由基諫爭，翻以得免。權大暑時，嘗於船中宴飲，於船樓上值雷雨，權以蓋自覆，又命覆基，餘人不得也。其見待如此。徙郎中令。權稱尊號，改爲光祿勳，分平尚書事。年四十九卒。後權爲子霸納基女，賜第一區，四時寵賜，與全、張比。基二弟，鑠、尙，皆騎都尉。

〔一〕吳書曰：基遭多難，嬰丁困苦，潛處味道，不以爲慼。與羣弟居，常夜臥早起，妻妾希見其面。諸弟敬憚，事之猶父。不妄交游，門無雜賓。

太史慈字子義，東萊黃人也。少好學，仕郡奏曹史。會郡與州有隙，曲直未分，以先聞者爲善，時州章已去，郡守恐後之，求可使者。慈年二十一，以選行，晨夜取道，到洛陽，詣公車門，見州吏始欲求通。慈問曰：「君欲通章邪？」吏曰：「然。」問：「章安在？」曰：「車上。」慈曰：「章題署得無誤邪？取來視之。」吏殊不知其東萊人也，因爲取章。慈已先懷刀，便截敗之。吏踴躍大呼，言「人壞我章」！慈將至車閒，與語曰：「向使君不以章相與，吾亦無因得敗之，是爲吉凶禍福等耳，吾不獨受此罪。豈若默然俱出去，可以存易亡，無事俱就刑辟。」吏言：「君爲郡敗吾章，已得如意，欲復亡爲？」慈答曰：「初受郡遣，但來視章通與未耳。吾用意太過，乃相敗章。今還，亦恐以此見譴怒，故俱欲去爾。」吏然慈言，即日俱去。慈既與出城，因遁還通郡章。州家聞之，更遣吏通章，有司以格章之故不復見理，州受其短。由是知名，而爲州家所疾。恐受其禍，乃避之遼東。

北海相孔融聞而奇之，數遣人訊問其母，幷致餉遺。時融以黃巾寇暴，出屯都昌，爲賊管亥所圍。慈從遼東還，母謂慈曰：「汝與孔北海未嘗相見，至汝行後，贍恤殷勤，過於故舊，今爲賊所圍，汝宜赴之。」慈留三日，單步徑至都昌。時圍尚未密，夜伺閒隙，得入見融，因求兵出斫賊。融不聽，欲待外救，未有至者，而圍日偪。融欲告急平原相劉備，城中人無由得出，慈自請求行。融曰：「今賊圍甚密，衆人皆言不可，卿意雖壯，無乃實難乎？」慈對曰：「昔府君傾意於老母，老母感遇，遣慈赴府君之急，固以慈有可取，而來必有益也。今衆人言不可，慈亦言不可，豈府君愛顧之義，老母遣慈之意邪？事已急矣，願府君無疑。」融乃然之。於是嚴行蓐食，須明，便帶鞬攝弓上馬，將兩騎自隨，各作一的持之，開門直出。外圍下左右人並驚駭，兵馬互出。慈引馬至城下塹內，植所持的各一，出射之，射之畢，徑入門。明晨復如此，圍下人或起或臥，慈復植的射之畢，復入門。明晨復出，如此無復起者，於是下鞭馬直突圍中馳去。比賊覺知，慈行已過，又射殺數人，皆應弦而倒，故無敢追者。遂到平原，說備曰：「慈，東萊之鄙人也，與孔北海親非骨肉，比非鄉黨，特以名志相好，有分災共患之義。今管亥暴亂，北海被圍，孤窮無援，危在旦夕。以君有仁義之名，能救人之急，故北海區區，延頸恃仰，使慈冒白刃，突重圍，從萬死之中自託於君，惟君所以存之。」備斂容答曰：「孔北海知世間有劉備邪！」即遣精兵三千人隨慈。賊聞兵至，解圍散走。融既得濟，益奇貴慈，曰：「卿吾之少友也。」事畢，還啓其母，母曰：「我喜汝有以報孔北海也。」

揚州刺史劉繇與慈同郡，慈自遼東還，未與相見，暫渡江到曲阿見繇，未去，會孫策至。或勸繇可以慈爲大將軍，繇曰：「我若用子義，許子將不當笑我邪？」但使慈偵視輕重。時獨與一騎卒遇策。策從騎十三，皆韓當、宋謙、黃蓋輩也。慈便前鬭，正與策對。策刺慈馬，而擥得慈項上手戟，慈亦得策兜鍪。會兩家兵騎並各來赴，於是解散。

慈當與繇俱奔豫章，而遁於蕪湖，亡入山中，稱丹楊太守。是時，策已平定宣城以東，惟涇以西六縣未服。慈因進住涇縣，立屯府，大爲山越所附。策躬自攻討，遂見囚執。策即解縛，捉其手曰：「寧識神亭時邪？若卿爾時得我云何？」慈曰：「未可量也。」策大笑曰：「今日之事，當與卿共之。」〔一〕即署門下督，還吳授兵，拜折衝中郎將。後劉繇亡於豫章，士衆萬餘人未有所附，策命慈往撫安焉。〔二〕左右皆曰：「慈必北去不還。」策曰：「子義捨我，當復與誰？」餞送昌門，把腕別曰：「何時能還？」答曰：「不過六十日。」果如期而反。〔三〕

〔一〕吳歷云：慈於神亭戰敗，爲策所執。策素聞其名，即解縛請見，咨問進取之術。慈答曰：「破軍之將，不足與論事。」策曰：「昔韓信定計於廣武，今策決疑於仁者，君何辭焉？」慈曰：「州軍新破，士卒離心，若儻分散，難復合聚；欲出宣恩安集，恐不合尊意。」策長跪答曰：「誠本心所望也。明日中，望君來還。」諸將皆疑，策曰：「太史子義，青州名士，以信義爲先，終不欺策。」明日，大請諸將，豫設酒食，立竿視影。日中而慈至，策大悅，常與參論諸軍事。

臣松之案：吳歷云慈於神亭戰敗，爲策所得，與本傳大異，疑爲謬誤。

江表傳曰：策問慈曰：「聞卿昔爲太守劫州章，赴文舉，請詣玄德，皆有烈義，天下智士也，但所託未得其人。射鉤斬袪，古人不嫌。孤是卿知己，勿憂不如意也。」出教曰：「龍欲騰翥，先階尺木者也。」

〔二〕江表傳曰：策謂慈曰：「劉牧往責吾爲袁氏攻廬江，其意頗猥，理恕不足。何者？先君手下兵數千餘人，盡在公路許。孤志在立事，不得不屈意於公路，求索故兵，再往纔得千餘人耳。仍令孤攻廬江，爾時事勢，不得不爲行。但其後不遵臣節，自棄作邪僭事，諫之不從。丈夫義交，苟有大故，不得不離，孤交求公路及絕之本末如此。今劉繇喪亡，恨不及其生時與共論辯。今兒子在豫章，不知華子魚待遇何如，其故部曲復依隨之否？卿則州人，昔又從事，寧能往視其兒子，並宣孤意於其部曲？部曲樂來者便與俱來，不樂來者且安慰之。并觀察子魚所以牧禦方規何似，視廬陵、鄱陽人民親附之否？卿手下兵，宜將多少，自由意。」慈對曰：「慈有不赦之罪，將軍量同桓文，待遇過望。古人報生以死，期於盡節，沒而後已。今並息兵，兵不宜多，將數十人，自足以往還也。」

〔三〕江表傳曰：策初遣慈，議者紛紜，謂慈未可信，或云與華子魚州里，恐留彼爲籌策，或疑慈西託黃祖，假路還北，多言遣之非計。策曰：「諸君語皆非也，孤斷之詳矣。太史子義雖氣勇有膽烈，然非縱橫之人。其心有士謨，志經道義，貴重然諾，一以意許知己，死亡不相負，諸君勿復憂也。」慈從豫章還，議者乃始服。慈見策曰：「華子魚良德也，然非籌略才，無他方規，自守而已。又丹楊僮芝自擅廬陵，詐言被詔書爲太守。鄱陽民帥別立宗部，阻兵守界，不受子魚所遣長吏，言『我以別立郡，須漢遣眞太守來，當迎之耳』。子魚不但不能諧廬陵、鄱陽，近自海昏有上繚壁，有五六千家相結聚作宗伍，惟輸租布於郡耳，發召一人遂不可得，子魚亦觀視之而已。」策拊掌大笑，〔仍〕〔乃〕有兼并之志矣。頃之，遂定豫章。

劉表從子磐，驍勇，數爲寇於艾、西安諸縣。策於是分海昏、建昌左右六縣，以慈爲建昌都尉，治海昏，并督諸將拒磐。磐絕迹不復爲寇。

慈長七尺七寸，美鬚髯，猨臂善射，弦不虛發。嘗從策討麻保賊，賊於屯裏緣樓上行詈，以手持樓棼，慈引弓射之，矢貫手著棼，圍外萬人莫不稱善。其妙如此。曹公聞其名，遺慈書，以篋封之，發省無所道，而但貯當歸。孫權統事，以慈能制磐，遂委南方之事。年四十一，建安十一年卒。〔一〕子享，官至越騎校尉。〔二〕

〔一〕吳書曰：慈臨亡，歎息曰：「丈夫生世，當帶七尺之劍，以升天子之階。今所志未從，奈何而死乎！」權甚悼惜之。

〔三〕吳書曰：享字元復，歷尚書、吳郡太守。

士燮字威彥，蒼梧廣信人也。其先本魯國汶陽人，至王莽之亂，避地交州。六世至燮父賜，桓帝時爲日南太守。燮少游學京師，事潁川劉子奇，治左氏春秋。察孝廉，補尚書郎，公事免官。父賜喪闋後，舉茂才，除巫令，遷交阯太守。

弟壹，初爲郡督郵。刺史丁宮徵還京都，壹侍送勤恪，宮感之，臨別謂曰：「刺史若待罪三事，當相辟也。」後宮爲司徒，辟壹。比至，宮已免，黃琬代爲司徒，甚禮遇壹。董卓作亂，壹亡歸鄉里。〔一〕交州刺史朱符爲夷賊所殺，州郡擾亂。燮乃表壹領合浦太守，次弟徐聞令䵋領九真太守，䵋音于鄙反，見字林。䵋弟武，領南海太守。

〔一〕吳書曰：琬與卓相害，而壹盡心於琬，甚有聲稱。卓惡之，乃署教曰：「司徒掾士壹，不得除用。」故歷年不遷。會卓入關，壹乃亡歸。

燮體器寬厚，謙虛下士，中國士人往依避難者以百數。耽玩春秋，爲之注解。陳國袁徽與尚書令荀彧書曰：「交阯士府君既學問優博，又達於從政，處大亂之中，保全一郡，二十餘年疆場無事，民不失業，羇旅之徒，皆蒙其慶，雖竇融保河西，曷以加之。官事小闋，輒玩習書傳，春秋左氏傳尤簡練精微，吾數以咨問傳中諸疑，皆有師說，意思甚密。又尚書兼通古今，大義詳備。聞京師古今之學，是非忿爭，今欲條左氏、尚書長義上之。」其見稱如此。

燮兄弟並爲列郡，雄長一州，偏在萬里，威尊無上。出入鳴鍾磬，備具威儀，笳簫鼓吹，車騎滿道，胡人夾轂焚燒香者常有數十。妻妾乘輜軿，子弟從兵騎，當時貴重，震服百蠻，尉他不足踰也。〔一〕武先病沒。

〔一〕葛洪神仙傳曰：燮嘗病死，已三日，仙人董奉以一丸藥與服，以水含之，捧其頭搖捎之，食頃，即開目動手，顏色漸復，半日能起坐，四日復能語，遂復常。奉字君異，候官人也。

朱符死後，漢遣張津爲交州刺史，津後又爲其將區景所殺，而荊州牧劉表遣零陵賴恭代津。是時蒼梧太守史璜死，表又遣吳巨代之，與恭俱至。漢聞張津死，賜燮璽書曰：「交州絕域，南帶江海，上恩不宣，下義壅隔，知逆賊劉表又遣賴恭闚看南土，今以燮爲綏南中郎將，董督七郡，領交阯太守如故。」後燮遣吏張旻奉貢詣京都，是時天下喪亂，道路斷絕，而燮不廢貢職，特復下詔拜安遠將軍，封龍度亭侯。

後巨與恭相失，舉兵逐恭，恭走還零陵。建安十五年，孫權遣步騭爲交州刺史。騭到，燮率兄弟奉承節度。而吳巨懷異心，騭斬之。權加燮爲左將軍。建安末年，燮遣子廞入質，權以爲武昌太守，燮、壹諸子在南者，皆拜中郎將。燮又誘導益州豪姓雍闓等，率郡人民使遙東附，權益嘉之，遷衞將軍，封龍編侯，弟壹偏將軍，都鄉侯。燮每遣使詣權，致雜香細葛，輒以千數，明珠、大貝、流離、翡翠、瑇瑁、犀、象之珍，奇物異果，蕉、邪、龍眼之屬，無歲不至。壹時貢馬凡數百匹。權輒爲書，厚加寵賜，以答慰之。燮在郡四十餘歲，黃武五年，年九十卒。

權以交阯縣遠，乃分合浦以北爲廣州，呂岱爲刺史；交阯以南爲交州，戴良爲刺史。又遣陳時代燮爲交阯太守。岱留南海，良與時俱前行到合浦，而燮子徽自署交阯太守，發宗兵拒良。良留合浦。交阯桓鄰，燮舉吏也，叩頭諫徽使迎良，徽怒，笞殺鄰。鄰兄治子發又合宗兵擊徽，徽閉門城守，治等攻之數月不能下，乃約和親，各罷兵還。而呂岱被詔誅徽，自廣州將兵晝夜馳入，過合浦，與良俱前。壹子中郎將匡與岱有舊，岱署匡師友從事，先移書交阯，告喻禍福，又遣匡見徽，說令服罪，雖失郡守，保無他憂。岱尋匡後至，徽兄祗，弟幹、頌等六人肉袒奉迎。岱謝令復服，前至郡下。明旦早施帳幔，請徽兄弟以次入，賓客滿坐。岱起，擁節讀詔書，數徽罪過，左右因反縛以出，即皆伏誅，傳首詣武昌。〔一〕壹、䵋、匡後出，權原其罪，及燮質子廞，皆免爲庶人。數歲，壹、䵋坐法誅。廞病卒，無子，妻寡居，詔在所月給俸米，賜錢四十萬。

〔一〕孫盛曰：夫柔遠能邇，莫善於信；保大定功，莫善於義。故齊桓創基，德彰於柯會；晉文始伯，義顯於伐原。故能九合一匡，世主夏盟，令問長世，貽範百王。呂岱師友士匡，使通信誓，徽兄弟肉袒，推心委命，岱因滅之，以要功利，君子是以知孫權之不能遠略，而呂氏之祚不延者也。

評曰：劉繇藻厲名行，好尚臧否，至於擾攘之時，據萬里之土，非其長也。太史慈信義篤烈，有古人之分。士燮作守南越，優游終世，至子不愼，自貽凶咎，蓋庸才玩富貴而恃阻險，使之然也。

三國志卷五十

妃嬪傳第五

孫破虜吳夫人，吳主權母也。本吳人，徙錢唐，早失父母，與弟景居。孫堅聞其才貌，欲娶之。吳氏親戚嫌堅輕狡，將拒焉，堅甚以慚恨。夫人謂親戚曰：「何愛一女以取禍乎？如有不遇，命也。」於是遂許爲婚，生四男一女。〔一〕

〔一〕搜神記曰：初，夫人孕而夢月入其懷，既而生策。及權在孕，又夢日入其懷，以告堅曰：「昔妊策，夢月入我懷，今也又夢日入我懷，何也？」堅曰：「日月者陰陽之精，極貴之象，吾子孫其興乎！」

景常隨堅征伐有功，拜騎都尉。袁術上景領丹楊太守，討故太守周昕，遂據其郡。孫策與孫河、呂範依景，合衆共討涇縣山賊祖郎，郎敗走。會爲劉繇所迫，景復北依術，術以爲督軍中郎將，與孫賁共討樊能、于麋於橫江，又擊笮融、薛禮於秣陵。時策被創牛渚，降賊復反，景攻討，盡禽之。從討劉繇，繇奔豫章，策遣景、賁到壽春報術。術方與劉備爭徐州，以景爲廣陵太守。術後僭號，策以書喻術，術不納，便絕江津，不與通，使人告景。景即委郡東歸，策復以景爲丹楊太守。漢遣議郎王誧音普。銜命南行，表景爲揚武將軍，領郡如故。及權少年統業，夫人助治軍國，甚有補益。〔一〕建安七年，臨薨，引見張昭等，屬以後事，合葬高陵。〔二〕

〔一〕會稽典錄曰：策功曹魏騰，以迕意見譴，將殺之，士大夫憂恐，計無所出。夫人乃倚大井而謂策曰：「汝新造江南，其事未集，方當優賢禮士，捨過錄功。魏功曹在公盡規，汝今日殺之，則明日人皆叛汝。吾不忍見禍之及，當先投此井中耳。」策大驚，遽釋騰。夫人智略權譎，類皆如此。

〔二〕志林曰：按會稽貢舉簿，建安十二年到十三年闕，無舉者，云府君遭憂，此則吳后以十二年薨也。八年九年皆有貢舉，斯甚分明。

八年，景卒官，子奮授兵爲將，封新亭侯，卒。〔一〕子安嗣，安坐黨魯王霸死。奮弟祺嗣，〔二〕封都亭侯，卒。子纂嗣。纂妻卽滕胤女也，胤被誅，幷遇害。

〔一〕吳書曰：權征荆州，拜奮吳郡都督，以鎭東方。

〔二〕吳書曰：祺與張溫、顧譚友善，權令闕平辭訟事。

吳主權謝夫人，會稽山陰人也。父煚，漢尚書郎、徐令。〔一〕權母吳，爲權聘以爲妃，愛幸有寵。後權納姑孫徐氏，欲令謝下之，謝不肯，由是失志，早卒。後十餘年，弟承拜五官郎中，稍遷長沙東部都尉、武陵太守，撰後漢書百餘卷。〔二〕

〔一〕奐子承撰後漢書，稱奐幼以仁孝爲行，明達有令才。奐弟貞，履蹈法度，篤學尚義，舉孝廉，建昌長，卒官。

〔二〕會稽典錄曰：承字偉平，博學洽聞，嘗所知見，終身不忘。子崇揚威將軍，崇弟勳吳郡太守，並知名。

吳主權徐夫人，吳郡富春人也。祖父眞，與權父堅相親，堅以妹妻眞，生琨。琨少仕州郡，漢末擾亂，去吏，隨堅征伐有功，拜偏將軍。堅薨，隨孫策討樊能、于麋等於橫江，擊張英於當利口，而船少，欲駐軍更求。琨母時在軍中，謂琨曰：「恐州家多發水軍來逆人，則不利矣，如何可駐邪？宜伐蘆葦以爲泭，佐船渡軍。」〔一〕琨具啓策，策即行之，衆悉俱濟，遂破英，擊走笮融、劉繇，事業克定。策表琨領丹楊太守，會吳景委廣陵來東，復爲丹楊守，〔二〕琨以督軍中郎將領兵，從破廬江太守李術，封廣德侯，遷平虜將軍。後從討黃祖，中流矢卒。

〔一〕泭音敷。郭璞注方言曰：「泭，水中簰也。」

〔二〕江表傳曰：初，袁術遣從弟胤爲丹楊，策令琨討而代之。會景還，以景前在（仕）丹楊，寬仁得衆，吏民所思，而琨手下兵多，策嫌其太重，且方攻伐，宜得琨衆，乃復用景，召琨還吳。

琨生夫人，初適同郡陸尚。尚卒，權爲討虜將軍在吳，聘以爲妃，使母養子登。後權遷移，以夫人妒忌，廢處吳。積十餘年，權爲吳王及即尊號，登爲太子，羣臣請立夫人爲后，權意在步氏，卒不許。後以疾卒。兄矯，嗣父琨侯，討平山越，拜偏將軍，先夫人卒，無子。

弟祚襲封，亦以戰功至（于）蕪湖督、平魏將軍。

吳主權步夫人，臨淮淮陰人也，與丞相騭同族。漢末，其母攜將徙廬江，廬江爲孫策所破，皆東渡江，以美麗得幸於權，寵冠後庭。生二女，長曰魯班，字大虎，前配周瑜子循，後配全琮；少曰魯育，字小虎，前配朱據，後配劉纂。〔一〕

〔一〕吳歷曰：纂先尚權中女，早卒，故又以小虎爲繼室。

夫人性不妒忌，多所推進，故久見愛待。權爲王及帝，意欲以爲后，而羣臣議在徐氏，權依違者十餘年，然宮內皆稱皇后，親戚上疏稱中宮。及薨，臣下緣權指，請追正名號，乃贈印綬，策命曰：「惟赤烏元年閏月戊子，皇帝曰：嗚呼皇后，惟后佐命，共承天地。虔恭夙夜，與朕均勞。內教脩整，禮義不愆。寬容慈惠，有淑懿之德。民臣縣望，遠近歸心。朕以世難未夷，大統未一，緣后雅志，每懷謙損。是以于時未授名號，亦必謂后降年有永，永與朕躬對揚天休。不寤奄忽，大命近止。朕恨本意不早昭顯，傷后殂逝，不終天祿。愍悼之至，痛于厥心。今使使持節丞相（醴陵亭侯雍）〔醴陵侯雍〕，奉策授號，配食先后。魂而有靈，嘉其寵榮。嗚呼哀哉！」葬於蔣陵。

吳主權王夫人，琅邪人也。〔一〕夫人以選入宮，黃武中得幸，生（孫）和，寵次步氏。步氏薨後，和立爲太子，權將立夫人爲后，而全公主素憎夫人，稍稍譖毀。及權寢疾，言有喜色，由是權深責怒，以憂死。和子晧立，追尊夫人曰大懿皇后，封三弟皆列侯。

〔一〕吳書曰：夫人父名盧九。

吳主權王夫人，南陽人也，以選入宮，嘉禾中得幸，生（孫）休。及和爲太子，和母貴重，諸姬有寵者，皆出居外。夫人出公安，卒，因葬焉。休卽位，遣使追尊曰敬懷皇后，改葬敬陵。王氏無後，封同母弟文雍爲亭侯。

吳主權潘夫人，會稽句章人也。父爲吏，坐法死。夫人與姊俱輸織室，權見而異之，召充後宮。得幸有娠，夢有以龍頭授己者，己以蔽膝受之，遂生（孫）亮。赤烏十三年，亮立爲太子，請出嫁夫人之姊，權聽許之。明年，立夫人爲皇后。性險妒容媚，自始至卒，譖害袁夫人等甚衆。〔一〕權不豫，夫人使問中書令孫弘呂后專制故事。侍疾疲勞，因以羸疾，諸宮人伺其昬臥，共縊殺之，託言中惡。後事泄，坐死者六七人。權尋薨，合葬蔣陵。孫亮卽位，以夫人姊壻譚紹爲騎都尉，授兵。亮廢，紹與家屬送本郡廬陵。

〔一〕吴錄曰：袁夫人者，袁術女也，有節行而無子。權數以諸姬子與養之，輒不育。及步夫人薨，權欲立之。夫人自以無子，固辭不受。

孫亮全夫人，全尚女也。（尚）從祖母公主愛之，每進見輒與俱。及潘夫人母子有寵，全主自以與孫和母有隙，乃勸權爲潘氏男亮納夫人，亮遂爲嗣。夫人立爲皇后，以尚爲城門校尉，封都亭侯，代滕胤爲太常、衞將軍，進封永平侯，錄尚書事。時全氏侯有五人，並典兵馬，其餘爲侍郎、騎都尉，宿衞左右，自吴興，外戚貴盛莫及。及魏大將諸葛誕以壽春來附，而全懌、全端、全禕、全儀等並因此際降魏，全熙謀泄見殺，由是諸全衰弱。會孫綝廢亮爲會稽王，後又黜爲候官侯，夫人隨之國，居候官，尚將家屬徙零陵，追見殺。〔一〕

〔一〕吴錄曰：亮妻惠解有容色，居候官，吴平乃歸，永寧中卒。

孫休朱夫人，朱據女，休姊公主所生也。〔一〕赤烏末，權爲休納以爲妃。休爲琅邪王，隨居丹楊。建興中，孫峻專政，公族皆患之。全尚妻卽峻姊，故惟全主祐焉。初，孫和爲太子時，全主譖害王夫人，欲廢太子，立魯王，朱主不聽，由是有隙。五鳳中，孫儀謀殺峻，事覺被誅。全主因言朱主與儀同謀，峻枉殺朱主。休懼，遣夫人還建業，執手泣別。既至，峻遣還休。太平中，孫亮知朱主爲全主所害，問朱主死意？全主懼曰：「我實不知，皆據二子熊、損所白。」亮殺熊、損。損妻是峻妹也，孫綝益忌亮，遂廢亮，立休。永安五年，立夫人爲皇后。休卒，羣臣尊夫人爲皇太后。孫晧卽位月餘，貶爲景皇后，稱安定宮。甘露元年七月，見逼薨，合葬定陵。〔二〕

〔一〕臣松之以爲休妻其甥，事同漢惠。荀悅譏之已當，故不復廣言。

〔二〕搜神記曰：孫峻殺朱主，埋於石子岡。歸命卽位，將欲改葬之。冢墓相亞，不可識別，而宮人頗識主亡時所著衣服，乃使兩巫各住一處以伺其靈，使察鑒之，不得相近。久時，二人俱白：見一女人年可三十餘，上著青錦束頭，紫白袷裳，丹綈絲履，從石子岡上半岡，而以手抑膝長太息，小住須臾，進一冢上便住，徘徊良久，奄然不見。二人之言，不謀而同，於是開冢，衣服如之。

孫和何姬，丹楊句容人也。父遂，本騎士。孫權嘗游幸諸營，而姬觀於道中，權望見異之，命宦者召入，以賜子和。生男，權喜，名之曰彭祖，卽晧也。太子和旣廢，後爲南陽王，居長沙。孫亮卽位，孫峻輔政。峻素媚事全主，全主與和母有隙，遂勸峻徙和居新都，遣使賜死，嫡妃張氏亦自殺。何姬曰：「若皆從死，誰當養孤？」遂拊育晧，及其三弟。晧卽位，尊和爲昭獻皇帝，〔一〕何姬爲昭獻皇后，稱升平宮，月餘，進爲皇太后。封弟洪永平侯，蔣溧陽侯，植宣城侯。洪卒，子邈嗣，爲武陵監軍，爲晉所殺。植官至大司徒。吳末昏亂，何氏驕僭，子弟橫放，百姓患之。故民譌言「皓久死，立者何氏子」云。〔二〕

〔一〕吳錄曰：皓初尊和爲昭獻皇帝，俄改曰文皇帝。

〔二〕江表傳曰：皓以張布女爲美人，有寵，皓問曰：「汝父所在？」答曰：「賊以殺之。」皓大怒，棒殺之。後思其顏色，使巧工刻木作美人形象，恆置座側。問左右：「布復有女否？」答曰：「布大女適故衞尉馮朝子純。」即奪純妻入宮，大有寵，拜爲左夫人，晝夜與夫人房宴，不聽朝政，使尙方以金作華燧、步搖、假髻以千數。令宮人著以相撲，朝成夕敗，輒出更作，工匠因緣偷盜，府藏爲空。會夫人死，皓哀愍思念，葬于苑中，大作冢，使工匠刻柏作木人，內冢中以爲兵衞，以金銀珍玩之物送葬，不可稱計。已葬之後，皓治喪於內，半年不出。國人見葬太奢麗，皆謂皓已死，所葬者是也。皓舅子何都顏狀似皓，云都代立。臨海太守奚熙信譌言，舉兵欲還誅都，都叔父植時爲備海督，擊殺熙，夷三族，譌言乃息，而人心猶疑。

孫皓滕夫人，故太常胤之族女也。胤夷滅，夫人父牧，以疏遠徙邊郡。孫休即位，大赦，得還，以牧爲五官中郎。皓既封烏程侯，聘牧女爲妃。皓即位，立爲皇后，封牧高密侯，拜衞將軍，錄尙書事。後朝士以牧尊戚，頗推令諫爭。而夫人寵漸衰，皓滋不悅，皓母何恆左右之。又太史言，於運曆，后不可易，皓信巫覡，故得不廢，常供養升平宮。牧見遣居蒼梧郡，雖爵位不奪，其實裔也，遂道路憂死。長秋官僚，備員而已，受朝賀表疏如故。而皓內諸寵姬，佩皇后璽紱者多矣。〔一〕天紀四年，隨皓遷于洛陽。

〔一〕江表傳曰：皓又使黄門備行州郡，科取將吏家女。其二千石大臣子女，皆當歲歲言名，年十五六一簡閲，簡閲不中，乃得出嫁。後宮千數，而採擇無已。

評曰：易稱「正家而天下定」。詩云：「刑于寡妻，至于兄弟，以御于家邦。」誠哉，是言也！遠觀齊桓，近察孫權，皆有識士之明，傑人之志，而嫡庶不分，閨庭錯亂，遺笑古今，殃流後嗣。由是論之，惟以道義爲心、平一爲主者，然後克免斯累邪！

三國志卷五十一　吳書六

宗室傳第六

孫靜字幼臺，堅季弟也。堅始舉事，靜糾合鄉曲及宗室五六百人以爲保障，衆咸附焉。策破劉繇，定諸縣，進攻會稽，遣人請靜，靜將家屬與策會于錢唐。是時太守王朗拒策於固陵，策數度水戰，不能克。靜說策曰：「朗負阻城守，難可卒拔。查瀆南去此數十里，查音祖加反。而道之要徑也，宜從彼據其內，所謂攻其無備、出其不意者也。吾當自帥衆爲軍前隊，破之必矣。」策曰：「善。」乃詐令軍中曰：「頃連雨水濁，兵飲之多腹痛，令促具甖缶數百口澄水。」至昏暮，羅以然火誑朗，便分軍夜投查瀆道，襲高遷屯。〔一〕朗大驚，遣故丹楊太守周昕等帥兵前戰。策破昕等，斬之，遂定會稽。〔二〕表拜靜爲奮武校尉，欲授之重任，靜戀墳墓宗族，不樂出仕，求留鎮守。策從之。權統事，就遷昭義中郎將，終於家。有五子，暠、瑜、皎、奐、謙。暠三子：綽、超、恭。超爲偏將軍。恭生峻。綽生綝。

〔一〕臣松之案：今永興縣有高遷橋。

〔二〕會稽典錄曰：昕字大明。少游京師，師事太傅陳蕃，博覽羣書，明於風角，善推災異。辟太尉府，舉高第，稍遷丹楊太守。曹公起義兵，昕前後遣兵萬餘人助公征伐。袁術之在淮南也，昕惡其淫虐，絕不與通。

獻帝春秋曰：袁術遣吳景攻昕，未拔，景乃募百姓敢從周昕者死不赦。昕曰：「我則不德，百姓何罪？」遂散兵，還本郡。

瑜字仲異，以恭義校尉始領兵衆。是時賓客諸將多江西人，瑜虛心綏撫，得其歡心。建安九年，領丹楊太守，爲衆所附，至萬餘人。加綏遠將軍。十一年，與周瑜共討麻、保二屯，破之。後從權拒曹公於濡須，權欲交戰，瑜說權持重，權不從，軍果無功。遷奮威將軍，領郡如故，自溧陽徙屯牛渚。瑜以永安人饒助爲襄安長，無錫人顏連爲居巢長，使招納廬江二郡，各得降附。濟陰人馬普篤學好古，瑜厚禮之，使二府將吏子弟數百人就受業，遂立學官，臨饗講肄。是時諸將皆以軍務爲事，而瑜好樂墳典，雖在戎旅，誦聲不絕。年三十九，建安二十年卒。瑜五子：彌、熙、燿、曼、紘。曼至將軍，封侯。

孫皎字叔朗，始拜護軍校尉，領衆二千餘人。是時曹公數出濡須，皎每赴拒，號爲精銳。遷都護征虜將軍，代程普督夏口。黄蓋及兄瑜卒，又并其軍。賜沙羡、雲杜、南新市、竟陵以衆事，廣陵吳碩、河南張梁以軍旅，而傾心親待，莫不自盡。皎嘗遣兵候獲魏邊將吏美女以進皎，皎更其衣服送還之，下令曰：「今所誅者曹氏，其百姓何罪？自今以往，不得擊其老弱。」由是江淮間多歸附者。嘗以小故與甘寧忿爭，或以諫寧，寧曰：「臣子一例，征虜雖公子，何可專行侮人邪！吾值明主，但當輸效力命，以報所天，誠不能隨俗屈曲矣。」權聞之，以書讓皎曰：「自吾與北方爲敵，中閒十年，初時相持年小，今者且三十矣。孔子言『三十而立』，非但謂五經也。授卿以精兵，委卿以大任，都護諸將於千里之外，欲使如楚任昭奚恤，揚威於北境，非徒相使逞私志而已。近聞卿與甘興霸飲，因酒發作，侵陵其人，其人求屬呂蒙督中。此人雖麤豪，有不如人意時，然其較略大丈夫也。吾親之者，非私之也。我親愛之，卿疎憎之；卿所爲每與吾違，其可久乎？夫居敬而行簡，可以臨民；愛人多容，可以得衆。二者尚不能知，安可董督在遠，禦寇濟難乎？卿行長大，特受重任，上有遠方瞻望之視，下有部曲朝夕從事，何可恣意有盛怒邪？人誰無過，貴其能改，宜追前愆，深自咎責。今故煩諸葛子瑜重宣吾意。臨書摧愴，心悲淚下。」皎得書，上疏陳謝，遂與寧結厚。後呂蒙當襲南郡，權欲令皎與蒙爲左右部大督，蒙說權曰：「若至尊以征虜能，宜用之；以蒙能，宜用蒙。昔周瑜、程普爲左右部督，共攻江陵，雖事決於瑜，普自恃久將，且俱是督，遂共不睦，幾敗國事，此目前之戒也。」權寤，謝蒙曰：「以卿爲大督，命皎爲後繼。」禽關羽，定荆州，皎有力焉。建安二十四年卒。權追録其功，封子胤爲丹楊侯。胤卒，無子。弟晞嗣，領兵，有罪自殺，國除。弟咨、彌、儀皆將軍，封侯。咨羽林督，儀無難督。咨爲滕胤所殺，儀爲孫峻所害。

孫奐字季明。兄皎既卒，代統其衆，以揚武中郎將領江夏太守。在事一年，遵皎舊迹，禮劉靖、李允、吳碩、張梁及江夏閭舉等，並納其善。奐訥於造次而敏於當官，軍民稱之。黃武五年，權攻石陽，奐以地主，使所部將軍鮮于丹帥五千人先斷淮道，自帥吳碩、張梁五千人爲軍前鋒，降高城，得三將。大軍引還，權詔使在前住，駕過其軍，見奐軍陳整齊，權歎曰：「初吾憂其遲鈍，今治軍，諸將少能及者，吾無憂矣。」拜揚威將軍，封沙羡侯。吳碩、張梁皆裨將軍，賜爵關內侯。〔一〕奐亦愛樂儒生，復命部曲子弟就業，後仕進朝廷者數十人。年四十，嘉禾三年卒。子承嗣，以昭武中郎將代統兵，領郡。赤烏六年卒，無子，封承庶弟壹奉奐後，襲業爲將。孫峻之誅諸葛恪也，壹與全熙、施績攻恪弟公安督融，融自殺。壹從鎮南遷鎮軍，假節督夏口。及孫綝誅滕胤、呂據，據、胤皆壹之妹夫也，壹弟封又知胤、據謀，自殺。綝遣朱異潛襲壹。異至武昌，壹知其攻己，率部曲千餘口過將胤妻奔魏。魏以壹爲車騎將軍、儀同三司，封吳侯，以故主芳貴人邢氏妻之。邢美色妒忌，下不堪命，遂共殺壹及邢氏。壹入魏（黃初）三年死。

〔一〕江表傳曰：初權在武昌，欲還都建業，而慮水道泝流二千里，一旦有警，不相赴及，以此懷疑。及至夏口，於塢中大會百官議之，詔曰：「諸將吏勿拘位任，其有計者，爲國言之。」諸將或陳宜立柵柵夏口，或言宜重設鐵鎖者，權皆以爲非計。時梁爲小將，未有知名，乃越席而進曰：「臣聞香餌引泉魚，重幣購勇士，今宜明樹賞罰之信，遣將入沔，與敵爭利，形勢既成，彼不敢干也。使武昌有精兵萬人，付智略者任將，常使嚴整。一旦有警，應聲相赴。作甘水城，輕艦數千，諸所宜用，皆使備具。如此開門延敵，敵自不來矣。」權以梁計爲最得，即超增梁位。後稍以功進至沔中督。

孫賁字伯陽。父羌字（聖壹）〔聖臺〕，堅同產兄也。賁早失二親，弟輔嬰孩，賁自贍育，友愛甚篤。爲郡督郵守長。堅於長沙舉義兵，賁去吏從征伐。堅薨，賁攝帥餘衆，扶送靈柩。後袁術徙壽春，賁又依之。術從兄紹用會稽周昂爲九江太守，紹與術不協，術遣賁攻破昂於陰陵。術表賁領豫州刺史，轉丹楊都尉，行征虜將軍，討平山越。爲揚州刺史劉繇所迫逐，因將士衆還住歷陽。頃之，術復使賁與吳景共擊樊能、張英等，未能拔。及策東渡，助賁、景破英、能等，遂進擊劉繇。繇走豫章。策遣賁、景還壽春報術，值術僭號，署置百官，除賁九江太守。賁不就，棄妻孥還江南。〔一〕時策已平吳、會二郡，賁與策征廬江太守劉勳、江夏太守黃祖，軍旋，聞繇病死，過定豫章，上賁領太守，〔二〕後封都亭侯。建安十三年，使者劉隱奉詔拜賁爲征虜將軍，領郡如故。在官十一年卒。子鄰嗣。

〔一〕江表傳曰：袁術以吳景守廣陵，策族兄香亦爲術所用，作汝南太守，而令賁爲將軍，領兵在壽春。策與景等書曰：「今征江東，未知二三君意云何耳？」景即棄守歸，賁困而後免，香以道遠獨不得還。吳書曰：香字文陽。父孺，字仲孺，堅再從弟也，仕郡主簿功曹。香從堅征伐有功，拜郎中。後爲袁術驅馳，加征南將軍，死於壽春。

〔二〕江表傳曰：時丹楊僮芝自署廬陵太守，策留賁弟輔領兵住南昌，策謂賁曰：「兄今據豫章，是扼僮芝咽喉而守其門戶矣。但當伺其形便，因令國儀杖兵而進，使公瑾爲作勢援，一舉可定也。」後賁聞芝病，即如策計。周瑜到巴丘，輔遂得進據廬陵。

鄰年九歲，代領豫章，進封都鄉侯。〔一〕在郡垂二十年，討平叛賊，功績脩理。召還武昌，爲繞帳督。時太常潘濬掌荊州事，重安長陳留舒燮有罪下獄，濬嘗失燮，欲寘之於法。論者多爲有言，濬猶不釋。鄰謂濬曰：「舒伯膺兄弟爭死，海內義之，以爲美譚，仲膺又有奉國舊意。今君殺其子弟，若天下一統，青蓋北巡，中州士人必問仲膺繼嗣，答者云潘承明殺燮，於事何如？」濬意即解，燮用得濟。〔二〕鄰遷夏口沔中督、威遠將軍，所居任職。赤烏十二年卒。子苗嗣。苗弟旅及叔父安、熙、績，皆歷列位。〔三〕

〔一〕吳書曰：鄰字公達，雅性精敏，幼有令譽。

〔二〕博物志曰：仲膺名邵。初，伯膺親友爲人所殺，仲膺爲報怨。事覺，兄弟爭死，皆得免。袁術時，邵爲阜陵長。亦見江表傳。

〔三〕吳歷曰：鄰又有子曰述，爲武昌督，平荊州事。震，無難督。諧，城門校尉。歆，樂鄉督。震後禦晉軍，與張悌俱死。

賁曾孫惠，字德施。

惠別傳曰：惠好學有才智，晉永寧元年，赴齊王冏義，以功封晉興侯，辟大司馬賊曹屬。冏驕矜僭侈，天下失望。惠獻言於冏，諷以五難、四不可，勸令委讓萬機，歸藩青岱，辭甚深切。冏不能納，頃之果敗。成都王穎召爲大將軍參軍。是時穎將有事於長沙，以陸機爲前鋒都督。惠與機鄉里親厚，憂其致禍，謂之曰：「子盍讓都督於王粹乎？」機曰：「將謂吾避賊首鼠，更速其害。」機尋被戮，二弟雲、耽亦見殺，惠甚傷恨之。永興元年，乘輿幸鄴，司空東海王越治兵下邳，惠以書干越，詭其姓名，自稱南岳逸民秦祕之，勉以勤王匡世之略，辭義甚美。越省其書，牓題道衢，招求其人。惠乃出見，越即以爲記室參軍，專掌文疏，豫參謀議。每造書檄，越或驛馬催之，應命立成，皆有辭旨。累遷顯職，後爲廣武將軍、安豐內史。年四十七卒。惠文翰凡數十首。

孫輔字國儀，賁弟也，以揚武校尉佐孫策平三郡。策討丹楊七縣，使輔西屯歷陽以拒袁術，并招誘餘民，鳩合遺散。又從策討陵陽，生得祖郎等。〔一〕策西襲廬江太守劉勳，輔隨從，身先士卒，有功。策立輔爲廬陵太守，撫定屬城，分置長吏。遷平南將軍，假節領交州刺史。遣使與曹公相聞，事覺，權幽繫之。〔二〕數歲卒。子興、昭、偉、昕，皆歷列位。

〔一〕江表傳曰：策既平定江東，逐袁胤。袁術深怨策，乃陰遣閒使齎印綬與丹楊宗帥陵陽祖郎等，使激動山越，大合衆，圖共攻策。策自率將士討郎，生獲之。策謂郎曰：「爾昔襲擊孤，斫孤馬鞍，今創軍立事，除棄宿恨，惟取能用，與天下通耳。非但汝，汝莫恐怖。」郎叩頭謝罪。即破械，賜衣服，署門下賊曹。及軍還，郎與太史慈俱在前導軍，人以爲榮。

〔二〕典略曰：輔恐權不能保守江東，因權出行東冶，乃遣人齎書呼曹公。行人以告，權乃還，僞若不知，與張昭共見輔，權謂輔曰：「兄厭樂邪，何爲呼他人？」輔云無是。權因投書與昭，昭示輔，輔慚無辭。乃悉斬輔親近，分其部曲，徙輔置東。

孫翊字叔弼，權弟也，驍悍果烈，有兄策風。太守朱治舉孝廉，司空辟。〔一〕建安八年，以偏將軍領丹楊太守，時年二十。後卒爲左右邊鴻所殺，鴻亦即誅。〔二〕

〔一〕典略曰：翊名儼，性似策。策臨卒，張昭等謂策當以兵屬儼，而策呼權，佩以印綬。

〔二〕吳歷載翊妻徐節行，宜與嬀覽等事相次，故列於後孫韶傳中。

子松爲射聲校尉、都鄉侯。〔一〕黃龍三年卒。蜀丞相諸葛亮與兄瑾書曰：「既受東朝厚遇，依依於子弟。又子喬良器，爲之惻愴。見其所與亮器物，感用流涕。」其悼松如此，由亮養子喬咨述故云。

〔一〕吳錄曰：松善與人交，輕財好施。鎮巴丘，數咨陸遜以得失。嘗有小過，遜面責松，松意色不平，遜觀其少釋，謂曰：「君過聽不以某鄙，數見訪及，是以承來意進盡言，便變色，何也？」松笑曰：「屬亦自忿行事有此，豈有望邪！」

孫匡字季佐，翊弟也。舉孝廉茂才，未試用，卒，時年二十餘。〔一〕子泰，曹氏之甥也，爲長水校尉。嘉禾三年，從權圍新城，中流矢死。泰子秀爲前將軍、夏口督。秀公室至親，握兵在外，皓意不能平。建衡二年，皓遣何定將五千人至夏口獵。先是，民閒僉言秀當見圖，而定遠獵，秀遂驚，夜將妻子親兵數百人奔晉。晉以秀爲驃騎將軍、儀同三司，封會稽公。〔二〕

〔一〕江表傳曰：曹休出洞口，呂範率軍禦之。時匡爲定武中郎將（遺）〔違〕範令放火，燒損茅芒，以乏軍用，範即啓送匡還吳。權別其族爲丁氏，禁固終身。

臣松之案本傳曰：「匡未試用卒，時年二十餘。」而江表傳云呂範在洞口，匡爲定武中郎將。既爲定武，非爲未試用。且孫堅以初平二年卒，洞口之役在黃初三年，堅卒至此合三十一年，匡時若尚在，本傳不得云卒時年二十餘也。此蓋權別生弟朗，江表傳誤以爲匡也。朗之名位見三朝錄及虞喜志林也。

〔二〕江表傳曰：皓大怒，追改秀姓曰厲。

干寶晉紀曰：秀在晉朝，初聞皓降，羣臣畢賀，秀稱疾不與，南向流涕曰：「昔討逆弱冠以一校尉創業，今後主舉江南而棄之，宗廟山陵，於此爲墟。悠悠蒼天，此何人哉！」朝廷美之。

晉諸公贊曰：吳平，降爲伏波將軍，開府如故。永寧中卒，追贈驃騎、開府。子儉，字仲節，給事中。

孫韶字公禮。伯父河，字伯海，本姓俞氏，亦吳人也。孫策愛之，賜姓爲孫，列之屬籍。〔一〕後爲將軍，屯京城。

〔一〕吳書曰：河，堅族子也，出後姑俞氏後，復姓爲孫。河質性忠直，訥言敏行，有氣幹，能服勤。少從堅征討，常爲前驅，後領左右兵，典知內事，待以腹心之任。又從策平定吳、會，從權討李術，術破，拜威寇中郎將，領廬江太守。

初，孫權殺吳郡太守盛憲，〔二〕憲故孝廉嬀覽、戴員亡匿山中，孫翊爲丹楊，皆禮致之。覽爲大都督督兵，員爲郡丞。及翊遇害，河馳赴宛陵，責怒覽、員，以不能全權，令使姦變得施。二人議曰：「伯海與將軍疏遠，而責我乃耳。討虜若來，吾屬無遺矣。」遂殺河，使人北迎揚州刺史劉馥，令住歷陽，以丹楊應之。會翊帳下徐元、孫高、傅嬰等殺覽、員。〔三〕

〔二〕會稽典錄曰：憲字孝章，器量雅偉，舉孝廉，補尚書郎，稍遷吳郡太守，以疾去官。孫策平定吳、會，誅其英豪，憲素有高名，策深忌之。初，憲與少府孔融善，融憂其不免禍，乃與曹公書曰：「歲月不居，時節如流，五十之年，忽焉已至。公爲始滿，融又過二，海內知識，零落殆盡，惟會稽盛孝章尚存。其人困於孫氏，妻孥湮沒，單孑獨立，孤危愁苦，若使憂能傷人，此子不得復永年矣。春秋傳曰：『諸侯有相滅亡者，桓公不能救，則桓公恥之。』今孝章實丈夫之雄也，天下譚士依以揚聲，而身不免於幽執，命不期於旦夕，是吾祖不當復論損益之友，而朱穆所以絕交也。公誠能馳一介之使，加咫尺之書，則孝章可致，友道可弘也。今之少年，喜謗前輩，或能譏平皮柄反。孝章；孝章要爲有天下大名，九牧之民所共稱歎。燕君市駿馬之骨，非欲以騁道里，乃當以招絕足也。惟公匡復漢室，宗社將絕，又能正之，正之之術，實須得賢。珠玉無脛而自至者，以人好之也，況賢者之有足乎？昭王築臺以尊郭隗，隗雖小才，而逢大遇，竟能發明主之至心，故樂毅自魏往，劇辛自趙往，鄒衍自齊往。嚮使郭隗倒縣而王不解，臨溺而王不拯，則士亦將高翔遠引，莫有北首燕路者矣。凡所稱引，自公所知，而有云者，欲公崇篤斯義也，因表不悉。」由是徵爲騎都尉。制命未至，果爲權所害。子匡奔魏，位至征東司馬。

〔二〕吳歷曰：嬀覽、戴員親近邊洪等，數爲翊所困，常欲叛逆，因吳主出征，遂其姦計。時諸縣令長並會見翊，翊以妻徐氏頗曉卜，翊入語徐：「吾明日欲爲長吏作主人，卿試卜之。」徐言：「卦不能佳，可須異日。」翊以長吏來久，宜速遣，乃大請賓客。翊出入常持刀，爾時有酒色，空手送客，洪從後斫翊，郡中擾亂，無救翊者，遂爲洪所殺，迸走入山。徐氏購募追捕，中宿乃得，覽、員歸罪殺洪。諸將皆知覽、員所爲，而力不能討。覽入居軍府中，悉取翊嬪妾及左右侍御，欲復取徐。恐逆之見害，乃紿之曰：「乞須晦日設祭除服。」時月垂竟，覽聽須祭畢。徐潛使所親信語翊親近舊將孫高、傅嬰等，說：「覽已虜略婢妾，今又欲見偪，所以外許之者，欲安其意以免禍耳。欲立微計，願二君哀救。」高、嬰涕泣答言：「受府君恩遇，所以不即死難者，以死無益，欲思惟事計，事計未立，未敢啓夫人耳。今日之事，實夙夜所懷也。」乃密呼翊時侍養者二十餘人，以徐意語之，共盟誓，合謀。到晦日，設祭，徐氏哭泣盡哀畢，乃除服，薰香沐浴，更於他室，安施幃帳，言笑歡悅，示無戚容。大小悽愴，怪其如此。覽密覘視，無復疑意。徐呼高、嬰與諸婢羅住戶內，使人報覽，說已除凶即吉，惟府君勑命。覽盛意入，徐出戶拜。覽適得一拜，徐便大呼：「二君可起！」高、嬰俱出，共得殺覽，餘人即就外殺員。夫人乃還縗絰，奉覽、員首以祭翊墓。舉軍震駭，以爲神異。吳主續至，悉族誅覽、員餘黨，擢高、嬰爲牙門，其餘皆加賜金帛，殊其門戶。

韶年十七，收河餘衆，繕治京城，起樓櫓，脩器備以禦敵。權聞亂，從椒丘還，過定丹楊，引軍歸吳。夜至京城下營，試攻驚之，兵皆乘城傳檄備警，讙聲動地，頗射外人，權使曉喻乃止。明日見韶，甚器之，卽拜承烈校尉，統河部曲，食曲阿、丹徒二縣，自置長吏，一如河舊。後爲廣陵太守、偏將軍。權爲吳王，遷揚威將軍，封建德侯。權稱尊號，爲鎮北將軍。韶爲邊將數十年，善養士卒，得其死力。常以警疆埸遠斥候爲務，先知動靜而爲之備，故鮮有負敗，青、徐、汝、沛頗來歸附。淮南濱江屯候，皆徹兵遠徙，徐、泗、江、淮之地，不居者各數百里。自權西征，還都武昌，韶不進見者十餘年。權還建業，乃得朝覲。權問青、徐諸屯要害，遠近人馬衆寡，魏將帥姓名，盡具識之，有問咸對。身長八尺，儀貌都雅。權歡悅曰：「吾久不見公禮，不圖進益乃爾。」加領幽州牧、假節。赤烏四年卒。子越嗣，至右將軍。越兄楷武衞大將軍、臨成侯，代越爲京下督。楷弟異至領軍將軍，奕宗正卿，恢武陵太守。天璽元年，徵楷爲宮下鎮驃騎將軍。初永安賊施但等劫晧弟謙，襲建業，或白楷二端不卽赴討者，晧數遣詰楷。楷常惶怖，而卒被召，遂將妻子親兵數百人歸晉，晉以爲車騎將軍，封丹楊侯。〔一〕

〔一〕晉諸公贊曰：吳平，降爲渡遼將軍，永安元年卒。

吳錄曰：楷處事嚴整不如孫秀，而人閒知名，過也。

孫桓字叔武，河之子也。〔一〕年二十五，拜安東中郎將，與陸遜共拒劉備。備軍衆甚盛，彌山盈谷，桓投刀奮命，與遜勠力，備遂敗走。桓斬上（兜）〔夔〕道，截其徑要。備踰山越險，僅乃得免，忿恚歎曰：「吾昔初至京城，桓尚小兒，而今迫孤乃至此也！」桓以功拜建武將軍，封丹徒侯，下督牛渚，作橫江塢，會卒。〔二〕

〔一〕吳書曰：河有四子。長助，曲阿長。次誼，海鹽長。並早卒。次桓，儀容端正，器懷聰朗，博學彊記，能論議應對，權常稱爲宗室顏淵，擢爲武衞都尉。從討關羽於華容，誘羽餘黨，得五千人，牛馬器械甚衆。

〔二〕吳書曰：桓弟俊，字叔英，性度恢弘，才經文武，爲定武中郎將，屯戍薄落，赤烏十三年卒。長子建襲爵，平虜將軍。少子慎，鎮南將軍。慎子丞，字顯世。

文士傳曰：丞好學，有文章，作螢火賦行於世。爲黃門侍郎，與顧榮俱爲侍臣。歸命世內侍多得罪尤，惟榮、丞獨獲全。常使二人記事，丞答顧問，乃下詔曰：「自今已後，用侍郎皆當如今宗室丞、顧榮疇也。」吳平赴洛，爲范陽涿令，甚有稱績。永安中，陸機爲成都王大都督，請丞爲司馬，與機俱被害。

評曰：夫親親恩義，古今之常。宗子維城，詩人所稱。況此諸孫，或贊興初基，或鎮據邊陲，克堪厥任，不忝其榮者乎！故詳著云。

三國志卷五十二　吳書七

張顧諸葛步傳第七

張昭字子布，彭城人也。少好學，善隸書，從白侯子安受左氏春秋，博覽衆書，與琅邪趙昱、東海王朗俱發名友善。弱冠察孝廉，不就，與朗共論舊君諱事，州里才士陳琳等皆稱善之。〔一〕刺史陶謙舉茂才，不應，謙以爲輕己，遂見拘執。昱傾身營救，方以得免。漢末大亂，徐方士民多避難揚土，昭皆南渡江。孫策創業，命昭爲長史、撫軍中郎將，升堂拜母，如比肩之舊，文武之事，一以委昭。〔二〕昭每得北方士大夫書疏，專歸美於昭，昭欲嘿而不宣則懼有私，宣之則恐非宜，進退不安。策聞之，歡笑曰：「昔管仲相齊，一則仲父，二則仲父，而桓公爲霸者宗。今子布賢，我能用之，其功名獨不在我乎！」

〔一〕時汝南主簿應劭議宜爲舊君諱，論者皆互有異同，事在風俗通。昭著論曰：「客有見大國之議，士君子之論，云起元建武已來，舊君名諱五十六人，以爲後生不得協也。取乎經論，譬諸行事，義高辭麗，甚可嘉羨。愚意褊淺，竊有疑焉。蓋乾坤剖分，萬物定形，肇有父子君臣之經。故聖人順天之性，制禮尙敬，在三之義，君實食之，在喪之哀，君親臨之，厚莫重焉，恩莫大焉，誠臣子所尊仰，萬夫所天恃，焉得而同之哉？然親親有衰，尊尊有殺，故禮服上不盡高祖，下不盡玄孫。又傳記四世而緦麻，服之窮也；五世袒免，降殺同姓也；六世而親屬竭矣。又曲禮有不逮事之義則不諱，不諱者，蓋名之謂，屬絕之義，不拘於協，況乃古君五十六哉！邾子會盟，季友來歸，不稱其名，咸書字者，是時魯人嘉之也。何解臣子爲君父諱乎？周穆王諱滿，至定王時有王孫滿者，其爲大夫，是臣協君也。又厲王諱胡，及莊王之子名胡，其比衆多。夫類事建議，經有明據，傳有徵案，然後進攻退守，萬無奔北，垂示百世，永無咎失。今應劭雖上尊舊君之名，而下無所斷齊，猶歸之疑云。曲禮之篇，疑事無質，觀省上下，闕義自證，文辭可爲，倡而不法，將來何觀？言聲一放，猶拾瀋也，過辭在前，悔其何追！」

〔二〕吳書曰：策得昭甚悅，謂曰：「吾方有事四方，以士人賢者上，吾於子不得輕矣。」乃上爲校尉，待以師友之禮。

策臨亡，以弟權託昭，昭率羣僚立而輔之。〔一〕上表漢室，下移屬城，中外將校，各令奉職。權悲感未視事，昭謂權曰：「夫爲人後者，貴能負荷先軌，克昌堂構，以成勳業也。方今天下鼎沸，羣盜滿山，孝廉何得寢伏哀戚，肆匹夫之情哉？」乃身自扶權上馬，陳兵而出，然後衆心知有所歸。昭復爲權長史，授任如前。〔二〕後劉備表權行車騎將軍，昭爲軍師。權每田獵，常乘馬射虎，虎常突前攀持馬鞍。昭變色而前曰：「將軍何有當爾？夫爲人君者，謂能駕御英雄，驅使羣賢，豈謂馳逐於原野，校勇於猛獸者乎？如有一旦之患，奈天下笑何？」權謝昭曰：「年少慮事不遠，以此慚君。」然猶不能已，乃作射虎車，爲方目，間不置蓋，一人爲御，自於中射之。時有逸羣之獸，輒復犯車，而權每手擊以爲樂。昭雖諫爭，常笑而不答。

魏黃初二年，遣使者邢貞拜權爲吳王。貞入門，不下車。昭謂貞曰：「夫禮無不敬，故法無不行。而君敢自尊大，豈以江南寡弱，無方寸之刃故乎！」貞卽遽下車。拜昭爲綏遠將軍，封由拳侯。〔三〕權於武昌，臨釣臺，飲酒大醉。權使人以水灑羣臣曰：「今日酣飲，惟醉墮臺中，乃當止耳。」昭正色不言，出外車中坐。權遣人呼昭還，謂曰：「爲共作樂耳，公何爲怒乎？」昭對曰：「昔紂爲糟丘酒池長夜之飲，當時亦以爲樂，不以爲惡也。」權默然，有慚色，遂罷酒。初，權當置丞相，衆議歸昭。權曰：「方今多事，職統者責重，非所以優之也。」後孫邵卒，百寮復舉昭，權曰：「孤豈爲子布有愛乎？領丞相事煩，而此公性剛，所言不從，怨咎將興，非所以益之也。」乃用顧雍。

〔一〕吳歷曰：策謂昭曰：「若仲謀不任事者，君便自取之。正復不克捷，緩步西歸，亦無所慮。」

〔二〕吳書曰：是時天下分裂，擅命者衆。孫策涖事日淺，恩澤未洽，一旦傾隕，士民狼狽，頗有同異。及昭輔權，綏撫百姓，諸侯賓旅，寄寓之士，得用自安。權每出征，留昭鎮守，領幕府事。後黃巾賊起，昭討平之。權征合肥，命昭別討匡琦，又督領諸將，攻破豫章賊率周鳳等於南城。自此希復將帥，常在左右，爲謀謨臣。權以昭舊臣，待遇尤重。

〔三〕吳錄曰：昭與孫紹、滕胤、鄭禮等，採周、漢，撰定朝儀。

權既稱尊號，昭以老病，上還官位及所統領。〔一〕更拜輔吳將軍，班亞三司，改封婁侯，食邑萬戶。在里宅無事，乃著春秋左氏傳解及論語注。權嘗問衛尉嚴畯：「寧念小時所闇書不？」畯因誦孝經「仲尼居」。昭曰：「嚴畯鄙生，臣請爲陛下誦之。」乃誦「君子之事上」，咸以昭爲知所誦。

〔一〕江表傳曰：權旣卽尊位，請會百官，歸功周瑜。昭舉笏欲褒贊功德，未及言，權曰：「如張公之計，今已乞食矣。」昭大慚，伏地流汗。昭忠謇亮直，有大臣節，權敬重之，然所以不相昭者，蓋以昔駁周瑜、魯肅等議爲非也。臣松之以爲張昭勸迎曹公，所存豈不遠乎？夫其揚休正色，委質孫氏，誠以厄運初遘，塗炭方始，自策及權，才略足輔，是以盡誠匡弼，以成其業，上藩漢室，下保民物；鼎峙之計，本非其志也。曹公仗順而起，功以義立，冀以清一諸華，拓平荆郢，大定之機，在於此會。若使昭議獲從，則六合爲一，豈有兵連禍結，遂爲戰國之弊哉！雖無功於孫氏，有大當於天下矣。昔竇融歸漢，與國升降；張魯降魏，賞延于世。況權舉全吳，望風順服，寵靈之厚，其可測量哉！然則昭爲人謀，豈不忠且正乎！

昭每朝見，辭氣壯厲，義形於色，曾以直言逆旨，中不進見。後蜀使來，稱蜀德美，而羣臣莫拒，權歎曰：「使張公在坐，彼不折則廢，安復自誇乎？」明日，遣中使勞問，因請見昭。昭避席謝，權跪止之。昭坐定，仰曰：「昔太后、桓王不以老臣屬陛下，而以陛下屬老臣，是以思盡臣節，以報厚恩，使泯沒之後，有可稱述，而意慮淺短，違逆盛旨，自分幽淪，長棄溝壑，不圖復蒙引見，得奉帷幄。然臣愚心所以事國，志在忠益，畢命而已。若乃變心易慮，以偸榮取容，此臣所不能也。」權辭謝焉。

權以公孫淵稱藩，遣張彌、許晏至遼東拜淵爲燕王，昭諫曰：「淵背魏懼討，遠來求援，非本志也。若淵改圖，欲自明於魏，兩使不反，不亦取笑於天下乎？」權與相反覆，昭意彌切。權不能堪，案刀而怒曰：「吳國士人入宮則拜孤，出宮則拜君，孤之敬君，亦爲至矣，而數於衆中折孤，孤嘗恐失計。」昭熟視權曰：「臣雖知言不用，每竭愚忠者，誠以太后臨崩，呼老臣於牀下，遺詔顧命之言故在耳。」因涕泣橫流。權擲刀致地，與昭對泣。然卒遣彌、晏往。昭忿言之不用，稱疾不朝。權恨之，土塞其門，昭又於內以土封之。淵果殺彌、晏。權數慰謝昭，昭固不起，權因出過其門呼昭，昭辭疾篤。權燒其門，欲以恐之，昭更閉戶。權使人滅火，住門良久，昭諸子共扶昭起，權載以還宮，深自克責。昭不得已，然後朝會。〔一〕

〔一〕習鑿齒曰：張昭於是乎不臣矣！夫臣人者，三諫不從則奉身而退，身苟不絕，何忿懟之有？且秦穆違諫，卒霸西戎，晉文暫怒，終成大業。遺誓以悔過見錄，狐偃無怨絕之辭，君臣道泰，上下俱榮。今權悔往之非而求昭，後益迴慮降心，不遠而復，是其善也。昭爲人臣，不度權得道，匡其後失，夙夜匪懈，以延來譽，乃追忿不用，歸罪於君，閉戶拒命，坐待焚滅，豈不悖哉！

昭容貌矜嚴，有威風，權常曰：「孤與張公言，不敢妄也。」舉邦憚之。年八十一，嘉禾五年卒。遺令幅巾素棺，斂以時服。權素服臨弔，謚曰文侯。〔二〕長子承已自封侯，少子休襲爵。

〔一〕典略曰：余曩聞劉荊州嘗自作書欲與孫伯符，以示禰正平，正平蚩之，言：「如是爲欲使孫策帳下兒讀之邪，將使張子布見乎？」如正平言，以爲子布之才高乎？雖然，猶自蘊藉典雅，不可謂之無筆迹也。加聞吳中稱謂之仲父，如此，其人信一時之良幹，恨其不於嵩岳等資，而乃播殖於會稽。

昭弟子奮年二十，造作攻城大攻車，爲步騭所薦。昭不願曰：「汝年尚少，何爲自委於軍旅乎？」奮對曰：「昔童汪死難，子奇治阿，奮實不才耳，於年不爲少也。」遂領兵爲將軍，連有功效，至（平州）〔半州〕都督，封樂鄉亭侯。

承字仲嗣，少以才學知名，與諸葛瑾、步騭、嚴畯相友善。權爲驃騎將軍，辟西曹掾，出爲長沙西部都尉。討平山寇，得精兵萬五千人。後爲濡須都督、奮威將軍，封都鄉侯，領部曲五千人。承爲人壯毅忠讜，能甄識人物，拔彭城蔡款、南陽謝景於孤微童幼，後並爲國士，款至衞尉，景豫章太守。〔一〕又諸葛恪年少時，衆人奇其英才，承言終敗諸葛氏者元遜也。勤於長進，篤於物類，凡在庶幾之流，無不造門。年六十七，赤烏七年卒，謚曰定侯。子震嗣。初，承喪妻，昭欲爲索諸葛瑾女，承以相與有好，難之，權聞而勸焉，遂爲壻。〔二〕生女，權爲子和納之。權數令和脩敬於承，執子壻之禮。震諸葛恪誅時亦死。

〔一〕吳錄曰：款字文德，歷位內外，以清貞顯於當世。後以衞尉領中書令，封留侯。二子，條、機。條孫晧時位至尚書令、太子少傅。機爲臨川太守。謝景事在孫登傳。

〔二〕臣松之案：承與諸葛瑾同以赤烏中卒，計承年小瑾四歲耳。

休字叔嗣，弱冠與諸葛恪、顧譚等俱爲太子登僚友，以漢書授登。〔一〕從中庶子轉爲右弼都尉。權常游獵，迨暮乃歸，休上疏諫戒，權大善之，以示於昭。及登卒後，爲侍中，拜羽林都督，平三典軍事，遷揚武將軍。爲魯王霸友黨所譖，與顧譚、承俱以芍陂論功事，休、承與典軍陳恂通情，詐增其伐，並徙交州。中書令孫弘佞僞險詖，休素所忿，〔二〕弘因是譖訴，下詔書賜休死，時年四十一。

〔一〕吳書曰：休進授，指摘文義，分別事物，並有章條。每升堂宴飲，酒酣樂作，登輒降意與同歡樂。休爲人解達，登甚愛之，常在左右。

〔二〕吳錄云：弘，會稽人也。

顧雍字元歎，吳郡吳人也。〔一〕蔡伯喈從朔方還，嘗避怨於吳，雍從學琴書。〔二〕州郡表薦，弱冠爲合肥長，後轉在婁、曲阿、上虞，皆有治迹。孫權領會稽太守，不之郡，以雍爲丞，行太守事，討除寇賊，郡界寧靜，吏民歸服。數年，入爲左司馬。權爲吳王，累遷大理奉常，領尙書令，封陽遂鄉侯，拜侯還寺，而家人不知，後聞乃驚。

〔一〕吳錄曰：雍曾祖父奉，字季鴻，潁川太守。

由此也。

〔三〕江表傳曰：雍從伯喈學，專一清靜，敏而易教。伯喈貴異之，謂曰：「卿必成致，今以吾名與卿。」故雍與伯喈同名，由此也。

吳錄曰：雍字元歎，言爲蔡雍之所歎，因以爲字焉。

黃武四年，迎母於吳。既至，權臨賀之，親拜其母於庭，公卿大臣畢會，後太子又往慶焉。雍爲人不飲酒，寡言語，舉動時當。權嘗歎曰：「顧君不言，言必有中。」至飲宴歡樂之際，左右恐有酒失而雍必見之，是以不敢肆情。權亦曰：「顧公在坐，使人不樂。」其見憚如此。是歲，改爲太常，進封醴陵侯，代孫邵爲丞相，平尚書事。其所選用文武將吏各隨能所任，心無適莫。時訪逮民閒，及政職所宜，輒密以聞。若見納用，則歸之於上，不用，終不宣泄。權以此重之。然於公朝有所陳及，辭色雖順而所執者正。權嘗咨問得失，張昭因陳聽采聞，頗以法令太稠，刑罰微重，宜有所蠲損。權默然，顧問雍曰：「君以爲何如？」雍對曰：「臣之所聞，亦如昭所陳。」於是權乃議獄輕刑。〔一〕久之，呂壹、秦博爲中書，典校諸官府及州郡文書。壹等因此漸作威福，遂造作榷酤障管之利，舉罪糾姦，纖介必聞，重以深案醜誣，毀短大臣，排陷無辜，雍等皆見舉白，用被譴讓。後壹姦罪發露，收繫廷尉。雍往斷獄，壹以囚見，雍和顏色，問其辭狀，臨出，又謂壹曰：「君意得無欲有所道？」壹叩頭無言。時尚書郎懷敘面詈辱壹，雍責敘曰：「官有正法，何至於此！」〔二〕

〔一〕江表傳曰：權常令中書郎詣雍，有所咨訪。若合雍意，事可施行，即與相反覆，究而論之，為設酒食。如不合意，雍即正色改容，默然不言，無所施設，即退告。權曰：「顧公歡悅，是事合宜也；其不言者，是事未平也，孤當重思之。」其見敬信如此。江邊諸將，各欲立功自效，多陳便宜，有所掩襲。權以訪雍，雍曰：「臣聞兵法戒於小利，此等所陳，欲邀功名而為其身，非為國也，陛下宜禁制。苟不足以曜威損敵，所不宜聽也。」權從之。軍國得失，行事可不，自非面見，口未嘗言之。

〔二〕江表傳曰：權嫁從女，女顧氏甥，故請雍父子及孫譚，譚時為選曹尚書，見任貴重。是日，權極歡。譚醉酒，三起舞，舞不知止。雍內怒之。明日，召譚，訶責之曰：「君王以含垢為德，臣下以恭謹為節。昔蕭何、吳漢並有大功，何每見高帝，似不能言；漢奉光武，亦信恪勤。汝之於國，寧有汗馬之勞，可書之事邪？但階門戶之資，遂見寵任耳，何有舞不復知止？雖為酒後，亦由恃恩忘敬，謙虛不足。損吾家者必爾也。」因背向壁臥，譚立過一時，乃見遣。

徐衆評曰：雍不以呂壹見毀之故，而和顏悅色，誠長者矣。然開引其意，問所欲道，此非也。壹姦險亂法，毀傷忠賢，吳國寒心，自太子登、陸遜已下，切諫不能得，是以潘濬欲因會手劍之，以除國患，疾惡忠主，義形於色，而今乃發起令言。若壹稱枉邪，不申理，則非錄獄本旨；若承辭而奏之，吳主儻以敬丞相所言，而復原宥，伯言、承明不當悲慨哉！懷敘本無私恨，無所為嫌，故詈辱之，疾惡意耳，惡不仁者，其為仁也。季武子死，曾點倚其門而歌；子皙創發，子產催令自裁。以此言之，雍不當責懷敘也。

雍為相十九年，年七十六，赤烏六年卒。初疾微時，權令醫趙泉視之，拜其少子濟為騎都尉。雍聞，悲曰：「泉善別死生，吾必不起，故上欲及吾目見濟拜也。」權素服臨弔，諡曰肅侯。長子邵早卒，次子裕有篤疾，少子濟嗣，無後，絕。永安元年，詔曰：「故丞相雍，至德忠賢，輔國以禮，而侯統廢絕，朕甚愍之。其以雍次子裕襲爵為醴陵侯，以明著舊勳。」〔一〕

〔一〕吳錄曰：裕一名穆，終宜都太守。裕子榮。

晉書曰：榮字彥先，為東南名士，仕吳為黃門郎，在晉歷顯位。元帝初鎮江東，以榮為軍司馬，禮遇甚重。卒，表贈侍中、驃騎將軍、儀同三司。榮兄子禺，字孟著，少有名望，為散騎侍郎，早卒。

吳書曰：雍母弟徽，字子歎，少游學，有脣吻。孫權統事，聞徽有才辯，召署主簿。嘗近出行，見營軍將一男子至市行刑，問之何罪，云盜百錢，徽語使住。須臾，馳詣闕陳啟：「方今畜養士衆以圖北虜，視此兵丁壯健兒，且所盜少，愚乞哀原。」權許而嘉之。轉東曹掾。或傳曹公欲東，權謂徽曰：「卿孤腹心，今傳孟德懷異意，莫足使揣之，卿為吾行。」拜輔義都尉，到北與曹公相見。公具問境內消息，徽應對婉順，因說江東大豐，山藪宿惡，皆慕化為善，義出作兵。公笑曰：「孤與孫將軍一結婚姻，共輔漢室，義如一家，君何為道此？」徽曰：「正以明公與主將義固磐石，休戚共之，必欲知江表消息，是以及耳。」公厚待遣還。權問定云何，徽曰：「敵國隱情，卒難探察，然徽潛采聽，方與袁譚交爭，未有他意。」乃拜徽巴東太守，欲大用之，會卒。子裕，字季則，少知名，位至鎮東將軍。雍族人悌，字子通，以孝悌廉正聞於鄉黨。年十五為郡吏，除郎中，稍遷偏將軍。權末年，嫡庶不分，悌數與驃騎將軍朱據共陳禍福，言辭切直，朝廷憚之。待妻有禮，常夜入晨出，希見其面。嘗疾篤，妻出省之，悌命左右扶起，冠幘加襲，起對，趣令妻還，其貞潔不瀆如此。悌父向歷四縣令，年老致仕，悌每得父書，常灑掃，整衣服，更設几筵，舒書其上，拜跪讀之，每句應諾，畢，復再拜。若父有疾耗之問至，則臨書垂涕，聲語哽咽。父以壽終，悌飲漿不入口五日。權為作布衣一襲，皆摩絮著之，強令悌釋服。悌雖以公議自割，猶以不見父喪，常畫壁作棺柩象，設神座於下，每對之哭泣，服未闋而卒。悌四子：彥、禮、謙、祕。祕，晉交州刺史。祕子粲，尚書僕射。

邵字孝則，博覽書傳，好樂人倫。少與舅陸績齊名，而陸遜、張敦、卜靜等皆亞焉。〔一〕自州郡庶幾及四方人士，往來相見，或言議而去，或結厚而別，風聲流聞，遠近稱之。權妻以策女。年二十七，起家爲豫章太守。下車祀先賢徐孺子之墓，優待其後；禁其淫祀非禮之祭者。小吏資質佳者，輒令就學，擇其先進，擢置右職，舉善以教，風化大行。初，錢唐丁諝出於役伍，陽羨張秉生於庶民，烏程吳粲、雲陽殷禮起乎微賤，邵皆拔而友之，爲立聲譽。秉遭大喪，親爲制服結絰。邵當之豫章，發在近路，值秉疾病，時送者百數，邵辭賓客曰：「張仲節有疾，苦不能來別，恨不見之，暫還與訣，諸君少時相待。」其留心下士，惟善所在，皆此類也。諝至典軍中郎，秉雲陽太守，禮零陵太守，〔二〕粲太子少傅。世以邵爲知人。在郡五年，卒官，子譚、承云。

〔一〕吳錄曰：敦字叔方，靜字玄風，並吳郡人。敦德量淵懿，清虛淡泊，又善文辭。孫權爲車騎將軍，辟西曹掾，轉主簿，出補海昏令，甚有惠化，年三十二卒。卜靜終於剡令。

〔二〕禮子基作通語曰：禮字德嗣，弱不好弄，潛識過人。少爲郡吏，年十九，守吳縣丞。孫權爲王，召除郎中。後與張溫俱使蜀，諸葛亮甚稱歎之。稍遷至零陵太守，卒官。

文士傳曰：禮子基，無難督，以才學知名，著通語數十篇。有三子。巨字元大，有才器，初爲吳偏將軍，統家部曲，城夏口，吳平後，爲蒼梧太守。少子祐，字慶元，吳郡太守。

譚字子默，弱冠與諸葛恪等爲太子四友，從中庶子轉輔正都尉。〔一〕赤烏中，代恪爲左節度。〔二〕每省簿書，未嘗下籌，徒屈指心計，盡發疑謬，下吏以此服之。加奉車都尉。薛綜爲選曹尚書，固讓譚曰：「譚心精體密，貫道達微，才照人物，德允衆望，誠非愚臣所可越先。」後遂代綜。祖父雍卒數月，拜太常，代雍平尚書事。是時魯王霸有盛寵，與太子和齊衡，譚上疏曰：「臣聞有國有家者，必明嫡庶之端，異尊卑之禮，使高下有差，階級踰邈，如此則骨肉之恩生，覬覦之望絕。昔賈誼陳治安之計，論諸侯之勢，以爲勢重雖親，必有逆節之累，勢輕雖疏，必有保全之祚。故淮南親弟，不終饗國，失之於勢重也；吳芮疏臣，傳祚長沙，得之於勢輕也。昔漢文帝使慎夫人與皇后同席，袁盎退夫人之座，帝有怒色，及盎辨上下之儀，陳人彘之戒，帝既悅懌，夫人亦悟。今臣所陳，非有所偏，誠欲以安太子而便魯王也。」由是霸與譚有隙。時長公主壻衞將軍全琮子寄爲霸賓客，寄素傾邪，譚所不納。先是，譚弟承與張休俱北征壽春，全琮時爲大都督，與魏將王淩戰於芍陂，軍不利，魏兵乘勝陷沒五營將（秦兒）〔秦晃〕軍，休、承奮擊之，遂駐魏師。時琮羣子緒、端亦並爲將，因敵既住，乃進擊之，淩軍用退。時論功行賞，以爲駐敵之功大，退敵之功小，休、承並爲雜號將軍，緒、端偏裨而已。寄父子益恨，共搆會譚。〔三〕譚坐徙交州，幽而發憤，著新言二十篇。其知難篇蓋以自悼傷也。見流二年，年四十二，卒於交阯。

〔一〕陸機爲譚傳曰：宣太子正位東宮，天子方隆訓導之義，妙簡俊彥，講學左右。時四方之傑畢集，太傅諸葛恪等雄奇蓋衆，而譚以清識絶倫，獨見推重。自太尉范慎、謝景、羊徽之徒，皆以秀稱其名，而悉在譚下。

〔二〕吳書曰：譚初踐官府，上疏陳事，權輟食稱善，以爲過於徐詳。雅性高亮，不脩意氣，或以此望之。然權鑒其能，見待甚隆，數蒙賞賜，特見召請。

〔三〕吳錄曰：全琮父子屢言芍陂之役爲典軍陳恂詐增張休、顧承之功，而休、承與恂通情。休坐繫獄，權爲譚故，沉吟不決，欲令譚謝而釋之。及大會，以問譚，譚不謝，而曰：「陛下，讒言其興乎！」

江表傳曰：有司奏譚誣罔大不敬，罪應大辟。權以雍故，不致法，皆徙之。

承字子直，嘉禾中與舅陸瑁俱以禮徵。權賜丞相雍書曰：「貴孫子直，令問休休，至與相見，過於所聞，爲君嘉之。」拜騎都尉，領羽林兵。後爲吳郡西部都尉，與諸葛恪等共平山越，别得精兵八千人，還屯軍章阬，拜昭義中郎將，入爲侍中。芍陂之役，拜奮威將軍，出領京下督。數年，與兄譚、張休等俱徙交州，年三十七卒。

諸葛瑾字子瑜，琅邪陽都人也。〔一〕漢末避亂江東。值孫策卒，孫權姊壻曲阿弘咨見而異之，薦之於權，與魯肅等並見賓待，後爲權長史，轉中司馬。建安二十年，權遣瑾使蜀通好劉備，與其弟亮俱公會相見，退無私面。

〔一〕吳書曰：其先葛氏，本琅邪諸縣人，後徙陽都。陽都先有姓葛者，時人謂之諸葛，因以爲氏。瑾少游京師，治毛詩、尚書、左氏春秋。遭母憂，居喪至孝，事繼母恭謹，甚得人子之道。

風俗通曰：葛嬰爲陳涉將軍，有功而誅，孝文帝追錄，封其孫諸縣侯，因并氏焉。此與吳書所說不同。

與權談說諫喻，未嘗切愕，微見風彩，粗陳指歸，如有未合，則捨而及他，徐復託事造端，以物類相求，於是權意往往而釋。吳郡太守朱治，權舉將也，權曾有以望之，而素加敬，難自詰讓，忿忿不解。瑾揣知其故，而不敢顯陳，乃乞以意私自問，遂於權前爲書，泛論物理，因以己心遙往忖度之。畢，以呈權，權喜，笑曰：「孤意解矣。顏氏之德，使人加親，豈謂此邪？」權又怪校尉殷模，罪至不測。羣下多爲之言，權怒益甚，與相反覆，惟瑾默然，權曰：「子瑜何獨不言？」瑾避席曰：「瑾與殷模等遭本州傾覆，生類殄盡。棄墳墓，攜老弱，披草萊，歸聖化，在流隸之中，蒙生成之福，不能躬相督厲，陳答萬一，至令模孤負恩惠，自陷罪戾。臣謝過不暇，誠不敢有言。」權聞之愴然，乃曰：「特爲君赦之。」

後從討關羽，封宣城侯，以綏南將軍代呂蒙領南郡太守，住公安。劉備東伐吳，吳王求和，瑾與備牋曰：「奄聞旗鼓來至白帝，或恐議臣以吳王侵取此州，危害關羽，怨深禍大，不宜答和，此用心於小，未留意於大者也。試爲陛下論其輕重，及其大小。陛下若抑威損忿，覽省瑾言者，計可立決，不復咨之於羣后也。陛下以關羽之親何如先帝？荊州大小孰與海內？俱應仇疾，誰當先後？若審此數，易於反掌。」〔一〕時或言瑾別遣親人與備相聞，權曰：「孤與子瑜有死生不易之誓，子瑜之不負孤，猶孤之不負子瑜也。」〔二〕黃武元年，遷左將軍，督公安，假節，封宛陵侯。〔三〕

〔一〕臣松之云：以爲劉后以庸蜀爲關河，荊楚爲維翰，關羽揚兵沔、漢，志陵上國，雖匡主定霸，功未可必，要爲威聲遠震，有其經略。孫權潛包禍心，助魏除害，是爲翦宗子勤王之師，行曹公移都之計，拯漢之規，於茲而止。義旗所指，宜其在孫氏矣。瑾以大義責備，答之何患無辭；且備、羽相與，有若四體，股肱橫虧，憤痛已深，豈此奢闊之書所能迴駐哉？載之於篇，實爲辭章之費。

〔二〕江表傳曰：瑾之在南郡，人有密讒瑾者。此語頗流聞於外，陸遜表保明瑾無此，宜以散其意。權報曰：「子瑜與孤從事積年，恩如骨肉，深相明究，其爲人非道不行，非義不言。玄德昔遣孔明至吳，孤嘗語子瑜曰：『卿與孔明同產，且弟隨兄，於義爲順，何以不留孔明？孔明若留從卿者，孤當以書解玄德，意自隨人耳。』子瑜答孤言：『弟亮以失身於人，委質定分，義無二心。弟之不留，猶瑾之不往也。』其言足貫神明。今豈當有此乎？孤前得妄語文疏，即封示子瑜，并手筆與子瑜，即得其報，論天下君臣大節，一定之分。孤與子瑜，可謂神交，非外言所閒也。知卿意至，輒封來表，以示子瑜，使知卿意。」

〔三〕吳錄曰：曹真、夏侯尚等圍朱然於江陵，又分據中州，瑾以大兵爲之救援。瑾性弘緩，推道理，任計畫，無應卒倚伏之術，兵久不解，權以此望之。及春水生，潘璋等作水城於上流，瑾進攻浮橋，真等退走。雖無大勳，亦以全師保境爲功。

虞翻以狂直流徙，惟瑾屢爲之說。翻與所親書曰：「諸葛敦仁，則天活物，比蒙清論，有以保分。惡積罪深，見忌殷重，雖有祁老之救，德無羊舌，解釋難冀也。」

瑾爲人有容貌思度，于時服其弘雅。權亦重之，大事咨訪。又別咨瑾曰：「近得伯言表，以爲曹丕已死，毒亂之民，當望旌瓦解，而更靜然。聞皆選用忠良，寬刑罰，布恩惠，薄賦省役，以悅民心，其患更深於操時。孤以爲不然。操之所行，其惟殺伐小爲過差，及離閒人骨肉，以爲酷耳。至於御將，自古少有。丕之於操，萬不及也。今叡之不如丕，猶丕不如操也，其所以務崇小惠，必以其父新死，自度衰微，恐困苦之民一朝崩沮，故彊屈曲以求民心，欲以自安住耳，寧是興隆之漸邪！聞任陳長文、曹子丹輩，或文人諸生，或宗室戚臣，寧能御雄才虎將以制天下乎？夫威柄不專，則其事乖錯，如昔張耳、陳餘，非不敦睦，至於秉勢，自還相賊，乃事理使然也。又長文之徒，昔所以能守善者，以操笮其頭，畏操威嚴，故竭心盡意，不敢爲非耳。逮丕繼業，年已長大，承操之後，以恩情加之，用能感義。今叡幼弱，隨人東西，此曹等輩，必當因此弄巧行態，阿黨比周，各助所附。如此之日，姦讒並起，更相陷懟，轉成嫌貳。一爾已往，羣下爭利，主幼不御，其爲敗也焉得久乎？所以知其然者，自古至今，安有四五人把持刑柄，而不離刺轉相蹄齧者也！彊當陵弱，弱當求援，此亂亡之道也。

子瑜，卿但側耳聽之，伯言常長於計校，恐此一事小短也。」〔一〕

〔一〕臣松之以爲魏明帝一時明主，政自己出，孫權此論，竟爲無徵，而史載之者，將以主幼國疑，威柄不一，亂亡之形，有如權言，宜其存錄以爲鑒戒。或當以雖失之於明帝，而事著於齊王，齊王之世，可不謂驗乎！不敢顯斥，抑足表之微辭。

權稱尊號，拜大將軍、左都護，領豫州牧。及呂壹誅，權又有詔切磋瑾等，語在權傳。瑾輒因事以答，辭順理正。瑾子恪，名盛當世，權深器異之；然瑾常嫌之，謂非保家之子，每以憂戚。〔一〕赤烏四年，年六十八卒，遺命令素棺斂以時服，事從省約。恪已自封侯，故弟融襲爵，攝兵業駐公安，〔二〕部曲吏士親附之。疆外無事，秋冬則射獵講武，春夏則延賓高會，休吏假卒，或不遠千里而造焉。每會輒歷問賓客，各言其能，乃合榻促席，量敵選對，或有博弈，或有摴蒱，投壺弓彈，部別類分，於是甘果繼進，清酒徐行，融周流觀覽，終日不倦。融父兄質素，雖在軍旅，身無采飾；而融錦罽文繡，獨爲奢綺。孫權薨，徙奮威將軍。後恪征淮南，假融節，令引軍入沔，以擊西兵。恪既誅，遣無難督施寬就將軍施績、孫壹、全熙等取融。融卒聞兵士至，惶懼猶豫，不能決計，兵到圍城，飲藥而死，三子皆伏誅。〔三〕

〔一〕吳書曰：初，瑾爲大將軍，而弟亮爲蜀丞相，二子恪、融皆典戎馬，督領將帥，族弟誕又顯名於魏，一門三方爲冠蓋，天下榮之。瑾才略雖不及弟，而德行尤純。妻死不改娶，有所愛妾，生子不舉，其篤慎皆如此。

〔二〕吳書曰：融字叔長，生於寵貴，少而驕樂，學爲章句，博而不精，性寬容，多技藝，數以巾褐奉朝請，後拜騎都尉。赤烏中，諸郡出部伍，新都都尉陳表、吳郡都尉顧承各率所領人會佃毗陵，男女各數萬口。表病死，權以融代表，後代父瑾領攝。

〔三〕江表傳曰：先是，公安有靈鼉鳴，童謠曰：「白鼉鳴，龜背平，南郡城中可長生，守死不去義無成。」及恪被誅，融果刮金印龜，服之而死。

步騭字子山，臨淮淮陰人也。〔一〕世亂，避難江東，單身窮困，與廣陵衞旌同年相善，俱以種瓜自給，晝勤四體，夜誦經傳。〔二〕

〔一〕吳書曰：晉有大夫楊食采於步，後有步叔，與七十子師事仲尼。秦漢之際有爲將軍者，以功封淮陰侯，騭其後也。

〔二〕吳書曰：騭博研道藝，靡不貫覽，性寬雅沈深，能降志辱身。

會稽焦征羌，郡之豪族，〔一〕人客放縱。騭與旌求食其地，懼爲所侵，乃共脩刺奉瓜，以獻征羌。征羌方在內臥，駐之移時，旌欲委去，騭止之曰：「本所以來，畏其彊也；而今舍去，欲以爲高，祇結怨耳。」良久，征羌開牖見之，身隱几坐帳中，設席致地，坐騭、旌於牖外，旌愈恥之，騭辭色自若。征羌作食，身享大案，殽膳重沓，以小盤飯與騭、旌，惟菜茹而已。旌不能食，騭極飯致飽乃辭出。旌怒騭曰：「何能忍此？」騭曰：「吾等貧賤，是以主人以貧賤遇之，固其宜也，當何所恥？」〔二〕

〔一〕吳錄曰：征羌名矯，嘗爲征羌令。
〔二〕吳錄曰：衞旌字子旗，官至尚書。

孫權爲討虜將軍，召騭爲主記，〔一〕除海鹽長，還辟車騎將軍東曹掾。〔二〕建安十五年，出領鄱陽太守。歲中，徙交州刺史、立武中郎將，領武射吏千人，便道南行。明年，追拜使持節、征南中郎將。劉表所置蒼梧太守吳巨陰懷異心，外附內違。騭降意懷誘，請與相見，因斬徇之，威聲大震。士燮兄弟，相率供命，南土之賓，自此始也。益州大姓雍闓等殺蜀所署太守正昂，與燮相聞，求欲內附。騭因承制遣使宣恩撫納，由是加拜平戎將軍，封廣信侯。

〔一〕吳書曰：歲餘，騭以疾免，與琅邪諸葛瑾、彭城嚴畯俱游吳中，並著聲名，爲當時英俊。
〔二〕吳書曰：權爲徐州牧，以騭爲治中從事，舉茂才。

延康元年，權遣呂岱代騭，騭將交州義士萬人出長沙。會劉備東下，武陵蠻夷蠢動，權遂命騭上益陽。備既敗績，而零、桂諸郡猶相驚擾，處處阻兵，騭周旋征討，皆平之。黄武二年，遷右將軍左護軍，改封臨湘侯。五年，假節，徙屯漚口。

權稱尊號，拜驃騎將軍，領冀州牧。是歲，都督西陵，代陸遜撫二境，頃以冀州在蜀，分解牧職。時權太子登駐武昌，愛人好善，與騭書曰：「夫賢人君子，所以興隆大化，佐理時務者也。受性闇蔽，不達道數，雖實區區欲盡心於明德，歸分於君子，至於遠近士人，先後之宜，猶或緬焉，未之能詳。傳曰：『愛之能勿勞乎？忠焉能勿誨乎？』斯其義也，豈非所望於君子哉！」騭於是條于時事業在荊州界者，諸葛瑾、陸遜、朱然、程普、潘濬、裴玄、夏侯承、衞旌、李肅、〔一〕周條、石幹十一人，甄別行狀，因上疏獎勸曰：「臣聞人君不親小事，百官有司各任其職。故舜命九賢，則無所用心，彈五弦之琴，詠南風之詩，不下堂廟而天下治也。齊桓用管仲，被髮載車，齊國既治，又致匡合。近漢高祖擥三傑以興帝業，西楚失雄俊以喪成功。汲黯在朝，淮南寢謀；郅都守邊，匈奴竄迹。故賢人所在，折衝萬里，信國家之利器，崇替之所由也。方今王化未被於漢北，河、洛之濱尚有僭逆之醜，誠擥英雄拔俊任賢之時也。願明太子重以經意，則天下幸甚。」

〔一〕吳書曰：肅字偉恭，南陽人。少以才聞，善論議，臧否得中，甄奇錄異，薦述後進，題目品藻，曲有條貫，衆人以此服之。權擢以爲〔選曹尚書〕，選舉號爲得才。求出補吏，爲桂陽太守，吏民悅服。徵爲卿。會卒，知與不知，並痛惜焉。

後中書呂壹典校文書，多所糾舉，騭上疏曰：「伏聞諸典校擿抉細微，吹毛求瑕，重案深誣，輒欲陷人以成威福；無罪無辜，橫受大刑，是以使民跼天蹐地，誰不戰慄？昔之獄官，惟賢是任，故皋陶作士，呂侯贖刑，張、于廷尉，民無冤枉，休泰之祚，實由此興。今之小臣，動與古異，獄以賄成，輕忽人命，歸咎于上，爲國速怨。夫一人吁嗟，王道爲虧，甚可仇疾。明德慎罰，哲人惟刑，書傳所美。自今蔽獄，都下則宜諮顧雍，武昌則陸遜、潘濬，平心專意，務在得情，騭黨神明，受罪何恨？」又曰：「天子父天母地，故宮室百官，動法列宿。若施政令，欽順時節，官得其人，則陰陽和平，七曜循度。至於今日，官寮多闕，雖有大臣，復不信任，如此天地焉得無變？故頻年枯旱，亢陽之應也。又嘉禾六年五月十四日，赤烏二年正月一日及二十七日，地皆震動。地陰類，臣之象，陰氣盛故動，臣下專政之故也。夫天地見異，所以警悟人主，可不深思其意哉！」又曰：「丞相顧雍、上大將軍陸遜、太常潘濬，憂深責重，志在竭誠，夙夜兢兢，寢食不寧，念欲安國利民，建久長之計，可謂心膂股肱，社稷之臣矣。宜各委任，不使他官監其所司，責其成效，課其負殿。此三臣者，思慮不到則已，豈敢專擅威福欺負所天乎？」又曰：「縣賞以顯善，設刑以威姦，任賢而使能，審明於法術，則何功而不成，何事而不辨，何聽而不聞，何視而不覩哉？若今郡守百里，皆各得其人，共相經緯，如是，庶政豈不康哉！竊聞諸縣並有備吏，吏多民煩，俗以之弊。但小人因緣銜命，不務奉公而作威福，無益視聽，更爲民害，愚以爲可一切罷省。」權亦覺悟，遂誅呂壹。騭前後薦達屈滯，救解患難，書數十上。權雖不能悉納，然時采其言，多蒙濟賴。〔一〕

〔一〕吳錄云：騭表言曰：「北降人王潛等說，北相部伍，圖以東向，多作布囊，欲以盛沙塞江，以大向荊州。夫備不豫設，難以應卒，宜爲之防。」權曰：「此曹衰弱，何能有圖？必不敢來。若不如孤言，當以牛千頭，爲君作主人。」後有呂範、諸葛恪爲說騭所言，云：「每讀步騭表，輒失笑。此江與開闢俱生，寧有可以沙囊塞理也！」

赤烏九年，代陸遜爲丞相，猶誨育門生，手不釋書，被服居處有如儒生。然門內妻妾服飾奢綺，頗以此見譏。在西陵二十年，鄰敵敬其威信。性寬弘得衆，喜怒不形於聲色，而外內肅然。

十(一)年卒，子協嗣，統騭所領，加撫軍將軍。協卒，子璣嗣侯。協弟闡，繼業爲西陵督，加昭武將軍，封西亭侯。鳳皇元年，召爲繞帳督。闡累世在西陵，卒被徵命，自以失職，又懼有讒禍，於是據城降晉。遣璣與弟璿詣洛陽爲任，晉以闡爲都督西陵諸軍事、衞將軍、儀同三司，加侍中，假節領交州牧，封宜都公；璣監江陵諸軍事、左將軍，加散騎常侍，領廬陵太守，改封江陵侯；璿給事中、宣威將軍，封都鄉侯。命車騎將軍羊祜、荊州刺史楊肇往赴救闡。孫晧使陸抗西行，祜等遁退。抗陷城，斬闡等，步氏泯滅，惟璿紹祀。

潁川周昭著書稱步騭及嚴畯等曰：「古今賢士大夫所以失名喪身傾家害國者，其由非一也，然要其大歸，總其常患，四者而已。急論議一也，爭名勢二也，重朋黨三也，務欲速四也。急論議則傷人，爭名勢則敗友，重朋黨則蔽主，務欲速則失德，此四者不除，未有能全也。當世君子能不然者，亦比有之，豈獨古人乎！然論其絕異，未若顧豫章、諸葛使君、步丞相、嚴衞尉、張奮威之爲美也。論語言『夫子恂恂然善誘人』，又曰『成人之美，不成人之惡』，豫章有之矣。『望之儼然，卽之也溫，聽其言也厲』，使君體之矣。『恭而安，威而不猛』，丞相履之矣。學不求祿，心無苟得，衞尉、奮威蹈之矣。此五君者，雖德實有差，輕重不同，至於趣舍大檢，不犯四者，俱一揆也。昔丁諝出於孤家，吾粲由於牧豎，豫章揚其善，以並陸、全之列，是以人無幽滯而風俗厚焉。使君、丞相、衞尉三君，昔以布衣俱相友善，諸論者因各敍其優劣。初，先衞尉，次丞相，而後有使君也；其後並事明主，經營世務，出處之才有不同，先後之名須反其初，此世常人所決勤薄也。至於三君分好，卒無虧損，豈非古人交哉！又魯橫江昔杖萬兵，屯據陸口，當世之美業也，能與不能，孰不願焉？而橫江既亡，衞尉應其選，自以才非將帥，深辭固讓，終於不就。後徙九列，遷典八座，榮不足以自曜，祿不足以自奉。至於二君，皆位爲上將，窮富極貴。衞尉既無求欲，二君又不稱薦，各守所志，保其名好。孔子曰：『君子矜而不爭，羣而不黨。』斯有風矣。又奮威之名，亦三君之次也，當一方之戍，受上將之任，與使君、丞相不異也。然歷國事，論功勞，實有先後，故爵位之榮殊焉。而奮威將處此，決能明其部分，心無失道之欲，事無充詘之求，每升朝堂，循禮而動，辭氣謇謇，罔不惟忠。叔嗣雖親貴，言憂其敗，蔡文至雖疏賤，談稱其賢。女配太子，受禮若弔，慷愾之趨，惟篤人物，成敗得失，皆如所慮，可謂守道見機，好古之士也。若乃經國家，當軍旅，於馳騖之際，立霸王之功，此五者未爲過人。至其純粹履道，求不苟得，升降當世，保全名行，邈然絕俗，實有所師。故粗論其事，以示後之君子。」周昭者字恭遠，與韋曜、薛瑩、華覈並述吳書，後爲中書郎，坐事下獄，覈表救之，孫休不聽，遂伏法云。

評曰：張昭受遺輔佐，功勳克舉，忠謇方直，動不爲己；而以嚴見憚，以高見外，既不處宰相，又不登師保，從容閭巷，養老而已，以此明權之不及策也。顧雍依杖素業，而將之智局，故能究極榮位。諸葛瑾、步騭並以德度規檢見器當世，張承、顧邵虛心長者，好尚人物，周昭之論，稱之甚美，故詳錄焉。譚獻納在公，有忠貞之節。休、承脩志，咸庶爲善。愛惡相攻，流播南裔，哀哉！

三國志卷五十三　　吳書八

張嚴程闞薛傳第八

張紘字子綱，廣陵人。游學京都，〔一〕還本郡，舉茂才，公府辟，皆不就，〔二〕避難江東。孫策創業，遂委質焉。表爲正議校尉，〔三〕從討丹楊。策身臨行陳，紘諫曰：「夫主將乃籌謨之所自出，三軍之所繫命也，不宜輕脫，自敵小寇。願麾下重天授之姿，副四海之望，無令國內上下危懼。」

〔一〕吳書曰：紘入太學，事博士韓宗，治京氏易、歐陽尚書，又於外黃從濮陽闓受韓詩及禮記、左氏春秋。

〔二〕吳書曰：大將軍何進、太尉朱儁、司空荀爽三府辟爲掾，皆稱疾不就。

〔三〕吳書曰：紘與張昭並與參謀，常令一人居守，一人從征討。後呂布襲取徐州，因爲之牧，不欲令紘與策從事。追舉茂才，移書發遣紘。紘心惡布，恥爲之屈。策亦重惜紘，欲以自輔。答記不遣，曰：「海產明珠，所在爲寶，楚雖有才，晉實用之。英偉君子，所游見珍，何必本州哉？」

建安四年，策遣紘奉章至許宮，留爲侍御史。少府孔融等皆與親善。〔一〕曹公聞策薨，欲因喪伐吳。紘諫，以爲乘人之喪，既非古義，若其不克，成讎棄好，不如因而厚之。曹公從其言，即表權爲討虜將軍，領會稽太守。曹公欲令紘輔權內附，出紘爲會稽東部都尉。〔二〕

〔一〕吳書曰：紘至，與在朝公卿及知舊述策材略絕異，平定三郡，風行草偃，加以忠敬款誠，乃心王室。時曹公爲司空，欲加恩厚，以悅遠人，至乃優文褒崇，改號加封，辟紘爲掾，舉高第，補侍御史，後以紘爲九江太守。紘心戀舊恩，思還反命，以疾固辭。

〔二〕吳書曰：權初承統，春秋方富，太夫人以方外多難，深懷憂勞，數有優令辭謝，付屬以輔助之義。紘輒拜牋答謝，思惟補察。每有異事密計及章表書記，與四方交結，常令紘與張昭草創撰作。紘以破虜有破走董卓，扶持漢室之勳；討逆平定江外，建立大業；宜有紀頌以昭公義。既成，呈權，權省讀悲感，曰：「君眞識孤家門閥閱也。」乃遣紘之部。或以紘本受北任，嫌其志趣不止於此，權不以介意。初，琅邪趙昱爲廣陵太守，察紘孝廉，昱後爲笮融所殺，紘甚傷憤，而力不能討。昱門戶絕滅，及紘在東部，遣主簿至琅邪設祭，并求親戚爲之後，以書屬琅邪相臧宣，宣以趙宗中五歲男奉昱祀，權聞而嘉之。及討江夏，以東部少事，命紘居守，遙領所職。孔融遺紘書曰：「聞大軍西征，足下留鎮。不有居者，誰守社稷？深固折衝，亦大勳也。無乃李廣之氣，倉髮益怒，樂一當單于，以盡餘憤乎？南北並定，世將無事，孫叔投戈，絳、灌俎豆，亦在今日，但用離析，無緣會面，爲愁歎耳。道直途清，相見豈復難哉？」權以紘有鎮守之勞，欲論功加賞。紘厚自挹損，不敢蒙寵，權不奪其志。每從容侍燕，微言密指，常有以規諷。

江表傳曰：初，權於羣臣多呼其字，惟呼張昭曰張公，紘曰東部，所以重二人也。

後權以紘爲長史，從征合肥。〔一〕權率輕騎將往突敵，紘諫曰：「夫兵者凶器，戰者危事也。今麾下恃盛壯之氣，忽彊暴之虜，三軍之衆，莫不寒心，雖斬將搴旗，威震敵場，此乃偏將之任，非主將之宜也。願抑賁、育之勇，懷霸王之計。」權納紘言而止。既還，明年將復出軍，紘又諫曰：「自古帝王受命之君，雖有皇靈佐於上，文德播於下，亦賴武功以昭其勳。然而貴於時動，乃後爲威耳。今麾下值四百之厄，有扶危之功，宜且隱息師徒，廣開播殖，任賢使能，務崇寬惠，順天命以行誅，可不勞而定也。」於是遂止不行。紘建計宜出都秣陵，權從之。〔二〕令還吳迎家，道病卒。臨困，授子靖留牋曰：「自古有國有家者，咸欲脩德政以比隆盛世，至於其治，多不馨香。非無忠臣賢佐，闇於治體也，由主不勝其情，弗能用耳。夫人情憚難而趨易，好同而惡異，與治道相反。傳曰『從善如登，從惡如崩』，言善之難也。人君承奕世之基，據自然之勢，操八柄之威，甘易同之歡，〔三〕無假取於人；而忠臣挾難進之術，吐逆耳之言，其不合也，不亦宜乎！（雖）〔離〕則有釁，巧辯緣閒，眩於小忠，戀於恩愛，賢愚雜錯，長幼失敍，其所由來，情亂之也。故明君悟之，求賢如飢渴，受諫而不厭，抑情損欲，以義割恩，上無偏謬之授，下無希冀之望。宜加三思，含垢藏疾，以成仁覆之大。」時年六十卒。權省書流涕。

〔一〕吳書曰：合肥城久不拔，紘進計曰：「古之圍城，開其一面，以疑衆心。今圍之甚密，攻之又急，誠懼并命戮力。死戰之寇，固難卒拔，及救未至，可小寬之，以觀其變。」議者不同。會救騎至，數至圍下，馳騁挑戰。

〔二〕江表傳曰：紘謂權曰：「秣陵，楚武王所置，名爲金陵。地勢岡阜連石頭，訪問故老，云昔秦始皇東巡會稽經此縣，望氣者云金陵地形有王者都邑之氣，故掘斷連岡，改名秣陵。今處所具存，地有其氣，天之所命，宜爲都邑。」權善其議，未能從也。後劉備之東，宿於秣陵，周觀地形，亦勸權都之。權曰：「智者意同。」遂都焉。獻帝春秋云：劉備至京，謂孫權曰：「吳去此數百里，卽有警急，赴救爲難，將軍無意屯京乎？」權曰：「秣陵有小江百餘里，可以安大船，吾方理水軍，當移據之。」備曰：「蕪湖近濡須，亦佳也。」權曰：「吾欲圖徐州，宜近下也。」

臣松之以爲秣陵之與蕪湖，道里所校無幾，於北侵利便，亦有何異？而云欲闚徐州，貪秣陵近下，非其理也。諸書皆云劉備勸都秣陵，而此獨云權自欲都之，又爲虛錯。

〔三〕周禮太宰職曰：以八柄詔王馭羣臣。一曰爵，以馭其貴。二曰祿，以馭其富。三曰予，以馭其幸。四曰置，以馭其行。五曰生，以馭其福。六曰奪，以馭其貧。七曰廢，以馭其罪。八曰誅，以馭其過。

紘著詩賦銘誄十餘篇。〔一〕子玄，官至南郡太守、尚書。〔二〕玄子尚，〔三〕孫晧時爲侍郎，以言語辯捷見知，擢爲侍中、中書令。晧使尚鼓琴，尚對曰：「素不能。」敕使學之。後晏言次說琴之精妙，尚因道「晉平公使師曠作清角，曠言吾君德薄，不足以聽之」。晧意謂尚以斯喻己，不悅。後積他事下獄，皆追以此爲詰，〔四〕送建安作船。久之，又就加誅。

〔一〕吳書曰：紘見柟榴枕，愛其文，爲作賦。陳琳在北見之，以示人曰：「此吾鄉里張子綱所作也。」後紘見陳琳作武庫賦、應機論，與琳書深歎美之。琳答曰：「自僕在河北，與天下隔，此閒率少於文章，易爲雄伯，故使僕受此過差之譚，非其實也。今景興在此，足下與子布在彼，所謂小巫見大巫，神氣盡矣。」紘既好文學，又善楷篆，與孔融書，自書。融遺紘書曰：「前勞手筆，多篆書。每舉篇見字，欣然獨笑，如復覩其人也。」

〔二〕江表傳曰：玄淸介有高行，而才不及紘。

〔三〕江表傳（曰）稱尙有俊才。

〔四〕環氏吳紀曰：晧嘗問：「詩云『汎彼柏舟』，惟柏中舟乎？」尙對曰：「詩言『檜楫松舟』，則松亦中舟也。」又問：「鳥之大者惟鶴，小者惟雀乎？」尙對曰：「大者有禿鶖，小者有鷦鷯。」晧性忌勝己，而尙談論每出其表，積以致恨。後問：「孤飮酒以方誰？」尙對曰：「陛下有百觚之量。」晧云：「尙知孔丘之不王，而以孤方之！」因此發怒收尙。尙書岑昬率公卿已下百餘人，詣宮叩頭請，尙罪得減死。

初，紘同郡秦松字文表，陳端字子正，並與紘見待於孫策，參與謀謨。各早卒。

嚴畯字曼才，彭城人也。少耽學，善詩、書、三禮，又好說文。避亂江東，與諸葛瑾、步騭齊名友善。性質直純厚，其於人物，忠告善道，志存補益。張昭進之於孫權，權以爲騎都尉、從事中郎。及橫江將軍魯肅卒，權以畯代肅，督兵萬人，鎭據陸口。衆人咸爲畯喜，畯前後固辭：「樸素書生，不閑軍事，非才而據，咎悔必至。」發言慷慨，至於流涕，〔一〕權乃聽焉。世嘉其能以實讓。權爲吳王，及稱尊號，畯嘗爲衞尉，使至蜀，蜀相諸葛亮深善之。不畜祿賜，皆散之親戚知故，家常不充。廣陵劉穎與畯有舊，穎精學家巷，權聞徵之，以疾不就。其弟略爲零陵太守，卒官，穎往赴喪，權知其詐病，急驛收錄。晙亦馳語穎，使還謝權。權怒廢晙，而穎得免罪。久之，以晙爲尚書令，後卒。〔二〕

〔一〕志林曰：權又試晙騎，上馬墮鞍。

〔二〕吳書曰：晙時年七十八，二子凱、爽。凱官至升平少府。

晙著孝經傳、潮水論，又與裴玄、張承論管仲、季路，皆傳於世。玄字彥黃，下邳人也，亦有學行，官至太中大夫。問子欽齊桓、晉文、夷、惠四人優劣，欽答所見，與玄相反覆，各有文理。欽與太子登游處，登稱其翰采。

程秉字德樞，汝南南頓人也。逮事鄭玄，後避亂交州，與劉熙考論大義，遂博通五經。士燮命爲長史。權聞其名儒，以禮徵秉，既到，拜太子太傅。黃武四年，權爲太子登娉周瑜女，秉守太常，迎妃於吳，權親幸秉船，深見優禮。既還，秉從容進說登曰：「婚姻人倫之始，王教之基，是以聖王重之，所以率先衆庶，風化天下，故詩美關雎，以爲稱首。願太子尊禮教於閨房，存周南之所詠，則道化隆於上，頌聲作於下矣。」登笑曰：「將順其美，匡救其惡，誠所賴於傅君也。」病卒官。著周易摘、尚書駮、論語弼，凡三萬餘言。秉爲傅時，率更令河南徵崇亦篤學

立行云。〔一〕

〔一〕吳錄曰：崇字子和，治易、春秋左氏傳，兼善內術。本姓李，遭亂更姓，遂隱於會稽，躬耕以求其志。好尚者從學，所教不過數人輒止，欲令其業必有成也。所交結如丞相步騭等，咸親焉。嚴畯薦崇行足以厲俗，學足以爲師。初見太子登，以疾賜不拜。東宮官僚皆從諮詢。太子數訪以異聞。年七十而卒。

闞澤字德潤，會稽山陰人也。家世農夫，至澤好學，居貧無資，常爲人傭書，以供紙筆，所寫既畢，誦讀亦遍。追師論講，究覽羣籍，兼通曆數，由是顯名。察孝廉，除錢唐長，遷郴令。孫權爲驃騎將軍，辟補西曹掾；及稱尊號，以澤爲尚書。嘉禾中，爲中書令，加侍中。赤烏五年，拜太子太傅，領中書如故。

澤以經傳文多，難得盡用，乃斟酌諸家，刊約禮文及諸注說以授二宮，爲制行出入及見賓儀，又著乾象曆注以正時日。每朝廷大議，經典所疑，輒諮訪之。以儒學勤勞，封都鄉侯。性謙恭篤慎，宮府小吏，呼召對問，皆爲抗禮。人有非短，口未嘗及，容貌似不足者，然所聞少窮。權嘗問：「書傳篇賦，何者爲美？」澤欲諷喻以明治亂，因對賈誼過秦論最善，權覽讀焉。初，以呂壹姦罪發聞，有司窮治，奏以大辟，或以爲宜加焚裂，用彰元惡。權以訪澤，澤曰：「盛明之世，不宜復有此刑。」權從之。又諸官司有所患疾，欲增重科防，以檢御臣下，澤每曰「宜依禮、律」，其和而有正，皆此類也。〔一〕六年冬卒，權痛惜感悼，食不進者數日。

〔一〕吳錄曰：虞翻稱澤曰：「闞生矯傑，蓋蜀之揚雄。」又曰：「闞子儒術德行，亦今之仲舒也。」初，魏文帝卽位，權嘗從容問羣臣曰：「曹丕以盛年卽位，恐孤不能及之，諸卿以爲何如？」羣臣未對，澤曰：「不及十年，丕其沒矣，大王勿憂也。」權曰：「何以知之？」澤曰：「以字言之，不十爲丕，此其數也。」文帝果七年而崩。

臣松之計孫權年大文帝五歲，其爲長幼也微矣。

澤州里先輩丹楊唐固亦修身積學，稱爲儒者，著國語、公羊、穀梁傳注，講授常數十人。權爲吳王，拜固議郞，自陸遜、張溫、駱統等皆拜之。黃武四年爲尙書僕射，卒。〔一〕

〔一〕吳錄曰：固字子正，卒時年七十餘矣。

薛綜字敬文，沛郡竹邑人也。〔一〕少依族人避地交州，從劉熙學。士燮旣附孫權，召綜爲五官中郞〔將〕，除合浦、交阯太守。時交土始開，刺史呂岱率師討伐，綜與俱行，越海南征，及到九眞。事畢還都，守謁者僕射。西使張奉於權前列尙書闞澤姓名以嘲澤，澤不能答。綜下行酒，因勸酒曰：「蜀者何也？有犬爲獨，無犬爲蜀，橫目苟身，虫入其腹。」〔二〕奉曰：「不當復列君吳邪？」綜應聲曰：「無口爲天，有口爲吳，君臨萬邦，天子之都。」於是衆

坐喜笑，而奉無以對。其樞機敏捷，皆此類也。〔三〕

〔一〕吳錄曰：其先齊孟嘗君封於薛。秦滅六國，而失其祀，子孫分散。漢祖定天下，過齊，求孟嘗後，得其孫陵、國二人，欲復其封。陵、國兄弟相推，莫適受，乃去之竹邑，因家焉，故遂氏薛。自國至綜，世典州郡，爲著姓。綜少明經，善屬文，有秀才。

〔二〕臣松之見諸書本「苟身」或作「句身」，以爲既云「橫目」，則宜曰「句身」。

〔三〕江表傳曰：費禕聘于吳，陛見，公卿侍臣皆在坐。酒酣，禕與諸葛恪相對嘲難，言及吳、蜀。禕問曰：「蜀字云何？」恪曰：「有水者濁，無水者蜀。橫目苟身，虫入其腹。」禕復問：「吳字云何？」恪曰：「無口者天，有口者吳，下臨滄海，天子帝都。」與本傳不同。

呂岱從交州召出，綜懼繼岱者非其人，上疏曰：「昔帝舜南巡，卒於蒼梧。秦置桂林、南海、象郡，然則四國之內屬也，有自來矣。趙佗起番禺，懷服百越之君，珠官之南是也。漢武帝誅呂嘉，開九郡，設交阯刺史以鎮監之。山川長遠，習俗不齊，言語同異，重譯乃通，民如禽獸，長幼無別，椎結徒跣，貫頭左袵，長吏之設，雖有若無。自斯以來，頗徙中國罪人雜居其間，稍使學書，粗知言語，使驛往來，觀見禮化。及後錫光爲交阯，任延爲九眞太守，乃教其耕犂，使之冠履；爲設媒官，始知聘娶；建立學校，導之經義。由此已降，四百餘年，頗有似類。自臣昔客始至之時，珠崖除州縣嫁娶，皆須八月引戶，人民集會之時，男女自相可適，乃爲夫妻，父母不能止。交阯糜泠、九眞都龐二縣，皆兄死弟妻其嫂，世以此爲俗，長吏恣聽，不能禁制。日南郡男女倮體，不以爲羞。由此言之，可謂蟲豸，有靦面目耳。然而土廣人衆，阻險毒害，易以爲亂，難使從治。縣官羈縻，示令威服，田戶之租賦，裁取供辦，貴致遠珍名珠、香藥、象牙、犀角、瑇瑁、珊瑚、琉璃、鸚鵡、翡翠、孔雀、奇物，充備寶玩，不必仰其賦入，以益中國也。然在九甸之外，長吏之選，類不精覈。漢時法寬，多自放恣，故數反違法。珠崖之廢，起於長吏覩其好髮，髡取爲髲。及臣所見，南海黃蓋爲日南太守，下車以供設不豐，撾殺主簿，仍見驅逐。九眞太守儋萌爲妻父周京作主人，并請大吏，酒酣作樂，功曹番歆起舞屬京，京不肯起，歆猶迫彊，萌忿杖歆，亡於郡內。歆弟苗帥衆攻府，毒矢射萌，萌至物故。交阯太守士燮遣兵致討，卒不能克。又故刺史會稽朱符，多以鄉人虞褒、劉彥之徒分作長吏，侵虐百姓，彊賦於民，黃魚一枚收稻一斛，百姓怨叛，山賊並出，攻州突郡。符走入海，流離喪亡。次得南陽張津，與荆州牧劉表爲隙，兵弱敵彊，歲歲興軍，諸將厭患，去留自在。津小檢攝，威武不足，爲所陵侮，遂至殺沒。後得零陵賴恭，先輩仁謹，不曉時事。表又遣長沙吳巨爲蒼梧太守。巨武夫輕悍，不爲恭（所）服，（所取）〔輒〕相怨恨，逐出恭，求步騭。是時津故將夷廖、錢博之徒尚多，騭以次鉏治，綱紀適定，會仍召出。呂岱既至，有士氏之變。越軍南征，平討之日，改置長吏，章明王綱，威加萬里，大小承風。由此言之，綏邊撫裔，實有其人。牧伯之任，旣宜清能，荒流之表，禍福尤甚。今日交州雖名粗定，尚有高涼宿賊；其南海、蒼梧、鬱林、珠官四郡界未綏，依作寇盜，專爲亡叛逋逃之藪。若岱不復南，新刺史宜得精密，檢攝八郡，方略智計，能稍稍以漸（能）治高涼者，假其威寵，借之形勢，責其成效，庶幾可補復。如但中人，近守常法，無奇數異術者，則羣惡日滋，久遠成害。故國之安危，在於所任，不可不察也。竊懼朝廷忽輕其選，故敢竭愚情，以廣聖思。」

黃龍三年，建昌侯慮爲鎭軍大將軍，屯半州，以綜爲長史，外掌衆事，內授書籍。慮卒，入守賊曹尚書，遷尚書僕射。時公孫淵降而復叛，權盛怒，欲自親征。綜上疏諫曰：「夫帝王者，萬國之元首，天下之所繫命也。是以居則重門擊柝以戒不虞，行則清道案節以養威嚴，蓋所以存萬安之福，鎭四海之心。昔孔子疾時，託乘桴浮海之語，季由斯喜，拒以無所取才。漢元帝欲御樓船，薛廣德請刎頸以血染車。何則？水火之險至危，非帝王所宜涉也。諺曰：『千金之子，坐不垂堂。』況萬乘之尊乎？今遼東戎貊小國，無城池之固，備禦之術，器械銖鈍，犬羊無政，往必禽克，誠如明詔。然其方土寒埆，穀稼不殖，民習鞍馬，轉徙無常。卒聞大軍之至，自度不敵，鳥驚獸駭，長驅奔竄，一人匹馬，不可得見，雖獲空地，守之無益，此不可一也。加又洪流滉瀁，有成山之難，海行無常，風波難免，倏忽之間，人船異勢。雖有堯舜之德，智無所施，賁育之勇，力不得設，此不可二也。加以鬱霧冥其上，鹹水蒸其下，善生流腫，轉相汚染，凡行海者，稀無斯患，此不可三也。天生神聖，顯以符瑞，當乘平喪亂，康此民物；嘉祥日集，海內垂定，逆虜凶虐，滅亡在近。中國一平，遼東自斃，但當拱手以待耳。今乃違必然之圖，尋至危之阻，忽九州之固，肆一朝之忿，既非社稷之重計，又開闢以來所未嘗有，斯誠羣僚所以傾身側息，食不甘味，寢不安席者也。惟陛下抑雷霆之威，忍赫斯之怒，遵乘橋之安，遠履冰之險，則臣子賴祉，天下幸甚。」時羣臣多諫，權遂不行。

正月乙未，權敕綜祝祖不得用常文，綜承詔，卒造文義，信辭粲爛。權曰：「復爲兩頭，使滿三也。」綜復再祝，辭令皆新，衆咸稱善。赤烏三年，徙選曹尚書。五年，爲太子少傅，領選職如故。〔一〕六年春，卒。凡所著詩賦難論數萬言，名曰私載，又定五宗圖述、二京解，皆傳於世。

〔一〕吳書曰：後權賜綜紫綬囊，綜陳讓紫色非所宜服，權曰：「太子年少，涉道日淺，君當博之以文，約之以禮，茅土之封，非君而誰？」是時綜以名儒居師傅之位，仍兼選舉，甚爲優重。

子珝，官至威南將軍，征交阯還，道病死。〔一〕珝弟瑩，字道言，初爲祕府中書郎，孫休即位，爲散騎中常侍。數年，以病去官。孫晧初，爲左執法，遷選曹尚書，及立太子，又領少傳。建衡三年，晧追歎瑩父綜遺文，且命瑩繼作。瑩獻詩曰：「惟臣之先，昔仕于漢，奕世緜緜，頗涉臺觀。暨臣父綜，遭時之難，卯金失御，邦家毀亂。適茲樂土，庶存孑遺，天啓其心，東南是歸。厥初流隸，困于蠻垂。大皇開基，恩德遠施。特蒙招命，拯擢泥汙，釋放巾褐，受職剖符。作守合浦，在海之隅，遷入京輦，遂升機樞。枯瘁更榮，絕統復紀，自微而顯，非願之始。亦惟寵遇，心存足止。重値文皇，建號東宮，乃作少傅，光華益隆。明明聖嗣，至德謙崇，禮遇兼加，惟渥惟豐。哀哀先臣，念竭其忠，洪恩未報，委世以終。嗟臣蔑賤，惟昆及弟，幸生幸育，託綜遺體。過庭既訓，頑蔽難啓。堂構弗克，志存耦耕。豈悟聖朝，仁澤流盈。追錄先臣，愍其無成，是濟是拔，被以殊榮。珝忝千里，受命南征，旌旗備物，金革揚聲。及臣斯陋，實闇實微，既顯前軌，人物之機；復傳東宮，繼世荷輝，才不逮先，是忝是違。乾德博好，文雅是貴，追悼亡臣，冀存遺類。如何愚胤，曾無髣髴！瞻彼舊寵，顧此頑虛，孰能忍媿，臣實與居。夙夜反側，克心自論，父子兄弟，累世蒙恩，死惟結草，生誓殺身，雖則灰隕，無報萬分。」

〔一〕漢晉春秋曰：孫休時，珝爲五官中郎將，遣至蜀求馬。及還，休問蜀政得失，對曰：「主闇而不知其過，臣下容身以求免罪，入其朝不聞正言，經其野民皆菜色。臣聞燕雀處堂，子母相樂，自以爲安也，突決棟焚，而燕雀怡然不知禍之將及，其是之謂乎！」

是歲，何定建議鑿聖谿以通江淮，晧令瑩督萬人往，遂以多盤石難施功，罷還，出爲武昌左部督。後定被誅，晧追聖谿事，下瑩獄，徙廣州。右國史華覈上疏曰：「臣聞五帝三王皆立史官，敍錄功美，垂之無窮。漢時司馬遷、班固，咸命世大才，所撰精妙，與六經俱傳。大吳受命，建國南土。大皇帝末年，命太史令丁孚、郎中項峻始撰吳書。孚、峻俱非史才，其所撰作，不足紀錄。至少帝時，更差韋曜、周昭、薛瑩、梁廣及臣五人，訪求往事，所共撰立，備有本末。昭、廣先亡，曜負恩蹈罪，瑩出爲將，復以過徙，其書遂委滯，迄今未撰奏。臣愚淺才劣，適可爲瑩等記注而已，若使撰合，必襲孚、峻之跡，懼墜大皇帝之元功，損當世之盛美。瑩涉學既博，文章尤妙，同寮之中，瑩爲冠首。今者見吏，雖多經學，記述之才，如瑩者少，是以慺慺爲國惜之。實欲使卒垂成之功，編於前史之末。奏上之後，退塡溝壑，無所復恨。」晧遂召瑩還，爲左國史。頃之，選曹尚書同郡繆禕以執意不移，爲羣小所疾，左遷衡陽太守。既拜，又追以職事見詰責，拜表陳謝。因過詣瑩，復爲人所白，云禕不懼罪，多將賓客會聚瑩許。乃收禕下獄，徙桂陽，瑩還廣州。未至，召瑩還，復職。是時法政多謬，舉措煩苛，瑩每上便宜，陳緩刑簡役，以濟育百姓，事或施行。遷光祿勳。天紀四年，晉軍征晧，晧奉書於司馬伷、王渾、王濬請降，其文，瑩所造也。瑩既至洛陽，特先見敍，爲散騎常侍，答問處當，皆有條理。〔一〕太康三年卒。著書八篇，名曰新議。〔二〕

〔一〕干寶晉紀曰：武帝從容問瑩曰：「孫晧之所以亡者何也？」瑩對曰：「歸命侯臣晧之君吳也，昵近小人，刑罰妄加，大臣大將，無所親信，人人憂恐，各不自保，危亡之釁，實由於此。」帝遂問吳士存亡者之賢愚，瑩各以狀對。

〔三〕王隱晉書曰：「瑩子兼，字令長，清素有器宇，資望故如上國，不似吳人。歷位二宮丞相長史。元帝踐阼，累遷丹楊尹、尚書，又爲太子少傅。自綜至兼，三世傅東宮。

評曰：張紘文理意正，爲世令器，孫策待之亞於張昭，誠有以也。嚴、程、闞生，一時儒林也。至晙辭榮濟舊，不亦長者乎！薛綜學識規納，爲吳良臣，及瑩纂蹈，允有先風，然於暴酷之朝，屢登顯列，君子殆諸。

吳書九

三國志卷五十四

周瑜魯肅呂蒙傳第九

周瑜字公瑾，廬江舒人也。從祖父景，景子忠，皆爲漢太尉。〔一〕父異，洛陽令。

〔一〕謝承後漢書曰：景字仲嚮，少以廉能見稱，以明學察孝廉，辟公府。後爲豫州刺史，辟汝南陳蕃爲別駕，潁川李膺、荀緄、杜密、沛國朱寓爲從事，皆天下英俊之士也。稍遷至尚書令，遂登太尉。張璠漢紀曰：景父榮，章、和世爲尚書令。初景歷位牧守，好善愛士，每歲舉孝廉，延請入，上後堂，與家人宴會，如此者數四。及贈送既備，又選用其子弟，常稱曰：「移臣作子，於政何有？」先是，司徒韓縯爲河內太守，在公無私，所舉一辭而已，後亦不及其門戶，曰：「我舉若可矣，不令恩偏稱一家也。」當時論者，或兩譏焉。

瑜長壯有姿貌。初，孫堅興義兵討董卓，徙家於舒。堅子策與瑜同年，獨相友善，瑜推道南大宅以舍策，升堂拜母，有無通共。瑜從父尚爲丹楊太守，瑜往省之。會策將東渡，到歷陽，馳書報瑜，瑜將兵迎策。策大喜曰：「吾得卿，諧也。」遂從攻橫江、當利，皆拔之。乃渡擊秣陵，破笮融、薛禮，轉下湖孰、江乘，進入曲阿，劉繇奔走，而策之衆已數萬矣。因謂瑜曰：「吾以此衆取吳會平山越已足。卿還鎭丹楊。」瑜還。頃之，袁術遣從弟胤代尚爲太守，而瑜與尚俱還壽春。術欲以瑜爲將，瑜觀術終無所成，故求爲居巢長，欲假塗東歸，術聽之。遂自居巢還吳。是歲，建安三年也。策親自迎瑜，授建威中郎將，即與兵二千人，騎五十匹。〔一〕瑜時年二十四，吳中皆呼爲周郎。以瑜恩信著於廬江，出備牛渚，後領春穀長。頃之，策欲取荊州，以瑜爲中護軍，領江夏太守，從攻皖，拔之。時得橋公兩女，皆國色也。策自納大橋，瑜納小橋。〔二〕復進尋陽，破劉勳，討江夏，還定豫章、廬陵，留鎭巴丘。〔三〕

〔一〕江表傳曰：策又給瑜鼓吹，爲治館舍，贈賜莫與爲比。策令曰：「周公瑾英儁異才，與孤有總角之好，骨肉之分。如前在丹楊，發衆及船糧以濟大事，論德酬功，此未足以報者也。」

〔二〕江表傳曰：策從容戲瑜曰：「橋公二女雖流離，得吾二人作壻，亦足爲歡。」

〔三〕臣松之案：孫策于時始得豫章、廬陵，尚未能得定江夏。瑜之所鎭，應在今巴丘縣也，與後所（平）〔卒〕巴丘處不同。

五年，策薨，權統事。瑜將兵赴喪，遂留吳，以中護軍與長史張昭共掌衆事。〔一〕十一年，督孫瑜等討麻、保二屯，梟其渠帥，囚俘萬餘口，還備（官亭）〔宮亭〕。江夏太守黃祖遣將鄧龍將兵數千人入柴桑，瑜追討擊，生虜龍送吳。十三年春，權討江夏，瑜爲前部大督。

〔一〕江表傳曰：曹公新破袁紹，兵威日盛，建安七年，下書責權質任子。權召羣臣會議，張昭、秦松等猶豫不能決，權意不欲遣質，乃獨將瑜詣母前定議，瑜曰：「昔楚國初封於荊山之側，不滿百里之地，繼嗣賢能，廣土開境，立基於郢，遂據荊揚，至於南海，傳業延祚，九百餘年。今將軍承父兄餘資，兼六郡之衆，兵精糧多，將士用命，鑄山爲銅，煮海爲鹽，境內富饒，人不思亂，汎舟舉帆，朝發夕到，士風勁勇，所向無敵，有何偪迫，而欲送質？質一入，不得不與曹氏相首尾，與相首尾，則命召不得不往，便見制於人也。極不過一侯印，僕從十餘人，車數乘，馬數匹，豈與南面稱孤同哉？不如勿遣，徐觀其變。若曹氏能率義以正天下，將軍事之未晚。若圖爲暴亂，兵猶火也，不戢將自焚。將軍韜勇抗威，以待天命，何送質之有！」權母曰：「公瑾議是也。公瑾與伯符同年，小一月耳，我視之如子也，汝其兄事之。」遂不送質。

其年九月，曹公入荊州，劉琮舉衆降，曹公得其水軍，船步兵數十萬，將士聞之皆恐。權延見羣下，問以計策。議者咸曰：「曹公豺虎也，然託名漢相，挾天子以征四方，動以朝廷爲辭，今日拒之，事更不順。且將軍大勢，可以拒操者，長江也。今操得荊州，奄有其地，劉表治水軍，蒙衝鬬艦，乃以千數，操悉浮以沿江，兼有步兵，水陸俱下，此爲長江之險，已與我共之矣。而勢力衆寡，又不可論。愚謂大計不如迎之。」瑜曰：「不然。操雖託名漢相，其實漢賊也。將軍以神武雄才，兼仗父兄之烈，割據江東，地方數千里，兵精足用，英雄樂業，尚當橫行天下，爲漢家除殘去穢。況操自送死，而可迎之邪？請爲將軍籌之：今使北土已安，操無內憂，能曠日持久，來爭疆埸，又能與我校勝負於船楫(可)〔閒〕乎？今北土既未平安，加馬超、韓遂尚在關西，爲操後患。且舍鞍馬，仗舟楫，與吳越爭衡，本非中國所長。

又今盛寒，馬無藁草，驅中國士衆遠涉江湖之閒，不習水土，必生疾病。此數四者，用兵之患也，而操皆冒行之。將軍禽操，宜在今日。瑜請得精兵三萬人，進住夏口，保爲將軍破之。」權曰：「老賊欲廢漢自立久矣，徒忌二袁、呂布、劉表與孤耳。今數雄已滅，惟孤尚存，孤與老賊，勢不兩立。君言當擊，甚與孤合，此天以君授孤也。」〔一〕

〔一〕江表傳曰：權拔刀斫前奏案曰：「諸將吏敢復有言當迎操者，與此案同！」及會罷之夜，瑜請見曰：「諸人徒見操書，言水步八十萬，而各恐懾，不復料其虛實，便開此議，甚無謂也。今以實校之，彼所將中國人，不過十五六萬，且軍已久疲，所得表衆，亦極七八萬耳，尚懷狐疑。夫以疲病之卒，御狐疑之衆，衆數雖多，甚未足畏。得精兵五萬，自足制之，願將軍勿慮。」權撫背曰：「公瑾，卿言至此，甚合孤心。子布、文表諸人，各顧妻子，挾持私慮，深失所望，獨卿與子敬與孤同耳，此天以卿二人贊孤也。五萬兵難卒合，已選三萬人，船糧戰具俱辦，卿與子敬、程公便在前發，孤當續發人衆，多載資糧，爲卿後援。卿能辦之者誠決，邂逅不如意，便還就孤，孤當與孟德決之。」臣松之以爲建計拒曹公，實始魯肅。于時周瑜使鄱陽，肅勸權呼瑜，瑜使鄱陽還，但與肅闇同，故能共成大勳。本傳直云，權延見羣下，問以計策，瑜擺撥衆人之議，獨言抗拒之計，了不云肅先有謀，殆爲攘肅之善也。

時劉備爲曹公所破，欲引南渡江，與魯肅遇於當陽，遂共圖計，因進住夏口，遣諸葛亮詣權。權遂遣瑜及程普等與備并力逆曹公，遇於赤壁。時曹公軍衆已有疾病，初一交戰，公軍敗退，引次江北。瑜等在南岸。瑜部將黃蓋曰：「今寇衆我寡，難與持久。然觀操軍船艦首尾相接，可燒而走也。」乃取蒙衝鬬艦數十艘，實以薪草，膏油灌其中，裹以帷幕，上建牙旗，先書報曹公，欺以欲降。〔一〕又豫備走舸，各繫大船後，因引次俱前。曹公軍吏士皆延頸觀望，指言蓋降。蓋放諸船，同時發火。時風盛猛，悉延燒岸上營落。頃之，煙炎張天，人馬燒溺死者甚衆，軍遂敗退，還保南郡。〔二〕備與瑜等復共追。曹公留曹仁等守江陵城，徑自北歸。

〔一〕江表傳載蓋書曰：「蓋受孫氏厚恩，常爲將帥，見遇不薄。然顧天下事有大勢，用江東六郡山越之人，以當中國百萬之衆，衆寡不敵，海內所共見也。東方將吏，無有愚智，皆知其不可，惟周瑜、魯肅偏懷淺戇，意未解耳。今日歸命，是其實計。瑜所督領，自易摧破。交鋒之日，蓋爲前部，當因事變化，效命在近。」曹公特見行人，密問之，口敕曰：「但恐汝詐耳。蓋若信實，當授爵賞，超於前後也。」

〔二〕江表傳曰：至戰日，蓋先取輕利艦十舫，載燥荻枯柴積其中，灌以魚膏，赤幔覆之，建旌旗龍幡於艦上。時東南風急，因以十艦最著前，中江舉帆，蓋舉火白諸校，使衆兵齊聲大叫曰：「降焉！」操軍人皆出營立觀。去北軍二里餘，同時發火，火烈風猛，往船如箭，飛埃絕爛，燒盡北船，延及岸邊營柴。瑜等率輕鋭尋繼其後，雷鼓大進，北軍大壞，曹公退走。

瑜與程普又進南郡，與仁相對，各隔大江。兵未交鋒，〔一〕瑜卽遣甘寧前據夷陵。仁分兵騎別攻圍寧。寧告急於瑜。瑜用呂蒙計，留淩統以守其後，身與蒙上救寧。寧圍既解，乃渡屯北岸，克期大戰。瑜親跨馬擽陳，會流矢中右脅，瘡甚，便還。後仁聞瑜臥未起，勒兵就陳。瑜乃自輿，案行軍營，激揚吏士，仁由是遂退。

〔一〕吳錄曰：備謂瑜云：「仁守江陵城，城中糧多，足爲疾害。使張益德將千人隨卿，卿分二千人追我，相爲從夏水入截仁後，仁聞吾入必走。」瑜以二千人益之。

權拜瑜偏將軍，領南郡太守。以下雋、漢昌、劉陽、州陵爲奉邑，屯據江陵。劉備以左將軍領荊州牧，治公安。備詣京見權，瑜上疏曰：「劉備以梟雄之姿，而有關羽、張飛熊虎之將，必非久屈爲人用者。愚謂大計宜徙備置吳，盛爲築宮室，多其美女玩好，以娛其耳目，分此二人，各置一方，使如瑜者得挾與攻戰，大事可定也。今猥割土地以資業之，聚此三人，俱在疆場，恐蛟龍得雲雨，終非池中物也。」權以曹公在北方，當廣擥英雄，又恐備難卒制，故不納。

是時劉璋爲益州牧，外有張魯寇侵，瑜乃詣京見權曰：「今曹操新折衄，方憂在腹心，未能與將軍連兵相事也。乞與奮威俱進取蜀，得蜀而并張魯，因留奮威固守其地，好與馬超結援。瑜還與將軍據襄陽以蹙操，北方可圖也。」權許之。瑜還江陵，爲行裝，而道於巴丘病卒，〔二〕時年三十六。權素服舉哀，感動左右。喪當還吳，又迎之蕪湖，衆事費度，一爲供給。後著令曰：「故將軍周瑜、程普，其有人客，皆不得問。」初瑜見友於策，太妃又使權以兄奉之。是時權位爲將軍，諸將賓客爲禮尙簡，而瑜獨先盡敬，便執臣節。性度恢廓，大率爲得人，惟與程普不睦。〔三〕

〔一〕臣松之案，瑜欲取蜀，還江陵治嚴，所卒之處，應在今之巴陵，與前所鎭巴丘，名同處異也。

〔二〕江表傳曰：普頗以年長，數陵侮瑜。瑜折節容下，終不與校。普後自敬服而親重之，乃告人曰：「與周公瑾交，若飲醇醪，不覺自醉。」時人以其謙讓服人如此。初曹公聞瑜年少有美才，謂可游說動也，乃密下揚州，遣九江蔣幹往見瑜。幹有儀容，以才辯見稱，獨步江、淮之間，莫與爲對。乃布衣葛巾，自託私行詣瑜。瑜出迎之，立謂幹曰：「子翼良苦，遠涉江湖爲曹氏作說客邪？」幹曰：「吾與足下州里，中間別隔，遙聞芳烈，故來叙闊，并觀雅規，而云說客，無乃逆詐乎？」瑜曰：「吾雖不及夔、曠，聞弦賞音，足知雅曲也。」因延幹入，爲設酒食。畢，遣之曰：「適吾有密事，且出就館，事了，別自相請。」後三日，瑜請幹與周觀營中，行視倉庫軍資器仗訖，還宴飲，示之侍者服飾珍玩之物，因謂幹曰：「丈夫處世，遇知己之主，外託君臣之義，內結骨肉之恩，言行計從，禍福共之，假使蘇張更生，酈叟復出，猶撫其背而折其辭，豈足下幼生所能移乎？」幹但笑，終無所言。幹還，稱瑜雅量高致，非言辭所間。中州之士，亦以此多之。劉備之自京還也，權乘飛雲大船，與張昭、秦松、魯肅等十餘人共追送之，大宴會叙別。昭、肅等先出，權獨與備留語，因言次，歎瑜曰：「公瑾文武籌略，萬人之英，顧其器量廣大，恐不久爲人臣耳。」瑜之破魏軍也，曹公曰：「孤不羞走。」後書與權曰：「赤壁之役，值有疾病，孤燒船自退，橫使周瑜虛獲此名。」瑜威聲遠著，故曹公、劉備咸欲疑譖之。及卒，權流涕曰：「公瑾有王佐之資，今忽短命，孤何賴哉！」後權稱尊號，謂公卿曰：「孤非周公瑾，不帝矣。」

瑜少精意於音樂，雖三爵之後，其有闕誤，瑜必知之，知之必顧，故時人謠曰：「曲有誤，周郎顧。」

瑜兩男一女。女配太子登。男循尚公主，拜騎都尉，有瑜風，早卒。循弟胤，初拜興業都尉，妻以宗女，授兵千人，屯公安。黃龍元年，封都鄉侯，後以罪徙廬陵郡。赤烏二年，諸葛瑾、步騭連名上疏曰：「故將軍周瑜子胤，昔蒙粉飾，受封爲將，不能養之以福，思立功效，至縱情欲，招速罪辟。臣竊以瑜昔見寵任，入作心膂，出爲爪牙，銜命出征，身當矢石，盡節用命，視死如歸，故能摧曹操於烏林，走曹仁於郢都，揚國威德，華夏是震，蠢爾蠻荊，莫不賓服，雖周之方叔，漢之信、布，誠無以尚也。夫折衝扞難之臣，自古帝王莫不貴重，故漢高帝封爵之誓曰『使黃河如帶，太山如礪，國以永存，爰及苗裔』；申以丹書，重以盟詛，藏于宗廟，傳於無窮，欲使功臣之後，世世相踵，非徒子孫，乃關苗裔，報德明功，勤勤懇懇，如此之至，欲以勸戒後人，用命之臣，死而無悔也。況於瑜身沒未久，而其子胤降爲匹夫，益可悼傷。竊惟陛下欽明稽古，隆於興繼，爲胤歸訴，乞匄餘罪，還兵復爵，使失旦之雞，復得一鳴，抱罪之臣，展其後效。」權答曰：「腹心舊勳，與孤協事，公瑾有之，誠所不忘。昔胤年少，初無功勞，橫受精兵，爵以侯將，蓋念公瑾以及於胤也。而胤恃此，酗淫自恣，前後告喻，曾無悛改。孤於公瑾，義猶二君，樂胤成就，豈有已哉？迫胤罪惡，未宜便還，且欲苦之，使自知耳。今二君勤勤援引漢高河山之誓，孤用恧然。雖德非其疇，猶欲庶幾，事亦如爾，故未順旨。以公瑾之子，而二君在中閒，苟使能改，亦何患乎！」瑾、騭表比上，朱然及全琮亦俱陳乞，權乃許之。會胤病死。

瑜兄子峻，亦以瑜元功爲偏將軍，領吏士千人。峻卒，全琮表峻子護爲將。權曰：「昔走曹操，拓有荆州，皆是公瑾，常不忘之。初聞峻亡，仍欲用護，聞護性行危險，用之適爲作禍，故便止之。孤念公瑾，豈有已乎？」

魯肅字子敬，臨淮東城人也。生而失父，與祖母居。家富於財，性好施與。爾時天下已亂，肅不治家事，大散財貨，摽賣田地，以賑窮弊結士爲務，甚得鄉邑歡心。周瑜爲居巢長，將數百人故過候肅，并求資糧。肅家有兩囷米，各三千斛，肅乃指一囷與周瑜，瑜益知其奇也，遂相親結，定僑、札之分。袁術聞其名，就署東城長。肅見術無綱紀，不足與立事，乃攜老弱將輕俠少年百餘人，南到居巢就瑜。瑜之東渡，因與同行，〔一〕留家曲阿。會祖母亡，還葬東城。

〔一〕吳書曰：肅體貌魁奇，少有壯節，好爲奇計。天下將亂，乃學擊劍騎射，招聚少年，給其衣食，往來南山中射獵，陰相部勒，講武習兵。父老咸曰：「魯氏世衰，乃生此狂兒！」後雄傑並起，中州擾亂，肅乃命其屬曰：「中國失綱，寇賊橫暴，淮、泗間非遺種之地，吾聞江東沃野萬里，民富兵彊，可以避害，寧肯相隨俱至樂土，以觀時變乎？」其屬皆從命。乃使細弱在前，彊壯在後，男女三百餘人行。州追騎至，肅等徐行，勒兵持滿，謂之曰：「卿等丈夫，當解大數。今日天下兵亂，有功弗賞，不追無罰，何爲相偪乎？」又自植盾，引弓射之，矢皆洞貫。騎既嘉肅言，且度不能制，乃相率還。肅渡江往見策，策亦雅奇之。

劉子揚與肅友善，遺肅書曰：「方今天下豪傑並起，吾子姿才，尤宜今日。急還迎老母，無事滯於東城。近鄭寶者，今在巢湖，擁衆萬餘，處地肥饒，廬江閒人多依就之，況吾徒乎？觀其形勢，又可博集，時不可失，足下速之。」肅答然其計。葬畢還曲阿，欲北行。會瑜已徙肅母到吳，肅具以狀語瑜。時孫策已薨，權尚住吳，瑜謂肅曰：「昔馬援答光武云『當今之世，非但君擇臣，臣亦擇君』。今主人親賢貴士，納奇錄異，且吾聞先哲祕論，承運代劉氏者，必興于東南，推步事勢，當其曆數，終構帝基，以協天符，是烈士攀龍附鳳馳騖之秋。吾方達此，足下不須以子揚之言介意也。」肅從其言。瑜因薦肅才宜佐時，當廣求其比，以成功業，不可令去也。

權卽見肅，與語甚悅之。衆賓罷退，肅亦辭出，乃獨引肅還，合榻對飲。因密議曰：「今漢室傾危，四方雲擾，孤承父兄餘業，思有桓文之功。君既惠顧，何以佐之？」肅對曰：「昔高帝區區欲尊事義帝而不獲者，以項羽爲害也。今之曹操，猶昔項羽，將軍何由得爲桓文乎？肅竊料之，漢室不可復興，曹操不可卒除。爲將軍計，惟有鼎足江東，以觀天下之釁。規模如此，亦自無嫌。何者？北方誠多務也。因其多務，剿除黃祖，進伐劉表，竟長江所極，據而有之，然後建號帝王以圖天下，此高帝之業也。」權曰：「今盡力一方，冀以輔漢耳，此言非所及也。」張昭非肅謙下不足，頗訾毀之，云肅年少麤疎，未可用。權不以介意，益貴重之，賜肅母衣服幃帳，居處雜物，富擬其舊。

劉表死，肅進說曰：「夫荊楚與國鄰接，水流順北，外帶江漢，內阻山陵，有金城之固，沃野萬里，士民殷富，若據而有之，此帝王之資也。今表新亡，二子素不輯睦，軍中諸將，各有彼此。加劉備天下梟雄，與操有隙，寄寓於表，表惡其能而不能用也。若備與彼協心，上下齊同，則宜撫安，與結盟好；如有離違，宜別圖之，以濟大事。肅請得奉命弔表二子，幷慰勞其軍中用事者，及說備使撫表衆，同心一意，共治曹操，備必喜而從命。如其克諧，天下可定也。今不速往，恐爲操所先。」權卽遣肅行。到夏口，聞曹公已向荊州，晨夜兼道。比至南郡，而表子琮已降曹公，備惶遽奔走，欲南渡江。肅徑迎之，到當陽長阪，與備會，宣騰權旨，及陳江東彊固，勸備與權併力。備甚歡悅。時諸葛亮與備相隨，肅謂亮曰「我子瑜友也」，卽共定交。備遂到夏口，遣亮使權，肅亦反命。〔一〕

〔一〕臣松之案：劉備與權併力，共拒中國，皆肅之本謀。又語諸葛亮曰「我子瑜友也」，則亮已亟聞肅言矣。而蜀書亮傳曰：「亮以連横之略說權，權乃大喜。」如似此計始出於亮。若二國史官，各記所聞，競欲稱揚本國容美，各取其功。今此二書，同出一人，而舛互若此，非載述之體也。

會權得曹公欲東之問，與諸將議，皆勸權迎之，而肅獨不言。權起更衣，肅追於宇下，權知其意，執肅手曰：「卿欲何言？」肅對曰：「向察衆人之議，專欲誤將軍，不足與圖大事，今肅可迎操耳，如將軍，不可也。何以言之？今肅迎操，操當以肅還付鄉黨，品其名位，猶不失下曹從事，乘犢車，從吏卒，交游士林，累官故不失州郡也。將軍迎操，欲安所歸？願早定大計，莫用衆人之議也。」權歎息曰：「此諸人持議，甚失孤望；今卿廓開大計，正與孤同，此天以卿賜我也。」〔一〕

〔一〕魏書及九州春秋曰：曹公征荊州，孫權大懼，魯肅實欲勸權拒曹公，乃激說權曰：「彼曹公者，實嚴敵也，新并袁紹，兵馬甚精，乘戰勝之威，伐喪亂之國，克可必也。不如遣兵助之，且送將軍家詣鄴；不然，將危。」權大怒，欲斬肅，肅因曰：「今事已急，卽有他圖，何不遣兵助劉備，而欲斬我乎？」權然之，乃遣周瑜助備。

孫盛曰：吳書及江表傳，魯肅一見孫權便說拒曹公而論帝王之略，劉表之死也，又請使觀變，無緣方復激說勸迎曹公也。又是時勸迎者衆，而云獨欲斬肅，非其論也。

時周瑜受使至鄱陽，肅勸追召瑜還。遂任瑜以行事，以肅爲贊軍校尉，助畫方略。曹公破走，肅卽先還，權大請諸將迎肅。肅將入閤拜，權起禮之，因謂曰：「子敬，孤持鞍下馬相迎，足以顯卿未？」肅趨進曰：「未也。」衆人聞之，無不愕然。就坐，徐舉鞭言曰：「願至尊威德加乎四海，總括九州，克成帝業，更以安車軟輪徵肅，始當顯耳。」權撫掌歡笑。

後備詣京見權，求都督荊州，惟肅勸權借之，共拒曹公。〔二〕曹公聞權以土地業備，方作書，落筆於地。

〔一〕漢晉春秋曰：呂範勸留備，肅曰：「不可。將軍雖神武命世，然曹公威力實重，初臨荆州，恩信未洽，宜以借備，使撫安之。多操之敵，而自爲樹黨，計之上也。」權即從之。

周瑜病困，上疏曰：「當今天下，方有事役，是瑜乃心夙夜所憂，願至尊先慮未然，然後康樂。今既與曹操爲敵，劉備近在公安，邊境密邇，百姓未附，宜得良將以鎮撫之。魯肅智略足任，乞以代瑜。瑜隕踣之日，所懷盡矣。」〔二〕即拜肅奮武校尉，代瑜領兵。瑜士衆四千餘人，奉邑四縣，皆屬焉。令程普領南郡太守。肅初住江陵，後下屯陸口，威恩大行，衆增萬餘人，拜漢昌太守、偏將軍。十九年，從權破皖城，轉橫江將軍。

〔二〕江表傳載：初瑜疾困，與權牋曰：「瑜以凡才，昔受討逆殊特之遇，委以腹心，遂荷榮任，統御兵馬，志執鞭弭，自效戎行。規定巴蜀，次取襄陽，憑賴威靈，謂若在握。至以不謹，道遇暴疾，昨自醫療，日加無損。人生有死，修短命矣，誠不足惜，但恨微志未展，不復奉教命耳。方今曹公在北，疆埸未靜，劉備寄寓，有似養虎，天下之事，未知終始，此朝士旰食之秋，至尊垂慮之日也。魯肅忠烈，臨事不苟，可以代瑜。人之將死，其言也善，儻或可採，瑜死不朽矣。」案此牋與本傳所載，意旨雖同，其辭乖異耳。

先是，益州牧劉璋綱維頹弛，周瑜、甘寧並勸權取蜀，權以咨備，備內欲自規，仍僞報曰：「備與璋託爲宗室，冀憑英靈，以匡漢朝。今璋得罪左右，備獨竦懼，非所敢聞，願加寬貸。若不獲請，備當放髮歸於山林。」後備西圖璋，留關羽守，權曰：「猾虜乃敢挾詐！」及羽與肅鄰界，數生狐疑，疆埸紛錯，肅常以歡好撫之。備既定益州，權求長沙、零、桂，備不承旨，權遣呂蒙率衆進取。備聞，自還公安，遣羽爭三郡。肅住益陽，與羽相拒。肅邀羽相見，各駐兵馬百步上，但請將軍單刀俱會。肅因責數羽曰：「國家區區本以土地借卿家者，卿家軍敗遠來，無以爲資故也。今已得益州，既無奉還之意，但求三郡，又不從命。」語未究竟，坐有一人曰：「夫土地者，惟德所在耳，何常之有！」肅厲聲呵之，辭色甚切。羽操刀起謂曰：「此自國家事，是人何知！」目使之去。〔一〕備遂割湘水爲界，於是罷軍。

〔一〕吳書曰：肅欲與羽會語，諸將疑恐有變，議不可往。肅曰：「今日之事，宜相開譬。劉備負國，是非未決，羽亦何敢重欲干命！」乃趨就羽。羽曰：「烏林之役，左將軍身在行間，寢不脫介，戮力破魏，豈得徒勞，無一塊壤，而足下來欲收地邪？」肅曰：「不然。始與豫州觀於長阪，豫州之衆不當一校，計窮慮極，志勢摧弱，圖欲遠竄，望不及此。主上矜愍豫州之身，無有處所，不愛土地士人之力，使有所庇廕以濟其患，而豫州私獨飾情，愆德隳好。今已藉手於西州矣，又欲翦并荆州之土，斯蓋凡夫所不忍行，而況整領人物之主乎！肅聞貪而棄義，必爲禍階。吾子屬當重任，曾不能明道處分，以義輔時，而負恃弱衆以圖力爭，師曲爲老，將何獲濟？」羽無以答。

肅年四十六，建安二十二年卒。權爲舉哀，又臨其葬。諸葛亮亦爲發哀。〔一〕權稱尊號，臨壇，顧謂公卿曰：「昔魯子敬嘗道此，可謂明於事勢矣。」

〔一〕吳書曰：肅爲人方嚴，寡於玩飾，內外節儉，不務俗好。治軍整頓，禁令必行，雖在軍陳，手不釋卷。又善談論，能屬文辭，思度弘遠，有過人之明。周瑜之後，肅爲之冠。

肅遺腹子淑既壯，濡須督張承謂終當到至。永安中，爲昭武將軍、都亭侯、武昌督。建衡中，假節，遷夏口督。所在嚴整，有方幹。鳳皇三年卒。子睦襲爵，領兵馬。

呂蒙字子明，汝南富陂人也。少南渡，依姊夫鄧當。當爲孫策將，數討山越。蒙年十五六，竊隨當擊賊，當顧見大驚，呵叱不能禁止。歸以告蒙母，母恚欲罰之，蒙曰：「貧賤難可居，脫誤有功，富貴可致。且不探虎穴，安得虎子？」母哀而舍之。時當職吏以蒙年小輕之，曰：「彼豎子何能爲？此欲以肉餧虎耳。」他日與蒙會，又蚩辱之。蒙大怒，引刀殺吏，出走，逃邑子鄭長家。出因校尉袁雄自首，承閒爲言，策召見奇之，引置左右。

數歲，鄧當死，張昭薦蒙代當，拜別部司馬。權統事，料諸小將兵少而用薄者，欲并合之。蒙陰賒貰，爲兵作絳衣行縢，及簡日，陳列赫然，兵人練習，權見之大悅，增其兵。從討丹楊，所向有功，拜平北都尉，領廣德長。

從征黃祖，祖令都督陳就逆以水軍出戰。蒙勒前鋒，親梟就首，將士乘勝，進攻其城。祖聞就死，委城走，兵追禽之。權曰：「事之克，由陳就先獲也。」以蒙爲橫野中郎將，賜錢千萬。

是歲，又與周瑜、程普等西破曹公於烏林，圍曹仁於南郡。益州將襲肅舉軍來附，瑜表以肅兵益蒙，蒙盛稱肅有膽用，且慕化遠來，於義宜益不宜奪也。權善其言，還肅兵。瑜使甘寧前據夷陵，曹仁分衆攻寧，寧困急，使使請救。諸將以兵少不足分，蒙謂瑜、普曰：「留淩公績，蒙與君行，解圍釋急，勢亦不久，蒙保公績能十日守也。」又說瑜分遣三百人柴斷險道，賊走可得其馬。瑜從之。軍到夷陵，卽日交戰，所殺過半。敵夜遁去，行遇柴道，騎皆舍馬步走。兵追蹙擊，獲馬三百匹，方船載還。於是將士形勢自倍，乃渡江立屯，與相攻擊，曹仁退走，遂據南郡，撫定荆州。還，拜偏將軍，領尋陽令。

魯肅代周瑜，當之陸口，過蒙屯下。肅意尚輕蒙，或說肅曰：「呂將軍功名日顯，不可以故意待也，君宜顧之。」遂往詣蒙。酒酣，蒙問肅曰：「君受重任，與關羽爲鄰，將何計略，以備不虞？」肅造次應曰：「臨時施宜。」蒙曰：「今東西雖爲一家，而關羽實熊虎也，計安可不豫定？」因爲肅畫五策。肅於是越席就之，拊其背曰：「呂子明，吾不知卿才略所及乃至於此也。」遂拜蒙母，結友而别。〔一〕

〔一〕江表傳曰：初，權謂蒙及蔣欽曰：「卿今並當塗掌事，宜學問以自開益。」蒙曰：「在軍中常苦多務，恐不容復讀書。」權曰：「孤豈欲卿治經爲博士邪？但當令涉獵見往事耳。卿言多務孰若孤，孤少時歷詩、書、禮記、左傳、國語，惟不讀易。至統事以來，省三史、諸家兵書，自以爲大有所益。如卿二人，意性朗悟，學必得之，寧當不爲乎？宜急讀孫子、六韜、左傳、國語及三史。孔子言『終日不食，終夜不寢以思，無益，不如學也』。光武當兵馬之務，手不釋卷。孟德亦自謂老而好學。卿何獨不自勉勖邪？」蒙始就學，篤志不倦，其所覽見，舊儒不勝。後魯肅上代周瑜，過蒙言議，常欲受屈。肅拊蒙背曰：「吾謂大弟但有武略耳，至於今者，學識英博，非復吳下阿蒙。」蒙曰：「士別三日，卽更刮目相待。大兄今論，何一稱穰侯乎。兄今代公瑾，旣難爲繼，且與關羽爲鄰。斯人長而好學，讀左傳略皆上口，梗亮有雄氣，然性頗自負，好陵人。今與爲對，當有單複以(卿)〔鄉〕待之。」密爲肅陳三策，肅敬受之，祕而不宣。權常歎曰：「人長而進益，如呂蒙、蔣欽，蓋不可及也。富貴榮顯，更能折節好學，耽悅書傳，輕財尚義，所行可迹，並作國士，不亦休乎！」

時蒙與成當、宋定、徐顧屯次比近，三將死，子弟幼弱，權悉以兵幷蒙。蒙固辭，陳啓顧等皆勤勞國事，子弟雖小，不可廢也。書三上，權乃聽。蒙於是又爲擇師，使輔導之，其操心率如此。

魏使廬江謝奇爲蘄春典農，屯皖田鄉，數爲邊寇。蒙使人誘之，不從，則伺隙襲擊，奇遂縮退，其部伍孫子才、宋豪等，皆擕負老弱，詣蒙降。後從權拒曹公於濡須，數進奇計，又勸權夾水口立塢，所以備御甚精，〔一〕曹公不能下而退。

〔一〕吳錄曰：權欲作塢，諸將皆曰：「上岸擊賊，洗足入船，何用塢爲？」呂蒙曰：「兵有利鈍，戰無百勝，如有邂逅，敵步騎蹙人，不暇及水，其得入船乎？」權曰：「善。」遂作之。

曹公遣朱光爲廬江太守，屯皖，大開稻田，又令閒人招誘鄱陽賊帥，使作內應。蒙曰：「皖田肥美，若一收孰，彼衆必增，如是數歲，操態見矣，宜早除之。」乃具陳其狀。於是權親征皖，引見諸將，問以計策。〔一〕蒙乃薦甘寧爲升城督，督攻在前，蒙以精銳繼之。侵晨進攻，蒙手執枹鼓，士卒皆騰踊自升，食時破之。既而張遼至夾石，聞城已拔，乃退。權嘉其功，卽拜廬江太守，所得人馬皆分與之，別賜尋陽屯田六百人，官屬三十人。蒙還尋陽，未期而廬陵賊起，諸將討擊不能禽，權曰：「鷙鳥累百，不如一鶚。」復令蒙討之。蒙至，誅其首惡，餘皆釋放，復爲平民。

〔一〕吳書曰：諸將皆勸作土山，添攻具，蒙趨進曰：「治攻具及土山，必歷日乃成，城備既脩，外救必至，不可圖也。且乘雨水以入，若留經日，水必向盡，還道艱難，蒙竊危之。今觀此城，不能甚固，以三軍銳氣，四面並攻，不移時可拔，及水以歸，全勝之道也。」權從之。

是時劉備令關羽鎮守，專有荆土，權命蒙西取長沙、零、桂三郡。蒙移書二郡，望風歸服，惟零陵太守郝普城守不降。而備自蜀親至公安，遣羽爭三郡。權時住陸口，使魯肅將萬人屯益陽拒羽，而飛書召蒙，使捨零陵，急還助肅。初，蒙既定長沙，當之零陵，過酃，載南陽鄧玄之，玄之者郝普之舊也，欲令誘普。及被書當還，蒙祕之，夜召諸將，授以方略，晨當攻城，顧謂玄之曰：「郝子太聞世閒有忠義事，亦欲爲之，而不知時也。左將軍在漢中，爲夏侯淵所圍，關羽在南郡，今至尊身自臨之，近者破樊本屯，救酈，逆爲孫規所破，此皆目前之事，君所親見也。彼方首尾倒懸，救死不給，豈有餘力復營此哉？今吾士卒精鋭，人思致命，至尊遣兵，相繼於道。今子太以旦夕之命，待不可望之救，猶牛蹄中魚，冀賴江漢，其不可恃亦明矣。若子太必能一士卒之心，保孤城之守，尚能稽延旦夕，以待所歸者，可也。今吾計力度慮，而以攻此，曾不移日，而城必破，城破之後，身死何益於事，而令百歲老母，戴白受誅，豈不痛哉？度此家不得外問，謂援可恃，故至於此耳。君可見之，爲陳禍福。」玄之見普，具宣蒙意，普懼而聽之。玄之先出報蒙，普尋後當至。蒙豫敕四將，各選百人，普出，便入守城門。須臾普出，蒙迎執其手，與俱下船。語畢，出書示之，因拊手大笑。普見書，知備在公安，而羽在益陽，慚恨入地。蒙留(孫河)〔孫皎〕，委以後事，即日引軍赴益陽。劉備請盟，權乃歸普等，割湘水，以零陵還之。以尋陽、陽新爲蒙奉邑。

師還，遂征合肥，既徹兵，爲張遼等所襲，蒙與淩統以死扞衛。後曹公又大出濡須，權以蒙爲督，據前所立塢，置彊弩萬張於其上，以拒曹公。曹公前鋒屯未就，蒙攻破之，曹公引退。拜蒙左護軍、虎威將軍。

魯肅卒，蒙西屯陸口，肅軍人馬萬餘盡以屬蒙。又拜漢昌太守，食下雋、劉陽、漢昌、州陵。與關羽分土接境，知羽驍雄，有并兼心，且居國上流，其勢難久。初，魯肅等以爲曹公尙存，禍難始構，宜相輔協，與之同仇，不可失也。蒙乃密陳計策曰：「今征虜守南郡，潘璋住白帝，蔣欽將游兵萬人，循江上下，應敵所在，蒙爲國家前據襄陽，如此，何憂於操，何賴於羽？且羽君臣，矜其詐力，所在反覆，不可以腹心待也。今羽所以未便東向者，以至尊聖明，蒙等尙存也。今不於彊壯時圖之，一旦僵仆，欲復陳力，其可得邪？」權深納其策，又聊復與論取徐州意，蒙對曰：「今操遠在河北，新破諸袁，撫集幽、冀，未暇東顧。徐土守兵，聞不足言，往自可克。然地勢陸通，驍騎所騁，至尊今日得徐州，操後旬必來爭，雖以七八萬人守之，猶當懷憂。不如取羽，全據長江，形勢益張。」權尤以此言爲當。及蒙代肅，初至陸口，外倍修恩厚，與羽結好。

後羽討樊，留兵將備公安、南郡。蒙上疏曰：「羽討樊而多留備兵，必恐蒙圖其後故也。蒙常有病，乞分士衆還建業，以治疾爲名。羽聞之，必撤備兵，盡赴襄陽。大軍浮江，晝夜馳上，襲其空虛，則南郡可下，而羽可禽也。」遂稱病篤，權乃露檄召蒙還，陰與圖計。羽果信之，稍撤兵以赴樊。魏使于禁救樊，羽盡禽禁等，人馬數萬，託以糧乏，擅取湘關米。權聞之，遂行，先遣蒙在前。蒙至尋陽，盡伏其精兵𦪇䑡中，使白衣搖櫓，作商賈人服，晝夜兼行，至羽所置江邊屯候，盡收縛之，是故羽不聞知。遂到南郡，士仁、麋芳皆降。〔一〕蒙入據城，盡得羽及將士家屬，皆撫慰，約令軍中不得干歷人家，有所求取。蒙麾下士，是汝南人，取民家一笠，以覆官鎧，官鎧雖公，蒙猶以爲犯軍令，不可以鄉里故而廢法，遂垂涕斬之。於是軍中震慄，道不拾遺。蒙旦暮使親近存恤耆老，問所不足，疾病者給醫藥，飢寒者賜衣糧。羽府藏財寶，皆封閉以待權至。羽還，在道路，數使人與蒙相聞，蒙輒厚遇其使，周游城中，家家致問，或手書示信。羽人還，私相參訊，咸知家門無恙，見待過於平時，故羽吏士無鬭心。會權尋至，羽自知孤窮，乃走麥城，西至漳鄉，衆皆委羽而降。權使朱然、潘璋斷其徑路，卽父子俱獲，荊州遂定。

〔一〕吳書曰：將軍士仁在公安拒守，蒙令虞翻說之。翻至城門，謂守者曰：「吾欲與汝將軍語。」仁不肯相見。乃爲書曰：「明者防禍於未萌，智者圖患於將來，知得知失，可與爲人，知存知亡，足別吉凶。大軍之行，斥候不及施，烽火不及舉，此非天命，必有內應。將軍不先見時，時至又不應之，獨守縈帶之城而不降，死戰則毀宗滅祀，爲天下譏笑。呂虎威欲徑到南郡，斷絕陸道，生路一塞，案其地形，將軍爲在箕舌上耳，奔走不得免，降則失義，竊爲將軍不安，幸熟思焉。」仁得書，流涕而降。翻謂蒙曰：「此譎兵也，當將仁行，留兵備城。」遂將仁至南郡。南郡太守麋芳城守，蒙以仁示之，遂降。

吳錄曰：初，南郡城中失火，頗焚燒軍器。羽以責芳，芳內畏懼，權聞而誘之，芳潛相和。及蒙攻之，乃以牛酒出降。

以蒙爲南郡太守，封孱陵侯，〔二〕賜錢一億，黃金五百斤。蒙固辭金錢，權不許。封爵未下，會蒙疾發，權時在公安，迎置內殿，所以治護者萬方，募封內有能愈蒙疾者，賜千金。

時有鍼加，權爲之慘慽，欲數見其顏色，又恐勞動，常穿壁瞻之，見小能下食則喜，顧左右言笑，不然則咄唶，夜不能寐。病中瘳，爲下赦令，羣臣畢賀。後更增篤，權自臨視，命道士於星辰下爲之請命。年四十二，遂卒於內殿。時權哀痛甚，爲之降損。蒙未死時，所得金寶諸賜盡付府藏，敕主者命絕之日皆上還，喪事務約。權聞之，益以悲感。

〔一〕江表傳曰：權於公安大會，呂蒙以疾辭，權笑曰：「禽羽之功，子明謀也，今大功已捷，慶賞未行，豈邑邑邪？」乃增給步騎鼓吹，敕選虎威將軍官屬，并南郡、廬江二郡威儀。拜畢還營，兵馬導從，前後鼓吹，光耀于路。

蒙少不脩書傳，每陳大事，常口占爲牋疏。常以部曲事爲江夏太守蔡遺所白，蒙無恨意。及豫章太守顧邵卒，權問所用，蒙因薦遺奉職佳吏，權笑曰：「君欲爲祁奚耶？」於是用之。甘寧麤暴好殺，既常失蒙意，又時違權令，權怒之，蒙輒陳請：「天下未定，鬬將如寧難得，宜容忍之。」權遂厚寧，卒得其用。

蒙子霸襲爵，與守冢三百家，復田五十頃。霸卒，兄琮襲侯。琮卒，弟睦嗣。

孫權與陸遜論周瑜、魯肅及蒙曰：「公瑾雄烈，膽略兼人，遂破孟德，開拓荊州，邈焉難繼，君今繼之。公瑾昔要子敬來東，致達於孤，孤與宴語，便及大略帝王之業，此一快也。後孟德因獲劉琮之勢，張言方率數十萬衆水步俱下。孤普請諸將，咨問所宜，無適先對，至子布、文表，俱言宜遣使脩檄迎之，子敬卽駮言不可，勸孤急呼公瑾，付任以衆，逆而擊之，此二快也。且其決計策，意出張蘇遠矣；後雖勸吾借玄德地，是其一短，不足以損其二長也。周公不求備於一人，故孤忘其短而貴其長，常以比方鄧禹也。又子明少時，孤謂不辭劇易，果敢有膽而已；及身長大，學問開益，籌略奇至，可以次於公瑾，但言議英發不及之耳。圖取關羽，勝於子敬。子敬答孤書云：『帝王之起，皆有驅除，羽不足忌。』此子敬內不能辦，外為大言耳，孤亦恕之，不苟責也。然其作軍，屯營不失，令行禁止，部界無廢負，路無拾遺，其法亦美也。」

評曰：曹公乘漢相之資，挾天子而掃羣桀，新盪荊城，仗威東夏，于時議者莫不疑貳。周瑜、魯肅建獨斷之明，出衆人之表，實奇才也。呂蒙勇而有謀斷，識軍計，譎郝普，禽關羽，最其妙者。初雖輕果妄殺，終於克己，有國士之量，豈徒武將而已乎！孫權之論，優劣允當，故載錄焉。

三國志卷五十五　吳書十

程黃韓蔣周陳董甘淩徐潘丁傳第十

程普字德謀，右北平土垠人也。初爲州郡吏，有容貌計略，善於應對。從孫堅征伐，討黃巾於宛、鄧，破董卓於陽人，攻城野戰，身被創夷。

堅薨，復隨孫策在淮南，從攻廬江，拔之，還俱東渡。策到橫江、當利，破張英、于麋等，轉下秣陵、湖孰、句容、曲阿，普皆有功，增兵二千，騎五十匹。進破烏程、石木、波門、陵傳、餘杭，普功爲多。策入會稽，以普爲吳郡都尉，治錢唐。後徙丹楊都尉，居石城。復討宣城、涇、安吳、陵陽、春穀諸賊，皆破之。策嘗攻祖郎，大爲所圍，普與一騎共蔽扞策，驅馬疾呼，以矛突賊，賊披，策因隨出。後拜盪寇中郎將，領零陵太守，從討劉勳於尋陽，進攻黃祖於沙羨，還鎮石城。

策薨，與張昭等共輔孫權，遂周旋三郡，平討不服。又從征江夏，還過豫章，別討樂安。樂安平定，代太史慈備海昏，與周瑜爲左右督，破曹公於烏林，又進攻南郡，走曹仁。拜裨將軍，領江夏太守，治沙羨，食四縣。

先出諸將，普最年長，時人皆呼程公。性好施與，喜士大夫。周瑜卒，代領南郡太守。權分荆州與劉備，普復還領江夏，遷盪寇將軍，卒。〔一〕權稱尊號，追論普功，封子咨爲亭侯。

〔一〕吳書曰：普殺叛者數百人，皆使投火，卽日病癘，百餘日卒。

黃蓋字公覆，零陵泉陵人也。〔二〕初爲郡吏，察孝廉，辟公府。孫堅舉義兵，蓋從之。堅南破山賊，北走董卓，拜蓋別部司馬。堅薨，蓋隨策及權，擐甲周旋，蹈刃屠城。

〔二〕吳書曰：故南陽太守黃子廉之後也，枝葉分離，自祖遷于零陵，遂家焉。蓋少孤，嬰丁凶難，辛苦備嘗，然有壯志，雖處貧賤，不自同於凡庸，常以負薪餘閒，學書疏，講兵事。

諸山越不賓，有寇難之縣，輒用蓋爲守長。石城縣吏，特難檢御，蓋乃署兩掾，分主諸曹。教曰：「令長不德，徒以武功爲官，不以文吏爲稱。今賊寇未平，有軍旅之務，一以文書委付兩掾，當檢攝諸曹，糾擿謬誤。兩掾所署，事入諾出，若有姦欺，終不加以鞭杖，宜各盡心，無爲衆先。」初皆怖威，夙夜恭職；久之，吏以蓋不視文書，漸容人事。蓋亦嫌外懈怠，時有所省，各得兩掾不奉法數事。乃悉請諸掾吏，賜酒食，因出事詰問。兩掾辭屈，皆叩頭謝罪。蓋曰：「前已相敕，終不以鞭杖相加，非相欺也。」遂殺之。縣中震慄。後轉春穀長，尋陽令。凡守九縣，所在平定。遷丹楊都尉，抑彊扶弱，山越懷附。

蓋姿貌嚴毅，善於養衆，每所征討，士卒皆爭爲先。建安中，隨周瑜拒曹公於赤壁，建策火攻，語在瑜傳。〔一〕拜武鋒中郎將。武陵蠻夷反亂，攻守城邑，乃以蓋領太守。時郡兵才五百人，自以不敵，因開城門，賊半入，乃擊之，斬首數百，餘皆奔走，盡歸邑落。誅討魁帥，附從者赦之。自春訖夏，寇亂盡平，諸幽邃巴、醴、由、誕邑侯君長，皆改操易節，奉禮請見，郡境遂清。後長沙益陽縣爲山賊所攻，蓋又平討。加偏將軍，病卒于官。

〔一〕吳書曰：赤壁之役，蓋爲流矢所中，時寒墮水，爲吳軍人所得，不知其蓋也，置廁牀中。蓋自彊以一聲呼韓當，當聞之，曰：「此公覆聲也。」向之垂涕，解易其衣，遂以得生。

蓋當官決斷，事無留滯，國人思之。〔一〕及權踐阼，追論其功，賜子柄爵關內侯。

〔一〕吳書曰：又圖畫蓋形，四時祠祭。

韓當字義公，遼西令支人也。令音郎定反。支音巨兒反。以便弓馬，有膂力，幸於孫堅，從征伐周旋，數犯危難，陷敵擒虜，爲別部司馬。〔一〕及孫策東渡，從討三郡，遷先登校尉，授兵二千，騎五十匹。從征劉勳，破黃祖，還討鄱陽，領樂安長，山越畏服。後以中郎將與周瑜等拒破曹公，又與呂蒙襲取南郡，遷偏將軍，領永昌太守。宜都之役，與陸遜、朱然等共攻蜀軍於涿鄉，大破之，徙威烈將軍，封都亭侯。曹眞攻南郡，當保東南。在外爲帥，厲將士同心固守，又敬望督司，奉遵法令，權善之。黃武二年，封石城侯，遷昭武將軍，領冠軍太守，後又加都督之號。將敢死及解煩兵萬人，討丹楊賊，破之。會病卒，子綜襲侯領兵。

〔一〕吳書曰：當勤苦有功，以軍旅陪隸，分於英豪，故爵位不加。終於堅世，爲別部司馬。

其年，權征石陽，以綜有憂，使守武昌，而綜淫亂不軌。權雖以父故不問，綜內懷懼，〔一〕載父喪，將母家屬部曲男女數千人奔魏。魏以爲將軍，封廣陽侯。數犯邊境，殺害人民，權常切齒。東興之役，綜爲前鋒，軍敗身死，諸葛恪斬送其首，以白權廟。

〔一〕吳書曰：綜欲叛，恐左右不從，因諷使劫略，示欲饒之，轉相放效，爲行旅大患。後因詐言被詔，以部曲爲寇盜見詰讓，云「將吏以下，當並收治」，又言恐罪自及。左右因曰：「惟當去耳。」遂共圖計，以當葬父，盡呼親戚姑姊，悉以嫁將吏，所幸婢妾，皆賜與親近，殺牛飲酒歃血，與共盟誓。

蔣欽字公奕，九江壽春人也。孫策之襲袁術，欽隨從給事。及策東渡，拜別部司馬，授兵。與策周旋，平定三郡，又從定豫章。調授葛陽尉，歷三縣長，討平盜賊，遷西部都尉。會稽冶賊呂合、秦狼等爲亂，欽將兵討擊，遂禽合、狼，五縣平定，徙討越中郎將，以經拘、昭陽爲奉邑。賀齊討黟賊，欽督萬兵，與齊幷力，黟賊平定。從征合肥，魏將張遼襲權於津北，欽力戰有功，遷盪寇將軍，領濡須督。後召還都，拜(津)右護軍，典領辭訟。權嘗入其堂內，母疎帳縹被，妻妾布裙。權歎其在貴守約，即敕御府爲母作錦被，改易帷帳，妻妾衣服悉皆錦繡。

初，欽屯宣城，嘗討豫章賊。蕪湖令徐盛收欽屯吏，表斬之，權以欽在遠不許，盛由是自嫌於欽。曹公出濡須，欽與呂蒙持諸軍節度。盛常畏欽因事害己，而欽每稱其善。盛既服德，論者美焉。〔一〕

〔一〕江表傳曰：權謂欽曰：「盛前白卿，卿今舉盛，欲慕祁奚邪？」欽對曰：「臣聞公舉不挾私怨，盛忠而勤彊，有膽略器用，好萬人督也。今大事未定，臣當助國求才，豈敢挾私恨以蔽賢乎！」權嘉之。

權討關羽，欽督水軍入沔，還，道病卒。權素服舉哀，以蕪湖民二百戶、田二百頃，給欽妻子。子壹封宣城侯，領兵拒劉備有功，還赴南郡，與魏交戰，臨陳卒。壹無子，弟休領兵，後有罪失業。

周泰字幼平，九江下蔡人也。與蔣欽隨孫策爲左右，服事恭敬，數戰有功。策入會稽，署別部司馬，授兵。權愛其爲人，請以自給。策討六縣山賊，權住宣城，使士自衞，不能千人，意尚忽略，不治圍落，而山賊數千人卒至。權始得上馬，而賊鋒刃已交於左右，或斫中馬鞍，衆莫能自定。惟泰奮激，投身衞權，膽氣倍人，左右由泰並能就戰。賊既解散，身被十二創，良久乃蘇。是日無泰，權幾危殆。策深德之，補春穀長。後從攻皖，及討江夏，還過豫章，復補宜春長，所在皆食其征賦。

從討黃祖有功。後與周瑜、程普拒曹公於赤壁，攻曹仁於南郡。荆州平定，將兵屯岑。曹公出濡須，泰復赴擊，曹公退，留督濡須，拜平虜將軍。時朱然、徐盛等皆在所部，並不伏也，權特爲案行至濡須塢，因會諸將，大爲酣樂。權自行酒到泰前，命泰解衣，權手自指其創痕，問以所起。泰輒記昔戰鬬處以對，畢，使復服，歡讌極夜。其明日，遣使者授以御蓋。〔一〕於是盛等乃伏。

〔一〕江表傳曰：權把其臂，因流涕交連，字之曰：「幼平，卿爲孤兄弟戰如熊虎，不惜軀命，被創數十，膚如刻畫，孤亦何心，不待卿以骨肉之恩，委卿以兵馬之重乎！卿吳之功臣，孤當與卿同榮辱，等休戚。幼平意快爲之，勿以寒門自退也。」即敕以己常所用御幘青縑蓋賜之。坐罷，住駕，使泰以兵馬導從出，鳴鼓角作鼓吹。

後權破關羽，欲進圖蜀，拜泰漢中太守、奮威將軍，封陵陽侯。黃武中卒。

子邵以騎都尉領兵。曹仁出濡須，戰有功，又從攻破曹休，進位裨將軍，黃龍二年卒。弟承領兵襲侯。

陳武字子烈，廬江松滋人。孫策在壽春，武往脩謁，時年十八，長七尺七寸，因從渡江，征討有功，拜別部司馬。策破劉勳，多得廬江人，料其精銳，乃以武爲督，所向無前。及權統事，轉督五校。仁厚好施，鄉里遠方客多依託之。尤爲權所親愛，數至其家。累有功勞，進位偏將軍。建安二十年，從擊合肥，奮命戰死。權哀之，自臨其葬。〔一〕

〔一〕江表傳曰：權命以其愛妾殉葬，復客二百家。

孫盛曰：昔三良從穆，秦師以之不征；魏妾既出，杜回以之僵仆。禍福之報，如此之效也。權仗計任術，以生從死，世祚之促，不亦宜乎！

子脩有武風，年十九，權召見獎厲，拜別部司馬，授兵五百人。時諸新兵多有逃叛，而脩撫循得意，不失一人。權奇之，拜爲校尉。建安末，追錄功臣後，封脩都亭侯，爲解煩督。黃龍元年卒。

弟表，字文奧，武庶子也，少知名，與諸葛恪、顧譚、張休等並侍東宮，皆共親友。尚書暨豔亦與表善，後豔遇罪，時人咸自營護，信厚言薄，表獨不然，士以此重之。（徙）〔從〕太子中庶子，拜翼正都尉。兄脩亡後，表母不肯事脩母，表謂其母曰：「兄不幸早亡，表統家事，當奉嫡母。母若能爲表屈情，承順嫡母者，是至願也；若母不能，直當出別居耳。」表於大義公正如此。由是二母感寤雍穆。表以父死敵場，求用爲將，領兵五百人。表欲得戰士之力，傾意接待，士皆愛附，樂爲用命。時有盜官物者，疑無難士施明。明素壯悍，收考極毒，惟死無辭，廷尉以聞。權以表能得健兒之心，詔以明付表，使自以意求其情實。表便破械沐浴，易其衣服，厚設酒食，歡以誘之。明乃首服，具列支黨。表以狀聞。權奇之，欲全其名，特爲赦明，誅戮其黨。遷表爲無難右部督，封都亭侯，以繼舊爵。表皆陳讓，乞以傳脩子延，權不許。嘉禾三年，諸葛恪領丹楊太守，討平山越，以表領新安都尉，與恪參勢。初，表所受賜復人得二百家，在會稽新安縣。表簡視其人，皆堪好兵，乃上疏陳讓，乞以還官，充足精銳。詔曰：「先將軍有功於國，國家以此報之，卿何得辭焉？」表乃稱曰：「今除國賊，報父之仇，以人爲本。空枉此勁銳以爲僮僕，非表志也。」皆輒料取以充部伍。所在以聞，權甚嘉之。下郡縣，料正戶羸民以補其處。表在官三年，廣開降納，得兵萬餘人。事捷當出，會鄱陽民吳遽等爲亂，攻沒城郭，屬縣搖動，表便越界赴討，遽以破敗，遂降。陸遜拜表偏將軍，進封都鄉侯，北屯章阬。年三十四卒。家財盡於養士，死之日，妻子露立，太子登爲起屋宅。子敖年十七，拜別部司馬，授兵四百人。敖卒，脩子延復爲司馬代敖。延弟永，將軍，封侯。始施明感表，自變行爲善，遂成健將，致位將軍。

董襲字元代，會稽餘姚人，長八尺，武力過人。〔一〕孫策入郡，襲迎於高遷亭，策見而偉之，到署門下賊曹。時山陰宿賊黃龍羅、周勃聚黨數千人，策自出討，襲身斬羅、勃首，還拜別部司馬，授兵數千，遷揚武都尉。從策攻皖，又討劉勳於尋陽，伐黃祖於江夏。

〔一〕謝承後漢書稱襲志節慷慨，武毅英烈。

策薨，權年少，初統事，太妃憂之，引見張昭及襲等，問江東可保安否，襲對曰：「江東地勢，有山川之固，而討逆明府，恩德在民。討虜承基，大小用命，張昭秉衆事，襲等爲爪牙，此地利人和之時也，萬無所憂。」衆皆壯其言。

鄱陽賊彭虎等衆數萬人，襲與淩統、步騭、蔣欽各別分討。襲所向輒破，虎等望見旌旗，便散走，旬日盡平，拜威越校尉，遷偏將軍。

建安十三年，權討黃祖。祖橫兩蒙衝挾守沔口，以栟閭大紲繫石爲矴，上有千人，以弩交射，飛矢雨下，軍不得前。襲與淩統俱爲前部，各將敢死百人，人被兩鎧，乘大舸船，突入蒙衝裏。襲身以刀斷兩紲，蒙衝乃橫流，大兵遂進。祖便開門走，兵追斬之。明日大會，權舉觴屬襲曰：「今日之會，斷紲之功也。」

曹公出濡須，襲從權赴之，使襲督五樓船住濡須口。夜卒暴風，五樓船傾覆，左右散走舸，乞使襲出。襲怒曰：「受將軍任，在此備賊，何等委去也，敢復言此者斬！」於是莫敢干。其夜船敗，襲死。權改服臨殯，供給甚厚。

甘寧字興霸，巴郡臨江人也。〔一〕少有氣力，好游俠，招合輕薄少年，爲之渠帥；羣聚相隨，挾持弓弩，負毦帶鈴，民聞鈴聲，卽知是寧。〔二〕人與相逢，及屬城長吏，接待隆厚者乃與交歡；不爾，卽放所將奪其資貨，於長吏界中有所賊害，作其發負，至二十餘年。止不攻劫，頗讀諸子，乃往依劉表，因居南陽，不見進用，後轉托黃祖，祖又以凡人畜之。〔三〕

〔一〕吳書曰：寧本南陽人，其先客於巴郡。寧爲吏舉計掾，補蜀郡丞，頃之，棄官歸家。

〔二〕吳書曰：寧輕俠殺人，藏舍亡命，聞於郡中。其出入，步則陳車騎，水則連輕舟，侍從被文繡，所如光道路，住止常以繒錦維舟，去或割棄，以示奢也。

〔三〕吳書曰：寧將僮客八百人就劉表。表儒人，不習軍事。時諸英豪各各起兵，寧觀表事勢，終必無成，恐一朝土崩，并受其禍，欲東入吳。黃祖在夏口，軍不得過，乃留依祖，三年，祖不禮之。權討祖，祖軍敗奔走，追兵急，寧以善射，將兵在後，射殺校尉淩操。祖既得免，軍罷還營，待寧如初。祖都督蘇飛數薦寧，祖不用，令人化誘其客，客稍亡。寧欲去，恐不獲免，獨憂悶不知所出。飛知其意，乃要寧，爲之置酒，謂曰：「吾薦子者數矣，主不能用。日月逾邁，人生幾何，宜自遠圖，庶遇知己。」寧良久乃曰：「雖有其志，未知所由。」飛曰：「吾欲白子爲邾長，於是去就，孰與臨版轉丸乎？」寧曰：「幸甚。」飛白祖，聽寧之縣。招懷亡客并義從者，得數百人。

於是歸吳。周瑜、呂蒙皆共薦達，孫權加異，同於舊臣。寧陳計曰：「今漢祚日微，曹操彌憍，終爲篡盜。南荆之地，山陵形便，江川流通，誠是國之西勢也。寧已觀劉表，慮既不遠，兒子又劣，非能承業傳基者也。至尊當早規之，不可後操。圖之之計，宜先取黃祖。祖今年老，昏耄已甚，財穀並乏，左右欺弄，務於貨利，侵求吏士，吏士心怨，舟船戰具，頓廢不脩，怠於耕農，軍無法伍。至尊今往，其破可必。一破祖軍，鼓行而西，西據楚關，大勢彌廣，即可漸規巴蜀。」權深納之。張昭時在坐，難曰：「吳下業業，若軍果行，恐必致亂。」寧謂昭曰：「國家以蕭何之任付君，君居守而憂亂，奚以希慕古人乎？」權舉酒屬寧曰：「興霸，今年行討，如此酒矣，決以付卿。卿但當勉建方略，令必克祖，則卿之功，何嫌張長史之言乎。」權遂西，果禽祖，盡獲其士衆。遂授寧兵，屯當口。〔一〕

〔一〕吳書曰：初，權破祖，先作兩函，欲以盛祖及蘇飛首。飛令人告急於寧，寧曰：「飛若不言，吾豈忘之？」權爲諸將置酒，寧下席叩頭，血涕交流，爲權言：「飛疇昔舊恩，寧不值飛，固已損骸於溝壑，不得致命於麾下。今飛罪當夷戮，特從將軍乞其首領。」權感其言，謂曰：「今爲君致之，若走去何？」寧曰：「飛免分裂之禍，受更生之恩，逐之尚必不走，豈當圖亡哉！若爾，寧頭當代入函。」權乃赦之。

後隨周瑜拒破曹公於烏林。攻曹仁於南郡，未拔，寧建計先徑進取夷陵，往即得其城，因入守之。時手下有數百兵，幷所新得，僅滿千人。曹仁乃令五六千人圍寧。寧受攻累日，敵設高樓，雨射城中，士衆皆懼，惟寧談笑自若。遣使報瑜，瑜用呂蒙計，帥諸將解圍。後隨魯肅鎮益陽，拒關羽。羽號有三萬人，自擇選銳士五千人，投縣上流十餘里淺瀨，云欲夜涉渡。肅與諸將議。寧時有三百兵，乃曰：「可復以五百人益吾，吾往對之，保羽聞吾欬唾，不敢涉水，涉水卽是吾禽。」肅便選千兵益寧，寧乃夜往。羽聞之，住不渡，而結柴營，今遂名此處爲關羽瀨。權嘉寧功，拜西陵太守，領陽新、下雉兩縣。

後從攻皖，爲升城督。寧手持練，身緣城，爲吏士先，卒破獲朱光。計功，呂蒙爲最，寧次之，拜折衝將軍。

後曹公出濡須，寧爲前部督，受敕出斫敵前營。權特賜米酒衆殽，寧乃料賜手下百餘人食。食畢，寧先以銀盌酌酒，自飲兩盌，乃酌與其都督。都督伏，不肯時持。寧引白削置膝上，呵謂之曰：「卿見知於至尊，孰與甘寧？甘寧尚不惜死，卿何以獨惜死乎？」都督見寧色厲，卽起拜持酒，通酌兵各一銀盌。至二更時，銜枚出斫敵。敵驚動，遂退。寧益貴重，增兵二千人。〔一〕

〔一〕江表傳曰：「曹公出濡須，號步騎四十萬，臨江飲馬。權率衆七萬應之，使寧領三千人爲前部督。權密敕寧，使夜入魏軍。寧乃選手下健兒百餘人，徑詣曹公營下，使拔鹿角，踰壘入營，斬得數十級。北軍驚駭鼓譟，舉火如星，寧已還入營，作鼓吹，稱萬歲。因夜見權，權喜曰：『足以驚駭老子否？聊以觀卿膽耳。』卽賜絹千疋，刀百口。權曰：『孟德有張遼，孤有興霸，足相敵也。』停住月餘，北軍便退。

寧雖麤猛好殺，然開爽有計略，輕財敬士，能厚養健兒，健兒亦樂爲用命。建安二十年，從攻合肥，會疫疾，軍旅皆已引出，唯車下虎士千餘人，幷呂蒙、蔣欽、淩統及寧，從權逍遙津北。張遼覘望知之，即將步騎奄至。寧引弓射敵，與統等死戰。寧厲聲問鼓吹何以不作，壯氣毅然，權尤嘉之。〔一〕

〔一〕吳書曰：淩統怨寧殺其父操，寧常備統，不與相見。權亦命統不得讎之。嘗於呂蒙舍會，酒酣，統乃以刀舞。寧起曰：「寧能雙戟舞。」蒙曰：「寧雖能，未若蒙之巧也。」因操刀持楯，以身分之。後權知統意，因令寧將兵，遂徙屯於半州。

寧廚下兒曾有過，走投呂蒙。蒙恐寧殺之，故不即還。後寧齎禮禮蒙母，臨當與升堂，乃出廚下兒還寧。寧許蒙不殺。斯須還船，縛置桑樹，自挽弓射殺之。畢，敕船人更增舸纜，解衣臥船中。蒙大怒，擊鼓會兵，欲就船攻寧。寧聞之，故臥不起。蒙母徒跣出諫蒙曰：「至尊待汝如骨肉，屬汝以大事，何有以私怒而欲攻殺甘寧？寧死之日，縱至尊不問，汝是爲臣下非法。」蒙素至孝，聞母言，即豁然意釋，自至寧船，笑呼之曰：「興霸，老母待卿食，急上！」寧涕泣歔欷曰：「負卿。」與蒙俱還見母，歡宴竟日。

寧卒，權痛惜之。子瓌，以罪徙會稽，無幾死。

淩統字公績，吳郡餘杭人也。父操，輕俠有膽氣，孫策初興，每從征伐，常冠軍履鋒。

前鋒，輕舟獨進，中流矢死。

守永平長，平治山越，奸猾斂手，遷破賊校尉。及權統軍，從討江夏。入夏口，先登，破其

統年十五，左右多稱述者，權亦以操死國事，拜統別部司馬，行破賊都尉，使攝父兵。後從擊山賊，權破保屯先還，餘麻屯萬人，統與督張異等留攻圍之，克日當攻。先期，統與督陳勤會飲酒，勤剛勇任氣，因督祭酒，陵轢一坐，舉罰不以其道。統疾其侮慢，面折不爲用。勤怒詈統，及其父操，統流涕不答，衆因罷出。勤乘酒凶悖，又於道路辱統。統不忍，引刀斫勤，數日乃死。及當攻屯，統曰：「非死無以謝罪。」乃率厲士卒，身當矢石，所攻一面，應時披壞，諸將乘勝，遂大破之。還，自拘於軍正。權壯其果毅，使得以功贖罪。

後權復征江夏，統爲前鋒，與所厚健兒數十人共乘一船，常去大兵數十里。行入右江，斬黃祖將張碩，盡獲船人。還以白權，引軍兼道，水陸並集。時呂蒙敗其水軍，而統先搏其城，於是大獲。權以統爲承烈都尉，與周瑜等拒破曹公於烏林，遂攻曹仁，遷爲校尉。雖在軍旅，親賢接士，輕財重義，有國士之風。

又從破皖，拜盪寇中郎將，領沛相。與呂蒙等西取三郡，反自益陽，從往合肥，爲右部督。時權徹軍，前部已發，魏將張遼等奄至津北。權使追還前兵，兵去已遠，勢不相及，統率親近三百人陷圍，扶扞權出。敵已毀橋，橋之屬者兩版，權策馬驅馳，統復還戰，左右盡

死，身亦被創，所殺數十人，度權已免，乃還。橋敗路絕，統被甲潛行。權既御船，見之驚喜。統痛親近無反者，悲不自勝。權引袂拭之，謂曰：「公績，亡者已矣，苟使卿在，何患無人？」〔二〕拜偏將軍，倍給本兵。

〔二〕吳書曰：統創甚，權遂留統於舟，盡易其衣服。其創賴得卓氏良藥，故得不死。

時有薦同郡盛暹於權者，以爲梗槩大節，有過於統，權曰：「且令如統足矣。」後召暹夜至，時統已臥，聞之，攝衣出門，執其手以入。其愛善不害如此。

統以山中人尚多壯悍，可以威恩誘也，權令東占且討之，命敕屬城，凡統所求，皆先給後聞。統素愛士，士亦慕焉。得精兵萬餘人，過本縣，步入寺門，見長吏懷三版，恭敬盡禮，親舊故人，恩意益隆。事畢當出，會病卒，時年四十九。權聞之，拊牀起坐，哀不能自止，數日減膳，言及流涕，使張承爲作銘誄。

二子烈、封，年各數歲，權內養於宮，愛待與諸子同，賓客進見，呼示之曰：「此吾虎子也。」及八九歲，令葛光教之讀書，十日一令乘馬，追錄統功，封烈亭侯，還其故兵。後烈有罪免，封復襲爵領兵。〔一〕

〔一〕孫盛曰：觀孫權之養士也，傾心竭思，以求其死力，泣周泰之夷，殉陳武之妾，請呂蒙之命，育淩統之孤，卑曲苦志，如此之勤也。是故雖令德無聞，仁澤(內)〔罔〕著，而能屈彊荆吳，僭擬年歲者，抑有由也。然霸王之道，期於大者遠者，是以先王建德義之基，恢信順之宇，制經略之綱，明貴賤之序，易簡而其親可久，體全而其功可大，豈委瑣近務，邀利於當年哉？語曰「雖小道，必有可觀者焉，致遠恐泥」，其是之謂乎！

徐盛字文嚮，琅邪莒人也。遭亂，客居吳，以勇氣聞。孫權統事，以爲別部司馬，授兵五百人，守柴桑長，拒黃祖。祖子射，嘗率數千人下攻盛。盛時吏士不滿二百，與相拒擊，傷射吏士千餘人。已乃開門出戰，大破之。射遂絕迹不復爲寇。權以爲校尉、蕪湖令。復討臨城南阿山賊有功，徙中郎將，督校兵。

曹公出濡須，從權禦之。魏嘗大出橫江，盛與諸將俱赴討。時乘蒙衝，遇迅風，船落敵岸下，諸將恐懼，未有出者，盛獨將兵，上突斫敵，敵披退走，有所傷殺，風止便還，權大壯之。

及權爲魏稱藩，魏使邢貞拜權爲吳王。權出都亭候貞，貞有驕色，張昭既怒，而盛忿憤，顧謂同列曰：「盛等不能奮身出命，爲國家幷許洛，吞巴蜀，而令吾君與貞盟，不亦辱乎！」因涕泣橫流。貞聞之，謂其旅曰：「江東將相如此，非久下人者也。」

後遷建武將軍，封都亭侯，領廬江太守，賜臨城縣爲奉邑。劉備次西陵，盛攻取諸屯，所向有功。曹休出洞口，盛與呂範、全琮渡江拒守。遭大風，船人多喪，盛收餘兵，與休夾江。休使兵將就船攻盛，盛以少禦多，敵不能克，各引軍退。遷安東將軍，封蕪湖侯。

後魏文帝大出，有渡江之志，盛建計從建業築圍，作薄落，圍上設假樓，江中浮船。諸將以爲無益，盛不聽，固立之。文帝到廣陵，望圍愕然，彌漫數百里，而江水盛長，便引軍退。諸將乃伏。〔一〕

〔一〕干寶晉紀所云疑城，已注孫權傳。魏氏春秋云：文帝歎曰：「魏雖有武騎千羣，無所用也。」

黃武中卒。子楷，襲爵領兵。

潘璋字文珪，東郡發干人也。孫權爲陽羨長，始往隨權。性博蕩嗜酒，居貧，好賒酤，債家至門，輒言後豪富相還。權奇愛之，因使召募，得百餘人，遂以爲將。討山賊有功，署別部司馬。後爲吳大市刺奸，盜賊斷絕，由是知名，遷豫章西安長。劉表在荆州，民數被寇，自璋在事，寇不入境。比縣建昌起爲賊亂，轉領建昌，加武猛校尉，討治惡民，旬月盡平，召合遺散，得八百人，將還建業。合肥之役，張遼奄至，諸將不備，陳武鬬死，宋謙、徐盛皆披走，璋身次在後，便馳進，横馬斬謙、盛兵走者二人，兵皆還戰。權甚壯之，拜偏將軍，遂領百校，屯半州。權征關羽，璋與朱然斷羽走道，到臨沮，住夾石。璋部下司馬馬忠禽羽，并羽子平、都督趙累等。權卽分宜都(至)〔巫〕、秭歸二縣爲固陵郡，拜璋爲太守、振威將軍，封溧陽侯。甘寧卒，又幷其軍。劉備出夷陵，璋與陸遜幷力拒之，璋部下斬備護軍馮習等，所殺傷甚衆，拜平北將軍、襄陽太守。

魏將夏侯尙等圍南郡，分前部三萬人作浮橋，渡百里洲上，諸葛瑾、楊粲並會兵赴救，未知所出，而魏兵日渡不絕。璋曰：「魏勢始盛，江水又淺，未可與戰。」便將所領，到魏上流五十里，伐葦數百萬束，縛作大筏，欲順流放火，燒敗浮橋。作筏適畢，伺水長當下，尙便引退。璋下備陸口。權稱尊號，拜右將軍。

璋爲人麤猛，禁令肅然，好立功業，所領兵馬不過數千，而其所在常如萬人。征伐止頓，便立軍市，他軍所無，皆仰取足。然性奢泰，末年彌甚，服物僭擬。吏兵富者，或殺取其財物，數不奉法。監司舉奏，權惜其功而輒原不問。嘉禾三年卒。子平，以無行徙會稽。璋妻居建業，賜田宅，復客五十家。

丁奉字承淵，廬江安豐人也。少以驍勇爲小將，屬甘寧、陸遜、潘璋等。數隨征伐，戰鬭常冠軍。每斬將搴旗，身被創夷。稍遷偏將軍。孫亮卽位，爲冠軍將軍，封都亭侯。魏遣諸葛誕、胡遵等攻東興，諸葛恪率軍拒之。諸將皆曰：「敵聞太傅自來，上岸必遁走。」奉獨曰：「不然。彼動其境內，悉許、洛兵大舉而來，必有成規，豈虛還哉？無恃敵之不至，恃吾有以勝之。」及恪上岸，奉與將軍唐咨、呂據、留贊等，俱從山西上。奉曰：「今諸軍行遲，若敵據便地，則難與爭鋒矣。」乃辟諸軍使下道，帥麾下三千人徑進。時北風，奉舉帆二日至，遂據徐塘。天寒雪，敵諸將置酒高會，奉見其前部兵少，相謂曰：「取封侯爵賞，正在今日！」乃使兵解鎧著冑，持短兵。敵人從而笑焉，不爲設備。奉縱兵斫之，大破敵前屯。會據等至，魏軍遂潰。遷滅寇將軍，進封都（亭）〔鄉〕侯。

魏將文欽來降，以奉爲虎威將軍，從孫峻至壽春迎之，與敵追軍戰於高亭。奉跨馬持矛，突入其陳中，斬首數百，獲其軍器。進封安豐侯。

太平二年，魏大將軍諸葛誕據壽春來降，魏人圍之。遣朱異、唐咨等往救，復使奉與黎斐解圍。奉爲先登，屯於黎漿，力戰有功，拜左將軍。

孫休即位，與張布謀，欲誅孫綝，布曰：「丁奉雖不能吏書，而計略過人，能斷大事。」休召奉告曰：「綝秉國威，將行不軌，欲與將軍誅之。」奉曰：「丞相兄弟友黨甚盛，恐人心不同，不可卒制，可因臘會，有陛下兵以誅之也。」休納其計，因會請綝，奉與張布目左右斬之。遷大將軍，加左右都護。永安三年，假節領徐州牧。六年，魏伐蜀，奉率諸軍向壽春，爲救蜀之勢。蜀亡，軍還。

休薨，奉與丞相濮陽興等從萬彧之言，共迎立孫晧，遷右大司馬左軍師。寶鼎三年，晧命奉與諸葛靚攻合肥。奉與晉大將石苞書，搆而間之，苞以徵還。建衡元年，奉復帥衆治徐塘，因攻晉穀陽。穀陽民知之，引去，奉無所獲。晧怒，斬奉導軍。三年，卒。奉貴而有功，漸以驕矜，或有毀之者，晧追以前出軍事，徙奉家於臨川。奉弟封，官至後將軍，先奉死。

評曰：凡此諸將，皆江表之虎臣，孫氏之所厚待也。以潘璋之不脩，權能忘過記功，其保據東南，宜哉！陳表將家支庶，而與胄子名人比翼齊衡，拔萃出類，不亦美乎！

三國志卷五十六　吳書十一

朱治朱然呂範朱桓傳第十一

朱治字君理，丹楊故鄣人也。初爲縣吏，後察孝廉，州辟從事，隨孫堅征伐。中平五年，拜司馬，從討長沙、零、桂等三郡賊周朝、蘇馬等，有功，堅表治行都尉。從破董卓於陽人，入洛陽。表治行督軍校尉，特將步騎，東助徐州牧陶謙討黃巾。

會堅薨，治扶翼策，依就袁術。後知術政德不立，乃勸策還平江東。時太傅馬日磾在壽春，辟治爲掾，遷吳郡都尉。是時吳景已在丹楊，而策爲術攻廬江，於是劉繇恐爲袁、孫所幷，遂搆嫌隙。而策家門盡在州下，治乃使人於曲阿迎太妃及權兄弟，所以供奉輔護，甚有恩紀。治從錢唐欲進到吳，吳郡太守許貢拒之於由拳，治與戰，大破之。貢南就山賊嚴白虎，治遂入郡，領太守事。策既走劉繇，東定會稽。

權年十五，治舉爲孝廉。後策薨，治與張昭等共尊奉權。建安七年，權表治爲（九眞）〔吳郡〕太守，行扶義將軍，割婁、由拳、無錫、毗陵爲奉邑，置長吏。征討夷越，佐定東南，禽截黃巾餘類陳敗、萬秉等。黃武元年，封毗陵侯，領郡如故。二年，拜安國將軍，金印紫綬，徙封故鄣。

權歷位上將，及爲吳王，治每進見，權常親迎，執版交拜，饗宴贈賜，恩敬特隆，至從行吏，皆得奉贄私覿，其見異如此。

初，權弟翊，性峭急，喜怒快意，治數責數，諭以道義。權從兄豫章太守賁，女爲曹公子婦，及曹公破荆州，威震南土，賁畏懼，欲遣子入質。治聞之，求往見賁，爲陳安危，〔一〕賁由此遂止。

〔一〕江表傳載治說賁曰：「破虜將軍昔率義兵入討董卓，聲冠中夏，義士壯之。討逆繼世，廓定六郡，特以君侯骨肉至親，器爲時生，故表漢朝，剖符大郡，兼建將校，仍關綜兩府，榮冠宗室，爲遠近所瞻。加討虜聰明神武，繼承洪業，攬結英雄，周濟世務，軍衆日盛，事業日隆，雖昔蕭王之在河北，無以加也，必克成王基，應運東南。故劉玄德遠布腹心，求見拯救，此天下所共知也。前在東聞道路之言，云將軍有異趣，良用憮然。今曹公阻兵，傾覆漢室，幼帝流離，百姓元元未知所歸。而中國蕭條，或百里無煙，城邑空虛，道殣相望，士歎於外，婦怨乎室，加之以師旅，因之以飢饉，以此料之，豈能越長江與我爭利哉？將軍當斯時也，而欲背骨肉之親，違萬安之計，割同氣之膚，啖虎狼之口，爲一女子，改慮易圖，失機毫氂，差以千里，豈不惜哉！」

權常歎治憂勤王事。性儉約，雖在富貴，車服惟供事。權優異之，自令督軍御史典屬城文書，治領四縣租稅而已。然公族子弟及吳四姓多出仕郡，郡吏常以千數，治率數年一遣詣王府，所遣數百人，每歲時獻御，權答報過厚。是時丹楊深地，頻有姦叛，亦以年向老，思戀土風，自表屯故鄣，鎮撫山越。諸父老故人，莫不詣門，治皆引進，與共飲宴，鄉黨以爲榮。在故鄣歲餘，還吳。黃武三年卒，在郡三十一年，年六十九。

子才，素爲校尉領兵，既嗣父爵，遷偏將軍。〔一〕才弟紀，權以策女妻之，亦以校尉領兵。紀弟緯、萬歲，皆早夭。才子琬，襲爵爲將，至鎮西將軍。

〔一〕吳書曰：才字君業，爲人精敏，善騎射，權愛異之，常侍從游戲。少以父任爲武衞校尉，領兵隨從征伐，屢有功捷。本郡議者以才少處榮貴，未留意於鄉黨，才乃歎曰：「我初爲將，謂跨馬蹈敵，當身履鋒，足以揚名，不知鄉黨復追迹其舉措乎！」於是更折節爲恭，留意於賓客，輕財尙義，施不望報，又學兵法，名聲始聞於遠近。會疾卒。

朱然字義封，治姊子也，本姓施氏。初治未有子，然年十三，乃啓策乞以爲嗣。策命丹楊郡以羊酒召然，然到吳，策優以禮賀。

然嘗與權同學書，結恩愛。至權統事，以然爲餘姚長，時年十九。後遷山陰令，加折衝校尉，督五縣。權奇其能，分丹楊爲臨川郡，然爲太守，〔一〕授兵二千人。會山賊盛起，然平討，旬月而定。曹公出濡須，然備大塢及三關屯，拜偏將軍。建安二十四年，從討關羽，別與潘璋到臨沮禽羽，遷昭武將軍，封西安鄉侯。

〔一〕臣松之案：此郡尋罷，非今臨川郡。

虎威將軍呂蒙病篤，權問曰：「卿如不起，誰可代者？」蒙對曰：「朱然膽守有餘，愚以爲可任。」蒙卒，權假然節，鎭江陵。黃武元年，劉備舉兵攻宜都，然督五千人與陸遜并力拒備。然別攻破備前鋒，斷其後道，備遂破走。拜征北將軍，封永安侯。

魏遣曹眞、夏侯尚、張郃等攻江陵，魏文帝自住宛，爲其勢援，連屯圍城。權遣將軍孫盛督萬人備州上，立圍塢，爲然外救。郃渡兵攻盛，盛不能拒，卽時卻退，郃據州上圍守，然中外斷絕。權遣潘璋、楊粲等解〔圍〕而圍不解。時然城中兵多腫病，堪戰者裁五千人。眞等起土山，鑿地道，立樓櫓，臨城弓矢雨注，將士皆失色，然晏如而無恐意，方厲吏士，伺閒隙攻破兩屯。魏攻圍然凡六月日，未退。江陵令姚泰領兵備城北門，見外兵盛，城中人少，穀食欲盡，因與敵交通，謀爲內應。垂發，事覺，然治戮泰。尚等不能克，乃徹攻退還。由是然名震於敵國，改封當陽侯。

六年，權自率衆攻石陽，及至旋師，潘璋斷後。夜出錯亂，敵追擊璋，璋不能禁。然卽還住拒敵，使前船得引極遠，徐乃後發。黃龍元年，拜車騎將軍、右護軍，領兗州牧。頃之，以兗州在蜀分，解牧職。

嘉禾三年，權與蜀克期大舉，權自向新城，然與全琮各受斧鉞，爲左右督。會吏士疾病，故未攻而退。

赤烏五年，征柤中，〔一〕魏將蒲忠、胡質各將數千人，忠要遮險隘，圖斷然後，質爲忠繼援。時然所督兵將先四出，聞問不暇收合，便將帳下見兵八百人逆掩。忠戰不利，質等皆退。〔二〕九年，復征柤中，魏將李興等聞然深入，率步騎六千斷然後道，然夜出逆之，軍以勝反。先是，歸義馬茂懷姦，覺誅，權深忿之。然臨行上疏曰：「馬茂小子，敢負恩養。臣今奉天威，事蒙克捷，欲令所獲，震耀遠近，方舟塞江，使足可觀，以解上下之忿。惟陛下識臣先言，責臣後效。」權時抑表不出。然既獻捷，羣臣上賀，權乃舉酒作樂，而出然表曰：「此家前初有表，孤以爲難必，今果如其言，可謂明於見事也。」遣使拜然爲左大司馬、右軍師。

〔一〕襄陽記曰：柤音如租稅之租。柤中在上黃界，去襄陽一百五十里。魏時夷王梅敷兄弟三人，部曲萬餘家屯此，分布在中廬宜城西山鄢、沔二谷中，土地平敞，宜桑麻，有水陸良田，沔南之膏腴沃壤，謂之柤中。

〔二〕孫氏異同評曰：（魏志）〔魏書〕及江表傳云然以景初元年、正始二年再出爲寇，所破胡質、蒲忠在景初元年。魏志承魏書，依違不說質等爲然所破，而直云然退耳。吳志說赤烏五年，於魏爲正始三年，魏將蒲忠與朱然戰，忠不利，質等皆退。按魏少帝紀及孫權傳，是歲並無事，當是陳壽誤以吳嘉禾六年爲赤烏五年耳。

然長不盈七尺，氣候分明，內行脩絜，其所文采，惟施軍器，餘皆質素。終日欽欽，常在戰場，臨急膽定，尤過絶人，雖世無事，每朝夕嚴鼓，兵在營者，咸行裝就隊，以此玩敵，使不知所備，故出輒有功。諸葛瑾子融、步騭子協，雖各襲任，權特復使然總爲大督。又陸遜亦(本)〔卒〕，功臣名將存者惟然，莫與比隆。寢疾二年，後漸增篤，權晝爲減膳，夜爲不寐，中使醫藥口食之物，相望於道。然每遣使表疾病消息，權輒召見，口自問訊，入賜酒食，出送布帛。自創業功臣疾病，權意之所鍾，呂蒙、淩統最重，然其次矣。年六十八，赤烏十二年卒，權素服舉哀，爲之感慟。子績嗣。

績字公緒，以父任爲郎，後拜建忠都尉。叔父才卒，績領其兵，隨太常潘濬討五溪，以膽力稱。遷偏將軍營下督，領盜賊事，持法不傾。魯王霸注意交績，嘗至其廨，就之坐，欲與結好，績下地住立，辭而不當。然卒，績襲業，拜平魏將軍，樂鄉督。明年，魏征南將軍王昶率衆攻江陵城，不克而退。績與奮威將軍諸葛融書曰：「昶遠來疲困，馬無所食，力屈而走，此天助也。今追之力少，可引兵相繼，吾欲破之於前，足下乘之於後，豈一人之功哉，宜同斷金之義。」融答許績。績便引兵及昶於紀南，紀南去城三十里，績先戰勝而融不進，績後失利。權深嘉績，盛責怒融，融兄大將軍恪貴重，故融得不廢。初績與恪、融不平，及此事變，爲隙益甚。建興元年，遷鎮東將軍。二年春，恪向新城，要績并力，而留置半州，使融兼其任。冬，恪、融被害，績復還樂鄉，假節。太平二年，拜驃騎將軍。孫綝秉政，大臣疑貳，績恐吳必擾亂，而中國乘釁，乃密書結蜀，使爲幷兼之慮。蜀遣右將軍閻宇將兵五千，增白帝守，以須績之後命。永安初，遷上大將軍、都護督，自巴丘上迄西陵。元興元年，就拜左大司馬。初，然爲治行喪竟，乞復本姓，權不許，績以五鳳中表還爲施氏，建衡二年卒。

呂範字子衡，汝南細陽人也。少爲縣吏，有容觀姿貌。邑人劉氏，家富女美，範求之。女母嫌，欲勿與，劉氏曰：「觀呂子衡寧當久貧者邪？」遂與之婚。後避亂壽春，孫策見而異之，範遂自委昵，將私客百人歸策。時太妃在江都，策遣範迎之。徐州牧陶謙謂範爲袁氏覘候，諷縣掠考範，範親客健兒篡取以歸。時唯範與孫河常從策，跋涉辛苦，危難不避，策亦親戚待之，每與升堂，飲宴於太妃前。

後從策攻破廬江，還俱東渡，到橫江、當利，破張英、于麋，下小丹楊、湖孰，領湖孰相。策定秣陵、曲阿，收笮融、劉繇餘衆，增範兵二千，騎五十匹。後領宛陵令，討破丹楊賊，還吳，遷都督。〔一〕

〔一〕江表傳曰：策從容獨與範棊，範曰：「今將軍事業日大，士衆日盛，範在遠，聞綱紀猶有不整者，範願暫領都督，佐將軍部分之。」策曰：「子衡，卿既士大夫，加手下已有大衆，立功於外，豈宜復屈小職，知軍中細碎事乎！」範曰：「不然。今捨本土而託將軍者，非爲妻子也。欲濟世務，猶同舟涉海，一事不牢，即俱受其敗。此亦範計，非但將軍也。」策笑，無以答。範出，更釋褠，著袴褶，執鞭，詣閤下啓事，自稱領都督，策乃授傳，委以衆事。由是軍中肅睦，威禁大行。

是時下邳陳瑀自號吳郡太守，住海西，與彊族嚴白虎交通。策自將討虎，別遣範與徐逸攻瑀於海西，梟其大將陳牧。〔一〕又從攻祖郎於陵陽，太史慈於勇里。七縣平定，拜征虜中郎將，征江夏，還平鄱陽。

〔一〕九州春秋曰：初平三年，揚州刺史陳禕死，袁術使瑀領揚州牧。後術爲曹公所敗於封丘，南人叛瑀，瑀拒之。術走陰陵，好辭以下瑀，瑀不知權，而又怯，不即攻術。術於淮北集兵向壽春。瑀懼，使其弟公琰請和於術。術執之而進，瑀走歸下邳。

策薨，奔喪于吳。後權復征江夏，範與張昭留守。

曹公至赤壁，與周瑜等俱拒破之，拜裨將軍，領彭澤太守，以彭澤、柴桑、歷陽爲奉邑。

劉備詣京見權，範密請留備。後遷平南將軍，屯柴桑。

權討關羽，過範館，謂曰：「昔早從卿言，無此勞也。今當上取之，卿爲我守建業。」權破羽還，都武昌，拜範建威將軍，封宛陵侯，領丹楊太守，治建業，督扶州以下至海，轉以溧陽、懷安、寧國爲奉邑。

曹休、張遼、臧霸等來伐，範督徐盛、全琮、孫韶等，以舟師拒休等於洞口。遷前將軍，假節，改封南昌侯。時遭大風，船人覆溺，死者數千，還軍，拜揚州牧。性好威儀，州民如陸遜、全琮及貴公子，皆脩敬虔肅，不敢輕脫。其居處服飾，於時奢靡，然勤事奉法，故權悅其忠，不怪其侈。〔一〕

〔一〕江表傳曰：人有白範與賀齊奢麗夸綺，服飾僭擬王者，權曰：「昔管仲踰禮，桓公優而容之，無損於霸。今子衡、公苗，身無夷吾之失，但其器械精好，舟車嚴整耳，此適足作軍容，何損於治哉？」告者乃不敢復言。

初策使範典主財計，權時年少，私從有求，範必關白，不敢專許，當時以此見望。權守陽羨長，有所私用，策或料覆，功曹周谷輒爲傅著簿書，使無譴問。權臨時悅之，及後統事，以範忠誠，厚見信任，以谷能欺更簿書，不用也。

黃武七年，範遷大司馬，印綬未下，疾卒。權素服舉哀，遣使者追贈印綬。及還都建業，權過範墓呼曰：「子衡！」言及流涕，祀以太牢。〔一〕

〔一〕江表傳曰：初，權移都建業，大會將相文武，時謂嚴畯曰：「孤昔歎魯子敬比鄧禹，呂子衡方吳漢，聞卿諸人未平此論，今定云何？」畯退席曰：「臣未解指趣，謂肅、範受饒，褒歎過實。」權曰：「昔鄧仲華初見光武，光武時受更始使，撫河北，行大司馬事耳，未有帝王志也。禹勸之以復漢業，是禹開初議之端矣。子敬英爽有殊略，孤始與一語，便及大計，與禹相似，故比之。呂子衡忠篤亮直，性雖好奢，然以憂公爲先，不足爲損，避袁術自歸於兄，兄作大將，別領部曲，故憂兄事，乞爲都督，辦護脩整，加之恪勤，與吳漢相類，故方之。皆有指趣，非孤私之也。」畯乃服。

範長子先卒，次子據嗣。據字世議，以父任爲郎，後範寢疾，拜副軍校尉，佐領軍事。範卒，遷安軍中郎將。數討山賊，諸深惡劇地，所擊皆破。隨太常潘濬討五谿，復有功。朱然攻樊，據與朱異破城外圍，還拜偏將軍，入補馬閑右部督，遷越騎校尉。太元元年，大風，江水溢流，漸淹城門，權使視水，獨見據使人取大船以備害。權嘉之，拜盪魏將軍。權寢疾，以據爲太子右部督。太子卽位，拜右將軍。魏出東興，據赴討有功。明年，孫峻殺諸葛恪，遷據爲驃騎將軍，平西宮事。五鳳二年，假節，與峻等襲壽春，還遇魏將曹珍，破之於高亭。太平元年，帥師侵魏，未及淮，聞孫峻死，以從弟綝自代，據大怒，引軍還，欲廢綝。綝聞之，使中書奉詔，詔文欽、劉纂、唐咨等使取據，又遣從兄（慮）〔憲〕以都下兵逆據於江都。左右勸據降魏，據曰：「恥爲叛臣。」遂自殺。夷三族。

朱桓字休穆，吳郡吳人也。孫權爲將軍，桓給事幕府，除餘姚長。往遇疫癘，穀食荒貴，桓分部良吏，隱親醫藥，飱粥相繼，士民感戴之。遷盪寇校尉，授兵二千人，使部伍吳、會二郡，鳩合遺散，期年之閒，得萬餘人。後丹楊、鄱陽山賊蜂起，攻沒城郭，殺略長吏，處處屯聚。桓督領諸將，周旋赴討，應皆平定。稍遷裨將軍，封新城亭侯。後代周泰爲濡須督。黃武元年，魏使大司馬曹仁步騎數萬向濡須，仁欲以兵襲取州上，僞先揚聲，欲東攻羨溪。桓分兵將赴羨溪，既發，卒得仁進軍拒濡須七十里問。桓遣使追還羨溪兵，兵未到而仁奄至。時桓手下及所部兵，在者五千人，諸將業業，各有懼心，桓喩之曰：「凡兩軍交對，勝負在將，不在衆寡。諸君聞曹仁用兵行師，孰與桓邪？兵法所以稱客倍而主人半者，謂俱在平原，無城池之守，又謂士衆勇怯齊等故耳。今人既非智勇，加其士卒甚怯，又千里步涉，人馬罷困，桓與諸軍，共據高城，南臨大江，北背山陵，以逸待勞，爲主制客，此百戰百勝之勢也。雖曹丕自來，尚不足憂，況仁等邪！」桓因偃旗鼓，外示虛弱，以誘致仁。仁果遣其子泰攻濡須城，分遣將軍常雕督諸葛虔、王雙等，乘油船別襲中洲。中洲者，部曲妻子所在也。仁自將萬人留橐皋，復爲泰等後拒。桓部兵將攻取油船，或別擊雕等，桓等身自拒泰，燒營而退，遂梟雕，生虜雙，送武昌，臨陳斬溺，死者千餘。權嘉桓功，封嘉興侯，遷奮武將軍，領彭城相。

黃武七年，鄱陽太守周魴譎誘魏大司馬曹休，休將步騎十萬至皖城以迎魴。時陸遜爲元帥，全琮與桓爲左右督，各督三萬人擊休。休知見欺，當引軍還，自負衆盛，邀於一戰。桓進計曰：「休本以親戚見任，非智勇名將也。今戰必敗，敗必走，走當由夾石、挂車，此兩道皆險阨，若以萬兵柴路，則彼衆可盡，而休可生虜，臣請將所部以斷之。若蒙天威，得以休自效，便可乘勝長驅，進取壽春，割有淮南，以規許、洛，此萬世一時，不可失也。」權先與陸遜議，遜以爲不可，故計不施行。

黃龍元年，拜桓前將軍，領青州牧，假節。嘉禾六年，魏廬江主簿呂習請大兵自迎，欲開門爲應。桓與衞將軍全琮俱以師迎。既至，事露，軍當引還。城外有溪水，去城一里所，廣三十餘丈，深者八九尺，淺者半之，諸軍勒兵渡去，桓自斷後。時廬江太守李膺整嚴兵騎，欲須諸軍半渡，因迫擊之。及見桓節蓋在後，卒不敢出，其見憚如此。

是時全琮爲督，權又令偏將軍胡綜宣傳詔命，參與軍事。琮以軍出無獲，議欲部分諸將，有所掩襲。桓素氣高，恥見部伍，乃往見琮，問行意，感激發怒，與琮校計。琮欲自解，因曰：「上自令胡綜爲督，綜意以爲宜爾。」桓愈恚恨，還乃使人呼綜。綜至軍門，桓出迎之，顧謂左右曰：「我縱手，汝等各自去。」有一人旁出，語綜使還。桓出，不見綜，知左右所爲，因斫殺之。桓佐軍進諫，刺殺佐軍，遂託狂發，詣建業治病。權惜其功能，故不罪。〔一〕使子異攝領部曲，令醫視護，數月復遣還中洲。權自出祖送，謂曰：「今寇虜尚存，王塗未一，孤當與君共定天下，欲令君督五萬人專當一面，以圖進取，想君疾未復發也。」桓曰：「天授陛下聖姿，當君臨四海，猥重任臣，以除姦逆，臣疾當自愈。」〔二〕

〔一〕孫盛曰：書云臣無作威作福，作威作福，則凶于而家，害于而國。桓之賊忍，殆虎狼也，人君且猶不可，況將相乎？語曰，得一夫而失一國，縱罪虧刑，失孰大焉！

〔二〕吳錄曰：桓奉觴曰：「臣當遠去，願一捋陛下鬚，無所復恨。」權馮几前席，桓進前捋鬚曰：「臣今日眞可謂捋虎鬚也。」權大笑。

桓性護前，恥爲人下，每臨敵交戰，節度不得自由，輒嗔恚憤激。然輕財貴義，兼以彊識，與人一面，數十年不忘，部曲萬口，妻子盡識之。愛養吏士，贍護六親，俸祿產業，皆與共分。及桓疾困，舉營憂戚。年六十二，赤烏元年卒。吏士男女，無不號慕。又家無餘財，權賜鹽五千斛以周喪事。子異嗣。

異字季文，以父任除郎，〔一〕後拜騎都尉，代桓領兵。赤烏四年，隨朱然攻魏樊城，建計破其外圍，還拜偏將軍。魏廬江太守文欽營住六安，多設屯砦，置諸道要，以招誘亡叛，爲邊寇害。異乃身率其手下二千人，掩破欽七屯，斬首數百，遷揚武將軍。權與論攻戰，辭對稱意。權謂異從父驃騎將軍據曰：「本知季文（愉）〔膽〕定，見之復過所聞。」十三年，文欽詐降，密書與異，欲令自迎。異表呈欽書，因陳其僞，不可便迎。權詔曰：「方今北土未一，欽云欲歸命，宜且迎之。若嫌其有譎者，但當設計網以羅之，盛重兵以防之耳。」乃遣呂據督二萬人，與異幷力，至北界，欽果不降。建興元年，遷鎮南將軍。是歲魏遣胡遵、諸葛誕等出東興，異督水軍攻浮梁，壞之，魏軍大破。〔二〕太平二年，假節，爲大都督，救壽春圍，不解。還軍，爲孫綝所枉害。〔三〕

〔一〕文士傳曰：張惇子純與張儼及異俱童少，往見驃騎將軍朱據。據聞三人才名，欲試之，告曰：「老鄙相聞，飢渴甚矣。夫騕褭以迅驟爲功，鷹隼以輕疾爲妙，其爲吾各賦一物，然後乃坐。」儼乃賦犬曰：「守則有威，出則有獲，韓盧、宋鵲，書名竹帛。」純賦席曰：「席以多設，簟爲夏施，揖讓而坐，君子攸宜。」異賦弩曰：「南嶽之幹，鍾山之銅，應機命中，獲隼高墉。」三人各隨其目所見而賦之，皆成而後坐，據大歡悅。

〔二〕吳書曰：異又隨諸葛恪圍新城，城既不拔，異等皆言宜速還豫章，襲石頭城，不過數日可拔。恪以書曉異，異投書於地曰：「不用我計，而用傒子言！」恪大怒，立奪其兵，遂廢還建業。

〔三〕吳書曰：綝要異相見，將往，恐陸抗止之，異曰：「子通，家人耳，當何所疑乎！」遂往。綝使力人於坐上取之。異曰：「我吳國忠臣，有何罪乎？」乃拉殺之。

評曰：朱治、呂範以舊臣任用，朱然、朱桓以勇烈著聞，呂據、朱異、施績咸有將領之才，克紹堂構。若範、桓之越隘，得以吉終，至於據、異無此之尤而反罹殃者，所遇之時殊也。

三國志卷五十七　吳書十二

虞陸張駱陸吾朱傳第十二

虞翻字仲翔，會稽餘姚人也，〔一〕太守王朗命爲功曹。孫策征會稽，翻時遭父喪，衰絰詣府門，朗欲就之，翻乃脫衰入見，勸朗避策。朗不能用，拒戰敗績，亡走浮海。翻追隨營護，到東部候官，候官長閉城不受，翻往說之，然後見納。〔二〕朗謂翻曰：「卿有老母，可以還矣。」〔三〕翻既歸，策復命爲功曹，待以交友之禮，身詣翻第。〔四〕

〔一〕吳書曰：翻少好學，有高氣。年十二，客有候其兄者，不過翻，翻追與書曰：「僕聞虎魄不取腐芥，磁石不受曲鍼，過而不存，不亦宜乎！」客得書奇之，由是見稱。

〔二〕吳書曰：翻始欲送朗到廣陵，朗惑王方平記，言「疾來邀我，南岳相求」，故遂南行。既至候官，又欲投交州，翻諫朗曰：「此妄書耳，交州無南岳，安所投乎？」乃止。

〔三〕翻別傳曰：朗使翻見豫章太守華歆，圖起義兵。翻未至豫章，聞孫策向會稽，翻乃還。會遭父喪，以臣使有節，不敢過家，星行追朗至候官。朗遣翻還，然後奔喪。而傳云孫策之來，翻衰絰詣府門，勸朗避策，則爲大異。

〔四〕江表傳曰：策書謂翻曰：「今日之事，當與卿共之，勿謂孫策作郡吏相待也。」

策好馳騁遊獵，翻諫曰：「明府用烏集之衆，驅散附之士，皆得其死力，雖漢高帝不及也。至於輕出微行，從官不暇嚴，吏卒常苦之。夫君人者不重則不威，故白龍魚服，困於豫且，白虵自放，劉季害之，願少留意。」策曰：「君言是也。然時有所思，端坐悒悒，有裨諶草創之計，是以行耳。」〔二〕

〔一〕吳書曰：策討山越，斬其渠帥，悉令左右分行逐賊，獨騎與翻相得山中。翻問左右安在，策曰：「悉行逐賊。」翻曰：「危事也！」令策下馬：「此草深，卒有驚急，馬不及縈策，但牽之，執弓矢以步。翻善用矛，請在前行。」得平地，勸策乘馬。策曰：「卿無馬奈何？」答曰：「翻能步行，日可二百里，自征討以來，吏卒無及翻者，明府試躍馬，翻能疏步隨之。」行及大道，得一鼓吏，策取角自鳴之，部曲識聲，小大皆出，遂從周旋，平定三郡。

江表傳曰：策討黃祖，旋軍欲過取豫章，特請翻語曰：「華子魚自有名字，然非吾敵也。加聞其戰具甚少，若不開門讓城，金鼓一震，不得無所傷害，卿便在前具宣孤意。」翻即奉命辭行，徑到郡，請被褠葛巾與(敵)〔歆〕相見，謂歆曰：「君自料名聲之在海內，孰與鄙郡故王府君？」歆曰：「不及也。」翻曰：「豫章資糧多少？器仗精否？士民勇果孰與鄙郡？」又曰：「不如也。」翻曰：「討逆將軍智略超世，用兵如神，前走劉揚州，君所親見，南定鄙郡，亦君所聞也。今欲守孤城，自料資糧，已知不足，不早爲計，悔無及也。今大軍已次椒丘，僕便還去，明日日中迎檄不到者，與君辭矣。」翻既去，歆明旦出城，遣吏迎策。策既定豫章，引軍還吳，饗賜將士，計功行賞，謂翻曰：「孤昔再至壽春，見馬日磾及與中州士大夫會，語我東方人多才耳，但恨學問不博，語議之間，有所不及耳。孤意猶謂未耳。卿博學洽聞，故前欲令卿一詣許，交見朝士，以折中國妄語兒。卿不願行，便使子綱；恐子綱不能結兒輩舌也。」翻曰：「翻是明府家寶，而以示人，人倘留之，則去明府良佐，故前不行耳。」策笑曰：「然。」因曰：「孤有征討事，未得還府，卿復以功曹爲吾蕭何，守會稽耳。」後三日，便遣翻還郡。

臣松之以爲王、華二公於擾攘之時，抗猛銳之鋒，俱非所能。歆之名德，實高於朗，而江表傳述翻說華，云「海內名聲，孰與於王」，此言非也。然王公拒戰，華逆請服，實由孫策初起，名微衆寡，故王能舉兵，豈武勝哉？策後威力轉盛，勢不可敵，華量力而止，非必用仲翔之說也。若使易地而居，亦華戰王服耳。

按吳歷載翻謂歆曰：「竊聞明府與王府君齊名中州，海內所宗，雖在東垂，常懷瞻仰。」歆答曰：「孤不如王會稽。」翻復問：「不審豫章精兵，何如會稽？」對曰：「大不如也。」翻曰：「明府言不如王會稽，謙光之譚耳；精兵不如會稽，實如尊教。」因述孫策才略殊異，用兵之奇，歆乃答云「當去」，此說爲勝也。翻出，歆遣吏迎策。二說有不同。

翻出爲富春長。策薨，諸長吏並欲出赴喪，翻曰：「恐鄰縣山民或有姦變，遠委城郭，必致不虞。」因留制服行喪。諸縣皆效之，咸以安寧。〔一〕後翻州舉茂才，漢召爲侍御史，曹公爲司空辟，皆不就。〔二〕

〔一〕吳書曰：策薨，權統事。定武中郎將暠，策之從兄也，屯烏程，整帥吏士，欲取會稽。會稽聞之，使民守城以俟嗣主之命，因令人告諭暠。

會稽典錄載翻說暠曰：「討逆明府，不竟天年。今攝事統衆，宜在孝廉，翻已與一郡吏士，嬰城固守，必欲出一旦之命，爲孝廉除害，惟執事圖之。」於是暠退。

臣松之案：此二書所說策亡之時，翻猶爲功曹，與本傳不同。

〔三〕吳書曰：翻聞曹公辟，曰：「盜跖欲以餘財汚良家邪？」遂拒不受。

翻與少府孔融書，幷示以所著易注。融答書曰：「聞延陵之理樂，覩吾子之治易，乃知東南之美者，非徒會稽之竹箭也。又觀象雲物，察應寒溫，原其禍福，與神合契，可謂探賾窮通者也。」會稽東部都尉張紘又與融書曰：「虞仲翔前頗爲論者所侵，美寶爲質，彫摩益光，不足以損。」

孫權以爲騎都尉。翻數犯顏諫爭，權不能悅，又性不協俗，多見謗毀，坐徙丹楊涇縣。呂蒙圖取關羽，稱疾還建業，以翻兼知醫術，請以自隨，亦欲因此令翻得釋也。後蒙舉軍西上，南郡太守麋芳開城出降。蒙未據郡城而作樂沙上，翻謂蒙曰：「今區區一心者麋將軍也，城中之人豈可盡信，何不急入城持其管籥乎？」蒙卽從之。時城中有伏計，賴翻謀不行。關羽旣敗，權使翻筮之，得兌下坎上，節，五爻變之臨，翻曰：「不出二日，必當斷頭。」果如翻言。權曰：「卿不及伏羲，可與東方朔爲比矣。」

魏將于禁爲羽所獲，繫在城中，權至釋之，請與相見。他日，權乘馬出，引禁併行，翻呵禁曰：「爾降虜，何敢與吾君齊馬首乎！」欲抗鞭擊禁，權呵止之。後權于樓船會羣臣飲，禁聞樂流涕，翻又曰：「汝欲以僞求免邪？」權悵然不平。〔一〕

〔一〕吳書曰：後權與魏和，欲遣禁還歸北，翻復諫曰：「禁敗數萬衆，身爲降虜，又不能死。北習軍政，得禁必不如所規。還之雖無所損，猶爲放盜，不如斬以令三軍，示爲人臣有二心者。」權不聽。羣臣送禁，翻謂禁曰：「卿勿謂吳無人，吾謀適不用耳。」禁雖爲翻所惡，然猶盛歎翻，魏文帝常爲翻設虛坐。

權既爲吳王，歡宴之末，自起行酒，翻伏地陽醉，不持。權去，翻起坐。權於是大怒，手劍欲擊之，侍坐者莫不惶遽，惟大(司)農劉基起抱權諫曰：「大王以三爵之後(手)殺善士，雖翻有罪，天下孰知之？且大王以能容賢畜衆，故海內望風，今一朝棄之，可乎？」權曰：「曹孟德尚殺孔文舉，孤於虞翻何有哉？」基曰：「孟德輕害士人，天下非之。大王躬行德義，欲與堯、舜比隆，何得自喻於彼乎？」翻由是得免。權因敕左右，自今酒後言殺，皆不得殺。

翻嘗乘船行，與麋芳相逢，芳船上人多欲令翻自避，先驅曰：「避將軍船！」翻厲聲曰：「失忠與信，何以事君？傾人二城，而稱將軍，可乎？」芳闔戶不應而遽避之。後翻乘車行，又經芳營門，吏閉門，車不得過。翻復怒曰：「當閉反開，當開反閉，豈得事宜邪？」芳聞之，有慚色。

翻性疏直，數有酒失。權與張昭論及神仙，翻指昭曰：「彼皆死人，而語神仙，世豈有仙人(也)〔邪〕！」權積怒非一，遂徙翻交州。雖處罪放，而講學不倦，門徒常數百人。〔二〕又爲

老子、論語、國語訓注，皆傳於世。〔二〕

〔一〕翻別傳曰：「權卽尊號，翻因上書曰：『陛下膺明聖之德，體舜、禹之孝，歷運當期，順天濟物，奉承策命。臣獨抃舞，罪棄兩絕，拜賀無階，仰瞻宸極，且喜且悲。臣伏自刻省，命輕雀鼠，性輶毫氂，罪惡莫大，不容於誅，昊天罔極，全有九載，退當念戮，頻受生活，復偷視息。臣年耳順，思咎憂憤，形容枯悴，髮白齒落，雖未能死，自悼終沒，不見宮闕百官之富，不覩皇輿金軒之飾，仰觀巍巍衆民之謠，傍聽鍾鼓侃然之樂，永隕海隅，棄骸絕域，不勝悲慕，逸豫大慶，悅以忘罪。』」

〔二〕翻別傳曰：翻初立易注，奏上曰：「臣聞六經之始，莫大陰陽，是以伏羲仰天縣象，而建八卦，觀變動六爻爲六十四，以通神明，以類萬物。臣高祖父故零陵太守光，少治孟氏易，曾祖父故平輿令成，纘述其業，至臣祖父鳳爲之最密。臣亡考故日南太守歆，受本於鳳，最有舊書，世傳其業，至臣五世。前人通講，多玩章句，雖有祕說，於經疏闊。臣生遇世亂，長於軍旅，習經於枹鼓之間，講論於戎馬之上，蒙先師之說，依經立注。又臣郡吏陳桃夢臣與道士相遇，放髮被鹿裘，布易六爻，撓其三以飲臣，臣乞盡吞之。道士言易道在天，三爻足矣。豈臣受命，應當知經！所覽諸家解不離流俗，義有不當實，輒悉改定，以就其正。孔子曰：『乾元用九而天下治。』聖人南面，蓋取諸離，斯誠天子所宜協陰陽致麟鳳之道矣。謹正書副上，惟不罪戾。」翻又奏曰：「經之大者，莫過於易。自漢初以來，海內英才，其讀易者，解之率少。至孝靈之際，潁川荀諝號爲知易，臣得其注，有愈俗儒，至所說西南得朋，東北喪朋，顚倒反逆，了不可知。孔子歎易曰：『知變化之道者，其知神之所爲乎！』以美大衍四象之作，而上爲章首，尤可怪笑。又南郡太守馬融，名有俊才，其所解釋，復不及諝。孔子曰『可與共學，未可與適道』，豈不其然！若乃北海鄭玄，南陽宋忠，雖各立注，忠小差玄而皆未得其門，難以示世。」又奏鄭玄解尚書違失事目：「臣聞周公制禮以辨上下，孔子曰『有君臣然後有上下，有上下然後禮義有所錯』，是故尊君卑臣，禮之大司也。伏見故徵士北海鄭玄所注尚書，以顧命康王執瑁，古『月』似『同』，從誤作『同』，既不覺定，復訓爲杯，謂之酒杯；成王疾困憑几，洮頮爲濯，以爲澣衣成事，『洮』字虛更作『濯』，以從其非；又古大篆『丣』字讀當爲『柳』，古『柳』『丣』同字，而以爲昧；『分北三苗』，『北』古『別』字，又訓北，言北猶別也。若此之類，誠可怪也。玉人職曰天子執瑁以朝諸侯，謂之酒杯；天子頮面，謂之澣衣；古篆『丣』字，反以爲昧。甚違不知蓋闕之義。於此數事，誤莫大焉，宜命學官定此三事。又馬融訓註亦以爲同者大同天下，今經益『金』就作『銅』字，詁訓言天子副璽，雖皆不得，猶愈於玄。然此不定，臣沒之後，而奮乎百世，雖世有知者，懷謙莫或奏正。又玄所注五經，違義尤甚者百六十七事，不可不正。行乎學校，傳乎將來，臣竊恥之。」翻放棄南方，云「自恨疏節，骨體不媚，犯上獲罪，當長沒海隅，生無可與語，死以青蠅爲弔客，使天下一人知己者，足以不恨。」以典籍自慰，依易設象，以占吉凶。又以宋氏解玄頗有繆錯，更爲立法，并著明楊、釋宋以理其滯。

臣松之案：翻云「古大篆『丣』字讀當言『柳』，古『柳』『丣』同字」，竊謂翻言爲然。故「劉」「留」「聊」「柳」同用此字，以從聲故也，與日辰「卯」字字同音異。然漢書王莽傳論卯金刀，故以爲日辰之「卯」，今未能詳正。然世多亂之，故翻所說云。荀諝，荀爽之別名。

初，山陰丁覽，太末徐陵，或在縣吏之中，或衆所未識，翻一見之，便與友善，終成顯名。〔一〕

〔一〕會稽典錄曰：覽字孝連，八歲而孤，家又單微，清身立行，用意不苟，推財從弟，以義讓稱。仕郡至功曹，守始平長。爲人精微絜淨，門無雜賓。孫權深貴待之，未及擢用，會病卒，甚見痛惜，殊其門戶。覽子固，字子賤，本名密，避滕密，改作固。固在襁褓中，闞澤見而異之，曰：「此兒後必致公輔。」固少喪父，獨與母居，家貧守約，色養致敬，族弟孤弱，與同寒溫。翻與固同僚書曰：「丁子賤塞淵好德，堂構克舉，野無遺薪，斯之爲懿，其美優矣。令德之後，惟此君嘉耳。」歷顯位，孫休時固爲左御史大夫，孫晧卽位，遷司徒。晧悖虐，固與陸凱、孟宗同心憂國，年七十六卒。子彌，字欽遠，仕晉，至梁州刺史。孫潭，光祿大夫。徐陵字元大，歷三縣長，所在著稱，遷零陵太守。時朝廷俟以列卿之位，故翻書曰：「元大受上卿之遇，叔向在晉，未若於今。」其見重如此。陵卒，僮客土田或見侵奪，駱統爲陵家訟之，求與丁覽、卜清等爲比，權許焉。陵子平，字伯先，童齔知名，翻甚愛之，屢稱歎焉。諸葛恪爲丹楊太守，討山越，以平威重思慮，可與效力，請平爲丞，稍遷武昌左部督，傾心接物，士卒皆爲盡力。初，平爲恪從事，意甚薄，及恪輔政，待平益疏。恪被害，子建亡走，爲平部曲所得，平使遣去，別爲佗軍所獲。平兩婦歸宗，敬奉情過乎厚。其行義敦篤，皆此類也。

在南十餘年，年七十卒。〔一〕歸葬舊墓，妻子得還。〔二〕

〔一〕吳書曰：翻雖在徙棄，心不忘國，常憂五谿宜討，以遼東海絕，聽人使來屬，尚不足取，今去人財以求馬，既非國利，又恐無獲。欲諫不敢，作表以示呂岱，岱不報，爲愛憎所白，復徙蒼梧猛陵。

江表傳曰：後權遣將士至遼東，於海中遭風，多所沒失，權悔之，乃令曰：「昔趙簡子稱諸君之唯唯，不如周舍之諤諤。虞翻亮直，善於盡言，國之周舍也。前使翻在此，此役不成。」促下問交州，翻若尚存者，給其人船，發遣還都；若以亡者，送喪還本郡，使兒子仕宦。會翻已終。

〔二〕會稽典錄曰：孫亮時，有山陰朱育，少好奇字，凡所特達，依體象類，造作異字千名以上。仕郡門下書佐。太守濮陽興正旦宴見掾吏，言次，問：「太守昔聞朱潁川問士於鄭召公，韓吳郡問士於劉聖博，王景興問士於虞仲翔，嘗見鄭、劉二答而未覩仲翔對也。欽聞國賢，思覩盛美有日矣，書佐寧識之乎？」育對曰：「往過習之。昔初平末年，王府君以淵妙之才，超遷臨郡，思賢嘉善，樂采名俊，問功曹虞翻曰：『聞玉出崑山，珠生南海，遠方異域，各生珍寶。且曾聞士人歎美貴邦，舊多英俊，徒以遠於京畿，含香未越耳。功曹雅好博古，寧識其人邪？』翻對曰：『夫會稽上應牽牛之宿，下當少陽之位，東漸巨海，西通五湖，南暢無垠，北渚浙江，南山攸居，實爲州鎮，昔禹會羣臣，因以命之。山有金木鳥獸之殷，水有魚鹽珠蚌之饒，海嶽精液，善生俊異，是以忠臣係踵，孝子連閭，下及賢女，靡不育焉。』王府君笑曰：『地勢然矣，士女之名可悉聞乎？』翻對曰：『不敢及遠，略言其近者耳。往者孝子句章董黯，盡心色養，喪致其哀，單身林野，鳥獸歸懷，怨親之辱，白日報讎，海內聞名，昭然光著。太中大夫山陰陳囂，漁則化盜，居則讓鄰，感侵退藩，遂成義里，攝養車嫗，行足厲俗，自揚子雲等上書薦之，粲然傳世。太尉山陰鄭公，清亮質直，不畏彊禦。魯相山陰鍾離意，稟殊特之姿，孝家忠朝，宰縣相國，所在遺惠，故取養有君子之譽，魯國有丹書之信。及陳宮、費齊皆上契天心，功德治狀，記在漢籍。有道山陰趙曄，徵士上虞王充，各洪才淵懿，學究道源，著書垂藻，駱驛百篇，釋經傳之宿疑，解當世之槃結，或上窮陰陽之奧祕，下攄人情之歸極。交阯刺史上虞綦毋俊，拔濟一郡，讓爵土之封。決曹掾上虞孟英，三世死義。主簿句章梁宏，功曹史餘姚駟勳，主簿句章鄭雲，皆敦終始之義，引罪免居。門下督盜賊餘姚伍隆，鄮莫候反。主簿任光，章安小吏黃他，身當白刃，濟君於難。揚州從事句章王脩，委身授命，垂聲來世。河內太守上虞魏少英，遭世屯蹇，忘家憂國，列在八俊，爲世英彥。尚書烏傷楊喬，桓帝妻以公主，辭疾不納。近故太尉上虞朱公，天姿聰亮，欽明神武，策無失謨，征無遺慮，是以天下義兵，思以爲首。上虞女子曹娥，父溺江流，投水而死，立石碑紀，炳然著顯。』王府君曰：『是既然矣，潁川有巢、許之逸軌，吳有太伯之三讓，貴郡雖士人紛紜，於此足矣。』翻對曰：『故先言其近者耳，若乃引上世之事，及抗節之士，亦有其人。昔越王翳讓位，逃于巫山之穴，越人薰而出之，斯非太伯之儔邪？且太伯外來之君，非其地人也。若以外來言之，則大禹亦巡於此而葬之矣。鄞大里黃公，絜已暴秦之世，高祖即阼，不能一致，惠帝恭讓，出則濟難。徵士餘姚嚴遵，王莽數聘，抗節不行，光武中興，然後俯就，矯手不拜，志陵雲日。皆著於傳籍，較然彰明，豈如巢、許，流俗遺譚，不見經傳者哉？』王府君笑曰：『善哉話言也！賢矣，非君不著。太守未之前聞也。』」濮陽府君曰：「御史所云，既聞其人，亞斯已下，書佐寧識之乎？」育曰：「瞻仰景行，敢不識之？近者太守上虞陳業，絜身清行，志懷霜雪，貞亮之信，同操柳下，遭漢中微，委官棄祿，遁迹黟歙，以求其志，高邈妙蹤，天下所聞，故（桓文）〔桓文林〕遺之尺牘之書，比竟三高。其聰明大略，忠直謇諤，則侍御史餘姚虞翻、偏將軍烏傷駱統。其淵懿純德，則太子少傅山陰闞澤，學通行茂，作帝師儒。其雄姿武毅，立功當世，則後將軍賀齊，勳成績著。其探極祕術，言合神明，則太史令上虞吳範。其文章之士，立言粲盛，則御史中丞句章任奕，鄱陽太守章安虞翔，各馳文檄，曄若春榮。處士（鄧）〔鄮〕盧敍，弟犯公憲，自殺乞代。吳寧斯敦、山陰祁庚、上虞樊正，咸代父死罪。其女則松陽柳朱、永寧（瞿素）〔翟素〕，或一醮守節，喪身不顧，或遭寇劫賊，死不虧行。皆近世之事，尚在耳目。」府君曰：「皆海內之英也。吾聞秦始皇二十五年，以吳越地爲會稽郡，治吳。漢封諸侯王，以何年復爲郡，而分治於此？」育對曰：「劉賈爲荊王，賈爲英布所殺，又以劉濞爲吳王。景帝四年，濞反誅，乃復爲郡，治於吳。元鼎五年，除東越，因以其地爲治，并屬於此，而立東部都尉，後徙章安。陽朔元年，又徙治鄞，或有寇害，復徙句章。到永建四年，劉府君上書，浙江之北，以爲吳郡，會稽還治山陰。自永建四年歲在己巳，以至今年，積百二十九歲。」府君稱善。是歲，吳之太平三年，歲在丁丑。育後仕朝，常在臺閣，爲東觀令，遂拜清河太守，加位侍中，推刺占射，文藝多通。

翻有十一子，第四子汜最知名，永安初，從選曹郎爲散騎中常侍，後爲監軍使者，討扶嚴，病卒。〔一〕汜弟忠，宜都太守；〔二〕聳，越騎校尉，累遷廷尉，湘東、河間太守；〔三〕昺，廷尉尚書，濟陰太守。〔四〕

〔一〕會稽典録曰：汜字世洪，生南海，年十六，父卒，還鄉里。孫綝廢幼主，迎立琅邪王休。休未至，綝欲入宮，圖爲不軌，召百官會議，皆惶怖失色，徒唯唯而已。汜對曰：「明公爲國伊周，處將相之位，擅廢立之威，將上安宗廟，下惠百姓，大小踴躍，自以伊霍復見。今迎王未至，而欲入宮，如是，羣下搖蕩，衆聽疑惑，非所以永終忠孝，揚名後世也。」綝不懌，竟立休。休初即位，汜與賀邵、王蕃、薛瑩俱爲散騎中常侍。以討扶嚴功拜交州刺史、冠軍將軍、餘姚侯，尋卒。

〔二〕會稽典録曰：忠字世方，翻第五子。貞固幹事，好識人物，造吳郡陸機於童齔之年，稱上虞魏遷於無名之初，終皆遠致，爲著聞之士。交同縣王岐於孤宦之族，仕進先至宜都太守，忠乃代之。晉征吳，忠與夷道監陸晏、晏弟中夏督景堅守不下，城潰被害。忠子譚，字思奧。

晉陽秋稱譚清貞有檢操，外如退弱，內堅正有膽幹。仕晉，歷位內外，終於衞將軍，追贈侍中左光祿大夫，開府儀同三司。

〔三〕會稽典録曰：聳字世龍，翻第六子也。清虛無欲，進退以禮，在吳歷清官，入晉，除河間相，王素聞聳名，厚敬禮之。聳抽引人物，務在幽隱孤陋之中。時王岐難聳，以高士所達，必合秀異，聳書與族子察曰：「世之取士，曾不招未齒於丘園，索良才於總猥，所譽依已成，所毀依已敗，此吾所以歎息也。」聳疾俗喪祭無度，弟昺卒，祭以少牢，酒飯而已，當時族黨並遵行之。

〔四〕會稽典錄曰：昺字世文，翻第八子也。少有倜儻之志，仕吳黃門郎，以捷對見異，超拜尚書侍中。晉軍來伐，遣昺持節都督武昌已上諸軍事，昺先上還節蓋印綬，然後歸順。在濟陰，抑彊扶弱，甚著威風。

陸績字公紀，吳郡吳人也。父康，漢末爲廬江太守。〔一〕績年六歲，於九江見袁術。術出橘，績懷三枚，去，拜辭墮地，術謂曰：「陸郎作賓客而懷橘乎？」績跪答曰：「欲歸遺母。」術大奇之。孫策在吳，張昭、張紘、秦松爲上賓，共論四海未泰，須當用武治而平之，績年少末坐，遙大聲言曰：「昔管夷吾相齊桓公，九合諸侯，一匡天下，不用兵車。孔子曰：『遠人不服，則脩文德以來之。』今論者不務道德懷取之術，而惟尚武，績雖童蒙，竊所未安也。」昭等異焉。

〔一〕謝承後漢書曰：康字季寧，少惇孝悌，勤脩操行，太守李肅察孝廉。肅後坐事伏法，康斂尸送喪，還潁川，行服，禮終，舉茂才，歷三郡太守，所在稱治，後拜廬江太守。

績容貌雄壯，博學多識，星曆算數無不該覽。虞翻舊齒名盛，龐統荊州令士，年亦差長，皆與績友善。孫權統事，辟爲奏曹掾，以直道見憚，出爲鬱林太守，加偏將軍，給兵二千人。績既有躄疾，又意(在)〔存〕儒雅，非其志也。雖有軍事，著述不廢，作渾天圖，注易釋玄，皆傳於世。豫自知亡日，乃爲辭曰：「有漢志士吳郡陸績，幼敦詩、書，長玩禮、易，受命南征，遘疾（遇）〔逼〕厄，遭命不（幸）〔永〕，嗚呼悲隔！」又曰：「從今已去，六十年之外，車同軌，書同文，恨不及見也。」年三十二卒。長子宏，會稽南部都尉，次子叡，長水校尉。〔一〕

〔一〕績於鬱林所生女，名曰鬱生，適張溫弟白。姚信集有表稱之曰：「臣聞唐、虞之政，舉善而教，旌德擢異，三王所先，是以忠臣烈士，顯名國朝，淑婦貞女，表迹家閭。蓋所以闡崇化業，廣殖淸風，使苟有令性，幽明俱著，苟懷懿姿，士女同榮。故王蠋建寒松之節而齊王表其里，義姑立殊絕之操而魯侯高其門。臣切見故鬱林太守陸績女子鬱生，少履貞特之行，幼立匪石之節，年始十三，適同郡張白。侍廟三月，婦禮未卒，白遭罹家禍，遷死異郡。鬱生抗聲昭節，義形於色，冠蓋交橫，誓而不許，奉白姊妹嶮巇之中，蹈履水火，志懷霜雪，義心固於金石，體信貫於神明，送終以禮，邦士慕則。臣聞昭德以行，顯行以爵，苟非名爵，則勸善不嚴，故士之有誄，魯人志其勇，杞婦見書，齊人哀其哭。乞蒙聖朝，斟酌前訓，上開天聰，下垂坤厚，褒鬱生以義姑之號，以厲兩髦之節，則皇風穆暢，士女改視矣。」

張溫字惠恕，吳郡吳人也。父允，以輕財重士，名顯州郡，爲孫權東曹掾，卒。溫少修節操，容貌奇偉。權聞之，以問公卿曰：「溫當今與誰爲比？」大（司）農劉基曰：「可與全琮爲輩。」太常顧雍曰：「基未詳其爲人也。溫當今無輩。」權曰：「如是，張允不死也。」徵到延見，文辭占對，觀者傾竦，權改容加禮。罷出，張昭執其手曰：「老夫託意，君宜明之。」拜議郎、選曹尚書，徙太子太傅，甚見信重。

時年三十二，以輔義中郎將使蜀。權謂溫曰：「卿不宜遠出，恐諸葛孔明不知吾所以與曹氏通意，(以)故屈卿行。若山越都除，便欲大搆於(蜀)〔丕〕，行人之義，受命不受辭也。」溫對曰：「臣入無腹心之規，出無專對之用，懼無張老延譽之功，又無子產陳事之效。然諸葛亮達見計數，必知神慮屈申之宜，加受朝廷天覆之惠，推亮之心，必無疑貳。」溫至蜀，詣闕拜章曰：「昔高宗以諒闇昌殷祚於再興，成王以幼沖隆周德於太平，功冒溥天，聲貫罔極。今陛下以聰明之姿，等契往古，總百揆於良佐，參列精之炳燿，遐邇望風，莫不欣賴。吳國勤任旅力，清澄江滸，願與有道平一宇內，委心協規，有如河水，軍事(興)〔凶〕煩，使役乏少，是以忍鄙倍之羞，使下臣溫通致情好。陛下敦崇禮義，未便恥忽。臣自(入)遠境，及即近郊，頻蒙勞來，恩詔輒加，以榮自懼，悚怛若驚。謹奉所齎函書一封。」蜀甚貴其才。還，頃之，使入豫章部伍出兵，事業未究。

權既陰銜溫稱美蜀政，又嫌其聲名大盛，衆庶炫惑，恐終不爲己用，思有以中傷之，會暨豔事起，遂因此發舉。豔字子休，亦吳郡人也，溫引致之，以爲選曹郎，至尚書。豔性狷厲，好爲清議，見時郎署混濁淆雜，多非其人，欲臧否區別，賢愚異貫。彈射百僚，覈選三署，率皆貶高就下，降損數等，其守故者十未能一，其居位貪鄙，志節汙卑者，皆以爲軍吏，置營府以處之。而怨憤之聲積，浸潤之譖行矣，競言豔及選曹郎徐彪，〔一〕專用私情，愛憎不由公理。豔、彪皆坐自殺。溫宿與豔、彪同意，數交書疏，聞問往還，即罪溫。權幽之有司，下令曰：「昔令召張溫，虛己待之，既至顯授，有過舊臣，何圖凶醜，專挾異心。昔曁豔父兄，附于惡逆，寡人無忌，故進而任之，欲觀豔何如，察其中閒，形態果見。而溫與之結連死生，豔所進退，皆溫所爲頭角，更相表裏，共爲腹背，非溫之黨，即就疵瑕，爲之生論。又前任溫董督三郡，指撝吏客及殘餘兵，時恐有事，欲令速歸，故授棨戟，奬以威柄。乃便到豫章，表討宿惡，寡人信受其言，特以繞帳、帳下、解煩兵五千人付之。後聞曹丕自出淮、泗，故豫敕溫有急便出，而溫悉內諸將，布於深山，被命不至。賴丕自退，不然，已往豈可深計。又殷禮者，本占候召，而溫先後乞將到蜀，扇揚異國，爲之譚論。又禮之還，當親本職，而令守尚書戶曹郎，如此署置，在溫而已。又溫語賈原，當薦卿作御史，語蔣康，當用卿代賈原，專衒賈國恩，爲己形勢。揆其姦心，無所不爲。不忍暴於市朝，今斥還本郡，以給厮吏。嗚呼溫也，免罪爲幸！」

〔一〕吳錄曰：彪字仲虞，廣陵人也。

將軍駱統表理溫曰：「伏惟殿下，天生明德，神啓聖心，招髦秀於四方，置俊乂於宮朝。多士既受普篤之恩，張溫又蒙最隆之施。而溫自招罪譴，孤負榮遇，念其如此，誠可悲疚。然臣周旋之閒，爲國觀聽，深知其狀，故密陳其理。溫實心無他情，事無逆迹，但年紀尚少，鎭重尙淺，而戴赫烈之寵，體卓偉之才，亢臧否之譚，效褒貶之議。於是務勢者妒其寵，爭名者嫉其才，玄默者非其譚，瑕釁者諱其議，此臣下所當詳辨，明朝所當究察也。昔賈誼，至忠之臣也，漢文，大明之君也，然而絳、灌一言，賈誼遠退。何者？疾之者深，譖之者巧也。然而誤聞於天下，失彰於後世，故孔子曰『爲君難，爲臣不易』也。溫雖智非從橫，武非虓虎，然其弘雅之素，英秀之德，文章之采，論議之辨，卓躒冠羣，煒曄曜世，世人未有及之者也。故論溫才即可惜，言罪則可恕。若忍威烈以赦盛德，宥賢才以敦大業，固明朝之休光，四方之麗觀也。國家之於暨豔，不內之忌族，猶等之平民，是故先見用於朱治，次見舉於衆人，中見任於明朝，亦見交於溫也。君臣之義，義之最重，朋友之交，交之最輕者也。國家不嫌於豔爲最重之義，是以溫亦不嫌與豔爲最輕之交也。時世寵之於上，溫竊親之於下也。夫宿惡之民，放逸山險，則爲勁寇，將置平土，則爲健兵，故溫念在欲取宿惡，以除勁寇之害，而增健兵之銳也。但自錯落，功不副言。然計其送兵，以比許晏，數之多少，溫不減之，用之彊羸，溫不下之，至於遲速，溫不後之，故得及秋冬之月，赴有警之期，不敢忘恩而遺力也。溫之到蜀，共譽殷禮，雖臣無境外之交，亦有可原也。境外之交，謂無君命而私相從，非國事而陰相聞者也；若以命行，既脩君好，因敍己情，亦使臣之道也。故孔子使鄰國，則有私覿之禮；季子聘諸夏，亦有燕譚之義也。古人有言，欲知其君，觀其所使，見其下之明明，知其上之赫赫。溫若譬禮，能使彼歎之，誠所以昭我臣之多良，明使之得其人，顯國美於異境，揚君命於他邦。是以晉趙文子之盟于宋也，稱隨會於屈建；楚王孫圉之使于晉也，譽左史於趙鞅。亦向他國之輔，而歎本邦之臣，經傳美之以光國，而不譏之以外交也。王靖內不憂時，外不趨事，溫彈之不私，推之不假，於是與靖遂爲大怨，此其盡節之明驗也。靖兵衆之勢，幹任之用，皆勝於賈原、蔣康，溫尚不容私以安於靖，豈敢賣恩以協原、康邪？又原在職不勤，當事不堪，溫數對以醜色，彈以急聲；若其誠欲賣恩作亂，則亦不必貪原也。凡此數者，校之於事既不合，參之於衆亦不驗。臣竊念人君雖有聖哲之姿，非常之智，然以一人之身，御兆民之衆，從層宮之內，瞰四國之外，照羣下之情，求萬機之理，猶未易周也，固當聽察羣下之言，以廣聽明之烈。今者人非溫既殷勤，臣是溫又契闊，辭則俱巧，意則俱至，各自言欲爲國，誰其言欲爲私，倉卒之間，猶難即別。然以殿下之聰叡，察講論之曲直，若潛神留思，纖粗研核，情何嫌而不宣，事何昧而不昭哉？溫非親臣，臣非愛溫者也。昔之君子，皆抑私忿，以增君明。彼獨行之於前，臣恥廢之於後，故遂發宿懷於今日，納愚言於聖聽，實盡心於明朝，非有念於溫身也。」權終不納。

後六年，溫病卒。二弟祗、白，亦有才名，與溫俱廢。〔一〕

〔一〕會稽典錄曰：餘姚虞俊歎曰：「張惠恕才多智少，華而不實，怨之所聚，有覆家之禍，吾見其兆矣。」諸葛亮聞俊憂溫，意未之信，及溫放黜，亮乃歎俊之有先見。亮初聞溫敗，未知其故，思之數日，曰：「吾已得之矣，其人於清濁太明，善惡太分。」

臣松之以爲莊周云「名者公器也，不可以多取」，張溫之廢，豈其取名之多乎！多之爲弊，古賢既知之矣。是以遠見之士，退藏於密，不使名浮於德，不以華傷其實，既不能被褐韞寶，挫廉逃譽，使才映一世，聲蓋人上，沖用之道，庸可暫替！溫則反之，能無敗乎？權既疾溫名盛，而駱統方驟言其美，至云「卓躒冠羣，煒曄曜世，世人未有及之者也」。斯何異燎之方盛，又撝膏以熾之哉！

文士傳曰：溫姊妹三人皆有節行，爲溫事，已嫁者皆見錄奪。其中妹先適顧承，官以許嫁丁氏，成婚有日，遂飲藥而死。吳朝嘉歎，鄉人圖畫，爲之贊頌云。

駱統字公緒，會稽烏傷人也。父俊，官至陳相，爲袁術所害。〔一〕統母改適，爲華歆小妻，統時八歲，遂與親客歸會稽。其母送之，拜辭上車，面而不顧，其母泣涕於後。御者曰：「夫人猶在也。」統曰：「不欲增母思，故不顧耳。」事適母甚謹。時饑荒，鄉里及遠方客多有困乏，統爲之飲食衰少。其姊仁愛有行，寡歸無子，見統甚哀之，數問其故。統曰：「士大夫糟糠不足，我何心獨飽！」姊曰：「誠如是，何不告我，而自苦若此？」乃自以私粟與統，又以告母，母亦賢之，遂使分施，由是顯名。

〔一〕謝承後漢書曰：俊字孝遠，有文武才幹，少爲郡吏，察孝廉，補尚書郎，擢拜陳相。值袁術僭號，兄弟忿爭，天下鼎沸，羣賊並起。陳與比界，姦慝四布，俊厲威武，保疆境，賊不敢犯。養濟百姓，災害不生，歲獲豐稔。後術軍衆饑困，就俊求糧。俊疾惡術，初不應答。術怒，密使人殺俊。

孫權以將軍領會稽太守，統年二十，試爲烏程相，民戶過萬，咸歎其惠理。權嘉之，召爲功曹，行騎都尉，妻以從兄輔女。統志在補察，苟所聞見，夕不待旦。常勸權以尊賢接士，勤求損益，饗賜之日，可人人別進，問其燥溼，加以密意，誘諭使言，察其志趣，令皆感恩戴義，懷欲報之心。權納用焉。出爲建忠中郎將，領武射吏三千人。及淩統死，復領其兵。

是時徵役繁數，重以疫癘，民戶損耗，統上疏曰：「臣聞君國者，以據疆土爲彊富，制威福爲尊貴，曜德義爲榮顯，永世胤爲豐祚。然財須民生，彊賴民力，威恃民勢，福由民殖，德俟民茂，義以民行，六者既備，然後應天受祚，保族宜邦。書曰：『衆非后無能胥以寧，后非衆無以辟四方。』推是言之，則民以君安，君以民濟，不易之道也。今彊敵未殄，海內未乂，三軍有無已之役，江境有不釋之備，徵賦調數，由來積紀，加以殃疫死喪之災，郡縣荒虛，田疇蕪曠，聽聞屬城，民戶浸寡，又多殘老，少有丁夫，聞此之日，心若焚燎。思尋所由，小民無知，既有安土重遷之性，且又前後出爲兵者，生則困苦無有溫飽，死則委棄骸骨不反，是以尤用戀本畏遠，同之於死。每有徵發，羸謹居家重累者先見輸送。小有財貨，傾居行賂，不顧窮盡。輕剽者則迸入險阻，黨就羣惡。百姓虛竭，嗷然愁擾，愁擾則不營業，不營業則致窮困，致窮困則不樂生，故口腹急，則姦心動而攜叛多也。又聞民閒，非居處小能自供，生產兒子，多不起養；屯田貧兵，亦多棄子。天則生之，而父母殺之，既懼干逆和氣，感動陰陽。且惟殿下開基建國，乃無窮之業也，彊鄰大敵非造次所滅，疆埸常守非期月之戍，而兵民減耗，後生不育，非所以歷遠年，致成功也。夫國之有民，猶水之有舟，停則以安，擾則以危，愚而不可欺，弱而不可勝，是以聖王重焉，禍福由之，故與民消息，觀時制政。方今長吏親民之職，惟以辨具爲能，取過目前之急，少復以恩惠爲治，副稱殿下天覆之仁，勤恤之德者。官民政俗，日以彫弊，漸以陵遲，勢不可久。夫治疾及其未篤，除患貴其未深，願殿下少以萬機餘閒，留神思省，補復荒虛，深圖遠計，育殘餘之民，阜人財之用，參曜三光，等崇天地。臣統之大願，足以死而不朽矣。」權感統言，深加意焉。

以隨陸遜破蜀軍於宜都，遷偏將軍。黃武初，曹仁攻濡須，使別將常雕等襲中洲，統與嚴圭共拒破之，封新陽亭侯，後爲濡須督。數陳便宜，前後書數十上，所言皆善，文多故不悉載。尤以占募在民閒長惡敗俗，生離叛之心，急宜絕置，權與相反覆，終遂行之。年三十六，黃武七年卒。

陸瑁字子璋，丞相遜弟也。少好學篤義。陳國陳融、陳留濮陽逸、沛郡蔣纂、廣陵袁迪等，皆單貧有志，就琱遊處，〔一〕琱割少分甘，與同豐約。及同郡徐原，爰居會稽，素不相識，臨死遺書，託以孤弱，琱爲起立墳墓，收導其子。又琱從父績早亡，二男一女，皆數歲以還，琱迎攝養，至長乃別。州郡辟舉，皆不就。

〔一〕迪孫曄，字思光，作獻帝春秋，云迪與張紘等俱過江，迪父綏爲太傅掾，張超之討董卓，以綏領廣陵事。

時尚書曁豔盛明臧否，差斷三署，頗揚人闇昧之失，以顯其讁。琱與書曰：「夫聖人嘉善矜愚，忘過記功，以成美化。加今王業始建，將一大統，此乃漢高棄瑕錄用之時也，若令善惡異流，貴汝潁月旦之評，誠可以厲俗明教，然恐未易行也。宜遠模仲尼之汎愛，中則郭泰之弘濟，近有益於大道也。」豔不能行，卒以致敗。

嘉禾元年，公車徵琱，拜議郎、選曹尚書。孫權忿公孫淵之巧詐反覆，欲親征之，琱上疏諫曰：「臣聞聖王之御遠夷，羈縻而已，不常保有，故古者制地，謂之荒服，言慌惚無常，不可保也。今淵東夷小醜，屏在海隅，雖託人面，與禽獸無異。國家所爲不愛貨寶遠以加之者，非嘉其德義也，誠欲誘納愚弄，以規其馬耳。淵之驕黠，恃遠負命，此乃荒貊常態，豈足深怪？昔漢諸帝亦嘗銳意以事外夷，馳使散貨，充滿西域，雖時有恭從，然其使人見害，財貨并沒，不可勝數。今陛下不忍悁悁之忿，欲越巨海，身踐其土，羣臣愚議，竊謂不安。何者？北寇與國，壤地連接，苟有間隙，應機而至。夫所以越海求馬，曲意於淵者，爲赴目前之急，除腹心之疾也，而更棄本追末，捐近治遠，忿以改規，激以動衆，斯乃猾虜所願聞，非大吳之至計也。又兵家之術，以功役相疲，勞逸相待，得失之閒，所覺輒多。且沓渚去淵，道里尚遠，今到其岸，兵勢三分，使彊者進取，次當守船，又次運糧，行人雖多，難得悉用；加以單步負糧，經遠深入，賊地多馬，邀截無常。若淵狙詐，與北未絕，動衆之日，脣齒相濟。若實孑然無所憑賴，其畏怖遠迸，或難卒滅。使天誅稽於朔野，山虜承間而起，恐非萬安之長慮也。」權未許。

瑁重上疏曰：「夫兵革者，固前代所以誅暴亂，威四夷也，然其役皆在姦雄已除，天下無事，從容廟堂之上，以餘議議之耳。至于中夏鼎沸，九域盤互之時，率須深根固本，愛力惜費，務自休養，以待鄰敵之闕，未有正於此時，舍近治遠，以疲軍旅者也。昔尉佗叛逆，僭號稱帝，于時天下乂安，百姓殷阜，帶甲之數，糧食之積，可謂多矣，然漢文猶以遠征不易，重興師旅，告喻而已。今凶桀未殄，疆埸猶警，雖蚩尤、鬼方之亂，故當以緩急差之，未宜以淵爲先。願陛下抑威任計，暫寧六師，潛神嘿規，以爲後圖，天下幸甚。」權再覽瑁書，嘉其詞理端切，遂不行。

初，瑁同郡聞人敏見待國邑，優於宗脩，惟瑁以爲不然，後果如其言。赤烏二年，瑁卒。子喜亦涉文籍，好人倫，孫晧時爲選曹尚書。〔一〕

〔一〕吳錄曰：熹字文仲，瑁第二子也，入晉爲散騎常侍。瑁孫曄，字士光，至車騎將軍、儀同三司。曄弟玩，字士瑤。晉陽秋稱玩器量淹雅，位至司空，追贈太尉。

吾粲字孔休，吳郡烏程人也。〔一〕孫河爲縣長，粲爲小吏，河深奇之。河後爲將軍，得自選長吏，表粲爲曲阿丞，遷爲長史，治有名迹。雖起孤微，與同郡陸遜、卜靜等比肩齊聲矣。孫權爲車騎將軍，召爲主簿，出爲山陰令，還爲參軍校尉。

〔一〕吳錄曰：粲生數歲，孤城嫗見之，謂其母曰：「是兒有卿相之骨。」

黃武元年，與呂範、賀齊等俱以舟師拒魏將曹休於洞口。值天大風，諸船綆紲斷絕，漂沒著岸，爲魏軍所獲，或覆沒沈溺，其大船尚存者，水中生人皆攀緣號呼，他吏士恐船傾沒，皆以戈矛撞擊不受。粲與黃淵獨令船人以承取之，左右以爲船重必敗，粲曰：「船敗，當俱死耳！人窮，奈何棄之。」粲、淵所活者百餘人。

還，遷會稽太守，召處士謝譚爲功曹，譚以疾不詣，粲教曰：「夫應龍以屈伸爲神，鳳皇以嘉鳴爲貴，何必隱形於天外，潛鱗於重淵者哉？」粲募合人衆，拜昭義中郎將，與呂岱討平山越，入爲屯騎校尉、少府，遷太子太傅。遭二宮之變，抗言執正，明嫡庶之分，欲使魯王霸出駐夏口，遣楊竺不得令在都邑。又數以消息語陸遜，遜時駐武昌，連表諫爭。由此爲霸、竺等所譖害，下獄誅。

朱據字子範，吳郡吳人也。有姿貌膂力，又能論難。黃武初，徵拜五官郎中，補侍御史。是時選曹尚書暨豔，疾貪汙在位，欲沙汰之。據以爲天下未定，宜以功覆過，棄瑕取用，舉清厲濁，足以沮勸，若一時貶黜，懼有後咎。豔不聽，卒敗。

權咨嗟將率，發憤歎息，追思呂蒙、張溫，以爲據才兼文武，可以繼之，自是拜建義校尉，領兵屯湖孰。黃龍元年，權遷都建業，徵據尚公主，拜左將軍，封雲陽侯。謙虛接士，輕財好施，祿賜雖豐而常不足用。嘉禾中，始鑄大錢，一當五百。後據部曲應受三萬緡，工王遂詐而受之，典校呂壹疑據實取，考問主者，死於杖下，據哀其無辜，厚棺斂之。壹又表據吏爲據隱，故厚其殯。權數責問據，據無以自明，藉草待罪。數月，典軍吏劉助覺，言王遂所取，權大感寤，曰：「朱據見枉，況吏民乎？」乃窮治壹罪，賞助百萬。

赤烏九年，遷驃騎將軍。遭二宮搆爭，據擁護太子，言則懇至，義形于色，守之以死，〔一〕遂左遷新都郡丞。未到，中書令孫弘譖潤據，因權寢疾，弘爲詔書追賜死，時年五十七。孫亮時，二子熊、損各復領兵，爲全公主所譖，皆死。永安中，追錄前功，以熊子宣襲爵雲陽侯，尚公主。孫晧時，宣至驃騎將軍。

〔一〕殷基通語載據爭曰：「臣聞太子國之本根，雅性仁孝，天下歸心，今卒責之，將有一朝之慮。昔晉獻用驪姬而申生不存，漢武信江充而戾太子冤死。臣竊懼太子不堪其憂，雖立思子之宮，無所復及矣。」

評曰：虞翻古之狂直，固難免乎末世，然權不能容，非曠宇也。陸績之於揚玄，是仲尼之左丘明，老聃之嚴周矣；以瑚璉之器，而作守南越，不亦賊夫人歟！張溫才藻俊茂，而智防未備，用致艱患。駱統抗明大義，辭切理至，值權方閉不開。陸瑁篤義規諫，君子有稱焉。吾粲、朱據遭罹屯蹇，以正喪身，悲夫！

三國志卷五十八　吳書十三

陸遜傳第十三

陸遜字伯言，吳郡吳人也。本名議，世江東大族。〔一〕遜少孤，隨從祖廬江太守康在官。袁術與康有隙，將攻康，康遣遜及親戚還吳。遜年長於康子績數歲，爲之綱紀門戶。

〔一〕陸氏世頌曰：遜祖紆，字叔盤，敏淑有思學，守城門校尉。父駿，字季才，淳懿信厚，爲邦族所懷，官至九江都尉。

孫權爲將軍，遜年二十一，始仕幕府，歷東西曹令史，出爲海昌屯田都尉，並領縣事。〔二〕縣連年亢旱，遜開倉穀以振貧民，勸督農桑，百姓蒙賴。時吳會稽、丹楊多有伏匿，遜陳便宜，乞與募焉。會稽山賊大帥潘臨，舊爲所在毒害，歷年不禽。遜以手下召兵，討治深險，所向皆服，部曲已有二千餘人。鄱陽賊帥尤突作亂，復往討之，拜定威校尉，軍屯利浦。

〔二〕陸氏祠堂像贊曰：海昌，今鹽官縣也。

權以兄策女配遜，數訪世務，遜建議曰：「方今英雄棊跱，豺狼闚望，克敵寧亂，非衆不濟。而山寇舊惡，依阻深地。夫腹心未平，難以圖遠，可大部伍，取其精銳。」權納其策，以爲帳下右部督。會丹楊賊帥費棧受曹公印綬，扇動山越，爲作內應，權遣遜討棧。棧支黨多而往兵少，遜乃益施牙幢，分布鼓角，夜潛山谷間，鼓譟而前，應時破散。遂部伍東三郡，彊者爲兵，羸者補戶，得精卒數萬人，宿惡盪除，所過肅清，還屯蕪湖。

會稽太守淳于式表遜枉取民人，愁擾所在。遜後詣都，言次，稱式佳吏，權曰：「式白君而君薦之，何也？」遜對曰：「式意欲養民，是以白遜。若遜復毀式以亂聖聽，不可長也。」權曰：「此誠長者之事，顧人不能爲耳。」

呂蒙稱疾詣建業，遜往見之，謂曰：「關羽接境，如何遠下，後不當可憂也？」蒙曰：「誠如來言，然我病篤。」遜曰：「羽矜其驍氣，陵轢於人。始有大功，意驕志逸，但務北進，未嫌於我，有相聞病，必益無備。今出其不意，自可禽制。下見至尊，宜好爲計。」蒙曰：「羽素勇猛，既難爲敵，且已據荆州，恩信大行，兼始有功，膽勢益盛，未易圖也。」蒙至都，權問：「誰可代卿者？」蒙對曰：「陸遜意思深長，才堪負重，觀其規慮，終可大任。而未有遠名，非羽所忌，無復是過。若用之，當令外自韜隱，內察形便，然後可克。」權乃召遜，拜偏將軍右部督代蒙。

遜至陸口，書與羽曰：「前承觀釁而動，以律行師，小舉大克，一何巍巍！敵國敗績，利在同盟，聞慶拊節，想遂席卷，共獎王綱。近以不敏，受任來西，延慕光塵，思稟良規。」又曰：「于禁等見獲，遐邇欣歎，以為將軍之勳足以長世，雖昔晉文城濮之師，淮陰拔趙之略，蔑以尚茲。聞徐晃等少騎駐旌，闚望麾葆。操猾虜也，忿不思難，恐潛增眾，以逞其心。雖云師老，猶有驍悍。且戰捷之後，常苦輕敵，古人杖術，軍勝彌警，願將軍廣為方計，以全獨克。僕書生疏遲，忝所不堪，喜鄰威德，樂自傾盡，雖未合策，猶可懷也。儻明注仰，有以察之。」羽覽遜書，有謙下自託之意，意大安，無復所嫌。遜具啓形狀，陳其可禽之要。權乃潛軍而上，使遜與呂蒙為前部，至即克公安、南郡。遜徑進，領宜都太守，拜撫邊將軍，封華亭侯。備宜都太守樊友委郡走，諸城長吏及蠻夷君長皆降。遜請金銀銅印，以假授初附。是歲建安二十四年十一月也。

遜遣將軍李異、謝旌等將三千人，攻蜀將詹晏、陳鳳。異將水軍，旌將步兵，斷絕險要，即破晏等，生降得鳳。又攻房陵太守鄧輔、南鄉太守郭睦，大破之。秭歸大姓文布、鄧凱等合夷兵數千人，首尾西方。遜復部旌討破布、凱。布、凱脫走，蜀以為將。遜令人誘之，布帥眾還降。前後斬獲招納，凡數萬計。權以遜為右護軍、鎮西將軍，進封婁侯。〔一〕

〔一〕吳書曰：權嘉遜功德，欲殊顯之，雖為上將軍列侯，猶欲令歷本州舉命，乃使揚州牧呂範就辟別駕從事，舉茂才。

時荆州士人新還，仕進或未得所，遜上疏曰：「昔漢高受命，招延英異，光武中興，羣俊畢至，苟可以熙隆道教者，未必遠近。今荆州始定，人物未達，臣愚慺慺，乞普加覆載抽拔之恩，令並獲自進，然後四海延頸，思歸大化。」權敬納其言。

黄武元年，劉備率大衆來向西界，權命遜爲大都督、假節，督朱然、潘璋、宋謙、韓當、徐盛、鮮于丹、孫桓等五萬人拒之。備從巫峽、建平連圍至夷陵界，立數十屯，以金錦爵賞誘動諸夷，使將軍馮習爲大督，張南爲前部，輔匡、趙融、廖淳、傅肜等各爲别督，先遣吳班將數千人於平地立營，欲以挑戰。諸將皆欲擊之，遜曰：「此必有譎，且觀之。」〔一〕備知其計不可，乃引伏兵八千，從谷中出。遜曰：「所以不聽諸君擊班者，揣之必有巧故也。」遜上疏曰：「夷陵要害，國之關限，雖爲易得，亦復易失。失之非徒損一郡之地，荆州可憂。今日爭之，當令必諧。備干天常，不守窟穴，而敢自送。臣雖不材，憑奉威靈，以順討逆，破壞在近。尋備前後行軍，多敗少成，推此論之，不足爲戚。臣初嫌之，水陸俱進，今反舍船就步，處處結營，察其布置，必無他變。伏願至尊高枕，不以爲念也。」諸將並曰：「攻備當在初，今乃令入五六百里，相銜持經七八月，其諸要害皆以固守，擊之必無利矣。」遜曰：「備是猾虜，更嘗事多，其軍始集，思慮精專，未可干也。今住已久，不得我便，兵疲意沮，計不復生，掎角此寇，正在今日。」乃先攻一營，不利。諸將皆曰：「空殺兵耳。」遜曰：「吾已曉破之之術。」乃敕各持一把茅，以火攻拔之。一爾勢成，通率諸軍同時俱攻，斬張南、馮習及胡王沙摩柯等首，破其四十餘營。備將杜路、劉寧等窮逼請降。備升馬鞍山，陳兵自繞。遜督促諸軍四面蹙之，土崩瓦解，死者萬數。備因夜遁，驛人自擔，燒鐃鎧斷後，僅得入白帝城。其舟船器械，水步軍資，一時略盡，尸骸漂流，塞江而下。備大慚恚，曰：「吾乃為遜所折辱，豈非天邪！」

〔一〕吳書曰：諸將並欲迎擊備，遜以為不可，曰：「備舉軍東下，銳氣始盛，且乘高守險，難可卒攻，攻之縱下，猶難盡克，若有不利，損我大勢，非小故也。今但且獎厲將士，廣施方略，以觀其變。若此閒是平原曠野，當恐有顛沛交馳之憂，今緣山行軍，勢不得展，自當罷於木石之閒，徐制其弊耳。」諸將不解，以為遜畏之，各懷憤恨。

初，孫桓別討備前鋒於夷道，為備所圍，求救於遜。遜曰：「未可。」諸將曰：「孫安東公族，見圍已困，奈何不救？」遜曰：「安東得士衆心，城牢糧足，無可憂也。待吾計展，欲不救安東，安東自解。」及方略大施，備果奔潰。桓後見遜曰：「前實怨不見救，定至今日，乃知調度自有方耳。」

當禦備時，諸將軍或是孫策時舊將，或公室貴戚，各自矜恃，不相聽從。遜案劍曰：「劉備天下知名，曹操所憚，今在境界，此彊對也。諸君並荷國恩，當相輯睦，共翦此虜，上報所受，而不相順，非所謂也。僕雖書生，受命主上。國家所以屈諸君使相承望者，以僕有尺寸可稱，能忍辱負重故也。各在其事，豈復得辭！軍令有常，不可犯矣。」及至破備，計多出遜，諸將乃服。權聞之，曰：「君何以初不啓諸將違節度者邪？」遜對曰：「受恩深重，任過其才。又此諸將或任腹心，或堪爪牙，或是功臣，皆國家所當與共克定大事者。臣雖駑懦，竊慕相如、寇恂相下之義，以濟國事。」權大笑稱善，加拜遜輔國將軍，領荊州牧，卽改封江陵侯。

又備既住白帝，徐盛、潘璋、宋謙等各競表言備必可禽，乞復攻之。權以問遜，遜與朱然、駱統以爲曹丕大合士衆，外託助國討備，內實有姦心，謹決計輒還。無幾，魏軍果出，三方受敵也。〔一〕

〔一〕吳錄曰：劉備聞魏軍大出，書與遜云：「賊今已在江陵，吾將復東，將軍謂其能然不？」遜答曰：「但恐軍新破，創痍未復，始求通親，且當自補，未暇窮兵耳。若不惟算，欲復以傾覆之餘，遠送以來者，無所逃命。」

備尋病亡，子禪襲位，諸葛亮秉政，與權連和。時事所宜，權輒令遜語亮，幷刻權印，以置遜所。權每與禪、亮書，常過示遜，輕重可否，有所不安，便令改定，以印封行之。

七年，權使鄱陽太守周魴譎魏大司馬曹休，休果舉衆入皖，乃召遜假黃鉞，爲大都督，逆休。〔二〕休既覺知，恥見欺誘，自恃兵馬精多，遂交戰。遜自爲中部，令朱桓、全琮爲左右翼，三道俱進，果衝休伏兵，因驅走之，追亡逐北，徑至夾石，斬獲萬餘，牛馬騾驢車乘萬兩，軍資器械略盡。休還，疽發背死。諸軍振旅過武昌，權令左右以御蓋覆遜，入出殿門，凡所賜遜，皆御物上珍，於時莫與爲比。遣還西陵。

〔一〕陸機爲遜銘曰：魏大司馬曹休侵我北鄙，乃假公黃鉞，統御六師及中軍禁衛而攝行王事，主上執鞭，百司屈膝。吳錄曰：假遜黃鉞，吳王親執鞭以見之。

黃龍元年，拜上大將軍、右都護。是歲，權東巡建業，留太子、皇子及尚書九官，徵遜輔太子，並掌荊州及豫章三郡事，董督軍國。時建昌侯慮於堂前作鬬鴨欄，頗施小巧，遜正色曰：「君侯宜勤覽經典以自新益，用此何爲？」慮卽時毀徹之。射聲校尉松於公子中最親，戲兵不整，遜對之髡其職吏。南陽謝景善劉廙先刑後禮之論，遜呵景曰：「禮之長於刑久矣，廙以細辯而詭先聖之教，皆非也。君今侍東宮，宜遵仁義以彰德音，若彼之談，不須講也。」

遜雖身在外，乃心於國，上疏陳時事曰：「臣以爲科法嚴峻，下犯者多。頃年以來，將吏罹罪，雖不慎可責，然天下未一，當圖進取，小宜恩貸，以安下情。且世務日興，良能爲先，自(不)〔非〕姦穢入身，難忍之過，乞復顯用，展其力效。此乃聖王忘過記功，以成王業。昔漢高舍陳平之愆，用其奇略，終建勳祚，功垂千載。夫峻法嚴刑，非帝王之隆業；有罰無恕，非懷遠之弘規也。」

權欲遣偏師取夷州及朱崖，皆以諮遜，遜上疏曰：「臣愚以爲四海未定，當須民力，以濟時務。今兵興歷年，見衆損減，陛下憂勞聖慮，忘寢與食，將遠規夷州，以定大事，臣反覆思惟，未見其利，萬里襲取，風波難測，民易水土，必致疾疫，今驅見衆，經涉不毛，欲益更損，欲利反害。又珠崖絕險，民猶禽獸，得其民不足濟事，無其兵不足虧衆。今江東見衆，自足圖事，但當畜力而後動耳。昔桓王創基，兵不一旅，而開大業。陛下承運，拓定江表。臣聞治亂討逆，須兵爲威，農桑衣食，民之本業，而干戈未戢，民有飢寒。臣愚以爲宜育養士民，寬其租賦，衆克在和，義以勸勇，則河渭可平，九有一統矣。」權遂征夷州，得不補失。

及公孫淵背盟，權欲往征，遜上疏曰：「淵憑險恃固，拘留大使，名馬不獻，實可讎忿。蠻夷猾夏，未染王化，鳥竄荒裔，拒逆王師，至令陛下爰赫斯怒，欲勞萬乘汎輕越海，不慮其危而涉不測。方今天下雲擾，羣雄虎爭，英豪踊躍，張聲大視。陛下以神武之姿，誕膺期運，破操烏林，敗備西陵，禽羽荊州，斯三虜者當世雄傑，皆摧其鋒。聖化所綏，萬里草偃，方蕩平華夏，總一大猷。今不忍小忿，而發雷霆之怒，違垂堂之戒，輕萬乘之重，此臣之所惑也。臣聞志行萬里者，不中道而輟足；圖四海者，匪懷細以害大。彊寇在境，荒服未庭，陛下乘桴遠征，必致闚闟，慼至而憂，悔之無及。若使大事時捷，則淵不討自服；今乃遠惜遼東衆之與馬，奈何獨欲捐江東萬安之本業而不惜乎？乞息六師，以威大虜，早定中夏，垂耀將來。」權用納焉。

嘉禾五年，權北征，使遜與諸葛瑾攻襄陽。遜遣親人韓扁齎表奉報，還，遇敵於沔中，鈔邏得扁。瑾聞之甚懼，書與遜云：「大駕已旋，賊得韓扁，具知吾闊狹。且水乾，宜當急去。」遜未答，方催人種葑豆，與諸將弈棊射戲如常。瑾曰：「伯言多智略，其當有以。」自來見遜，遜曰：「賊知大駕以旋，無所復慼，得專力於吾。又已守要害之處，兵將意動，且當自定以安之，施設變術，然後出耳。今便示退，賊當謂吾怖，仍來相蹙，必敗之勢也。」乃密與瑾立計，令瑾督舟船，遜悉上兵馬，以向襄陽城。敵素憚遜，遽還赴城。瑾便引船出，遜徐整部伍，張拓聲勢，步趨船，敵不敢干。軍到白圍，託言住獵，潛遣將軍周峻、張梁等擊江夏新市、安陸、石陽，石陽市盛，峻等奄至，人皆捐物入城。城門噎不得關，敵乃自斫殺己民，然後得闔。斬首獲生，凡千餘人。〔一〕其所生得，皆加營護，不令兵士干擾侵侮。將家屬來者，使就料視。若亡其妻子者，卽給衣糧，厚加慰勞，發遣令還，或有感慕相攜而歸者。鄰境懷之，〔二〕江夏功曹趙濯、弋陽備將裴生及夷王梅頤等，並帥支黨來附遜。遜傾財帛，周贍經恤。

〔一〕臣松之以為遜慮孫權以退，魏得專力於己，既能張拓形勢，使敵不敢犯，方舟順流，無復怵惕矣，何為復潛遣諸將，奄襲小縣，致令市人駭奔，自相傷害？俘馘千人，未足損魏，徒使無辜之民橫罹荼酷，與諸葛渭濱之師，何其殊哉！用兵之道既違，失律之凶宜應，其祚無三世，及孫而滅，豈此之餘殃哉！

〔三〕臣松之以爲此無異殘林覆巢而全其遺鷇，曲惠小仁，何補大虐？

又魏江夏太守逯式逯音錄。兼領兵馬，頗作邊害，而與北舊將文聘子休宿不協。遜聞其然，卽假作答式書云：「得報懇惻，知與休久結嫌隙，勢不兩存，欲來歸附，輒以密呈來書表聞，撰衆相迎。宜潛速嚴，更示定期。」以書置界上，式兵得書以見式，式惶懼，遂自送妻子還洛。由是吏士不復親附，遂以免罷。〔一〕

〔一〕臣松之以爲邊將爲害，蓋其常事，使逯式得罪，代者亦復如之，自非狡焉思肆，將成大患，何足虧損雅慮，尚爲小詐哉？以斯爲美，又所不取。

六年，中郎將周祗乞於鄱陽召募，事下問遜。遜以爲此郡民易動難安，不可與召，恐致賊寇。而祗固陳取之，郡民吳遽等果作賊殺祗，攻沒諸縣。豫章、廬陵宿惡民，並應遽爲寇。遜自聞，輒討卽破，遽等相率降，遜料得精兵八千餘人，三郡平。

時中書典校呂壹，竊弄權柄，擅作威福，遜與太常潘濬同心憂之，言至流涕。後權誅壹，深以自責，語在權傳。

時謝淵、謝厷等各陳便宜，欲興利改作，〔一〕以事下遜。遜議曰：「國以民爲本，彊由民力，財由民出。夫民殷國弱，民瘠國彊者，未之有也。故爲國者，得民則治，失之則亂，若不受利，而令盡用立效，亦爲難也。是以詩歎『宜民宜人，受祿于天』。乞垂聖恩，寧濟百姓，數年之間，國用少豐，然後更圖。」

〔一〕會稽典錄曰：謝淵字休德，少修德操，躬秉耒耜，既無慼容，又不易慮，由是知名。舉孝廉，稍遷至建武將軍，雖在戎旅，猶垂意人物。駱統子名秀，被門庭之謗，衆論狐疑，莫能證明。淵聞之歎息曰：「公緒早夭，同盟所哀。聞其子志行明辯，而被闇昧之謗，望諸夫子烈然高斷，而各懷遲疑，非所望也。」秀卒見明，無復瑕玷，終爲顯士，淵之力也。

吳歷稱云，謝厷才辯有計術。

赤烏七年，代顧雍爲丞相，詔曰：「朕以不德，應期踐運，王塗未一，姦宄充路，夙夜戰懼，不遑鑒寐。惟君天資聰叡，明德顯融，統任上將，匡國弭難。夫有超世之功者，必應光大之寵；懷文武之才者，必荷社稷之重。昔伊尹隆湯，呂尚翼周，內外之任，君實兼之。今以君爲丞相，使使持節守太常傅常授印綬。君其茂昭明德，脩乃懿績，敬服王命，綏靖四方。於乎！總司三事，以訓羣寮，可不敬與，君其勖之！其州牧都護領武昌事如故。」

先是，二宮並闕，中外職司，多遣子弟給侍。全琮報遜，遜以爲子弟苟有才，不憂不用，不宜私出以要榮利；若其不佳，終爲取禍。且聞二宮勢敵，必有彼此，此古人之厚忌也。琮子寄，果阿附魯王，輕爲交構。遜書與琮曰：「卿不師日磾，而宿留阿寄，終爲足下門戶致禍矣。」琮既不納，更以致隙。及太子有不安之議，遜上疏陳：「太子正統，宜有盤石之固，魯王藩臣，當使寵秩有差，彼此得所，上下獲安。謹叩頭流血以聞。」書三四上，及求詣都，欲口論適庶之分，以匡得失。既不聽許，而遜外生顧譚、顧承、姚信，並以親附太子，枉見流徙。太子太傅吾粲坐數與遜交書，下獄死。權累遣中使責讓遜，遜憤恚致卒，時年六十三，家無餘財。

初，暨豔造營府之論，遜諫戒之，以爲必禍。又謂諸葛恪曰：「在我前者，吾必奉之同升；在我下者，則扶持之。今觀君氣陵其上，意蔑乎下，非安德之基也。」又廣陵楊竺少獲聲名，而遜謂之終敗，勸竺兄穆令與別族。其先覩如此。長子延早夭，次子抗襲爵。孫休時，追謚遜曰昭侯。

抗字幼節，孫策外孫也。遜卒時，年二十，拜建武校尉，領遜衆五千人，送葬東還，詣都謝恩。孫權以楊竺所白遜二十事問抗，禁絕賓客，中使臨詰，抗無所顧問，事事條答，權意漸解。赤烏九年，遷立節中郎將，與諸葛恪換屯柴桑。抗臨去，皆更繕完城圍，葺其牆屋，居廬桑果，不得妄敗。恪入屯，儼然若新。而恪柴桑故屯，頗有毀壞，深以爲慚。太元元年，就都治病。病差當還，權涕泣與別，謂曰：「吾前聽用讒言，與汝父大義不篤，以此負汝。前後所問，一焚滅之，莫令人見也。」建興元年，拜奮威將軍。太平二年，魏將諸葛誕舉壽春降，拜抗爲柴桑督，赴壽春，破魏牙門將偏將軍，遷征北將軍。永安二年，拜鎮軍將軍，都督西陵，自關羽至白帝。三年，假節。孫晧即位，加鎮軍大將軍，領益州牧。建衡二年，大司馬施績卒，拜抗都督信陵、西陵、夷道、樂鄉，公安諸軍事，治樂鄉。

抗聞都下政令多闕，憂深慮遠，乃上疏曰：「臣聞德均則衆者勝寡，力侔則安者制危，蓋六國所以兼幷於彊秦，西楚所以北面於漢高也。今敵跨制九服，非徒關右之地；割據九州，豈但鴻溝以西而已。國家外無連國之援，內非西楚之彊，庶政陵遲，黎民未乂，而議者所恃，徒以長川峻山，限帶封域，此乃守國之末事，非智者之所先也。臣每遠惟戰國存亡之符，近覽劉氏傾覆之釁，考之典籍，驗之行事，中夜撫枕，臨餐忘食。昔匈奴未滅，去病辭館；漢道未純，賈生哀泣。況臣王室之出，世荷光寵，身名否泰，與國同慼，死生契闊，義無苟且，夙夜憂怛，念至情慘。夫事君之義犯而勿欺，人臣之節匪躬是殉，謹陳時宜十七條如左。」十七條失本，故不載。

時何定弄權，閹官預政；抗上疏曰：「臣聞開國承家，小人勿用，靖譖庸回，唐書攸戒，是以雅人所以怨刺，仲尼所以歎息也。春秋已來，爰及秦、漢，傾覆之釁，未有不由斯者也。小人不明理道，所見既淺，雖使竭情盡節，猶不足任，況其姦心素篤，而憎愛移易哉？苟患失之，無所不至。今委以聰明之任，假以專制之威，而冀雍熙之聲作，肅清之化立，不可得也。方今見吏，殊才雖少，然或冠冕之胄，少漸道教，或清苦自立，資能足用，自可隨才授職，抑黜羣小，然後俗化可清，庶政無穢也。」

鳳皇元年，西陵督步闡據城以叛，遣使降晉。抗聞之，日部分諸軍，令將軍左奕、吾彥、蔡貢等徑赴西陵，敕軍營更築嚴圍，自赤谿至故市，內以圍闡，外以禦寇，晝夜催切，如敵以至，衆甚苦之。諸將咸諫曰：「今及三軍之銳，亟以攻闡，比晉救至，闡必可拔。何事於圍，而以弊士民之力乎？」抗曰：「此城處勢既固，糧穀又足，且所繕修備禦之具，皆抗所宿規。今反身攻之，既非可卒克，且北救必至，至而無備，表裏受難，何以禦之？」諸將咸欲攻闡，抗每不許。宜都太守雷譚言至懇切，抗欲服衆，聽令一攻。攻果無利，圍備始合。晉車騎將軍羊祜率師向江陵，諸將咸以抗不宜上，抗曰：「江陵城固兵足，無所憂患。假令敵沒江陵，必不能守，所損者小。如使西陵槃結，則南山羣夷皆當擾動，則所憂慮，難可竟言也。吾寧棄江陵而赴西陵，況江陵牢固乎？」初，江陵平衍，道路通利，抗敕江陵督張咸作大堰遏水，漸漬平中，以絕寇叛。祜欲因所遏水，浮船運糧，揚聲將破堰以通步軍。抗聞，使咸亟破之。諸將皆惑，屢諫不聽。祜至當陽，聞堰敗，乃改船以車運，大費損功力。晉巴東監軍徐胤率水軍詣建平，荊州刺史楊肇至西陵。抗令張咸固守其城；公安督孫遵巡南岸禦祜；水軍督留慮、鎮西將軍朱琬拒胤；身率三軍，憑圍對肇。將軍朱喬、營都督俞贊亡詣肇。抗曰：「贊軍中舊吏，知吾虛實者，吾常慮夷兵素不簡練，若敵攻圍，必先此處。」卽夜易夷民，皆以舊將充之。明日，肇果攻故夷兵處，抗命旋軍擊之，矢石雨下，肇衆傷死者相屬。肇至經月，計屈夜遁。抗欲追之，而慮闡畜力項領，伺視閒隙，兵不足分，於是但鳴鼓戒衆，若將追者。肇衆兇懼，悉解甲挺走，抗使輕兵躡之，肇大破敗，祜等皆引軍還。抗遂陷西陵城，誅夷闡族及其大將吏，自此以下，所請赦者數萬口。脩治城圍，東還樂鄉，貌無矜色，謙沖如常，故得將士歡心。〔一〕

〔一〕晉陽秋曰：抗與羊祜推僑、札之好。抗嘗遺祜酒，祜飲之不疑。抗有疾，祜饋之藥，抗亦推心服之。于時以爲華元、子反復見於今。

漢晉春秋曰：羊祜旣歸，增脩德信，以懷吳人。陸抗每告其邊戍曰：「彼專爲德，我專爲暴，是不戰而自服也。各保分界，無求細益而已。」於是吳、晉之閒，餘糧棲畝而不犯，牛馬逸而入境，可宣告而取也。沔上獵，吳獲晉人先傷者，皆送而相還。抗嘗疾，求藥於祜，祜以成合與之，曰：「此上藥也，近始自作，未及服，以君疾急，故相致。」抗得而服之，諸將或諫，抗不答。孫晧聞二境交和，以詰於抗，抗曰：「夫一邑一鄉，不可以無信義之人，而況大國乎？臣不如是，正足以彰其德耳，於祜無傷也。」或以祜、抗爲失臣節，兩譏之。

習鑿齒曰：夫理勝者天下之所保，信順者萬人之所宗，雖大猷既喪，義聲久淪，狙詐馳於當塗，權略周乎急務，負力從橫之人，臧獲牧豎之智，未有不憑此以創功，捨茲而獨立者也。是故晉文退舍，而原城請命；穆子圍鼓，訓之以力；冶夫獻策，而費人斯歸；樂毅緩攻，而風烈長流。觀其所以服物制勝者，豈徒威力相詐而已哉！自今三家鼎足四十有餘年矣，吳人不能越淮、沔而進取中國，中國不能陵長江以爭利者，力均而智侔，道不足以相傾也。夫殘彼而利我，未若利我而無殘；振武以懼物，未若德廣而民懷。匹夫猶不可以力服，而況一國乎？力服猶不如以德來，而況不制乎？是以羊祜恢大同之略，思五兵之則，齊其民人，均其施澤，振義網以羅彊吳，明兼愛以革暴俗，易生民之視聽，馳不戰乎江表。故能德音悅暢，而襁負雲集，殊鄰異域，義讓交弘，自吳之遇敵，未有若此者也。抗見國小主暴，而晉德彌昌，人積兼己之善，而己無固本之規，百姓懷嚴敵之德，闔境有棄主之慮，思所以鎮定民心，緝寧外內，奮其危弱，抗權上國者，莫若親行斯道，以侔其勝。使彼德靡加吾，而此善流聞，歸重邦國，弘明遠風，折衝於枕席之上，校勝於帷幄之內，傾敵而不以甲兵之力，保國而不浚溝池之固，信義感於寇讎，丹懷體於先日。豈設狙詐以危賢，徇己身之私名，貪外物之重我，闇服之而不備者哉！由是論之，苟守局而保疆，一卒之所能；協數以相危，小人之近事；積詐以防物，臧獲之餘慮；威勝以求安，明哲之所賤。賢人君子所以拯世垂範，舍此而取彼者，其道良弘故也。

加拜都護。聞武昌左部督薛瑩徵下獄，抗上疏曰：「夫俊乂者，國家之良寶，社稷之貴資，庶政所以倫敍，四門所以穆清也。故大司農樓玄、散騎中常侍王蕃、少府李勖，皆當世秀穎，一時顯器，既蒙初寵，從容列位，而並旋受誅殛，或圮族替祀，或投棄荒裔。蓋周禮有赦賢之辟，春秋有宥善之義。書曰：『與其殺不辜，寧失不經。』而蕃等罪名未定，大辟以加，心經忠義，身被極刑，豈不痛哉！且已死之刑，固無所識，至乃焚爍流漂，棄之水濱，懼非先王之正典，或甫侯之所戒也。是以百姓哀聳，士民同感。蕃、勖永已，悔亦靡及，誠望陛下赦召玄出，而頃聞薛瑩卒見逮錄。瑩父綜納言先帝，傅弼文皇，及瑩承基，內厲名行，今之所坐，罪在可宥。臣懼有司未詳其事，如復誅戮，益失民望，乞垂天恩，原赦瑩罪，哀矜庶獄，清澄刑網，則天下幸甚！」

時師旅仍動，百姓疲弊，抗上疏曰：「臣聞易貴隨時，傳美觀釁，故有夏多罪而殷湯用師，紂作淫虐而周武授鉞。苟無其時，玉臺有憂傷之慮，孟津有反旆之軍。今不務富國强兵，力農畜穀，使文武之才效展其用，百揆之署無曠厥職，明黜陟以厲庶尹，審刑罰以示勸沮，訓諸司以德，而撫百姓以仁，然後順天乘運，席卷宇內，而聽諸將徇名，窮兵黷武，動費萬計，士卒彫瘁，寇不爲衰，而我已大病矣！今爭帝王之資，而昧十百之利，此人臣之姦便，非國家之良策也。昔齊魯三戰，魯人再克而亡不旋踵。何則？大小之勢異也。況今師所克獲，不補所喪哉？且阻兵無衆，古之明鑒，誠宜暫息進取小規，以畜士民之力，觀釁伺隙，庶無悔吝。」

二年春，就拜大司馬、荆州牧。三年夏，疾病，上疏曰：「西陵、建平，國之蕃表，旣處下流，受敵二境。若敵汎舟順流，舳艫千里，星奔電邁，俄然行至，非可恃援他部以救倒縣也。此乃社稷安危之機，非徒封疆侵陵小害也。臣父遜昔在西垂陳言，以爲西陵國之西門，雖云易守，亦復易失。若有不守，非但失一郡，則荆州非吳有也。如其有虞，當傾國爭之。臣往在西陵，得涉遜迹，前乞精兵三萬，而至者循常，未肯差赴。自步闡以後，益更損耗。今臣所統千里，受敵四處，外禦彊對，內懷百蠻，而上下見兵財有數萬，羸弊日久，難以待變。臣愚以爲諸王幼沖，未統國事，可且立傅相，輔導賢姿，無用兵馬，以妨要務。又黃門豎宦，開立占募，兵民怨役，逋逃入占。乞特詔簡閱，一切料出，以補疆場受敵常處，使臣所部足滿八萬，省息衆務，信其賞罰，雖韓、白復生，無所展巧。若兵不增，此制不改，而欲克諧大事，此臣之所深慼也。若臣死之後，乞以西方爲屬。願陛下思覽臣言，則臣死且不朽。」

秋遂卒，子晏嗣。晏及弟景、玄、機、雲，分領抗兵。晏爲裨將軍、夷道監。天紀四年，晉軍伐吳，龍驤將軍王濬順流東下，所至輒克，終如抗慮。景字士仁，以尚公主拜騎都尉，封毗陵侯，既領抗兵，拜偏將軍、中夏督，澡身好學，著書數十篇也。〔一〕二月壬戌，晏爲王濬別軍所殺。癸亥，景亦遇害，時年三十一。景妻，孫晧適妹，與景俱張承外孫也。〔二〕

〔一〕文士傳曰：陸景母張承女，諸葛恪外生。恪誅，景母坐見黜。景少爲祖母所育養，及祖母亡，景爲之心喪三年。

〔二〕景弟機，字士衡，雲字士龍。

機雲別傳曰：晉太康末，俱入洛，造司空張華，華一見而奇之，曰：「伐吳之役，利在獲二儁。」遂爲之延譽，薦之諸公。太傅楊駿辟機爲祭酒，轉太子洗馬、尚書著作郎。雲爲吳王郎中令，出宰浚儀，甚有惠政，吏民懷之，生爲立祠。後並歷顯位。機天才綺練，文藻之美，獨冠於時。雲亦善屬文，清新不及機，而口辯持論過之。于時朝廷多故，機、雲並自結於成都王穎。穎用機爲平原相，雲清河內史。尋轉雲右司馬，甚見委仗。無幾而與長沙王搆隙，遂舉兵攻洛，以機行後將軍，督王粹、牽秀等諸軍二十萬，士龍著南征賦以美其事。機吳人，羇旅單宦，頓居羣士之右，多不厭服。機屢戰失利，死散過半。初，宦人孟玖，穎所嬖幸，乘寵豫權，雲數言其短，穎不能納，玖又從而毀之。是役也，玖弟超亦領衆配機，不奉軍令。機繩之以法，超宣言曰陸機將反。及牽秀等譖機於穎，以爲持兩端，玖又搆之於內，穎信之，遣收機，幷收雲及弟耽，並伏法。機兄弟旣江南之秀，亦著名諸夏，並以無罪夷滅，天下痛惜之。機文章爲世所重，雲所著亦傳於世。初，抗之克步闡也，誅及嬰孩，識道者尤之曰：「後世必受其殃！」及機之誅，三族無遺，孫惠與朱誕書曰：「馬援擇君，凡人所聞，不意三陸相攜暴朝，殺身傷名，可爲悼歎。」事亦並在晉書。

評曰：劉備天下稱雄，一世所憚，陸遜春秋方壯，威名未著，摧而克之，罔不如志。予旣奇遜之謀略，又歎權之識才，所以濟大事也。及遜忠誠懇至，憂國亡身，庶幾社稷之臣矣。抗貞亮籌幹，咸有父風，奕世載美，具體而微，可謂克構者哉！

議郎、選曹尚書，徙太子太傅，甚見信重。

時年三十二，以輔義中郎將使蜀。權謂溫曰：「卿不宜遠出，恐諸葛孔明不知吾所以與曹氏通意，(以)故屈卿行。若山越都除，便欲大構於(蜀)〔丕〕。行人之義，受命不受辭也。」溫對曰：「臣入無腹心之規，出無專對之用，懼無張老延譽之功，又無子產陳事之效。然諸葛亮達見計數，必知神慮屈申之宜，加受朝廷天覆之惠，推亮之心，必無疑貳。」溫至蜀，詣闕拜章曰：「昔高宗以諒闇昌殷祚於再興，成王以幼沖隆周德於太平，功冒溥天，聲貫罔極。今陛下以聰明之姿，等契往古，總百揆於良佐，參列精之炳燿，遐邇望風，莫不欣賴。吳國勤任旅力，清澄江滸，願與有道平一宇內，委心協規，有如河水，軍事〔興〕煩，使役乏少，是以忍鄙倍之羞，使下臣溫通致情好。陛下敦崇禮義，未便恥忽。臣自〔入〕遠境，及即近郊，頻蒙勞來，恩詔輒加，以榮自懼，悚怛若驚。謹奉所齎函書一封。」蜀甚貴其才。溫還，頃之，使入豫章部伍出兵，事業未究。

權既陰銜溫稱美蜀政，又嫌其聲名大盛，眾庶炫惑，恐終不為己用，思有以中傷之，會暨豔事起，遂因此發舉。豔字子休，亦吳郡人也，溫引致之，以為選曹郎，至尚書。豔性狷厲，好為清議，見時郎署混濁淆雜，多非其人，欲臧否區別，賢愚異貫。彈射百僚，覈選三署，率皆貶高就下，降損數等，其守故者十未能一，其居位貪鄙，志節汙卑者，皆以為軍吏，置營

三國志卷五十九　吳書十四

吳主五子傳第十四

孫登字子高，權長子也。魏黃初二年，以權爲吳王，拜登東中郎將，封萬戶侯，登辭疾不受。是歲，立登爲太子，選置師傅，銓簡秀士，以爲賓友，於是諸葛恪、張休、顧譚、陳表等以選入，侍講詩書，出從騎射。權欲登讀漢書，習知近代之事，以張昭有師法，重煩勞之，乃令休從昭受讀，還以授登。登待接寮屬，略用布衣之禮，與恪、休、譚等或同輿而載，或共帳而寐。太傅張溫言於權曰：「夫中庶子官最親密，切問近對，宜用儁德。」於是乃用表等爲中庶子。後又以庶子禮拘，復令整巾侍坐。黃龍元年，權稱尊號，立爲皇太子，以恪爲左輔，休右弼，譚爲輔正，表爲翼正都尉，是爲四友，而謝景、范愼、刁玄、羊衜等皆爲賓客，衜音道。於是東宮號爲多士。〔一〕

〔一〕吳錄曰：愼字孝敬，廣陵人，竭忠知己之君，纏緜三益之友，時人榮之。著論二十篇，名曰矯非。後爲侍中，出補武昌左部督，治軍整頓。孫晧移都，甚憚之，詔曰：「愼勳德俱茂，朕所敬憑，宜登上公，以副衆望。」以爲太尉。

慎自恨久爲將，遂託老耄。軍士戀之，舉營爲之隕涕。鳳凰三年卒，子耀嗣。玄，丹楊人。衜，南陽人。吳書曰：衜初爲中庶子，年二十。時廷尉監隱蕃交結豪傑，自衞將軍全琮等皆傾心敬待，惟衜及宣詔郎豫章楊迪拒絕不與通，時人咸怪之。而蕃後叛逆，衆乃服之。江表傳曰：登使侍中胡綜作賓友目曰：「英才卓越，超踰倫匹，則諸葛恪。精識時機，達幽究微，則顧譚。凝辨宏達，言能釋結，則謝景。究學甄微，游夏同科，則范慎。」衜乃私駮綜曰：「元遜才而疏，子嘿精而狠，叔發辨而浮，孝敬深而狹。」所言皆有指趣。而衜卒以此言見咎，不爲恪等所親。後四人皆敗，吳人謂衜之言有徵。位至桂陽太守，卒。

權遷都建業，徵上大將軍陸遜輔登鎮武昌，領宮府留事。登或射獵，當由徑道，常遠避良田，不踐苗稼，至所頓息，又擇空閑之地，其不欲煩民如此。嘗乘馬出，有彈丸過，左右求之。有一人操彈佩丸，咸以爲是，辭對不服，從者欲捶之，登不聽，使求過丸，比之非類，乃見釋。又失盛水金馬盂，覺得其主，左右所爲，不忍致罰，呼責數之，長遣歸家，敕親近勿言。後弟慮卒，權爲之降損，登晝夜兼行，到賴鄉，自聞，卽時召見。見權悲泣，因諫曰：「慮寢疾不起，此乃命也。方今朔土未一，四海喁喁，天戴陛下，而以下流之念，減損大官殽饌，過於禮制，臣竊憂惶。」權納其言，爲之加膳。住十餘日，欲遣西還，深自陳乞，以久離定省，子道有闕，又陳陸遜忠勤，無所顧憂，權遂留焉。嘉禾三年，權征新城，使登居守，總知留事。時年穀不豐，頗有盜賊，乃表定科令，所以防禦，甚得止姦之要。

初，登所生庶賤，徐夫人少有母養之恩，後徐氏以妒廢處吳，而步夫人最寵。步氏有賜，登不敢辭，拜受而已。徐氏使至，所賜衣服，必沐浴服之。登將拜太子，辭曰：「本立而道生，欲立太子，宜先立后。」權曰：「卿母安在？」對曰：「在吳。」權默然。〔一〕

〔一〕吳書曰：弟和有寵於權，登親敬，待之如兄，常有欲讓之心。

立凡二十一年，年三十三卒。臨終，上疏曰：「臣以無狀，嬰抱篤疾，自省微劣，懼卒隕斃。臣不自惜，念當委離供養，埋胔后土，長不復奉望宮省，朝覲日月，生無益於國，死貽陛下重慼，以此爲哽結耳。臣聞死生有命，長短自天，周晉、顏回有上智之才，而尙夭折，況臣愚陋，年過其壽，生爲國嗣，沒享榮祚，於臣已多，亦何悲恨哉！方今大事未定，逋寇未討，萬國喁喁，係命陛下，危者望安，亂者仰治。願陛下棄忘臣身，割下流之恩，修黃老之術，篤養神光，加羞珍膳，廣開神明之慮，以定無窮之業，則率土幸賴，臣死無恨也。皇子和仁孝聰哲，德行淸茂，宜早建置，以繫民望。諸葛恪才略博達，器任佐時。張休、顧譚、謝景，皆通敏有識斷，入宜委腹心，出可爲爪牙。范愼、華融矯矯壯節，有國士之風。羊衜辯捷，有專對之材。刁玄優弘，志履道眞。裴欽博記，翰采足用。蔣脩、虞翻，志節分明。凡此諸臣，或宜廊廟，或任將帥，皆練時事，明習法令，守信固義，有不可奪之志。此皆陛下日月所照，選置臣官，得與從事，備知情素，敢以陳聞。臣重惟當今方外多虞，師旅未休，當厲六軍，以圖進取。軍以人爲衆，衆以財爲寶，竊聞郡縣頗有荒殘，民物凋弊，姦亂萌生，是以法令繁滋，刑辟重切。臣聞爲政聽民，律令與時推移，誠宜與將相大臣詳擇時宜，博采衆議，寬刑輕賦，均息力役，以順民望。陸遜忠勤於時，出身憂國，謇謇在公，有匪躬之節。諸葛瑾、步騭、朱然、全琮、朱據、呂岱、吾粲、闞澤、嚴畯、張承、孫怡忠於爲國，通達治體。可令陳上便宜，蠲除苛煩，愛養士馬，撫循百姓。五年之外，十年之內，遠者歸復，近者盡力，兵不血刃，而大事可定也。臣聞『鳥之將死其鳴也哀，人之將死其言也善』，故子囊臨終，遺言戒時，君子以爲忠，豈況臣登，其能已乎？願陛下留意聽采，臣雖死之日，猶生之年也。」既絕而後書聞，權益以摧感，言則隕涕。是歲，赤烏四年也。謝景時爲豫章太守，不勝哀情，棄官奔赴，拜表自劾。權曰：「君與太子從事，異於他吏。」使中使慰勞，聽復本職，發遣還郡。諡登曰宣太子。〔一〕

〔一〕吳書曰：初葬句容，置園邑，奉守如法，後三年改葬蔣陵。

子璠、希，皆早卒，次子英，封吳侯。五鳳元年，英以大將軍孫峻擅權，謀誅峻，事覺自殺，國除。〔一〕

〔一〕吳歷曰：孫和以無罪見殺，衆庶皆懷憤歎，前司馬桓慮因此招合將吏，欲共殺峻立英，事覺，皆見殺，英實不知。

謝景者字叔發，南陽宛人。在郡有治迹，吏民稱之，以爲前有顧劭，其次即景。數年卒官。

孫慮字子智，登弟也。少敏惠有才藝，權器愛之。黃武七年，封建昌侯。後二年，丞相雍等奏慮性聰體達，所尚日新，比方近漢，宜進爵稱王，權未許。久之，尚書僕射存上疏曰：「帝王之興，莫不褒崇至親，以光羣后，故魯衞於周，寵冠諸侯，高帝五王，封列于漢，所以藩屏本朝，爲國鎭衞。建昌侯慮稟性聰敏，才兼文武，於古典制，宜正名號。陛下謙光，未肯如舊，羣寮大小，咸用於邑。方今姦寇恣睢，金鼓未弭，腹心爪牙，惟親與賢。輒與丞相雍等議，咸以慮宜爲鎭軍大將軍，授任偏方，以光大業。」權乃許之，於是假節開府，治半州。〔一〕慮以皇子之尊，富於春秋，遠近嫌其不能留意。及至臨事，遵奉法度，敬納師友，過於衆望。年二十，嘉禾元年卒。無子，國除。

〔一〕吳書載權詔曰：「期運擾亂，凶邪肆虐，威罰有序，干戈不戢。以慮氣志休懿，武略夙昭，必能爲國佐定大業，故授以上將之位，顯以殊特之榮，寵以兵馬之勢，委以偏方之任。外欲威振敵虜，厭難萬里，內欲鎭撫遠近，慰卹將士，誠慮建功立事竭命之秋也。慮其內脩文德，外經武訓，持盈若沖，則滿而不溢。敬愼乃心，無忝所受。」

孫和字子孝，慮弟也。少以母王有寵見愛，年十四，爲置宮衞，使中書令闞澤教以書藝。好學下士，甚見稱述。赤烏五年，立爲太子，時年十九。闞澤爲太傅，薛綜爲少傅，而蔡穎、張純、封俌、嚴維等皆從容侍從。〔一〕

〔一〕吳書曰：和少岐嶷有智意，故權尤愛幸，常在左右，衣服禮秩雕玩珍異之賜，諸子莫得比焉。好文學，善騎射，承師涉學，精識聰敏，尊敬師傅，愛好人物。穎等每朝見進賀，和常降意，歡以待之。講校經義，綜察是非，及訪諮朝臣，考績行能，以知優劣，各有條貫。後（諸葛豐）〔諸葛壹〕僞叛以誘魏將諸葛誕，權潛軍待之。和以權暴露外次，又戰者凶事，常憂勞憯怛，不復會同飲食，數上諫，戒令持重，務在全勝，權還，然後敢安。

張純字元基，敦之子。吳錄曰：純少厲操行，學博才秀，切問捷對，容止可觀。拜郎中，補廣德令，治有異績，擢爲太子輔義都尉。

是時有司頗以條書問事，和以爲姦妄之人，將因事錯意，以生禍心，不可長也，表宜絕之。又都督劉寶白庶子丁晏，晏亦白寶，和謂晏曰：「文武在事，當能幾人，因隙搆薄，圖相危害，豈有福哉？」遂兩釋之，使之從厚。常言當世士人宜講脩術學，校習射御，以周世務，而但交游博弈以妨事業，非進取之謂。後羣寮侍宴，言及博弈，以爲妨事費日而無益於用，勞精損思而終無所成，非所以進德脩業，積累功緒者也。且志士愛日惜力，君子慕其大者，高山景行，恥非其次。夫以天地長久，而人居其間，有白駒過隙之喻，年齒一暮，榮華不再。凡所患者，在於人情所不能絕，誠能絕無益之欲以奉德義之塗，棄不急之務以脩功業之基，其於名行，豈不善哉？夫人情猶不能無嬉娛，嬉娛之好，亦在於飲宴琴書射御之閒，何必博弈，然後爲歡。乃命侍坐者八人，各著論以矯之。於是中庶子韋曜退而論奏，和以示賓客。時蔡穎好弈，直事在署者頗斅焉，故以此諷之。

是後王夫人與全公主有隙。權嘗寢疾，和祠祭於廟，和妃叔父張休居近廟，邀和過所居。全公主使人覘視，因言太子不在廟中，專就妃家計議；又言王夫人見上寢疾，有喜色。權由是發怒，夫人憂死，而和寵稍損，懼於廢黜。魯王霸覬覦滋甚，陸遜、吾粲、顧譚等數陳適庶之義，理不可奪，全寄、楊竺爲魯王霸支黨，譖愬日興。粲遂下獄誅，譚徙交州。權沈吟者歷年，〔一〕後遂幽閉和。於是驃騎將軍朱據、尚書僕射屈晃率諸將吏泥頭自縛，連日詣闕請和。權登白爵觀見，甚惡之，敕據、晃等無事怱怱。權欲廢和立亮，無難督陳正、五營督陳象上書，稱引晉獻公殺申生，立奚齊，晉國擾亂，又據、晃固諫不止。權大怒，族誅正、象，據、晃牽入殿，杖一百，〔二〕竟徙和於故鄣，羣司坐諫誅放者十數。衆咸冤之。〔三〕

〔一〕殷基通語曰：初權既立和爲太子，而封霸爲魯王，初拜猶同宮室，禮秩未分。羣公之議，以爲太子、國王上下有序，禮秩宜異，於是分宮別僚，而隙端開矣。自侍御賓客造爲二端，仇黨疑貳，滋延大臣。丞相陸遜、大將軍諸葛恪、太常顧譚、驃騎將軍朱據、會稽太守滕胤、大都督施績、尚書丁密等奉禮而行，宗事太子，驃騎將軍步騭、鎮南將軍呂岱、大司馬全琮、左將軍呂據、中書令孫弘等附魯王，中外官僚將軍大臣舉國中分。權患之，謂侍中孫峻曰：

「子弟不睦，臣下分部，將有袁氏之敗，爲天下笑。一人立者，安得不亂？」於是有改嗣之規矣。臣松之以爲袁紹、劉表謂尚、琮爲賢，本有傳後之意，異於孫權既以立和而復寵霸，坐生亂階，自構家禍，方之袁、劉，昏悖甚矣。步騭以德度著稱，爲吳良臣，而阿附於霸，事同楊竺，何哉？和既正位，適庶分定，就使才德不殊，猶將義不黨庶，況霸實無聞，而和爲令嗣乎？夫邪僻之人，豈其舉體無善，但一爲不善，衆美皆亡耳。騭若果有此事，則其餘不足觀矣！呂岱、全琮之徒，蓋所不足論耳。

〔二〕吳歷曰：晃入，口諫曰：「太子仁明，顯聞四海。今三方鼎跱，實不宜搖動太子，以生衆心。願陛下少垂聖慮，老臣雖死，猶生之年。」叩頭流血，辭氣不撓。權不納晃言，斥還田里。孫晧即位，詔曰：「故僕射屈晃，志匡社稷，忠諫亡身。封晃子緒爲東陽亭侯，弟幹恭爲立義都尉。」緒後亦至尚書僕射。晃，汝南人，見胡沖答問。

吳書曰：張純亦盡言極諫，權幽之，遂棄市。

〔三〕吳書曰：權寢疾，意頗感寤，欲徵和還立之，全公主及孫峻、孫弘等固爭之，乃止。

太元二年正月，封和爲南陽王，遣之長沙。〔一〕四月，權薨，諸葛恪秉政。恪即和妃張之舅也。妃使黃門陳遷之建業上疏中宮，并致問於恪。臨去，恪謂遷曰：「爲我達妃，期當使勝他人。」此言頗泄。又恪有徙都意，使治武昌宮，民間或言欲迎和。及恪被誅，孫峻因此奪和璽綬，徙新都，又遣使者賜死。和與妃張辭別，張曰：「吉凶當相隨，終不獨生活也。」亦自殺，舉邦傷焉。

〔一〕吳書曰：和之長沙，行過蕪湖，有鵲巢于帆檣，故官寮聞之皆憂慘，以爲檣末傾危，非久安之象。或言鵲巢之詩有

「積行累功以致爵位」之言，今王至德茂行，復受國土，儻神靈以此告寤人意乎？

孫休立，封和子晧爲烏程侯，自新都之本國。休薨，晧即阼，其年追謚父和曰文皇帝，改葬明陵，置園邑二百家，令、丞奉守。後年正月，又分吳郡、丹楊九縣爲吳興郡，治烏程，置太守，四時奉祠。有司奏言，宜立廟京邑。寶鼎二年七月，使守大匠薛珝營立寢堂，號曰清廟。十二月，遣守丞相孟仁、太常姚信等備官僚中軍步騎二千人，以靈輿法駕，東迎神於明陵。晧引見仁，親拜送於庭。〔一〕靈輿當至，使丞相陸凱奉三牲祭於近郊，晧於金城外露宿。明日，望拜於東門之外。其翌日，拜廟薦祭，歔欷悲感。比七日三祭，倡技晝夜娛樂。有司奏言「祭不欲數，數則黷，宜以禮斷情」，然後止。〔二〕

〔一〕吳書曰：比仁還，中使手詔，日夜相繼，奉問神靈起居動止。巫覡言見和被服，顏色如平（生）日，晧悲喜涕淚，悉召公卿尚書詣闕門下受賜。

〔二〕吳歷曰：和四子：晧、德、謙、俊。孫休即位，封德錢唐侯，謙永安侯，俊拜騎都尉。晧在武昌，吳興施但因民之不堪命，聚萬餘人，劫謙，將至秣陵，欲立之。未至三十里住，擇吉日，但遣使以謙命詔丁固、諸葛靚。靚即斬其使。但遂前到九里，固、靚出擊，大破之。但兵裸身無鎧甲，臨陳皆披散。謙獨坐車中，遂生獲之。固不敢殺，以狀告晧，晧酖之，母子皆死。俊，張承外孫，聰明辨惠，爲遠近所稱，晧又殺之。

孫霸字子威，和（同母）弟也。和爲太子。霸爲魯王，寵愛崇特，與和無殊。頃之，和、霸不穆之聲聞於權耳，權禁斷往來，假以精學。督軍使者羊衜上疏曰：「臣聞古之有天下者，皆先顯別適庶，封建子弟，所以尊重祖宗，爲國藩表也。二宮拜授，海內稱宜，斯乃大吳興隆之基。頃聞二宮並絕賓客，遠近悚然，大小失望。竊從下風，聽採衆論，咸謂二宮智達英茂，自正名建號，於今三年，德行內著，美稱外昭，西北二隅，久所服聞。謂陛下當副順遐邇所以歸德，勤命二宮賓延四遠，使異國聞聲，思爲臣妾。今既未垂意於此，而發明詔，省奪備衞，抑絕賓客，使四方禮敬，不復得通，雖實陛下敦尚古義，欲令二宮專志於學，不復顧慮觀聽小宜，期於溫故博物而已，然非臣下傾企喁喁之至願也。或謂二宮不遵典式，此臣所以寢息不寧。就如所嫌，猶宜補察，密加斟酌，不使遠近得容異言。臣懼積疑成謗，久將宣流，而西北二隅，去國不遠，異同之語，易以聞達。聞達之日，聲論當興，將謂二宮有不順之愆，不審陛下何以解之？若無以解異國，則亦無以釋境內。境內守疑，異國興謗，非所以育巍巍，鎮社稷也。願陛下早發優詔，使二宮周旋禮命如初，則天清地晏，萬國幸甚矣。」

時全寄、吳安、孫奇、楊竺等陰共附霸，圖危太子。譖毀既行，太子以敗，霸亦賜死。流竺尸于江，兄穆以數諫戒竺，得免大辟，猶徙南州。霸賜死後，又誅寄、安、奇等，咸以黨霸搆和故也。

霸二子，基、壹。五鳳中，封基爲吳侯，壹宛陵侯。基侍孫亮在內，太平二年，盜乘御馬，收付獄。亮問侍中刁玄曰：「盜乘御馬罪云何？」玄對曰：「科應死。然魯王早終，惟陛下哀原之。」亮曰：「法者，天下所共，何得阿以親親故邪？當思惟可以釋此者，奈何以情相迫乎？」玄曰：「舊赦有大小，或天下，亦有千里、五百里赦，隨意所及。」亮曰：「解人不當爾邪！」乃赦宮中，基以得免。孫晧即位，追和、霸舊隙，削基、壹爵土，與祖母謝姬俱徙會稽烏傷縣。

孫奮字子揚，霸弟也，母曰仲姬。太元二年，立為齊王，居武昌。權薨，太傅諸葛恪不欲諸王處江濱兵馬之地，徙奮於豫章。奮怒，不從命，又數越法度。恪上牋諫曰：「帝王之尊，與天同位，是以家天下，臣父兄，四海之內，皆為臣妾。仇讎有善，不得不舉，親戚有惡，不得不誅，所以承天理物，先國後身，蓋聖人立制，百代不易之道也。昔漢初興，多王子弟，至於太彊，輒為不軌，上則幾危社稷，下則骨肉相殘，其後懲戒以為大諱。自光武以來，諸王有制，惟得自娛於宮內，不得臨民，干與政事，其與交通，皆有重禁，遂以全安，各保福祚。此則前世得失之驗也。近袁紹、劉表各有國土，土地非狹，人衆非弱，以適庶不分，遂滅其宗祀。此乃天下愚智，所共嗟痛。大行皇帝覽古戒今，防芽遏萌，慮於千載。是以寢疾之日，分遣諸王，各早就國，詔策殷勤，科禁嚴峻，其所戒敕，無所不至，誠欲上安宗廟，下全諸王，使百世相承，無凶國害家之悔也。大王宜上惟太伯順父之志，中念河間獻王、東海王彊恭敬之節，下當裁抑驕恣荒亂以爲警戒。而聞頃至武昌以來，多違詔敕，不拘制度，擅發諸將兵治護宮室。又左右常從有罪過者，當以表聞，公付有司，而擅私殺，事不明白。大司馬呂岱親受先帝詔敕，輔導大王，既不承用其言，令懷憂怖。華錡先帝近臣，忠良正直，其所陳道，當納用之，而聞怒錡，有收縛之語。又中書楊融，親受詔敕，所當恭肅，云『正自不聽禁，當如我何』？聞此之日，大小驚怪，莫不寒心。里語曰：『明鏡所以照形，古事所以知今。』大王宜深以魯王爲戒，改易其行，戰戰兢兢，盡敬朝廷，如此則無求不得。若棄忘先帝法教，懷輕慢之心，臣下寧負大王，不敢負先帝遺詔，寧爲大王所怨疾，豈敢忘尊主之威，而令詔敕不行於藩臣邪？此古今正義，大王所照知也。夫福來有由，禍來有漸，漸生不憂，將不可悔。向使魯王早納忠直之言，懷驚懼之慮，享祚無窮，豈有滅亡之禍哉？夫良藥苦口，惟疾者能甘之。忠言逆耳，惟達者能受之。今者恪等慺慺欲爲大王除危殆於萌芽，廣福慶之基原，是以不自知言至，願蒙三思。」

奮得牋懼，遂移南昌，游獵彌甚，官屬不堪命。及恪誅，奮下住蕪湖，欲至建業觀變。傅相謝慈等諫奮，奮殺之。〔二〕坐廢爲庶人，徙章安縣。太平三年，封爲章安侯。〔三〕

〔一〕慈字孝宗，彭城人，見禮論，撰喪服圖及變除行於世。

〔三〕江表傳載亮詔曰：「齊王奮前坐殺吏，廢爲庶人，連有赦令，獨不見原，縱未宜復王，何以不侯？又諸孫兄弟作將，列在江渚，孤有兄獨爾云何？」有司奏可，就拜爲侯。

建衡二年，孫皓左夫人王氏卒。皓哀念過甚，朝夕哭臨，數月不出，由是民間或謂皓死，訛言奮與上虞侯奉當有立者。奮母仲姬墓在豫章，豫章太守張俊疑其或然，掃除墳塋。皓聞之，車裂俊，夷三族，誅奮及其五子，國除。〔一〕

〔一〕江表傳曰：豫章吏十人乞代俊死，皓不聽。奮以此見疑，本在章安，徙還吳城禁錮，使男女不得通婚，或年三十四十不得嫁娶。奮上表乞自比禽獸，使男女自相配偶。皓大怒，遣察戰齎藥賜奮，奮不受藥，叩頭千下，曰：「老臣自將兒子治生求活，無豫國事，乞丐餘年。」皓不聽，父子皆飲藥死。

臣松之案：建衡二年至奮之死，孫皓卽位，尚猶未久。若奮未被疑之前，兒女年二十左右，至奮死時，不得年三十四十也。若先已長大，自失時未婚娶，則不由皓之禁錮矣。此雖欲增皓之惡，然非實理。

評曰：孫登居心所存，足爲茂美之德。慮、和並有好善之姿，規自砥礪，或短命早終，或不得其死，哀哉！霸以庶干適，奮不遵軌度，固取危亡之道也。然奮之誅夷，横遇飛禍矣。

三國志卷六十　吳書十五

賀全呂周鍾離傳第十五

賀齊字公苗，會稽山陰人也。〔一〕少爲郡吏，守剡長。縣吏斯從輕俠爲姦，齊欲治之，主簿諫曰：「從，縣大族，山越所附，今日治之，明日寇至。」齊聞大怒，便立斬從。從族黨遂相糾合，衆千餘人，舉兵攻縣。齊率吏民，開城門突擊，大破之，威震山越。後太末、豐浦民反，轉守太末長，誅惡養善，期月盡平。

〔一〕虞預晉書曰：賀氏本姓慶氏。齊伯父純，儒學有重名，漢安帝時爲侍中、江夏太守，去官，與江夏黃瓊、（漢中）〔廣漢〕楊厚俱公車徵，避安帝父孝德皇（帝）諱，改爲賀氏。齊父輔，永寧長。

建安元年，孫策臨郡，察齊孝廉。時王朗奔東治，候官長商升爲朗起兵。策遣永寧長韓晏領南部都尉，將兵討升，以齊爲永寧長。晏爲升所敗，齊又代晏領都尉事。升畏齊威名，遣使乞盟。齊因告喻，爲陳禍福，升遂送上印綬，出舍求降。賊帥張雅、詹彊等不願升降，反共殺升，雅稱無上將軍，彊稱會稽太守。賊盛兵少，未足以討，齊住軍息兵。雅與女壻何雄爭勢兩乖，齊令越人因事交構，遂致疑隙，阻兵相圖。齊乃進討，一戰大破，雅、彊黨震懼，率衆出降。

候官既平，而建安、漢興、南平復亂，齊進兵建安，立都尉府，是歲八年也。郡發屬縣五千兵，各使本縣長將之，皆受齊節度。賊洪明、洪進、苑御、吳免、華當等五人，率各萬戶，連屯漢興，吳五六千戶別屯大潭，鄒臨六千戶別屯蓋竹，（大潭）同出餘汗。音干。軍討漢興，經餘汗。齊以爲賊衆兵少，深入無繼，恐爲所斷，令松陽長丁蕃留備餘汗。蕃本與齊鄰城，恥見部伍，辭不肯留。齊乃斬蕃，於是軍中震慄，無不用命。遂分兵留備，進討明等，連大破之。臨陳斬明，其免、當、進、御皆降。轉擊蓋竹，軍向大潭，三將又降。凡討治斬首六千級，名帥盡禽，復立縣邑，料出兵萬人，拜爲平東校尉。十年，轉討上饒，分以爲建平縣。

十三年，遷威武中郎將，討丹陽、黟、歙。時武彊、葉鄉、東陽、豐浦四鄉先降，齊表言以葉鄉爲始新縣。而歙賊帥金奇萬戶屯安勒山，毛甘萬戶屯烏聊山，黟帥陳僕、祖山等二萬戶屯林歷山。林歷山四面壁立，高數十丈，徑路危狹，不容刀楯，賊臨高下石，不可得攻。軍住經日，將吏患之。齊身出周行，觀視形便，陰募輕捷士爲作鐵弋，密於隱險賊所不備處，以弋拓（斬山）〔塹〕爲緣道，夜令潛上，乃多縣布以援下人，得上百數人，四面流布，俱鳴鼓角，齊勒兵待之。賊夜聞鼓聲四合，謂大軍悉已得上，驚懼惑亂，不知所爲，守路備險者，皆走還依衆。大軍因是得上，大破僕等，其餘皆降，凡斬首七千。〔一〕齊復表分歙爲新定、黎陽、休陽、并、黟、歙，凡六縣。權遂割爲新都郡，齊爲太守，立府於始新，加偏將軍。

〔一〕抱朴子曰：「昔吳遣賀將軍討山賊，賊中有善禁者，每當交戰，官軍刀劍不得拔，弓弩射矢皆還自向，輒致不利。賀將軍長情有思，乃曰：「吾聞金有刃者可禁，蟲有毒者可禁，其無刃之物，無毒之蟲，則不可禁。彼必是能禁吾兵者也，必不能禁無刃物矣。」乃多作勁木白棓，選有力精卒五千人爲先登，盡捉棓。彼山賊恃其有善禁者，了不嚴備。於是官軍以白棓擊之，彼禁者果不復行，所擊殺者萬計。

十六年，吳郡餘杭民郎稚合宗起賊，復數千人，齊出討之，即復破稚，表言分餘杭爲臨水縣。〔二〕被命詣所在，及當還郡，權出祖道，作樂舞象。〔三〕賜齊軿車駿馬，罷坐住駕，使齊就車。齊辭不敢，權使左右扶齊上車，令導吏卒兵騎，如在郡儀。權望之笑曰：「人當努力，非積行累勤，此不可得。」去百餘步乃旋。

〔二〕吳錄曰：晉改爲臨安。

〔三〕吳書曰：權謂齊曰：「今定天下，都中國，使殊俗貢珍，狡獸率舞，非君誰與？」齊曰：「殿下以神武應期，廓開王業，臣幸遭際會，得驅馳風塵之下，佐助末行，效鷹犬之用，臣之願也。若殊俗貢珍，狡獸率舞，宜在聖德，非臣所能。」

十八年，豫章東部民彭材、李玉、王海等起爲賊亂，衆萬餘人。齊討平之，誅其首惡，餘皆降服。揀其精健爲兵，次爲縣戶。遷奮武將軍。

二十年，從權征合肥。時城中出戰，徐盛被創失矛，齊引兵拒擊，得盛所失。〔一〕

〔一〕江表傳曰：權征合肥還，爲張遼所掩襲於津北，幾至危殆。齊時率三千兵在津南迎權。權旣入大船，會諸將飲宴，齊下席涕泣而言曰：「至尊人主，常當持重。今日之事，幾至禍敗，羣下震怖，若無天地，願以此爲終身誡。」權自前收其淚曰：「大慚！謹以剋心，非但書諸紳也。」

二十一年，鄱陽民尤突受曹公印綬，化民爲賊，陵陽、始安、涇縣皆與突相應。齊與陸遜討破突，斬首數千，餘黨震服，丹楊三縣皆降，料得精兵八千人。拜安東將軍，封山陰侯，出鎮江上，督扶州以上至皖。

黃武初，魏使曹休來伐，齊以道遠後至，因住新市爲拒。會洞口諸軍遭風流溺，所亡中分，將士失色，賴齊未濟，偏軍獨全，諸將倚以爲勢。

齊性奢綺，尤好軍事，兵甲器械極爲精好，所乘船雕刻丹鏤，青蓋絳襜，干櫓戈矛，葩瓜文畫，弓弩矢箭，咸取上材，蒙衝鬭艦之屬，望之若山。休等憚之，遂引軍還。遷後將軍，假節領徐州牧。

初，晉宗爲戲口將，以衆叛如魏，還爲蘄春太守，圖襲安樂，取其保質。權以爲恥忿，因軍初罷，六月盛夏，出其不意，詔齊督糜芳、鮮于丹等襲蘄春，遂生虜宗。後四年卒，子達及弟景皆有令名，爲佳將。〔一〕

〔一〕會稽典錄曰：景爲滅賊校尉，御衆嚴而有恩，兵器精飾，爲當時冠絕，早卒。達頗任氣，多所犯迕，故雖有征戰之勞，而爵位不至，然輕財貴義，膽烈過人。子質，位至虎牙將軍。景子卲，別有傳。

全琮字子璜，吳郡錢唐人也。父柔，漢靈帝時舉孝廉，補尚書郎右丞，董卓之亂，棄官歸，州辟別駕從事，詔書就拜會稽東部都尉。孫策到吳，柔舉兵先附，策表柔爲丹楊都尉。孫權爲車騎將軍，以柔爲長史，徙桂陽太守。柔嘗使琮齎米數千斛到吳，有所市易。琮至，皆散用，空船而還。柔大怒，琮頓首曰：「愚以所市非急，而士大夫方有倒縣之患，故便振贍，不及啓報。」柔更以奇之。〔一〕是時中州士人避亂而南，依琮居者以百數，琮傾家給濟，與共有無，遂顯名遠近。後權以爲奮威校尉，授兵數千人，使討山越。因開募召，得精兵萬餘人，出屯牛渚，稍遷偏將軍。

〔一〕徐衆評曰：禮，子事父無私財，又不敢私施，所以避尊上也。棄命專財而以邀名，未盡父子之禮。臣松之以爲子路問「聞斯行諸」？子曰「有父兄在」。琮輒散父財，誠非子道，然士類縣命，憂在朝夕，權其輕重，以先人急，斯亦馮煖市義、汲黯振救之類，全謂邀名，或負其心。

建安二十四年，劉備將關羽圍樊、襄陽，琮上疏陳羽可討之計，權時已與呂蒙陰議襲之，恐事泄，故寢琮表不答。及禽羽，權置酒公安，顧謂琮曰：「君前陳此，孤雖不相答，今日之捷，抑亦君之功也。」於是封陽華亭侯。

黃武元年，魏以舟軍大出洞口，權使呂範督諸將拒之，軍營相望。敵數以輕船鈔擊，琮常帶甲仗兵，伺候不休。頃之，敵數千人出江中，琮擊破之，梟其將軍尹盧。遷琮綏南將軍，進封錢唐侯。四年，假節領九江太守。

七年，權到皖，使琮與輔國將軍陸遜擊曹休，破之於石亭。是時丹楊、吳、會山民復爲寇賊，攻沒屬縣，權分三郡險地爲東安郡，琮領太守。〔一〕至，明賞罰，招誘降附，數年中，得萬餘人。權召琮還牛渚，罷東安郡。〔二〕黃龍元年，遷衞將軍、左護軍、徐州牧，〔三〕尚公主。

〔一〕吳錄曰：琮時治富春。

〔二〕江表傳曰：琮還，經過錢唐，脩祭墳墓，麾幢節蓋，曜於舊里，請會邑人平生知舊、宗族六親，施散惠與，千有餘萬，本土以爲榮。

〔三〕吳書曰：初，琮爲將甚勇決，當敵臨難，奮不顧身。及作督帥，養威持重，每御軍，常任計策，不營小利。

江表傳曰：權使子登出征，已出軍，次于安樂，羣臣莫敢諫。琮密表曰：「古來太子未嘗偏征也，故從曰撫軍，守曰監國。今太子東出，非古制也，臣竊憂疑。」權卽從之，命登旋軍，議者咸以爲琮有大臣之節也。

嘉禾二年，督步騎五萬征六安，六安民皆散走，諸將欲分兵捕之。琮曰：「夫乘危徼倖，舉不百全者，非國家大體也。今分兵捕民，得失相半，豈可謂全哉？縱有所獲，猶不足以弱敵而副國望也。如或邂逅，虧損非小，與其獲罪，琮寧以身受之，不敢徼功以負國也。」赤烏九年，遷右大司馬、左軍師。爲人恭順，善於承顏納規，言辭未嘗切迕。初，權將圍珠崖及夷州，皆先問琮，琮曰：「以聖朝之威，何向而不克？然殊方異域，隔絕障海，水土氣毒，自古有之，兵入民出，必生疾病，轉相汚染，往者懼不能反，所獲何可多致？猥虧江岸之兵，以冀萬一之利，愚臣猶所不安。」權不聽。軍行經歲，士衆疾疫死者十有八九，權深悔之。後言次及之，琮對曰：「當是時，羣臣有不諫者，臣以爲不忠。」

琮既親重，宗族子弟並蒙寵貴，賜累千金，然猶謙虛接士，貌無驕色。十二年卒，子懌嗣。後襲業領兵，救諸葛誕于壽春，出城先降，魏以爲平東將軍，封臨湘侯。懌兄子禕、儀、靜等亦降魏，皆歷郡守列侯。〔一〕

〔一〕吳書曰：琮長子緒，幼知名，奉朝請，出授兵，稍遷揚武將軍、牛渚督。孫亮即位，遷鎮北將軍。東關之役，緒與丁奉建議引兵先出，以破魏軍，封一子亭侯，年四十四卒。次子寄，坐阿黨魯王霸賜死。小子吳，孫權外孫，封都鄉侯。

呂岱字定公，廣陵海陵人也，爲郡縣吏，避亂南渡。孫權統事，岱詣幕府，出守吳丞。權親斷諸縣倉庫及囚繫，長丞皆見，岱處法應問，甚稱權意，召署錄事，出補餘姚長，召募精健，得千餘人。會稽、東冶五縣賊呂合、秦狼等爲亂，權以岱爲督軍校尉，與將軍蔣欽等將兵討之，遂禽合、狼，五縣平定，拜昭信中郎將。〔一〕

〔一〕吳書曰：建安十六年，岱督郎將尹異等，以兵二千人西誘漢中賊帥張魯到漢興寋城，魯嫌疑斷道，事計不立，權遂召岱還。

建安二十年，督孫茂等十將從取長沙三郡。又安成、攸、永新、茶陵四縣吏共入陰山城，合衆拒岱，岱攻圍，即降，三郡克定。權留岱鎮長沙。安成長吳碭及中郎將袁龍等首尾關羽，復爲反亂。碭據攸縣，龍在醴陵。權遣橫江將軍魯肅攻攸，碭得突走。岱攻醴陵，遂禽斬龍，遷廬陵太守。

延康元年，代步騭爲交州刺史。到州，高涼賊帥錢博乞降，岱因承制，以博爲高涼西部都尉。又鬱林夷賊攻圍郡縣，岱討破之。是時桂陽、湞陽賊王金合衆於南海界上，首亂爲害，權又詔岱討之，生縛金，傳送詣都，斬首獲生凡萬餘人。遷安南將軍，假節，封都鄉侯。

交阯太守士燮卒，權以燮子徽爲安遠將軍，領九眞太守，以校尉陳時代燮。岱表分海南三郡爲交州，以將軍戴良爲刺史，海東四郡爲廣州，岱自爲刺史。遣良與時南入，而徽不承命，舉兵戍海口以拒良等。岱於是上疏請討徽罪，督兵三千人晨夜浮海。或謂岱曰：「徽藉累世之恩，爲一州所附，未易輕也。」岱曰：「今徽雖懷逆計，未虞吾之卒至，若我潛軍輕舉，掩其無備，破之必也。稽留不速，使得生心，嬰城固守，七郡百蠻，雲合響應，雖有智者，誰能圖之？」遂行，過合浦，與良俱進。徽聞岱至，果大震怖，不知所出，卽率兄弟六人肉袒迎岱。岱皆斬送其首。徽大將甘醴、桓治等率吏民攻岱，岱奮擊大破之，進封番禺侯。於是除廣州，復爲交州如故。岱既定交州，復進討九眞，斬獲以萬數。又遣從事南宣國化，暨徼外扶南、林邑、堂明諸王，各遣使奉貢。權嘉其功，進拜鎭南將軍。

黃龍三年，以南土清定，召岱還屯長沙漚口。〔一〕會武陵蠻夷蠢動，岱與太常潘濬共討定之。嘉禾三年，權令岱領潘璋士衆，屯陸口，後徙蒲圻。四年，廬陵賊李桓、路合、會稽東冶賊隨春、南海賊羅厲等一時並起。權復詔岱督劉纂、唐咨等分部討擊，春卽時首降，岱拜春偏將軍，使領其衆，遂爲列將，桓、厲等皆見斬獲，傳首詣都。權詔岱曰：「厲負險作亂，自致梟首；桓凶狡反覆，已降復叛。前後討伐，歷年不禽，非君規略，誰能梟之？忠武之節，於是益著。元惡既除，大小震懾，其餘細類，掃地族矣。自今已去，國家永無南顧之虞，三郡晏然，無怵惕之驚，又得惡民以供賦役，重用歎息。賞不踰月，國之常典，制度所宜，君其裁之。」

〔一〕王隱交廣記曰：吳後復置廣州，以南陽滕脩爲刺史。或語脩蝦鬚長一丈，脩不信，其人後故至東海，取蝦鬚長四丈四尺，封以示脩，脩乃服之。

潘濬卒，岱代濬領荆州文書，與陸遜並在武昌，故督蒲圻。頃之，廖式作亂，攻圍城邑，零陵、蒼梧、鬱林諸郡騷擾，岱自表輒行，星夜兼路。權遣使追拜岱交州牧，及遣諸將唐咨等駱驛相繼，攻討一年破之，斬式及遣諸所僞署臨賀太守費楊等，并其支黨，郡縣悉平，復還武昌。時年已八十，然體素精勤，躬親王事。奮威將軍張承與岱書曰：「昔旦奭翼周，二南作歌，今則足下與陸子也。忠勤相先，勞謙相讓，功以權成，化與道合，君子歎其德，小人悅其美。加以文書鞅掌，賓客終日，罷不舍事，勞不言倦，又知上馬輒自超乘，不由跨躡，如此足下過廉頗也，何其事事快也。周易有之，禮言恭，德言盛，足下何有盡此美耶！」及陸遜卒，諸葛恪代遜，權乃分武昌爲兩部，岱督右部，自武昌上至蒲圻。遷上大將軍，拜子凱副軍校尉，監兵蒲圻。孫亮卽位，拜大司馬。

岱清身奉公，所在可述。初在交州，歷年不餉家，妻子飢乏。權聞之歎息，以讓羣臣曰：「呂岱出身萬里，爲國勤事，家門內困，而孤不早知。股肱耳目，其責安在？」於是加賜錢米布絹，歲有常限。

始，岱親近吳郡徐原，慷慨有才志，岱知其可成，賜巾𥛚，與共言論，後遂薦拔，官至侍御史。原性忠壯，好直言，岱時有得失，原輒諫諍，又公論之，人或以告岱，岱歎曰：「是我所以貴德淵者也。」及原死，岱哭之甚哀，曰：「德淵，呂岱之益友，今不幸，岱復於何聞過？」

談者美之。

太平元年，年九十六卒，子凱嗣。遺令殯以素棺，疏巾布構，葬送之制，務從約儉，凱皆奉行之。

周魴字子魚，吳郡陽羨人也。少好學，舉孝廉，爲寧國長，轉在懷安。錢唐大帥彭式等蟻聚爲寇，以魴爲錢唐侯相，旬月之間，斬式首及其支黨，遷丹楊西部都尉。黃武中，鄱陽大帥彭綺作亂，攻沒屬城，乃以魴爲鄱陽太守，與胡綜勠力攻討，遂生禽綺，送詣武昌，加昭義校尉。被命密求山中舊族名帥爲北敵所聞知者，令譎挑魏大司馬揚州牧曹休。魴答，恐民帥小醜不足仗任，事或漏泄，不能致休，乞遣親人齎牋七條以誘休：

其一曰：「魴以千載徼幸，得備州民，遠隔江川，敬恪未顯，瞻望雲景，天實爲之。精誠微薄，名位不昭，雖懷焦渴，曷緣見明？狐死首丘，人情戀本，而逼所制，奉覲禮違。每獨矯首西顧，未嘗不寤寐勞歎，展轉反側也。今因隙穴之際，得陳宿昔之志，非神啓之，豈能致此！不勝翹企，萬里託命。謹遣親人董岑、邵南等託叛奉牋。時事變故，列於別紙，惟明公君侯垂日月之光，照遠民之趣，永令歸命者有所戴賴。」

其二曰：「魴遠在邊隅，江汜分絕，恩澤教化，未蒙撫及，而於山谷之間，遙陳所懷，懼以大義，未見信納。夫物有感激，計因變生，古今同揆。魴仕東典郡，始願已獲，銘心立報，永矣無貳。豈圖頃者中被橫讒，禍在漏刻，危於投卵，進有離合去就之宜，退有誣罔枉死之咎，雖志行輕微，存沒一節，顧非其所，能不悵然！敢緣古人，因知所歸，拳拳輸情，陳露肝膈。乞降春天之潤，哀拯其急，不復猜疑，絕其委命。事之宣泄，受罪不測，一則傷慈損計，二則杜絕向化者心，惟明使君遠覽前世，矜而愍之，留神所質，速賜祕報。魴當候望舉動，俟須嚮應。」

其三曰：「魴所代故太守廣陵王靖，往者亦以郡民爲變，以見譴責，靖勤自陳釋，而終不解，因立密計，欲北歸命，不幸事露，誅及嬰孩。魴既目見靖事，且觀東主一所非薄，嬗不復厚，雖或暫舍，終見翦除。今又令魴領郡者，是欲責後效，必殺魴之趣也。雖尚視息，憂惕焦灼，未知軀命，竟在何時。人居世閒，猶白駒過隙，而常抱危怖，其可言乎！惟當陳愚，重自披盡，懼以卑賤，未能采納。願明使君少垂詳察，忖度其言。今此郡民，雖外名降首，而故在山草，看伺空隙，欲復爲亂，爲亂之日，魴命訖矣。東主頃者潛部分諸將，圖欲北進。呂範、孫韶等入淮，全琮、朱桓趨合肥，諸葛瑾、步騭、朱然到襄陽，陸議、潘璋等討梅敷。東主中營自掩石陽，別遣從弟孫奐治安陸城，脩立邸閣，輦貲運糧，以爲軍儲，又命諸葛亮進指關西，江邊諸將無復在者，才留三千所兵守武昌耳。若明使君以萬兵從皖南首江渚，魴便從此率厲吏民，以爲內應。此方諸郡，前後舉事，垂成而敗者，由無外援使其然耳；若北軍臨境，傳檄屬城，思詠之民，誰不企踵？願明使君上觀天時，下察人事，中參蓍龜，則足昭往言之不虛也。」

其四曰：「所遣董岑、邵南少長家門，親之信之，有如兒子，是以特令齎牋，託叛爲辭，目語心計，不宣脣齒，骨肉至親，無有知者。又已敕之到州，當言往降，欲北叛來者得傳之也。魴建此計，任之於天，若其濟也，則有生全之福；邂逅泄漏，則受夷滅之禍。常中夜仰天，告誓星辰。精誠之微，豈能上感，然事急孤窮，惟天是訴耳。遣使之日，載生載死，形存氣亡，魄爽恍惚。私恐使君未深保明，岑、南二人可留其一，以爲後信。一齎教還，教還故當言悔叛還首。東主有常科，悔叛還者，皆自原罪。如是彼此俱塞，永無端原。縣命西望，涕筆俱下。」

其五曰：「鄱陽之民，實多愚勁，帥之赴役，未即應人，倡之爲變，聞聲響抃。今雖降首，盤節未解，山棲草藏，亂心猶存，而今東主圖興大衆，舉國悉出，江邊空曠，屯塢虛損，惟有諸刺姦耳。若因是際而騷動此民，一旦可得便會，然要恃外援，表裏機互，不爾以往，無所成也。今使君若從皖道進住江上，魴當從南對岸歷口爲應。若未徑到江岸，可住百里上，令此間民知北軍在彼，即自善也。此間民非苦飢寒而甘兵寇，苦於征討，樂得北屬，但窮困舉事，不時見應，尋受其禍耳。如使石陽及青、徐諸軍首尾相銜，牽綴往兵，使不得速退者，則善之善也。魴生在江、淮，長於時事，見其便利，百舉百捷，時不再來，敢布腹心。」

其六曰：「東主致恨前者不拔石陽，今此後舉，大合新兵，幷使潘濬發夷民，人數甚多，聞豫設科條，當以新羸兵置前，好兵在後，攻城之日，云欲以羸兵塡塹，使卽時破，雖未能然，是事大趣也。私恐石陽城小，不能久留往兵，明使君速垂救濟，誠宜疾密。王靖之變，其鑒不遠。今魴歸命，非復在天，正在明使君耳。若見救以往，則功可必成，如見救不時，則與靖等同禍。前彭綺時，聞旌麾在逢龍，此郡民大小歡喜，並思立效。若留一月日閒，事當大成，恨去電速，東得增衆專力討綺，綺始敗耳。願使君深察此言。」

其七曰：「今舉大事，自非爵號無以勸之，乞請將軍侯印各五十紐，郎將印百紐，校尉、都尉印各二百紐，得以假授諸魁帥，獎厲其志，幷乞請幢麾數十，以爲表幟，使山兵吏民，目瞻見之，知去就之分已決，承引所救畫定。又彼此降叛，日月有人，闊狹之閒，輒得聞知。今之大事，事宜神密，若省魴牋，乞加隱祕。伏知智度有常，防慮必深，魴懷憂震灼，啓事蒸仍，乞未罪怪。」

魴因別爲密表曰：「方北有逋寇，固阻河洛，久稽王誅，自擅朔土，臣曾不能吐奇舉善，上以光贊洪化，下以輸展萬一，憂心如擣，假寐忘寢。聖朝天覆，含臣無效，猥發優命，敕臣以前誘致賊休，恨不如計。令於郡界求山谷魁帥爲北賊所聞知者，令與北通。臣伏思惟，喜怖交集，竊恐此人不可卒得，假使得之，懼不可信，不如令臣譎休，於計爲便。此臣得以經年之冀願，逢値千載之一會，輒自督竭，竭盡頑蔽，撰立牋草以誑誘休者，如別紙。臣知無古人單複之術，加卒奉大略，伀矇狼狽，懼以輕愚，忝負特施，豫懷憂灼。臣聞唐堯先天而天弗違，博詢芻蕘，以成盛勳。朝廷神謨，欲必致休於步度之中，靈贊聖規，休必自送，使六軍囊括，虜無孑遺，威風電邁，天下幸甚。謹拜表以聞，并呈牋草，懼於淺局，追用悚息。」被報施行。休果信魴，帥步騎十萬，輜重滿道，徑來入皖。魴亦合衆，隨陸遜橫截休，休幅裂瓦解，斬獲萬計。

魴初建密計時，頻有郎官奉詔詰問諸事，魴乃詣部郡門下，因下髮謝，故休聞之，不復疑慮。事捷軍旋，權大會諸將歡宴，酒酣，謂魴曰：「君下髮載義，成孤大事，君之功名，當書之竹帛。」加裨將軍，賜爵關內侯。〔一〕

〔一〕徐衆評曰：夫人臣立功效節，雖非一塗，然各有分也。爲將執桴鼓，則有必死之義，志守則有不假器之義，死必得所，義在不苟。魴爲郡守，職在治民，非君所命，自占誘敵，髡剔髮膚，以徇功名，雖事濟受爵，非君子所美。

賊帥董嗣負阻劫鈔，豫章、臨川並受其害。〔一〕吾粲、唐咨嘗以三千兵攻守，連月不能拔。魴表乞罷兵，得以便宜從事。魴遣閒諜，授以方策，誘狙殺嗣。嗣弟怖懼，詣武昌降於陸遜，乞出平地，自改爲善，由是數郡無復憂惕。

〔一〕臣松之案：孫亮太平二年始立臨川郡，是時未有臨川。

魴在郡十三年卒，賞善罰惡，威恩並行。子處，亦有文武材幹，天紀中爲東觀令、無難督。〔一〕

〔一〕虞預晉書曰：處入晉，爲御史中丞，多所彈糾，不避彊禦。齊萬年反，以處爲建威將軍，西征，衆寡不敵，處臨陳慷慨，奮不顧身，遂死於戰場，追贈平西將軍。處子玘、札，皆有才力，中興之初，並見寵任。其諸子姪悉處列位，爲揚土豪右，而札凶淫放恣，爲百姓所苦。泰寧中，王敦誅之，滅其族。

鍾離牧字子幹，會稽山陰人，漢魯相意七世孫也。〔一〕少爰居永興，躬自墾田，種稻二十餘畝。臨熟，縣民有識認之，牧曰：「本以田荒，故墾之耳。」遂以稻與縣人。縣長聞之，召民繫獄，欲繩以法，牧爲之請。長曰：「君慕承宮，自行義事，〔二〕僕爲民主，當以法率下，何得寢公憲而從君邪？」牧曰：「此是郡界，緣君意顧，故來蹔任。今以少稻而殺此民，何心復留？」遂出裝，還山陰，長自往止之，爲釋繫民。民慚懼，率妻子舂所取稻得六十斛米，送還牧，牧閉門不受。民輸置道旁，莫有取者。牧由此發名。〔三〕

〔一〕會稽典錄曰：牧父緒，樓船都尉，兄駰，上計吏，少與同郡謝贊、吳郡顧譚齊名。牧童齓時號爲遲訥，駰常謂人曰：

「牧必勝我，不可輕也。」時人皆以爲不然。

〔二〕續漢書曰：宮字少子，琅邪人，嘗在蒙陰山中耕種禾黍，臨熟，人就認之，宮便推與而去，由是發名，位至左中郎將、侍中。

〔三〕徐衆評曰：牧蹈長者之規。問者曰：「如牧所行，犯而不校，又從而救之，直而不有，又還而不受，可不謂之仁讓乎哉？」答曰：「異乎吾所聞。原憲之問於孔子曰：『克伐怨欲不行焉，可以爲仁乎？』孔子曰：『可以爲難矣，仁則吾不知也。』『惡不仁者，其爲仁矣。』今小民不展四體，而認人之稻，不仁甚矣，而牧推而與之，又救其罪，斯爲讓非其義，所救非人，非所謂惡不仁者。苟不惡不仁，安得爲仁哉！蒼梧澆娶妻而美，讓於其兄；尾生篤信，水至不去而死；直躬好直，證父攘羊；申鳴奉法，盡忠於君而執其父。忠信直讓，此四行者，聖賢之所貴也。然不貴蒼梧之讓，非讓道也；不取尾生之信，非信所也；不許直躬之直，非直體也；不嘉申鳴之忠，非忠意也。今牧犯而不校，還而不取，可以爲難矣，未得爲仁讓也。夫聖人以德報德，以直報怨，而牧欲以德報怨，非也。必不得已，二者何從？吾從孔子也。」

赤烏五年，從郎中補太子輔義都尉，遷南海太守。〔一〕還爲丞相長史，轉司直，遷中書令。會建安、鄱陽、新都三郡山民作亂，出牧爲監軍使者，討平之。賊帥黃亂、常俱等出其部伍，以充兵役。封秦亭侯，拜越騎校尉。

〔一〕會稽典錄曰：高涼賊率仍弩等破略百姓，殘害吏民，牧越界撲討，旬日降服。又揭陽縣賊率曾夏等衆數千人，歷十餘年，以侯爵雜繒千匹，下書購募，絕不可得。牧遣使慰譬，登皆首服，自改爲良民。始興太守羊衜與太常滕胤書曰：「鍾離子幹吾昔知之不熟，定見其在南海，威恩部伍，智勇分明，加操行清純，有古人之風。」其見貴如此。在郡四年，以疾去職。

永安六年，蜀并于魏，武陵五谿夷與蜀接界，時論懼其叛亂，乃以牧爲平魏將軍，領武陵太守，往之郡。魏遣漢葭縣長郭純試守武陵太守，率涪陵民入蜀遷陵界，屯于赤沙，誘致諸夷邑君，或起應純，又進攻酉陽縣，郡中震懼。牧問朝吏曰：「西蜀傾覆，邊境見侵，何以禦之？」皆對曰：「今二縣山險，諸夷阻兵，不可以軍驚擾，驚擾則諸夷盤結。宜以漸安，可遣恩信吏宣教慰勞。」牧曰：「不然。外境內侵，誑誘人民，當及其根柢未深而撲取之，此救火貴速之勢也。」敕外趣嚴，掾史沮議者便行軍法。撫夷將軍高尚說牧曰：「昔潘太常督兵五萬，然後以討五谿夷耳。是時劉氏連和，諸夷率化，今既無往日之援，而郭純已據遷陵，而明府以三千兵深入，尚未見其利也。」牧曰：「非常之事，何得循舊？」即率所領，晨夜進道，緣山險行，垂二千里，從塞上，斬惡民懷異心者魁帥百餘人及其支黨凡千餘級，純等散，五谿平。遷公安督、揚武將軍，封都鄉侯，徙濡須督。〔一〕復以前將軍假節，領武陵太守。卒官。家無餘財，士民思之。子禕嗣，代領兵。〔二〕

〔一〕會稽典錄曰：牧之在濡須，深以進取可圖，而不敢陳其策，與侍中東觀令朱育宴，慨然歎息。育謂牧恨於策爵未副，因謂牧曰：「朝廷諸君，以際會坐取高官亭侯，功無與比，不肯在人下，見顧者猶以於邑，況於侯也！」牧笑而答曰：「卿之所言，未獲我心也。馬援有言，人當功多而賞薄。吾功不足錄，而見寵已過當，豈以爲恨？國家不深相知，而見害朝人，是以默默不敢有所陳。若其不然，當建進取之計，以報所受之恩，不徒自守而已，憤歎以此也。」育復曰：「國家已自知侯，以侯之才無爲不成。愚謂自可陳所懷。」牧曰：「武安君謂秦王云：『非成業難，得賢難；非得賢難，用之難；非用之難，任之難。』武安君欲爲秦王幷兼六國，恐授事而不見任，故先陳此言。秦王既許而不能，卒隕將成之業，賜劍杜郵。今國家知吾，不如秦王之知武安，而害吾者有過范睢。大皇帝時，陸丞相討鄱陽，以二千人授吾，潘太常討武陵，吾又有三千人，而朝廷下議，棄吾於彼，使江渚諸督，不復發兵相繼。蒙國威靈自濟，今日何爲常。向使吾不料時度宜，苟有所陳，至見委以事，不足兵勢，終有敗績之患，何無不成之有？」

〔二〕會稽典錄曰：牧次子盛，亦履恭讓，爲尙書郎。弟徇領兵爲將，拜偏將軍，戍西陵，與監軍使者唐盛論地形勢，謂宜城、信陵爲建平援，若不先城，敵將先入。盛以施績、留平，智略名將，屢經於彼，無云當城之者，不然徇計。後半年，晉果遣將脩信陵城。晉軍平吳，徇領水軍督，臨陳戰死。

評曰：山越好爲叛亂，難安易動，是以孫權不遑外禦，卑詞魏氏。凡此諸臣，皆克寧內難，綏靜邦域者也。呂岱淸恪在公；周魴譎略多奇；鍾離牧蹈長者之規；全琮有當世之才，貴重於時，然不檢姦子，獲譏毀名云。

三國志卷六十一　吳書十六

潘濬陸凱傳第十六

潘濬字承明，武陵漢壽人也。弱冠從宋仲子受學。〔一〕年未三十，荊州牧劉表辟爲部江夏從事。時沙羨長贓穢不脩，濬按殺之，一郡震竦。後爲湘鄉令，治甚有名。劉備領荊州，以濬爲治中從事。備入蜀，留典州事。

〔一〕吳書曰：濬爲人聰察，對問有機理，山陽王粲見而貴異之。由是知名，爲郡功曹。

孫權殺關羽，幷荊土，拜濬輔軍中郎將，授以兵。〔一〕遷奮威將軍，封常遷亭侯。〔二〕權稱尊號，拜爲少府，進封劉陽侯，〔三〕遷太常。五谿蠻夷叛亂盤結，權假濬節，督諸軍討之。信賞必行，法不可干，斬首獲生，蓋以萬數，自是羣蠻衰弱，一方寧靜。〔四〕

〔一〕江表傳曰：權克荊州，將吏悉皆歸附，而濬獨稱疾不見。權遣人以牀就家輿致之，濬伏面著牀席不起，涕泣交橫，哀咽不能自勝。權慰勞與語，呼其字曰：「承明，昔觀丁父，鄀俘也，武王以爲軍帥；彭仲爽，申俘也，文王以爲令尹。此二人，卿荊國之先賢也，初雖見囚，後皆擢用，爲楚名臣。卿獨不然，未肯降意，將以孤異古人之量邪？」

使親近以手巾拭其面，濬起下地拜謝。即以爲治中，荊州諸軍事一以諮之。武陵部從事樊伷誘導諸夷，圖以武陵屬劉備，外白差督督萬人往討之。權不聽，特召問濬，濬答：「以五千兵往，足可以擒伷。」權曰：「卿何以輕之？」濬曰：「伷是南陽舊姓，頗能弄脣吻，而實無辯論之才。臣所以知之者，伷昔嘗爲州人設饌，比至日中，食不可得，而十餘自起，此亦侏儒觀一節之驗也。」權大笑而納其言，即遣濬將五千往，果斬平之。

〔二〕吳書曰：芮玄卒，濬并領玄兵，屯夏口。玄字文表，丹楊人。父祉，字宣嗣，從孫堅征伐有功，堅薦祉爲九江太守，後轉吳郡，所在有聲。玄兄良，字文鸞，隨孫策平定江東，策以爲會稽東部都尉，卒，玄領良兵，拜奮武中郎將，以功封溧陽侯。權爲子登揀擇淑媛，羣臣咸稱玄父祉兄良並以德義文武顯名三世，故遂娉玄女爲妃焉。黃武五年卒，權甚愍惜之。

〔三〕江表傳曰：權數射雉，濬諫權，權曰：「相與別後，時時蹔出耳，不復如往日之時也。」濬曰：「天下未定，萬機務多，射雉非急，弦絕括破，皆能爲害，乞特爲臣故息置之。」濬出，見雉翳故在，乃手自撤壞之。權由是自絕，不復射雉。

〔四〕吳書曰：驃騎將軍步騭屯漚口，求召募諸郡以增兵。權以問濬，濬曰：「豪將在民閒，耗亂爲害，加騭有名勢，在所所媚，不可聽也。」權從之。中郎將豫章徐宗，有名士也，嘗到京師，與孔融交結，然儒生誕節，部曲寬縱，不奉節度，爲衆作殿，濬遂斬之。其奉法不憚私議，皆此類也。歸義隱蕃，以口辯爲豪傑所善，濬子翥亦與周旋，饋餉之。濬聞大怒，疏責翥曰：「吾受國厚恩，志報以命，爾輩在都，當念恭順，親賢慕善，何故與降虜交，以糧餉之？在遠聞此，心震面熱，惆悵累旬。疏到，急就往使，受杖一百，促責所餉。」當時人咸怪濬，而蕃果圖叛誅夷，衆乃歸服。

江表傳曰：時濬姨兄零陵蔣琬爲蜀大將軍，或有閒濬於武陵太守衞旌者，云濬遣密使與琬相聞，欲有自託之計。旌以啓權，權曰：「承明不爲此也。」即封旌表以示於濬，而召旌還，免官。

先是，濬與陸遜俱駐武昌，共掌留事，還復故。時校事呂壹操弄威柄，奏按丞相顧雍、左將軍朱據等，皆見禁止。黃門侍郎謝厷語次問壹：「顧公事何如？」壹答：「不能佳。」厷又問：「若此公免退，誰當代之？」壹未答厷，厷曰：「得無潘太常得之乎？」壹良久曰：「君語近之也。」厷謂曰：「潘太常常切齒於君，但道遠無因耳。今日代顧公，恐明日便擊君矣。」壹大懼，遂解散雍事。濬求朝，詣建業，欲盡辭極諫。至，聞太子登已數言之而不見從，濬乃大請百寮，欲因會手刃殺壹，以身當之，爲國除患。壹密聞知，稱疾不行。濬每進見，無不陳壹之姦險也。由此壹寵漸衰，後遂誅戮。權引咎責躬，因誚讓大臣，語在權傳。

赤烏二年，濬卒，子翥嗣。濬女配建昌侯孫慮。〔一〕

〔一〕吳書曰：翥字文龍，拜騎都尉，後代領兵，早卒。翥弟祕，權以姊陳氏女妻之，調湘鄉令。襄陽記曰：襄陽習溫爲荊州大公平。大公平，今之州都。祕過辭於溫，問曰：「先君昔曰君侯當爲州里議主，今果如其言，不審州里誰當復相代者？」溫曰：「無過於君也。」後祕爲尚書僕射，代溫爲公平，甚得州里之譽。

陸凱字敬風，吳郡吳人，丞相遜族子也。黃武初爲永興諸暨長，所在有治迹，拜建武都尉，領兵。雖統軍衆，手不釋書。好太玄，論演其意，以筮輒驗。赤烏中，除儋耳太守，討朱崖，斬獲有功，遷爲建武校尉。五鳳二年，討山賊陳毖於零陵，斬毖克捷，拜巴丘督、偏將軍，封都鄉侯，轉爲武昌右部督。與諸將共赴壽春，還，累遷盪魏、綏遠將軍。孫休卽位，拜征北將軍，假節領豫州牧。孫晧立，遷鎭西大將軍，都督巴丘，領荊州牧，進封嘉興侯。孫晧與晉平，使者丁忠自北還，說晧弋陽可襲，凱諫止，語在晧傳。寶鼎元年，遷左丞相。

晧性不好人視己，羣臣侍見，皆莫敢迕。凱說晧曰：「夫君臣無不相識之道，若卒有不虞，不知所赴。」晧聽凱自視。

晧徙都武昌，揚土百姓泝流供給，以爲患苦，又政事多謬，黎元窮匱。凱上疏曰：

臣聞有道之君，以樂樂民；無道之君，以樂樂身。樂民者，其樂彌長；樂身者，不樂而亡。夫民者，國之根也，誠宜重其食，愛其命。民安則君安，民樂則君樂。自頃年以來，君威傷於桀紂，君明闇於姦雄，君惠閉於羣孽。無災而民命盡，無爲而國財空，辜無罪，賞無功，使君有謬誤之愆，天爲作妖。而諸公卿媚上以求愛，困民以求饒，導君於不義，敗政於淫俗，臣竊爲痛心。今鄰國交好，四邊無事，當務息役養士，實其廩庫，以待天時。而更傾動天心，騷擾萬姓，使民不安，大小呼嗟，此非保國養民之術也。

臣聞吉凶在天，猶影之在形，響之在聲也，形動則影動，形止則影止，此分數乃有所繫，非在口之所進退也。昔秦所以亡天下者，但坐賞輕而罰重，政刑錯亂，民力盡於奢侈，目眩於美色，志濁於財寶，邪臣在位，賢哲隱藏，百姓業業，天下苦之，是以遂有覆巢破卵之憂。漢所以彊者，躬行誠信，聽諫納賢，惠及負薪，躬請巖穴，廣采博察，以成其謀。此往事之明證也。

近者漢之衰末，三家鼎立，曹失綱紀，晉有其政。又益州危險，兵多精彊，閉門固守，可保萬世，而劉氏與奪乖錯，賞罰失所，君恣意於奢侈，民力竭於不急，是以爲晉所伐，君臣見虜。此目前之明驗也。

臣闇於大理，文不及義，智慧淺劣，無復冀望，竊爲陛下惜天下耳。臣謹奏耳目所聞見，百姓所爲煩苛，刑政所爲錯亂，願陛下息大功，損百役，務寬盪，忽苛政。

又武昌土地，實危險而塉确，非王都安國養民之處，船泊則沈漂，陵居則峻危，且童謠言：「寧飲建業水，不食武昌魚；寧還建業死，不止武昌居。」臣聞翼星爲變，熒惑作妖，童謠之言，生於天心，乃以安居而比死，足明天意，知民所苦也。

臣聞國無三年之儲，謂之非國，而今無一年之畜，此臣下之責也。而諸公卿位處人上，祿延子孫，曾無致命之節，匡救之術，苟進小利於君，以求容媚，荼毒百姓，不爲君計也。自從孫弘造義兵以來，耕種既廢，所在無復輸入，而分一家父子異役，廩食日張，畜積日耗，民有離散之怨，國有露根之漸，而莫之恤也。民力困窮，鬻賣兒子，調賦相仍，日以疲極，所在長吏，不加隱括，加有監官，既不愛民，務行威勢，所在騷擾，更爲煩苛，民苦二端，財力再耗，此爲無益而有損也。願陛下一息此輩，矜哀孤弱，以鎮撫百姓之心。此猶魚鼈得免毒螫之淵，鳥獸得離羅網之綱，四方之民繈負而至矣。如此，民可得保，先王之國存焉。

臣聞五音令人耳不聰，五色令人目不明，此無益於政，有損於事者也。自昔先帝時，後宮列女，及諸織絡，數不滿百，米有畜積，貨財有餘。先帝崩後，幼、景在位，更改奢侈，不蹈先迹。伏聞織絡及諸徒坐，乃有千數，計其所長，不足爲國財，然坐食官廩，歲歲相承，此爲無益，願陛下料出賦嫁，給與無妻者。如此，上應天心，下合地意，天下幸甚。

臣聞殷湯取士於商賈，齊桓取士於車轅，周武取士於負薪，大漢取士於奴僕。明王聖主取士以賢，不拘卑賤，故其功德洋溢，名流竹素，非求顏色而取好服、捷口、容悅者也。臣伏見當今內寵之臣，位非其人，任非其量，不能輔國匡時，羣黨相扶，害忠隱賢。願陛下簡文武之臣，各勤其官，州牧督將，藩鎮方外，公卿尚書，務脩仁化，上助陛下，下拯黎民，各盡其心，拾遺萬一，則康哉之歌作，刑錯之理清。願陛下留神思臣愚言。

時殿上列將何定佞巧便辟，貴幸任事，凱面責定曰：「卿見前後事主不忠，傾亂國政，寧有得以壽終者邪！何以專爲佞邪，穢塵天聽？宜自改厲。不然，方見卿有不測之禍矣。」定大恨凱，思中傷之，凱終不以爲意，乃心公家，義形於色，表疏皆指事不飾，忠懇內發。

建衡元年，疾病，皓遣中書令董朝問所欲言，凱陳：「何定不可任用，宜授外任，不宜委以國事。奚熙小吏，建起浦里田，欲復嚴密故迹，亦不可聽。姚信、樓玄、賀卲、張悌、郭逴、薛瑩、滕脩及族弟喜、抗，或清白忠勤，或姿才卓茂，皆社稷之楨幹，國家之良輔，願陛下重留神思，訪以時務，各盡其忠，拾遺萬一。」遂卒，時年七十二。

子禕，初爲黃門侍郎，出領部曲，拜偏將軍。凱亡後，入爲太子中庶子。右國史華覈表薦禕曰：「禕體質方剛，器幹彊固，董率之才，魯肅不過。及被召當下，徑還赴都，道由武昌，曾不迴顧，器械軍資，一無所取，在戎果毅，臨財有節。夫夏口，賊之衝要，宜選名將以鎮戍之，臣竊思惟，莫善於禕。」

初，皓常銜凱數犯顏忤旨，加何定譖構非一，既以重臣，難繩以法，又陸抗時爲大將在疆埸，故以計容忍。抗卒後，竟徙凱家於建安。

或曰寶鼎元年十二月，凱與大司馬丁奉、御史大夫丁固謀，因皓謁廟，欲廢皓立孫休子。時左將軍留平領兵先驅，故密語平，平拒而不許，誓以不泄，是以所圖不果。太史郎陳苗奏皓久陰不雨，風氣迴逆，將有陰謀，皓深警懼云。〔一〕

〔一〕吳錄曰：舊拜廟，選兼大將軍領三千兵爲衞，凱欲因此兵以圖之，令選曹白用丁奉。皓偶不欲，曰：「更選。」凱令執據，雖蹔兼，然宜得其人。皓曰：「用留平。」凱令其子禕以謀語平。平素與丁奉有隙，禕未及得宣凱旨，平語禕曰：「聞野豬入丁奉營，此凶徵也。」有喜色。禕乃不敢言，還，因具啓凱，故輟止。

予連從荆、揚來者得凱所諫皓二十事，博問吳人，多云不聞凱有此表。又按其文殊甚切直，恐非皓之所能容忍也。或以爲凱藏之篋笥，未敢宣行，病困，皓遣董朝省問欲言，因以付之。虛實難明，故不著于篇，然愛其指擿皓事，足爲後戒，故鈔列于凱傳左云。

皓遣親近趙欽口詔報凱前表曰：「孤動必遵先帝，有何不平？君所諫非也。又建業宮不利，故避之，而西宮室宇摧朽，須謀移都，何以不可徙乎？」凱上疏曰：

臣竊見陛下執政以來，陰陽不調，五星失晷，職司不忠，奸黨相扶，是陛下不遵先帝之所致。〔二〕夫王者之興，受之於天，脩之由德，豈在宮乎？而陛下不諮之公輔，便盛意驅馳，六軍流離悲懼，逆犯天地，天地以災，童歌其謠。縱令陛下一身得安，百姓愁勞，何以用治？此不遵先帝一也。

臣聞有國以賢爲本，夏殺龍逢，殷獲伊摯，斯前世之明效，今日之師表也。中常侍王蕃黃中通理，處朝忠謇，斯社稷之重鎭，大吳之龍逢也，而陛下忿其苦辭，惡其直對，梟之殿堂，屍骸暴棄。邦內傷心，有識悲悼，咸以吳國夫差復存。先帝親賢，陛下反之，是陛下不遵先帝二也。

臣聞宰相國之柱也，不可不彊，是故漢有蕭、曹之佐，先帝有顧、步之相。而萬彧瑣才凡庸之質，昔從家隸，超步紫闥，於彧已豐，於器已溢，而陛下愛其細介，不訪大趣，榮以尊輔，越尙舊臣。賢良憤惋，智士赫咤，是不遵先帝三也。

先帝愛民過於嬰孩，民無妻者以妾妻之，見單衣者以帛給之，枯骨不收而取埋之。而陛下反之，是不遵先帝四也。

昔桀紂滅由妖婦，幽厲亂在嬖妾，先帝鑒之，以爲身戒，故左右不置淫邪之色，後房無曠積之女。今中宮萬數，不備嬪嬙，外多鰥夫，女吟於中。風雨逆度，正由此起，是不遵先帝五也。

先帝憂勞萬機，猶懼有失。陛下臨阼以來，游戲後宮，眩惑婦女，乃令庶事多曠，下吏容姦，是不遵先帝六也。

先帝篤尙朴素，服不純麗，宮無高臺，物不彫飾，故國富民充，姦盜不作。而陛下徵調州郡，竭民財力，土被玄黃，宮有朱紫，是不遵先帝七也。

先帝外仗顧、陸、朱、張，內近胡綜、薛綜，是以庶績雍熙，邦內清肅。今者外非其任，內非其人，陳聲、曹輔，斗筲小吏，先帝之所棄，而陛下幸之，是不遵先帝八也。

先帝每宴見羣臣，抑損醇醲，臣下終日無失慢之尤，百寮庶尹，並展所陳。而陛下拘以視瞻之敬，懼以不盡之酒。夫酒以成禮，過則敗德，此無異商辛長夜之飲也，是不遵先帝九也。

昔漢之桓、靈，親近宦豎，大失民心。今高通、詹廉、羊度，黃門小人，而陛下賞以重爵，權以戰兵。若江渚有難，烽燧互起，則度等之武不能禦侮明也，是不遵先帝十也。

今宮女曠積，而黃門復走州郡，條牒民女，有錢則舍，無錢則取，怨呼道路，母子死訣，是不遵先帝十一也。

先帝在時，亦養諸王太子，若取乳母，其夫復役，賜與錢財，給其資糧，時遣歸來，視其弱息。今則不然，夫婦生離，夫故作役，兒從後死，家爲空戶，是不遵先帝十二也。

先帝歎曰：「國以民爲本，民以食爲天，衣其次也，三者，孤存之於心。」今則不然，農桑並廢，是不遵先帝十三也。

先帝簡士，不拘卑賤，任之鄉閭，效之於事，舉者不虛，受者不妄。今則不然，浮華者登，朋黨者進，是不遵先帝十四也。先帝戰士，不給他役，使春惟知農，秋惟收稻，江渚有事，責其死效。今之戰士，供給衆役，廩賜不贍，是不遵先帝十五也。夫賞以勸功，罰以禁邪，賞罰不中，則士民散失。今江邊將士，死不見哀，勞不見賞，是不遵先帝十六也。今在所監司，已爲煩猥，兼有內使，擾亂其中，一民十吏，何以堪命？昔景帝時，交阯反亂，實由茲起，是爲遵景帝之闕，不遵先帝十七也。夫校事，吏民之仇也。先帝末年，雖有呂壹、錢欽，尋皆誅夷，以謝百姓。今復張立校曹，縱吏言事，是不遵先帝十八也。先帝時，居官者咸久於其位，然後考績黜陟。今州縣職司，或莅政無幾，便徵召遷轉，迎新送舊，紛紜道路，傷財害民，於是爲甚，是不遵先帝十九也。先帝每察竟解之奏，常留心推按，是以獄無冤囚，死者吞聲。今則違之，是不遵先帝二十也。若臣言可錄，藏之盟府；如其虛妄，治臣之罪。願陛下留意。〔二〕

〔一〕江表傳載凱此表曰：「臣拜受明詔，心與氣結。陛下何心之難悟，意不聰之甚也！」

〔三〕江表傳曰：皓所行彌暴，凱知其將亡，上表曰：「臣聞惡不可積，過不可長；積惡長過，喪亂之源也。是以古人懼不聞非，故設進善之旌，立敢諫之鼓。武公九十，思聞警戒，詩美其德，士悅其行。臣察陛下無思警戒之義，而有積惡之漸，臣深憂之，此禍兆見矣。故略陳其要，寫盡愚懷。陛下宜克己復禮，述脩前德，不可捐棄臣言，而放奢意。意奢情至，吏日欺民；民離則上不信下，下當疑上，骨肉相克，公子相奔。臣雖愚，闇於天命，以心審之，敗不過二十稔也。臣常忿亡國之人夏桀、殷紂，亦不可使後人復忿陛下也。臣受國恩，奉朝三世，復以餘年，值遇陛下，不能循俗，與衆沈浮。若比干、伍員，以忠見戮，以正見疑，自謂畢足，無所餘恨，灰身泉壤，無負先帝，願陛下九思，社稷存焉。」初，皓始起宮，凱上表諫，不聽，凱重表曰：「臣聞宮功當起，夙夜反側，是以頻煩上事，往往留中，不見省報，於邑歎息，企想應罷。昨食時，被詔曰：『君所諫，誠是大趣，然未合鄙意如何？此宮殿不利，宜當避之，乃可以妨勞役，長坐不利宮乎？父之不安，子亦何倚？』臣拜紙詔，伏讀一周，不覺氣結於胸，而涕泣雨集也。臣年已六十九，榮祿已重，於臣過望，復何所冀？所以勤勤數進苦言者，臣伏念大皇帝創基立業，勞苦勤至，白髮生於鬚膚，黃耉被於甲冑。天下始靜，晏駕早崩，自含息之類，能言之倫，無不歔欷，如喪考妣。幼主嗣統，柄在臣下，軍有連征之費，民有彫殘之損。賊臣干政，公家空竭。今彊敵當塗，西州傾覆，孤罷之民，宜當畜養，廣力肆業，以備有虞。且始徙都，屬有軍征，戰士流離，州郡騷擾，而大功復起，徵召四方，斯非保國致治之漸也。臣聞爲人主者，攘災以德，除咎以義。故湯遭大旱，身禱桑林，熒惑守心，宋景退殿，是以旱魃銷亡，妖星移舍。今宮室之不利，但當克己復禮，篤湯、宋之至道，愍黎庶之困苦，何憂宮之不安，災之不銷乎？陛下不務脩德，而務築宮室，若德之不脩，行之不貴，雖殷辛之瑤臺，秦皇之阿房，何止而不喪身覆國，宗廟作墟乎？夫興土功，高臺榭，既致水旱，民又多疾，其不疑也？爲父長安，使子無倚，此乃子離於父，臣離於陛下之象也。臣子一離，雖念克骨，茅茨不翦，復何益焉？是以大皇帝居于南宮，自謂過於阿房。故先朝大臣，以爲宮室宜厚，備衞非常，大皇帝曰：『逆虜游魂，當愛育百姓，何聊趣於不急？』然臣下懇惻，由不獲已，故裁調近郡，苟副衆心，比當就功，猶踰三年。當此之時，寇鈔懾威，不犯我境，師徒奔北，且西阻岷、漢，南州無事，尚猶沖讓，未肯築宮，況陛下危側之世，又乏大皇帝之德，可不慮哉？願陛下留意，臣不虛言。」

胤字敬宗，凱弟也。始爲御史、尚書選曹郎，太子和聞其名，待以殊禮。會全寄、楊竺等阿附魯王霸，與和分爭，陰相譖搆，胤坐收下獄，楚毒備至，終無他辭。〔一〕

〔一〕吳錄曰：太子自懼黜廢，而魯王覬覦益甚。權時見楊竺，辟左右而論霸之才，竺深述霸有文武英姿，宜爲嫡嗣，於是權乃許立焉。有給使伏于牀下，具聞之，以告太子。胤當至武昌，往辭太子。太子不見，而微服至其車上，與共密議，欲令陸遜表諫。既而遜有表極諫，權疑竺泄之，竺辭不服。權使竺出尋其由，竺白頃惟胤西行，必其所道。又遣問遜何由知之，遜言胤所述。召胤考問，胤爲太子隱曰：「楊竺向臣道之。」遂共爲獄。竺不勝痛毒，服是所道。初權疑竺泄之，及服，以爲果然，乃斬竺。

後爲衡陽督軍都尉。赤烏十一年，交阯九眞夷賊攻沒城邑，交部騷動。以胤爲交州刺史、安南校尉。胤入南界，喩以恩信，務崇招納，高涼渠帥黃吳等支黨三千餘家皆出降。引軍而南，重宣至誠，遺以財幣。賊帥百餘人，民五萬餘家，深幽不羈，莫不稽顙，交域淸泰。就加安南將軍。復討蒼梧建陵賊，破之，前後出兵八千餘人，以充軍用。

永安元年，徵爲西陵督，封都亭侯，後轉(左)〔在〕虎林。中書丞華覈表薦胤曰：「胤天姿聰朗，才通行絜，昔歷選曹，遺迹可紀。還在交州，奉宣朝恩，流民歸附，海隅肅清。蒼梧、南海，歲有（舊）〔暴〕風瘴氣之害，風則折木，飛砂轉石，氣則霧鬱，飛鳥不經。自胤至州，風氣絕息，商旅平行，民無疾疫，田稼豐稔。州治臨海，海流秋鹹，胤又畜水，民得甘食。惠風橫被，化感人神，遂憑天威，招合遺散。至被詔書當出，民感其恩，以忘戀土，負老攜幼，甘心景從，衆無攜貳，不煩兵衞。自諸將合衆，皆脅之以威，未有如胤結以恩信者也。銜命在州，十有餘年，賓帶殊俗，寶玩所生，而內無粉黛附珠之妾，家無文甲犀象之珍，方之今臣，實難多得。宜在輦轂，股肱王室，以贊唐虞康哉之頌。江邊任輕，不盡其才，虎林選督，堪之者衆。若召還都，寵以上司，則天工畢脩，庶績咸熙矣。」

胤卒，子式嗣，爲柴桑督、揚武將軍。天策元年，與從兄禕俱徙建安。天紀二年，召還建業，復將軍、侯。

評曰：潘濬公清割斷，陸凱忠壯質直，皆節槩梗梗，有大丈夫格業。胤身絜事濟，著稱南土，可謂良牧矣。

三國志卷六十二　吳書十七

是儀胡綜傳第十七

是儀字子羽，北海營陵人也。本姓氏，初爲縣吏，後仕郡，郡相孔融嘲儀，言「氏」字「民」無上，可改爲「是」，乃遂改焉。〔一〕後依劉繇，避亂江東。繇軍敗，儀徙會稽。

〔一〕徐衆評曰：古之建姓，或以所生，或以官號，或以祖名，皆有義體，以明氏族。故曰胙之以土而命之氏，此先王之典也，所以明本重始，彰示功德，子孫不忘也。今離文析字，横生忌諱，使儀易姓，忘本誣祖，不亦謬哉！教人易姓，從人改族，融既失之，儀又不得也。

孫權承攝大業，優文徵儀。到見親任，專典機密，拜騎都尉。呂蒙圖襲關羽，權以問儀，儀善其計，勸權聽之。從討羽，拜忠義校尉。儀陳謝，權令曰：「孤雖非趙簡子，卿安得不自屈爲周舍邪？」既定荆州，都武昌，拜裨將軍，後封都亭侯，守侍中。欲復授兵，儀自以非材，固辭不受。黄武中，遣儀之皖就將軍劉邵，欲誘致曹休。休到，大破之，遷偏將軍，入闕省尚書事，外總平諸官，兼領辭訟，又令教諸公子書學。

大駕東遷，太子登留鎮武昌，使儀輔太子。太子敬之，事先諮詢，然後施行。進封都鄉侯。後從太子還建業，復拜侍中、中執法，平諸官事，領辭訟如舊。典校郎呂壹誣白故江夏太守刁嘉謗訕國政，權怒，收嘉繫獄，悉驗問。時同坐人皆怖畏壹，並言聞之，儀獨云無聞。於是見窮詰累日，詔旨轉厲，羣臣爲之屏息。儀對曰：「今刀鋸已在臣頸，臣何敢爲嘉隱諱，自取夷滅，爲不忠之鬼！顧以聞知當有本末。」據實答問，辭不傾移。權遂舍之，嘉亦得免。〔一〕

〔一〕徐衆評曰：是儀以羈旅異方，客仕吳朝，值讒邪殄行，當嚴毅之威，命縣漏刻，禍急危機，不雷同以害人，不苟免以傷義，可謂忠勇公正之士，雖祁奚之免叔向，慶忌之濟朱雲，何以尚之？忠不諂君，勇不懾聳，公不存私，正不黨邪，資此四德，加之以文敏，崇之以謙約，履之以和順，保傅二宮，存身愛名，不亦宜乎！

蜀相諸葛亮卒，權垂心西州，遣儀使蜀申固盟好。奉使稱意，後拜尚書僕射。

南、魯二宮初立，儀以本職領魯王傅。儀嫌二宮相近切，乃上疏曰：「臣竊以魯王天挺懿德，兼資文武，當今之宜，宜鎮四方，爲國藩輔。宣揚德美，廣耀威靈，乃國家之良規，海內所瞻望。但臣言辭鄙野，不能究盡其意。愚以二宮宜有降殺，正上下之序，明教化之本。」書三四上。爲傅盡忠，動輒規諫；事上勤，與人恭。

不治產業，不受施惠，爲屋舍財足自容。鄰家有起大宅者，權出望見，問起大室者誰，左右對曰：「似是儀家也。」權曰：「儀儉，必非也。」問果他家。其見知信如此。服不精細，食不重膳，拯贍貧困，家無儲畜。權聞之，幸儀舍，求視蔬飯，親嘗之，對之歎息，卽增俸賜，益田宅。儀累辭讓，以恩爲戚。

時時有所進達，未嘗言人之短。權常責儀以不言事，無所是非，儀對曰：「聖主在上，臣下守職，懼於不稱，實不敢以愚管之言，上干天聽。」

事國數十年，未嘗有過。呂壹歷白將相大臣，或一人以罪聞者數四，獨無以白儀。權歎曰：「使人盡如是儀，當安用科法爲？」

及寢疾，遺令素棺，斂以時服，務從省約，年八十一卒。

胡綜字偉則，汝南固始人也。少孤，母將避難江東。孫策領會稽太守，綜年十四，爲門下循行，留吳與孫權共讀書。策薨，權爲討虜將軍，以綜爲金曹從事，從討黃祖，拜鄂長。權爲車騎將軍，都京，召綜還，爲書部，與是儀、徐詳俱典軍國密事。劉備下白帝，權以見兵少，使綜料諸縣，得六千人，立解煩兩部，詳領左部、綜領右部督。吳將晉宗叛歸魏，魏以宗爲蘄春太守，去江數百里，數爲寇害。權使綜與賀齊輕行掩襲，生虜得宗，加建武中郎將。

魏拜權爲吳王，封綜、儀、詳皆爲亭侯。

黃武八年夏，黃龍見夏口，於是權稱尊號，因瑞改元。又作黃龍大牙，常在中軍，諸軍進退，視其所向，命綜作賦曰：

乾坤肇立，三才是生。狼弧垂象，實惟兵精。聖人觀法，是效是營，始作器械，爰求厥成。黃、農創代，拓定皇基，上順天心，下息民災。高辛誅共，舜征有苗，啓有甘師，湯有鳴條。周之牧野，漢之垓下，靡不由兵，克定厥緒。明明大吳，實天生德，神武是經，惟皇之極。乃自在昔，黃、虞是祖，越歷五代，繼世在下。應期受命，發迹南土，將恢大繇，革我區夏。乃律天時，制爲神軍，取象太一，五將三門；疾則如電，遲則如雲，進止有度，約而不煩。四靈既布，黃龍處中，周制日月，實曰太常，桀然特立，六軍所望。仙人在上，鑒觀四方，神實使之，爲國休祥。軍欲轉向，黃龍先移，金鼓不鳴，寂然變施，闇謨若神，可謂祕奇。在昔周室，赤烏銜書，今也大吳，黃龍吐符。合契河洛，動與道俱，天贊人和，僉曰惟休。

蜀聞權踐阼，遣使重申前好。綜爲盟文，文義甚美，語在權傳。

權下都建業，詳、綜並爲侍中，進封鄉侯，兼左右領軍。時魏降人或云魏都督河北振威將軍吳質，頗見猜疑，綜乃僞爲質作降文三條：

其一曰：「天綱弛絕，四海分崩，羣生憔悴，士人播越，兵寇所加，邑無居民，風塵煙火，往往而處，自三代以來，大亂之極，未有若今時者也。臣質志薄，處時無方，繫於土壤，不能翻飛，遂爲曹氏執事戎役，遠處河朔，天衢隔絕，雖望風慕義，思託大命，媿無因緣，得展其志。每往來者，竊聽風化，伏知陛下齊德乾坤，同明日月，神武之姿，受之自然，敷演皇極，流化萬里，自江以南，戶受覆燾。英雄俊傑，上達之士，莫不心歌腹詠，樂在歸附者也。今年六月末，奉聞吉日，龍興踐阼，恢弘大繇，整理天綱，將使遺民，覩見定主。昔武王伐殷，殷民倒戈；高祖誅項，四面楚歌。方之今日，未足以喩。臣質不勝昊天至願，謹遣所親同郡黃定恭行奉表，及託降叛，閒關求達，其欲所陳，載列于左。」

其二曰：「昔伊尹去夏入商，陳平委楚歸漢，書功竹帛，遺名後世，世主不謂之背誕者，以爲知天命也。臣昔爲曹氏所見交接，外託君臣，內如骨肉，恩義綢繆，有合無離，遂受偏方之任，總河北之軍。當此之時，志望高大，永與曹氏同死俱生，惟恐功之不建，事之不成耳。及曹氏之亡，後嗣繼立，幼沖統政，讒言彌興。同儕者以勢相害，異趣者得閒其言，而臣受性簡略，素不下人，視彼數子，意實迫之。此亦臣之過也，遂爲邪議所見搆會，招致猜疑，誣臣欲叛。雖識眞者保明其心，世亂讒勝，餘嫌猶在，常懼一旦橫受無辜，憂心孔疚，如履冰炭。昔樂毅爲燕昭王立功於齊，惠王卽位，疑奪其任，遂去燕之趙，休烈不虧。彼豈欲二三其德，蓋畏功名不建，而懼禍之將及也。昔遣魏郡周光以賈販爲名，託叛南詣，宣達密計。時以倉卒，未敢便有章表，使光口傳而已。以爲天下大歸可見，天意所在，非吳復誰？此方之民，思爲臣妾，延頸舉踵，惟恐兵來之遲耳。若使聖恩少加信納，當以河北承望王師，(疑)〔款〕心赤實，天日是鑒。而光去經年，不聞咳唾，未審此意竟得達不？瞻望長歎，日月以幾，魯望高子，何足以喻！又臣今日見待稍薄，蒼蠅之聲，緜緜不絕，必受此禍，遲速事耳。臣私度陛下未垂明慰者，必以臣質貫穿仁義之道，不行若此之事，謂光所傳，多虛少實，或謂此中有他消息，不知臣質搆讒見疑，恐受大害也。且臣質若有罪之日，自當奔赴鼎鑊，束身待罪，此蓋人臣之宜也。今日無罪，橫見譖毁，將有商鞅、白起之禍。尋惟事勢，去亦宜也。死而弗義，不去何爲！樂毅之出，吳起之走，君子傷其不遇，未有非之者也。願陛下推古況今，不疑怪於臣質也。又念人臣獲罪，當如伍員奉己自效，不當徼幸因事爲利。然今與古，厥勢不同，南北悠遠，江湖隔絕，自不舉事，何得濟免！是以忘志士之節，而思立功之義也。且臣質又以曹氏之嗣，非天命所在，政弱刑亂，柄奪於臣，諸將專威於外，各自爲政，莫或同心，士卒衰耗，帑藏空虛，綱紀毁廢，上下並昏，想前後數得降叛，具聞此問，兼弱攻昧，宜應天時，此實陛下進取之秋。是以區區敢獻其計。今若內兵淮、泗，據有下邳，荆、揚二州，聞聲響應，臣從河北席卷而南，形勢一連，根牙永固。關西之兵繫於所衞，青、徐二州不敢徹守，許、洛餘兵衆不滿萬，誰能來東與陛下爭者？此誠千載一會之期，可不深思而熟計乎！及臣所在，既自多馬，加以羌胡常以三四月中美草時，驅馬來出，隱度今者，可得三千餘匹。陛下出軍，當投此時，多將騎士來就馬耳。此皆先定所一二知。凡兩軍不能相究虛實，今此間實羸，易可克定，陛下舉動，應者必多。上定洪業，使普天一統，下令臣質建非常之功，此乃天也。若不見納，此亦天也。願陛下思之，不復多陳。」

其三曰：「昔許子遠舍袁就曹，規畫計較，應見納受，遂破袁軍，以定曹業。向使曹氏不信子遠，懷疑猶豫，不決於心，則今天下袁氏有也。願陛下思之。閒聞界上將閻浮、趙楫欲歸大化，唱和不速，以取破亡。今臣款款，遠授其命，若復懷疑，不時舉動，令臣孤絕，受此厚禍，卽恐天下雄夫烈士欲立功者，不敢復託命陛下矣。願陛下思之。皇天后土，實聞其言。」此文既流行，而質已入爲侍中矣。

二年，青州人隱蕃歸吳，上書曰：「臣聞紂爲無道，微子先出；高祖寬明，陳平先入。臣年二十二，委棄封域，歸命有道，賴蒙天靈，得自全致。臣至止有日，而主者同之降人，未見精別，使臣微言妙旨，不得上達。於邑三歎，曷惟其已。謹詣闕拜章，乞蒙引見。」權卽召入。蕃謝答問，及陳時務，甚有辭觀。綜時侍坐，權問何如，綜對曰：「蕃上書，大語有似東方朔，巧捷詭辯有似禰衡，而才皆不及。」權又問可堪何官，綜對曰：「未可以治民，且試以都輦小職。」權以蕃盛論刑獄，用爲廷尉監。左將軍朱據、廷尉郝普稱蕃有王佐之才，普尤與之親善，常怨歎其屈。後蕃謀叛，事覺伏誅，〔一〕普見責自殺。據禁止，歷時乃解。拜綜偏將軍，兼左執法，領辭訟。遼東之事，輔吳將軍張昭以諫權言辭切至，權亦大怒，其和協彼此，使之無隙，綜有力焉。

〔一〕吳錄曰：蕃有口才，魏明帝使詐叛如吳，令求作廷尉職，重案大臣以離間之。既爲廷尉監，衆人以據、普與蕃親善，常車馬雲集，賓客盈堂。及至事覺，蕃亡走，捕得，考問黨與，蕃無所言。吳主使將入，謂曰：「何乃以肌肉爲人受毒乎？」蕃曰：「孫君，丈夫圖事，豈有無伴！烈士死，不足相牽耳。」遂閉口而死。

吳歷曰：權問普：「卿前盛稱蕃，又爲之怨望朝廷，使蕃反叛，皆卿之由。」

性嗜酒，酒後歡呼極意，或推引杯觴，搏擊左右。權愛其才，弗之責也。

凡自權統事，諸文誥策命，鄰國書符，略皆綜之所造也。初以內外多事，特立科，長吏遭喪，皆不得去，而數有犯者。權患之，使朝臣下議。綜議以爲宜定科文，示以大辟，行之一人，其後必絕。遂用綜言，由是奔喪乃斷。

赤烏六年卒，子沖嗣。沖平和有文幹，天紀中爲中書令。〔一〕

〔一〕吳錄曰：沖後仕晉尚書郎、吳郡太守。

徐詳者字子明，吳郡烏程人也，先綜死。

評曰：是儀、徐詳、胡綜，皆孫權之時幹興事業者也。儀清恪貞素，詳數通使命，綜文采才用，各見信任，辟之廣夏，其榱椽之佐乎！

三國志卷六十三　吳書十八

吳範劉惇趙達傳第十八

吳範字文則，會稽上虞人也。以治曆數，知風氣，聞於郡中。舉有道，詣京都，世亂不行。會孫權起於東南，範委身服事，每有災祥，輒推數言狀，其術多效，遂以顯名。

初，權在吳，欲討黃祖，範曰：「今茲少利，不如明年。明年戊子，荊州劉表亦身死國亡。」權遂征祖，卒不能克。明年，軍出，行及尋陽，範見風氣，因詣船賀，催兵急行，至即破祖，祖得夜亡。權恐失之，範曰：「未遠，必生禽祖。」至五更中，果得之。劉表竟死，荊州分割。

及壬辰歲，範又白言：「歲在甲午，劉備當得益州。」後呂岱從蜀還，遇之白帝，說備部衆離落，死亡且半，事必不克。權以難範，範曰：「臣所言者天道也，而岱所見者人事耳。」備卒得蜀。

權與呂蒙謀襲關羽，議之近臣，多曰不可。權以問範，範曰：「得之。」後羽在麥城，使使請降。權問範曰：「竟當降否？」範曰：「彼有走氣，言降詐耳。」權使潘璋邀其徑路，覘候者還，白羽已去。範曰：「雖去不免。」問其期，曰：「明日日中。」權立表下漏以待之。及中不至，權問其故，範曰：「時尚未正中也。」頃之，有風動帷，範拊手曰：「羽至矣。」須臾，外稱萬歲，傳言得羽。

後權與魏爲好，範曰：「以風氣言之，彼以貌來，其實有謀，宜爲之備。」劉備盛兵西陵，範曰：「後當和親。」終皆如言。其占驗明審如此。

權以範爲騎都尉，領太史令，數從訪問，欲知其決。範祕惜其術，不以至要語權。權由是恨之。〔一〕

〔一〕吳錄曰：範獨心計，所以見重者術，術亡則身棄矣，故終不言。

初，權爲將軍時，範嘗白言江南有王氣，亥子之間有大福慶。權曰：「若終如言，以君爲侯。」及立爲吳王，範時侍宴，曰：「昔在吳中，嘗言此事，大王識之邪？」權曰：「有之。」因呼左右，以侯綬帶範。範知權欲以厭當前言，輒手推不受。及後論功行封，以範爲都亭侯。詔臨當出，權恚其愛道於己也，削除其名。

範爲人剛直，頗好自稱，然與親故交接有終始。素與魏滕同邑相善。滕嘗有罪，權責怒甚嚴，敢有諫者死，範謂滕曰：「與汝偕死。」滕曰：「死而無益，何用死爲？」範曰：「安能慮此，坐觀汝邪？」乃髡頭自縛詣門下，使鈴下以聞。鈴下不敢，曰：「必死，不敢白。」範曰：「汝有子邪？」曰：「有。」曰：「使汝爲吳範死，子以屬我。」鈴下曰：「諾。」乃排閤入。言未卒，權大怒，欲便投以戟。逡巡走出，範因突入，叩頭流血，言與涕並。良久，權意釋，乃免滕。滕見範謝曰：「父母能生長我，不能免我於死。丈夫相知，如汝足矣，何用多爲！」〔一〕

〔一〕會稽典錄曰：滕字周林，祖父河內太守朗，字少英，列在八俊。滕性剛直，行不苟合，雖遭困偪，終不迴撓。初亦迕策，幾殆，賴太妃救得免，語見妃嬪傳。歷（歷山）〔歷陽〕、（潘陽）〔鄱陽〕、山陰三縣令，鄱陽太守。

黃武五年，範病卒。長子先死，少子尚幼，於是業絕。權追思之，募三州有能舉知術數如吳範、趙達者，封千戶侯，卒無所得。〔一〕

〔一〕吳錄曰：範先知其死日，謂權曰：「陛下某日當喪軍師。」權曰：「吾無軍師，焉得喪之？」範曰：「陛下出軍臨敵，須臣言而後行，臣乃陛下之軍師也。」至其日果卒。

臣松之案，範死時，權未稱帝，此云陛下，非也。

劉惇字子仁，平原人也。遭亂避地，客遊廬陵，事孫輔。以明天官達占數顯於南土。每有水旱寇賊，皆先時處期，無不中者。輔異焉，以爲軍師，軍中咸敬事之，號曰神明。

建安中，孫權在豫章，時有星變，以問惇，惇曰：「災在丹楊。」權曰：「何如？」曰：「客勝主人，到某日當得問。」是時邊鴻作亂，卒如惇言。

惇於諸術皆善，尤明太乙，皆能推演其事，窮盡要妙，著書百餘篇，名儒刁玄稱以爲奇。惇亦寶愛其術，不以告人，故世莫得而明也。

趙達，河南人也。少從漢侍中單甫受學，用思精密，謂東南有王者氣，可以避難，故脫身渡江。治九宮一算之術，究其微旨，是以能應機立成，對問若神，至計飛蝗，射隱伏，無不中效。或難達曰：「飛者固不可校，誰知其然，此殆妄耳。」達使其人取小豆數斗，播之席上，立處其數，驗覆果信。嘗過知故，知故爲之具食。食畢，謂曰：「倉卒乏酒，又無嘉肴，無以敍意，如何？」達因取盤中隻箸，再三從横之，乃言：「卿東壁下有美酒一斛，又有鹿肉三斤，何以辭無？」時坐有他賓，內得主人情，主人慚曰：「以卿善射有無，欲相試耳，竟效如此。」遂出酒酣飲。又有書簡上作千萬數，著空倉中封之，令達算之。達處如數，云：「但有名無實。」其精微若是。

達寶惜其術，自闞澤、殷禮皆名儒善士，親屈節就學，達祕而不告。太史丞公孫滕少師事達，勤苦累年，達許教之者有年數矣，臨當喻語而輒復止。滕他日齎酒具，候顏色，拜跪而請，達曰：「吾先人得此術，欲圖爲帝王師，至仕來三世，不過太史郎，誠不欲復傳之。且此術微妙，頭乘尾除，一算之法，父子不相語。然以子篤好不倦，今眞以相授矣。」飲酒數行，達起取素書兩卷，大如手指，達曰：「當寫讀此，則自解也。吾久廢，不復省之，今欲思論一過，數日當以相與。」滕如期往，至乃陽求索書，驚言失之，云：「女壻昨來，必是渠所竊。」遂從此絕。

初孫權行師征伐，每令達有所推步，皆如其言。權問其法，達終不語，由此見薄，祿位不至。〔一〕

〔一〕吳書曰：初，權卽尊號，令達算作天子之後，當復幾年？達曰：「高祖建元十二年，陛下倍之。」權大喜，左右稱萬歲。果如達言。

達常笑謂諸星氣風術者曰：「當迴算帷幕，不出戶牖以知天道，而反晝夜暴露以望氣祥，不亦難乎！」閒居無爲，引算自校，乃歎曰：「吾算訖盡某年月日，其終矣。」達妻數見達效，聞而哭泣。達欲弭妻意，乃更步算，言：「向者謬誤耳，尚未也。」後如期死。權聞達有書，求之不得，乃錄問其女，及發棺無所得，法術絕焉。〔一〕

〔一〕吳錄曰：皇象字休明，廣陵江都人。幼工書。時有張子並、陳梁甫能書。甫恨逋，並恨峻，象斟酌其閒，甚得其妙，中國善書者不能及也。嚴武字子卿，衞尉畯再從子也，圍棊莫與爲輩。宋壽占夢，十不失一。曹不興善畫，權使畫屏風，誤落筆點素，因就以作蠅。既進御，權以爲生蠅，舉手彈之。孤城鄭嫗能相人，及範、惇、達八人，世皆稱妙，謂之八絕云。

晉陽秋曰：吳有葛衡字思真，明達天官，能爲機巧，作渾天，使地居于中，以機動之，天轉而地止，以上應晷度。

評曰：三子各於其術精矣，其用思妙矣，然君子等役心神，宜於大者遠者，是以有識之士，舍彼而取此也。〔一〕

〔一〕孫盛曰：夫玄覽未然，逆鑒來事，雖裨竈、梓慎其猶病諸，況術之下此者乎？吳史書達知東南當有王氣，故輕舉濟江。魏承漢緒，受命中畿，達不能豫覩兆萌，而流竄吳越。又不知吝術之鄙，見薄於時，安在其能逆覩天道而審帝王之符瑞哉？昔聖王觀天地之文，以畫八卦之象，故亹亹成於蓍策，變化形乎六爻，是以三易雖殊，卦繇理一，安有迴轉一籌，可以鉤深測隱，意對逆占，而能遂知來物者乎？流俗好異，妄設神奇，不幸之中，仲尼所棄，是以君子志其大者，無所取諸。

臣松之以爲盛云「君子志其大者，無所取諸」，故評家之旨，非新聲也。其餘所譏，則皆爲非理。自中原酷亂，至于建安，數十年間，生民殆盡，比至小康，皆百死之餘耳。江左雖有兵革，不能如中國之甚也，焉知達不算其安危，知禍有多少，利在東南，以全其身乎？而責不知魏氏將興，流播吳越，在京房之籌，猶不能自免刑戮，況達但以祕術見薄，在悔吝之間乎！古之道術，蓋非一方，探賾之功，豈惟六爻，苟得其要，則可以易而知之矣。迴轉一籌，胡足怪哉？達之推算，窮其要妙以知幽測隱，何愧于古！而以裨、梓限之，謂達爲妄，非篤論也。

抱朴子曰：時有葛仙公者，每飲酒醉，常入人家門前陂水中臥，竟日乃出。曾從吳主別，到洌州，還遇大風，百官船多沒，仙公船亦沉淪，吳主甚悵恨。明日使人鉤求公船，而登高以望焉。久之，見公步從水上來，衣履不沾，而有酒色。既見而言曰：「臣昨侍從而伍子胥見請，暫過設酒，忽忽不得，即委之。」又有姚光者，有火術。吳主身臨試之，積荻數千束，使光坐其上，又以數千束荻裹之，因猛風而燔之。荻了盡，謂光當以化爲燼，而光端坐灰中，振衣而起，把一卷書。吳主取其書視之，不能解也。

又曰：吳景帝有疾，求覡視者，得一人。景帝欲試之，乃殺鵝而埋於苑中，架小屋，施牀几，以婦人屐履服物著其上，乃使覡視之。告曰：「若能說此冢中鬼婦人形狀者，當加賞而即信矣。」竟日盡夕無言，帝推問之急，乃曰：「實不見有鬼，但見一頭白鵝立墓上，所以不即白之，疑是鬼神變化作此相，當候其眞形而定。無復移易，不知何故，不敢不以實上聞。」景帝乃厚賜之。然則鵝死亦有鬼也。

葛洪神仙傳曰：仙人介象，字元則，會稽人，有諸方術。吳主聞之，徵象到武昌，甚敬貴之，稱爲介君，爲起宅，以御帳給之，賜遺前後累千金，從象學蔽形之術。試還後宮，及出殿門，莫有見者。又使象作變化，種瓜菜百果，皆立生可食。吳主共論鱠魚何者最美，象曰：「鯔魚爲上。」吳主曰：「論近道魚耳，此出海中，安可得邪？」象曰：「可得耳。」乃令人於殿庭中作方埳，汲水滿之，并求鉤。象起餌之，垂綸於埳中。須臾，果得鯔魚。吳主驚喜，問象曰：「可食不？」象曰：「故爲陛下取以作生鱠，安敢取不可食之物！」乃使廚下切之。吳主曰：「聞蜀使來，得蜀薑作齏甚好，恨爾時無此。」象曰：「蜀薑豈不易得，願差所使者，并付直。」吳主指左右一人，以錢五十付之。象書一符，以著青竹杖中，使行人閉目騎杖，杖止，便買薑訖，復閉目。此人承其言騎杖，須臾止，已至成都，不知是何處，問人，人言是蜀市中，乃買薑。于時吳使張溫先在蜀，既於市中相識，甚驚，便作書寄其家。此人買薑畢，捉書負薑，騎杖閉目，須臾已還到吳，廚下切鱠適了。

臣松之以爲葛洪所記，近爲惑衆，其書文頗行世，故撮取數事，載之篇末也。神仙之術，詎可測量，臣之臆斷，以爲惑衆，所謂夏蟲不知冷冰耳。

三國志卷六十四　吳書十九

諸葛滕二孫濮陽傳第十九

諸葛恪字元遜，瑾長子也。少知名。〔一〕弱冠拜騎都尉，與顧譚、張休等侍太子登講論道藝，並爲賓友。從中庶子轉爲左輔都尉。

〔一〕江表傳曰：恪少有才名，發藻岐嶷，辯論應機，莫與爲對。權見而奇之，謂瑾曰：「藍田生玉，眞不虛也。」

吳錄曰：恪長七尺六寸，少鬚眉，折頞廣額，大口高聲。

恪父瑾面長似驢，孫權大會羣臣，使人牽一驢入，長檢其面，題曰諸葛子瑜。恪跪曰：「乞請筆益兩字。」因聽與筆。恪續其下曰「之驢」。舉坐歡笑，乃以驢賜恪。他日復見，權問恪曰：「卿父與叔父孰賢？」對曰：「臣父爲優。」權問其故，對曰：「臣父知所事，叔父不知，以是爲優。」權又大噱。命恪行酒，至張昭前，昭先有酒色，不肯飲，曰：「此非養老之禮也。」權曰：「卿其能令張公辭屈，乃當飲之耳。」恪難昭曰：「昔師尚父九十，秉旄仗鉞，猶未告老也。今軍旅之事，將軍在後，酒食之事，將軍在先，何謂不養老也？」昭卒無辭，遂爲盡爵。後蜀使至，羣臣並會，權謂使曰：「此諸葛恪雅好騎乘，還告丞相，爲致好馬。」恪因下謝，權曰：「馬未至而謝何也？」恪對曰：「夫蜀者陛下之外廄，今有恩詔，馬必至也，安敢不謝？」恪之才捷，皆此類也。〔一〕權甚異之，欲試以事，令守節度。節度掌軍糧穀，文書繁猥，非其好也。〔二〕

〔一〕恪別傳曰：權嘗饗蜀使費禕，先逆敕羣臣：「使至，伏食勿起。」禕至，權爲輟食，而羣下不起。禕啁之曰：「鳳皇來翔，騏驎吐哺，驢騾無知，伏食如故。」恪答曰：「爰植梧桐，以待鳳皇，有何燕雀，自稱來翔？何不彈射，使還故鄉！」禕停食餅，索筆作麥賦，恪亦請筆作磨賦，咸稱善焉。權嘗問恪：「頃何以自娛，而更肥澤？」恪對曰：「臣聞富潤屋，德潤身，臣非敢自娛，脩己而已。」又問：「卿何如滕胤？」恪答曰：「登階躡履，臣不如胤；迴籌轉策，胤不如臣。」恪嘗獻權馬，先鑴其耳。范慎時在坐，嘲恪曰：「馬雖大畜，稟氣於天，今殘其耳，豈不傷仁？」恪答曰：「母之於女，恩愛至矣，穿耳附珠，何傷於仁？」太子嘗嘲恪：「諸葛元遜可食馬矢。」恪曰：「願太子食雞卵。」權曰：「人令卿食馬矢，卿使人食雞卵何也？」恪曰：「所出同耳。」權大笑。

江表傳曰：曾有白頭鳥集殿前，權曰：「此何鳥也？」恪曰：「白頭翁也。」張昭自以坐中最老，疑恪以鳥戲之，因曰：「恪欺陛下，未嘗聞鳥名白頭翁者，試使恪復求白頭母。」恪曰：「鳥名鸚母，未必有對，試使輔吳復求鸚父。」昭不能答，坐中皆歡笑。

〔二〕江表傳曰：權爲吳王，初置節度官，使典掌軍糧，非漢制也。初用侍中偏將軍徐詳，詳死，將用恪。諸葛亮聞恪代詳，書與陸遜曰：「家兄年老，而恪性疏，今使典主糧穀，糧穀軍之要最，僕雖在遠，竊用不安。足下特爲啓至尊轉之。」遜以白權，即轉恪領兵。

恪以丹楊山險，民多果勁，雖前發兵，徒得外縣平民而已，其餘深遠，莫能禽盡，屢自求乞爲官出之，三年可得甲士四萬。衆議咸以丹楊地勢險阻，與吳郡、會稽、新都、鄱陽四郡鄰接，周旋數千里，山谷萬重，其幽邃民人，未嘗入城邑，對長吏，皆仗兵野逸，白首於林莽。逋亡宿惡，咸共逃竄。山出銅鐵，自鑄甲兵。俗好武習戰，高尚氣力，其升山赴險，抵突叢棘，若魚之走淵，猨狖之騰木也。時觀閒隙，出爲寇盜，每致兵征伐，尋其窟藏。其戰則蠭至，敗則鳥竄，自前世以來，不能羈也。皆以爲難。恪父瑾聞之，亦以事終不逮，歎曰：「恪不大興吾家，將大赤吾族也。」恪盛陳其必捷。權拜恪撫越將軍，領丹楊太守，授棨戟武騎三百。拜畢，命恪備威儀，作鼓吹，導引歸家，時年三十二。

恪到府，乃移書四郡屬城長吏，令各保其疆界，明立部伍，其從化平民，悉令屯居。乃分內諸將，羅兵幽阻，但繕藩籬，不與交鋒，候其穀稼將熟，輒縱兵芟刈，使無遺種。舊穀既盡，新田不收，平民屯居，略無所入，於是山民飢窮，漸出降首。恪乃復敕下曰：「山民去惡從化，皆當撫慰，徙出外縣，不得嫌疑，有所執拘。」臼陽長胡伉得降民周遺，遺舊惡民，困迫暫出，內圖叛逆，伉縛送（言）〔諸〕府。恪以伉違教，遂斬以徇，以狀表上。民聞伉坐執人被戮，知官惟欲出之而已，於是老幼相攜而出，歲期，人數皆如本規。恪自領萬人，餘分給諸將。

權嘉其功，遣尚書僕射薛綜勞軍。綜先移恪等曰：「山越恃阻，不賓歷世，緩則首鼠，急則狼顧。皇帝赫然，命將西征，神策內授，武師外震。兵不染鍔，甲不沾汗。元惡既梟，種黨歸義，蕩滌山藪，獻戎十萬。野無遺寇，邑罔殘姦。既埽兇慝，又充軍用。藜蓧稂莠，化爲善草，魑魅魍魎，更成虎士。雖實國家威靈之所加，亦信元帥臨履之所致也。雖詩美執訊，易嘉折首，周之方、召，漢之衞、霍，豈足以談？功軼古人，勳超前世。主上歡然，遙用歎息。感四牡之遺典，思飲至之舊章。故遣中臺近官，迎致犒賜，以旌茂功，以慰劬勞。」拜恪威北將軍，封都鄉侯。恪乞率衆佃廬江、皖口，因輕兵襲舒，掩得其民而還。復遠遣斥候，觀相徑要，欲圖壽春，權以爲不可。

赤烏中，魏司馬宣王謀欲攻恪，權方發兵應之，望氣者以爲不利，於是徙恪屯於柴桑。與丞相陸遜書曰：「楊敬叔傳述清論，以爲方今人物彫盡，守德業者不能復幾，宜相左右，更爲輔車，上熙國事，下相珍惜。又疾世俗好相謗毀，使已成之器，中有損累；將進之徒，意不歡笑。聞此喟然，誠獨擊節。愚以爲君子不求備於一人，自孔氏門徒大數三千，其見異者七十二人，至于子張、子路、子貢等七十之徒，亞聖之德，然猶各有所短，師辟由喭，賜不受命，豈況下此而無所闕？且仲尼不以數子之不備而引以爲友，不以人所短棄其所長也。加以當今取士，宜寛於往古，何者？時務從横，而善人單少，國家職司，常苦不充。苟令性不邪惡，志在陳力，便可奬就，騁其所任。若於小小宜適，私行不足，皆宜闊略，不足纏責。且士誠不可纖論苛克，苛克則彼賢聖猶將不全，況其出入者邪？故曰以道望人則難，以人望人則易，賢愚可知。自漢末以來，中國士大夫如許子將輩，所以更相謗訕，或至於禍，原其本起，非爲大讎，惟坐克己不能盡如禮，而責人專以正義。夫己不如禮，則人不服。責人以正義，則人不堪。内不服其行，外不堪其責，則不得不相怨。相怨一生，則小人得容其間。得容其間，則三至之言，浸潤之譖，紛錯交至，雖使至明至親者處之，猶難以自定，況己爲隙，且未能明者乎？是故張、陳至於血刃，蕭、朱不終其好，本由於此而已。夫不舍小過，纖微相責，久乃至於家戶爲怨，一國無復全行之士也。」恪知遜以此嫌己，故遂廣其理而贊其旨也。會遜卒，恪遷大將軍，假節，駐武昌，代遜領荆州事。

久之，權不豫，而太子少，乃徵恪以大將軍領太子太傅，中書令孫弘領少傅。權疾困，召恪、弘及太常滕胤、將軍呂據、侍中孫峻，屬以後事。〔一〕

〔一〕吳書曰：權寢疾，議所付託。時朝臣咸皆注意於恪，而孫峻表恪器任輔政，可付大事。權嫌恪剛很自用，峻以當今朝臣皆莫及，遂固保之，乃徵恪。後引恪等見臥内，受詔牀下，權詔曰：「吾疾困矣，恐不復相見，諸事一以相委。」恪歔欷流涕曰：「臣等皆受厚恩，當以死奉詔，願陛下安精神，損思慮，無以外事爲念。」權詔有司諸事一統於恪，惟殺生大事然後以聞。爲治第館，設陪衞。羣官百司拜揖之儀，各有品敍。諸法令有不便者，條列以聞，權輒聽之。中外翕然，人懷歡欣。

翌日，權薨。弘素與恪不平，懼爲恪所治，祕權死問，欲矯詔除恪。峻以告恪，恪請弘咨事，於坐中誅之，乃發喪制服。與弟公安督融書曰：「今月十六日乙未，大行皇帝委棄萬國，羣下大小，莫不傷悼。至吾父子兄弟，並受殊恩，非徒凡庸之隸，是以悲慟，肝心圮裂。皇太子以丁酉踐尊號，哀喜交并，不知所措。吾身受顧命，輔相幼主，竊自揆度，才非博陸而受姬公負圖之託，懼忝丞相輔漢之效，恐損先帝委付之明，是以憂慚惶惶，所慮萬端。且民惡其上，動見瞻觀，何時易哉？今以頑鈍之姿，處保傅之位，艱多智寡，任重謀淺，誰爲脣齒？近漢之世，燕、蓋交遘，有上官之變，以身值此，何敢怡豫邪？又弟所在，與賊犬牙相錯，當於今時整頓軍具，率厲將士，警備過常，念出萬死，無顧一生，以報朝廷，無忝爾先。又諸將備守各有境界，猶恐賊虜聞諱，恣睢寇竊。邊邑諸曹，已別下約敕，所部督將，不得妄委所戍，徑來奔赴。雖懷愴怛不忍之心，公義奪私，伯禽服戎，若苟違戾，非徒小故。以親正疏，古人明戒也。」恪更拜太傅。於是罷視聽，息校官，原逋責，除關稅，事崇恩澤，衆莫不悅。恪每出入，百姓延頸，思見其狀。

初，權黃龍元年遷都建業，二年築東興隄遏湖水。後征淮南，敗以內船，由是廢不復脩。恪以建興元年十月會衆於東興，更作大隄，左右結山俠築兩城，各留千人，使全端、留略守之，引軍而還。魏以吳軍入其疆土，恥於受侮，命大將胡遵、諸葛誕等率衆七萬，欲攻圍兩塢，圖壞隄遏。恪興軍四萬，晨夜赴救。遵等敕其諸軍作浮橋度，陳於隄上，分兵攻兩城。城在高峻，不可卒拔。恪遣將軍留贊、呂據、唐咨、丁奉爲前部。時天寒雪，魏諸將會飲，見贊等兵少，而解置鎧甲，不持矛戟。但兜鍪刀楯，倮身緣遏，大笑之，不卽嚴兵。兵得上，便鼓譟亂斫。魏軍驚擾散走，爭渡浮橋，橋壞絕，自投於水，更相蹈藉。樂安太守桓嘉等同時并沒，死者數萬。故叛將韓綜爲魏前軍督，亦斬之。獲車乘牛馬驢騾各數千，資器山積，振旅而歸。進封恪陽都侯，加荊揚州牧，督中外諸軍事，賜金一百斤，馬二百匹，繒布各萬匹。

恪遂有輕敵之心，以十二月戰克，明年春，復欲出軍。〔一〕諸大臣以爲數出罷勞，同辭諫恪，恪不聽。中散大夫蔣延或以固爭，扶出。

〔一〕漢晉春秋曰：恪使司馬李衡往蜀說姜維，令同舉，曰：「古人有言，聖人不能爲時，時至亦不可失也。今敵政在私門，外內猜隔，兵挫於外，而民怨於內，自曹操以來，彼之亡形未有如今者也。若大舉伐之，使吳攻其東，漢入其西，彼救西則東虛，重東則西輕，以練實之軍，乘虛輕之敵，破之必矣。」維從之。

恪乃著論諭衆意曰：「夫天無二日，土無二王，王者不務兼并天下而欲垂祚後世，古今未之有也。昔戰國之時，諸侯自恃兵彊地廣，互有救援，謂此足以傳世，人莫能危。恣情從懷，憚於勞苦，使秦漸得自大，遂以并之，此既然矣。近者劉景升在荊州，有衆十萬，財穀如山，不及曹操尚微，與之力競，坐觀其彊大，吞滅諸袁。北方都定之後，操率三十萬衆來向荊州，當時雖有智者，不能復爲畫計，於是景升兒子，交臂請降，遂爲囚虜。凡敵國欲相吞，即仇讎欲相除也。有讎而長之，禍不在己，則在後人，不可不爲遠慮也。昔伍子胥曰：『越十年生聚，十年教訓，二十年之外，吳其爲沼乎！』夫差自恃彊大，聞此邈然，是以誅子胥而無備越之心，至於臨敗悔之，豈有及乎？越小於吳，尚爲吳禍，況其彊大者邪？昔秦但得關西耳，尚以并吞六國，今賊皆得秦、趙、韓、魏、燕、齊九州之地，地悉戎馬之鄉，士林之藪。今以魏比古之秦，土地數倍；以吳與蜀比古六國，不能半之。然今所以能敵之，但以操時兵衆，於今適盡，而後生者未悉長大，正是賊衰少未盛之時。加司馬懿先誅王淩，續自隕斃，其子幼弱，而專彼大任，雖有智計之士，未得施用。當今伐之，是其厄會。聖人急於趨時，誠謂今日若順衆人之情，懷偷安之計，以爲長江之險可以傳世，不論魏之終始，而以今日遂輕其後，此吾所以長歎息者也。自（本）〔古〕以來，務在產育，今者賊民歲月繁滋，但以尚小，未可得用耳。若復十數年後，其衆必倍於今，而國家勁兵之地，皆已空盡，唯有此見衆可以定事。若不早用之，端坐使老，復十數年，略當損半，而見子弟數不足言。若賊衆一倍，而我兵損半，雖復使伊、管圖之，未可如何。今不達遠慮者，必以此言爲迂。夫禍難未至而豫憂慮，此固衆人之所迂也。及於難至，然後頓顙，雖有智者，又不能圖。此乃古今所病，非獨一時。昔吳始以伍員爲迂，故難至而不可救。劉景升不能慮十年之後，故無以詒其子孫。今恪無具臣之才，而受大吳蕭、霍之任，智與衆同，思不經遠，若不及今日爲國斥境，俛仰年老，而讎敵更彊，欲刎頸謝責，寧有補邪？今聞衆人或以百姓尚貧，欲務閑息，此不知慮其大危，而愛其小勤者也。昔漢祖幸已自有三秦之地，何不閉關守險，以自娛樂，空出攻楚，身被創痍，介胄生蟣蝨，將士厭困苦，豈甘鋒刃而忘安寧哉？慮於長久不得兩存者耳！每覽荆邯說公孫述以進取之圖，近見家叔父表陳與賊爭競之計，未嘗不喟然歎息也。夙夜反側，所慮如此，故聊疏愚言，以達二三君子之末。若一朝隕歿，志畫不立，貴令來世知我所憂，可思於後。」衆皆以恪此論欲必爲之辭，然莫敢復難。

丹楊太守聶友素與恪善，書諫恪曰：「大行皇帝本有遏東關之計，計未施行。今公輔贊大業，成先帝之志，寇遠自送，將士憑賴威德，出身用命，一旦有非常之功，豈非宗廟神靈社稷之福邪！宜且案兵養銳，觀釁而動。今乘此勢，欲復大出，天時未可。而苟任盛意，私心以爲不安。」恪題論後，爲書答友曰：「足下雖有自然之理，然未見大數。熟省此論，可以開悟矣。」於是違衆出軍，大發州郡二十萬衆，百姓騷動，始失人心。

恪意欲曜威淮南，驅略民人，而諸將或難之曰：「今引軍深入，疆埸之民，必相率遠遁，恐兵勞而功少，不如止圍新城。新城困，救必至，至而圖之，乃可大獲。」恪從其計，迴軍還圍新城。攻守連月，城不拔。士卒疲勞，因暑飲水，泄下流腫，病者大半，死傷塗地。諸營吏日白病者多，恪以爲詐，欲斬之，自是莫敢言。恪內惟失計，而恥城不下，忿形於色。將軍朱異有所是非，恪怒，立奪其兵。都尉蔡林數陳軍計，恪不能用，策馬奔魏。魏知戰士罷病，乃進救兵。恪引軍而去。士卒傷病，流曳道路，或頓仆坑壑，或見略獲，存亡忿痛，大小呼嗟。而恪晏然自若。出住江渚一月，圖起田於潯陽，詔召相銜，徐乃旋師。由此衆庶失望，而怨黷興矣。

秋八月軍還，陳兵導從，歸入府館。卽召中書令孫嘿，厲聲謂曰：「卿等何敢妄數作詔？」嘿惶懼辭出，因病還家。恪征行之後，曹所奏署，令長職司，一罷更選，愈治威嚴，多所罪責，當進見者，無不竦息。又改易宿衞，用其親近，復敕兵嚴，欲向青、徐。

孫峻因民之多怨，衆之所嫌，構恪欲爲變，與亮謀，置酒請恪。恪將見之夜，精爽擾動，通夕不寐。明將盥漱，聞水腥臭，侍者授衣，衣服亦臭。恪怪其故，易衣易水，其臭如初，意惆悵不悅。嚴畢趨出，犬銜引其衣，恪曰：「犬不欲我行乎？」還坐，頃刻乃復起，犬又銜其衣，恪令從者逐犬，遂升車。

初，恪將征淮南，有孝子著縗衣入其閤中，從者白之，令外詰問，孝子曰：「不自覺入。」時中外守備，亦悉不見，衆皆異之。出行之後，所坐廳事屋棟中折。自新城出住東興，有白虹見其船，還拜蔣陵，白虹復繞其車。

及將見，駐車宮門，峻已伏兵於帷中，恐恪不時入，事泄，自出見恪曰：「使君若尊體不安，自可須後，峻當具白主上。」欲以嘗知恪。恪答曰：「當自力入。」散騎常侍張約、朱恩等密書與恪曰：「今日張設非常，疑有他故。」恪省書而去。未出路門，逢太常滕胤，恪曰：「卒腹痛，不任入。」胤不知峻陰計，謂恪曰：「君自行旋未見，今上置酒請君，君已至門，宜當力進。」恪躊躇而還，劍履上殿，謝亮，還坐。設酒，恪疑未飲，峻因曰：「使君病未善平，當有常服藥酒，自可取之。」恪意乃安，別飲所齎酒。〔一〕酒數行，亮還內。峻起如廁，解長衣，著短服，出曰：「有詔收諸葛恪！」〔二〕恪驚起，拔劍未得，而峻刀交下。張約從旁斫峻，裁傷左手，峻應手斫約，斷右臂。武衞之士皆趨上殿，峻云：「所取者恪也，今已死。」悉令復刃，乃除地更飲。〔三〕

〔一〕吳歷曰：張約、朱恩密疏告恪，恪以示滕胤，胤勸恪還，恪曰：「峻小子何能爲邪！但恐因酒食中人耳。」乃以藥酒入。

孫盛評曰：恪與胤親厚，約等疏，非常大事，勢應示胤，共謀安危。然恪性强梁，加素侮峻，自不信，故入，豈胤微勸，便爲之冒禍乎？吳歷爲長。

〔二〕吳錄曰：峻提刀稱詔收恪，亮起立曰：「非我所爲！非我所爲！」乳母引亮還內。

吳歷云：峻先引亮入，然後出稱詔。與本傳同。

臣松之以爲峻欲稱詔，宜如本傳及吳歷，不得如吳錄所言。

〔三〕搜神記曰：恪入，已被殺，其妻在室，(語)使婢(語)曰：「汝何故血臭？」婢曰：「不也。」有頃愈劇，又問婢曰：「汝眼目視瞻，何以不常？」婢蹷然起躍，頭至于棟，攘臂切齒而言曰：「諸葛公乃爲孫峻所殺！」於是大小知恪死矣，而吏兵尋至。

志林曰：初權病篤，召恪輔政。臨去，大司馬呂岱戒之曰：「世方多難，子每事必十思。」恪答曰：「昔季文子三思而後行，夫子曰『再思可矣』，今君令恪十思，明恪之劣也。」岱無以答，當時咸謂之失言。虞喜曰：夫託以天下至重也，以人臣行主威至難也，兼二至而管萬機，能勝之者鮮矣。自非採納羣謀，詢于芻蕘，虛已受人，恆若不足，則功名不成，勳績莫著。況呂侯國之元耆，智度經遠，而甫以十思戒之，而便以示劣見拒，此元遜之疎，乃機神不俱者也。若因十思之義，廣諮當世之務，聞善速於雷動，從諫急於風移，豈得隕首殿堂，死凶豎之刃？世人奇其英辯，造次可觀，而哂呂侯無對爲陋，不思安危終始之慮，是樂春藻之繁華，而忘秋實之甘口也。昔魏人伐蜀，蜀人禦之，精嚴垂發，六軍雲擾，士馬擐甲，羽檄交馳，費禕時爲元帥，荷國任重，而與來敏圍棊，意無厭倦。敏臨別謂禕：「君必能辦賊者也。」言其明略內定，貌無憂色，況長寧以爲君子臨事而懼，好謀而成者。且蜀爲蕞爾之國，而方向大敵，所規所圖，唯守與戰，何可矜已有餘，晏然無戚？斯乃性之寬簡，不防細微，卒爲降人郭脩所害，豈非兆見於彼而禍成於此哉？往聞長寧之甄文偉，今覩元遜之逆呂侯，二事體同，故並而載之，可以鏡誡于後，永爲世鑒。

先是，童謠曰：「諸葛恪，蘆葦單衣篾鉤落，於何相求成子閤。」成子閤者，反語石子岡也。建業南有長陵，名曰石子岡，葬者依焉。鉤落者，校飾革帶，世謂之鉤絡帶。恪果以葦席裹其身而篾束其腰，投之於此岡。〔一〕

〔一〕吳錄曰：恪時年五十一。

恪長子綽，騎都尉，以交關魯王事，權遣付恪，令更教誨，恪鴆殺之。中子竦，長水校尉。少子建，步兵校尉。聞恪誅，車載其母而走。峻遣騎督劉承追斬竦於白都。建得渡江，欲北走魏，行數十里，爲追兵所逮。恪外甥都鄉侯張震及常侍朱恩等，皆夷三族。

初，竦數諫恪，恪不從，常憂懼禍。及亡，臨淮臧均表乞收葬恪曰：「臣聞震雷電激，不崇一朝，大風衝發，希有極日，然猶繼以雲雨，因以潤物，是則天地之威，不可經日浹辰，帝王之怒，不宜訖情盡意。臣以狂愚，不知忌諱，敢冒破滅之罪，以邀風雨之會。伏念故太傅諸葛恪得承祖考風流之烈，伯叔諸父遭漢祚盡，九州鼎立，分託三方，並履忠勤，熙隆世業。爰及於恪，生長王國，陶育聖化，致名英偉，服事累紀，禍心未萌，先帝委以伊、周之任，屬以萬機之事。恪素性剛愎，矜己陵人，不能敬守神器，穆靜邦內，興功暴師，未期三出，虛耗士民，空竭府藏，專擅國憲，廢易由意，假刑劫衆，大小屏息。侍中武衞將軍都鄉侯俱受先帝囑寄之詔，見其姦虐，日月滋甚，將恐蕩搖宇宙，傾危社稷，奮其威怒，精貫昊天，計慮先於神明，智勇百於荆、聶，躬持白刃，梟恪殿堂，勳超朱虛，功越東牟。國之元害，一朝大除，馳首徇示，六軍喜踊，日月增光，風塵不動，斯實宗廟之神靈，天人之同驗也。今恪父子三首，縣市積日，觀者數萬，詈聲成風。國之大刑，無所不震，長老孩幼，無不畢見。人情之於品物，樂極則哀生，見恪貴盛，世莫與貳，身處台輔，中間歷年，今之誅夷，無異禽獸，觀訖情反，能不憯然！且已死之人，與土壤同域，鑿掘斫刺，無所復加。願聖朝稽則乾坤，怒不極旬，使其鄉邑若故吏民，收以士伍之服，惠以三寸之棺。昔項籍受殯葬之施，韓信獲收斂之恩，斯則漢高發神明之譽也。惟陛下敦三皇之仁，垂哀矜之心，使國澤加於辜戮之骸，復受不已之恩，於以揚聲遐方，沮勸天下，豈不弘哉！昔欒布矯命彭越，臣竊恨之，不先請主上，而專名以肆情，其得不誅，實爲幸耳。今臣不敢章宣愚情，以露天恩，謹伏手書，冒昧陳聞，乞聖朝哀察。」於是亮、峻聽恪故吏斂葬，遂求之於石子岡。〔一〕

〔一〕江表傳曰：朝臣有乞爲恪立碑以銘其勳績者，博士盛沖以爲不應。孫休曰：「盛夏出軍，士卒傷損，無尺寸之功，不可謂能；受託孤之任，死於豎子之手，不可謂智。沖議爲是。」遂寢。

始恪退軍還，聶友知其將敗，書與滕胤曰：「當人彊盛，河山可拔，一朝羸縮，人情萬端，言之悲歎。」恪誅後，孫峻忌友，欲以爲鬱林太守，友發病憂死。友字文悌，豫章人也。〔一〕

〔一〕吳錄曰：友有脣吻，少爲縣吏。虞翻徙交州，縣令使友送之，翻與語而奇焉，爲書與豫章太守謝斐，令以爲功曹。郡時見有功曹，斐見之，問曰：「縣吏聶友，可堪何職？」對曰：「此人縣閒小吏耳，猶可堪曹佐。」斐曰：「論者以爲宜作功曹，君其避之。」乃用爲功曹。使至都，諸葛恪友之。時論謂顧子嘿、子直，其閒無所復容，恪欲以友居其閒，由是知名。後爲將，討儋耳，還拜丹楊太守，年三十三卒。

滕胤字承嗣，北海劇人也。伯父耽，父冑，與劉繇州里通家，以世擾亂，渡江依繇。孫權爲車騎將軍，拜耽右司馬，以寬厚稱，早卒，無嗣。冑善屬文，權待以賓禮，軍國書疏，常令損益潤色之，亦不幸短命。權爲吳王，追錄舊恩，封胤都亭侯。少有節操，美容儀。〔一〕弱冠尚公主。年三十，起家爲丹楊太守，徙吳郡、會稽，所在見稱。〔二〕

〔一〕吳書曰：胤年十二，而孤單煢立，能治身厲行。爲人白晳，威儀可觀。每正朔朝賀脩勤，在位大臣見者，無不歎賞。

〔二〕吳書曰：胤上表陳及時宜，及民閒優劣，多所匡弼。權以胤故，增重公主之賜，屢加存問。胤每聽辭訟，斷罪法，察言觀色，務盡情理。人有窮冤悲苦之言，對之流涕。

太元元年，權寢疾，詣都，留爲太常，與諸葛恪等俱受遺詔輔政。孫亮卽位，加衞將軍。恪將悉衆伐魏，胤諫恪曰：「君以喪代之際，受伊、霍之託，入安本朝，出摧強敵，名聲振於海內，天下莫不震動，萬姓之心，冀得蒙君而息。今猥以勞役之後，興師出征，民疲力屈，遠主有備。若攻城不克，野略無獲，是喪前勞而招後責也。不如案甲息師，觀隙而動。且兵者大事，事以衆濟，衆苟不悅，君獨安之？」恪曰：「諸云不可者，皆不見計算，懷居苟安者也，而子復以爲然，吾何望焉？夫以曹芳闇劣，而政在私門，彼之臣民，固有離心。今吾因國家之資，藉戰勝之威，則何往而不克哉！」以胤爲都下督，掌統留事。胤白日接賓客，夜省文書，或通曉不寐。〔一〕

〔一〕吳書曰：胤寵任彌高，接士愈勤，表奏書疏，皆自經意，不以委下。

孫峻字子遠，孫堅弟靜之曾孫也。靜生暠。暠生恭，爲散騎侍郎。恭生峻。少便弓馬，精果膽決。孫權末，徙武衞都尉，爲侍中。權臨薨，受遺輔政，領武衞將軍，故典宿衞，封都鄉侯。既誅諸葛恪，遷丞相大將軍，督中外諸軍事，假節，進封富春侯。滕胤以恪子竦妻父辭位，峻曰：「鯀禹罪不相及，滕侯何爲？」峻、胤雖內不沾洽，而外相包容，進胤爵高密侯，共事如前。〔一〕

〔一〕吳錄曰：羣臣上奏，共推峻爲太尉，議胤爲司徒。時有媚峻者，以爲大統宜在公族，若滕胤爲亞公，聲名素重，衆心所附，不可貳也。乃表以峻爲丞相，又不置御史大夫，士人皆失望矣。

峻素無重名，驕矜險害，多所刑殺，百姓囂然。又姦亂宮人，與公主魯班私通。五鳳元年，吳侯英謀殺峻，英事泄死。

二年，魏將毌丘儉、文欽以衆叛，與魏人戰於樂嘉，峻帥驃騎將軍呂據、左將軍留贊襲壽春，會欽敗降，軍還。〔一〕是歲，蜀使來聘，將軍孫儀、（孫邵綝恂）〔張怡、林恂〕等欲因會殺峻。事泄，儀等自殺，死者數十人，并及公主魯育。

〔一〕吳書曰：留贊字正明，會稽長山人。少爲郡吏，與黃巾賊帥吳桓戰，手斬得桓。贊一足被創，遂屈不伸。然性烈，好讀兵書及三史，每覽古良將戰攻之勢，輒對書獨歎，因呼諸近親謂曰：「今天下擾亂，英豪並起，歷觀前世，富貴非有常人，而我屈躄在閭巷之間，存亡無以異。今欲割引吾足，幸不死而足申，幾復見用，死則已矣。」親戚皆難之。有閒，贊乃以刀自割其筋，血流滂沱，氣絕良久。家人驚怖，亦以既爾，遂引申其足。足申創愈，以得蹉步。淩統聞之，請與相見，甚奇之，乃表薦贊，遂被試用。累有戰功，稍遷屯騎校尉。時事得失，每常規諫，好直言不阿旨，權以此憚之。諸葛恪征東興，贊爲前部，合戰先陷陳，大敗魏師，遷左將軍。孫峻征淮南，授贊節，拜左護軍。未至壽春，道路病發，峻令贊將車重先還。魏將蔣班以步騎四千追贊。贊病困，不能整陳，知必敗，乃解曲蓋印綬付弟子以歸，曰：「吾自爲將，破敵搴旗，未嘗負敗。今病困兵羸，衆寡不敵，汝速去矣，俱死無益於國，適所以快敵耳。」弟子不肯受，拔刀欲斫之，乃去。初，贊爲將，臨敵必先被髮叫天，因抗音而歌，左右應之，畢乃進戰，戰無不克。及敗，歎曰：「吾戰有常術，今病困若此，固命也！」遂被害，時年七十三，衆庶痛惜焉。二子略、平，並爲大將。

峻欲城廣陵，朝臣知其不可城，而畏之莫敢言。唯滕胤諫止，不從，而功竟不就。

其明年，文欽說峻征魏，峻使欽與呂據、車騎〔將軍〕劉纂、鎮南〔將軍〕朱異、前將軍唐咨自江都入淮、泗，以圖青、徐。峻與胤至石頭，因餞之，領從者百許人入據營。據御軍齊整，峻惡之，稱心痛去，遂夢爲諸葛恪所擊，恐懼發病死，時年三十八，以後事付綝。

孫綝字子通，與峻同祖。綝父綽爲安民都尉。綝始爲偏將軍，及峻死，爲侍中武衞將軍，領中外諸軍事，代知朝政。呂據聞之大恐，與諸督將連名，共表薦滕胤爲丞相，綝更以胤爲大司馬，代呂岱駐武昌。據引兵還，使人報胤，欲共廢綝。綝聞之，遣從兄慮將兵逆據於江都，使中使敕文欽、劉纂、唐咨等合衆擊據，遣侍中左將軍華融、中書丞丁晏告胤取據，幷喻胤宜速去意。胤自以禍及，因留融、晏，勒兵自衞，召典軍楊崇、將軍孫咨，告以綝爲亂，迫融等使有書難綝。綝不聽，表言胤反，許將軍劉丞以封爵，使率兵騎急攻圍胤。胤又劫融等，使詐詔發兵。融等不從，胤皆殺之。〔一〕胤顏色不變，談笑若常。或勸胤引兵至蒼龍門，將士見公出，必皆委綝就公。時夜已半，胤恃與據期，又難舉兵向宮，乃約令部曲，說呂侯以在近道，故皆爲胤盡死，無離散者。時大風，比曉，據不至。綝兵大會，遂殺胤及將士數十人，夷胤三族。〔二〕

〔一〕文士傳曰：華融字德蕤，廣陵江都人。祖父避亂，居山陰蕊山下。時皇象亦寓居山陰，吳郡張溫來就象學，欲得所舍。或告溫曰：「蕊山下有華德蕤者，雖年少，美有令志，可舍也。」溫遂止融家，朝夕談講。俄而溫爲選部尚書，乃擢融爲太子庶子，遂知名顯達。融子諝，黃門郎，與融并見害。次子譚，以才辯稱，晉祕書監。

〔二〕臣松之以爲孫綝雖凶虐，與滕胤宿無嫌隙，胤若且順綝意，出鎮武昌，豈徒免當時之禍，仍將永保元吉，而犯機觸害，自取夷滅，悲夫！

綝遷大將軍，假節，封永寧侯，負貴倨傲，多行無禮。初，峻從弟慮與誅諸葛恪之謀，峻厚之，至右將軍、無難督，授節蓋，平九官事。綝遇慮薄於峻時，慮怒，與將軍王惇謀殺綝。綝殺惇，慮服藥死。

魏大將軍諸葛誕舉壽春叛，保城請降。吳遣文欽、唐咨、全端、全懌等帥三萬人救之。魏鎮南將軍王基圍誕，欽等突圍入城。魏悉中外軍二十餘萬增誕之圍。朱異帥三萬人屯安豐城，爲文欽勢。魏兗州刺史州泰拒異於陽淵，異敗退，爲泰所追，死傷二千人。綝於是大發卒出屯鑊里，復遣異率將軍丁奉、黎斐等五萬人攻魏，留輜重於都陸。異屯黎漿，遣將軍任度、張震等募勇敢六千人，於屯西六里爲浮橋夜渡，築偃月壘。爲魏監軍石苞及州泰所破，軍卻退就高。異復作車箱圍趣五木城。苞、泰攻異，異敗歸，而魏太山太守胡烈以奇兵五千詭道襲都陸，盡焚異資糧。綝授兵三萬人使異死戰，異不從，綝斬之於鑊里，而遣弟恩救，會誕敗引還。綝既不能拔出誕，而喪敗士衆，自戮名將，莫不怨之。

綝以孫亮始親政事，多所難問，甚懼。還建業，稱疾不朝，築室于朱雀橋南，使弟威遠將軍據入蒼龍宿衞，弟武衞將軍恩、偏將軍幹、長水校尉闓分屯諸營，欲以專朝自固。亮內嫌綝，乃推魯育見殺本末，責怒虎林督朱熊、熊弟外部督朱損不匡正孫峻，乃令丁奉殺熊於虎林，殺損於建業。綝入諫不從，亮遂與公主魯班、太常全尚、將軍劉承議誅綝。亮妃，綝從姊女也，以其謀告綝。綝率衆夜襲全尚，遣弟恩殺劉承於蒼龍門外，遂圍宮。〔一〕使光祿勳孟宗告廟廢亮，召羣司議曰：「少帝荒病昏亂，不可以處大位，承宗廟，以告先帝廢之。諸君若有不同者，下異議。」皆震怖，曰：「唯將軍令。」綝遣中書郎李崇奪亮璽綬，以亮罪狀班告遠近。尚書桓彝不肯署名，綝怒殺之。〔二〕

〔一〕江表傳曰：亮召全尚息黃門侍郎紀密謀，曰：「孫綝專勢，輕小於孤。孤見敕之，使速上岸，爲唐咨等作援，而留湖中，不上岸一步。又委罪朱異，擅殺功臣，不先表聞。築第橋南，不復朝見。此爲自在，無復所畏，不可久忍。今規取之，卿父作中軍都督，使密嚴整士馬，孤當自出臨橋，帥宿衞虎騎、左右無難一時圍之。作版詔敕綝所領皆解散，不得舉手，正爾自得之。卿去，但當使密耳。卿宣詔語卿父，勿令卿母知之，女人既不曉大事，且綝同堂姊，邂逅泄漏，誤孤非小也。」紀承詔，以告尚，尚無遠慮，以語紀母。母使人密語綝。綝夜發嚴兵廢亮，比明，兵已圍宮。亮大怒，上馬，帶鞬執弓欲出，曰：「孤大皇帝之適子，在位已五年，誰敢不從者？」侍中近臣及乳母共牽攀止之，乃不得出，歎咤二日不食，罵其妻曰：「爾父憒憒，敗我大事！」又呼紀，紀曰：「臣父奉詔不謹，負上，無面目復見。」因自殺。

孫盛曰：亮傳稱亮少聰慧，勢當先與紀謀，不先令妻知也。江表傳說漏泄有由，於事爲詳矣。

〔二〕漢晉春秋曰：彝，魏尚書令階之弟。吳錄曰：晉武帝問薛瑩吳之名臣，瑩對稱彝有忠貞之節。

典軍施正勸綝徵立琅邪王休，綝從之，遣宗正楷奉書於休曰：「綝以薄才，見授大任，不能輔導陛下。頃月以來，多所造立，親近劉承，悅於美色，發吏民婦女，料其好者，留於宮內，取兵子弟十八已下三千餘人，習之苑中，連日續夜，大小呼嗟，敗壞藏中矛戟五千餘枚，以作戲具。朱據先帝舊臣，子男熊、損皆承父之基，以忠義自立，昔殺小主，自是大主所創，帝不復精其本末，便殺熊、損，諫不見用，諸下莫不側息。帝於宮中作小船三百餘艘，成以金銀，師工晝夜不息。太常全尚，累世受恩，不能督諸宗親，而全端等委城就魏。尚位過重，曾無一言以諫陛下，而與敵往來，使傳國消息，懼必傾危社稷。推案舊典，運集大王，輒以今月二十七日擒尚斬承。以帝爲會稽王，遣楷奉迎。百寮喁喁，立住道側。」

綝遣將軍孫耽送亮之國，徙尚於零陵，遷公主於豫章。綝意彌溢，侮慢民神，遂燒大橋頭伍子胥廟，又壞浮屠祠，斬道人。休既卽位，稱草莽臣，詣闕上書曰：「臣伏自省，才非幹國，因緣肺腑，位極人臣，傷錦敗駕，罪負彰露，尋愆惟闕，夙夜憂懼。臣聞天命棐諶，必就有德，是以幽厲失度，周宣中興，陛下聖德，纂承大統，宜得良輔，以協雍熙，雖堯之盛，猶求稷契之佐，以協明聖之德。古人有言：『陳力就列，不能者止。』臣雖自展竭，無益庶政，謹上印綬節鉞，退還田里，以避賢路。」休引見慰喻。又下詔曰：「朕以不德，守藩于外，值茲際會，羣公卿士，暨于朕躬，以奉宗廟。朕用憮然，若涉淵冰。大將軍忠計內發，扶危定傾，安康社稷，功勳赫然。昔漢孝宣踐阼，霍光尊顯，褒德賞功，古今之通義也。其以大將軍爲丞相、荆州牧，食五縣。」恩爲御史大夫、衞將軍，據右將軍，皆縣侯。幹雜號將軍、亭侯。闓亦封亭侯。綝一門五侯，皆典禁兵，權傾人主，自吳國朝臣未嘗有也。

綝奉牛酒詣休，休不受，齎詣左將軍張布；酒酣，出怨言曰：「初廢少主時，多勸吾自爲之者。吾以陛下賢明，故迎之。帝非我不立，今上禮見拒，是與凡臣無異，當復改圖耳。」布以言聞休，休銜之，恐其有變，數加賞賜，又復加恩侍中，與綝分省文書。或有告綝懷怨侮上欲圖反者，休執以付綝，綝殺之，由是愈懼，因孟宗求出屯武昌，休許焉，盡敕所督中營精兵萬餘人，皆令裝載，所取武庫兵器，咸令給與。〔一〕將軍魏邈說休曰「綝居外必有變」，武衞士施朔又告「綝欲反有徵」。休密問張布，布與丁奉謀於會殺綝。

〔一〕吳歷曰：綝求中書兩郎，典知荆州諸軍事，主者奏中書不應外出，休特聽之，其所請求，一皆給與。

永安元年十二月丁卯，建業中謠言明會有變，綝聞之，不悅。夜大風發木揚沙，綝益恐。戊辰臘會，綝稱疾。休彊起之，使者十餘輩，綝不得已，將入，衆止焉。綝曰：「國家屢有命，不可辭。可豫整兵，令府內起火，因是可得速還。」遂入，尋而火起，綝求出，休曰：「外兵自多，不足煩丞相也。」綝起離席，奉、布目左右縛之。綝叩首曰：「願徙交州。」休曰：「卿何以不徙滕胤、呂據？」綝復曰：「願沒爲官奴。」休曰：「何不以胤、據爲奴乎！」遂斬之。以綝首令其衆曰：「諸與綝同謀皆赦。」放仗者五千人。闓乘船欲北降，追殺之。夷三族。發孫峻棺，取其印綬，斲其木而埋之，以殺魯育等故也。

綝死時年二十八。休恥與峻、綝同族，特除其屬籍，稱之曰故峻、故綝云。休又下詔曰：「諸葛恪、滕胤、呂據蓋以無罪爲峻、綝兄弟所見殘害，可爲痛心，促皆改葬，各爲祭奠。其罹恪等事見遠徙者，一切召還。」

濮陽興字子元，陳留人也。父逸，漢末避亂江東，官至長沙太守。〔一〕興少有士名，孫權時除上虞令，稍遷至尚書左曹，以五官中郎將使蜀，還爲會稽太守。時琅邪王休居會稽，興深與相結。及休即位，徵興爲太常衞將軍、平軍國事，封外黃侯。

〔一〕逸事見陸瑁傳。

永安三年，都尉嚴密建丹楊湖田，作浦里塘。詔百官會議，咸以爲用功多而田不保成，唯興以爲可成。遂會諸兵民就作，功傭之費不可勝數，士卒死亡，或自賊殺，百姓大怨之。

興遷爲丞相，與休寵臣左將軍張布共相表裏，邦內失望。

七年七月，休薨。左典軍萬彧素與烏程侯孫皓善，乃勸興、布，於是興、布廢休適子而迎立皓。皓既踐阼，加興侍郎，領青州牧。俄彧譖興、布追悔前事。十一年朔入朝，皓因收興、布，徙廣州，道追殺之，夷三族。

評曰：諸葛恪才氣幹略，邦人所稱，然驕且吝，周公無觀，況在於恪？矜己陵人，能無敗乎！若躬行所與陸遜及弟融之書，則悔吝不至，何尤禍之有哉？滕胤厲脩士操，遵蹈規矩，而孫峻之時猶保其貴，必危之理也。峻、綝凶豎盈溢，固無足論者。濮陽興身居宰輔，慮不經國，協張布之邪，納萬彧之說，誅夷其宜矣。

三國志卷六十五　吳書二十

王樓賀韋華傳第二十

王蕃字永元，廬江人也。博覽多聞，兼通術藝。始爲尚書郎，去官。孫休卽位，與賀邵、薛瑩、虞汜俱爲散騎中常侍，皆加駙馬都尉。時論清之。遣使至蜀，蜀人稱焉，還爲夏口監軍。

孫晧初，復入爲常侍，與萬彧同官。彧與晧有舊，俗士挾侵，謂蕃自輕。又中書丞陳聲，晧之嬖臣，數譖毀蕃。蕃體氣高亮，不能承顏順指，時或迕意，積以見責。甘露二年，丁忠使晉還，晧大會羣臣，蕃沈醉頓伏，晧疑而不悅，轝蕃出外。頃之請還，酒亦不解。蕃性有威嚴，行止自若，晧大怒，呵左右於殿下斬之。衞將軍滕牧、征西將軍留平請，不能得。〔一〕

〔一〕江表傳曰：晧用巫史之言，謂建業宮不利，乃西巡武昌，仍有遷都之意，恐羣臣不從，乃大請會，賜將吏。問蕃「射不主皮，爲力不同科，其義云何」？蕃思惟未答，卽於殿上斬蕃。出登來山，使親近將（跳）〔擲〕蕃首，作虎跳狼爭咋齧之，頭皆碎壞，欲以示威，使衆不敢犯也。此與本傳不同。吳錄曰：皓每於會，因酒酣，輒令侍臣嘲謔公卿，以爲笑樂。萬彧既爲左丞相，蕃嘲彧曰：「魚潛於淵，出水煦沫。何則？物有本性，不可橫處非分也。彧出自谿谷，羊質虎皮，虛受光赫之寵，跨越三九之位，犬馬猶能識養，將何以報厚施乎？」或曰：「唐虞之朝無謬舉之才，造父之門無駑蹇之質，蕃上誣明選，下訕楨幹，何傷於日月，適多見其不知量耳。」臣松之按本傳云丁忠使晉還，皓爲大會，於會中殺蕃，檢忠從北還在此年之春，彧時尙未爲丞相，至秋乃爲相耳。吳錄所言爲乖互不同。

丞相陸凱上疏曰：「常侍王蕃黃中通理，知天知物，處朝忠蹇，斯社稷之重鎮，大吳之龍逢也。昔事景皇，納言左右，景皇欽嘉，歎爲異倫。而陛下忿其苦辭，惡其直對，梟之殿堂，尸骸暴棄，郡內傷心，有識悲悼。」其痛蕃如此。蕃死時年三十九，皓徙蕃家屬廣州。二弟著、延皆作佳器，郭馬起事，不爲馬用，見害。

樓玄字承先，沛郡蘄人也。孫休時爲監農御史。孫皓即位，與王蕃、郭逴、萬彧俱爲散騎中常侍，出爲會稽太守，入爲大司農。舊禁中主者自用親近人作之，彧陳親密近識，宜用好人，皓因敕有司，求忠清之士，以應其選，遂用玄爲宮下鎮禁中候，主殿中事。玄從九卿持刀侍衞，正身率衆，奉法而行，應對切直，數迕皓意，漸見責怒。後人誣白玄與賀邵相逢，駐共耳語大笑，謗訕政事，遂被詔詰責，送付廣州。

東觀令華覈上疏曰：「臣竊以治國之體，其猶治家。主田野者，皆宜良信。又宜得一人總其條目，爲作維綱，衆事乃理。論語曰：『無爲而治者其舜也與！恭己正南面而已。』言所任得其人，故優游而自逸也。今海內未定，天下多事，事無大小，皆當關聞，動經御坐，勞損聖慮。陛下既垂意博古，綜極藝文，加勤心好道，隨節致氣，宜得閑靜以展神思，呼翕清淳，與天同極。臣夙夜思惟，諸吏之中，任幹之事，足委仗者，無勝於樓玄。玄清忠奉公，冠冕當世，衆服其操，無與爭先。夫清者則心平而意直，忠者惟正道而履之，如玄之性，終始可保，乞陛下赦玄前愆，使得自新，擢之宰司，責其後效，使爲官擇人，隨才授任，則舜之恭己，近亦可得。」皓疾玄名聲，復徙玄及子據，付交阯將張奕，使以戰自效，陰別敕奕令殺之。據到交阯，病死。玄一身隨奕討賊，持刀步涉，見奕輒拜，奕未忍殺。會奕暴卒，玄殯斂奕，於器中見敕書，還便自殺。〔一〕

〔一〕江表傳曰：皓遣將張奕追賜玄鴆，奕以玄賢者，不忍即宣詔致藥，玄陰知之，謂奕曰：「當早告玄，玄何惜邪？」即服藥死。

臣松之以玄之清高，必不以安危易操，無緣驟拜張奕，以虧其節。且禍機既發，豈百拜所免？江表傳所言，於理爲長。

賀邵字興伯，會稽山陰人也。〔一〕孫休即位，從中郎爲散騎中常侍，出爲吳郡太守。孫晧時，入爲左典軍，遷中書令，領太子太傅。

〔一〕吳書曰：邵，賀齊之孫，景之子。

晧凶暴驕矜，政事日弊。邵上疏諫曰：

古之聖王，所以潛處重闈之內而知萬里之情，垂拱衽席之上，明照八極之際者，任賢之功也。陛下以至德淑姿，統承皇業，宜率身履道，恭奉神器，旌賢表善，以康庶政。自頃年以來，朝列紛錯，眞僞相貿，上下空任，文武曠位，外無山嶽之鎭，內無拾遺之臣；佞諛之徒拊翼天飛，干弄朝威，盜竊榮利，而忠良排墜，信臣被害。是以正士摧方，而庸臣苟媚，先意承旨，各希時趣，人執反理之評，士吐詭道之論，遂使清流變濁，忠臣結舌。陛下處九天之上，隱百重之室，言出風靡，令行景從，親洽寵媚之臣，日聞順意之辭，將謂此輩實賢，而天下已平也。臣心所不安，敢不以聞。

臣聞興國之君樂聞其過，荒亂之主樂聞其譽；聞其過者過日消而福臻，聞其譽者譽日損而禍至。是以古之人君，揖讓以進賢，虛己以求過，譬天位於乘犇，以虎尾爲警戒。至於陛下，嚴刑法以禁直辭，黜善士以逆諫臣，眩燿毀譽之實，沈淪近習之言。昔高宗思佐，夢寐得賢，而陛下求之如忘，忽之如遺。故常侍王蕃忠恪在公，才任輔弼，以醉酒之間加之大戮。近鴻臚葛奚，先帝舊臣，偶有逆迕，昏醉之言耳，三爵之後，禮所不諱，陛下猥發雷霆，謂之輕慢，飲之醇酒，中毒隕命。自是之後，海內悼心，朝臣失圖，仕者以退爲幸，居者以出爲福，誠非所以保光洪緒，熙隆道化也。

又何定本趨走小人，僕隸之下，身無錙銖之行，能無鷹犬之用，而陛下愛其佞媚，假其威柄，使定恃寵放恣，自擅威福，口正國議，手弄天機，上虧日月之明，下塞君子之路。夫小人求入，必進姦利，定閒妄興事役，發江邊戍兵以驅麋鹿，結罝山陵，芟夷林莽，殫其九野之獸，聚於重圍之內，上無益時之分，下有損耗之費。而兵士罷於運送，人力竭於驅逐，老弱飢凍，大小怨歎。臣竊觀天變，自比年以來陰陽錯謬，四時逆節，日食地震，中夏隕霜，參之典籍，皆陰氣陵陽，小人弄勢之所致也。臣嘗覽書傳，驗諸行事，災祥之應，所爲寒慄。昔高宗脩己以消鼎雉之異，宋景崇德以退熒惑之變，願陛下上懼皇天譴告之誚，下追二君攘災之道，遠覽前代任賢之功，近寤今日謬授之失，清澄朝位，旌敍俊乂，放退佞邪，抑奪姦勢，如是之輩，一勿復用，廣延淹滯，容受直辭，祗承乾指，敬奉先業，則大化光敷，天人望塞也。

傳曰：「國之興也，視民如赤子；其亡也，以民爲草芥。」陛下昔韜神光，潛德東夏，以聖哲茂姿，龍飛應天，四海延頸，八方拭目，以成康之化必隆於旦夕也。自登位以來，法禁轉苛，賦調益繁；中宮內豎，分布州郡，橫興事役，競造姦利；百姓罹杼軸之困，黎民罷無已之求，老幼飢寒，家戶菜色，而所在長吏，迫畏罪負，嚴法峻刑，苦民求辦。是以人力不堪，家戶離散，呼嗟之聲，感傷和氣。又江邊戍兵，遠當以拓土廣境，近當以守界備難，宜特優育，以待有事，而徵發賦調，煙至雲集，衣不全裋褐，食不贍朝夕，出當鋒鏑之難，入抱無聊之慼。是以父子相棄，叛者成行。願陛下寬賦除煩，振恤窮乏，省諸不急，盪禁約法，則海內樂業，大化普洽。夫民者國之本，食者民之命也，今國無一年之儲，家無經月之畜，而後宮之中坐食者萬有餘人。內有離曠之怨，外有損耗之費，使庫廩空於無用，士民飢於糟糠。

又北敵注目，伺國盛衰，陛下不恃己之威德，而怙敵之不來，忽四海之困窮，而輕虜之不爲難，誠非長策廟勝之要也。昔大皇帝勤身苦體，創基南夏，割據江山，拓土萬里，雖承天贊，實由人力也。餘慶遺祚，至於陛下，陛下宜勉崇德器，以光前烈，愛民養士，保全先軌，何可忽顯祖之功勤，輕難得之大業，忘天下之不振，替興衰之巨變哉？臣聞否泰無常，吉凶由人，長江之限不可久恃，苟我不守，一葦可航也。昔秦建皇帝之號，據殽函之阻，德化不脩，法政苛酷，毒流生民，忠臣杜口，是以一夫大呼，社稷傾覆。

近劉氏據三關之險，守重山之固，可謂金城石室萬世之業，任授失賢，一朝喪沒，君臣係頸，共爲羈僕。此當世之明鑒，目前之炯戒也，願陛下遠考前事，近鑒世變，豐基彊本，割情從道，則成康之治興，而聖祖之祚隆矣。

書奏，皓深恨之。邵奉公貞正，親近所憚。乃共譖邵與樓玄謗毀國事，俱被詰責。玄見送南州，邵原復職。後邵中惡風，口不能言，去職數月，皓疑其託疾，收付酒藏，掠考千所，邵卒無一語，竟見殺害，家屬徙臨海。并下詔誅玄子孫，是歲天冊元年也，邵年四十九。〔一〕

〔一〕邵子循，字彥先。

虞預晉書曰：循丁家禍，流放海濱，吳平，還鄉里。節操高厲，童齓不羣，言行舉動，必以禮讓。好學博聞，尤善三禮，舉秀才，除陽羨、武康令。顧榮、陸機、陸雲表薦循曰：「伏見吳興武康令賀循德量邃茂，才鑒清遠，服膺道素，風操凝峻，歷踐三城，刑政肅穆，守職下縣，編名凡萃，出自新邦，朝無知己，恪居遐外，志不自營，年時倏忽，而邈無階緒，實州黨愚智所爲悵然。臣等並以凡才，累授飾進，被服恩澤，忝豫朝末，知良士後時，而守局無言，懼有蔽賢之咎，是以不勝愚管，謹冒死表聞。」久之，召爲太子舍人。石冰破揚州，循亦合衆，事平，杜門不出。陳敏作亂，以循爲丹楊內史，循稱疾固辭，敏不敢逼。于時江東豪右無不受敏爵位，惟循與同郡朱誕不挂賊網。後除吳國內史，不就。元皇帝爲鎮東將軍，請循爲軍司馬，帝爲晉王，以循爲中書令，固讓不受，轉太常，領太子太傅。時朝廷初建，動有疑議，宗廟制度皆循所定，朝野諮詢，爲一時儒宗。年六十，太興二年卒。追贈司空，謚曰穆。循諸所著論，並傳於世。子隰，臨海太守。

韋曜字弘嗣，吳郡雲陽人也。〔一〕少好學，能屬文，從丞相掾，除西安令，還爲尚書郎，遷太子中庶子。

〔一〕曜本名昭，史爲晉諱，改之。

時蔡穎亦在東宮，性好博弈，太子和以爲無益，命曜論之。其辭曰：

蓋聞君子恥當年而功不立，疾沒世而名不稱，故曰學如不及，猶恐失之。是以古之志士，悼年齒之流邁而懼名稱之不立也，故勉精厲操，晨興夜寐，不遑寧息，經之以歲月，累之以日力，若甯越之勤，董生之篤，漸漬德義之淵，棲遲道藝之域。且以西伯之聖，姬公之才，猶有日昃待旦之勞，故能隆興周道，垂名億載，況在臣庶，而可以已乎？歷觀古今立功名之士，皆有累積殊異之迹，勞身苦體，契闊勤思，平居不墮其業，窮困不易其素，是以卜式立志於耕牧，而黃霸受道於囹圄，終有榮顯之福，以成不朽之名。故山甫勤於夙夜，而吳漢不離公門，豈有游惰哉？

今世之人多不務經術，好翫博弈，廢事棄業，忘寢與食，窮日盡明，繼以脂燭。當其臨局交爭，雌雄未決，專精銳意，心勞體倦，人事曠而不脩，賓旅闕而不接，雖有太牢之饌，韶夏之樂，不暇存也。至或賭及衣物，徙棊易行，廉恥之意弛，而忿戾之色發，然其所志不出一枰之上，所務不過方罫之閒，勝敵無封爵之賞，獲地無兼土之實。技非六藝，用非經國；立身者不階其術，徵選者不由其道。求之於戰陳，則非孫、吳之倫也；考之於道藝，則非孔氏之門也；以變詐爲務，則非忠信之事也；以劫殺爲名，則非仁者之意也；而空妨日廢業，終無補益。是何異設木而擊之，置石而投之哉！且君子之居室也勤身以致養，其在朝也竭命以納忠，臨事且猶旰食，而何博弈之足耽？夫然，故孝友之行立，貞純之名彰也。

方今大吳受命，海內未平，聖朝乾乾，務在得人，勇略之士則受熊虎之任，儒雅之徒則處龍鳳之署，百行兼苞，文武並騖，博選良才，旌簡髦俊，設程試之科，垂金爵之賞，誠千載之嘉會，百世之良遇也。當世之士，宜勉思至道，愛功惜力，以佐明時，使名書史籍，勳在盟府，乃君子之上務，當今之先急也。

夫一木之枰孰與方國之封？枯棊三百孰與萬人之將？袞龍之服，金石之樂，足以兼棊局而貿博弈矣。假令世士移博弈之力而用之於詩書，是有顏、閔之志也；用之於智計，是有良、平之思也；用之於資貨，是有猗頓之富也；用之於射御，是有將帥之備也。如此則功名立而鄙賤遠矣。

和廢後，爲黃門侍郎。孫亮即位，諸葛恪輔政，表曜爲太史令，撰吳書，華覈、薛瑩等皆與參同。孫休踐阼，爲中書郎、博士祭酒。命曜依劉向故事，校定衆書。又欲延曜侍講，而左將軍張布近習寵幸，事行多玷，憚曜侍講儒士，又性精確，懼以古今警戒休意，固爭不可。休深恨布，語在休傳。然曜竟止不入。

孫晧即位，封高陵亭侯，遷中書僕射，職省爲侍中，常領左國史。時所在承指，數言瑞應。晧以問曜，曜答曰：「此人家筐篋中物耳。」又晧欲爲父和作紀，曜執以和不登帝位，宜名爲傳。如是者非一，漸見責怒。曜益憂懼，自陳衰老，求去侍、史二官，乞欲成所造書，以從業別有所付，晧終不聽。時有疾病，醫藥監護，持之愈急。

晧每饗宴，無不竟日，坐席無能否率以七升爲限，雖不悉入口，皆澆灌取盡。曜素飲酒不過二升，初見禮異時，常爲裁減，或密賜茶荈以當酒，至於寵衰，更見偪彊，輒以爲罪。又於酒後使侍臣難折公卿，以嘲弄侵克，發摘私短以爲歡。時有愆過，或誤犯晧諱，輒見收縛，至於誅戮。曜以爲外相毀傷，內長尤恨，使不濟濟，非佳事也，故但示難問經義言論而已。晧以爲不承用詔命，意不忠盡，遂積前後嫌忿，收曜付獄，是歲鳳皇二年也。

曜因獄吏上辭曰：「囚荷恩見哀，無與爲比，曾無芒氂有以上報，孤辱恩寵，自陷極罪。念當灰滅，長棄黃泉，愚情慺慺，竊有所懷，貪令上聞。囚昔見世閒有古曆注，其所紀載既多虛無，在書籍者亦復錯謬。囚尋按傳記，考合異同，采摭耳目所及，以作洞紀，起自庖犧，至于秦、漢，凡爲三卷，當起黄武以來，别作一卷，事尚未成。又見劉熙所作釋名，信多佳者，然物類衆多，難得詳究，故時有得失，而爵位之事，又有非是。愚以官爵，今之所急，不宜乖誤。囚自忘至微，又作官職訓及辯釋名各一卷，欲表上之。新寫始畢，會以無狀，幽囚待命，泯沒之日，恨不上聞，謹以先死列狀，乞上言祕府，於外料取，呈內以聞。追懼淺蔽，不合天聽，抱怖雀息，乞垂哀省。」

曜冀以此求免，而晧更怪其書之垢，故又以詰曜。曜對曰：「囚撰此書，實欲表上，懼有誤謬，數數省讀，不覺點污。被問寒戰，形氣吶吃。謹追辭叩頭五百下，兩手自搏。」而華覈連上疏救曜曰：「曜運值千載，特蒙哀識，以其儒學，得與史官，貂蟬內侍，承合天問，聖朝仁篤，愼終追遠，迎神之際，垂涕敕曜。曜愚惑不達，不能敷宣陛下大舜之美，而拘繫史官，使聖趣不敍，至行不彰，實曜愚蔽當死之罪。然臣慺慺，見曜自少勤學，雖老不倦，探綜墳典，溫故知新，及意所經識古今行事，外吏之中少過曜者。昔李陵爲漢將，軍敗不還而降匈奴，司馬遷不加疾惡，爲陵遊說，漢武帝以遷有良史之才，欲使畢成所撰，忍不加誅，書卒成立，垂之無窮。今曜在吳，亦漢之史遷也。伏見前後符瑞彰著，神指天應，繼出累見，一統之期，庶不復久。事平之後，當觀時設制，三王不相因禮，五帝不相沿樂，質文殊塗，損益異體，宜得曜輩依準古義，有所改立。漢氏承秦，則有叔孫通定一代之儀，曜之才學亦漢通之次也。又吳書雖已有頭角，敍贊未述。昔班固作漢書，文辭典雅，後劉珍、劉毅等作漢記，遠不及固，敍傳尤劣。今吳書當垂千載，編次諸史，後之才士論次善惡，非得良才如曜者，實不可使闕不朽之書。如臣頑蔽，誠非其人。曜年已七十，餘數無幾，乞赦其一等之罪，爲終身徒，使成書業，永足傳示，垂之百世。謹通進表，叩頭百下。」皓不許，遂誅曜，徙其家零陵。子隆，亦有文學也。

華覈字永先，吳郡武進人也。始爲上虞尉、典農都尉，以文學入爲祕府郎，遷中書丞。蜀爲魏所幷，覈詣宮門發表曰：「閒聞賊衆蟻聚向西境，西境艱險，謂當無虞。定聞陸抗表至，成都不守，臣主播越，社稷傾覆。昔衞爲翟所滅而桓公存之，今道里長遠，不可救振，失委附之土，棄貢獻之國，臣以草芥，竊懷不寧。陛下聖仁，恩澤遠撫，卒聞如此，必垂哀悼。臣不勝忡悵之情，謹拜表以聞。」

孫皓卽位，封徐陵亭侯。寶鼎二年，皓更營新宮，制度弘廣，飾以珠玉，所費甚多。是時盛夏興工，農守並廢，覈上疏諫曰：

臣聞漢文之世，九州晏然，秦民喜去慘毒之苛政，歸劉氏之寬仁，省役約法，與之更始，分王子弟以藩漢室，當此之時，皆以爲泰山之安，無窮之基也。至於賈誼，獨以爲可痛哭及流涕者三，可爲長嘆息者六，乃曰當今之勢何異抱火於積薪之下而寢其上，火未及然而謂之安。其後變亂，皆如其言。臣雖下愚，不識大倫，竊以曩時之事，揆今之勢。

誼曰復數年間，諸王方剛，漢之傅相稱疾罷歸，欲以此爲治，雖堯舜不能安。今大敵據九州之地，有大半之衆，習攻戰之餘術，乘戎馬之舊勢，欲與中國爭相吞之計，其猶楚漢勢不兩立，非徒漢之諸王淮南、濟北而已。誼之所欲痛哭，比今爲緩，抱火臥薪之喻，於今而急。大皇帝覽前代之如彼，察今勢之如此，故廣開農桑之業，積不訾之儲，恤民重役，務養戰士，是以大小感恩，各思竭命。斯運未至，早棄萬國。自是之後，彊臣專政，上詭天時，下違衆議，亡安存之本，邀一時之利，數興軍旅，傾竭府藏，兵勞民困，無時獲安。今之存者乃創夷之遺衆，哀苦之餘民耳。遂使軍資空匱，倉廩不實，布帛之賜，寒暑不周，重以失業，家戶不贍。而北積穀養民，專心向東，無復他警。蜀爲西藩，土地險固，加承先主統御之術，謂其守御足以長久，不圖一朝，奄至傾覆。脣亡齒寒，古人所懼。交州諸郡，國之南土，交阯、九眞二郡已沒，日南孤危，存亡難保，合浦以北，民皆搖動，因連避役，多有離叛，而備戍減少，威鎮轉輕，常恐呼吸復有變故。昔海虜窺窬東縣，多得離民，地習海行，狃於往年，鈔盜無日，今胸背有嫌，首尾多難，乃國朝之厄會也。誠宜住建立之役，先備豫之計，勉墾殖之業，爲饑乏之救。惟恐農時將過，東作向晚，有事之日，整嚴未辦。若舍此急，盡力功作，卒有風塵不虞之變，當委版築之役，應烽燧之急，驅怨苦之衆，赴白刃之難，此乃大敵所因爲資也。如但固守，曠日持久，則軍糧必乏，不待接刃，而戰士已困矣。

昔太戊之時，桑穀生庭，懼而脩德，怪消殷興。熒惑守心，宋以爲災，景公下從瞽史之言，而熒惑退舍，景公延年。夫脩德於身而感異類，言發於口而通神明，臣以愚蔽，誤忝近署，不能翼宣仁澤以感靈祇，仰慚俯愧，無所投處。退伏思惟，熒惑桑穀之異，天示二主，至如他餘錙介之妖，近是門庭小神所爲，驗之天地，無有他變，而徵祥符瑞前後屢臻，明珠既覿，白雀繼見，萬億之祚，實靈所挺，以九域爲宅，天下爲家，不與編戶之民轉徙同也。又今之宮室，先帝所營，卜土立基，非爲不祥。又楊市土地與宮連接，若大功畢竟，輿駕遷住，門行之神，皆當轉移，猶恐長久未必勝舊。屢遷不可，留則有嫌，此乃愚臣所以夙夜爲憂灼也。臣省月令，季夏之月，不可以興土功，不可以會諸侯，不可以起兵動衆，舉大事必有大殃。今雖諸侯不會，諸侯之軍與會無異。六月戊己，土行正王，既不可犯，加又農月，時不可失。昔魯隱公夏城中丘，春秋書之，垂爲後戒。今築宮爲長世之洪基，而犯天地之大禁，襲春秋之所書，廢敬授之上務，臣以愚管，竊所未安。

又恐所召離民，或有不至，討之則廢役興事，不討則日月滋（慢）〔蔓〕。若悉並到，大衆聚會，希無疾病。且人心安則念善，苦則怨叛。江南精兵，北土所難，欲以十卒當東一人。天下未定，深可憂惜之。如此宮成，死叛五千，則北軍之衆更增五萬，若到萬人，則倍益十萬，病者有死亡之損，叛者傳不善之語，此乃大敵所以歡喜也。今當角力中原，以定彊弱，正於際會，彼益我損，加以勞困，此乃雄夫智士所以深憂。

臣聞先王治國無三年之儲，曰國非其國，安寧之世戒備如此，況敵彊大而忽農畜。今雖頗種殖，閒者大水沈沒，其餘存者當須耘穫，而長吏怖期，上方諸郡，身涉山林，盡力伐材，廢農棄務，士民妻孥羸小，墾殖又薄，若有水旱則永無所獲。州郡見米，當待有事，冗食之衆，仰官供濟。若上下空乏，運漕不供，而北敵犯疆，使周、召更生，良、平復出，不能爲陛下計明矣。臣聞君明者臣忠，主聖者臣直，是以慺慺，昧犯天威，乞垂哀省。

書奏，晧不納。後遷東觀令，領右國史，覈上疏辭讓，晧答曰：「得表，以東觀儒林之府，當講校文藝，處定疑難，漢時皆名學碩儒乃任其職，乞更選英賢。聞之，以卿研精墳典，博覽多聞，可謂悅禮樂敦詩書者也。當飛翰騁藻，光贊時事，以越楊、班、張、蔡之疇，怪乃謙光，厚自非薄，宜勉脩所職，以邁先賢，勿復紛紛。」

時倉廩無儲，世俗滋侈，覈上疏曰：「今寇虜充斥，征伐未已，居無積年之儲，出無應敵之畜，此乃有國者所宜深憂也。夫財穀所生，皆出於民，趨時務農，國之上急。而都下諸官，所掌別異，各自下調，不計民力，輒與近期。長吏畏罪，晝夜催民，委舍佃事，遑赴會日，定送到都，或蘊積不用，而徒使百姓消力失時。到秋收月，督其限入，奪其播殖之時，而責其今年之稅，如有逋懸，則籍沒財物，故家戶貧困，衣食不足。宜暫息衆役，專心農桑，古人稱一夫不耕，或受其飢，一女不織，或受其寒，是以先王治國，惟農是務。軍興以來，已向百載，農人廢南畝之務，女工停機杼之業。推此揆之，則蔬食而長飢，薄衣而履冰者，固不少矣。臣聞主之所求於民者二，民之所望於主者三。二謂求其爲己勞也，求其爲己死也。三謂飢者能食之，勞者能息之，有功者能賞之。民以致其二事而主失其三望者，則怨心生而功不建。今帑藏不實，民勞役猥，主之二求已備，民之三望未報。且飢者不待美饌而後飽，寒者不俟狐貉而後溫，爲味者口之奇，文繡者身之飾也。今事多而役繁，民貧而俗奢，百工作無用之器，婦人爲綺靡之飾，不勤麻枲，並繡文黼黻，轉相倣效，恥獨無有。兵民之家，猶復逐俗，內無儋石之儲，而出有綾綺之服，至於富賈商販之家，重以金銀，奢恣尤甚。天下未平，百姓不贍，宜一生民之原，豐穀帛之業，而棄功於浮華之巧，妨日於侈靡之事，上無尊卑等級之差，下有耗財物力之損。今吏士之家，少無子女，多者三四，少者一二，通令戶有一女，十萬家則十萬人，人織績一歲一束，則十萬束矣。使四疆之內同心戮力，數年之間，布帛必積。恣民五色，惟所服用，但禁綺繡無益之飾。且美貌者不待華采以崇好，豔姿者不待文綺以致愛，五采之飾，足以麗矣。若極粉黛，窮盛服，未必無醜婦；廢華采，去文繡，未必無美人也。若實如論，有之無益，廢之無損者，何愛而不暫禁以充府藏之急乎？此救乏之上務，富國之本業也，使管、晏復生，無以易此。漢之文、景，承平繼統，天下已定，四方無虞，猶以彫文之傷農事，錦繡之害女紅，開富國之利，杜飢寒之本。況今六合分乖，豺狼充路，兵不離疆，甲不解帶，而可以不廣生財之原，充府藏之積哉？」

晧以覈年老，敕令草表，覈不敢。又敕作草文，停立待之。覈爲文曰：「咨覈小臣，草芥凡庸。遭眷值聖，受恩特隆。越從朽壤，蟬蛻朝中。熙光紫闥，青璅是憑。毖挹清露，沐浴凱風。效無絲氂，負闕山崇。滋潤含垢，恩貸累重。穢質被榮，局命得融。欲報罔極，委之皇穹。聖恩雨注，哀棄其尤。猥命草對，潤被下愚。不敢違敕，懼速罪誅。冒承詔命，魂逝形留。」

覈前後陳便宜，及貢薦良能，解釋罪過，書百餘上，皆有補益，文多不悉載。天冊元年以微譴免，數歲卒。曜、覈所論事章疏，咸傳於世也。

評曰：薛瑩稱王蕃器量綽異，弘博多通；樓玄清白節操，才理條暢；賀邵厲志高潔，機理清要；韋曜篤學好古，博見羣籍，有記述之才。胡沖以爲玄、邵、蕃一時清妙，略無優劣。必不得已，玄宜在先，邵當次之。華覈文賦之才，有過於曜，而典誥不及也。予觀覈數獻良規，期於自盡，庶幾忠臣矣。然此數子，處無妄之世而有名位，强死其理，得免爲幸耳。

上三國志注表

臣松之言：臣聞智周則萬理自賓，鑒遠則物無遺照。雖盡性窮微，深不可識，至於緒餘所寄，則必接乎麤迹。是以體備之量，猶曰好察邇言。畜德之厚，在於多識往行。伏惟陛下道該淵極，神超妙物，暉光日新，郁哉彌盛。雖一貫墳典，怡心玄賾，猶復降懷近代，博觀興廢。將以總括前蹤，貽誨來世。

臣前被詔，使采三國異同以注陳壽國志。壽書銓敘可觀，事多審正。誠遊覽之苑囿，近世之嘉史。然失在于略，時有所脫漏。臣奉旨尋詳，務在周悉。上搜舊聞，傍摭遺逸。按三國雖歷年不遠，而事關漢、晉。首尾所涉，出入百載。注記紛錯，每多舛互。其壽所不載，事宜存錄者，則罔不畢取以補其闕。或同說一事而辭有乖雜，或出事本異，疑不能判，並皆抄內以備異聞。若乃紕繆顯然，言不附理，則隨違矯正以懲其妄。其時事當否及壽之小失，頗以愚意有所論辯。自就撰集，已垂期月。寫校始訖，謹封上呈。

竊惟繢事以衆色成文，蜜蠭以兼采爲味，故能使絢素有章，甘踰本質。臣寔頑乏，顧慙二物。雖自罄勵，分絕藻繢，既謝淮南食時之敏，又微狂簡斐然之作。淹留無成，祇穢翰墨，不足以上酬聖旨，少塞愆責。愧懼之深，若墜淵谷。謹拜表以聞，隨用流汗。臣松之誠惶誠恐頓首頓首死罪謹言。

元嘉六年七月二十四日，中書侍郎西鄉侯臣裴松之上。

三國志六十五卷，晉陳壽撰，宋裴松之注。壽事蹟具晉書本傳，松之事蹟具宋書本傳。凡魏志三十卷，蜀志十五卷，吳志二十卷。其書以魏爲正統，至習鑿齒作漢晉春秋始立異議。自朱子以來，無不是鑿齒而非壽。然以理而論，壽之謬萬萬無辭；以勢而論，則鑿齒帝漢順而易，壽欲帝漢逆而難。蓋鑿齒時晉已南渡，其事有類乎蜀，爲偏安者爭正統，此孚於當代之論者也。壽則身爲晉武之臣，而晉武承魏之統，僞魏是僞晉矣。其能行於當代哉？此猶宋太祖篡立近於魏，而北漢、南唐蹟近於蜀，故北宋諸儒皆有所避而不僞魏。高宗以後，偏安江左，近於蜀，而中原魏地全入於金，故南宋諸儒乃紛紛起而帝蜀。此皆當論其世，未可以一格繩也。惟其誤沿史記周、秦本紀之例，不託始於魏文，而託始曹操，實不及魏書敍記之得體，是則誠可已不已耳。

宋元嘉中，裴松之受詔爲注，所注雜引諸書，亦時下已意。綜其大致約有六端：一曰引諸家之論，以辨是非；一曰參諸書之說，以核譌異；一曰傳所有之事，詳其委曲；一曰傳所無之事，補其闕佚；一曰傳所有之人，詳其生平；一曰傳所無之人，附以同類。其中往往嗜奇愛博，頗傷蕪雜。如袁紹傳中之胡母班，本因爲董卓使紹而見，乃注曰「班嘗見太山府君及河伯，事在搜神記，語多不載」，斯已贅矣。鍾繇傳中乃引陸氏異林一條，載繇與鬼婦狎昵事；蔣濟傳中引列異傳一條，載濟子死爲泰山伍伯，迎孫阿爲泰山令事；此類鑿空語怪，凡十餘處，悉與本事無關，而深於史法有礙，殊爲瑕纇。又其初意似亦欲如應劭之注漢書，考究訓詁，引證故實。故於魏志武帝紀沮授字則注「沮音葅」，獷平字則引續漢書郡國志注「獷平縣名屬漁陽」，甬道字則引漢書「高祖二年與楚戰築甬道」，贅旒字則引公羊傳，先正字則引文侯之命，釋位字則引左傳，致届字則引詩，綏爰字、率俾字、昬作字則皆引書，糾虔天刑字則引國語。至蜀志郤正傳釋誨一篇，句句引古事爲注至連數簡。又如彭羕傳之革不訓老，華佗傳之旉本似專，秦宓傳之棘革異文，少帝紀之叟更異字，亦閒有所辨證，其他傳文句則不盡然。然如蜀志廖立傳首忽注其姓曰補救切，魏志涼茂傳中忽引博物記注一繈字之類，亦閒有之。蓋欲爲之而未竟，又惜所已成，不欲刪棄，故或詳或略，或有或無，亦頗爲例不純。然網羅繁富，凡六朝舊籍今所不傳者，尚一一見其厓略。又多首尾完具，不似酈道元水經注、李善文選注皆翦裁割裂之文。故考證之家，取材不竭，轉相引據者，反多於陳壽本書焉。

華陽國志陳壽傳

陳壽字承祚，巴西安漢人也。少受學於散騎常侍譙周，治尚書、三傳，銳精史、漢，聰警敏識，屬文富豔。初應州命衞將軍主簿、東觀祕書郎、散騎黃門侍郎。大同後察孝廉，爲本郡中正。

益部自建武後，蜀郡鄭伯邑、太尉趙彥信及漢中陳申伯、祝元靈、廣漢王文表皆以博學洽聞，作巴蜀耆舊傳。壽以爲不足經遠，乃并巴、漢撰爲益部耆舊傳十篇。散騎常侍文立表呈其傳，武帝善之，再爲著作郎。吳平後，壽乃鳩合三國史，著魏、吳、蜀三書六十五篇，號三國志，又著古國志五十篇，品藻典雅，中書監荀勗、令張華深愛之，以班固、史遷不足方也。出爲平陽侯相。華又表令次定諸葛亮故事集爲二十四篇，時壽良亦集，故頗不同。復入爲著作郎。鎭南將軍杜預表爲散騎侍郎，詔曰：「昨適用蜀人壽良具員，且可以爲侍御史。」上官司論七篇，依據典故，議所因革。又上釋諱、廣國論。華表令兼中書郎，而壽魏志有失勗意，勗不欲其處內，表爲長廣太守。繼母遺令不附葬，以是見譏。數歲，除太子中庶子。太子轉徙後，再兼散騎常侍。惠帝謂司空張華曰：「壽才宜眞，不足久兼也。」華表欲登九卿，會受誅，忠賢排擯，壽遂卒洛下，位望不充其才，當時寃之。

兄子符，字長信，亦有文才，繼壽著作佐郎、上廉令。符弟莅，字叔度，梁州別駕，驃騎將軍齊王辟掾，卒洛下。莅從弟階，字達芝，州主簿，察孝廉，褒中令、永昌西部都尉、建寧興古太守。皆辭章粲麗，馳名當世。凡壽所述作二百餘篇，符、莅、階各數十篇。二州先達及華夏文士多爲作傳，大較如此。

時梓潼李驤叔龍亦雋逸器，知名當世，舉秀才尙書郎，拜建平太守，以疾辭不就，意在州里，除廣漢太守。初與壽齊望，又相昵友，后與壽情好攜隙，還相誣攻，有識以是短之。

晉書陳壽傳

陳壽字承祚，巴西安漢人也。少好學，師事同郡譙周。仕蜀爲觀閣令史，宦人黃皓專弄威權，大臣皆曲意附之，壽獨不爲之屈，由是屢被譴黜。遭父喪，有疾，使婢丸藥，客往見之，鄉黨以爲貶議；及蜀平，坐是沉滯者累年。司空張華愛其才，以壽雖不遠嫌，原情不至貶廢，舉爲孝廉，除佐著作郎，出補陽平令。撰蜀相諸葛亮集，奏之，除著作郎，領本郡中正，撰魏、吳、蜀三國志，凡六十五篇，時人稱其善敍事，有良史之才。夏侯湛時著魏書，見壽所作，便壞己書而罷。張華深善之，謂壽曰：「當以晉書相付耳。」其爲時所重如此。或云丁儀、丁廙有盛名於魏，壽謂其子曰：「可覓千斛米見與，當爲尊公作佳傳。」丁不與之，竟不爲立傳。壽父爲馬謖參軍，謖爲諸葛亮所誅，壽父亦坐被髡，諸葛瞻又輕壽；壽爲亮立傳謂「亮將略非長，無應敵之才」，言「瞻惟工書，名過其實」。議者以此少之。

張華將舉壽爲中書郎，荀勗忌華而疾壽，遂諷吏部，遷壽爲長廣太守。辭母老不就。杜預將之鎭，復薦之於帝，宜補黃散，由是授御史治書，以母憂去職。母遺言令葬洛陽，壽遵其志。又坐不以母歸葬，竟被貶議。初，譙周嘗謂壽曰：「卿必以才學成名，當被損折，亦非不幸也，宜深愼之。」壽至此再致廢辱，皆如周言。後數歲，起爲太子中庶子，未拜。元康七年病卒，時年六十五。

梁州大中正尚書郎范頵等上表曰：「昔漢武帝詔曰『司馬相如病甚，可遣悉取其書』，使者得其遺書，言封禪事，天子異焉。臣等按故治書侍御史陳壽作三國志，辭多勸誡，明乎得失，有益風化。雖文豔不若相如，而質直過之。願垂採錄。」於是詔下河南尹、洛陽令就家寫其書。壽又撰古國志五十篇、益都耆舊傳十篇，餘文章傳於世。

宋書裴松之傳

裴松之字世期，河東聞喜人也。祖昧，光祿大夫。父珪正，員外郎。松之年八歲，學通論語、毛詩。博覽墳籍，立身簡素。年二十，拜殿中將軍。此官直衞左右，晉孝武太元中，革選名家以參顧問，始用琅邪王茂之、會稽謝輶，皆南北之望。舅庾楷在江陵，欲得松之西上，除新野太守，以事難不行，拜員外散騎侍郎。義熙初，爲吳興故鄣令。在縣有績，入爲尚書祠部郎。

松之以世立私碑有乖事實，上表陳之曰：「碑銘之作，以明示後昆，自非殊功異德，無以允應茲典，大者道動光遠，世所宗推；其次節行高妙，遺烈可紀。若乃亮采登庸，績用顯著，敷化所莅，惠訓融遠，述詠所寄，有賴鐫勒。非斯族也，則幾乎僭黷矣。俗敝僞興，華煩已久。是以孔悝之銘，行是人非；蔡邕制文，每有愧色。而自時厥後，其流彌多。預有臣吏，必爲建立。勒銘寡取信之實，刊石成虛僞之常，眞假相蒙，殆使合美者不貴。但論其功費，又不可稱，不加禁裁，其敝無已。以爲諸欲立碑者，宜悉令言上，爲朝議所許，然後聽之。庶可以防遏無徵，顯彰茂實，使百世之下知其不虛，則義信於仰止，道孚於來葉。」由是並斷。高祖北伐，領司州刺史，以松之爲州主簿，轉治中從事史。既克洛陽，高祖勅之曰：

「裴松之廊廟之才，不宜久尸邊務，今召爲世子洗馬，與殷景仁同，可令知之。」于時議立五廟樂，松之以妃臧氏廟樂亦宜與四廟同。除零陵內史，徵爲國子博士。

太祖元嘉三年，誅司徒徐羨之等，分遣大使巡行天下。通直散騎常侍袁渝、司徒左司掾孔邈使揚州，尚書三公郎陸子眞、起部甄法崇使荆州，員外散騎常侍范雎、司徒主簿龐遵使南兗州，前尚書右丞孔默使南北二豫州，撫軍參軍王歆之使徐州，冗從僕射車宗使青、兗州，松之使湘州，尚書殿中郎阮長之使雝州，前竟陵太守殷道鸞使益州，員外散騎常侍李躭之使廣州，郎中殷斌使梁州、南秦州，前員外散騎侍郎阮園客使交州，駙馬都尉奉朝請潘思先使寧州。並兼散騎常侍，班宣詔書曰：「昔王者巡功，羣后述職，不然則有存省之禮，聘頫之規，所以觀民立政，命事考績，上下偕通，遐邇咸被，故能功昭長世，道歷遠年。朕以寡闇，屬承洪業，夤畏在位，昧于治道，夕惕惟憂，如臨淵谷，懼國俗陵頹，民風凋僞，眚厲違和，水旱傷業，雖勤躬庶事，思弘攸宜，而機務惟殷，顧循多闕，政刑乖謬，未獲具聞。豈誠素弗孚，使羣心莫盡，納隍之愧，在予一人。以歲時多難，王道未壹，卜征之禮，廢而未脩，眷被氓庶，無忘欽恤。今使兼散騎常侍渝等申令四方，周行郡邑，親見刺史二千石官長，申述至誠，廣詢治要，觀察吏政，訪求民隱，旌舉操行，存問所疾，禮俗得失，一依周典，每各爲書，還具條奏，俾朕昭然若親覽焉。大夫君子其各悉心敬事，無惰乃力！其有咨謀遠圖，謹言中誠，陳之使者，無或隱遺。方將敬納良規，以補其闕，勉哉勗之，稱朕意焉！」

松之反使，奏曰：「臣聞天道以下濟光明，君德以廣運爲極。古先哲后，因心溥被。是以文思在躬，則時雝自洽，禮行江漢，而美化斯遠。故能垂大哉之休詠，廓造周之盛則。伏惟陛下神叡玄通，道契曠代，冕旒華堂，垂心八表，咨敬敷之未純，慮明揚之靡暢，清問下民，哀此鰥寡，渙焉大號，周爰四達，遠猷形於雅誥，惠訓播乎遐陬。是故率土仰詠，重譯咸說，莫不謳吟踊躍，式銘皇風。或有扶老攜幼，稱歡路左，誠由亭毒旣流，故忘其自至，千載一時，於是乎在。臣謬蒙銓任，忝廁顯列，猥以短乏，思純八表，無以宣暢聖旨，肅明風化，黜陟無序，搜揚寡聞，慙懼屛營，不知所措。奉二十四條，謹隨事爲牒。伏見癸卯詔書，禮俗得失，一依周典，每各爲書還具條奏，謹依事爲書以繫之後。」松之甚得奉使之義，論者美之。轉中書侍郎、司冀二州大中正。

上使注陳壽三國志，松之鳩集傳記，增廣異聞，旣成，奏上。上善之，曰：「此爲不朽矣。」出爲永嘉太守，勤恤百姓，吏民便之。入補通直，爲常侍，復領二州大中正，尋出爲南琅邪太守。十四年，致仕，拜中散大夫，尋領國子博士，進大中大夫，博士如故。續何承天國史，未及撰述，二十八年卒，時年八十。

子駰，南中郎參軍。松之所著文論及晉紀，駰注司馬遷史記，並行於世。

校記

頁	卷	校
一	一	曹瞞傳曰　何焯據太平御覽增
四	一	眞　何焯據資治通鑑改
一五	一	追　何焯據太平御覽增
二一	一	子遠　從翁同書說
二五	一	遣　從何焯錢大昕說增
三〇	一	孟玉　據後漢書徐璆傳改
三一	一	勤書　何焯據書苑菁華改
三三	一	子桓　從何焯沈家本說
三八	一	箪于　據文選三五李善注改
四〇	一	王　從何焯陳景雲趙一清說刪
四五	一	允　從趙一清說改
四七	一	而　意改

四七　一　衔　據文館詞林六九五改
四七　一　不　據錢儀吉說删
四七　一　袖　從文館詞林六九五改（下同）
五一　一　東里衮　據三少帝紀及通鑑六八改
五四　一　崔鈞　從陳景雲說
五七　二　十三年　從趙一清說
六〇　二　日　從何焯說
六一　二　十月　從盧文弨潘眉等說
六七　二　火撲　從何焯說
七〇　二　於時　從趙一清說
七〇　二　詩　據宋書符瑞志改
七四　二　高陵　據隸釋改
七四　二　德服　據隸釋改
七四　二　著　據隸釋改
七四　二　邦民心之繫於魏　據隸釋補

七四　二　袗裘　從何焯胡玉縉說

七五　二　覬　從趙一清說改

七五　二　十　盧文弨據宋書刪

七八　二　春　從何焯說刪

七九　二　計孝　據資治通鑑六九胡注改

八一　二　於　從何焯說刪

八三　二　雲翹　從潘眉說

八三　二　文始　從潘眉說

八三　二　大韶　從潘眉說

八六　二　思慕過唐　據藝文類聚一三

九三　三　質任　據三國志辨誤上

九五　三　志　從何焯說改

一〇〇　三　敗　從何焯說增

一〇二　三　逮　據吳勉學刊本改

一〇六　三　大吉　從何焯說

一〇九　三　右趙一清據衞臻傳及宋書百官志改
一〇九　三　章斌　從周壽昌侯康說
一二〇　四　徐他　據許褚傳改
一二三　四　書云　各本均誤
一二四　四　州泰　從陳景雲說改
一二七　四　豹頭　從潘眉說
一二八　四　之　從潘眉說
一二九　四　臣毓　據三國志辨誤上
一二九　四　臣衮　據三國志辨誤上
一二九　四　臣楨　從潘眉說
一二九　四　臣閣　從潘眉翁同書說
一三〇　四　郃陽　據后妃傳改
一三一　四　衮　從潘眉說
一三二　四　戊寅　從沈家本說
一三三　四　安風津　從趙一清潘眉說

一三六　四　雲　殿本考證據太平御覽增
一三八　四　上洛　據宋書符瑞志
一四四　四　卿等　從資治通鑑七七胡三省說
一四七　四　前詔　從潘眉沈家本說
一四八　四　燕覿之敬　據禮文王世子
一五三　四　長　據北堂書鈔衣冠部中及開元占經一一三增
一五八　五　敬侯　從錢大昭說
一六一　五　叡　原書避明帝諱作「諱」
一六二　五　世妃　從陳景雲說
一六二　五　享祀　從陳景雲說
一七五　六　張沓　據孫堅傳及後漢書董卓傳改
一七七　六　今　從何焯說改
一七七　六　東下　從陳景雲說
一八一　六　支胡　從何焯說
一八五　六　討　何焯據册府元龜增

一九四　六　左髭　從何焯潘眉等說
一九五　六　沮授　從陳景雲說改
一九六　六　蝎　從何焯沈家本說刪
一九七　六　身首　據文選四四增
二〇〇　六　說文　從趙一清說
二〇二　六　九月至二月　據通鑑考異改
二〇三　六　太公　據郝經續後漢書九改
二〇三　六　事　據郝經續後漢書九刪
二〇四　六　我　從李慈銘說增
二〇五　六　屠各　從陳景雲說改
二〇六　六　子　從何焯說改
二一一　六　公緒　從陳景雲錢大昭說改
二一四　六　中平　從陳景雲說改
二二〇　七　奮武　據宋書百官志改
二二三　七　封丘　從錢大昭說改

二三六 七 引還 從何焯說刪

二三六 七 術 從殿本考證說

二三七 七 當自首 從何焯說

二三五 七 則 據後漢書臧洪傳注增

二四五 八 子 從何焯說刪

二五三 八 位 從錢大昕說刪

二五九 八 收 從陳景雲說改

二六三 八 淩統 盧弼云二字未詳

二六四 八 歸降 從沈家本說

二六四 八 杜濩 據武帝紀及資治通鑑六七改

二六八 九 擊破呂布軍 從盧弼說刪

二六九 九 及 衍文

二七一 九 捨 據通鑑六七增

二七九 九 休督 從陳景雲說改

二八六 九 爲念 從何焯說刪

二九三　九　娟　從陳景雲說改

三〇一　九　爲□　從盧弼說

三〇三　九　故　從何焯說刪

三〇三　九　某守雖後　何焯據太平御覽增

三〇四　九　彥緯　從錢大昕說

三〇五　九　意　從何焯說改

三一〇　一〇　晉文納周襄王而諸侯景從　據後漢書荀彧傳及資治通鑑六二增

三一〇　一〇　東京榛蕪　據後漢書荀彧傳及資治通鑑六二增

三一二　一〇　鼓史　從何焯說

三一二　一〇　練布　從何焯錢儀吉說

三一二　一〇　注　據三國志辨誤上增

三一五　一〇　守善　從何焯說改

三一六　一〇　煇　據三國志辨誤上改

三二六　一〇　萬　從何焯說刪

三四二　一一　受　從何焯說改

三四五　一一　耳　從何焯說增
三五四　一一　二宮　據三國志辨誤上
三七九　一二　偉　從何焯說改
三八七　一二　調　據殿本考證
三九〇　一二　百官名　從何焯沈家本說改
三九五　一三　尸主事之臣栒音荀豳地　此漢書注文刻者誤入
三九五　一三　子孫　據漢書郊祀志删
四〇〇　一三　常侍　從陳景雲說改
四〇六　一三　要召　從何焯說
四〇六　一三　陳羣　據三國志辨誤上改
四〇六　一三　王弘　據三國志辨誤上改
四〇六　一三　不可得而親　從陳景雲說增
四〇六　一三　郯　從何焯說改
四〇七　一三　朗　從沈家本說增
四一〇　一三　弟子　從錢大昭說增

四一〇　一三　肆　從趙一清說改
四一九　一三　良夫　從潘眉說改
四二一　一三　文通　據殿本考證
四二八　一四　地　從何焯說改
四三四　一四　自　從何焯說删
四六三　一五　茄陂　據太平御覽二五六改
四六九　一五　子仲　從何焯說
四六九　一五　志　從何焯說删
四七二　一五　討　據武帝紀及夏侯淵傳增
四七三　一五　富　從何焯說删
四七三　一五　爲　從盧弼說删
四七七　一五　宣王　據三國志辨誤上
四八六　一五　騎馳　從何焯說改
四八六　一五　几陽　從潘眉說
四八九　一六　募百姓……田官　何焯據太平御覽增

五〇六　一六　無　何焯據太平御覽刪

五〇七　一六　步涉詣許從該　何焯據後漢書改

五一〇　一六　解后　從吳承仕絸齋讀書記說

五二二　一七　辟　從趙一清說刪

五三七　一八　公　從陳景雲說刪

五四〇　一八　褢賁　從趙一清說改

五四一　一八　少頃　從何焯說

五四三　一八　進封　據三國志辨誤上

五四三　一八　封　據三國志辨誤上刪

五四四　一八　步去　從何焯說

五五〇　一八　艾　從何焯錢大昭說刪

五五一　一八　衡悺　據殿本考證

五五二　一八　樂涫　從梁章鉅說

五五八　一九　以　據殿本考證

五六六　一九　固　據文選三七五臣注刪

五七七　一九　豈能興難　據三國志辨誤上增

五八六　二〇　今　從何焯說改

五八七　二〇　青龍　從錢大昕說增

五九三　二〇　歲　據史記秦始皇紀改

六〇五　二一　加　從何焯說增

六〇七　二一　五官將　從李慈銘說改

六一七　二一　異　據宋書禮志增

六二四　二一　方　從何焯說删

六二五　二一　隱　據裴注引戰略删

六三六　二二　由　據資治通鑑七二删

六四〇　二二　轒轀　據資治通鑑七六改

六五一　二二　聰　據諸葛誕傳注改

六五二　二二　高　從潘眉說删

六五三　二二　胡　從梁章鉅說删

六五五　二三　檢　從錢大昭說改

六五七　二三　离　從梁章鉅說
六五七　二三　逌　據三國志辨誤上改
六五八　二三　徐孟玉　據後漢書徐璆傳改
六六一　二三　肇　從趙一清說刪
六七〇　二三　與　從陳景雲說
六七三　二三　要　據殿本考證
六八三　二四　菅　從沈欽韓說改
六八八　二四　仿　從趙一清說改
七一〇　二五　也　據漢書五行志刪
七一四　二五　禪　從何焯錢大昕說改
七一五　二五　大府掌九賦之財　從殿本考證及梁章鉅說
七一六　二五　下夷　從何焯說改
七一九　二五　抏　從沈家本說改
七二九　二六　祠　從趙一清說增
七二九　二六　賂　從何焯說增

七三五　二六　西州　據三國志辨誤上改
七六六　二八　伯　據殿本考證說刪
八〇六　二九　不　從何焯說刪
八〇六　二九　然後　從潘眉說
八〇六　二九　左䫘　據三國志辨誤上
八一九　二九　何　據世說規箴篇改
八一九　二九　無　從世說規箴篇增
八三一　三〇　漢南　據殿本考證(下同)
八三四　三〇　難　從沈家本說刪
八三五　三〇　抑　據殿本考證
八三五　三〇　阿羅槃　據毌丘儉傳改
八三六　三〇　由　據殿本考證刪
八三七　三〇　百　據後漢書鮮卑傳增
八三七　三〇　曼栢　據後漢書鮮卑傳改
八三七　三〇　平　據後漢書鮮卑傳增

八三八　三〇　東　據後漢書鮮卑傳改

八三八　三〇　濊　據後漢書鮮卑傳改

八三八　三〇　熹平　據後漢書鮮卑傳

八四二　三〇　以　從何焯說改

八四五　三〇　熹平　從盧弼說

八四六　三〇　建武　從盧弼說

八四七　三〇　國　據後漢書東夷傳刪

八四八　三〇　目　據後漢書東夷傳改

八四八　三〇　準　據裴注引魏略及後漢書東夷傳改

八四八　三〇　句　據後漢書東夷傳改

八五〇　三〇　收　從何焯說改

八五一　三〇　辰　據殿本考證刪

八五一　三〇　來　據殿本考證刪

八五八　三〇　本　從盧弼說改

八五八　三〇　廣魏郡　從梁章鉅說改

八五九　三〇　皮山國　據漢書西域傳上
八六五　三一　會　從張熷說刪
八六六　三一　至止　從潘眉說
八六六　三一　益州　從張熷說
八六六　三一　素　從何焯說刪
八六六　三一　家兵　據華陽國志五
八六七　三一　叔子　據華陽國志五
八六七　三一　聞　從盧弼說刪
八六八　三一　數爲　殿本考證據通鑑增
八六九　三一　韙　從何焯說
八七〇　三一　劉先　潘眉據劉表傳改
八七八　三二　吳巨　潘眉據吳志士燮薛綜等傳改（下同）
八七九　三二　之　從何焯說刪
八七九　三二　復　從何焯說
八八一　三二　賨實　據華陽國志五

八八四　三二　領　從梁章鉅李慈銘說
八八八　三二　黃柱　據蕭常續後漢書一下
八九三　三三　爲　趙一清據元版改
八九五　三三　焚如　從錢儀吉說
八九九　三三　河關　據殿本考證
九一二　三五　猖獗　據資治通鑑六五
九二一　三五　若無興德之言則　錢儀吉據董允傳增
九二四　三五　東伐　據殿本考證
九二四　三五　忿　據資治通鑑七一改
九三一　三五　六年　從何焯說
九三三　三五　二　從何焯說刪
九三九　三六　軍　據殿本考證說刪
九四一　三六　自　據通志改
九四四　三六　右　從錢大昕說刪
九四五　三六　十三　從侯康說

九五七　三七　右　從錢大昕說刪
九六〇　三七　位　從何焯說改
九六一　三七　克之　從何焯說
九六八　三八　廿有二子　從李慈銘說
九六八　三八　綏　何焯據冊府元龜改
九六八　三八　其　從李慈銘說
九六八　三八　詔旨　從何焯說
九六九　三八　居　從潘眉說刪
九七六　三八　豢龍　從何焯說
九八〇　三九　劉先　據劉表傳注
九八八　三九　軍　從朱邦衡說刪
九九二　四〇　爲新城郡以　據通鑑六九增
九九四　四〇　員鄉侯　從趙一清說
九九七　四〇　李邵　從趙一淸李慈銘說(下同)
九九七　四〇　先帝　從劉咸炘說

一〇〇〇　四〇　情狹　從何焯說
一〇〇二　四〇　卒　從潘眉說刪
一〇〇三　四〇　攙　據資治通鑑七二改
一〇一〇　四一　巫　從沈欽韓說
一〇一四　四一　陌下　從趙一清說
一〇一五　四一　辭曰　據太平御覽二六一
一〇一五　四一　難復　據太平御覽二六一
一〇一五　四一　爲之　據太平御覽二六一
一〇一六　四一　未乃　據三國志辨誤中改
一〇一九　四二　主公　從朱邦衡說刪
一〇二四　四二　疑　從李慈銘說刪
一〇二四　四二　亦可　從李慈銘說
一〇二五　四二　夫　從李慈銘說刪
一〇二六　四二　主上　從沈家本說
一〇二六　四二　方　從何焯說刪

一〇二六　四二　射　從趙一清說刪
一〇二七　四二　射　從趙一清說刪
一〇三〇　四二　受之　據資治通鑑七八
一〇三三　四二　書　從潘眉說刪
一〇三五　四二　披　何焯據册府元龜改
一〇三八　四二　里　據淮南子道應訓刪
一〇五二　四三　安上　從錢大昕說
一〇五三　四三　姊　從潘眉說刪
一〇五四　四三　民夷　據太平御覽二四〇改
一〇六三　四四　叵復　從何焯說
一〇六四　四四　河關　從何焯說
一〇六八　四四　如升　從胡三省顧炎武說
一〇七三　四五　大　從錢大昕說刪
一〇七四　四五　聖仁　從何焯說
一〇八五　四五　南　從謝鍾英說刪

一〇八七　四五　飛　據三國志辨誤中
一〇九四　四六　三十六方　從何焯惠棟說
一〇九九　四六　葵園　據後漢書董卓傳資治通鑑五八改
一一〇二　四六　東屯横江津　從趙一清說
一一〇三　四六　同　從何焯說刪
一一〇五　四六　然　從陳景雲說
一一〇七　四六　始　從何焯說
一一〇七　四六　乃　從何焯說
一一〇八　四六　狠　從何焯潘眉說刪
一一一二　四六　且　從李光地說
一一一六　四七　會稽　據資治通鑑六四注刪
一一二四　四七　魏　從朱邦衡說增
一一二四　四七　軍　從何焯說刪
一一三二　四七　丁孚　從趙一清說
一一三八　四七　百　從潘眉說增

一一四〇　四七　王宮　據資治通鑑七二刪
一一四六　四七　將軍　從錢大昭說增（下一一五三頁一一六一頁一四四六頁同）
一一五一　四八　建興　從何焯錢大昕說增
一一五二　四八　改明年元　據三國志辨誤下
一一五三　四八　據　從趙一清說增
一一五三　四八　永寧侯　據孫琳傳
一一五六　四八　據　據孫琳傳
一一六一　四八　貲財　據郝經續後漢書五一
一一六九　四八　晉賊　從趙一清說
一一七五　四八　巨先　從陳景雲說
一一八三　四九　大夫　從沈家本說刪
一一八五　四九　命　據資治通鑑六一刪
一一九〇　四九　乃　何焯據册府元龜改
一一九七　五〇　仕　從何焯說刪
一一九八　五〇　于　從錢儀吉說刪

一一九八　五〇　醴陵侯　從錢大昭說
一一九九　五〇　孫　從何焯說删(下同)
一二〇〇　五〇　侚　從盧弼說删
一二〇九　五一　黃初　從顧炎武錢大昕說删
一二〇九　五一　聖臺　據郝經續後漢書五三
一二一三　五一　違　從何焯說
一二一六　五一　夔　從趙一清說
一二二四　五二　牛州　據三國志辨誤下
一二三〇　五二　秦晃　從錢大昕說
一二三八　五二　選曹尙書　何焯據太平御覽增
一二四〇　五二　一　從錢大昭說删
一二四五　五三　離　據資治通鑑七一改
一二四七　五三　曰　從何焯說删
一二五〇　五三　將　從何焯說增
一二五二　五三　所服　從何焯說

一二五二　五三　輒　據册府元龜
一二五三　五三　能　從何焯說删
一二六〇　五四　卒　據殿本考證改
一二六〇　五四　宮亭　從趙一清說
一二六一　五四　閒　從李光地說改
一二七五　五四　鄉　從盧弼說改
一二七七　五四　孫皎　從朱邦衡說改
一二八七　五五　津　從盧弼說删
一二八九　五五　從　據三國志辨誤下改
一二九七　五五　罔　從李光地說
一三〇〇　五五　巫　從錢大昕說改
一三〇一　五五　都鄉侯　據三國志辨誤下
一三〇三　五六　吳郡　從潘眉說改
一三〇六　五六　圍　從錢儀吉說增
一三〇七　五六　魏書　據三國志辨誤下

一三〇八　五六　卒　據三國志辨誤下改
一三一二　五六　憲　從錢大昕說改
一三一五　五六　膽定　從盧弼說
一三一八　五七　歆　從楊通說改
一三二一　五七　大農　據古寫本
一三二一　五七　手　據古寫本刪
一三二一　五七　邪　據古寫本改
一三二六　五七　桓文林　從侯康李慈銘說改
一三二六　五七　鄧　從陳景雲錢大昕說改
一三二六　五七　翟素　從李慈銘說改
一三二八　五七　存　據古寫本改
一三二九　五七　逼厄　據古寫本
一三二九　五七　不永　據古寫本
一三二九　五七　大農　據古寫本
一三三〇　五七　以　據古寫本刪

一三三〇　五七　丕　據古寫本改

一三三〇　五七　凶煩　據古寫本

一三三〇　五七　入　據古寫本删

一三四九　五八　非　據殿本考證

一三六八　五九　諸葛壹　據孫權傳注引江表傳改

一三七一　五九　生　據宋書禮志删

一三七一　五九　同册　據羣書治要二八删

一三七七　六〇　廣漢　據蜀志周羣傳後漢書楊厚傳改

一三七七　六〇　帝　從何焯説删

一三七八　六〇　大潭　從何焯説删

一三七八　六〇　塹　從何焯説

一四〇九　六一　在　據三國志辨誤下改

一四一〇　六一　暴風　何焯據册府元龜改

一四一六　六二　歎　何焯據册府元龜改

一四二三　六三　歷陽鄱陽　從潘眉説

一四三一　六四　諸　據郝經續後漢書六三

一四三六　六四　古　據通志改

一四四〇　六四　語使婢　從楊通說

一四四五　六四　張怡林恂　據孫亮傳及資治通鑑七六改

一四五三　六五　擲　據資治通鑑七九改

一四六七　六五　蔓　據羣書治要二八改

校記補遺

八五三　二　辰　從沈家本說增

弁軍彌國　從沈家本說删

三　馬延國　從沈家本說删

八八三　一六　部　從盧弼說增

一二一四頁七行「及翊遇害，河馳赴宛陵，責怒覽、員，以不能全權，令使姦變得施。」「全權」疑當作「全翊」，謂覽、員兩人不能保全孫翊，致使孫翊遇害。

一三一九頁八行「歆乃答云『當去』，此說爲勝也。」疑「此說爲勝也」五字當在次行「二說有不同」下。

裴松之先逃江表傳虞翻說華歆之語，以爲「此說非也」。後引吳歷所載翻、歆問答語，與江表傳異，故曰「二說有不同，此說爲勝也」。

這兩段原文各本都同，過去做校勘考訂工作的人也沒有談到，所以不敢輕易改動。今提出我們的意見，供讀者參考。

【晉】陳壽撰

三國志

（全二册）

定價港幣伍拾伍元正

校訂者　中華書局

出版者　中華書局香港分局
香港九龍馬坑涌道五號

印刷者　中華書局香港印刷廠
香港九龍彌敦道七四〇號

發行者　中華書局
星加坡大馬路七十一號

一九七一年版

本書第一版於一九七一年出版發行，應廣大讀者需求，特推出復刻珍藏版

三國志

□

［晉］陳　壽　撰

［南朝宋］裴松之　注

□

出版

中華書局（香港）有限公司

香港北角英皇道 499 號北角工業大廈一樓 B

電話：（852）2137 2338　傳真：（852）2713 8202

電子郵件：info@chunghwabook.com.hk

網址：http://www.chunghwabook.com.hk

□

發行

香港聯合書刊物流有限公司

香港新界荃灣德士古道 220-248 號

荃灣工業中心 16 樓

電話：（852）2150 2100　傳真：（852）2407 3062

電子郵件：info@suplogistics.com.hk

□

版次

2025 年 6 月復刻第一版

□

規格

大 32 開（205 mm × 140 mm）

□

ISBN：978-988-8912-78-0